W0075710

Karl Kardinal Lehmann

Zuversicht aus dem Glauben

Karl Kardinal Lehmann

Zuversicht aus dem Glauben

Die Grundsatzreferate
des Vorsitzenden
der Deutschen Bischofskonferenz
mit den Predigten
der Eröffnungsgottesdienste

FREIBURG · BASEL · WIEN

www.herder.de
Umschlaggestaltung: Finken & Bumiller, Stuttgart
Umschlagfoto: Werner Feldmann
Satz: SatzWeise, Föhren
Druck und Bindung: fgb · freiburger graphische betriebe
www.fgb.de
ISBN-13: 978-3-451-28940-8
ISBN-10: 3-451-28940-7

1992

1993

1994

1995

1996

1997

1998

1999

2000

2001

2002

2003

2004

2005

Einführung
„Gemeinschaft des Dienstes“

Die Kirche lebt vor allem in kleinen Gemeinschaften, Pfarrgemeinden und Bistümern. Aber sie wäre nicht Kirche, wenn sich diese Einheiten nicht aufeinander öffnen und miteinander zusammenarbeiten würden. Deshalb gibt es schon von früher Zeit an den Austausch von Hilfen und mannigfacher Unterstützung. Es war auch notwendig, vieles miteinander und aufeinander abzustimmen, um eine sichtbare Einheit unter den Kirchen zu gewährleisten. Dies gilt z. B. auch für die Überprüfung der hl. Schriften, die im Gottesdienst verwendet wurden. Kirche war so immer schon eine „Gemeinschaft der Gemeinschaften“. Schon relativ früh war das Bischofsamt die Öffnung, gleichsam die Türangel und das Scharnier hin zu Nachbarkirchen. So hat man sich besucht; bei den Bischofsweihen war ein Nachbarbischof dabei; man hat gemeinsame Beratungen durchgeführt und Vorgehensweisen festgelegt, z. B. in den verschiedenen Synoden. Es waren später vor allem die Zusammenkünfte der Bischöfe der Kirchenprovinzen oder auch eines Landes.

An dieser Stelle sind die Bischofskonferenzen anzusiedeln, die seit dem 19. Jahrhundert vor allem die sogenannten Provinzialsynoden langsam ersetzt und fast abgelöst haben. Dies geschah vor allem in Mitteleuropa. Regelmäßige Konferenzen wurden seit 1830 erstmals in unserer belgischen Nachbarkirche praktiziert, 1848 im weiteren Zusammenhang der Frankfurter Nationalversammlung in der Paulskirche bei uns in Deutschland und in der selben Zeit auch in Österreich. Diese regelmäßige Beratung ist vor allem wichtig geworden, um bei den großen Auseinandersetzungen zwischen Staat und Kirche ein gemeinsames Vorgehen zu ermöglichen und einen größeren Handlungsspielraum zu bilden. Im Laufe der Zeit wurden mehr und mehr auch pastorale Grundfragen erörtert. Seit 1867 trafen sich die deutschen Bischöfe ziemlich regelmäßig in der so genannten Fuldaer Bischofskonferenz.

Erst das Zweite Vatikanische Konzil und die anschließende Gesetzgebung (vgl. auch can. 447–459 CIC) schufen die Bischofskonferenz als dauerhafte Einrichtung. So heißt es in der Kirchenkonstitution: „In ähnlicher Weise (wie die schon genannten Strukturen) können *in unserer Zeit* die Bischofskonferenzen vielfältige und fruchtbare Hilfe leisten um die kollegiale Gesinnung zu konkreter Verwirklichung zu führen.“ (LG 23). Das Konzil machte nähere

Ausführungen (vgl. CD 36/38), die später in einem eigenen Dokument, dem Motu proprio „Apostolos suos“ vom 21. Mai 1998, ergänzt wurden. So bekam auch die Deutsche Bischofskonferenz am letzten Tag des Konzils, nämlich zu Beginn des Monats Dezember 1965, eine formelle, verbindliche und dauerhafte Struktur. Der Erzbischof von München und Freising, Julius Kardinal Döpfner, löste am selben Tag auch den hochbetagten Erzbischof von Köln, Josef Kardinal Frings, als Vorsitzenden ab.

Damit war es auch notwendig, die Struktur der Aufgaben in der Bischofskonferenz neu zu ordnen und auch angesichts der erweiterten Aufgaben wirksamer zu gestalten. Es ist hier nicht der Ort, dies nun im Einzelnen darzulegen. Wichtig ist nur, dass diese Organisationsform der Bischofskonferenz sich bewährt hat und auch heute eine weite Strahlkraft hat in das gesellschaftliche, kulturelle und politische Leben hinein. Dies ist bei allem gesellschaftlichen Wandel und aller Entwicklung bis heute so geblieben. Wir blicken dankbar auf die vielfältigen Kontakte der Bischofskonferenzen untereinander, aber auch die ökumenische Begegnung mit unseren Schwestern und Brüdern anderer Konfessionen und auch den Partnern aus anderen Religionen. Dies ist nicht zuletzt den unvergessenen Repräsentanten der Bischofskonferenz in unserem Land zu verdanken, von denen ich stellvertretend nur die Kardinäle Josef Frings, Julius Döpfner und Joseph Höffner nennen möchte. Auf die beiden Letztgenannten werde ich in einem Prolog dieses Buches näher eingehen. Sie waren für mich stets Erbe, Auftrag und Anspruch. Stellvertretend für die vielen Mitarbeiterinnen und Mitarbeiter, durch die das Arbeiten erheblich erleichtert wurde, nenne ich dankbar nur die Sekretäre Prälat Karl Forster, den späteren Hildesheimer Bischof Josef Homeyer, Prälat Wilhelm Schätzler und P. Hans Langendörfer SJ. Nicht vergessen möchte ich die Leiter des Katholischen Büros in Bonn und Berlin, aber auch die verantwortlichen Mitarbeiter im Verband der Diözesen Deutschlands (VDD).

Austausch und Ausgleich, Teilhabe und Teilgabe sind grundlegende Elemente kirchlicher Existenz. Dies bezieht sich nicht nur auf den spirituellen Umgang miteinander, sondern auch auf Hilfsaktionen und die Formen des gemeinsamen Wirkens. So ist die Kollekte für Jerusalem, die vom Apostel Paulus in den biblischen Schriften bezeugt wird, zugleich auch eine aus Dankbarkeit geschuldete Dienstleistung gegenüber der Muttergemeinde. Aber dies ist nur die gebührende Antwort auf die geistlichen Gaben, die Jerusalem allen Kirchen geschenkt hat. So gibt es einen Austausch der verschiedenen Berufungen. Es spielt keine Rolle, dass es auch ganz ungleiche Güter sind, nämlich spirituelle und materielle. Kirche kann nicht existieren ohne eine solche prinzipiell uneingeschränkte Gemeinschaft (Röm 15, 25–31; Gal 6, 6).

So ist Kirche immer auch eine wechselseitige „Gemeinschaft des Dienstes“ (2 Kor 8,4. Leider hat hier die Einheitsübersetzung den genauen Wortlaut nicht wiedergegeben.). Ekklesiale Gemeinschaft kann sich also nicht auf eine Glaubens- oder Gesinnungsgemeinschaft allein beschränken, sondern drängt auf konkrete Verwirklichung bis hin zum Teilen materieller Güter. Aber auch wenn es um leibhaftige, materielle Beziehungen geht, so geschieht der Dienst um Gottes Willen. Darum kann dieser Gemeinschaftserweis immer wieder auch als ein Werk der Gnade bezeichnet werden. Menschliche „Koinonia“ ist in die von Gott kommende Gemeinschaft einbezogen. Gerade darum muss man auch bei Konflikten einander „die Hand zum Zeichen der Gemeinschaft“ (Gal 2,9) reichen. Der Dienst an den Armen ist dafür ein wichtiger Beleg (vgl. Gal 2,10; 2 Kor 9,6 ff.). Wir sind uns dabei bewusst, dass Paulus hinter diesem Austausch der Gaben ein tiefes christologisches Geheimnis sieht: „Denn ihr wisst, was Jesus Christus, unser Herr, in seiner Liebe getan hat: Er, der reich war, wurde euretwegen arm, um euch durch seine Armut reich zu machen.“ (2 Kor 8,9)

In dieser „Gemeinschaft des Dienstes“ ist vieles grundsätzlich vorgezeichnet, was die Kirche später in vielfacher Weise verwirklicht hat. In jüngster Zeit gilt dies besonders für die Bischofskonferenzen. Es fängt an beim Austausch der Erfahrungen zwischen den Bistümern, erfüllt sich auch in Dingen wie dem Finanzausgleich zwischen ärmeren und reicheren Diözesen, bezeugt sich in den Bischöflichen Werken, die den Austausch der Gaben besonders in die Dritte Welt hinein, aber auch nach Osteuropa fortsetzen, wird heute z.B auch innerhalb der Bischofskonferenzen eines Kontinents verwirklicht und erstreckt sich in Einheit mit dem Nachfolger Petri auf die ganze Weltkirche. Bei der ersten Bischofssynode zu Europa 1991 spielte dieses Motiv „Austausch der Gaben“ darum mit Recht eine zentrale Rolle.

Die in diesem Band gesammelten Eröffnungsreferate aus der Zeit meines Vorsitzes wollen davon Zeugnis geben. Ich habe die Einrichtung dieser Eröffnungsreferate vorgefunden. Julius Kardinal Döpfner hatte sie eingeführt, Joseph Kardinal Höffner hat sie weitergeführt. Der Vorsitzende sollte – unabhängig von konkreten Anlässen – einmal im Jahr in völliger Freiheit das sagen können, was er gern zur Situation der Kirche in der Welt sagen wollte. Nicht allen gefiel dies immer. Ich war aber mit meinen Vorgängern dankbar für diese Versuche einer Ortsbestimmung, die ohne formale Verpflichtung auf ihre Weise nicht nur in die Kirche, sondern in die Gesellschaft hineinwirkten. Ich war froh, dass diese Gelegenheit schließlich erhalten blieb.

Diese Referate sind als „Kinder ihrer Zeit“ zu verstehen. Deshalb wurde auf eine nachträgliche Aktualisierung – besonders auch der Literaturangaben – verzichtet. Eine Chronik am Ende des Buches will einen – freilich nicht vollständigen und umfassenden – Überblick über wichtige Daten geben, auf deren Hintergrund die jeweiligen Referate gelesen werden müssen. Der Originaltext behielt auch um der Dokumentation willen Vorrang. Nur im Ausnahmefall wurde in den Text selbst eingegriffen. So kann man dieses Buch als Dokumentation verstehen, die einen bruchstückhaften Überblick über die Arbeit der Deutschen Bischofskonferenz bietet, die sich teilweise in den Eröffnungsreferaten ihrer jeweiligen Zeit widerspiegelt. Manches ist Stückwerk geblieben, manches ist geglückt.

Die Referate, die hier in leicht zugänglicher Form gesammelt wurden, sind auch weitgehend in der Reihe „Der Vorsitzende der Deutschen Bischofskonferenz“ dokumentiert, herausgegeben vom Sekretariat der Deutschen Bischofskonferenz. Im vorliegenden Band werden sie ergänzt durch die Texte der Predigten in den Eröffnungsgottesdiensten der Herbst-Vollversammlungen der Deutschen Bischofskonferenz. Referat und Predigt der Herbst-Vollversammlung eines Jahres verstehen sich oft als Einheit. So sind sie auch hier jeweils drucktechnisch zusammengesetzt. Durch die biblische und spirituelle Rückversicherung bleibt manches geerdet und rückbezogen auf die Quelle und den Ursprung unseres Handelns und Denkens, das letztlich immer Dienst bleibt.

Das Referat aus dem Jahr 1988 habe ich in einem Grundsatzvortrag in späteren Jahren inhaltlich fortgeführt. Es wird hier – wenn es auch kein formelles Eröffnungsreferat war – ergänzend dokumentiert. Das Referat des Jahres 1993 wird in seinem Ursprung durch ein Nachwort erhellt. Der „Epilog“ sowie diese Einführung verwenden in verkürzter Form Gedanken aus dem Festvortrag und der Predigt im Jahr 1998 anlässlich der Gedenkfeier zum 150. Jahrestag der ersten Bischofskonferenz in Würzburg.

Das Wort vom „Dienst“ ruft immer wieder nach einer Gewissenserforschung. Keine einzelne Bischofskonferenz, kein einzelner Bischof, darf sich über andere erheben. Beide müssen sich fragen, ob sie austauschbereit, geschwisterlich, solidarisch und von Liebe bestimmt bleiben. Nur wenn sie sich immer wieder in dieses lebendige Ganze einordnen, bleiben sie der Dienstgesinnung ihres Herrn treu. Dies ist das Maß, dem wir uns im Gehorsam gegen den Herrn der Kirche unterstellen müssen, der sein Leben hingegeben hat für uns, für die Vielen, für alle.

Ich widme diesen Band den Mitarbeiterinnen und Mitarbeitern der Einrichtungen der Deutschen Bischofskonferenz, besonders des Sekretariates (einschließlich des Verbandes der Diözesen Deutschlands) in Bonn und des Katholischen Büros in Bonn/Berlin. Die leitenden Mitarbeiter habe ich oben schon genannt. Ihnen allen und den vielen Damen und Herren, die mich immer wieder unterstützten, sage ich einen herzlichen Dank.

Die Texte dieses Bandes habe ich alle selbst verfasst. Bei der technischen Herstellung und der Redaktion habe ich immer wieder Hilfe erfahren von den Damen und Herren im Mainzer Sekretariat: Erwähnt seien die Sekretärinnen, Frau Agathe Hitzel und Frau Katja Heizenröder, nicht zuletzt aber auch durch die Jahre hindurch die jeweilige Persönliche Referentin und der Persönliche Referent: Frau Dr. Barbara Nichtweiß, Frau Dr. Daniela Mohr-Braun, Frau Beate Hirt und Herr Michael Kinnen. Große Unterstützung erfuhr ich immer wieder von den Damen und Herren der Pressestelle des Sekretariates in Bonn, besonders von Herrn Dr. Rudolf Hammerschmidt, Frau Dr. Martina Höhns, Frau Dr. Heike Rumbach-Thome und Frau Stefanie Uphues. Von diesen Sekretariaten haben besonders Herr Michael Kinnen (Mainz) und Frau Stefanie Uphues (Bonn) die Mühe der Gestaltung dieses Buches auf sich genommen: Frau Uphues hat die Texte nochmals durchgesehen, Herr Kinnen die Register erstellt und die Drucklegung vorbereitet sowie begleitet. Frau Dr. Höhns und Herrn Manfred Kuhl (Bonn) gebührt Dank für die Erstellung der Chronik.

Dieser Band erscheint wie die meisten meiner Veröffentlichungen im Verlag Herder in Freiburg i. Br. Ich danke auch dieses Mal wiederum für die sorgfältige Betreuung, ganz besonders Herrn Lektor Dr. Peter Suchla.

Mainz, Epiphanie / Dreikönig, 6. Januar 2006

† *Karl Kardinal Lehmann,* Bischof von Mainz
Vorsitzender der Deutschen Bischofskonferenz

Prolog
Erbe und Anspruch

Die Fuldaer Bischofskonferenz, die auf die erste Bischofsversammlung 1848 in Würzburg zurückgeht und seit 1869 am Grab des heiligen Bonifatius – wenigstens einmal im Herbst – stattfindet, erhielt mit dem Zweiten Vatikanischen Konzil eine neue, verbindlichere Struktur. Das dritte Kapitel der Dogmatischen Konstitution über die Kirche „Lumen gentium" ordnet die Bischofskonferenzen in den Zusammenhang der vielfältigen Beziehungen der Bischöfe untereinander und des Bischofskollegiums ein. So heißt es in Art. 23: „Diese einträchtige Vielfalt der Ortskirchen zeigt in besonders hellem Licht die Katholizität der ungeteilten Kirche. In ähnlicher Weise können in unserer Zeit die Bischofskonferenzen vielfältige und fruchtbare Hilfe leisten, um die kollegiale Gesinnung zu konkreter Verwirklichung zu führen." Das Dekret über die Hirtenaufgabe der Bischöfe in der Kirche „Christus Dominus" gibt nähere Bestimmungen und Anordnungen (vgl. Art. 37 und bes. 38). So heißt es: „Da nun die Bischofskonferenzen, die in mehreren Ländern schon errichtet sind, vorzügliche Beweise eines fruchtbaren Apostolats erbracht haben, hält es diese Heilige Synode für sehr angebracht, dass sich überall die Bischöfe desselben Landes oder Gebietes zu einem Gremium zusammenfinden. Sie sollen sich zu festgesetzten Zeiten treffen, damit durch den Austausch von Kenntnissen und Erfahrung und durch gegenseitige Beratung ein heiliges Zusammenwirken der Kräfte zum gemeinsamen Wohl der Kirche zustande kommt".

Die erste und wichtigste Einzelbestimmung lautet im Folgenden: „Die Bischofskonferenz ist gleichsam ein Zusammenschluss, in dem die Bischöfe eines bestimmten Landes oder Gebietes ihren Hirtendienst gemeinsam ausüben, um das höhere Gut, das die Kirche den Menschen bietet, zu fördern, besonders durch Formen und Methoden des Apostolats, die auf die gegebenen Zeitumstände in geeigneter Weise abgestimmt sind." (CD 38, 1) Inzwischen hat das neue Kirchenrecht von 1983 diese Grundaussagen im Blick auf Struktur, Aufgaben und Vollmachten noch sehr viel deutlicher konkretisiert (vgl. CIC/1983, can.447–459). Das Ende des Konzils und der Beginn eines intensiveren Ausbaus der Deutschen Bischofskonferenz fällt zugleich zusammen mit einem Wechsel im Vorsitz, ja sogar mit einem Generationswechsel.

Gegen Ende des Konzils trat der über 78 Jahre alte Kölner Erzbischof Josef Kardinal Frings vom Vorsitz der Fuldaer Bischofskonferenz zurück (2. Dezember 1965). Am selben Tag haben die deutschen Bischöfe in Rom den 52-jährigen Münchener Erzbischof Julius Kardinal Döpfner zum Vorsitzenden gewählt.

Zwei Männer haben in diesen bald 22 Jahren entscheidend die Geschichte der katholischen Kirche in unserem Land mitgestaltet, Julius Kardinal Döpfner und Joseph Kardinal Höffner. Es erscheint als eine denkwürdige Fügung, dass die beiden Vorsitzenden jeweils nicht ganz elf Jahre ihre Verantwortung innehatten, bis der eine im Alter von 63 Jahren am 24. Juli 1976 durch einen plötzlichen Herztod aus dem Leben gerufen wurde und der andere zum 15. August 1987 durch die Folgen einer schweren Krankheit sich veranlasst sah, vom Vorsitz zurückzutreten, weniger als ein Jahr nach Vollendung des 80. Lebensjahres (24. Dezember 1986). Joseph Kardinal Höffner wurde am 22. September 1976 zum neuen Vorsitzenden der Deutschen Bischofskonferenz gewählt, am 21. September 1982 wurde er auf sechs Jahre wiedergewählt. – Kardinal Döpfner hat sich mit dem langjährigen Sekretär Josef Homeyer, der beiden Vorsitzenden gedient hat, hohe Verdienste um die neuen, sach- und zeitgerechten Strukturen der Bischofskonferenz, ihres Sekretariates und auch um den Verbund der überdiözesanen Einrichtungen erworben. Man geht nicht fehl in der Annahme, dass er nach dieser Aufbauarbeit einen großen Teil seiner Kräfte für die Vorbereitung und Leitung der Gemeinsamen Synode der Bistümer in der Bundesrepublik Deutschland (1971–1975) eingesetzt hat. Die letzte Fassung des „Geleitworts" zur offiziellen Gesamtausgabe der Synodentexte lag am Tag seines Todes in der Unterschriftsmappe auf seinem Schreibtisch.

Die fast elfjährige Zeit unseres bisherigen Vorsitzenden lässt sich von heute aus noch nicht so leicht überschauen. Sie ist – in groben Umrissen gezeichnet – geprägt durch den Tod Papst Pauls VI. und die zweifache Papstwahl im Jahr 1978, durch die Pastoralbesuche von Papst Johannes Paul II. in der Bundesrepublik (1980, 1987), das Erscheinen und die Verwirklichung des neuen Kirchenrechts (1983) und schließlich durch die Veröffentlichung des ersten Teils eines „Katholischen Erwachsenenkatechismus" (1985).

Darf man die Zeit von Kardinal Döpfner als Periode des Aufbruchs und schwerer innerer Auseinandersetzungen beschreiben, so war der Zeitabschnitt unter Verantwortung von Kardinal Höffner von schwierigen Symptomen der Resignation und des weiteren Schwunds im religiösen und kirchlichen Leben, aber auch von Anzeichen einer beginnenden Erneuerung und Konsolidierung geprägt. An dieser Stelle stehen wir selbst und blicken voll Hoffnung, aber auch nüchtern und wachsam in die nahe Zukunft.

A) **Julius Kardinal Döpfner**[1]

Im Fall von Julius Kardinal Döpfner ist eine Gestalt gegeben, die über ein einzelnes Bistum hinaus und über die ganze seitherige Nachkriegszeit tiefe Furchen in den Acker der Kirche und der Zeit legen konnte. Ich selbst habe von 1957 bis 1976 Julius Kardinal Döpfner immer näher kennen lernen dürfen. Er hat mich im Jahr 1963 in Rom zum Diakon und Priester geweiht. Während des Zweiten Vatikanischen Konzils durfte ich als Assistent Karl Rahners vom zweiten oder dritten Glied aus ihm bei seinem verantwortungsvollen Wirken nahe sein. Ab Juli 1969, dem ersten Symposion der Europäischen Bischofskonferenz in Chur, durfte ich sein fast ständiger theologischer Mitarbeiter sein. Besondere Höhepunkte waren die Beratungstätigkeiten während der Bischofssynoden 1971 und 1974. Die persönliche Freundschaft festigte sich vor allem durch die enge Zusammenarbeit von der ersten Vorbereitung der Synode im Jahre 1968 bis zu Kardinal Döpfners Tod. Dankbar trage ich bis heute den Bischofsring Kardinal Döpfners, den Papst Paul VI. am Ende des Konzils jedem bischöflichen Teilnehmer schenkte. Döpfner Testamentsvollstrecker, Weihbischof Dr. h. c. Ernst Tewes, schenkte mir am Tag der Bischofsweihe (2. Oktober 1983) aus dem Nachlass diesen Ring: „Wenn Julius noch lebte, hätte er Dir heute so etwas geschenkt." Ich erwähne diese persönlichen Perspektiven, weil sie unvermeidlich in den folgenden Bericht eingehen werden.

I. Herkunft und erste Jahre als Bischof in Würzburg

Julius August Döpfner wurde am 26. August 1913 in dem kleinen Dorf Hausen bei Bad Kissingen in Unterfranken als viertes von fünf Kindern geboren. Hausen ist heute ein Stadtteil des berühmten Bades in der Vorderröhn. Der Vater, Hausdiener in einem Hotel im Kurort Bad Kissingen, starb schon 1923 im Alter von 47 Jahren an den Folgen eines Kriegsleidens. Die Mutter starb im Jahr 1934. 1924 begann Julius Döpfner zuerst am Gymnasium der Augustiner in Münnerstadt seine Gymnasialstudien, die er ab 1925 am Neuen Gymnasium in Würzburg fortsetzte und dort 1933 mit dem besten Abitur seines Jahrgangs zum Abschluss brachte. Als das nationalsozialistische Regime aufgebaut wurde, begann Döpfner im Herbst 1933 das Studium der Philosophie und Theologie an der Päpstlichen Universität Gregoriana und im Germanicum in Rom.

Der Gedanke, Priester zu werden, reifte schon sehr früh. Er wurde in den oberen Klassen des Gymnasiums gestärkt durch die Auseinandersetzung mit den Fragen des Lebens aus der Sicht des Glaubens und mit der Geschichte. Entscheidende Anziehung war jedoch die Pfarrseelsorge. „Ich habe als Kind erlebt, was die Kirche für den Menschen bedeutet, und zumal in den Krankheitstagen gesehen, was ein eifriger, aus seiner Sendung heraus wirkender Priester dem Menschen geben kann." Die starke Mutter hinterließ mit ihrer ganz unsentimentalen, aber tief vertrauenden Frömmigkeit einen sehr starken Eindruck. Noch wenige Wochen vor Döpfners Tod sah er in einem Rundfunkgespräch Zusammenhänge zwischen der zweiten Station eines Kreuzwegs, der an seinem Elternhaus vorbei auf den Dorffriedhof führt, und der späteren Entscheidung für sein bischöfliches Leitwort „Wir predigen den Gekreuzigten" (1 Kor 1,22). Döpfner bekannte sich nicht nur gerne zu seiner Herkunft aus bescheidenen Verhältnissen seiner fränkischen Heimat, die er immer mehr liebte. Er behielt einen sehr anspruchslosen, keine Belastung scheuenden Lebensstil bei. Er konnte mit einfachen Menschen ebenso umgehen wie mit hochgestellten Persönlichkeiten des öffentlichen Lebens und bewegte sich in der kleinsten Gemeinde ebenso ungezwungen und frei wie auf dem internationalen Parkett.

Julius Döpfner bekannte sich Zeit seines Lebens zum Germanicum als seiner Studienstätte.[2] „Sicherlich, es war eine etwas einseitige und auch damals harte Schule. Aber es war eine vielfältige Herausforderung, die einem etwas abverlangte: Begegnung mit dem Geist des hl. Ignatius von Loyola, mit einem gründlichen, systematischen Studium neuscholastischer Prägung. Dazu kam, oder – besser gesagt – es stand in der Mitte der einzigartige Genius Roms, die reifende Erfahrung mit der Weltkirche – es war ja die Zeit von zwei sehr bedeutenden Päpsten: Pius XI. und Pius XII. – und das Zusammenleben mit prächtigen, begabten Kameraden aus verschiedenen Ländern." Das Germanicum war damals bei aller Strenge schon etwas offener für die großen geistigen Bewegungen der Zeit als wenige Jahre zuvor. So beschäftigte sich Julius Döpfner, der im Oktober 1939 – wenige Wochen nach dem Beginn des Zweiten Weltkrieges – zum Priester geweiht wurde, in seiner theologischen Doktorarbeit mit dem großen englischen Kardinal John Henry Newman. Damit wurde nämlich doch ein Kontrastprogramm zur neuscholastischen Ausbildung sichtbar, das Döpfner wohl entscheidender prägte als seine Biografen bisher gesehen haben: die Nähe Newmans zu Plato, zur Bibel, zu den Kirchenvätern, zur Glaubenserfahrung, zum Konkreten und zu den prägenden Kräften der Geschichte. Die Dissertation „Das Verhältnis von Natur und Übernatur bei John Henry Cardinal Newman" wurde 1941 abgeschlossen, erschien jedoch erst 1960 in der vollständigen Fassung[3]. „Newman hat mir dazu geholfen, Rom – dies gemeint in seinem Reichtum und in seiner Problematik – zu verkraften, ja zu lieben und zwar nüchtern und innig zugleich."

Im Herbst 1941 kehrt Döpfner in die Heimatdiözese Würzburg zurück. Drei Jahre arbeitet er in der Pfarrseelsorge. Groß-Wallstadt, ein Dorf am Untermain, die Industriestadt Schweinfurt und die nahe gelegene Diasporagemeinde Gochsheim waren die auch später nicht vergessenen Stationen der ersten Priesterjahre. Der durch den Krieg bedingte Priestermangel und bald auch die Luftangriffe forderten dem Kaplan einen fast pausenlosen priesterlichen und sozialen Einsatz ab. 1944 kam er als Präfekt für kurze Zeit an das Bischöfliche Knabenseminar Kilianeum. Der schwere Bombenangriff am 16. März 1945 auf Würzburg beraubte Döpfner aller persönlichen Habe. Er half mit bei der Beseitigung des Schutts und bei ersten Instandsetzungsarbeiten.

Nach Kriegsende wurde Döpfner von seinem Bischof zur Mithilfe bei der Priesterausbildung gerufen. Für etwas mehr als zwei Jahre wurde er Subregens des Priesterseminars des Bistums Würzburg. „Diese Zeit forderte bei der Vielfalt der Aufgaben und in der Improvisation eines mühseligen Anfangs das Letzte, aber die Arbeit mit den Theologen, die aus dem Krieg mit einem unstillbaren geistigen und geistlichen Hunger, mit einer großartigen Bereitschaft heimgekehrt waren, war eine Freude.“ Außerhalb des Priesterseminars trat Döpfner kaum hervor.

Am 30. Mai 1948 starb der 78-jährige Bischof Matthias Ehrenfried. Am 10. August 1948 wurde bekannt gegeben, dass Papst Pius XII. Julius Döpfner zum neuen Bischof von Würzburg ernannt habe. Am 14. Oktober 1948 empfing der damals jüngste Bischof Europas in der noch kahlen, kaum wieder hergestellten Neumünsterkirche die Bischofsweihe. Döpfners früherer Rektor im Germanicum, Pater Ivo Zeiger SJ – damals in einem Sonderauftrag des Vatikans in Deutschland tätig –, hatte wohl maßgeblichen Anteil an dieser Ernennung, die man im Würzburger Domkapitel und Ordinariat eher zurückhaltend beurteilte. Die Laien fühlten sich durch den jungen Bischof jedoch rasch angesprochen. Die pastoralen Aufgaben waren durch die Kriegszerstörungen, die Eingliederung der Heimatvertriebenen, die wirtschaftliche Not wie auch durch das Erfordernis neuer geistiger und ethischer Orientierung riesengroß.

Schwerpunkte der Würzburger Jahre war die Neuerrichtung von 43 und die Wiederherstellung von 48 Kirchen, die Gründung des St. Bruno-Werkes für den Wohnungs bau, der Aufbau einer zeitgemäßen kirchlichen Erwachsenenbildung, die Förderung des Laienapostolats durch eine Integration bestehender Verbände. Aus dieser Zeit ist das oft missverstandene, im vollen Text jedoch korrekte Wort entstanden „Wohnungsbau ist heute in Wahrheit Dombau, Wohnungssorge ist Seelsorge“. In dem relativ homogenen Raum des Bistums suchte der junge Bischof Döpfner auch ein gutes Verhältnis zur evangelisch-lutherischen Kirche, die dort im Ganzen als Minderheit lebte. Man muss dies gerade dann sagen, wenn man den berühmten Fall „Ochsenfurt“ erwähnt. Im Sommer 1953 sollte eine Zuckerfabrik eröffnet werden. Döpfner lehnte eine Beteiligung bei der Segnung ab, weil auch – gegen die getroffenen Vereinbarungen – der evangelische Dekan sich an diesem gottesdienstlichen Akt beteiligen wollte. „Es war für mich die schwerste Prüfung meiner fränkischen Jahre. Ein Sturm ging durch das Land. Der Bischof von Würzburg stand auf einmal da als sturer, konfessionell engherziger Kirchenmann … Aber dieses ‚Image‘, das mir nach Ochsenfurt zufiel, entsprach in keiner Weise meiner innersten Intention. Ich hatte in den vorausgehenden Jahren vielleicht mehr als manch anderer Bischof in den regelmäßigen Predigten zur Weltgebetsoktav das ökumenische Anliegen, die Sorge um die Einheit der Christenheit immer wieder entwickelt und mich um ein gutes Verhältnis zu den evangelischen Christen bemüht.“ Selbstkritisch sagte Döpfner später, er würde manches differenzierter formulieren und die Situationen behutsamer abwägen. Dennoch bleibt eine Perspektive auch für das Gesamtbild Döpfners gültig: Bei aller Bereitschaft zur Kooperation und zum Austragen von Konflikten auf dem Weg des Gesprächs war und blieb er im unveräußerlichen Kernbereich des christlichen Glaubens ein Mann des entschiedenen Bekenntnisses und auch der klaren Sprache. „Alles klare Zupacken in der Auseinandersetzung geschah stets aus der Verantwortung von der Botschaft Christi und aus der Sorge für die Menschen. Es ist ja keineswegs so, dass die Jahre nach dem Krieg Zeit einer Windstille gewesen seien. Wer Zeitungsbände von damals durchschaut, wird erstaunt sein über die Unzahl von Konfrontationen, Bedrohungen und Gefahren, die am Horizont sichtbar wurden … Schon damals musste der Kampf um die Erhaltung der Grundwerte geführt werden. Ich brauche rückblickend nicht zu bedauern, dass ich in jenen Jahren Gefahren und bedenkliche Haltungen ungeschminkt beim Namen nannte.“ Dies darf bei einer Gesamtbeurteilung seiner Person und seines Werkes nicht vergessen werden.

II. Bischof und Kardinal in der geteilten Stadt Berlin

Am 15. Januar 1957 wurde Döpfner von Papst Pius XII. zum Bischof von Berlin ernannt. „Der Abschied von der Heimatdiözese fiel mir sehr schwer. Mir war bange vor der ganz anderen Aufgabe in dem geteilten Bistum. Die Berliner Katholiken machten es mir in ihrer spontanen, herzlichen Art leicht, in der Diözese rasch heimisch zu werden.“ 60.000 Katholiken aus allen Teilen des großen Bistums kamen im Juni 1957 zum Begrüßungsgottesdienst in das

Olympia-Stadion. Schon als Bischof von Würzburg hatte sich Döpfner dem thüringischen Dekanat Meiningen auf dem Gebiet der DDR mit besonderer Liebe zugewandt. In Berlin folgten Fahrten in die Diasporagebiete Brandenburgs und Pommerns, Dekanatstage und Wallfahrten, auf denen der Unterfranke die ganze Armut der Diaspora erfährt. Höhepunkt war die große Elisabeth-Wallfahrt nach Erfurt mit 80.000 Gläubigen. Zusehends verschärfte sich jedoch der Druck, vor allem in den Schulen und Internaten, durch die Werbung für die atheistische Jugendweihe, durch mannigfache Einschränkungen der Glaubens- und Gewissensfreiheit. Für die Betätigung in gewissen Berufen ist die Distanz zu Glaube und Kirche Voraussetzung. Ein Hirtenbrief, den Bischof Döpfner zu Beginn der Fastenzeit 1958 über die christliche Familie schreibt, wird eingezogen. Dafür muss in der nächsten Ausgabe des St. Hedwigs-Blattes eine mehrseitige Stellungnahme des DDR-Presseamtes veröffentlicht werden, in der es heißt, der Hirtenbrief habe eine „verleumderische Entstellung der wahren Verhältnisse in der Deutschen Demokratischen Republik“ enthalten. Die Bischöfe der DDR antworten mit einem Kanzelwort, in dem erneut die Einschränkung der Glaubensfreiheit beklagt wird. Als Bischof Döpfner bald darauf zu einer Jugendwallfahrt in die DDR fahren wollte, wurde ihm wie schon kurz zuvor dem evangelischen Bischof von Berlin Otto Dibelius die Einreise verweigert. Beide Bischöfe sollten nie mehr die Erlaubnis zu einem Besuch ihrer Gemeinden in der DDR erhalten. „Als hätte ich geahnt, dass sich bald eine Wendung ergäbe, habe ich mich im ersten Jahr bemüht, möglichst viele Gemeinden der DDR zu besuchen. Im Sommer 1958 wurde mir das verboten. Es war schmerzlich, Bischof einer Diözese zu sein, die mir zu einem großen Teil versperrt war. Der Katholikentag 1958 war dann die letzte große, gemeinsame Begegnung der deutschen Katholiken. Er gehört in seiner Glaubensinnigkeit und der tiefen Erfahrung der Gemeinschaft der Kirche zu den größten Erlebnisse meiner Bischofsjahre. Im Übrigen waren diese Berliner Jahre besonders gekennzeichnet von der Auseinandersetzung mit der fortschreitenden weltanschaulichen Verhärtung der Machthaber des kommunistischen Systems in der DDR. Die Geschlossenheit der Bischöfe, Priester und Gläubigen war ein starker Halt in dieser Anfechtung.“ Nur noch über den Rundfunk konnte Bischof Döpfner in dieser Zeit die Gläubigen in der DDR erreichen.[4] Während des Katholikentags 1958 wurde der Entschluss gefasst, in Berlin-Plötzensee in der Nähe der Hinrichtungsstätte vieler Opfer der nationalsozialistischen Diktatur die Gedenkkirche „Maria Regina Martyrum“ zu errichten. Döpfner erbat für die Bistumsteile außerhalb Berlins einen in Ostberlin residierenden Weihbischof. Im Juni 1959 konnte Dr. Alfred Bengsch geweiht werden.

Die Freude in Berlin und in ganz Deutschland war groß, als Bischof

Döpfner am 15. Dezember 1958 – übrigens zusammen mit Erzbischof Franz König aus Wien – zum Kardinal erhoben wurde. „Zweifellos wollte Papst Johannes durch diese Kardinalserhebung in jungen Lebensjahren nicht nur Bischof Döpfner auszeichnen, sondern auch die besondere Verbundenheit der Gesamtkirche und des Papstes mit dem geteilten Deutschland und mit dem schwer geprüften Bistum Berlin zum Ausdruck bringen." (K. Forster) Oberhaupt war Döpfner seit dem Katholikentag 1958 in Berlin für die breite Öffentlichkeit zu einem der ersten Repräsentanten der katholischen Kirche in Deutschland geworden. Je mehr die Möglichkeiten seines bischöflichen Wirkens im Bereich der DDR eingeschränkt wurden, um so mehr packte er grundlegende Fragen und Aufgaben der Kirche in ganz Deutschland an. Bei der Kirchweihfeier für die zerstörte St. Hedwigs-Kathedrale hielt er 1960 seine große Predigt zur Versöhnung mit Polen. „Wir wollen in beiden Völkern, umfangen von der Gemeinschaft unserer heiligen Kirche, innerlich gelöst von bitteren Erinnerungen an die Vergangenheit, frei von allen ideologischen Verdächtigungsversuchen und von dem Bestreben, einander Lösungen aufzuzwingen, in der Liebe Christi uns mühen, den Frieden zwischen unseren Völkern zu sichern, und so der friedvollen Einigung unter den Völkern Europas die Wege bereiten. – Wollen wir nicht über das Grab der hl. Hedwig hinweg uns die Hände reichen, um ein festes Band des Friedens neu zu knüpfen! Lasst es mich noch schlichter sagen: Beten wir demütig und inständig, dass uns Gott auf die Fürbitte dieser heiligen Frau, deren Mutterherz unsere Völker liebend umschließt, in allen Teilen Polens und Deutschlands wahre Freiheit, rechte Einheit und dauerhaften Frieden schenke." Mit dieser Predigt des Jahres 1960 war ein starker Impuls gegeben, der zu kontinuierlichen Bemühungen der polnischen und deutschen Katholiken um Frieden und Versöhnung führte und in dem geradezu dramatischen Briefwechsel zwischen dem polnischen und dem deutschen Episkopat am Ende des Zweiten Vatikanischen Konzils (November/Dezember 1965) einen ersten Höhepunkt erreicht hatte.

Als der Erzbischof von München und Freising, Joseph Kardinal Wendel, am Silvesterabend 1960 plötzlich starb, ahnten und fürchteten die Berliner Katholiken eine Berufung ihres Bischofs nach München. Er selbst hatte immer wieder den Wunsch wiederholt, in der geteilten Stadt bleiben zu können. Dennoch ernannte Papst Johannes XXIII., Kardinal Döpfner am 3. Juni 1961 zum Erzbischof von München und Freising. Am 14. August 1961 legte der neue Erzbischof dem Münchener Domkapitel sein Ernennungsschreiben vor. Am Tag davor war in Berlin mit dem Bau der Mauer begonnen worden. Der Weggang von Berlin war unter dem Eindruck des Baus der Mauer sowohl für den Kardinal als auch für das Bistum ungewöhnlich schwer. „Bistum unter dem Kreuz" war das Thema seiner Ostberliner Abschiedspredigt am 15. August, nachdem er nur zum Zweck des Abschieds und zu Fuß den Ostteil der Stadt betreten durfte.

Rückblickend muss man erkennen, dass das Wirken Kardinal Döpfners durch die Mauer auf den Westteil Berlins eingeengt worden wäre. Die Ernennung des in Ostberlin lebenden Weihbischofs Alfred Bengsch zum Nachfolger Döpfners ermöglichte wenigstens ein Minimum der kirchlichen und pastoralen Verbundenheit zwischen den Teilen des Bistums. Dennoch sind die vier Jahre des Berlinaufenthalts von größter Bedeutung für das Ausreifen von Döpfners Persönlichkeit. „Für sein bischöfliches Wirken wechselten die Situationsbedingungen von einem altehrwürdigen Bistum mit ununterbrochener katholischer Tradition, von einem einigermaßen überschaubaren geografischen Raum zu einem erst 1929 im Zusammenhang mit dem Preußischen Konkordat entstandenen Bistum der riesigen territorialen Ausdehnung, der verstreuten katholischen Diasporagemeinden, der Aufteilung durch eine politische Grenze, die zugleich Grenze zwischen den Einflussbereichen liberal verstandener demokratischer Freiheiten und totalitärer Ansprüche einer atheistischen Ideologie war. Die äußeren Bedingungen führten zu einer Verstärkung der schon in den Würzburger Jahren grundgelegten Erfahrung, dass kirchliche Führung und Wegweisung in einer säkularisierten Welt nur aus der Atmosphäre einer breit angelegten brüderlichen Kooperation und des unbedingten persönlichen Vertrauens wirksam werden können. – Die Berliner Jahre forderten und weckten aber zu den Fähigkeiten des profilierten und zugleich menschlich verbindlichen Umgangs mit nichtkatholischen Gruppen in der Gesellschaft Formen ökumenischer Gemeinsamkeit, kirchenpolitische Initiativen und Reaktionen einem die kirchliche wie die menschliche Freiheit bedrängenden Regime gegenüber. Diese besonderen Erfahrungen eröffneten dem Kardinal auch das Verständnis für außereuropäische Situationsbedingungen des kirchlichen Lebens und die Nähe zu den pastoralen Problemen im gesamten kommunistischen Machtbereich, wie sie für seine spätere intensive und gestaltende Anteilnahme an einer gesamtkirchlichen Erneuerung unerlässlich waren." (K. Forster)

So waren zwar viele Erfahrungen schon in Würzburg grundgelegt, die Berliner Zeit hat Bischof Döpfner härter und zugleich offener, entschiedener und noch weiter werden lassen. Berlin war also eine unerlässliche Schule geworden auf dem Weg zur größeren Teilnahme an der weltkirchlichen Verantwortung, die bald auf den Münchener Erzbischof zukommen sollte.

III. Erzbischof in München und Freising

Am 30. September 1961 wurde Kardinal Döpfner vom damaligen Apostolischen Nuntius in Deutschland, Erzbischof Corrado Bafile, als Erzbischof von München und Freising inthronisiert. So schwer der Abschied in Berlin wurde, Döpfner fühlte sich im oberbayerischen Voralpenland rasch zu Hause. Ursache dafür war nicht nur die Liebe des Bergsteigers zur einheimischen Alpenwelt, sondern auch eine in gediegenem Studium begründete persönliche Beziehung zur Geschichte und Kultur Bayerns. Kardinal Döpfner wusste jedoch, dass ihn in München eine schwierige seelsorgliche Situation erwartete. „Er wusste, dass München eine Stadt reicher katholischer Tradition, zugleich jedoch immer auch eine Stadt des liberalen Geistes, der kritischen Skepsis, einer seltsamen Mischung aus behäbiger Gemütlichkeit und aus der Unruhe neu aufflackernder Veränderungsbewegungen war … Der Rückgang des regelmäßigen Gottesdienstbesuches der Katholiken auf etwa 20 Prozent, in den folgenden Jahren auch der beachtliche Prozentsatz der ungetauft bleibenden Kinder von Katholiken und ähnlichen Zahlen der Pastoralstatistik deuteten darauf hin, dass der Kreis der aktiv am Gemeindeleben Teilnehmenden auch in der Millionenstadt München in mehr als nur einer Hinsicht in einer Diaspora-Situation lebte … Dazu kam, dass nicht nur die Landeshauptstadt München ein Konzentrationsraum von pastoralen Problemen war, wie sie unter städtischen Intellektuellen und unter den Industriearbeitern häufig anzutreffen sind. Auch die Fremdenverkehrsorte des Oberlandes brachten spezifische Schwierigkeiten und die stark traditionsgebundene bäuerliche Bevölkerung war keineswegs nur von einem konservativen Festhalten am Bewährten und Gültigen, sondern auch von einer bedenklichen Veräußerlichung des Brauchtums geprägt.“ (K. Forster) Kardinal Döpfner verstärkte die pastoralen Initiativen seines Vorgängers Kardinal Wendel, dem er freundschaftlich verbunden war. So brachte er den Bau der Katholischen Akademie in Bayern zum Abschluss und förderte damit eine neuartige Einrichtung des Gesprächs in der Gesellschaft, die heute nicht mehr wegzudenken ist (Einweihung 1962).Eine Reihe von wichtigen Rahmenregelungen folgte: das neue Dekanstatut im Jahre 1967, die Beauftragung der ersten Laien als Kommunionhelfer im Jahre 1968, 1971 wurde eine neue kirchliche Raumordnung abgeschlossen, im Juli 1971 wurden die ersten Pastoralassistenten durch den Kardinal zu ihrem Dienst beauftragt, 1972 wurde mit der Errichtung der ersten Pfarrverbände begonnen. 1973 trat eine Neuregelung der Firmungsvorbereitung in Kraft. Längerfristige Aufgaben sah er in der liturgischen Erneuerung und in der Beteiligung aller Glieder an der Verantwortung für das Ganze der Kirche. So hat er auch für die Zusammenarbeit mit den nachkonziliar aufgebauten Räten auf Bistumsebene viel Mühe aufgewendet. Die Einteilung des Bistums in drei Regionen (München, Nord und Süd) und die Beauftragung von drei Weihbischöfen mit ihrer Leitung (September 1968) sollten der Verstärkung der unmittelbaren Verbindung zwischen den Bischöfen und den Pfarrgemeinden dienen. Die Verdienste Döpfners als Metropolit der Münchener Kirchenprovinz und als Vorsitzender der Bayerischen Bischofskonferenz – beide Ämter begleitete er von Amts wegen – dürfen in unserem Zusammenhang umgangen werden.

Kardinal Döpfner fiel während des Zweiten Vatikanischen Konzils und in der nachkonziliaren Zeit ein großes Maß an Verantwortung zu bei der Führung der Gesamtkirche. Noch als Bischof von Berlin war er von Papst Johannes XXIII. in die Zentralkommission zur Vorbereitung des Konzils berufen worden. Am 11. Oktober 1962 – ein Jahr nach der Obernahme des Erzbistums München und Freising – begann die erste Sitzungsperiode des Konzils. Schon am Anfang gehörten zusammen mit Kardinal Frings und Kardinal König zu den Konzilsteilnehmern, die auf den notwendigen freien Spielraum der Entscheidung für die Konzilsväter bedacht waren. So gehörte er zu den entscheidenden Gestalten, die zur Selbstfindung des Konzils Wesentliches beigetragen haben. Im Dezember 1962 wurde er in die Koordinierungskommission berufen, der in der Durchführung eines von Kardinal Suenens eingebrachten und angenommenen Vorschlags zur Neuordnung der Themen des Konzils und zu ihrer Konzentration eine entscheidende Bedeutung zukam. Im September 1963 wurde Kardinal Döpfner zusammen mit den Kardinälen Agagianian, Suenens und Lercaro mit der neu geschaffenen Funktion eines Moderators für das Konzil beauftragt. „Die Moderatoren sollten im weiteren Fortgang mehr als das von Anfang an bestehende Präsidium gewissermaßen im Sinne einer exekutiven Ergänzung zur Koordinierungskommission eine Schlüsselstellung für den zügigen Gang der Beratungen, für die Abklärung strittiger Fragen zwischen Papst und Konzil, aber auch für manche Aufgaben in der Gestaltung einzelner konziliarer Vorlagen einnehmen." (K. Forster)

Auch nach dem Konzil blieben gewichtige Aufgaben, die Döpfner mit den Problemen der Weltkirche verbunden haben: Mitgliedschaft in den Kongregationen für die Ostkirchen, für den Klerus, für die Evangelisation der Völker; er wurde Vizepräsident der Kommission für die Studien von Bevölkerung, Familie und Geburtenkontrolle; er blieb Mitglied der Kommission für die Revision des kirchlichen Gesetzbuches und war Mitglied des Rates zur Vorbereitung der Römischen Bischofssynode. Außerdem war er jeweils Mitglied der vier Bischofssynoden, die in den Jahren 1967, 1969, 1971 und 1974 stattfanden.

IV. Kardinal Döpfner als Vorsitzender der Deutschen Bischofskonferenz

Wenige Tage vor dem Ende des Zweiten Vatikanischen Konzils, am 2. Dezember 1965, wurde Kardinal Döpfner zum Vorsitzenden der Deutschen Bischofskonferenz gewählt. Im September 1966 konstituierte sich die Deutsche Bischofskonferenz nach einem von ihr beschlossenen und vom Heiligen Stuhl approbierten Statut. Die erste sechsjährige Amtsperiode schloss bei der Fuldaer Herbst-Vollversammlung des Jahres 1971. Kardinal Döpfner wurde für eine weitere Amtsperiode wiedergewählt. In dieser Zeit vollzog sich der Wandel der Bischofskonferenz von periodischen Zusammenkünften zu einer regionalen Zwischeninstanz zwischen den einzelnen Bistümern und der Leitung der Gesamtkirche. Auch wenn die formelle Kompetenz der Bischofskonferenzen für rechtsverbindliche Beschlüsse verhältnismäßig klein gehalten war, so wuchsen doch praktisch viele gemeinsame Aufgabenfelder an. Die Kommunikation und Unterstützung der Weltkirche in vielen Ländern und Kontinenten, die Döpfner gerade in den letzten Lebensjahren intensiv besuchte, können ohnedies nur von mehreren Bistümern zusammengetragen werden. „Die Spannung zwischen dem stetig wachsenden Aufgabenkreis und dem schmalen Bereich verbindlicher Zuständigkeit forderte vom Vorsitzenden ein Obermaß an Initiative, Oberzeugungskraft, Engagement und Geduld. Es gelang Döpfner diesen Gegensatz, der sich gelegentlich in einem unnötigen Pochen auf Kompetenzen oder auch in Verdächtigungen bemerkbar machte, weithin durch seine persönliche Glaubwürdigkeit und Offenheit in die Chance einer freiwilligen Solidarität zu wandeln.“ Döpfner war sehr viel daran gelegen, die im Glauben gründende Verantwortung des einzelnen Bischofs für seine Diözese zu respektieren. Dass es dennoch und gerade aus dieser Freiheit heraus zu einer hohen Einmütigkeit kam und der deutsche Episkopat bei allen Unterschieden im Einzelnen in den wesentlichen Fragen eine lebendige Einheit bildete, dies ist zweifellos das Verdienst Kardinal Döpfners. Döpfners grundlegende geistig geistliche Ausrichtung zeigte sich auch in der Führung der Deutschen Bischofskonferenz. Das Gebet und die Besinnung, Gottesdienst und Schriftlesung hatten ihren festen Platz. Er wusste um die innere Gefährdung einer immer größer werdenden Bischofskonferenz mit ihren unzähligen Aufgaben. Auf ihn selbst gehen wohl auch die „Studientage“ der Deutschen Bischofskonferenz zurück: Einen Tag im Frühjahr und im Herbst widmen die Bischöfe einer theologischen Frage oder einer pastoralen Aufgabe, um sich ohne unmittelbaren Entscheidungsdruck ausführlich und gemeinsam mit einer wichtigen Sache zu befassen. Die geistig theologische Begründung von Glaube und Pastoral war ihm stets ein Anliegen. Er wusste, dass dafür neue Formen gesucht werden mussten. Zu erwähnen sind die großen Lehrschreiben der Deutschen Bischofskonferenz zur Glaubensverkündigung[5] und zum priesterlichen Amt[6]. In derselben Richtung liegt auch Döpfners Interesse für das in zwölf Faszikeln in den Jahren 1970–1973 erschienene „Pastorale" (Handreichung für den pastoralen Dienst). Es ist nicht zufällig, dass Kardinal Döpfner selbst manche Jahre den Vorsitz der Pastoralkommission innehatte.

Kardinal Döpfner wich wichtigen Fragen und Auseinandersetzungen nicht aus. Dies zeigte sich vielleicht am folgenschwersten beim Erscheinen der Enzyklika „Humanae vitae" vom 25. Juli 1968. Döpfner selbst hat in der vom Papst eingesetzten Kommission als Vizepräsident das Mehrheitsvotum mitvertreten, das sich der Papst schließlich nicht zu Eigen machte. Kardinal Döpfner spürte die pastorale Verantwortung für die Bundesrepublik Deutschland, wo eine kritische Situation entstand, die sich vor allem nach den Ferien auf dem Essener Katholikentag (4.–8. September) offenbarte, und seine Verantwortung für die Einheit der Kirche. Die so genannte „Königsteiner Erklärung", für deren Zustandekommen Döpfner sich persönlich sehr engagierte, bedeutet den Versuch, diesen Konflikt auszutragen. „Ihre Verabschiedung war eine der ernstesten Bewährungsproben für die junge Institution der Deutschen Bischofskonferenz. Wie immer ihr Inhalt einmal in der turbulenten Geschichte und der Pastoral jener Jahre im Einzelnen zu beurteilen sein wird – es ist gelungen, die Gewissen der Gläubigen anzusprechen, die pastorale Situation zu treffen und dabei die Einheit mit dem Papst nicht zu gefährden. Es war dem Kardinal ein ernstes persönliches Anliegen, sich möglichst bald im unmittelbaren Gespräch dem Papst zu stellen. Er war sichtlich beglückt darüber, dass dabei sein pastorales Motiv und der Ernst seiner ethischen Erwägungen uneingeschränkt gewürdigt wurden, wenn auch im konkreten Ergebnis die Differenz bestehen bleiben musste." (K. Forster) Es sei nicht verschwiegen, dass Kardinal Döpfner trotz seines grundsätzlichen Festhaltens an der „Königsteiner Erklärung" tief enttäuscht war über ihre zahlreichen Fehlinterpretationen in Theorie und Praxis.

Schon bald nach dem Konzil hat Kardinal Döpfner erkannt, dass die Grundprobleme der Pastoral in den Bistümern der Bundesrepublik Deutschland eine einheitliche Ausrichtung und Lösung brauchten. So hat er auch von Anfang an das Bemühen um die Gemeinsame Synode der Bistümer in der Bundesrepublik Deutschland (1971–1975) gefördert.

Kardinal Döpfner hat ihr in den letzten Jahren einen beträchtlichen Teil seiner Zeit gewidmet. Er ist ihr anerkannter Führer geworden, wie die Synode am Schluss, bei der Dankesrede, mit fast stürmischen Ovationen selbst bezeugte. Auf der Gemeinsamen Synode hat er auch immer wieder programmatische Reden gehalten, von denen die letzte im November 1975 eine besondere Bedeutung hat. Die Gemeinsame Synode hat verhindert, dass in der Kirche der Bundesrepublik Deutschland zu große Polarisierungen entstanden sind und dass es zu Extrembildungen erheblichen Ausmaßes gekommen ist. Kardinal Döpfner hat die Gemeinsame Synode in der Funktion dieses Dienstes an der Einheit der Kirche gesehen und mit allen Kräften diesen Prozess des Gesprächs zwischen allen Gruppen gefördert. Zusammenfassend kann darum aus seiner letzten Silvesterpredigt des Jahres 1975 die Bedeutung der soeben beendeten Würzburger Synode hervorgehoben werden: „Wir wollen einander annehmen und ertragen. Das besagt, dass wir miteinander reden, hinhören, uns informieren lassen, die Motive und die letzte Einstellung des anderen zu verstehen suchen, uns sorgfältig vor Unterstellungen hüten, eigene Missgriffe eingestehen, immer wieder neu mit unserem und der anderen Versagen rechnen und zur Verzeihung bereit sind. Ganz wichtig ist es, dass wir die umfassende Gemeinschaft der Kirche gelten lassen, ja uns ausdrücklich und von innen heraus zu ihr bekennen und uns für sie in unserem Vorgehen verantwortlich wissen." So hat Kardinal Döpfner, Präsident der Gemeinsamen Synode, in seiner schon erwähnten Schlussansprache einen dreifachen Impuls angesprochen, der auch seine eigene pastorale Leitlinie darstellt: Aufeinander zugehen, miteinander reden und gemeinsam sprechen, den Geist Jesu Christi bezeugen und daraus handeln. Damit hat er wohl auch die Mitte seines eigenen Lebens und Wirkens zur Sprache gebracht.

Bis in die letzten Tage seines Schaffens hat sich Kardinal Döpfner in diesem Sinne um die Einheit der Kirche bemüht. In der letzten Woche seines Lebens hat er einander entgegengesetzte Gruppen empfangen und die Zerreißprobe zwischen ihnen besonders hart empfunden. Ich erinnere mich an ein überdurchschnittlich langes Telefongespräch drei Tage vor seinem Tod – es diente der Entscheidung über die letzte Fassung des Geleitwortes zur Veröffentlichung der Synodenbeschlüsse in der Offiziellen Gesamtausgabe. Er war in einer seltenen Weise erschöpft und freute sich auf den unmittelbar bevorstehenden Urlaub. Am letzten Tag vor der Abreise in den Urlaub, am Samstag, 24. Juli 1976, sollte das unermüdliche Herz des Seelsorgers Julius Kardinal Döpfner für immer stillstehen.

Anteilnahme und Betroffenheit über diesen Tod blieben nicht auf die deutschen Katholiken beschränkt. Viele Nichtkatholiken und Nichtchristen in Deutschland und nicht wenige Menschen in aller Welt trauerten, weil sie in Julius Kardinal Döpfner einen Mann der Kirche kennen gelernt hatten, dessen offene Art fast wie von selbst menschliche Anerkennung und großes Vertrauen hervorgerufen hat.

V. Was bleibt von Julius Kardinal Döpfner?

Wir alle sind die Erben seines Vermächtnisses. Es gibt wohl Impulse, die auch für unser heutiges Leben in der Kirche maßgeblich geblieben sind. Ohne Anspruch auf Vollständigkeit möchte ich wenigstens einige nennen.

An erster Stelle muss Döpfners männliche, innige und herzhafte Frömmigkeit genannt werden. Immer wieder suchte er, jeden Tag neu ansetzend, die Begegnung mit dem lebendigen Gott. Dies gab Julius Kardinal Döpfner den verlässlichen Grund und Boden, auf dem er fest im Glauben stand. Weil er in erster Linie Diener des Glaubens sein wollte, hat er sich trotz zunehmender Sorge um die Weltverantwortung des Christen nie in unmittelbar parteipolitische Auseinandersetzungen verstricken lassen. In den letzten Jahren hat er mit einer großen Unerschrockenheit und – wenn nötig – auch mit dem Mut zur Unpopularität gegen die Erosion ethischer Grundüberzeugungen in Staat und Gesellschaft Stellung bezogen. Man musste erfahren haben, wie er betete und Gottesdienst feierte, die heilige Schrift las und geistliche Gespräche führte, um die Tiefe der Quellen seiner Frömmigkeit ahnen zu können. Es scheint mir, dass zwei Verhaltensweisen eng mit dieser letzten Gründung im lebendigen Gott zusammenhängen. Einmal ist es die vorbehaltlose Zuwendung und grenzenlose Offenheit, mit denen er den Menschen begegnete. Niemand zweifelte, dass er ein Mann der Kirche war, aber seine unerschütterliche Bindung an Gott selbst ließ ihn nie zu einem Funktionär werden. Nichts hasste er mehr als bestimmte Formen des Klerikalismus. Ein anderes Merkmal seines Verhaltens war die Ehrlichkeit und Aufrichtigkeit seines Ringens und Suchens nach Lösungen. So entschieden er sein konnte, wo es um letzte Oberzeugungen ging, so freimütig gestand er auch Verlegenheiten und Nöte ein, die ihm im Glauben und in der Pastoral zu schaffen machten. Gerade durch diese Unbeirrbarkeit in der grundlegenden Orientierung des Glaubens und Lebens *und* im solidarischen Suchen und Fragen mit dem heutigen Menschen gewann er Vertrauen.

Döpfner war durch und durch Seelsorger. Er war kein Spezialist in irgendeinem Bereich des kirchlichen Lebens. Immer mehr hatte er das Ganze vor Augen. Dies gilt auch für die Theologie. Immer ging es ihm jedoch um eine geistige und theologische Begründung des christlichen Lebens und des Vorgehens in der Kirche. Er war kein Taktiker und kein Kirchenpolitiker, wenngleich er von beidem etwas verstand. So hat er die beschränkte Zeit außerordentlich sparsam verwendet, um immer wieder gediegene theologische Veröffentlichungen zu lesen. Stets holte er sich Rat, was sich denn angesichts der knappen Zeit zu lesen lohne. Je mehr er sich im Detail beraten lassen musste, um so sicherer wurde sein Instinkt, „ob denn das Ganze und die Richtung stimmen“.

Döpfners Frömmigkeit kann nicht verstanden werden ohne das Kreuz. Er hat sich immer wieder zum Kreuz hingeflüchtet, wenn es sich um das Bestehen von Nöten und die Oberwindung von Sackgassen handelte. Professor Hans Wimmer hat an der Gedenktafel für Julius Kardinal Döpfner im Liebfrauendom in München diesen Urakt der Zuwendung zum Kreuz Jesu Christi ebenso lebendig festgehalten wie Christine Stadler in dem Kreuz, das sie für seinen Schreibtisch gestaltet hatte. Das Kreuz gab dem Kardinal die Kraft, jene Spannung auszuhalten, an der viele scheitern: Leben mit der Kraft einer unbesiegbaren Hoffnung, ohne die Widerstände und Schwierigkeiten des Lebens zu verdrängen. In diesem Sinne konnte Döpfner manchmal ein geradezu erbarmungsloser Realist sein. Er kannte den Menschen. Dennoch überwog bei allen tiefen Enttäuschungen stets der Mut zu neuen Schritten nach vorwärts. Er hatte auch noch in schwierigen Situationen seinen echten Humor, ohne je zynisch zu werden.

Dies alles hat sich auch in seiner Fähigkeit zur Führung und Leitung gezeigt. Er konnte auch jungen Leuten ein hohes Vertrauen schenken. Arbeitsteilung und Delegation waren für ihn selbstverständlich. Seine Brüderlichkeit und Offenheit machten einen kollegialen Leitungsstil leicht möglich. Er scheute jedoch nicht die Last der ganzen und letzten Verantwortung, auch wenn ihm vieles vorbereitet worden war. Alle Partner auf den vielen Ebenen seines Wirkens schätzten darum auch die Zuverlässigkeit und Aufrichtigkeit seines Vorgehens. Immer wieder hat er die Priester um Vertrauen in der Zusammenarbeit mit Laien gebeten. Seine Führung blieb auch dadurch glaubwürdig, weil er stets selbstkritisch blieb und auch zu Korrekturen bereit war, wenn sie sich als notwendig erwiesen.

Viele konnten die Spannweite dieses Charakters in seiner Komplexität nicht zusammenhalten. Er konnte vorwärts stürmen und war doch redlich immer wieder um die inneren Zusammenhänge der Geschichte des Glaubens und der Kirche bemüht. Er konnte anders gerichtete Entscheidungen annehmen, ohne dem Partner die Kraft seiner eigenen Argumente vorzuenthalten. So hat er auch in den Fragen der vatikanischen Ostpolitik und auf vielen anderen Feldern mit Papst Paul VI. und seinen Mitarbeitern gerungen. Er wusste um das Bewahrenswerte in der Kirche, für das er sich leidenschaftlich einsetzte, aber auch um die Reform als ein Wesenselement. Wer freilich nur eine dieser Komponenten erfasst hat, konnte ihn nicht verstehen. Hässliche Worte wie „Gummitiger“ zeugen davon. Was ihn am meisten erschütterte, war da und dort die Erfahrung, in der Großzügigkeit hohen Vertrauens missbraucht worden zu sein. Dies galt auch gegenüber Enttäuschungen in der nachkonziliaren Erneuerung der Kirche, zum Beispiel im Blick auf die Freiheit der liturgischen Gestaltung und Amtsniederlegungen von Priestern.

Ich möchte an dieser Stelle schließen. Wir können hier keine Biografie von Julius Kardinal Döpfner schreiben. Ein jäh abgebrochenes Leben wird ohnehin fragmentarisch bleiben. Es öffnet sich jedoch in das Geheimnis Gottes hinein. Mehr kann von einem Christenmenschen ohnehin nicht gesagt werden.

B) **Joseph Kardinal Höffner**[7]

I. Die wissenschaftlichen Wurzeln von Joseph Höffner

Mit Joseph Höffner sind im Jahre 1962, als das Konzil begann, eine ganze Reihe von Bischöfen ernannt worden: die Bischöfe Schick, Graber, Volk, Frotz. Jeder Bischof bringt auf seine Weise all das, was er in Jahrzehnten seines Dienstes als Priester gearbeitet und an Erfahrungen gewonnen hat, in sein Amt ein, ob er nun Pfarrer, Generalvikar, Regens, Caritasdirektor, Theologe oder im Diplomatischen Dienst der Kirche war. Diese Vielfalt der Berufungen und auch der Kompetenz ist gewiss durch den einen Auftrag zum Bischofsamt etwas abgemildert, aber sie macht auch in aller Einheit den Reichtum und die Fülle gerade einer größeren Bischofskonferenz aus. Auch im Amt gibt es sehr vielgestaltige und verschiedene Charismen, die dem Ganzen dienen.

Als Bischof Höffner mit 56 Jahren mit der Leitung der Diözese Münster beauftragt wurde, brachte er zwei große Erfahrungsdimensionen in sein Amt mit: er war über fast ein Jahrzehnt Kaplan und Pfarrer. 17 Jahre lang wirkte er in Trier und Münster als Professor der Pastoraltheologie und vor allem der Christlichen Sozialwissenschaften. In verhältnismäßig kurzer Zeit wurde er nach dem römischen Studium zum Doktor der Theologie (1938), zum Doktor der Wirtschaftswissenschaften (1940) promoviert und 1944 habilitiert. Alle diese akademischen Grade einschließlich des Diplom-Volkswirts (1939) erwarb er an der Universität Freiburg im Breisgau. In diesen Studien behandelte Joseph Höffner Themen, die ihn in methodischer Fragestellung und auch im Blick auf seine Denkweise für später prägten: Bauer und Kirche im deutschen Mittelalter[8]; Wirtschaftsethik und Monopole im 15. und 16. Jahrhundert[9]; Christentum und Menschenwürde. Das Anliegen der spanischen Kolonialethik im Goldenen Zeitalter[10]. Dies waren Themen, die rasch einen Brückenschlag in gegenwärtige Themenbereiche erlaubten und zugleich erzwangen. Ich weise nur hin auf den Übergang von der Studie über die frühneuzeitlichen Monopole auf das Machtproblem in der Wirtschaft, vor allem aber auf Probleme der Wettbewerbsethik und der Wirtschaftsethik überhaupt. Zugleich war das Verhältnis zwischen planwirtschaftlichen Lenkungsmaßnahmen und marktwirtschaftlicher Konzeption angesprochen. Es war notwendig, dass der junge Gelehrte sich immer mehr einen eigenen Ort schuf zwischen dem so genannten Ordoliberalismus der Freiburger Schule, hauptsächlich seines Lehrers Walter Eucken, und der Katholischen Soziallehre. In den Nachkriegsjahren kam Joseph Höffner bald zu großer Anerkennung, vor allem als er 1951 Professor der Christlichen Sozialwissenschaften an der Universität Münster und besonders Gründer sowie erster Direktor des Instituts für Christliche Sozialwissenschaften wurde. Die Schriften und das Jahrbuch des Instituts machten bald in der größeren akademischen Welt Höffners Namen bekannt. In den Wissenschaftlichen Beiräten der Bundesministerien für Familien- und Jugendfragen, für Wohnungsbau und für Arbeits- und Sozialordnung konnte er an der Nahtstelle von Theorie und Praxis mit anderen zum Initiator vieler sozialpolitischer Maßnahmen werden, die zum festen Bestandteil der Geschichte der Bundesrepublik Deutschland gehören (z.B. „dynamische Rente"). In dem 1966 erschienenen Sammelband „Gesellschaftspolitik aus christlicher Verantwortung" (hg. v. W. Schreiber und W. Dreier) lassen sich leicht die aktuellen Themen dieser Jahre verfolgen: technischer Fortschritt und Heil, sittliche Probleme der Automation, Ethos der Freizeit, Eigentumsstreuung als Ziel der Sozialpolitik, Familienlastenausgleich, Handwerkerversorgung usw. Diese Einsichten und Erfahrungen, viele Kontakte und Begegnungen, ein hohes Ansehen und Gesprächsbereitschaft nach vielen Seiten brachten Joseph Höffner in sein neues Amt mit. Der geschichtliche Sinn für Entwicklungen und bleibend gewordendes Erbe des Menschen und der Kirche ging ihm nie mehr verloren. Qualitätssinn und Nüchternheit, durchsichtige Logik und prägnante Knappheit zeichneten auch später den Bischof und Kardinal aus.

Für Joseph Höffner war aber auch seine Heimat wichtig. Schon früh sammelte er und schrieb auf, was er vom Brauchtum seines Geburtsortes Horhausen in Erfahrung bringen konnte. Noch heute spürt man seine Verehrung für Vater und Mutter sowie die enge Gemeinschaft der acht Geschwister und der ganzen Familie. Kennzeichnend ist ein kleines, treffendes Wort, das er beim 80. Geburtstag prägte: „Auch der Bischof stammt aus einer Familie, und ich weiß, welche Kraft sich hier birgt. Ohne Herkunft keine Zukunft".[11] Hier wurzelt auch seine tiefe, unerschrockene und konsequente Gläubigkeit, die ihn bis heute prägt.

II. Der Konzilsvater Joseph Höffner

Knapp vier Wochen nach der Bischofsweihe begann das Zweite Vatikanische Konzil – für einen neugeweihten Bischof zwar ein seltenes Geschenk, aber kein leichter Beginn im Bistum. Der Konzilsvater Joseph Höffner wurde in die Konzilskommission für Erziehung und Bildung berufen. Aus dem Konzilsgeschehen möchte ich nur vier Beiträge nennen, die seinen Einsatz bekunden. Bei der Debatte zum Dekret über das Laienapostolat wies Höffner darauf hin, dass die soziale Frage heute im Mittelpunkt stehen sollte. In der Diskussion über die Sozialen Kommunikationsmittel berichtete er von guten Erfahrungen in der Zusammenarbeit der Konfessionen auf dem Gebiet der Kommunikationsmittel. Bischof Höffner bemühte sich schon früh um eine Klärung der gegenseitigen Zuordnung von Priesterrat (vgl. PO 7) und Pastoralrat (vgl. CD 27). Sein Beitrag zur Schlussdebatte um die Pastoralkonstitution „Gaudium et spes" zeigt ihn in seinem Element: Er kritisiert die allzu optimistische Beurteilung der „Welt" und die Fortschrittsgläubigkeit. Er bleibt skeptisch gegenüber einer triumphalistischen Einschätzung im Blick auf eine Erneuerung weltlicher Lebensordnungen. Der Sozialwissenschaftler Joseph Höffner bleibt der nüchtern an Genauigkeit gewöhnte Realist. Auch wenn er selbst ein hoffnungsfroher und mutig in die Zukunft blickender Mensch ist, so ist er zeitlebens nicht bereit, diesen „Optimismus" von der exakten Bestandsaufnahme und schonungslosen Erkenntnis der Wirklichkeit abzukoppeln. Es versteht sich fast von selbst, dass Kardinal Höffner gerade auch in der bewegten nachkonziliaren Zeit ein Mann mit ruhig abwägendem Maßstab blieb, der auch in der Beurteilung der Konzilsauswirkungen sich weder von globaler Schwarzseherei noch von einem verharmlosenden Vertuschen von Fehlentwicklungen leiten ließ.

Als 1966/67 eine Neuordnung der bischöflichen Kommissionen erfolgte, war Bischof Höffner über zehn Jahre Vorsitzender der Kommission für gesellschaftspolitische Fragen. Die Themen jener Jahre seien nur angedeutet: Aufarbeitung und Anwendung der Pastoralkonstitution „Gaudium et spes", Stellung der Kirche in der pluralistischen Gesellschaft, „Studentenrevolte" (1968), Katholische Soziallehre und Neomarxismus, Arbeitslosigkeit, Betriebsräte und Kirche, Christsein in der Wohlstandsgesellschaft – gültige Themen bis heute. Damals beginnt auch in der Kommission für gesellschaftspolitische Fragen die Beschäftigung mit der geplanten Reform des Strafrechts, besonders dem Lebensrecht des ungeborenen Kindes und des sterbenden Menschen. Bischof Höffner ist stets, im Einklang mit der kirchlichen Lehre, für das Lebensrecht gerade der Schwächsten eingetreten. Er ist nie müde geworden, den Skandal der hohen Abtreibungszahlen öffentlich beim Namen zu nennen. Was Kardinal Höffner damals mit seiner Kommission erörterte, ist weithin auch heute noch richtungweisend in dieser Frage. Es scheint mir ein besonderes Vermächtnis der beiden so verschiedenen, aber z. B. in der Frage Abtreibung ganz und gar einmütigen Vorsitzenden unserer Bischofskonferenz (Döpfner und Höffner) zu sein, dem wir künftig ebenso alle Kraft widmen wollen.

Seit 1970 war Kardinal Höffner auch Vorsitzender der Kommission für Priesterfragen. Unter seinem Vorsitz sind die Grundlagen für die heutige Priesterausbildung und die Fortbildung der Priester gelegt worden. Der Themenkreis dieser Kommission ist natürlich noch viel weiter. So hat sich z. B. diese Kommission auch mit der Krise der Priester in der nachkonziliaren Zeit behutsam und hilfreich beschäftigt. In diesem Zusammenhang müssen auch viele Beiträge Kardinal Höffners in der bewegten Zeit der Gemeinsamen Synode der Bistümer in der Bundesrepublik Deutschland (1971–1975) genannt werden, die am Anfang und streckenweise von vielen Polarisierungen im Umfeld geprägt waren.

III. Kardinal Höffner als Vorsitzender der DBK

Als Kardinal Höffner am 21. September 1976 Vorsitzender der Deutschen Bischofskonferenz wurde, hatte er jeweils etwa sieben Jahre im Bistum Münster und im Erzbistum Köln Erfahrungen gemacht. Unermüdlich hat er der Deutschen Bischofskonferenz seine fast unerschöpflich scheinende Arbeitskraft und seine hohe Klugheit vorbehaltlos zur Verfügung gestellt. Gab es anfangs nach dem plötzlichen Tod Kardinal Döpfners und der Wahl Kardinal Höffners noch Bedenken, so hat der Vorsitzende durch Hingabe in der Sache, Klarheit des Wortes, Objektivität des Urteils und Güte des Herzens in relativ kurzer Zeit ein hohes Vertrauen erhalten. So wurde er rasch über seine Funktion hinaus zum anerkannten Sprecher der katholischen Kirche in der Bundesrepublik Deutschland. Es ist Kardinal Höffner rasch gelungen, die verschiedenen Ansätze und Kräfte in der Bischofskonferenz zu integrieren und zu einem tragfähigen Konsens zu bringen. Glaubwürdigkeit in der Person, persönliche Aufrichtigkeit, Entschiedenheit in der Sache und eine unzweideutige Sprache haben ihm auch da Sympathien eingetragen, wo man ihm innerhalb und außerhalb der Kirche ferner stand oder nicht immer seine Meinung teilte. Lassen Sie mich an dieser Stelle ein Wort aus dem Glückwunsch zum 80. Geburtstag (24. Dezember 1986) wiederholen.[12] „Für die Sache des Glaubens und der Kirche war es stets ein Gewinn, wie Sie von Ihrer Persönlichkeit her Verbindlichkeit und Liebenswürdigkeit, Mut zum Bekenntnis und menschliche Offenheit miteinander zu vermitteln wussten. Es ist das Geheimnis Ihrer Person und wohl auch die Frucht Ihres Lebensweges, dass Sie Festigkeit in den Grundüberzeugungen und Prinzipien mit einer beinahe jugendlichen Frische und Elastizität gegenüber vielen Herausforderungen glaubwürdig verbinden können. Dies hat Ihnen bis in das hohe Alter hinein, das wir feiern dürfen, ermöglicht, geistesgegenwärtig im Sinne des Evangeliums zu sein, nämlich den bleibenden Anruf Gottes in den heutigen geschichtlichen Situationen vernehmbar zu machen, ohne je konformistisch zu wirken." Kardinal Höffner hat stets einen brüderlich-kollegialen Stil der Führung und Leitung gesucht. Er war bemüht um Ausgewogenheit und gutes Klima. Wo es notwendig war, suchte er Einheit. In allem anderen war er erstaunlich großmütig und großzügig. Er trug den regionalen Besonderheiten und der spezifischen Lage der einzelnen Bistümer Rechnung. Gerade dadurch blieben wir auch in schwierigen Fragen trotz unterschiedlicher Stimmen ohne Frontbildungen beieinander, aussage- und handlungsfähig. Bei aller Verantwortung für das Ganze hatte der Kardinal großen Respekt für die unantastbare Verantwortung des einzelnen Bischofs. Wir danken ihm für das unablässige Zeugnis unseres Glaubens in der Öffentlichkeit, für die unbequemen Mahnrufe ebenso wie für die ermutigenden Aufrufe. Die Kontaktbereitschaft unseres Vorsitzenden gegenüber den Medien hat uns immer wieder Gehör verschafft. Vermutlich kennen nur wenige das Ausmaß von Disziplin und Arbeitskraft, die Joseph Höffner allein schon durch diesen Einsatz abverlangt wurden.

Kardinal Höffner hatte eine hohe Auffassung von seinem Amt als Bischof. Aber er selbst hat seine Person nie mit seinem Amt verwechselt. Er stellte alle Gaben und Fähigkeiten in den Dienst seines Auftrags, aber demütig trat er vor der Sache, für die er bestellt war, zurück. So hat er auch in anderer Hinsicht zwischen Sache und Person unterschieden. Es gab bei ihm auch bei harten und sehr kontroversen Auseinandersetzungen nie ein abwertendes Wort über Personen. Diese innere Einstellung machte ihn auch in schwierigen Situationen unbefangen. Er brauchte keine Rücksicht auf die betreffende Person zu nehmen und konnte in der Sache hart und unerbittlich sein.

Kardinal Höffner ist ganz und gar ein Mann der Kirche. Für sie hat er sich eingesetzt, für sie stellt er sein Leben zur Verfügung. Bei seinen Äußerungen in den gesellschaftlich-politischen Raum hinein ging es ihm jedoch vom Ansatz her nicht in erster Linie darum, spezielle Interessen der Kirche zu vertreten und durchzusetzen. Sein Ansatzpunkt war vielmehr das Gemeinwohl. Gerade deshalb hat er mit Entschiedenheit das zunächst nur beiläufig verwendete Stichwort „Grundwerte" aufgegriffen und erkannte darin das Problem gemeinsamer ethischer Maßstäbe innerhalb einer pluralistischen Gesellschaft. Ein großer Teil seiner bedeutenden Einleitungsreferate seit 1976 diente Themen aus diesem Bereich: Der Staat, Wirtschaftsordnung und Wirtschaftsethik, Dimensionen der Zukunft, Friede, Bewahren der Schöpfung, Europa. Ihm war das Engagement für die Prinzipien der Katholischen Soziallehre und für das Gemeinwohl nahezu identisch.

Da auch das Bild der Kirche ganz als Sakrament des Heils für die Welt verstanden wurde, musste er nicht zwischen speziellen Kircheninteressen und Belangen des Gemeinwohls unterscheiden. So hatten die großen Themen über die Kirche bei den Einleitungsreferaten immer auch eine außerordentliche Bedeutung für die Gesellschaft: „Bischof Kettelers Erbe verpflichtet“, „Soziallehre der Kirche oder Theologie der Befreiung?“, „Die Weltkirche nimmt Gestalt an“, „Die Wahrung der Einheit in der Kirche“, „Pastoral der Kirchenfremden“. So scharf Höffner Kirche und Welt, Heil und Wohl zu unterscheiden wusste, eine schlichte Trennung in Heilsdienst und Weltdienst als total verschiedene Bereiche konnte es für ihn nicht geben. Vor diesem Hintergrund kann man verstehen, warum ihm sehr viel am Gespräch zwischen der Kirche und den gesellschaftlichen Gruppen lag. Er sah im Interesse des Gemeinwohls auch die Notwendigkeit der Zusammenarbeit mit Gruppen, die in Teilbereichen kontroverse Vorstellungen zur Kirche haben. Hierin beruhte auch z.B. seine grundsätzliche Gesprächsbereitschaft mit der Partei der Grünen, wenngleich er nicht bereit war, im Vorfeld des Dialogs Beleidigungen und Diffamierungen einfach hinzunehmen und manche Programmpunkte (z.B. zu Fragen der Abtreibung) heftig bekämpfte.

Hier liegen auch die Motive, warum Kardinal Höffner zu den zentralen Problemen der Gegenwart eindeutig, verständlich und mutig Stellung genommen hat. Viele Menschen haben ihm – weit über die Kirche hinaus – ihre Zustimmung, wenigstens aber Respekt und Würdigung gezollt. Die Menschen waren dankbar für eine klare Orientierung in einer verwirrten und verwirrenden Zeit. Was für das öffentliche Wort gilt, gilt erst recht für das persönliche Gespräch. Wir können nur ahnen, welchen Dienst Kardinal Höffner unserem Volk und der Kirche dadurch geleistet hat, dass er in unzähligen persönlichen Gesprächen den politisch Verantwortlichen den von ihm erbetenen Rat in besonders schwerwiegenden Fragen gegeben hat. Den Aufgaben des Staates, dem Gespräch mit dem Träger der politischen Verantwortung und der Pflege eines guten Verhältnisses zwischen Staat und Kirche hat Kardinal Höffner viel Kraft und Zeit gewidmet. Wir konnten bei seinem letzten Einleitungsreferat im Herbst 1986 in Fulda erfahren, wie sehr ihm der Staat bei der etwas modischen Staatsverdrossenheit als notwendige Ordnung bejahenswert und verteidigungswürdig erschien. Zugleich hat er seine

Grenzen und seine Dienstfunktion aufgezeigt. So hat er in zahlreichen Erklärungen die Stimme der Kirche in brennenden Gegenwartsfragen unüberhörbar geltend gemacht, in der Friedens- und Abrüstungsfrage, in den Problemen der Gestaltung des Wirtschaftslebens, bei der Beurteilung der Kernenergie, Bekämpfung der Arbeitslosigkeit, Entwicklungshilfe, Gentechnologie, Rentenreform, Vermögensbildung, Schutz des Lebens. Dabei hat Kardinal Höffner stets aus der Vergangenheit Lehren gezogen, sich dem Heute gestellt und zugleich den Blick auf künftige Entwicklungen gerichtet. Sein klares Denken, das viele Gesprächspartner oft beeindruckte, hat es ihm dabei erleichtert, alle Vorgänge und Prozesse, alle neuen Horizonte und Zeichen der Zeit rasch und richtig einzuordnen.

Vielleicht darf man hier auch ein Wort zur ökumenischen Dimension in Höffners Tätigkeit sagen. Im ganzen machen die unmittelbaren ökumenischen Äußerungen keinen großen Teil seines Lebenswerkes aus.[13] Dies ist von seinem Werdegang und von seinen wissenschaftlichen Interessen her auch naheliegend. Aber die gemeinsame Sorge um das Erbe Jesu Christi trieb ihn um. „Aufeinander hören – miteinander wirken“: dies war sein ökumenisches Programm. Obwohl er die noch bestehenden Grenzen zwischen den Konfessionen nicht beschwichtigte, hat er die Gemeinden seines Erzbistums zur ökumenischen Praxis ermutigt. Manches wichtige Wort unserer Bischofskonferenz, z. B. anlässlich des 450-jährigen Jubiläums der Confessio Augustana (1980) und im Luther-Jahr 1983, hat er sich zu eigen gemacht. Die jahrelange Arbeit der Gemeinsamen Ökumenischen Kommission (1980–1985) mit ihren Veröffentlichungen und Erklärungen hat er stets gefördert. Mit den Vorsitzenden des Rates der Evangelischen Kirche in Deutschland, besonders Landesbischof Prof. Dr. Eduard Lohse (1979–1985) und Bischof Dr. Martin Kruse (ab 1985), verband ihn eine große menschliche Nähe und ein sehr ernstes Bewusstsein gemeinsamer brüderlicher Verantwortung. Gewiss war er der Meinung, wir Christen könnten gerade in gesellschaftspolitisch-sozialer Hinsicht noch mehr gemeinsam tun in unserem Land. Diskret und zielstrebig hat er die Ostkirchen gefördert, so vor allem das Orthodoxe Zentrum des Ökumenischen Patriarchates in Chambésy bei Genf. Nicht wenige Grußworte und Begegnungen zeugen von Höffners entschiedenem Willen zur Versöhnung mit dem leidgeprüften jüdischen Volk. Vielleicht darf gerade hier auch sein Einsatz für die Gastarbeiter, Asylanten und besonders auch für die muslimischen Türken genannt werden.

Man darf alle diese Tätigkeiten und Impulse unseres Vorsitzenden gewiss nochmals von seinem Bewusstsein um die Sendung der Kirche für die Welt und von ihrer Mitverantwortung für das Gemeinwohl her sehen. So möchte ich diesen Abschnitt mit einem schönen Wort beschließen, das zu den katholischen Journalisten im Jahre 1974 gesagt wurde und das uns zugleich die Brücke schlägt zum weltweiten Wirken: „Der Christ darf nicht mürrisch am Zaun der Welt von heute stehen und ärgerlich zusehen, was da drinnen geschieht. Er muss über den Zaun steigen und handelnd und helfend mitten in der Welt von heute gegenwärtig sein, als Salz und Sauerteig.“[14]

IV. Kardinal Höffner und die Weltkirche

Es muss noch von einer weiteren Dimension die Rede sein. Kardinal Höffner war ein Bischof der Weltkirche. Es hängt sicher auch mit seiner Bildung und wissenschaftlichen Formung zusammen, dass sein Blick von Anfang an auf das Wohl und die Würde aller Menschen gerichtet war. Darum hat er stets über nationale Grenzen hinausgedacht. Dabei war ihm der Aufbau eines geistig fundierten und starken Europa ein Herzensanliegen. Er wurde nicht müde, für eine wirksame Entwicklungspolitik zu werben und für eine gerechte Verteilung der Güter dieser Welt bis hin zu notwendigen Landreformen einzutreten. Der Sammelband „Weltverantwortung aus dem Glauben“[15], ist ein Beleg dafür, dass viele Themen in der ersten und frühen Phase seines bischöflichen Amtes lebendig gegenwärtig sind. Es ist jedoch auch nicht schwer festzustellen, dass der Erzbischof von Köln und Kardinal mehr und mehr zu einem Bischof der Weltkirche heranreifte. Hatte das Konzil schon von Anfang seines Episkopates an ihm die ganze Weite des Bischofskollegiums und der Weltkirche vor Augen gestellt, so hat er die Universalität der Kirche auch in vielen Ereignissen und Begegnungen, Aufträgen und Reisen erfahren. Seit 1971 hat er an den Bischofssynoden in Rom teilgenommen. Es war wohl sein Herzenswunsch, mit der Bischofssynode des Jahres 1987 „Berufung und Sendung der Laien in Kirche und Welt“ sein offizielles Wirken als Vorsitzender unserer Bischofskonferenz und als Erzbischof von Köln zu beschließen. Papst Paul VI. und Johannes Paul II. haben ihn in eine Vielzahl von Gremien und Kongregationen berufen, wobei sein Rat hoch geschätzt wurde (Mitglied der Römischen Kongregationen für Orden und Säkularinstitute, für die Evangelisation der Völker, für die katholische Erziehung, für die Ostkirchen; Mitglied des Sekretariates für die Nichtglaubenden). Seine Aufgabe in der Präfektur für die wirtschaftlichen Angelegenheiten des Vatikans hat er besonders ernst genommen und hier wohl auch die Ratschläge qualifizierter Fachleute eingebracht. Den Bischöflichen Werken, besonders Misereor – von der Gründung her schon besonders mit dem Kölner Erzbischof verbunden –, war er stets mit großer Sorge zugetan. Er erblickte in diesen Werken eine spezifische Besonderheit der katholischen Kirche in unserem Land. Was er für Japan und die Philippinen (ich erwähne nur das Stichwort „Radio Veritas") und besonders die Kirchen in diesen Ländern bedeutet, müssten Kundigere eigens darstellen.

Es bleiben die großen Reisen. Sie hatten alle eine gezielte Sendung. Für Kardinal Höffner war – ähnlich wie schon für Kardinal Döpfner – die vom Konzil geforderte Kollegialität die eigentliche Triebfeder für seine Reisen. So hat er sie auch als „Hilfsdienst" für den Papst gesehen. Angesichts der zunehmenden Pluralität innerhalb der Kirche und der größeren Selbständigkeit der Ortskirchen sei es die große Aufgabe des Petrusamtes, die Einheit in der Vielfalt zu erhalten. Durch Kontakte einzelner Ortskirchen wollte er diese Aufgabe unterstützen. So hat er auch die Pastoralbesuche des Papstes in diesem Sinne interpretiert: als sichtbare Zeichen der Einheit, die zwar Vielfalt anerkennt und bejaht, aber zentrifugalen Kräften entgegenwirkt. Aus der Tatsache, dass Kardinal Höffner fünfmal als Vorsitzender in Polen gewesen ist, geht hervor, wie wichtig ihm die Versöhnung mit diesem Land Osteuropas geworden ist. Mit Frankreich und der dortigen Bischofskonferenz wurde jährlich ein Treffen veranstaltet. Von der ersten Reise nach Indien (1978) ging die Vereinbarung aus, regelmäßige Treffen mit der Indischen Bischofskonferenz durchzuführen. Ähnlich war es bei der Afrika-Reise des Jahres 1981. Kardinal Höffner hat jedoch trotz großer und weiter Reisen nach Asien und Afrika, Mittel- und Südamerika die Schwestern und Brüder in unmittelbarer Nähe nicht vergessen: ich nenne nur unsere Landsleute in der Deutschen Demokratischen Republik und in den skandinavischen Ländern. Die Konsekration der Domkirche von Stockholm im Jahre 1983 war ein Zeichen dafür. Bei seinen Reisen hat Kardinal Höffner immer sehr stark die Katholische Soziallehre vertreten. Dabei ließ er sich auch nicht von „diplomatischen Rücksichten" leiten. Die Mittelamerika-Reise in der ersten Dezemberhälfte 1986 – seine letzte große Reise als Vorsitzender – ist ein gutes Beispiel dafür[16].

In der von den Kölner Historikern P. Berglar und O. Engels herausgegebenen Festschrift „Der Bischof in seiner Zeit. Bischofstypus und Bischofsideal im Spiegel der Kölner Kirche"[17] beschreibt Peter Berglar das Wirken Kardinal Höffners unter dem Titel „Der Bischof der Weltkirche"[18]. Joseph Höffner sei in besonderer Weise die „deutsche konzilsgeprägte Verkörperung" dieser neuen Ausprägung des Bischofsbildes. Es ist in diesem Kontext nicht erstaunlich, dass die beiden Pastoralbesuche Papst Johannes Pauls II. im November 1980 und im Mai 1987 für Kardinal Höffner zu den Höhepunkten seiner 25-jährigen Verantwortung als Bischof und besonders als Kölner Erzbischof und Vorsitzender unserer Bischofskonferenz zählten. Vielleicht darf man die Seligsprechung von Edith Stein am 1. Mai 1987 als einen besonderen Gipfel werten. Liest man die Worte des Kardinals von diesem Tag, kommen viele Intentionen seines Lebenswerkes zum Tragen.

Der 80. Geburtstag unseres Vorsitzenden war ein kaum überbietbares Fest der Anerkennung und der Zustimmung. Die zwei großen Bände „In der Kraft des Glaubens“ aus den Kölner Jahren 1969 bis 1986[19] – vom Erzbistum dem Jubilar gewidmet – sind wie eine große Fundgrube des Wirkens in den vergangenen 17 Jahren.

Nach dem Pastoralbesuch des Papstes kehrte sich Kardinal Höffner nochmals ganz seiner Erzdiözese in Form von Gemeindebesuchen zu. Eine heimtückische Krankheit sollte wenige Wochen danach zum Ausbruch kommen. Am Freitag vor Pfingsten (5. Juni) – er hatte eben seine Predigt zum 25-jährigen Bischofsjubiläum von Kardinal Volk am Pfingstmontag in Mainz abgeschickt – erteilten ihm die engsten Mitarbeiter den Rat, zum Arzt zu gehen. Es war das Fest des hl. Bonifatius. Am 15. August trat Kardinal Höffner vom Amt des Vorsitzenden der Deutschen Bischofskonferenz zurück. Am 13. September haben wir dankbar und doch schmerzlich in seiner Abwesenheit das 25-jährige Bischofsjubiläum in Köln gefeiert. Wir sagen ihm von dieser Stelle aus und zu Beginn unserer Herbst-Vollversammlung einen tiefempfundenen Dank für die unermüdliche Hingabe in diesem Amt. Ich darf damit auch den herzlichen Dank an alle verbinden, die ihn in diesem Dienst unterstützt haben, ganz besonders nenne ich Josef Homeyer, den Bischof von Hildesheim, und Prälat Wilhelm Schätzler, den Sekretär der Deutschen Bischofskonferenz, ebenso aber alle Mitarbeiterinnen und Mitarbeiter in Köln und Bonn. Den Dank an unseren Vorsitzenden habe ich ausführlicher entfaltet in einem Brief an ihn vom 16. August 1987 und in einem Dankeswort am Ende des Gottesdienstes im Kölner Dom am 13. September 1987. Wir können den notwendigen Dank nicht mit menschlichen Möglichkeiten zum Ausdruck bringen. Darum lassen Sie mich schlicht und unserem Glauben gemäß sagen: Vergelts Gott! Kardinal Höffner gibt uns aber auch noch in seinem Leiden und in seiner Krankheit ein letztes Zeugnis seines Glaubens. Er hat immer darauf Wert gelegt, dass ein Priester und Bischof sich nicht selbst sucht, sondern immer auf einen anderen hinweist. So sagte er beim 80. Geburtstag: „Er muss wachsen, ich aber muss kleiner werden“ (Joh 3,30). Das Amt des Bischofs – Ähnliches gilt vom Priester – kostet das Herz. Ein Bischof darf es nie billiger tun.“[20] „Gott hat nun seine Hand auf mich gelegt“, so formulierte er in den letzten Wochen immer wieder. Der Abschieds-Hirtenbrief ist ein großes Dokument dieser Spiritualität. Die Kreuzesnähe dieser letzten Wochen hat er im Erinnerungsbild an das Bischofsjubiläum überdeutlich zum Ausdruck gebracht. Sein Leiden und sein Abschied lehren uns viel über die Vorläufigkeit unseres Dienstes und über das letzte Ziel unseres Tuns. „Die Bischöfe kommen und gehen. Christus aber bleibt in Ewigkeit", so heißt es am Ende des Abschieds-Hirtenbriefes. Mit diesem Bild im Herzen und vor Augen wird es uns gewiss auch gelingen, die Aufgaben, die an uns gestellt sind, fortzuführen und zu bewältigen.

Anmerkungen

1 Vortrag in der Reihe „Allein der Wahrheit Stimme will ich sein" im Rahmen des Domvorträge im Mainzer Dom am 5. Juni 1984. Ich hatte schon seit 1969 viele Domvorträge in Mainz gehalten, übrigens bis heute. Dieser Vortrag war meine erste Rede in dieser Reihe als neuer Bischof von Mainz, gehalten ein Jahr nach meiner Wahl zu diesem Amt. Diese Skizze ist Zeugnis und Programm zugleich. Deshalb sollte der Text unverändert bleiben, auch ohne die sonst notwendigen Nachweise und Anmerkungen.

2 Vgl. meinen späteren Aufsatz „Vom Nutzen des Studiums der Theologie in Rom". Vortrag anlässlich der Feiern zum 1200-jährigen Bestehen des Campo Santo Teutonico am 22. November 1997 in Rom (Città del Vaticano), in: 1200 Jahre Campo Santo Teutonico. Ein Festbericht, hg. v. E. Gatz, Rom 1998, 22–36 (ebenso in: Korrespondenzblatt. Collegium Germanicum et Hungaricum 107 (1998), 47–55).

3 Newman-Studien, 4. Folge, hg. v. H. Fries und W. Becker, München/Leipzig 1960, 269–330.

4 Vgl. Wort aus Berlin. Rundfunkansprachen und Predigten des Bischofs von Berlin; 2 Bde, Berlin 1960/61.

5 Schreiben der deutschen Bischöfe an alle, die von der Kirche mit der Glaubensverkündigung beauftragt sind (Die deutschen Bischöfe 0.1), hg. vom Sekretariat der Deutschen Bischofskonferenz, Bonn 1967.

6 Schreiben der Bischöfe des deutschsprachigen Raumes über das priesterliche Amt. Eine biblisch-dogmatische Handreichung (1970) (Die deutschen Bischöfe 0.3), hg. vom Sekretariat der Deutschen Bischofskonferenz, Bonn o.J. (1981). Vgl. auch die Arbeitshilfe „Der priesterliche Dienst" (Arbeitshilfen 2), hg. vom Sekretariat der Deutschen Bischofskonferenz, Bonn 1972.

7 Dieses Referat über Jospeh Kardinal Höffner habe ich am 21. September 1987, am Vorabend meiner Wahl zum Vorsitzenden der Deutschen Bischofskonferenz, vorgetragen. Am 14. September nahm Papst Johannes Paul II. das Rücktrittsgesuch von Kardinal Höffner als Erzbischof von Köln an, am 15. August war Höffner bereits als Vorsitzender der Deutschen Bischofskonferenz zurückgetreten. Am 16. Oktober 1987 starb Joseph Kardinal Höffner in Köln; er wurde am 24. Oktober im Kölner Dom beigesetzt. In seiner schweren Krankheit durfte ich ihn zweimal im Krankenhaus besuchen. – Seit Mai 1987 musste ich mehr und mehr in meiner Funktion als Stellvertretender Vorsitzender der Deutschen Bischofskonferenz (seit 1985) tätig werden; nach seinem Rücktritt am 15. August erfüllte ich meine Aufgaben als Kommissarischer Vorsitzender. So versteht sich mein Referat am 21. September, das ich bewusst in der Redeweise jener Tage belassen habe.

8 J. Höffner, Bauer und Kirche im Mittelalter, Paderborn 1938.

[9] J. Höffner, Wirtschaftsethik und Monopole im 15. und 16. Jahrhundert, Jena 1941.
[10] J. Höffner, Christentum und Menschenwürde. Das Anliegen der spanischen Kolonialethik im Goldenen Zeitalter, Trier 1947 u. ö.
[11] J. Höffner / G. Zellekes, Zeugnis des Glaubens, der Hoffnung und der Liebe, Köln 1987, 35.
[12] Vgl. ebd. (Anm. 4), 55 f.
[13] Vgl. J. Höffner, In der Kraft des Glaubens, hg. von E. J. Heck, Bd. I, Freiburg i. Br. 1986, 313–338.
[14] J. Höffner, In der Kraft des Glaubens, hg. von E. J. Heck, Bd. II, Freiburg i. Br. 1986, 389.
[15] W. Dreier (Hg.), Weltverantwortung aus dem Glauben. Joseph Höffner, Münster / Regensburg 1969.
[16] Vgl. Begegnungen in Mittelamerika, 6.–12. Dezember 1986, Bonn 1987.
[17] P. Berglar, Der Bischof in seiner Zeit. Bischofstypus und Bischofsideal im Spiegel der Kölner Kirche. Festgabe für Joseph Kardinal Höffner, Köln 1986.
[18] Ebd. (Anm. 10), 429–467.
[19] J. Höffner, In der Kraft des Glaubens, hg. von E. J. Heck, 2 Bde., Freiburg i. Br. 1986.
[20] J. Höffner / G. Zellekes, Zeugnis des Glaubens, der Hoffnung und der Liebe, Köln 1987, 32.

1988

Das Lied der Zuversicht

(20. September 1988, Predigt zu Röm 8,31b–39)

Die Eucharistiefeier ist verbunden mit einem Gedenktag für die koreanischen Glaubenszeugen Andreas Kim Taegon und Paulus Chong Hasang und Gefährten

Die Kirche hat zum heutigen Fest der koreanischen Glaubenszeugen einen besonders kostbaren Text ausgewählt. Er stellt nicht bloß den Schluss des großen 8. Kapitels im Brief an die Römer dar, sondern auch gewissermaßen das kühne Finale der ersten acht theologischen Kapitel dieses Schreibens. Im Grunde ist es ein besonders leuchtendes Beispiel des christlichen Glaubenszeugnisses. In diesem Sinne passt es ganz besonders gut zu den Heiligen des heutigen Tages. Märtyrer sind ja Zeugen, die sich für ihren Glauben bis zur Hingabe des Lebens einsetzen.

Paulus redet überschwänglich. Obgleich er sonst gegenüber jeder überschäumenden Begeisterung, dem Enthusiasmus, eher zurückhaltend ist, weil er das Leid des Menschen und die Not der Welt kennt, scheut er sich nicht, ein Lied zu singen. Er spricht darin von unbeirrter Zuversicht. Dieses Lied kündet von der Liebe Gottes. In einem dreimaligen Spiel von Frage und Antwort nimmt er die Herausforderung an, wie denn der Christ glauben könne angesichts des Leidens in der Welt, das er gerade auch am eigenen Leib erfährt. In den letzten beiden Versen steigert sich das Lied zu einem feierlichen Siegesruf.

Dieser Mensch Paulus könnte von ganz anderen Dingen ein Lied singen. Er kennt die Welt und ihren Jammer. Er verschließt die Augen nicht, um seinem Gott in jenseitiger Ferne den gebührenden Lobpreis entgegenzubringen. Er übersieht auch nicht die Konflikte seiner Welt. Er steht mitten in der Gegenwart und in ihren Nöten, gleichwohl singt er dieses beinahe übermütig erscheinende Lied.

Warum ist dieses Lied so zuversichtlich? Es verspricht keinen irdischen Erfolg, kein gesellschaftliches Ansehen und keine revolutionären Änderungen. Das Lied weiß, dass sogar manches gegen uns spricht, nämlich unsere Unzulänglichkeiten und Launen, unsere Vorurteile und Schwächen. Mit unseren Sünden schlagen wir Gott ins Gesicht, auch wenn man es nicht sieht. Es mag alles gegen uns sprechen – Gottes Liebe spricht für uns. Dies schafft die unerhörte Zuversicht, dass dieser Einsatz Gottes überall in der Welt für uns gilt, ob wir in verlockenden Höhen oder in bestürzenden Tiefen sind.

Warum ist ein solches Vertrauen, das allen Schwierigkeiten, denen wir begegnen können, trotzt, überhaupt gerechtfertigt? Den Mut zu einer solchen Zuversicht zeigt Gott uns im Geschick seines Sohnes. Jesus Christus hat unser Leben geteilt und ist uns in den Anfechtungen und tödlichen Gefahren des Lebens vorausgegangen. Er ist wirklich der „Anführer des Glaubens". Gott hat sich in seinem Sohn der rauen Wirklichkeit dieser Welt ausgesetzt. Er hat ihn nicht vor den Pfeilen des Bösen und der Gewalt verschont. Er hat ihn in diesem Sinne drangegeben. Er lässt jedoch niemand, der auf ihn vertraut, fallen. Weil Jesus dieses Ja Gottes durch sein eigenes Leben und Sterben offenbar gemacht hat und sich ganz in die Hände seines Vaters fallen ließ, darum ist er auch nicht im Tod geblieben, sondern Gott hat ihn aus der Macht des Todes befreit und endgültig gerettet. Jesus Christus ist nun an der Seite des Vaters und tritt für uns ein. Als Sohn des Vaters ist er zugleich unser Bruder. Da er den Menschen kennt, kann er auch unser Anwalt sein.

Paulus singt dieses Lied der Zuversicht laut und vernehmlich, damit es alle Welt hören kann. Es ist nicht bloß eine flüchtige Regung seines Herzens oder ein Ausdruck privater Hochstimmung. In Jesus Christus hat Gott für alle und für jeden seine tiefste Absicht mit der Welt kundgetan: Er will von sich aus keinen für ewig fallen lassen. Allen sollen die Augen aufgehen über diese Liebe Gottes. An uns liegt es dann, ob wir diese Einladung annehmen oder ausschlagen.

Es gibt eigentlich nur eine Angst und Sorge: Es könnte uns jemand von dieser Liebe, die uns in Jesus Christus konkret und leibhaftig erschienen und mitgeteilt worden ist, trennen. Nicht zufällig ist an zwei besonders wichtigen Stellen der Lesung heute von einem solchen Trennen die Rede. „Wer sollte uns von der Liebe Christi trennen können?" An der entscheidenden Stelle wird darauf mit unüberbietbarer Gewissheit die Antwort gegeben: „Denn davon bin ich überzeugt: Weder Tod noch Leben, weder Engel noch Mächte, weder Gegenwärtiges noch Zukünftiges, auch keine Gewalten, weder Höhe noch Tiefe noch irgendeine andere Kreatur können uns scheiden von der Liebe Gottes, die in Christus Jesus ist, unserem Herrn." Der Priester betet in jeder Eucharistiefeier vor dem Empfang des Herrenmahles in einem stillen Gebet: „… und lass nicht zu, dass ich jemals von dir getrennt werde." Dies ist die einzig wirklich tödliche Gefahr, die dem Menschen droht. Dann hätte er den Grund und den Boden für jede Zuversicht verloren.

Aber gibt es nicht lebensbedrohliche Gefährdungen, die uns noch mehr ängstigen? Gefahr der Zerstörung unseres Lebens und der ganzen Menschheit, durch Krieg und Unfälle, Naturereignisse und Katastrophen, Anfeindungen und Terroranschläge? Paulus hat solche Bedrohungen am eigenen Leib erfahren. Auch in der Zuversicht seines überwältigenden Jubels weicht er ihnen nicht aus. Er nennt sie beim Namen: Bedrängnis, Angst, Verfolgung, Hunger, Gefahr und Schwert. Es sind die irdischen Risiken, denen die Menschen immer ausgesetzt bleiben. Aber Paulus denkt an alle Mächte, die auf den Menschen überhaupt einwirken können: Leben und Tod, Engel und Dämonen, Gegenwärtiges und Zukünftiges, Höhe und Tiefe. Und er bleibt siegesgewiss: Nichts von dem, was geschaffen ist, kann ihn scheiden von der Liebe Jesu Christi. Nicht einmal der Tod.

Dieses Aug' im Auge mit dem Tod, dem letzten Feind des Menschen, fasziniert mich immer, wenn ich diesen Paulus-Text lese und meditiere. Wir Menschen kennen keinen schärferen und mehr ausschließenden Gegensatz als die Spannung zwischen Tod und Leben. Da ist kein Kraut gewachsen. Aber jetzt relativiert Paulus auch nochmals diesen äußersten Widerspruch. Es gibt etwas, was diesen tödlichen Gegensatz zwar nicht auflösen und beseitigen, aber in ihrer hoffnungslosen Unversöhnlichkeit besiegen kann: Die Liebe Gottes und die Gemeinschaft mit ihm in Jesus Christus. Auch vor dem Zukünftigen und Verborgenen gibt es keine letzte Angst mehr.

Dies ist die Antwort des Glaubens, auch auf die Herausforderungen unserer Welt. Sie ist auch das Fundament aller Fragen und Themen, mit denen wir uns in diesen Tagen beschäftigen. Der christliche Glaube hat eine so überwältigende Macht, dass wir nicht das Heil anderswo suchen dürfen: in anderen Religionen, im Traum von einer „Wiedergeburt" in einem neuen Leben, in einer Wende zu einem „neuen Zeitalter" in dieser Welt, in allerhand außerirdischen Möglichkeiten: Gestirne und kosmische Wesen, auch nicht von den Engeln allein – Paulus spricht ausdrücklich von ihnen –, die ja nichts anderes sein wollen als Boten der Liebe Gottes in unser Leben hinein. Um diese unerschütterliche Zuversicht, die vor großen Schwierigkeiten nicht zurückschreckt, geht es auch, wenn wir über Aussiedler und Lebensschutz für das ungeborene Kind sprechen. Gott gibt jedem Menschenwesen ein Lebensrecht – warum maßen wir uns an, in so erschreckendem und immer wachsendem Ausmaß seine Lebenschancen brutal zu zerstören? Wenn wir schließlich über die Verbände im Raum der Kirche sprechen, geht es auch um Organisation und Struktur, aber ihre lebendige Wirkweise in unserer Gesellschaft hängt ab von der Kraft ihrer Glaubensüberzeugung. Und was haben wir für eine andere Antwort gegenüber der Verfolgung jüdischer Mitbürger vor 50 Jahren in unserem Land und allen um ihres Glaubens und ihrer Gewissensüberzeugung verfolgten Menschen in aller Welt?

Der Gottesdienst muss uns immer einfach und still werden lassen. Er schenkt uns die Sammlung des Geistes und – angedeutet durch die betenden Hände – Einfalt des Herzens. Hier schöpfen wir von der unbesiegbaren Kraft der Zuversicht aus dem Glauben. Hier kommen wir allen unseren Problemen auf den Grund. Es kann ja nicht darum gehen, dass wir immer schon fertige Rezepte in die Hand bekommen oder anderen übergeben können, aber wir brauchen einen unbesiegbaren Mut zur Hoffnung und zur Geduld, wenn wir vor unseren Aufgaben stehen. Schließlich geht von dieser großen Gewissheit des Glaubens auch eine hohe Kraft zur Einheit und Einmütigkeit in unseren Beratungen aus.

Liest man das Lied nochmals, staunt man immer wieder über diese fast maßlose Zuversicht. Übermut tut selten gut, sagt ein weises Sprichwort. Unser Text klingt übermütig. Aber manchmal ist der Übermut erlaubt, wenn z. B. junge Menschen im Überschwang der ersten Liebe geradezu verzaubert sind. Mit noch viel größerem Recht darf auch der Glaube von Mal zu Mal seine siegesgewisse und unbeirrbare Zuversicht zur Sprache bringen, wenn er von der Wirksamkeit der Liebe Gottes spricht. Wie gut tut uns diese Botschaft, wo wir so oft in unserer Glaubenskraft wie gelähmt erscheinen, wo wir uns so oft mit Zweitrangigem herumschlagen müssen usw. Paulus ist erfahren genug und spürt den „Stachel im Fleisch", um nicht leichtfertig und überheblich zu werden. Ein überschwängliches und begeisterndes Bekenntnis, das zugleich nüchtern und bodennah bleibt. Eine solche Ermutigung brauchen wir. Hier ist sie uns geschenkt. Amen.

Die Emanzipation der Frau und die Antwort der Kirche – Prolegomena zu den Implikationen der modernen Frauenfrage

Es ist fast vermessen, in einem relativ knappen Text das vielverzweigte, schwierige und umstrittene Thema der modernen Frauenbewegung angehen zu wollen. Ich möchte es dennoch im Sinne einer ersten Situationsanalyse versuchen, weil die Frage uns in ständige Unruhe versetzt und wir der Herausforderung nicht ausweichen dürfen. Es ist an der Zeit, wenigstens eine zusammenfassende Skizze zu entwerfen[1]. Mehr kann es nicht sein.

I. Die Geschichte der Frauenbewegung

„Bewegungen" gehören zur Welt des 20. Jahrhunderts. Sie orientieren sich an einer konkreten Aufgabe, in der sich jedoch sehr viele grundsätzliche Fragen wie in einem Brennpunkt sammeln: Friedensbewegung, ökologische Bewegung, Frauenbewegung. Wir denken aber auch an Jugendbewegung und Deutsche Bewegung, Studentenbewegung und Liturgische Bewegung. Es ist nicht nur und auch nicht in erster Linie der Inhalt, sondern die Spontaneität der Bewegung, welche das Interesse für eine wichtige Frage weckt.

„Bewegungen" haben es an sich, dass sie fast gleichzeitig in vielen Regionen und Staaten aufbrechen, wobei die Impulse, Ideale und Begründungen bei allen sonstigen Unterschieden sehr ähnlich sind. Mit anderen sozialen Bewegungen[2] haben die Frauenbewegungen gemein, dass das Leitbild der Emanzipation auf konkrete Lebenslagen der Industriegesellschaft angewandt wird. Die Frauenbewegungen gründen einerseits im Ideenkomplex der Französischen Revolution, in den Menschenrechtsvorstellungen und im Gedankengut des 19. Jahrhunderts, nicht zuletzt der Romantik. Anderseits sind die wirtschaftlichen Faktoren nicht zu übersehen: Die Struktur des Familienlebens wandelt sich so, dass die Frau in den Arbeitsprozess außerhalb des Hauses einbezogen wird. Eine Fülle von Problemen verstärkt sich dadurch sehr rasch: Ausnutzung der Arbeitskraft der Frau, Alleinsein in einer fremden Umgebung, Wohnungsnot, Frage nach Ausbildung und Beruf. Der alten Frauenbewegung des zu Ende gehenden 19. und des beginnenden 20. Jahrhunderts ging es primär um die Durchsetzung der Gleichberechtigung der Frau. Anfänge finden sich bereits in den siebziger Jahren des 18. Jahrhunderts. Aber erst hundert Jahre später tritt die Frauenbewegung in die Phase der Selbstorganisation. Im Vorfeld politischer Rechte ging es zuerst um den Eintritt in das Berufsleben (1893 Zulassung zum Abitur, um 1900 zu den Universitäten). Den Weg zur vollen Emanzipation auf allen Gebieten sah die SPD vorwiegend in der Sozialisierung der Produktionsmittel (vgl. Gothaer Programm 1875). Sie vertrat innerhalb eines klassenbezogenen Kampfbegriffs konsequent die politische Gleichberechtigung und Gleichstellung der Frauen. Was von vielen lange beantragt und gefordert wurde, ist schließlich z. B. im Blick auf das Wahlrecht der Frauen 1919 eingelöst worden.

Es darf nicht übersehen werden, dass im Bereich der christlichen Kirchen schon früh eigene Frauenbewegungen entstanden sind, die bisher nicht genügend gewürdigt worden sind. Es gibt freilich Ansätze dazu, die mehr genützt werden sollten[3]. Es ist nicht zufällig, dass diese Tendenzen sich nicht primär amtlichen Anstößen verdanken, sondern dass sie überwiegend im freien Raum der Verbände entstanden sind. Darum sind namhafte Frauen hier als Vorkämpferinnen zu nennen, die freilich oft von weitblickenden Geistlichen unterstützt wurden, die die Funktion eines geistlichen Beirats, Präses usw. innehatten.

Auch wenn diese Verbände, wie z. B. Katholische Frauengemeinschaft Deutschlands, Katholischer Deutscher Frauenbund, Sozialdienst katholischer Frauen[4], auch praktische Zielsetzungen vertraten, so fehlt es nicht an direkten und indirekten programmatischen Äußerungen zum Verhältnis der Geschlechter, zum Frausein im Besonderen und zur Stellung und Aufgabe der Frau in der Kirche. Wenn die Verbände auch Anstöße aus der gesellschaftlichen Diskussion aufgenommen und verarbeitet haben, so haben sie in kritischem Bedenken der „Zeichen der Zeit“ dennoch eigene Perspektiven entwickelt. Diese sind freilich mannigfach überlagert durch verschiedene Einflüsse und bedürfen einer sorgfältigen Interpretation. Ähnliches gilt für viele Aufbrüche unseres Jahrhunderts, bei denen man zunächst Gewinn bringende Ansätze zur Klärung der Frauenfrage nicht vermutet: z. B. in der Liturgischen Bewegung, in den neuen geistlichen Bewegungen[5] (zu denken ist an alle Bewegungen, die in besonderer Weise auf ein Engagement der Laien, d. h. auch der Frauen zielen), in den Säkularinstituten und in den klassischen Ordensgemeinschaften. Hier gibt es nicht nur ein reiches Feld für die Frauenforschung in der neueren Kirchengeschichte, die ein differenziertes Bild bietet, sondern auch für die Theorie und Praxis noch manche ungehobenen Schätze, die freilich nicht selten von einer grauen Patina gereinigt werden müssen.

Die Frauenverbände in der Kirche müssen zwar im Blick auf die Probleme und die Sache selbst auf der Höhe der Zeit sein, werden immer auch – wie früher – im Gespräch mit der Gegenwart an manche neue Erkenntnisse anknüpfen, sie dürfen sich jedoch nicht den säkularen Trends der verschiedenen feministischen Bewegungen ausliefern. Damit sie ihnen nicht modisch verfallen, bedarf es allerdings anspruchsvoller, eigenständiger Bemühungen.

Die autonome oder neue Frauenbewegung der letzten Jahrzehnte geht teilweise auf Tendenzen in der Studentenbewegung der 60er Jahre zurück (z.B. „Weiberräte“ im Sozialistischen Deutschen Studentenbund), zum Teil ist sie in ihrer Entstehungsphase (1971–1974/75) auch von der Kampagne gegen das Abtreibungsverbot des § 218 bestimmt. Hierher gehören spektakuläre Aktionen (vgl. z.B. die Selbstbezichtigung „Ich habe abgetrieben“ von 375 Frauen im „Stern“ 1971, Nr. 24). Französische und amerikanische Einflüsse sind hier stark. Im „Jahr der Frau“ – 1975 – scheitert zwar die vom Bundestag verabschiedete „Fristenlösung“ durch die Entscheidung des Bundesverfassungsgerichts vom 25.02.1975, das Echo feministischer Gruppen verstärkt sich aber über den bisherigen Umkreis hinaus[6]. Die plötzlich medienfähig gewordene Diskussion über Probleme des Feminismus wird in eine größere Öffentlichkeit getragen. Verlage erkennen, welcher Bedarf an Literatur zur Frauenfrage besteht. Alle Lebensbereiche werden mehr und mehr erfasst.

Die Schwerpunkte verlagern sich nach der ersten Phase des Aufbruchs allmählich. Die jetzt hinzukommenden Frauen setzen die Existenz einer Frauenbewegung bereits voraus. Sie haben ein geringeres Bedürfnis nach unmittelbarer gesellschaftlich-politischer Arbeit, vielmehr suchen sie durch Selbsterfahrungs- und Theoriegruppen Kontakte mit anderen Frauen, um gemeinsam über ihre Probleme nachzudenken. Ähnliches gilt für themenorientierte Lektüregruppen (z.B. zu Frau und Medizin, Gewalt gegen Frauen, Mutter-Tochter-Problematik usw.). Diese Gruppen existieren allerdings im Allgemeinen nicht lange. Eine Richtung ist nicht klar erkennbar. Es kommt nicht zum Aufbau einer formalen Organisationsstruktur. Nach 1975 sind spontane Aktionen seltener. Seit 1977 stehen wohl mehr einzelne feministische Projekte im Zentrum der Frauenbewegung: Verbreitung von Schrifttum von Frauen (Verlage, Zeitschriften, Druckereien, Buchhandlungen), Kommunikationszentren (Kneipen, Teestuben, Beratungsstellen, oft in Verbindung mit Buchläden), Dienstleistungen alternativer Art (Gesundheits- und Lebensberatungszentren, Therapiezentren, juristische Hilfen usw.). Am bekanntesten sind Frauenhäuser geworden, wo von Männern misshandelte Frauen mit ihren Kindern Aufnahme finden (das erste Frauenhaus entstand in London). Für diese Häuser ist der Gedanke selbstverwalteter Wohngemeinschaften entscheidend. Man will unter allen Umständen nicht zu einem „Objekt traditioneller Sozialarbeit" werden, vielmehr sucht man nach Möglichkeiten neuer Lebensformen. Die neue Frauenbewegung versteht sich im Ganzen als ein Teil der alternativen Kulturszene und baut in diesem Zusammenhang eigene Kommunikationsnetze aus. Der Umfang solcher eigener Organisationen wächst (z.B. Frauenbands, Frauentheater, Filmgruppen, Sommeruniversitäten, Frauenforen, Frauenkongresse, wissenschaftliche Einrichtungen usw.).

Es ist nicht leicht zu sagen, wie sich die Entwicklung der Frauenbewegung in jüngster Zeit gestaltet hat. Es lässt sich jedoch beobachten, dass größere Demonstrationen nicht mehr so leicht zu bewerkstelligen sind. Sie gelingen – wie auch die Jahre 1992/93 zeigen – am ehesten noch im Zusammenhang des Kampfes um den §218. Schwerpunkte der Aktivitäten sind die Forderung völliger Straffreiheit des Schwangerschaftsabbruchs, das Problem der Gewalt gegen Frauen, besonders „Gewalt in der Ehe" mit der Forderung nach strafrechtlichen Maßnahmen, Notrufe für vergewaltigte Frauen, „sexueller Missbrauch", die Durchsetzung von Frauenthemen und -interessen in Forschung, Lehre und Studium, Quotenregelungen, Frauenarbeitslosigkeit, besonders in den neuen Ländern.

In jüngster Zeit gibt es gewiss in der Frauenbewegung auch eine neue Generation von Müttern, die die Erfahrung der Sexualität nicht mehr so grundsätzlich von der Mutterschaft abkoppeln, wie dies in den ersten Generationen der Frauenbewegung der Fall war[7]. Emanzipation und Mutterschaft bleiben zwar in einer Spannung, aber sie schließen sich nicht grundlegend aus. Nicht selten sind es Frauen, die im Beruf gestanden haben, dort auch Erfolg hatten, freilich auch die besonderen Belastungen in Beruf und Haus kennen und nun die neue Erfahrung machen, ihre „Weiblichkeit" neu anzunehmen. Fruchtbarkeit im Kind wird in einer neuen Weise erlebt und als Aufbruch sexuellen Lebens verstanden. Der weibliche Lebenszusammenhang von Sexualität, Ehe, Familie und Beruf erscheint nun nicht mehr derart prinzipiell gestört, als dass „Familie" oder „Beruf" nur im Sinne von Alternativen erscheinen würden. Dieser Zusammenhang von Sexualität, Mutterschaft und Familie mit der Haushaltsrolle und der Verantwortung für das Kind scheint nicht mehr so angegriffen zu werden wie in der Zeit der Frauenbewegung Ende der 60er und der 70er Jahre.

Diese Umorientierung ist freilich nur möglich, wenn alle Mitglieder der Familie – besonders der Ehemann – die Verantwortung für ihre eigenen Angelegenheiten und einen Teil der gemeinsamen Arbeit wenigstens wahrnehmen oder gar konkret annehmen. Insofern setzt diese neuere Wende schon erste Veränderungen in den Partnerschaftsbeziehungen und in der Struktur von Ehe und Familie voraus. Die geschlechtsspezifische Arbeitsteilung in der Familie wird aufgehoben, vermindert oder ist wenigstens – abgesehen von der Sorge um das Kleinkind – nicht mehr so ausschließlich gesehen. Gewiss sind dies nur vereinzelte Stimmen, die sich nicht so deutlich in der großen Öffentlichkeit artikulieren können wie die früher erwähnten Meinungen. Die neuen Trends sind auch nicht frei von tiefen, bleibenden Zweideutigkeiten. Aber sie sind wert, das man sie sorgfältig verfolgt und mit ihnen geistig in Kontakt kommt.

Diese kontroversen Entwicklungen in der Frauenbewegung sollten genauer beobachtet werden. Es gibt auch gewisse Tendenzen – allerdings sehr vereinzelt –, in diesem Zusammenhang den Sinn von Ehe und Partnerschaft neu zu ergründen[8]. Man wird sich freilich vor kurzsichtigen Vereinnahmungen und Illusionen hüten müssen. Aber hier melden sich Anzeichen für eine stärkere Pluralisierung innerhalb der Frauenbewegung, die nicht nur Widersprüche verraten, sondern erhebliche Brüche und Klüfte aufzeigen.

In neuester Zeit sind allerdings auch sehr kritische Töne zu hören, auf die es zu achten gilt[9]. In ihnen macht sich Enttäuschung breit über die moderne Frauenbewegung, die deshalb auch nicht Halt macht vor einer radikalen Infragestellung der Emanzipationsbestrebungen. Hierfür gibt es viele Gründe, die aber immer die Frauenbewegung selber treffen. So wird etwa vermutet, viele Frauen versteckten sich und ihre individuellen Wünsche hinter Gruppen, die kein wirkliches Subjekt seien. Daraus erwüchsen unbestimmte Forderungen nach Mitbestimmung und Autonomie, denen weder Männer noch Frauen gewachsen seien. Die zugrunde gelegte kollektive „Weiblichkeit" gebe es nicht. Die automatische, manchmal zwanghafte Solidarität mit allen Frauen werde zwar ständig beschworen, aber sie greife kaum im Leben. Es gebe im Feminismus zu viel Dogma, zu viel Anklage und zu wenig Selbstkritik und Humor. Man habe zu leicht Sündenböcke vor allem in den Männern gesucht und gefunden, während die Augen verschlossen worden seien vor wirtschaftlichen, politischen und sozialen Krisen. Die Emanzipation sei vielfach theoretisch und oberflächlich geblieben, eine Angelegenheit des gebildeten Mittelstands, ja gut situierter Akademikerinnen, kümmere sich aber nicht um die Situation und die Nöte der einfachen Frau.

Diese gewiss vereinzelte Stimme ist in ihrer Enttäuschung auch das Echo auf eine zu hohe Erwartungshaltung und einige konkrete Fehlentwicklungen. „Feminismus wird benutzt, um sich eine gepolsterte Nische einzurichten, zu der niemand Zugang hat, der nicht das richtige Losungswort an der Tür parat hat … Ich will nicht ins Frauengetto."[10]

Diese zunächst individuelle, aber durchaus verallgemeinerungsfähige Erfahrung darf nicht missverstanden werden. In den Augen einer solchen Kritik sind darum Frauenbewegung, Emanzipation und Feminismus nicht einfach fehlgeschlagen. Es wäre zu billig, aus der Kritik und der Enttäuschung heraus Kapital für eine „konservative" Position, besonders kirchlich-theologischer Herkunft, schlagen zu wollen. Die Sache, die sich hinter den Schlagworten verbirgt, ist zu wichtig. Frustration und enttäuschte Leidenschaft dürfen und können nicht das letzte Wort behalten. Gerade Theologie und Kirche müssen hier zunächst unentwegte Begleiter bleiben.

II. Die Grundfrage nach dem Menschen

Wir wollen freilich nicht nur die innere und äußere Geschichte der Frauenbewegung mit ihren Problemen betrachten, sondern wollen auch die anthropologischen Grundfragen zu verstehen suchen, die sich darin eher verbergen als offenbaren. Überhaupt ist es ein Mangel der philosophischen und theologischen Grundaussagen über den Menschen, dass eine konsequent durchgehaltene Theorie der Geschlechter in ihrer Differenz und Zuordnung weitgehend fehlt. Es ist eher eine Ausnahme, wenn eine Philosophie sich ausdrücklich und eigens mit dem Mann- und Frausein des Menschen befasst. Dies gilt nicht nur für den idealistischen Typ philosophischer Reflexion, z. B. für Hegel, sondern nicht weniger auch für die Existenzphilosophie, von der man eher eine konkrete Analyse der leiblichen Verfassung des Menschen erwarten könnte. Auch z. B. bei M. Heidegger ist das Dasein eigentümlich geschlechtslos. F. Ebner, der Mitgründer des heutigen Personalismus, wollte die Geschlechtsanlage des Menschen aus der weiteren Reflexion bewusst ausschließen, da ihn vor allem „die Geistigkeit des Lebens" interessiert. In gewisser Weise gilt dies auch für die systematische Theologie, obgleich die große Tradition viele Aussagen in unterschiedlichen Kontexten bereithält. Auch die gesicherten Erkenntnisse der modernen Schriftauslegung sind kaum in ihrer Sachbedeutung auf einen wirklichen Nenner gebracht. In diesem Sinne kann man die immer wieder geforderte „Frauenforschung" in Philosophie und Theologie nur begrüßen. Sie muss sich jedoch von zu wenig hinterfragten, oft fragwürdigen theoretischen Voraussetzungen lösen, kann in allen wissenschaftlichen Disziplinen und gewiss nicht nur von Frauen betrieben werden.

Natürlich haben diese Mängel auch ihre Gründe. Eine Theorie der Geschlechter darf sich nicht dem aufgezeigten empirischen Augenschein und ebenso wenig einer realitätsentzogenen Spekulation ausliefern, sondern muss – gerade heute – empirisch-praktische Erkenntnisse und theoretisch-spekulative Reflexion miteinander verbinden. Die weltbildliche Bedingtheit solcher

Vermittlungen liegt, wenn man auf die konkrete Geschichte blickt, auf der Hand, sodass man gut daran tut, auch die durch den eigenen Standort begrenzte Bedingtheit nüchtern zur Kenntnis zu nehmen. Dennoch ist die Aufgabe einer solchen Theorie der Geschlechter unverzichtbar. Sie scheint mir jedoch ohne die historische Dimension der verschiedenen Definitionsversuche von Mann- und Frausein nicht auszukommen.

Die moderne Frauenbewegung richtet sich zunächst gegen jede Form der Ungleichheit zwischen Mann und Frau, besonders wenn diese eine benachteiligende Unterordnung und gar Unterdrückung einschließt. Es ist nicht zufällig, dass beim ersten kritischen Zugriff die männlichen Domänen des Berufes und der öffentlich-politischen Geltung im Mittelpunkt standen. Die alte bürgerliche Revolutionsparole „Gleichheit" forderte nun die Freiheiten für die Frauen nach. Denn bisher waren diese „Menschenrechte" eigentlich vorwiegend „Männerrechte" gewesen, die sich weniger auf die Frau in ihrer Lebenswelt erstreckten. Schon die erste Frauenbewegung um die Jahrhundertwende war hier durchaus kritisch. Sie sah ihr Ziel darin, den Frauen nicht nur äußerlich die gleichen Möglichkeiten wie den Männern zu geben, vielmehr wollte sie die Wertmaßstäbe der Frau in die Welt des Mannes einführen und ihnen zu gleicher Geltung verhelfen. Die Welt der Frau sollte nicht einfach dem männlichen Stil angepasst werden. Die Welt des Mannes sollte aber auch nicht durch eine grundlegend nur weibliche Prägung ersetzt werden. Vielmehr sollte die Welt von beiden Geschlechtern bestimmt sein, in gleichberechtigter Koexistenz sollten sie einander ergänzen.

Es scheint mir, dass spätere Phasen der Frauenbewegung diese Einsicht – wenigstens zeitweise – nicht festgehalten haben. In dem Augenblick, in dem der ursprünglich rechtlich orientierte Emanzipationsbegriff allumfassend verstanden wird, besteht Gefahr, dass im Streben nach totaler Gleichheit jede Differenz der Geschlechter als irrelevant übersehen wird. Wenn dann die politische Dimension der Teilhabe an der „Macht" vorherrschend wird, ist es nicht ausgeschlossen, dass diese Form von „Gleichheit" die Erkenntnis und Wahrung weiblicher Identität gefährdet oder gar unmöglich macht. Wenn das Gleichheitspostulat sich nicht mehr auf genau umschreibbare rechtliche und konkrete gesellschaftliche Rahmenbedingungen bezieht, „Emanzipation" also zu einer Totalkategorie wird, bekommt Gleichheit unter der Hand und oft unmerklich den Sinn von Gleichartigkeit. Diese Gefahr erhöht sich, wenn Frauen – und mögen sie dann auch Recht haben – den Männern das Innehaben gesellschaftlicher Ämter und Positionen streitig machen und auf dieser Ebene mit ihnen in eine Konkurrenz unter denselben Voraussetzungen treten.

Hier erliegen manche Tendenzen in der Frauenbewegung einem Irrtum.

Sie wollen die Belange der Frau gegen die bestehenden Verhältnisse und gegen die Vorherrschaft des Mannes durchsetzen. „Das Gegen-Begehren und das Sichdurchsetzen sind aber ganz männliche Phänomene, die Frauenbewegung entstellt sich mit diesen. Demgemäß wird sie auch oft unfraulich und unschön, gerade im Sinne eines entwickelten Frauenverständnisses“[11]. Frauen werden so rasch denselben Prozessen unterworfen wie die Männer. Denn es ist – vor allem unter solchen Voraussetzungen – keineswegs bewiesen, dass Frauen als Frauen von Hause aus in den öffentlichen Verantwortungsfeldern automatisch eine menschlichere Welt gestalten als Männer. Damit sollen Brutalität und Rücksichtslosigkeit in der „Männerwelt“ nicht geleugnet werden. Aber sie können sich letztlich nur ändern, wenn beide Geschlechter eine neue Kultur fördern, die zweifellos durch zentrale „weibliche“ Eigenschaften bereichert werden kann. Im Übrigen rührt das Schimpf- und Scheltwort „Emanze“, das schon im letzten Jahrhundert in Gebrauch kam, davon her, dass sich die Frau – oft ohne es zu wissen – der Männerwelt anpasst[12]. Nebenbei sei nur erwähnt, dass diese Versuchung, das Frauliche auf derselben Ebene nur zum Gegenprinzip des Männlichen zu erheben, auch bei radikalen Vertreterinnen eines theologischen Feminismus zu beobachten ist, besonders in der Diskussion um Ämter und Dienste. Stillschweigend findet so eine Identifizierung des männlichen und weiblichen Wesens statt. Das Definitionsmonopol des Mannes wird damit auf ungewollte Weise bestätigt. In manchen Tendenzen der Frauenbewegung liegt bei einem solchen Vorgehen ein Selbstwiderspruch vor. Dieser wirkt sich auch darin aus, dass die Frauen sich bei einer offenen oder verborgenen Anpassung an die Männerwelt in mancher Hinsicht überfordern. Fast immer ist es die Frau, die dabei die Zeche zu bezahlen hat.

Bei näherem Zusehen kann man beobachten, wie die neuere Frauenbewegung von zwei Tendenzen bestürmt wird, die nicht leicht miteinander in Einklang gebracht werden können. Dabei geht es nicht um verschiedene Richtungen, denn oft findet sich in einem Typ oder bei einer Vertreterin dieselbe Grundspannung. In gewisser Weise liegt hier auch die Spannung zwischen der alten und der neuen Frauenbewegung[13] begründet. Die eine Tendenz begünstigt eine mehr politisch-gesellschaftlich orientierte, vom Emanzipationsideal geprägte und auf Chancengleichheit ausgerichtete Konzeption. Hier wird der Begriff der „Gleichheit“ so abstrakt genommen, dass er tatsächlich vom Mann- und Frausein weitgehend absieht. Andere Tendenzen, die sich mehr um eine Identitätssuche bemühen und sich darauf konzentrieren, genügt dieser abstrakte Gleichheitsbegriff nicht. Wir haben gesehen, dass diese Richtung vor allem in den jüngeren Tendenzen des Feminismus zum Durchbruch kommt. Hier geht es um die Besonderheit des „Weiblichen". Es liegt auf der Hand, dass diese beiden Orientierungen in der heutigen Frauenbewegung miteinander im Streit liegen. Nicht zuletzt von dieser Grundspannung her rühren auch Widersprüche in der Programmatik und in der Praxis: „Wir müssen immer beides tun; auf Gleichheit pochen und die Verschiedenheit betonen, auf der Identität bestehen und in der Polarität unseren Platz behalten."[14] Eine solche paradoxe Aussage ist nur vor dem aufgezeigten Hintergrund begreifbar.

Solche Aporien sind nicht zufällig. Sie reichen tief zurück in die historischen und systematischen Grundlagenfragen einer Theorie der Geschlechter. Sie können auch von daher nur einer Lösung entgegengeführt werden.

III. Die Aufgabe der Kirche

Diese kleine Skizze sollte nur in ersten Umrissen deutlich machen, wo wir heute stehen, wenn wir uns mit der modernen Frauenfrage auseinandersetzen. Es ist wohl auch erkennbar geworden, wie notwendig eine Grundlagendiskussion ist. Orientierung ist nicht möglich, ohne dass die anthropologischen Fundamente einer Theorie der Geschlechter zur Sprache kommen. Außerdem ist es notwendig, die geistige Sensibilität wach zu halten für das Aufdecken zumeist unerkannter, jedoch einflussreicher Implikationen und Voraussetzungen in den öffentlich diskutierten Programmen. Es hat auch keinen Sinn, aus theologischen Gründen einer Vertiefung der Grundlagen, die es zweifellos von der Schöpfungslehre bis zur Mariologie gibt, der anthropologischen Auseinandersetzung auszuweichen. Wenn die anthropologischen Fundamente nicht stimmen, stehen auch die theologischen Argumente auf tönernen Füßen. Umgekehrt kann die Theologie die anthropologischen Aussagen, wenn sie geklärt sind, außerordentlich befruchten.

Die notwendige Grundlagenreflexion hat viele Dimensionen. Ich habe in den folgenden Beiträgen einige exemplarische Perspektiven aufgegriffen, die im Einzelnen einige in dieser Skizze dargestellten Probleme aufnehmen und weiterführen: Damit soll wenigstens die Grundrichtung aufgezeigt werden, die verlässliche Antworten erlaubt.

Noch viele Probleme wären zu entfalten, wie z. B. Sexualität, Schwangerschaft und Muttersein[15]. Hier fallen fundamentale Entscheidungen. Zu den mehr praktischen Fragen, die jedoch eine tiefere Analyse und Reflexion erfordern, gehört die Veränderung der Stellung der Frau zwischen Ehe / Familie und Beruf[16]. Veränderungen im Leben der Frau und in der Erziehung, aber auch in der Berufs- und Arbeitswelt haben in das Verhältnis von Frau,

Familie und Kind viel Bewegung gebracht. Hier kommt es zu massiven Konflikten, denn die aktive Lebensplanung, die weitgehend zum Leitbild der Moderne gehört, rückt die eigene Person mit ihren Entfaltungsmöglichkeiten in die Mitte. Bindung und Verantwortung für die Kinder geraten zu diesem Streben nach Unabhängigkeit und Selbstständigkeit in eine erhebliche Spannung. An einem ganz zentralen Punkt der heutigen Lebensauffassung kommt es hier für die Frau zu einem massiven Konflikt.

Nach meiner Einschätzung liegt hier eine vorrangige Aufgabe der Kirche, nämlich konkrete Hilfen in dieser Kollision anzubieten. Es hat überhaupt keinen Sinn, die Frauen allein wieder zu Küche und Kind zurückzuschicken. Die Suche nach Freiheit und Gleichheit für alle lässt sich als historische Entwicklung der Moderne nicht zurückdrehen. Sie ist nicht nur eine Erfindung der Frauenbewegung. Nur wenn man dies anerkennt, wird man die wirklichen Konflikte der Frau überhaupt entdecken. Dann erst kommen die wahren Nöte an das Licht, die hinter viel Protest, Leidenschaft und Wut stecken. Die Frau will sich nicht einfach an den Mann angleichen. Es gibt – nicht nur in ihren Augen – schon genügend einseitige Vorherrschaft der „instrumentellen Vernunft“, die der „Männerwelt“ zugeordnet ist. Frauen suchen oft verzweifelt einen Platz der Sorge für Kranke, Alte und Kinder – aber keine Randzone und keinen Schonraum neben dem „eigentlichen“ gesellschaftlichen Leben. Es darf dabei nicht um „Störfälle“ gehen, die angeblich nicht in unsere Welt passen, die Welt vorwiegend des reibungslosen Funktionierens und der ökonomischen Effizienz.

Wir haben als Kirche bisher viel zu wenig diesen konkreten Hintergrund der sozialen und individuellen Situation der Frau in unsere theologischen und vor allem auch pastoralen Überlegungen einbezogen. Das Lob der Mutterschaft überzeugt viele Frauen nur, wenn wir auch diese Probleme wahrnehmen und annehmen, selbst wenn wir sie nicht von uns aus oder gar allein lösen können. So wichtig finanzielle Maßnahmen für junge Familien sind, so lösen sie allein noch nicht die für viele Frauen wichtige Grundfrage: Wie lassen sich Mutterschaft und Familie mit dem eigenen Leben der Frau vereinbaren? Hier ist die Kirche viel radikaler gefragt. Hier ist aber auch die Moderne mit ihrer Lebensauffassung viel radikaler herausgefordert, als sie bis jetzt einräumt. Als Kirche haben wir uns bisher viel zu sehr abseits dieser Herausforderung aufgehalten. Darum genügt es auch keineswegs, die kircheninternen Probleme um Frau und Kirche in den Vordergrund zu rücken[17], ohne die fundamentaleren Aufgaben anzugehen. Das Gespräch darüber, nicht über viele Nebensächlichkeiten, ist längst fällig, auch wenn es streckenweise ein Streitgespräch wird und vielleicht sein muss.

Anmerkungen

1 Der folgende Text geht ursprünglich auf das Eröffnungsreferat vor der Deutschen Bischofskonferenz 1988 zurück. Hier dokumentiert ist die im Band „Glauben bezeugen, Gesellschaft gestalten“ (Freiburg i. Br. 1993) erweiterte und damals aktualisierte Version. 2005 wurde das Thema bei einem Vortrag bei der Fachtagung „Geschlechtergerechtigkeit in Beruf und Familie für Frauen in verantwortlichen Positionen in der Kirche“ erneut erweitert. Für diesen Band ist der nun vorliegende Text aus den beiden genannten Referaten zusammen gestellt worden. Unmittelbare Dopplungen im Übergang der beiden Referate wurden gestrichen. Die Eigenständigkeit der beiden Referate wurde aber beibehalten.

2 Vgl. z. B. J. Raschke, Soziale Bewegungen, Frankfurt – New York 1985.

3 Zur Dokumentation vgl. v. a. W. Beinert, Theologie und kirchliches Frauenbild, in: W. Beinert (Hg.), Frauenbefreiung und Kirche, Regensburg 1987, 51 ff., 77 ff., vgl. auch das Kapitel „Amtliche Dokumente …“ (zusammengestellt von Rudolf Zwank), a. a. O., 99–302; D. Kaufmann, Frauen zwischen Aufbruch und Reaktion. Protestantische Frauenbewegung in der ersten Hälfte des 20. Jahrhunderts, München – Zürich 1988 (vgl. umfassende Bibliographie: 240–264).

4 Dazu ausführlich A. Wollasch, Der Katholische Fürsorgeverein für Mädchen, Frauen und Kinder (1899–1945), Freiburg i. Br. 1991 (vgl. das umfangreiche Quellen- und Literaturverzeichnis: 472–509); A. Rauscher (Hg.), Der soziale und politische Katholizismus. Entwicklungslinien in Deutschland 1803–1963, Bd. 2, München – Wien 1982, vgl. dort vor allem M. Pankoke-Schenk, Katholizismus und Frauenfrage, 278–311. Zu den Vorkämpferinnen vgl. die Porträts in dem mehrbändigen Sammelwerk J. Aretz / R. Morsey / A. Rauscher (Hg.), Zeitgeschichte in Lebensbildern. Aus dem deutschen Katholizismus des 19. und 20. Jahrhunderts, Bd. 1–6, Mainz 1973–1984; H. J. Schultz (Hg.), Frauen. Porträts aus zwei Jahrhunderten, Stuttgart 1981.

5 Vgl. erste Hinweise z. B. zur Liturgischen Bewegung bei T. Berger, Liturgie und Frauenseele. Die Liturgische Bewegung auf der Sicht der Frauenforschung, Stuttgart 1993. Hier wäre auch an Edith Stein zu erinnern, vgl., E. Stein, Keine Frau ist ja nur Frau. Texte zur Frauenfrage, hg. von H.-B. Gerl, Freiburg i. Br. 1989 (vgl. dort auch die Einführung der Herausgeberin: 5–22, 141 f.). Vgl. auch die übrigen eigenen Studien zur Sache von H.-B. Gerl: Die bekannte Unbekannte. Frauen-Bilder in der Kultur- und Geistesgeschichte, Mainz 1988, Wider das Geistlose im Zeitgeist, München 1992, 25–50, 61 ff., 103–114. Für die evangelische Seite vgl. die Auswahltexte in „Frau und Religion: Gotteserfahrungen im Patriarchat“, hg. von E. Moltmann-Wendel, Frankfurt a. M. 1983 u. ö.

6 Vgl. zusammenfassend M. Gante, § 218 in der Diskussion. Meinungs- und Willensbildung 1945–1976, Düsseldorf 1991.

7 Vgl. die Texte in: H. Schröder (Hg.), Die Frau ist geboren I–II, München 1979–81.

8 Vgl. z. B. M. Gambaroff, Utopie der Treue, Reinbek 1984, darin vor allem „Emanzipation macht Angst“ und andere Titel.

9 Vgl. z. B. B. Sichtermann, Wer ist wie? Über den Unterschied der Geschlechter, Berlin 1987, vgl. auch unten Anm. 10, 13, 14.

10 I. Reichel, Frustriert, halbiert und atemlos – die Emanzipation entlässt ihre Frauen, München 1993, 9.

[11] H. Rombach, Struktur-Anthropologie, Freiburg i. Br. 1987, 403.
[12] Vgl. K. M. Grass / R. Koselleck, Emanzipation, in: Geschichtliche Grundbegriffe II, hg. von O. Brunner, Stuttgart 1975, 153–197, bes. 185–191.
[13] Vgl. M. Schenk, Die feministische Herausforderung, München 1980, [5]1990.
[14] B. Sichtermann, Weiblichkeit, Berlin 1983, 102.
[15] Hier ist vor allem das im deutschen Sprachraum viel zu wenig bekannte und diskutierte Apostolische Schreiben von Papst Johannes Paul II. „Mulieris dignitatem" vom 15. 8. 1988 zu nennen, vgl. Text und Kommentare: Dignità e vocazione della donna, Città del Vaticano 1989, vgl. die deutsche Übersetzung u. a. in: Verlautbarungen des Apostolischen Stuhls 86, Bonn o. J.
[16] Vgl. hierzu vor allem E. Beck-Gernsheim, Der geschlechtsspezifische Arbeitsmarkt. Zur Ideologie und Realität von Frauenberufen, Frankfurt – New York 1981; dies., Das halbierte Leben, Frankfurt a. M. 1980 u. ö.; dies., Vom Geburtenrückgang zur Neuen Mütterlichkeit?, Frankfurt a. M. 1984 u. ö.; dies., Die Kinderfrage, München [2]1989; E. Dörpinghaus, Hausfrau – (K)ein Beruf fürs Leben?, Zürich 1991; Cl. Bischoff, Frauen in der Krankenpflege, Frankfurt a. M. [2]1992.
[17] Vgl. dazu vom Verfasser: Kommentar zum Verständnis der römischen Erklärung über die Zulassung der Frauen zum Priesteramt „Inter insigniores", in: Erklärung der Kongregation für die Glaubenslehre zur Frage der Zulassung der Frauen zum Priesteramt in der Reihe „Verlautbarungen des Apostolischen Stuhles", Nr. 3, Bonn o. J. [1977] 53–60; „In allem wie das Auge der Kirche". 25 Jahre Ständiger Diakonat in Deutschland – Versuch einer Zwischenbilanz, in: Lebendiges Zeugnis 14 (1993), Heft 3, 175–191; dort Abschnitt IV: Über einen möglichen Diakonat der Frau.

Theologie und Genderfragen[1]

Wenn ich hier ergänzend und aus dem Jahr 2005 zurückblickend das Wort ergreife, tue ich es vor dem Hintergrund einer gut 25-jährigen Beschäftigung mit den hier anstehenden Problemen.[2] Ich habe mich besonders intensiv vor allem mit den philosophischen und theologischen Implikationen der modernen Frauenfrage beschäftigt.[3] Die Überlegungen wurden bei größeren Veranstaltungen, wie z. B. der Tagung der „Arbeitsgemeinschaft deutschsprachiger katholischer Dogmatiker und Fundamentaltheologen" 1988 und als Festvortrag bei den Salzburger Hochschulwochen vorgetragen und diskutiert. Dazu gehört auch das Thema „Die Emanzipation der Frau und die Antwort der Kirche", das ich als Eröffnungsreferat des Vorsitzenden bei der Herbst-Vollversammlung der Deutschen Bischofskonferenz in Fulda am 19. September 1988 gehalten habe.[4] Ich habe dieses Thema bewusst als erstes Eröffnungsreferat gewählt, da mir die Dringlichkeit immer deutlicher wurde. Ich werde mich hier nicht wiederholen. Freilich brauche ich auch nichts zurückzunehmen von dem, was ich mir früher erarbeitet habe. Auf einige Grundaussagen komme ich später kurz zurück. Was ich hier jedoch als Aufgabe sehe, bedeutet zugleich auf der Linie meiner bisherigen Überlegungen die Fortführung der Auseinandersetzung mit der neueren Entwicklung. Insofern ist dieser Beitrag eine Art von Fortsetzung der früheren Versuche.

I. Ursprung, Sinn und Tragweite der Gender-Kategorie

Es wird zuerst gut sein, sich über den Begriff der Gender-Forschung zu verständigen[5]. Dies ist notwendig, um nicht aneinander vorbeizureden, aber auch um die notwendigen Abgrenzungen treffsicher vornehmen zu können. Der englische Ausdruck *gender* hat sich rasch auch im deutschen Sprachraum etabliert. „Gender" ist eine Bezeichnung vor allem in der Differenztheorie der Geschlechterforschung. Es geht dabei um das Geschlecht als gesellschaftlich bedingten sozialen Sachverhalt, und zwar in Abgrenzung gegenüber „Sex" als natürlich gegebenes biologisches Faktum. Die Verwendung des Begriffs erfolgte im Zug der Ausdifferenzierung der Frauenforschung seit der ersten Hälfte der 80er Jahre. „Gender" wurde zu einem Schlüsselbegriff der feministischen Theologie, und zwar im Sinne einer Kategorie der Kritik und der Theoriebildung. Im Genderbegriff ist – wie schon angedeutet – die Opposition zwischen *sex* und *gender,* dem biologischen und kulturellen Geschlecht, verankert. Die Gender-Forschung reflektiert die kulturellen Konzeptionen von Geschlecht und die Gründe für eine Opposition bzw. Über- und Unterordnung von Frau und Mann. Sie versucht zugleich, den Grunddualismus abendländischen Denkens von Männlichkeit und Weiblichkeit, oft noch in eine hierarchische Wertung eingeordnet, aufzubrechen. Die Genderkonzeption wendet sich gegen die Annahme von der „natürlichen" Bestimmung der Geschlechter und vertritt die historisch und gesellschaftlich-kulturell bedingte Konstruktion des sozialen Geschlechtes. Das soziale Geschlecht ist also das Ergebnis eines gesellschaftlichen Prozesses. Die Genderkategorie lehnt schon durch den Unterschied von *sex* und *gender* eine biologistische Begründung von Geschlechtscharakteren und Geschlechterrollen ab, die auf dieser Grundlage unveränderlich und legitimiert erscheinen. Weiblichkeit und Männlichkeit besitzen eine kulturell bedingte Vielfalt von Bedeutungsmöglichkeiten.

Die Genderkategorie gehört so in den größeren Kontext einer Verhältnisbestimmung zwischen Gleichheit und Differenz in der Relation der Geschlechter. Man muss jedoch zwei Begriffe noch hinzunehmen, die dazugehören, nämlich den Begriff des Konstruktivismus[6] und der Dekonstruktion. Wenn die Genderkategorie zu einer Theorie oder einer Konzeption ausgebaut wird (meist unter dem Stichwort des Gender-Mainstreaming), spielt die Überzeugung, dass alle Wirklichkeit sozial und/oder politisch konstruiert wird, eine zentrale Rolle. Es wird dabei nicht nur die Leistung des Subjekts bei der Erkenntnis und Gestaltung von Wirklichkeit hervorgehoben, sondern dahinter steckt auch die Überzeugung, „dass wir die Welt, in der wir leben, durch unser Zusammenleben konstruieren".[7] Dieser Begriff von Konstruktion erfordert schließlich gegenläufig und zugleich ergänzend den Begriff der Dekonstruktion, weil man unter den beschriebenen Voraussetzungen von der Annahme ausgehen muss, dass man alle so genannten „natürlichen" Phänomene destruieren muss, um auf die vom Menschen gemachten und keineswegs naturwüchsigen Gestaltungen zurückzukommen.[8] Dies ist eine neue Konstellation, die den „alten" Feminismus ablöst, dem vorgeworfen wird, dass er sich auf einen natürlichen und naturwüchsigen Begriff von Frau einlässt und darum angesichts der sozialen, historischen und politischen Vielfalt naiv erscheint.

Freilich wird auch deutlich, dass diese Anwendung der Genderkategorie nur zum Teil wirklich neu ist. Unwillkürlich wird man an das klassische

Grundbuch des Feminismus erinnert, nämlich an „Das andere Geschlecht" von Simone de Beauvoir, wo es bereits 1949 gleichsam als Schlachtruf heißt: „Man kommt nicht als Frau zur Welt, sondern wird es."[9] Es ist nicht zufällig, dass die Pionierpublikationen für das neue Gender-Denken, nämlich Judith Butlers „Das Unbehagen der Geschlechter"[10], diesen Satz und auch eine andere Aussage von L. Irigaray „Frauen haben kein Geschlecht"[11] an die Spitze setzt. Ich brauche hier nicht die spätere Entwicklung auf diese Anstöße hin darzustellen.[12] Freilich könnte man auch auf noch frühere Quellen zurückgehen, z. B. G. Simmel[13].

Nun darf man selbstverständlich nicht unterschätzen, dass „Gender-Mainstreaming" nicht nur eine theoretische Kategorie, sondern ein Konzept zur Herstellung von Geschlechterdemokratie bzw. Geschlechtergerechtigkeit ist. Es geht um die Gleichstellung von Frauen als eine durchgesetzte gesellschaftliche Norm. Danach ist in allen Ebenen und Bereichen, vor allem bei Entscheidungsprozessen, die Geschlechterperspektive einzubeziehen. Nach diesem Konzept sind *alle* Akteure für Geschlechterfragen und Frauenpolitik für Veränderungen in den Geschlechterverhältnissen zuständig, also Männer und Frauen: beide Geschlechter. Dabei geht es vor allem um die Überwindung der Ausschließung und Diskriminierung von Frauen. Das Konzept wurde auf dieser Ebene auf der Weltfrauenkonferenz in Peking (1995) entwickelt und u. a. von der Europäischen Union im Vertrag von Amsterdam (1997) verankert. In gewisser Weise wurde das Gender-Konzept auch im Entwurf eines Vertrags über eine Verfassung für Europa im Jahr 2004 in verschiedener Hinsicht formuliert. Die Gleichheit vor dem Gesetz wird gegenüber Diskriminierungen, auch wegen des Geschlechts oder der sexuellen Ausrichtung, abgesichert, wobei es noch zusätzlich heißt: „Die Gleichheit von Männern und Frauen ist in allen Bereichen, einschließlich der Beschäftigung, der Arbeit und des Arbeitsentgelts, sicherzustellen. Der Grundsatz der Gleichheit steht der Beibehaltung oder der Einführung spezifischer Begünstigungen für das unterrepräsentierte Geschlecht nicht entgegen."[14]

In mancher Hinsicht findet sich hier eine wichtige Neuerung. Während sich früher fast ausschließlich Frauen für Frauen in der Gleichstellungsaufgabe zuständig, kompetent und manchmal auch einzig fähig fühlten, sind in der Gender-Konzeption von Anfang an beide Geschlechter, nämlich Frauen und Männer, mit dieser Aufgabe betraut. Dabei gibt es freilich hier auch schwierige Konsequenzen, die nur angedeutet werden können. Wenn die These vertreten wird, dass das biologische in das soziale Geschlecht aufgelöst und die Kategorie Geschlecht am Ende überhaupt radikal in Frage gestellt wird, dann kann es natürlich leicht geschehen, dass die klassische Frauenpolitik zunächst einmal ihr Objekt geradezu verliert. Dies kann natürlich nicht der Sinn der Sache sein. Aber das Verhältnis von Gender-Studien und Frauenforschung, von Gleichstellung und Frauenpolitik muss zweifellos neu bestimmt werden, was gewiss nicht hier versucht werden muss.[15]

II. Zum Verhältnis zwischen biologischem und sozialem Geschlecht

In diesem Zusammenhang ist es aber nun viel wichtiger zu sehen, wie die neueren Anschauungen in diesem „alten neuen Feminismus" sich recht gegensätzlich verhalten. Dabei erscheinen z. B. Luce Irigaray und Judith Butler als ausgesprochene Antipoden. Bei beiden Autorinnen gibt es die Gemeinsamkeit, dass sie sich in ihren Texten dem methodischen Vorgehen der Dekonstruktion verpflichtet wissen, sich dann jedoch konkret und vorrangig anders orientieren: Butler primär an Foucaults Begriff des Diskurses, Irigaray stark an der Psychoanalyse Freuds und an ihrer Fortschreibung durch Lacan.[16] Dabei ist Butler folgender Ansicht: Wenn die Geschlechterdifferenz als Produkt eines hierarchisch verstandenen, vom Verständnis des Mannes her dominierten, heterosexuellen Diskurses entlarvt ist, kann die Alternative in theoretischer und praktischer Hinsicht nur darin bestehen, dass die Geschlechtsrollen durch eine Art von Unterwanderung, ja geradezu durch eine Parodie, also subversiv, aufgesprengt werden und so auch in ihrer Anzahl prinzipiell offen sind. Die Naturwüchsigkeit der Zweigeschlechtlichkeit erscheint bei Butler durchweg als eine gesellschaftliche Konstruktion, während Irigaray an einer unhintergehbaren Geschlechterdualität festhält. Sie ist eine tatsächliche Differenz und ist unbeschadet des bisherigen patriarchalen Zuschnitts und der einhergehenden Verwerfung des Weiblichen theoretisch und praktisch anzuerkennen. Bei aller Gemeinsamkeit sind dies in der Tat tiefe Differenzen, die mit einem verschiedenen Verhältnis von Natur und Kultur zusammenhängen.[17]

Allein schon die Gegenüberstellung dieser beiden Konzeptionen zeigt, wie bewegt die Diskussionen sein mussten und auch waren. Dies gilt natürlich besonders auch für die Diskussion dieser Entwürfe mit anderen Wissenschaften. Die Auseinandersetzung geht dabei sehr stark auf das Verhältnis von *sex* und *gender*, also die Relation vom „biologischen" zum „sozialen Geschlecht". Dabei gingen die verschiedenen Theoretikerinnen doch von der gemeinsamen Annahme aus, dass sich die Festlegung der Geschlechterdifferenz in einem gesellschaftlich und geschichtlich bedingten Prozess vollzieht, Geschlechtsidentität jedenfalls nicht „von Natur aus" gegeben ist.[18] Die Diskussion konnte dabei so weit gehen, dass der Unterschied zwischen einem biologischen und einem sozialen Geschlecht als trügerische Differenz gewertet wurde, denn auch das biologische Geschlecht sei eben nicht wirklich natürlich, sondern ebenfalls eine Konstruktion.

Es gibt in dieser Konzeption – auch wenn man dies kaum glauben möchte – schlicht kein naturhaft-biologisches Geschlecht! Freilich muss schon an dieser Stelle betont werden, dass diese Überzeugung von einer fließenden Identität oder der Zuschreibung (Attribution) eines bestimmten Geschlechtes von bestimmten Erkenntnissen methodisch geleitet und gefördert war, nämlich von lesbischen bzw. homosexuellen Personen und noch mehr von solchen, die eine Geschlechtsumwandlung erfahren hatten (Transsexualismus). Ich übergehe dabei das Argument, dass man ethnologisch Kulturen finde, wo die Geschlechtlichkeit des Menschen nicht strikt dichotom, also mit fixierten Rollenverteilungen an Mann und Frau, erfolge.[19] Das Resultat war jedenfalls, dass auch das scheinbar so klar bestimmbare „biologische Geschlecht" nicht so eindeutig ist. Die Überzeugung, dass es keine notwendige, naturhaft vorgeschriebene Zweigeschlechtlichkeit gibt, sondern nur verschiedene kulturelle Konstruktionen von Geschlecht, wird „Null-Hypothese" genannt. Der neuere Feminismus hat dabei für den politischen und gesellschaftlichen Bereich die These vertreten, dass die in unseren Gesellschaften so typische Annahme der Existenz von genau zwei dichotomen Geschlechtern fast unweigerlich zu einer Hierarchisierung zwischen Geschlechtern führt, einem Prozess, in dem die Frauen wegen schon lange bestehender Machtverhältnisse sofort in die untergeordnete soziale Position gezwungen werden. Darum habe aber auch erst die Aufhebung dieser Konstruktion von Zweigeschlechtigkeit langfristig eine Chance, hier wahrhaft gleichberechtigte Relationen zwischen Personen herzustellen. Diese Debatte wurde vor allem in England und den USA geführt, etwas verspätet in Deutschland.[20]

Wir sprachen bereits davon, dass in dieser Zeit Judith Butler und ihr Buch „Das Unbehagen der Geschlechter", das sich vor allem auf Nietzsche und Foucault beruft, zu einer regelrechten Kultfigur bzw. zu einer Kultperson wurden. Ihr Einfluss ist auch heute noch sehr groß und sollte nicht unterschätzt werden. Dadurch wurde die Kontextualität der Geschlechtsidentität grundsätzlich in ihrem ganzen Gewicht angesetzt. Die Differenzen zwischen weisen Mittelschichtfrauen aus dem Westen der USA und Frauen aus anderen Klassen, Ethnien und Weltreligionen würden dazu führen, dass diese nur selten gleiche Interessen und Probleme hätten. Man könne also von „*den* Frauen" gar nicht sprechen. So behauptet Butler zugleich, dass der Identitätsbegriff irreführend und der Subjektbegriff nicht haltbar sei. Subjekte sind nicht „an sich", sondern werden durch Sprache und Sprachspiele konstituiert. Hinter der Sprache findet sich kein Subjekt. Die Geschlechtsidentität scheint sich geradezu in ein relativ unstrukturiertes Spiel mit letztlich sprachlich konstruierten Identitäten aufzulösen.[21] So gibt es eben letztlich auch kein vordiskursives Ich oder Subjekt. Es muss die Politik des neuen Feminismus sein, geradezu mit Strategien parodistischer Art die Zweigeschlechtlichkeit regelrecht zu unterlaufen und in Verwirrung zu bringen. Der rassistische Diskurs kann vornehmlich durch Ironisierung aufgelöst werden. Ohne feste Identitäten wären schließlich auch keine Hierarchisierungen mehr denkbar.

Diese Thesen haben eine enorme Breitenwirkung gehabt. Vor den Lesern hat sich eine geradezu faszinierende Welt sozialer Geschlechterentwürfe ausgebreitet, die geheime Wünsche nährten und viele Träume in eine erreichbare Nähe rückten. Es besteht auch kein Zweifel, dass damit manche Illusionen gestützt wurden. Die Einschränkungen des eigenen Daseins schienen leicht überwindbar zu sein. Allerdings hat diese Position von Judith Butler auch scharfe Kritik erfahren.

In der Diskussion wird – was hier nicht weiter verfolgt wird – die starke philosophische Abhängigkeit von Michel Foucault[22] kritisch beleuchtet. Nun hat er wie wenige Machtverhältnisse analysiert, aber sie bleiben auch etwas diffus und ortlos. Notwendige Differenzierungen z.B. zwischen Autorität, Beauftragung, Macht, Herrschaft und Gewalt werden verwischt. Schließlich verabschiedet Judith Butler ähnlich wie Foucault die Annahme eines autonomen handlungsfähigen Subjekts. Trotz der Klärungsversuche in ihren späteren Werken bleibt dies gerade auch im Blick auf die politischen Handlungsmöglichkeiten der Frauenbewegung und eine künftige konkrete Programmatik schädlich, weil das Augenmaß für das, was bereits verändert worden ist und noch verändert werden kann, dadurch getrübt ist. Auch Erfolge können so nicht mehr geklärt werden.

Eine weitere Kritik bezieht sich auf eine idealistische Zuspitzung des Konstruktivismus, dass nämlich alles, was ist, nur innerhalb der Sprache zugänglich sei oder gar existiere. Geschlecht und Geschlechtsidentität hätten demnach nur einen sprachlich konstruierten Charakter. Aber sind denn tatsächlich *alle* Phänomene sprachlich konstruiert und konstruierbar? Dies ist in der Diskussion vielfach verneint worden. So hat Hilge Landweer darauf hingewiesen, dass es Geschlechtszeichen gibt, die nicht willkürlich, sondern ganz fundamental sind, keine weiteren Rückfragen mehr erlauben und unhintergehbar sind.[23] Daraus folgt noch keine Determination von Geschlechtscharakteren, aber eben doch die Überzeugung, dass nicht alles beliebig konstruierbar ist, sondern dass es in Gesellschaften bestimmte Grunderfahrungen wie Tod oder Geburt gibt, die mindestens zu „Aufhängern“ für bestimmte soziale Konstruktionen werden. Nicht erst der Diskurs schafft also die Geschlechterdifferenz. In diesem Sinne muss man auch eine

Realität jenseits der Sprache zulassen. Der Feminismus tut sich keinen Gefallen, wenn er dies leugnet.

Vor diesem Hintergrund muss man bedenken, dass diese Konzeption auch die konkreten Bezüge zur leiblichen Wirklichkeit des Frauseins verliert und so nicht aus der Verengung einer cartesianischen Bewusstseinsphilosophie herausfindet.[24] In diesem Sinne wird seit einiger Zeit im neueren Feminismus die eigene Leiblichkeit der Frau tiefer entdeckt.[25] Man ist mehr und mehr überzeugt, dass sich die Natur nicht einfach in Kultur, die Biologie nicht einfach in Soziologie auflöst und geradezu verschwindet. Sonst bleibt der Mensch am Ende auch in fiktiven Beziehungen und Bedeutungen gefangen. Dadurch wird schließlich Identität zerstört. Bipolarität ist eben nicht prinzipiell auszuschalten. Sonst verliert auch die Frauenbewegung im Blick auf ihre Ziele und ihre Programme ihr Subjekt, zu dem eben die eigene Leiblichkeit fundamental gehört: die Frau. So ist in vieler Hinsicht eine kritische Aufwertung der Leiblichkeit zu beobachten. Es geht nicht nur um das Anderssein der Frau, insofern es angeblich immer zur Unterwerfung führt, sondern gerade auch um ihr Eigensein im Anderssein.

III. Auseinandersetzung auf dem Boden christlicher Anthropologie

So muss am Ende die Frage aus den zerstreuten Einzelbemerkungen heraus in eine anthropologische Grundbesinnung hineinführen. Es ist ja in diesen ganzen Fragen nicht zu unterschätzen, dass man sich mit solchen Grundannahmen sehr rasch – ob bewusst oder unbewusst – in einem sehr differenzierten philosophischen, soziologischen und politischen Kontext mit entsprechenden Implikationen befindet. Wer sich den Fragen zuwendet, die in den erwähnten Gender-Studien behandelt werden, darf, wie dies deutlich aus den bisherigen Ausführungen hervorgeht, eine mühsame Reflexion nicht scheuen. Sonst besteht die Gefahr, dass er einer Verstehensvoraussetzung verfällt, die er nicht erkennt, und die so auch leicht zu Vorurteilen werden kann. Kritische Reflexion auf diese Voraussetzungen tut Not.

Ich habe oben schon bemerkt, dass ich früher bereits immer wieder den grundlegenden Modellen nachgegangen bin. Darum möchte ich diese Ausführungen nicht im Einzelnen wiederholen.[26] Aber das Ziel der Überlegungen soll angegeben werden. Dabei wurden folgende Modelle ausgeschlossen: das Modell der Unterordnung und Minderwertigkeit der Frau gegenüber dem Mann, das Modell einer Vorordnung der Frau gegenüber dem Mann, das Modell der Androgynie. Ich kann aber auch keine Lösung im Modell einer abstrakten Gleichheit der Geschlechter erkennen, die im Namen der gleichen Würde und Rechte von Mann und Frau von allen geschlechtsspezifischen Differenzen absieht (darum „abstrakte Gleichheit“). Heute ist dies einsichtiger, denn die breit durchgeführte Egalitarismuskritik hat natürlich auch erhebliche Auswirkungen gehabt auf die feministischen Theorien.[27] Bei allen einzelnen Bedenken gegenüber dem Modell der Polarität von Mann und Frau gab es doch Hinweise, um dieses Modell differenziert weiterzudenken.[28]

Dies kann aber nicht heißen, dass es keine Eigenprägungen oder auch spezifische Ausprägungen des Frauseins gibt. Gewiss ist dies eine sensible Frage, weil ja längst erwiesen ist, wie rasch man Andersheit und Verschiedenheit offen oder unter der Hand umpolen kann und umgedeutet hat; auf diese Weise konnte man dann zu Höhereinstufungen oder zu niedrigeren Einschätzungen („Hierarchisierung“) kommen. In der Tat geschieht dies sehr viel schneller und rascher, unbemerkter und verborgener, als die meisten denken. Ich verstehe darum jedes Zögern gegenüber einer Rede von Anderssein und Besonderheiten. Aber es ist gleichzeitig zu bestreiten, dass es keine biologischen und vielleicht auch psychologischen Gründe für Unterschiede zwischen den Geschlechtern gibt.[29] Ich brauche dies hier nicht fortzusetzen oder gar zu wiederholen. Es empfiehlt sich freilich auch nicht, frühere, gut gemeinte Modelle der Polarität unverändert wieder vorzubringen.[30] Dies heißt aber noch nicht, dass alle Einzelbeobachtungen in den Polaritätsmodellen falsch wären. Sie müssen freilich in ein neues Gesamtbild integriert werden.[31]

Ein solches Gesamtbild nimmt den Ausgangspunkt zweifellos am besten bei der biblischen Grundaussage in Gen 2,6f.: „Und Gott sagte: Lasst uns Menschen machen als unser Bild, zu unserem Abbild, sodass sie herrschen über die Fische des Meeres und über die Vögel des Himmels und über das Vieh und über alles Wildgetier der Erde und über alles Kriechgetier, das auf der Erde kriecht. Und Gott schuf den Menschen als sein Bild: als Bild Gottes schuf er ihn, Mann und Frau, so schuf er sie.“[32] Danach gehört die Zweigeschlechtlichkeit zur Erschaffung des Menschen. Es kann kein „Wesen“ des Menschen geben, das von seiner Existenz in zwei Geschlechtern einfach absieht. Den Menschen gibt es von Anfang an nur in der Doppelausgabe von Mann und Frau. Der Text verbietet uns, das Frausein oder das Mannsein nur als einen Ausdruck gesellschaftlicher Prägung zu begreifen. Die Verschiedenartigkeit ist von der Absicht des Schöpfers her gewollt.[33]

Auch in der biblischen und christlichen Ära ist es nicht leicht gewesen, diese Ebenbildlichkeit von Mann und Frau zusammen nicht nur abstrakt festzuhalten, sondern auch konkret zu verteidigen. Es gibt dafür viele Beispiele, die m. E. noch nicht genügend für diesen Kontext erschlossen sind. Die Respektierung der Freiheit der Frau beim Eheabschluss ist ein solches Exempel. Die Unauflöslichkeit der Ehe ist gerade im Blick auf die Würde und Freiheit der Frau bei allem Machtwillen von Männern und gerade Herrschern von der Kirche immer wieder verteidigt worden. Wenn man die Geschichte der Orden richtig liest, sind die Klöster Stätten der Selbstbestimmung für Frauen. Es gibt also eine vielfältige Personalisierung der Frau durch den christlichen Glauben. Sie ist kein austauschbares Gattungswesen. Die Person ist einmalig. Dies gilt für die Frau nicht minder als für den Mann.

Aber gerade so gilt auch: Ein Mann ist keine Frau, eine Frau ist kein Mann. Verschiedenheit bedeutet keine Negativität. Das Menschsein umspannt das Mannsein und das Frausein. Sie ergänzen sich und bilden zusammen das unverkürzte Menschsein in je der männlichen und fraulichen Ausprägung. Aber deswegen ist der Mann oder die Frau für sich allein nicht einfach ein „halber Mensch". Weil der Mann und die Frau jeweils vollwertige Personen sind und ihren eigenen Sinnwert in sich tragen, kann es so etwas wie Jungfräulichkeit und Ehelosigkeit geben, schließlich auch letztlich die Einehe. Hier ist noch viel aufzuarbeiten, gerade auch im Verständnis der Jungfräulichkeit.

Hier ist nun der Ort, um deutlich zu machen, dass die Gottebenbildlichkeit von Mann und Frau in diesem Sinne zu einer Gleichwertigkeit ohne jeden Abstrich führt. Es ist auch gut, dass die Bibel auf der ersten Seite diese Gleichwertigkeit, die der Sache nach zum Ausdruck kommt, nicht sofort in eine jeweilige Andersheit aufteilt. Aber Gleich*wertigkeit*, die die Würde und auch die Rechte beinhaltet, ist nicht einfach in jeder Hinsicht Gleichheit. Es soll eine Gleichheit geben im Blick auf die eben angesprochene Menschenwürde und die damit verbundenen Menschenrechte. In diesem Sinne muss man auch das zu selbstverständlich gebrauchte Wort von der „Gleichstellung" verstehen. Die Gleich*stellung* verlangt gewiss die Herstellung derselben Lebensbedingungen von Mann und Frau im Blick auf die Einhaltung der Menschenwürde und die Entfaltung der Menschenrechte. Alles andere wäre eine unerlaubte Diskriminierung. Hier ist das heute oft inflationär gebrauchte Wort am Platz. Aber diese Notwendigkeit einer Gleichstellung verlangt noch nicht automatisch, dass man spezifische Geschlechtscharaktere von Mann und Frau leugnet oder einfach ausklammert. In diesem Sinne lässt also die Gleichwertigkeit ein Anderssein von Frau und Mann durchaus zu. Darum habe ich 1988 und schon vorher bewusst im Blick auf das früher schon genannte Polaritäts-Paradigma festgestellt, dass es bei allen Einwänden „immerhin den sonst bisher nicht zu findenden und unbestreitbaren Vorteil, Wesensgleichheit und einen wesentlichen Unterschied miteinander zu vermitteln", erlaubt.[34] Nur beide können in ihrer wechselseitigen Verwiesenheit das volle Menschsein repräsentieren. „Jede Theorie, die den Unterschied überzieht, würde die Gleichheit verletzen, jede Theorie, die die Gleichheit absolut setzt, tilgt den Unterschied."[35] Auch heute noch möchte ich feststellen, dass „gerade die christliche Anthropologie es bisher zu sehr versäumt hat, auf ihre Weise dieses Modell zu erneuern und in das Gespräch der Gegenwart einzubringen".[36]

Ich weiß mich hier in guter Übereinstimmung mit Hanna-Barbara Gerl-Falkovitz, die sich seit vielen Jahren, wenn ich recht sehe, in derselben Richtung äußert.[37] Im Blick auf diese Bestimmung stellt sie mit Recht fest: „Schwierig wird die Lösung deswegen, weil beides (Gleichwertigkeit und Anderssein) sein Recht hat. Beides muss zugelassen, d. h. aus der Sphäre von Anklage und Rechtbehalten herausgenommen werden. Gleichwertigkeit *und* Unterschied ausbilden heißt: den Unterschied leben dürfen und dabei nicht nach höherem oder geringerem Wert beurteilt werden. Dies scheint nach den Erfahrungen der Geschichte nur schwer gleichzeitig möglich und trotzdem macht es auf die Länge der Geschichte die Aufgabe aus. Beide Schwerpunkte werden sich in rhythmischer Abfolge immer wieder verschieben und in ihrem Gewicht ablösen."[38] Genau dies ist gemeint.

Ich bin der festen Überzeugung, dass die in diesem Beitrag geschilderte Weiterentwicklung der theoretischen Frauenfrage in den letzten 20 bis 25 Jahren gezeigt hat, wie produktiv dieses Grundmodell der christlichen Anthropologie ist, wenn wir es richtig und ganz handhaben. Allerdings muss es über die Ansätze hinaus, die hier versucht worden sind, noch tiefer begründet und weiter entfaltet werden.[39]

IV. Abschließende Thesen zur Praxis

Ich habe mir nicht mehr, wie auch der Titel schon andeutet, zum Ziel gesetzt, die einzelnen Inhalte nun in die Praxis hinein zu verfolgen. Dies hängt gewiss nicht damit zusammen, dass ich diese Aufgabe gering schätze. Im Gegenteil, dies ist nochmals einer eigenen Bemühung wert, die nicht so leicht im selben Zusammenhang unternommen werden kann. Aber ich möchte doch in einer Art von Thesen einige praktische Konsequenzen formulieren.

Bei allen Bedenken gegen manche theoretischen Annahmen in den radikaleren Gender-Studien empfinde ich es als einen Gewinn, die einseitige Zuspitzung älterer Konzeptionen auf das Frausein allein und ein isoliertes Anderssein aufzulösen und die keineswegs wegzudiskutierenden Gestaltungsfragen nun eher aus einer Perspektive zu betrachten, die immer beide Geschlechter zugleich betrifft, umfasst und freilich auch beansprucht.

Es ist dabei ein Vorteil, wenn fixierte Rollen zurücktreten und – ohne die jeweilige Identität aufzugeben – eine gewisse Plastizität und Flexibilität in der Gestaltung des Frauseins und Mannseins in den Blick kommt, die einerseits der historischen, gesellschaftlichen und ethnischen Vielfalt der Geschlechterverhältnisse näher kommt und anderseits auch heute den verschiedenen Verwirklichungsformen gerechter wird. Dies darf gewiss die Frage nach dem „Wesen" von Mann und Frau und vor allem dieses Verhältnisses nicht ersetzen.

Im Übrigen gibt es dafür auch einen leisen Hinweis in Gen 1,26f., indem nämlich dort in Vers 27c wörtlich zu lesen ist: „männlich und weiblich schuf er sie". Eine solche Formulierung erlaubt einen stärkeren Austausch und auch einen etwas „fließenden" Transfer in der Gestaltung des jeweiligen Mannseins und Frauseins.

Es ist gewiss auch ein Vorteil, wenn in Institutionen Probleme und Aufgaben der „Gleichstellung" nicht einfach nur von Frauen selbst und allein, sondern *zugleich von Frauen und Männern* verantwortet werden. Die Sache selbst gewinnt so an Dringlichkeit und hat dadurch vielleicht auch mehr Chancen einer wirklichen, nachhaltigen Realisierung. Diese Chance ist für die einzelnen Institutionen, auch in den Kirchen, jeweils zu bedenken.

Es wäre jedoch nur die halbe Wahrheit, wenn man sich nur auf die gesellschaftliche Großfläche hinbewegen würde. Ich bin fest überzeugt, dass auch das einzelne Verhältnis zwischen Mann und Frau von solchen Perspektiven Nutzen ziehen kann. Dies betrifft vor allem auch eine neue Gestaltung der jeweiligen Gemeinschaft in Ehe und Familie. Zwar gibt es durchaus in gewisser Weise vorgegebene Grundschemata für dieses Zusammenleben, aber gerade heute muss dieses Zusammenleben bei der Individualisierung unseres Lebens mit allen Erfordernissen und Bedürfnissen des Einzelnen und der Gemeinschaft gestaltet werden. Dies bedarf der freien Übereinkunft zwischen Mann und Frau, die für die Zukunft Verbindlichkeit schafft. Darum ist die Vereinbarung mit dem jeweiligen Austausch an Gaben und Aufgaben wesentlich. Ein wichtiges Feld der Bewährung ist dabei die konkrete Vereinbarkeit von Beruf und Familie, für die der Staat zwar Rahmenbedingungen aufstellen kann, die jedoch am Ende nur von den einzelnen Ehepaaren umgesetzt und konkret verwirklicht werden können.

So bietet die hiermit angesprochene Phase der „alten neuen Frauenfrage", wie ein Buch heißt, die Gelegenheit, manches doch wohl noch besser und wirkungsvoller zu realisieren, als dies bisher gelungen ist. Ich finde ein Wort von B. Sichtermann bestätigt: „Wir müssen immer beides tun: Auf Gleichheit pochen und die Verschiedenheit betonen, auf der Identität bestehen und in der Polarität unseren Platz behalten."[40] Und schließlich will ich aus der umfangreichen Literatur am Ende noch ein anderes Wort anführen, das 1993 geschrieben worden ist: „Seit neun Jahrzehnten geht die Frauenbewegung in Wellen vorwärts und wieder zurück wie Ebbe und Flut und schwemmt jedes Mal die hart erkämpften Eroberungen wie Sandburgen ins Meer. Aber von jeder Phase sind immer Spuren zurück geblieben, die, auch wenn sie noch so zart sind, die Frauen daran erinnern, dass der Kampf lang und hart ist und manchmal so aussichtslos und sinnlos anmutet wie der von Don Quichote. Es scheint so, als ob keine Frauengeneration je dort ankommt, wo sie Freiheit, Gleichheit und Selbstverwirklichung finden kann. Eine jede scheint dazu verdammt, fast wieder von vorne anzufangen, so, als hätte es nie einen Fortschritt gegeben."[41] Dies ist in vielem das Menschenlos, das uns auf der einen Seite entmutigen und auf der anderen Seite ermutigen kann. Wir dürfen gewiss nur den mutigen Weg nach Vorwärts wählen.

Anmerkungen

[1] Der folgende ergänzende Teil entspricht im Kern einem Vortrag bei der Fachtagung „Geschlechtergerechtigkeit in Beruf und Familie für Frauen in verantwortlichen Positionen in der Kirche" auf Einladung der Unterkommission Frauen in Kirche und Gesellschaft der Pastoralkommission der Deutschen Bischofskonferenz in der Kath. Akademie München am 18. März 2005. Er zählt nicht zu den Eröffnungsreferaten der Deutschen Bischofskonferenz, gehört aber inhaltlich an diese Stelle und wird daher hier dokumentiert.

[2] Der erste literarische Niederschlag findet sich in A. Capriolo / L. Vaccaro (Hg.), La donna nella chiesa di oggi, Torino 1981, 198–215; in erweiterter deutscher Fassung: Die Stellung der Frau als Problem der theologischen Anthropologie, in: Internationale Katholische Zeitschrift 11, (1982), 305–324 (mit Übersetzungen).

[3] Vgl. dazu mehrere Texte in: K. Lehmann, Glauben bezeugen, Gesellschaft gestalten, Freiburg i. Br. 1993, 52–62, 63–75, 76–92 (dort auch Literatur und genauere Angaben, 761 f.).

[4] Der Text im soeben erwähnten Sammelband, 52 ff. ist stark überarbeitet und erweitert. Er muss auch mit den beiden anderen Abhandlungen zusammen gelesen werden.

[5] Vgl. zur ersten Information: E.-M. Bachteler, Genderforschung, in: Religion in Geschichte und Gegenwart. Handwörterbuch für Theologie und Religionswissenschaft, Bd. 3, Tübingen [4]2000, 657 f.; U. Pohl-Patalong, Gender, in: Wörterbuch der Feministischen Theologie, Gütersloh [2]1991, 216–221; R. Ammicht-Quinn, Gender-Forschung, in: Lexikon für Theologie und Kirche, Bd. 11, Freiburg – Basel – Rom – Wien [3]2001, 88 f.

[6] Vgl. einführend den Artikel Konstruktivismus von Chr. Thiel, in: Enzyklopädie, Philosophie und Wissenschaftstheorie II, Mannheim 1984, 449–454 (Lit.).

[7] S. J. Schmidt (Hg.), Kognition und Gesellschaft, Bd. 2, Frankfurt a. M. 1992, 9.

8 Der Begriff der Dekonstruktion ist vor allem von J. Derrida und P. de Man begründet. Die gesamte Wirklichkeit wird über das „Geschriebene" hinaus als Text verstanden. Vgl. in aller Kürze S. Wendel, Dekonstruktivismus, in: Lexikon für Theologie und Kirche, Bd. 11, Freiburg i. Br. [3]2001, 55 (Lit.). Hier wäre die Herkunft der Dekonstruktion vom Destruktionsbegriff vor allem des frühen M. Heidegger zu besprechen. Vgl. im Übrigen J. Derrida, Die différance. Ausgewählte Texte, Stuttgart 2004, 110 ff., 334 ff. Umfassend vgl. U. Pasero / F. Braun (Hg.), Konstruktion von Geschlecht, Herbolzheim [2]2001.

9 S. de Beauvoir, Das andere Geschlecht. Sitte und Sexus der Frau, Reinbek [3]1992, (Paris 1949), 334.

10 J. Butler, Gender Trouble, London 1990, Frankfurt a. M. 1991 u. ö.

11 Vgl. J. Butler, Das Unbehagen der Geschlechter, 15. – Die Aussage von L. Irigaray findet sich in ihrem auch in die deutsche Sprache übersetzten Buch „Das Geschlecht, das nicht eins ist", Berlin 1979, (Paris 1977), 27.

12 Vgl. dazu vor allem H. Bußmann / R. Hof (Hg.), Genus. Zur Geschlechterdifferenz in den Kulturwissenschaften, Stuttgart 1995, hier vor allem die Beiträge von R. Hof (2–33), L. Siegele-Wenschkewitz (60–112); B. Holland-Cunz, Die alte neue Frauenfrage, Frankfurt a. M. 2003; S. Griffin, Frau und Natur, Frankfurt a. M. 1987; Denkachsen. Zur theoretischen und institutionellen Rede vom Geschlecht, hg. von Th. Wobbe / G. Lindemann (Gender Studies), Frankfurt a. M. 1994; Das Geschlecht der Natur, hg. von B. Orland / E. Scheich (Gender Studies), Frankfurt a. M. 1995; L. Irigaray, Spekulum: Spiegel des anderen Geschlechts, Frankfurt a. M. 1980; dies., Genealogie der Geschlechter, Freiburg i. Br. 1989; dies., Ethik der sexuellen Differenz, Frankfurt a. M. 1991 (Paris 1984); Dazu F. Kuster, Ortschaften. Luce Irigarays Ethik der sexuellen Differenz, in: Phänomenologische Forschungen, NF 1, Freiburg i. Br. 1996, 44–66 (Lit.); R. Giuliani, Der übergangene Leib, S. de Beauvoir, L. Irigaray und J. Butler, in: Phänomenologische Forschungen, NF 2, Freiburg i. Br. 1997, 104–125 (Lit.); S. Benhabib u. a., Der Streit um Differenz. Feminismus und Postmoderne in der Gegenwart, Frankfurt a. M. 1993; Gleichheit oder Gerechtigkeit. Texte der neuen Egalitarismuskritik, hg. von A. Krebs, Frankfurt a. M. 2000; Frauen, Männer, Gender Trouble, hg. von U. Pasero / Ch. Weinbach, Frankfurt a. M. 2003; Philosophische Geschlechtertheorien. Ausgewählte Texte von der Antike bis zur Gegenwart, hg. von S. Doyé / M. Heinz / F. Kuster, Stuttgart 2002; P. McCorduck / N. Ramsey, Die Zukunft der Frauen, Frankfurt a. M. 2000; G. Rippl (Hg.), Unbeschreiblich weiblich. Texte zur feministischen Anthropologie, Frankfurt a. M. 1993; J. Benjamin (Hg.), Unbestimmte Grenzen. Beiträge zur Psychoanalyse der Geschlechter, Frankfurt a. M. 1994; F. Akashe-Böhme, Frausein – Fremdsein, Frankfurt a. M. 1993.

13 Vgl. G. Simmel, Schriften zur Philosophie und Soziologie der Geschlechter, Frankfurt a. M. 1985, 200 ff., 177 ff., 27 ff.

14 Entwurf eines Vertrags über eine Verfassung für Europa, 20. Juni 2003, Luxemburg 2003, Teil II: Die Charta der Grundrechte der Union, Titel III: Gleichheit mit den Artikeln 20–26 (Gleichheit von Männern und Frauen im oben zitierten Artikel 23, Rechte des Kindes, Rechte älterer Menschen, Integration von Menschen mit Behinderung).

15 Zu diesem und anderen Problemen, vor allem auch der Gender-Studien in einzelnen Disziplinen, vgl. Chr. von Braun / I. Stephan (Hg.), Gender-Studien. Eine Einführung, Stuttgart 2000.

16 Die wichtigste Literatur wurde bereits in Anm. 8 genannt, in aller Kürze vgl. bes.

S. Doyé (Hg.), Philosophische Geschlechtertheorien, 448–496, mit den Einleitungen und Literaturangaben von F. Kuster, bes. 448–456, 475–479, von J. Butler vgl. auch Psyche der Macht (Reihe: Gender-Studies), Frankfurt a. M. 2001 (Stanford 1997); Körper von Gewicht. Die diskursiven Grenzen des Geschlechts (Gender-Studies), Frankfurt a. M. 1997 (New York 1993); Kritik der ethischen Gewalt, Frankfurt a. M. 2003.

[17] Vgl. dazu die schon genannten Arbeiten von F. Kuster und R. Giuliani (vgl. Anm. 12).

[18] Vgl. in diesem Sinne S. Benhabib, Selbst im Kontext, Frankfurt a. M. 1995, 210 f.

[19] Dazu S. Kessler / W. McKenna (Hg.), Gender, Chicago – London 1978.

[20] Vgl. dazu R. Gildemeister / A. Wetterer, Wie Geschlechter gemacht werden. Die soziale Konstruktion der Zweigeschlechtlichkeit und ihre Reifizierung in der Frauenforschung, in: G. A. Knapp / A. Wetterer (Hg.), Traditionen Brüche. Entwicklungen feministischer Theorie, Freiburg i. Br. 1992, 201–254; R. Becker-Schmidt / G. A. Knapp, Feministische Theorien zur Einführung, Hamburg 2001.

[21] Diese Überzeugung, die in dem späteren Werk J. Butlers „Hass spricht“ (1998) zum Ausdruck kommt, wird freilich in dem noch späteren Werk „Psyche der Macht“ (2001) teilweise zurückgenommen (vgl. ebd., 7–34), vgl. auch Körper von Gewicht“, Frankfurt 1997.

[22] Vgl. zur ersten Hinführung mit zahlreichen Lit.-Hinweisen H. H. Kögler, Michel Foucault, Stuttgart [2]2004.

[23] Vgl. H. Landweer, Generativität und Geschlecht. Ein blinder Fleck in der sex/gender-Debatte, in: Th. Wobbe / G. Lindemann (Hg.), Denkachsen, Frankfurt a. M. 1994, 147–176, bes. 151 ff., 162 ff.; ähnlich M. Nussbaum, Gerechtigkeit oder Das gute Leben, Frankfurt a. M. 1999.

[24] Zur Kritik vgl. H. Joas / W. Knöbl, Sozialtheorie, Frankfurt a. M. 2004, 598–638, bes. 623 ff. (umfangreiche Lit.).

[25] U. a. vgl. nur E. Moltmann-Wendel, Mein Körper bin ich. Neue Wege zur Leiblichkeit, Gütersloh 1994; dies., Weiblichkeit in der Theologie. Verdrängung und Wiederkehr, Gütersloh 1988, dort bes. 149–185 (J. Chr. Janowski). – Zur Vertiefung vgl. A. Barkhaus u. a. (Hg.), Identität, Leiblichkeit, Normativität. Neue Horizonte anthropologischen Denkens, Frankfurt a. M. 1996; E. Klinger u. a. (Hg.), Geschlechterdifferenz, Ritual und Religion, Würzburg 2003, 149–164 (R. Ammicht-Quinn). Hier wäre besonders auch an die nicht nur historischen Arbeiten von B. Duden zu erinnern, z. B. Der Frauenleib als öffentlicher Ort, Hamburg 1991.

[26] Vgl. oben Anm. 1–3.

[27] Vgl. dazu A. Krebs (Hg.), Gleichheit oder Gerechtigkeit. Texte der neuen Egalitarismuskritik, Frankfurt a. M. 2000 (Lit.: 215–221); St. Gosepath, Gleiche Gerechtigkeit. Grundlagen eines liberalen Egalitarismus, Frankfurt a. M. 2004 (Lit.: 464–497); I. Illich, Genus. Zu einer historischen Kritik der Gleichheit, Reinbek 1983 u. ö.; M. Walzer, Sphären der Gerechtigkeit, Frankfurt a. M. 1992; N. Fraser / A. Honneth, Umverteilung oder Anerkennung, Frankfurt a. M. 2003; A. Honneth, Das Andere der Gerechtigkeit, Frankfurt a. M. 2000; Ch. Taylor, Negative Freiheit?, Frankfurt a. M. 1988; R. Sennett, Respekt im Zeitalter der Ungleichheit, Berlin 2004. Die ganze Kommunitarismus-Literatur kommt hinzu.

[28] Vgl. K. Lehmann, Glauben bezeugen, Gesellschaft gestalten, Freiburg i. Br. 78–92.

[29] Vgl. dazu einige Hinweise, ebd., 84–87.

30 Vgl. ebd., 87–92.
31 Dazu gehört gewiss eine vertiefte Reflexion auf den Polaritätsbegriff selbst, vgl. J. H. J. Schneider, Polarität, in: Lexikon für Theologie und Kirche, Bd. VIII, Freiburg i. Br. [3]1999, 373. Unbegreiflicherweise fehlt in der Lit. R. Guardini, Der Gegensatz. Versuche zu einer Philosophie des Lebendig-Konkreten, Mainz 1998.
32 Übersetzungen nach O. H. Steck, Der Schöpfungsbericht der Priesterschrift, Göttingen 1975, 140 ff.
33 Eine ausführliche Deutung mit Literaturhinweisen findet sich bei K. Lehmann, Der Mensch als Mann und Frau: Bild Gottes, in: Ders., Glauben bezeugen, Gesellschaft gestalten, Freiburg i. Br. 1993, 63–75, bes. 64 ff. Aus der neueren Literatur nenne ich in diesem Zusammenhang nur K. Koch, Imago Dei – die Würde des Menschen im biblischen Text (Berichte aus den Sitzungen der Joachim Jungius-Gesellschaft der Wissenschaften e. V. Hamburg, Jahrgang 18, (2000), Heft 4), Hamburg 2000 (Literatur: 87 f.).
34 Vgl. K. Lehmann, Glauben bezeugen, Gesellschaft gestalten, Freiburg i. Br. 1993, 91 f.
35 Ebd., 92.
36 Ebd.
37 Zuletzt: H.-B. Gerl-Falkovitz, Gang durch ein Minenfeld? Christinnen und Feminismus, in: Internationale katholische Zeitschrift Communio 32 (2003), 533–551, bes. 549 ff.; Vgl. auch dies., Die bekannte Unbekannte, Mainz 1988; dies., Nach dem Jahrhundert der Wölfe, Zürich 1992.
38 Ebd., 550 (vgl. auch Lit.: 551).
39 Dies geschieht z. B. zum Teil in dem Impulspapier der deutschen Kommission Justitia et Pax „Geschlechtergerechtigkeit und weltkirchliches Handeln“, Schriftenreihe: Gerechtigkeit und Frieden Nr. 104, Bonn [3]2004 (Literatur: 58 f.). Einzelne Verbände, nicht zuletzt die Frauenverbände, haben hier auch von ihrer Seite Beachtliches geleistet.
40 B. Sichtermann, Weiblichkeit, Berlin 1983, 102.
41 I. Reichel, Frustriert, halbiert und atemlos. Die Emanzipation entlässt ihre Frauen, München 1993, 28.

Die Familie der Kirche

(26. September 1989, Predigt zu Lk 8, 19–21)

Bleiben wir beim Tagesevangelium von den wahren Verwandten Jesu, das uns soeben in der Fassung des Evangelisten Lukas verkündet worden ist (vgl. Lk 8, 19–21). Es ist ein in mancher Hinsicht schockierendes Wort, weil es die tiefsten Bindungen zwischen Menschen auf jeden Fall relativiert, wenn nicht sogar fast aufhebt. Bei Markus (vgl. 3, 31–35) ist der Anstoß für den Hörer noch kräftiger, weil die Formulierungen härter sind. Man denke nur an den Satz: „Als seine Angehörigen davon hörten (dass Jesus nicht einmal mehr essen konnte wegen des Andrangs so vieler Menschen), machten sie sich auf den Weg, um ihn mit Gewalt zurückzuholen; denn sie sagten: Er ist von Sinnen." (Mk 3, 21) Die Tätigkeit des Offenbarers stößt auf Unverständnis, das selbst seine Familie mit einschließt. Dies scheint Prophetenschicksal zu sein, denn schon Jeremia erhielt die Warnung: „Selbst deine Brüder und das Haus deines Vaters handeln treulos an dir; auch sie schreien laut hinter dir her. Trau ihnen nicht, selbst wenn sie freundlich mit dir reden." (Jer 12, 6, vgl. auch 9, 3; 11, 21; Sach 13, 3; Weish 5, 4)

Aber man darf nicht nur auf das Negative und die Härte sehen, sondern muss die Umkehrung verfolgen, die Jesus vornimmt: „Meine Mutter und meine Brüder sind die, die das Wort Gottes hören und danach handeln." (8, 21) Der Glaube sprengt die natürlichen Grenzen, in denen wir uns oft einnisten. Dies gilt nicht nur für die Familie, sondern auch für Volk und Nation, Zugehörigkeit zu Rassen und Gleichgesinnten, für Parteiungen aller Art. Jeder weiß, was für eine verhängnisvolle Macht der Clan ausüben kann und wie er bis in Caritas und Diakonie hinein die Menschen verwirren kann: Man denkt zunächst nur an sich und die Seinen. Jesus schickt die vielen Menschen, die gewiss noch undifferenzierte, suchende „Menge" nicht einfach weg zugunsten seiner Verwandten oder der Jünger allein. Es ist ein ganz entscheidendes Kennzeichen der Jüngerschaft, über den Kreis der Bekannten und Verwandten hinauszusehen. Nur so kann es das biblische Wort vom Nächsten geben. Der Fernste kann unversehens zum Nächsten werden.

Die Mutter und die Brüder – im Markusevangelium werden auch die Schwestern genannt (Mk 3, 32) – lassen Jesus rufen. Sie „suchen" (vgl. Mk 3, 32) ihn, was einen negativen Beiklang hat: Sie möchten ihn eigennützig für ihre Belange in Anspruch nehmen (vgl. auch Mk 1,37: Alle suchen dich). Jesus weist den Anspruch seiner Verwandten zurück mit dem Hinweis auf eine neue Familie, die sich um ihn zu bilden beginnt. Vielleicht hat Jesus zuerst die im Haus versammelten Jünger gemeint, wie es Matthäus nahe legt: „Und er (Jesus) streckt die Hand über seine Jünger aus und sagte: Das hier sind meine Mutter und meine Brüder." (Mt 12,49) Aber gerade Lukas liegt daran, dass der Blick auf alle geht, die wirklich an Jesus Christus glauben. So ist der Satz auch uns verkündet. Bei Markus und Lukas ist der ganze Akzent auf das Tun des göttlichen Willens gelegt. Dies entspricht dem jüdischen Denken (vgl. z.B. Röm 2,17 f.). An dieser Stelle hat. Lukas eine genauere und klarere Aussage: „Meine Mutter und meine Brüder sind die, die das Wort Gottes hören und danach handeln." Daran hängt alles. Es ist die einfachste Definition des Christen: Das Wort Gottes hören und es befolgen. Das Evangelium ist in seinem Kern eine wunderbar einfache Sache. Immer wieder treffen die Jesusworte den Nagel auf den Kopf.

Dabei ist das kleine Wort vom Hören und Tun des Wortes Gottes ziemlich hintergründig. In ausgewogener Weise werden Wort und Tat miteinander genannt. Kontemplation und Aktion gehören zusammen, wie auch das benediktinische „Ora et labora" bezeugt. Man soll nicht das Wort gegen die Tat, Orthodoxie gegen Orthopraxie ausspielen und umgekehrt. Dennoch gibt es eine Reihenfolge und eine innere Ordnung: Zuerst muss das Wort Gottes gehört werden. Erst müssen wir Menschen Licht und Orientierung von Gottes Wort empfangen, damit wir verlässlich handeln können. Dies gilt gerade für die Praxis und Diakonie des Christen, der eben nicht dem Aktionismus, blindem Schaffensdrang und zielloser Hektik verfallen darf, sondern zuerst muss alles Maß nehmen am Jesuswort und am Glaubensbekenntnis. Es darf in der Kirche nichts geben und nichts unternommen werden, worauf verzichtet werden könnte. Dazu gehört eine große Empfangsbereitschaft und der Wille zu Besinnung, Meditation und Gebet. Aber dann soll das Wort auch fruchtbar werden in der Tat des Lebens. Wenn wir das Wort Gottes empfangen haben, sollen wir es festhalten und ihm wirkmächtigen Raum geben durch unser Tun. Das Wort wird gerade auch daran gemessen, ob es tatkräftiges Zeugnis wird. Und Gottes Wort darf nicht fehlgehen, gerade es soll sein Ziel erreichen.

Das Wort vom Hören und vom Tun wirkt befreiend. Es weist uns immer wieder auf die elementare Forderung Jesu hin. Wir alle werden einmal daran gemessen, ob wir Gottes Wort hören und es befolgen. Aber was schiebt sich alles so wichtigtuerisch und prahlerisch in den Vordergrund des Interesses: unsere Erklärungen und Manifeste, unsere Programme und Aktionen, Satzungen und Gesetze? Ja, oft suchen wir – wie die Verwandten Jesu – ihn für unsere eigenen Belange in Anspruch zu nehmen. Aber dann kommt nur Zweitrangiges und Peripheres heraus. Wenn ich die letzten Monate seit unserer Frühjahrs-Vollversammlung in Mainz und unsere Diskussionen und Auseinandersetzungen seither betrachte, dann hat dies sehr wenig mit einem ursprünglichen, aufrüttelnden und weiterführenden Hören auf das Wort Gottes und einem glaubwürdigen Befolgen der Weisungen Jesu zu tun. Wir lassen uns in wenig nützliche Wortgefechte und taktische Spielchen verwickeln, stoßen aber so wenig bis zum Kern der Sache durch. Dabei sollte sich niemand von vornherein ausnehmen. Gottes Wort richtet uns alle.

Wer Jesu Weisung aufnimmt und im Leben verwirklicht, ist ein wahrer Verwandter Jesu; ja, Jesus scheut nicht, sogar die engste Beziehung unter Menschen dafür zu gebrauchen: „Meine Mutter und meine Brüder sind die, die …“. Dies ist nicht nur zu den damaligen Jüngern gesagt, sondern auch zu den Nachgeborenen, den „Jüngern zweiter Hand“, wie S. Kierkegaard gerne sagt. Jesus schafft damit quer zu allen menschlichen Gruppierungen und Teilungen eine neue Gemeinschaft, eine eigene Familie. Dabei muss man genau hinhören: Es geht auch um eine neue Form der Gemeinschaft, aber freilich nicht nur in horizontaler Perspektive. Die junge Christenheit hat sich gehütet, fraternisierend Jesus vorschnell als ihren „Bruder“ zu bezeichnen. Jesus spielt auf eine gemeinsame Abstammung aus dem Vater an. Nur wenn wir zuerst die Bedingung für das Unbegreifliche verwirklichen, nämlich gemeinsam das Wort Gottes zu hören und zu befolgen, gibt es die neue Familie.

Kirche – Familie? Ja, aber doch nun ganz anders, als wir sonst davon reden. Da soll „familiaritas“, konkretes Vertrautsein, Zusammenhalt und wahres Vertrauen vorherrschen. Solidarität im üblichen Sinn ist noch zu wenig. Da nützt natürlich auch kein Fest. In jeder Familie, wenn sie mehr ist als ein Interessenhaufen, gelten auch Spielregeln des Umgangs miteinander. An diese sind die Ehegatten untereinander, aber auch die Kinder und die Eltern gebunden. Jeder kann jedem in einer so verletzlichen Atmosphäre, wie es eine Familie ist, etwas antun, wenn er nicht rücksichtsvoll und sensibel ist, eben wie eine Mutter, wie Schwestern und Brüder fühlen und denken, oft habe ich den Eindruck, dass dieser Familiensinn in der Kirche korrumpiert ist, ein Schattenboxen stattfindet und sich Menschen, die Schwestern und Brüder, Väter und Mütter sein sollen, misstrauisch belagern und wie feindselige Agenten oder Funktionäre miteinander umgehen. Bleiben wir nüchtern: Es gibt auch im Raum der Kirche Interessen, Interessenvertretung und auch ihre Durchsetzung. Auf allen Seiten. Aber Diskussionen und Auseinandersetzungen über sie müssen nach innen und nach außen immer wieder erkennen lassen, dass es am Ende – selbst wenn man sich noch streitet – um das gemeinsame Hören und Tun der Wahrheit des Evangeliums geht.

Das ist die eine Seite der neuen Familie, nämlich ihre Art und Weise des Umgangs und des Vertrautseins miteinander. Aber da gibt es noch eine wichtige Dimension. Kirche schafft immer wieder eine neue Familie. Wir müssen, wie schon am Anfang gesagt, die engen Grenzen unserer Clans, die selbst gebauten Mauern und Isolierungen übersteigen. Mit unserem Gott springen wir über die Mauern. Dann müssen wir aber viel weiter hinaussehen in die zerschundene, zerrissene und suchende Welt. Dann ist es nicht erlaubt, dass wir uns in unserer Kirche und in der Bundesrepublik Deutschland wohlig und satt einigeln, wenn Aussiedler und Flüchtlinge, Brüder und Schwestern bei uns Zuflucht suchen. Dann ist es uns auch nicht erlaubt, kleinkarierte und engstirnige Auseinandersetzungen anzuzetteln und uns selbst sowie die Öffentlichkeit über Gebühr zu beschäftigen, solange unsere Nachbarvölker im Osten in einer geschichtlichen Stunde nach neuen Formen ihres gesellschaftlichen und politischen Lebens suchen. Wie leben wir oft? Leben wir nur für uns? Jesus schätzt menschliche Nähe, aber er verwechselt sie nicht mit der Nestwärme nur innerhalb einer Gruppe, sondern er gibt sein Leben hin für die vielen, für alle. Die Kirche ist nur eine neue Familie im Geiste Jesu, wenn sie die Leiden unserer Schwestern und Brüder in aller Welt mitträgt und hilfreich zur Seite steht, wenn sie uns brauchen, erst recht in einer geschichtlichen Stunde.

Also muss Gottes Wort, verkündet im Evangelium dieses Tages, uns erst wieder herausrufen, damit wir uns neu von seinem Licht führen lassen, aus unseren selbst gemachten Käfigen ausbrechen und wie Hörer so auch Täter des Wortes werden. Themen und Aufgaben haben wir in diesen Tagen genug. Die Eucharistiefeier zeigt uns im Übrigen in einmaliger Weise, wie Jesus selbst den Willen des himmlischen Vaters erfüllte: im Hören des Wortes und im Befolgen seines Auftrags. Nichts anderes und Größeres ist uns gesagt: Tut dies zu meinem Gedächtnis. Amen.

Gesellschaftlicher Wandel und Weitergabe des Glaubens

In dem Eröffnungsreferat der diesjährigen Herbst-Vollversammlung (1989) soll versucht werden, zwei Dimensionen einer zwar unterschiedenen, aber auch vielfach zusammen gehörenden Problemstellung wechselseitig zu beleuchten. Beide Themen sind in den letzten Jahren mehr und mehr in die Mitte des Gesprächs innerhalb und außerhalb der Kirche sowie auch der wissenschaftlichen Diskussion gerückt. Die „Weitergabe des Glaubens" ist zum zentralen Schlüsselwort einer heutigen Neubesinnung in Theorie und Praxis geworden und steht in unmittelbarer Nähe des uns immer noch etwas fremden Begriffs der Evangelisierung bzw. Neu-Evangelisierung. Nach vielen Einzelbemühungen, zu denen auch der Europäische Katechetische Kongress 1987 „In vielen Sprachen einmütig" zählt[1] und Kolloquien der Kommission für Erziehung und Schule der Deutschen Bischofskonferenz der Jahre 1986 und 1989 gehören[2], gab es nicht nur einzelne weiterführende wissenschaftliche Untersuchungen, sondern die Gemeinsame Studientagung „Die Zukunft des Glaubens in unserem Land – Zur Lage und Weitergabe des Glaubens" der Deutschen Bischofskonferenz und des Zentralkomitees der deutschen Katholiken vom 16. bis 18. November 1988[3]. Es ist kein Zufall, dass sich auch die schon abgehaltene Synode der Diözese Rottenburg-Stuttgart unter das Leitwort der Weitergabe des Glaubens an die künftigen Generationen stellte und dass die in der Zwischenzeit begonnenen oder geplanten Diözesansynoden, vor allem in den Bistümern Hildesheim und Augsburg, immer wieder auf diesen Kern vieler Probleme stoßen. Wichtige Impulse dieser Bemühungen habe ich in einem Gespräch „Geistesgegenwart und Weggemeinschaft" mit der Herder-Korrespondenz[4] zu formulieren versucht, soweit dies in der Form eines Interviews möglich ist.

Im Kontext dieser Bemühungen stehen viele sozialwissenschaftliche Untersuchungen über den gesellschaftlichen Wertewandel in den letzten Jahrzehnten. Es ist verständlich, dass es für die Beurteilung der Werteausprägungen und der Wertedynamik sehr viele Analysen und Prognosen gibt. Besonders die empirische Sozialforschung wollte belegen, dass der Zeitraum der sechziger und siebziger Jahre von einem besonders einschneidenden Wertewandel geprägt ist. Langfristanalysen belegen, dass der Wertorientierung dieser Epoche eine zunehmende Unstetigkeit eignete, während gleichzeitig neue Werterfahrungen und Wertgemeinsamkeiten entstanden. Besonders wichtig sind in diesem Zusammenhang internationale Langzeitstudien, die über längere Zeiträume in vielen Ländern mit ähnlicher zivilisatorischer und wirtschaftlicher Situation unternommen worden sind. Die Ergebnisse wurden in verschiedenen Tagungen verglichen und diskutiert, bevor sie in den einzelnen Ländern jeweils in eigener Verantwortung veröffentlicht worden sind. An diesen Forschungen hat sich in unserem Bereich besonders das Institut für Demoskopie Allensbach unter Leitung von Frau Prof. Dr. Elisabeth Noelle-Neumann und Frau Dr. Renate Köcher beteiligt[5].

In diesem Zusammenhang hat das Sekretariat der Deutschen Bischofskonferenz selbst vom Institut für Demoskopie Allensbach eine Reihe von Repräsentativuntersuchungen durchführen lassen, so „Die Situation der Mischehen“ (1986), zwei Untersuchungen über den Religionsunterricht, nämlich eine Befragung von Religionslehrern über Aufgaben und Möglichkeiten, Gestaltung und Resonanz des Religionsunterrichtes und eine Untersuchung der Stellung von Schülern und Lehrern über den katholischen Religionsunterricht (1988) sowie eine Analyse der Einflüsse auf die Tradierungschancen des Glaubens in der Familie unter dem Titel „Weitergabe des Glaubens“ (1989).

Ich kann die genannten Texte und Ergebnisse nicht einfach zusammenfassen. Dafür sind die Perspektiven und Analysen zu umfangreich. Es kann auch nicht meine Aufgabe sein, die Resultate einfach referierend vorzustellen. Aber mein Eröffnungsreferat, das die eigenen mehr theologisch orientierten Grundsatzaussagen voraussetzt, will auf die Bedeutung der Fragestellung im Ganzen aufmerksam machen. Viele Initiativen gingen vom Sekretariat oder von Kommissionen der Bischofskonferenz aus. Bei fast allen Studientagungen und Kolloquien waren nur Vertreter der Bischofskonferenz oder einzelne Bischöfe anwesend. Es war noch nicht möglich, auch nur die wichtigsten Resultate ausgiebiger vorzustellen und zu diskutieren. Dies müssen m. E. vor allem auch die Kommissionen, die hierfür am ehesten zuständig sind, vorbereiten. Ich habe mir zur Aufgabe gesetzt, auf die große Bedeutung dieser Untersuchungen und Forschungen für die Gewinnung pastoraler Konzepte und Wege hinzuweisen.

Das Eröffnungsreferat will den umfassenderen Rahmen, die Voraussetzungen und auch die wichtigsten Hypothesen über den gesellschaftlichen Wertewandel sichtbar machen. Die Literatur zum Themenfeld „Wertverlust – Wertwandel – neue Werte“ ist – gerade im internationalen Bereich – fast unübersehbar geworden. Nach meinem Empfinden und nach meiner Kenntnis hat sich die praktische Theologie noch nicht genügend mit den Frageweisen, Methoden, Resultaten und Prognosen dieser Forschungen auseinander gesetzt.

Umfassendere Ansätze gibt es vor allem in der Religionspädagogik. Das Referat hat nicht den Anspruch, diese Aufgaben zu übernehmen oder gar ihre Lösung zu ersetzen. Es sind „Lesefrüchte" aus einer eigenen intensiveren, längeren Beschäftigung. Es versteht sich dabei von selbst, dass die Kontakt- und Bruchstellen zwischen Gesellschaft und Kirche, Sozialwissenschaften bzw. Demoskopie und Theologie mich am meisten beschäftigten. Dieses Interesse bestimmt zweifellos auch die Auswahl dessen, was ich vortragen möchte.

I. Das Streben nach Werten

Von Anfang an will ich offen bekennen, dass mir der Begriff „Wert" in vieler Hinsicht nicht gerade sympathisch ist. Mit Recht kritisieren viele Juristen die wolkige Unbestimmtheit dieses Wortes. Der verschwommene Gebrauch verführt zu ausuferndem Hantieren. Andere misstrauen dem Begriff wegen seiner Herkunft aus dem Bereich der Ökonomie. Hier ist seine Verwendung zwar ziemlich bestimmt – man denke nur an die Begriffe Tauschwert oder Mehrwert –, aber viele halten darum den Bedeutungsgehalt dieses Wortes auch nicht ablösbar von diesem ökonomischen Hintergrund. Der Wertbegriff gilt nicht zuletzt wegen seiner wenig personal-orientierten Struktur als ein „ethisches Abstraktum". (C. Schmitt). Es ist eine Binsenweisheit, dass der Wertbegriff auch philosophisch wenig geklärt ist und vor allem an einem unreflektierten ontologischen Status leidet. Bedenken erheben sich auch gegen emotionale Elemente in der Wahrnehmung von Werten, z. B. durch Intuition. So ist es nicht überraschend, dass große Denker im Wertbegriff ein letztlich untaugliches Surrogat für hohe Begriffe der klassischen Ethik, wie z. B. das Gute und die Tugenden, erblicken. M. Heidegger beschreibt die Werte sarkastisch als „positivistischen Ersatz für das Metaphysische".

Diese Einsicht ist bereits ein Ergebnis der Grundwerte-Debatte[6]. Bei der Diskussion über den Wertbegriff in der sozialwissenschaftlichen Diskussion gültiger gesellschaftlicher Normen taucht das Unbehagen erneut auf. Die aktuellen Wert- und Wertwandlungserörterungen verwenden bewusst eine weite Definition, wobei Unschärfen der Begriffsabgrenzung in Kauf genommen werden. Man bevorzugt eine Offenheit des Begriffs, die nicht von den Arbeitsergebnissen und den Aussagegehalten abschnürt und verzichtet eher auf eine vorgängige, begriffliche Präzisierung. Auch die früheren Diskussionen um den Wertbegriff, wie z. B. die Auseinandersetzung mit den ethischen Entwürfen Max Schelers und Nicolai Hartmanns sowie der seit Max Weber im Gang befindliche „Werturteilsstreit“[7], haben bereits dieses Dilemma offenbar gemacht.

Die Klage über eine zweifellos gegebene Unschärfe des Begriffs ist aber zugleich unbefriedigend. Gewiss ist der Wertbegriff philosophisch keine originäre Größe. Er ist auch in ontologischer Hinsicht keine primäre Gegebenheit. Er ist im Grunde abgeleitet. Aber er ist im Bereich vieler Diskussionen außerhalb der Philosophie – gerade auch in seiner Offenheit und Unbestimmtheit – flexibel. Diese Akzeptanz verdankt er nicht zuletzt dem außerordentlich weiten philosophischen und weltanschaulichen Pluralismus unserer Gegenwart, der in der Ethik besonders durchschlägt. In dieser Eigenschaft hat der Wertbegriff sich bei aller philosophischen Unklarheit dennoch als faktisch unentbehrlich herausgestellt. Er wird in der sozialwissenschaftlichen Diskussion nicht eigentlich im philosophisch strikten Sinne verwendet. Vielmehr ist er einer eher vorwissenschaftlich gebrauchten Sprache oder der gehobenen Alltagssprache ähnlich. Es zeigt sich jedenfalls, dass der Begriff im Blick auf die Sache, die er meint, nicht leicht ersetzbar ist.

Versucht man diesen Bedenken Rechnung zu tragen und dennoch eine vorläufige Bestimmung zu formulieren, so könnte man zusammenfassend umschreiben: Werte sind Leitlinien zur Orientierung des Menschen, die Handlungsziele vorgeben und für die Sinnbildung bedeutsam sind. Sie haben eine Führungsrolle im menschlichen Tun und Lassen inne, wo immer Menschen etwas wünschen oder „wichtig“ finden, als Personen Stellung nehmen und Urteile aussprechen. Solche Werte müssen den Trägern keineswegs voll bewusst sein. Sie können in sozialen Gewohnheiten, „Normen“ und kulturellen „Selbstverständlichkeiten“ eingelagert sein; sie können sich aber auch in „Idealen“ und in Entwürfen einer individuellen und gesellschaftlichen Ethik niederschlagen. Werte sind in komplexer Weise auf „Bedürfnisse“ hin orientiert, wenn auch eine nähere Zuordnung zwischen ihnen gar nicht leicht ist.

Jeder Mensch strebt nach solchen Werten. Der eine Wert ist wichtiger als der andere. Es gibt verschiedene Hierarchien von Wertordnungen. Oberste Werte sind für die meisten Menschen Glücklichsein, Gesundheit, die Familie, ein gutes Einkommen und der entsprechende Lebensstandard. Elementare Fragen stecken hinter den Werten als Leitlinie zur Ordnung des Lebens: „Was ist richtig, was darf man, was darf man nicht tun? Wofür soll man sich Mühe geben? Wozu soll man Kinder erziehen? Was ist der Sinn des Lebens? Und gibt es etwas, wofür es sich lohnt, sein Leben einzusetzen?“[8] Viele Lebensorientierungen sind uns als Antwort auf solche Fragen vertraut: Erfüllung in der Arbeit, Zufriedenheit durch Dienst für andere, Freude an vollbrachten

Leistungen, Streben nach Selbstständigkeit, Selbstverwirklichung. Werte dieser Art beziehen sich auf das gesellschaftlich-politische, das kulturelle und das sittliche Leben des Einzelnen und einer Gemeinschaft.

II. Ein „Wertwandlungsschub"

Die Einstellung zu solchen Handlungszielen war immer wieder im Wandel begriffen. Man darf dabei den Wertewandel nicht von vornherein oder gar ausschließlich moralisch und moralisierend betrachten, auch wenn er ethisch betrachtet werden kann und muss. Der Wertewandel ist vielmehr Bestandteil einer differenzierten gesellschaftlichen Entwicklung. Der Wandel in den Wertorientierungen kann dabei Voraussetzung und Motiv für neue gesellschaftliche Veränderungen sein, er kann aber auch selbst die Konsequenz einer Krise und eines Umbruchs in der Gesellschaft darstellen. Ob die Werte selbst sich wandeln oder ob die Orientierung an ihnen sich verändert oder ob andere „Wertsynthesen"[9] entstehen, ist dabei gar nicht so leicht auszumachen. Es ist auch nicht leicht, dabei Moden von tiefer wirkenden Veränderungen sorgfältig zu unterscheiden.

Es ist eine allgemeine Überzeugung, dass die Gesellschaften mit einer modernen Zivilisation spätestens Ende der 60er Jahre und zu Beginn der 70er Jahre einschneidende Veränderungen erfahren haben. Dies darf nicht so verstanden werden, als ob der Wandel ganz plötzlich eingetreten sei. Es ist nicht erlaubt, alles auf die 68er Generation hin auszulegen. In dieser Zeit wurde der Wertewandel sichtbar. Vieles kam in dieser Zeit zusammen, was dieses Sichtbarwerden erklärt: das Ende der Nachkriegszeit, die erste Nachkriegsgeneration im Protest gegen das nach 1945 Entstandene und zunächst Stabilisierte, ein fast unerschütterlicher Glaube an die politische Gestaltbarkeit aller Verhältnisse, ein institutionskritischer Grundzug, antiautoritäre Bewegungen, die Suche nach neuen Utopien, Zunehmen der Autoritätskritik. Letztlich kann man gediegene Aussagen nur machen, wenn man – möglichst im internationalen Bereich – vergleichende Langzeitstudien besitzt. Es ist verständlich, dass die verfügbaren Zahlen historisch hier nicht sehr weit zurückreichen. Soweit wir Zugang zu Verlaufsanalysen haben, verweist manches auf einen anfangs schleichenden und fast unmerklichen Prozess, der aber durch eine besondere Auslöserkonstellation auffälliger, manifest wird und einen regelrechten Traditionsbruch anzeigen kann. Das Jahr 1968 hat solche Auslösefaktoren, wie man sich leicht erinnert: Vietnamkrieg, Biafra, Ende des Prager Frühlings, Studentenunruhen, was sich übrigens auch im Bereich der

Kirche manifestierte und zum Teil verstärkte, z. B. durch das Erscheinen der Enzyklika *Humanae vitae*. Weitere Stichworte genügen: Mordanschlag auf Rudi Dutschke, Aktionen der außerparlamentarischen Opposition, Protest gegen die Notstandsgesetzgebung. Insofern spricht man trotz eines längeren vorbereitenden Prozesses nicht zu Unrecht von einem „Wertwandlungsschub“[10]. In einer ersten Andeutung lässt sich dieser Wertwandlungsschub folgendermaßen umschreiben: Unter dem Eindruck des erreichten Wohlstandes, der Expansion der Daseinsvorsorge und des Sozialstaates, der Reform vieler Gesetze aus dem Jugend-, Ehe- und Familien- sowie Strafrecht, aber auch der Revolution der Medien, wie z. B. flächendeckende Verbreitung des Fernsehens, sind jene Werte in der Einschränkung eher rückläufig, die Pflichten gegenüber der Gemeinschaft und objektive Normen darstellen. Hingegen steigt die Einschätzung aller Werte in Richtung von Selbstentfaltung und Selbsterfahrung. Man kann eine wachsende Scheu beobachten, öffentliche Verantwortung zu übernehmen. Es gibt eine sich verstärkende Distanz zur Politik, zu den Parteien, zu allen Institutionen.

Die Bereitschaft zur Partizipation an Entscheidungsvorgängen wächst jedoch gleichzeitig. Wechselwähler nehmen zu, die Zahl der Stammwähler nimmt ab. Mehr und mehr drängt sich eine Einstellung in den Vordergrund, in der vornehmlich, wenn auch nicht ausschließlich, die ganz persönliche Betroffenheit und die private Wohlfahrt zählen. Alles, was den privaten Lebensraum betrifft, wird entscheidend. Das Auswandern aus politischen und gesellschaftlichen Verbindlichkeiten wird fast zu einem Lebensstil. Informelle Beziehungen werden vorgezogen; Subkulturen aller Art sind Orte für Ausbruchsversuche aus der Normalität des Lebens; die Sehnsucht nach der Idylle und nach dem Unmittelbaren gewinnt an Gewicht gegen das rationale Kalkül und technologische Produktionsbedingungen; der Vorbehalt gegen die Moderne wächst, obgleich man ihre Segnungen in Anspruch nimmt; das Gefühl steht gegen Rationalität; der Bezug auf das Gemeinwohl wird immer mehr situationsbezogen und ist nicht frei von modischen Erscheinungen.

Dieser Wertewandel hat vor allem die Jugend erfasst. Die jüngeren Intellektuellen und die Meinungsmacher sind in besonderer Weise die Träger dieser Wandlungsprozesse. Es lässt sich jedoch nicht übersehen, dass dieser Prozess in etwas unauffälligerer Form auch bei den Älteren Boden gewonnen hat. Die Werte der westlichen Gesellschaft scheinen sich von der hohen Betonung der materiellen und physischen Sicherheit des Menschen unter Wahrung seiner elementaren Lebensbedingungen in Richtung auf eine höhere Bewertung von immateriellen Aspekten des Lebens zu verlagern. Ronald Inglehart[11] hat in diesem Zusammenhang die These vertreten, dass sich in den Industrienationen ein Wertewandel von den materiellen zu den immateriellen bzw. postmateriellen Werten ereigne. Von ihm stammt auch das berühmte Stichwort von einer „stillen Revolution", die die Infrastruktur unseres Lebens in dieser Zeit verändert habe. Die Wissenschaft vom sozialen Verhalten des Menschen konnte bei aller Korrektur und Selbstkorrektur von Ingleharts Thesen durch immer größere Umfragen die Vermutung erhärten, dass in den westlichen Demokratien mit der Stabilisierung der nach dem Zweiten Weltkrieg lange Zeit dominanten wirtschaftlichen Entwicklung und der Befriedigung elementarer Bedürfnisse ein Stadium eingetreten war, in dem für Teile der Bevölkerung neue politische und gesellschaftliche Prioritäten gesetzt worden sind.

Postmaterielle Werte kultureller, musischer und sportlicher Art oder Gesundheitswerte gewinnen in einer materiell eher schon einem Sättigungsgrad entgegenlaufenden Gesellschaft eine größere Bedeutung gegenüber der physischen Existenzsicherung. Für viele ist ein gutes Gehalt längst nicht mehr die wichtigste Errungenschaft; die Bedeutung einer interessanten und sie zufrieden stellenden Arbeit rückt in den Vordergrund. Mit einer Kurzformel könnte man die eigentlichen Unterschiede auf den Nenner bringen: Lebensstandard (wirtschaftliche und physische sowie soziale Sicherung) gegen Lebensqualität (Menschlichkeit, Selbstverwirklichung, Solidarität).

Im Einzelnen sind die Befunde freilich vielschichtig und auch mehrdeutig. So hat der Bereich der beruflichen Tätigkeit, vor allem Zufriedenheit mit der Arbeit und Bereitschaft zur Leistung, in jüngster Zeit Anlass zu erheblichen Auseinandersetzungen gegeben. Es gibt gewiss Anzeichen dafür, dass z. B. Arbeitsfreude weniger als „Wert" begriffen wird und Leistungsbereitschaft abzunehmen im Begriff ist. Das Verhältnis zur Arbeit ist jedoch nicht nur von der Einstellung des Einzelnen her zu messen. Hier spielen viele gesellschaftliche Rahmenbedingungen mit: Strukturentwicklungen, hoher Bedarf an Teilzeitarbeitsplätzen, Arbeitslosigkeit, Wunsch nach mehr Eigenverantwortung. Die Arbeit wird auch nicht mehr allein von der Notwendigkeit eines Verdienstes her gesehen, sondern sie wird stärker von ihrem Beitrag zur Erfüllung des menschlichen Lebens her verstanden. Wahrscheinlich wird also nicht primär die Leistungsbereitschaft als solche in Frage gestellt, sondern sie wird mehr mit Arbeitsbedingungen verknüpft, die über das rein Materielle hinausgehen. An diesem Beispiel wird erkennbar, wie sorgfältig und differenziert Analysen vorgehen müssen.

„Der beobachtete Wandel ist inhaltlich bereichsübergreifend gleichgerichtet: Es geht stets um die Abkehr von in der Bundesrepublik Deutschland in jener Zeit (zwischen 1950 und den frühen 60er Jahren) als etabliert geltenden Werten: Transformation von traditionaler zu rationaler Autorität in Familie, Schule und Beruf, Minderung der identitätsstiftenden Kraft von Berufsarbeit, nachlassende Bindungsfähigkeit religiöser Institutionen und – in geringerem Maße – abnehmende Religiosität, zunehmende Politisierung und – damit einhergehend – zunehmende Bedürfnisse nach mehr politischer Beteiligung.“[12] Es gehört zum Bild dieser Analysen, dass sich dabei auch in derselben Meinungsgruppe Widersprüche offenbaren, die unaufgelöst bleiben: So soll z. B. für die „neue (postmaterialistische) Linke“ der Staat zwar seine sozialpolitische Verpflichtung in vollem Umfang weiter erfüllen, sich aber aus allen anderen Bereichen der Gesellschaft eher zurückziehen, weil er dort als übermächtig und bedrohlich empfunden wird. Man fürchtet um die Gestaltung des persönlichen Freiheitsspielraums. Will man die Bewusstseinslage und die Leitbilder auf einen gemeinsamen Nenner bringen, so wäre „Selbstverwirklichung“ eine zentrale Perspektive vieler Verhaltensweisen. Zum Bild gehört auch, dass ungefähr 10 Prozent der Wahlbevölkerung nachhaltig solche Überzeugungen aktiv vertreten. Die Wirkung dieser Einstellungen vervielfacht sich jedoch beträchtlich, weil die Hauptträger dieser Entwicklung vor allem in den Massenmedien in bevorzugte Positionen eintreten und für die entsprechende Verbreitung solcher Einstellungen sorgen konnten.

Es ist verständlich, dass man in der Beurteilung einer solchen Hypothese unterschiedliche Wege gegangen ist. Viele Intellektuelle sind von der Vorstellung eines solchen Wertewandels eher fasziniert. Wer den Protestbewegungen positiv gegenübersteht und für gesamtgesellschaftliche Reformen größeren Ausmaßes eintritt, macht sich die These von der Dominanz „postmaterialistischer Werte“ zu Eigen. E. Noelle-Neumann[13] vertritt hingegen eher die These, es handle sich um den Zerfall echter „bürgerlicher“ Werte. In der Zwischenzeit hat sich manches „normalisiert“, die „Positionen von Anfang oder Mitte der 60er Jahre sind jedoch nicht zurückgewonnen worden, in wichtigen Bereichen hat sich die Abkehr von bürgerlichen Idealen weiter fortgesetzt.“[14] H. Lübbe[15] fasst in einer abstrakten Beschreibung den „Trendtyp“ – vielleicht ist es nur eine Momentaufnahme – mit sarkastischen Worten folgendermaßen zusammen: „Hoher Lebensstandard, distanziertes Verhältnis zur Berufstätigkeit, abnehmende Mobilität, schwindende Arbeitsfreude, reiselustig, rasch gelangweilt und daher kontaktbeflissen, einsamkeitsflüchtig und zugleich bindungsscheu, politisiert, aber institutionenfremd, orientierungsbedürftig und kirchenfern.“ Das Bild ist sicher zu differenzieren, wie aus den bisherigen Äußerungen hervorging, aber es erfasst gewiss auch vorherrschende Tendenzen.

Die Kritik wies auch darauf hin, dass in den etwas zu einfachen Antithesen „materialistisch“ – „postmaterialistisch“ das Bild verzeichnet worden sei. Die ältere Generation habe keineswegs jene materielle Wertorientierung vertreten, die ihr unterstellt wird. „Die tatsächlich viel größere Religiosität und entschiedenere Moral der älteren Generation passt nicht zu diesem Bild."[16] Viele sind der Meinung, es handele sich nur zum Teil um einen auf Dauer angelegten Wertewandel, häufig gehe es um konjunkturbedingte Anschauungs- und Verhaltensschwankungen in Form einer zeitweisen Anpassung an jeweils vorherrschende Trends. So vertrat Franz Lehner[17] die These, man könne das Erklärungsmuster Ingleharts „als eine Folge gesellschaftlicher Differenzierung und einer parallelen Differenzierung individueller Werte und Einstellungsstrukturen interpretieren. Damit entfällt das theoretisch und empirisch problematische Postulat eines grundlegenden Wertwandels". Diese Auffassung kann soweit gehen, dass man der These von einem Wertewandel überhaupt skeptisch gegenübersteht oder einen solchen gar verneint.

Ein Wertewandel ist m. E. gewiss unbestreitbar. Vernachlässigte, verdrängte oder als weniger bedeutsam eingeschätzte Werte kommen in einer bestimmten, veränderten gesellschaftlichen Situation mehr zur Geltung, während andere, früher fast selbstverständlich Geltende an Plausibilität verlieren. So hat nach den beiden Weltkriegen der Begriff „Frieden" gegenüber dem Wert „Nation" eine Dominanz erhalten. Die neuere politische Entwicklung der Parteienlandschaft im rechten Spektrum zeigt, dass ein Abdrängen von Werten wie „Vaterland" und „Nation" nach einiger Zeit geradezu national bzw. sogar nationalistisch orientierte Gegenbewegungen hervorruft. Gegenüber einer akuten Umweltgefährdung gewinnt der Wert „Umwelt / Bewahrung der Schöpfung" einen Vorrang im Verhältnis zum Wert „Technik". Damit dürfte jedoch der Wandel noch nicht ausreichend beschrieben sein. Jedenfalls offenbart sich eine eigentümliche, wechselseitige Abhängigkeit einander zugeordneter und sich ergänzender „Werte", was jedoch wohl erst aus vergleichenden Langzeitstudien deutlich wird. „Alte" und „neue" Werte bestehen jedenfalls miteinander in Koexistenz und Konkurrenz. Eine progressistische Interpretation unterschlägt diesen Austausch, eine Konservative beklagt oft nur den Wertezerfall, ohne auch zugleich neue Entwicklungen wahrzunehmen, wie z. B. den vielfältigen Wandel von Werten.

III. Auswirkungen auf Kirche und Religion

Es ließen sich noch viele Probleme um die Interpretation eines Wertewandels diskutieren. Jedoch soll nun der Blick hinübergehen zur Frage nach Religion und Moral, Religiosität und Kirchen. Es ist ohnehin notwendig, auch in diesem Bereich mehr thesenhaft zu sprechen. Es scheint mir unleugbar zu sein, dass der „Wertwandlungsschub" hier noch mehr durchschlägt. Die Einbrüche sind hier radikaler. Schwerpunkte dieses Schubs lassen gewiss auch hier eine zeitliche Näherbestimmung zu, nämlich die Jahre 1968–1971 bzw. 1974. Man wird es sich bei der Erforschung der Ursachen auch hier im Sinne des oben schon Gesagten nicht zu leicht machen dürfen. Man darf sich nämlich dabei nicht auf die Krise nach dem Zweiten Vatikanischen Konzil und auch nicht auf die 68er-Generation fixieren. Man sollte allerdings einen stärkeren Einbruch und das Manifestwerden einer krisenhaften Lage nicht gänzlich leugnen. Bei näherem Hinsehen gibt es nämlich in verschiedenen Bereichen des kirchlichen Lebens bereits zu Beginn der 60er Jahre ein langsames Abbröckeln von Orientierungen und Wertentscheidungen, wie z.B. die Situation der kirchlichen Verbände, die Zahl der Berufungen und der Stand der kirchlichen Presse zeigen können.

Offensichtlich gibt es so etwas wie die Veränderung menschlicher Bedürfnisstrukturen. Für ganze Wertschichten scheint in weiten Kreisen die Wahrnehmungsfähigkeit erheblich geschwächt zu sein. Man kann dies gewiss an dem Vorrang säkularer Glückserwartungen und an der „Zufriedenheit" im Blick auf innergeschichtliche und weltimmanente Erfüllungen ein Stück weit ablesen. Wenigstens für die Industrienationen lässt sich eine tiefe Erosion traditioneller und besonders religiöser Werte nicht leugnen. Der Bezug zu einer Vielzahl von Verhaltensweisen und Grundeinstellungen aus Bereichen wie Ehe und Familie, Arbeit und Sexualität, Lebensstil und Wertorientierung ist viel lockerer geworden. Der erhebliche Rückgang an regelmäßigen Kirchgängern, besonders unter Katholiken, ist alarmierend, wobei der sonntägliche Gottesdienstbesuch nicht zuerst vom „Sonntagsgebot" allein her verstanden werden darf, sondern man muss in ihm einen relativ feinfühligen Gradmesser für alle Formen des Interesses an der Kirche und ihrem Tun erkennen, wie dies eine Reihe von neueren Untersuchungen auch gebietet. Es hat dabei keinen großen Sinn, Religiosität im Allgemeinen und die so genannten „Großkirchen" zu sehr zu unterscheiden. Obgleich der Rückgang einer institutionell verfassten und an die Kirchen selbst gebundenen Frömmigkeit nicht eine ebenso große Distanzierung von Religiosität überhaupt einschließt, sind die Zukunftsaussichten einer institutionslosen, außerkirchlichen Religiosität relativ gering. Es geht nicht nur um die Institution Kirche, sondern um die Verarmung eines Transzendenzbezugs des Menschen überhaupt. Unzweifelhaft hat die Kirche in den vergangenen Jahrzehnten an Durchsetzungsfähigkeit in ihrer sozialisierenden und steuernden moralischen Kraft eingebüßt. Insbesondere hat sich zwischen den Generationen eine überdurchschnittlich tiefe Kluft zwischen Jungen und Alten aufgetan, die von einigen Sozialwissenschaftlern im Blick auf den Tradierungsprozess der Werte als „dramatischer Umbruch“ beurteilt wird. Ich brauche an dieser Stelle nicht eigens darauf einzugehen.

Die genauere Einschätzung dieses Wertewandels im Bereich der Kirche und der gesellschaftlichen Auswirkungen ist nicht leicht. Max Kaase bewertete diesen Prozess mit folgenden Worten recht düster: „Auch die Liberalisierung der Sexualnormen und sexuellen Verhaltensweisen, die hohen Abtreibungszahlen und ansteigenden Scheidungsziffern sowie entsprechende Veränderungen von Verhaltensweisen und Einstellungen in einer Vielzahl anderer verwandter Lebensbereiche deuten darauf hin, dass mit den kirchlichen Institutionen einige der wenigen Quellen für kohärente umfassende Leitbilder in der Bevölkerung im Begriff sind, von der Bühne der Geschichte abzutreten.“[18] Vielleicht kann es manchmal von außen so aussehen. Die Kirche selbst hat jedoch ein reicheres und tieferes Leben, als die veröffentlichte Meinung erkennen lässt, sie birgt auch in sich selbst – vielleicht noch verschüttet – aus einer großen geschichtlichen Erfahrung mächtige Regenerationskräfte und spirituelle Ressourcen. Vielleicht bedarf es zuerst der Bankrotterklärung rein säkularer Lebens- und Gesellschaftsentwürfe. Dabei darf man nicht nur auf unser Land und die Industrienationen blicken. Die katholische Kirche lebt heute schon zu zwei Drittel in den jungen, blühenden Glaubensgemeinschaften der Dritten Welt. Keinem einzelnen Land und auch nicht einem Kontinent ist eine Verheißung gegeben worden, dass die Kirche hier vor Ort lebendig und geschichtsmächtig bleiben muss wie in früheren Zeiten. Lähmen dürfen solche Ideen gewiss nicht.

Hinter dem Wertewandel verbergen sich gewiss viele Tendenzen und Trends, die jeweils eigens untersucht werden müssten. So steht hinter dem Wandel in der Wertorientierung gewiss auch eine wachsende Pluralisierung der Lebensstile und Glaubensüberzeugungen, was sich besonders in der Bewertung alternativer Lebensformen artikuliert. Damit ist auch eine beträchtliche Individualisierung des Ethos gegeben, die weit über die ohnehin in ethischen Entscheidungen gegebene Vereinzelung des Menschen hinausreicht. Religion wird dabei nach eigenem Gutdünken zusammengebaut. Sie scheint ein „Wert“ zu werden, der neben anderen Werten und Angeboten steht. Wenn die Religion in einem zu hohen Maß zu den Konsumangeboten der Gesellschaft gezählt wird, besteht die Gefahr, dass der Pluralismus gestaltloser wird und zu einer großen Beliebigkeit führt. Gemeinsame Maßstäbe drohen noch mehr verloren zu gehen.

Der Wertewandel wird in der Kirche und in der Gesellschaft kontrovers beurteilt. Die einen sehen in einer solchen Situation eine elementare Gefährdung menschlicher Gesellschaft und der Gemeinwohlorientierung, andere hingegen erblicken in diesem Wandel eine fast ausschließlich positive Dynamik, weil sich der Spielraum individueller Freiheiten und der Reichtum einzelner Wahlmöglichkeiten ausweiten. Unsere Gesellschaft ist von solchen auseinander strebenden Tendenzen geprägt und leidet an diesen Polarisierungen.

IV. Die Chance von Kirche und Glauben im sich verändernden Wertebewusstsein

Wie soll der christliche Glaube darauf reagieren? Es ist allein schon durch die komplexe und widersprüchliche Gesamtlage einleuchtend geworden, dass eine entsprechende Reaktion nicht eindeutig sein kann und auf der Hand liegt, sondern dass eher mehrere Optionen gegeben sind und auch miteinander ringen. Glaube und Kirche dürfen sich ja nicht bestimmten Trends verschreiben oder angleichen, so sehr sie mit ihrer Zeit in einem stetigen Gespräch bleiben müssen. Es gibt dabei ein beständiges Ringen zwischen Anknüpfung und Widerspruch im Verhältnis zur geschichtlich-gesellschaftlichen Situation.

So ist es natürlich nicht verwunderlich, dass sich die früher skizzierten Richtungen zur Beurteilung der gesellschaftlichen Lage und des Wertewandels auch im Raum der Kirche zeigen und dort ähnliche Polarisierungen erzeugen wie im gesamten öffentlich-politischen Feld. In dem ganz anders gelagerten Raum einer Glaubensgemeinschaft, die auf menschliche Nähe und konkrete Übereinkunft angewiesen ist, sind solche „Wertspannungen“ freilich explosiver. Man kann diese Spannungen unschwer hinter den Auseinandersetzungen zwischen sogenannten progressiven und konservativen Kräften mit extremen Positionen am einen oder anderen Spektrum (Traditionalismus und Fundamentalismus, Imitation der „neuen Linken“ und Politisierung) wahrnehmen. Vielleicht sollte man die bestehenden Schwierigkeiten sogar noch sehr viel mehr in dieser Perspektive der Analyse unterwerfen.

Wo liegen nun die Chancen von Kirche und Glaube angesichts des sich verändernden Wertbewusstseins?

1. In einem *konsequent und radikal angenommenen und gelebten Glaubensverständnis*, das auch das Erscheinungsbild der Kirche selbst prägt. Die entscheidende Schwäche unserer Zeit ist das Austrocknen eines Sinnes für Transzendenz und das Verblassen des Gottesbildes. Die Kirche muss dem Menschen elementares Zeugnis vom lebendigen Gott geben. Das in der Sache durchaus berechtigte Klagen über den Rückgang kirchlicher Bindung und ethischer Grundwerte in der Gesellschaft ist im Grunde ein sekundäres Phä-

nomen. Wenn die Kirche diesen fundamentalen Zusammenhang nicht erkennt und den Eindruck erweckt, sie besorge neben anderen Dienstleistungsbetrieben eine humanitär-soziale Einrichtung, verfehlt sie sich selbst. Die Kirche muss mutig Zeugnis geben von dem, was sie im Innersten bewegt. Sonst erscheint sie nur als eine der Großorganisationen in unserer Gesellschaft, aber nicht in ihrem Proprium. Dann muss jedoch auch im Leben der Christen und im alltäglichen Lebenszeugnis der Kirchen mehr von Gott selbst, seiner Herrlichkeit, dem ewigen Leben, seinem Lob und Preis offenbar werden – weniger die Rede sein von uns selbst und unseren oft so subjektiven Empfindungen. Dafür braucht es junge Menschen, die nicht nur Interesse für Theologie haben, sondern die sich mit ihrer ganzen Existenz Jesus Christus und seiner Sache verschreiben, um uneigennützige und überzeugende Boten in aller Welt sein zu können.

2. In einer *klaren Verschränkung von Glaube und Ethos*: Schon das Johannesevangelium zeigt in die Mitte des christlichen Glaubens, wenn es einmal formuliert, wir sollten „die Wahrheit tun" (vgl. *Joh* 3,21). Rechenschaft über den Glauben gibt es in vielfacher Form. Immer aber muss sich der Glaube im verantwortlichen Tun bewähren. „Tun" ist hier sehr weit gespannt und schließt auch noch das Gebet der Kontemplativen und das Leiden der Kranken ein. Glaube bekundet sich jedenfalls konkret-leibhaftig und drängt zu Mitteilung und Wirksamkeit. In diesem Sinne vollendet sich der Glaube in der Liebe. Es ist dem Christen heute nicht erlaubt, sich in eine privat verstandene, erbauliche Spiritualität oder auf den „reinen Glauben" zurückzuziehen. Wenn der Glaube spirituell überzüchtet ist, gerät er in die Gefahr der Weltlosigkeit. Das Ethos des Glaubens, genährt durch das prophetische Lebenszeugnis der Propheten und Apostel, muss in seiner universalen Kraft leuchten. Dabei wird es nicht zuletzt auf ein überzeugendes Ethos der Menschenrechte ankommen, die sich zwar in der Moderne vom Christentum emanzipiert hatten und die gegen es selbst proklamiert worden sind, aber in ihren Ursprungsmotiven vom biblischen Glauben her grundgelegt sind. Wenn der Glaube nicht im Ethos vollends wahr wird, kann er zu einer Art von religiösem Konsum werden. Er wird schal und verliert seine prophetische und verwandelnde Kraft.

3. In der zweifelsfreien Annahme der positiven Ergebnisse der neuzeitlichen *Freiheitsgeschichte*, wie die Kirche es im Prinzip im Zweiten Vatikanischen Konzil getan hat. Sie hat damit auch Aussagen der Kirche im 19. Jahrhundert fortgeschrieben und dabei korrigiert. Ich denke dabei an die Religions- und Glaubensfreiheit, aber auch darüber hinaus an die Anerkennung der modernen Grundrechte. Es darf kein Zweifel bestehen, dass die Kirche diese Werte anerkennt und Ja sagt zum demokratischen Verfassungs-

staat, sogar zum Pluralismus der Weltanschauungen und Glaubensformen. Rückhaltlose Anerkennung dieser Prinzipien bedeutet gerade nicht unkritische Identifikation. Wenn nicht mehr der Verdacht besteht, man misstraue den ethischen Implikationen dieser Freiheitsgeschichte, dann kann und muss man auch schonungslos die negativen Seiten und ihre widersprüchlichen Wirkungen beim Namen nennen, den Missbrauch der Freiheit und der demokratischen Institutionen. Die Kirche muss auch überzeugend klar machen, dass sie – ohne ihre eigene Struktur zu verletzen – ihre eigenen Spielregeln des Umgangs im Inneren der Kirche noch wesentlich verbessern kann, ohne damit schon einer „Demokratisierung“ zu verfallen. Anthropologisch und theologisch geht es dabei zentral um das Verständnis der menschlichen Freiheit und ihres Verhältnisses zur Wahrheit.

V. Radikales Zeugnis in dialogischer Offenheit

Dies ist nur eine beschränkte Auswahl einiger inhaltlicher Gesichtspunkte. Es geht aber auch um das „Wie“ dieses radikalen Zeugnisses. In dieser Richtung möchte ich folgende Leitlinien skizzieren:

1. Inmitten der gesellschaftlichen Segmentierung der Lebensbereiche, der sozialen Differenzierung und einer hochgradigen Pluralisierung der Werthaltungen muss der christliche Glaube sich zuerst selbst treu bleiben. Wenn er sich von Anfang an den vielen Moden und Wellen besonders günstiger Trends anpasst, verliert er sich selbst. Die Chance, dass der Einzelne für sich allein das christliche Ethos in einer überzeugenden Form leben kann, lässt sich nur verwirklichen, wenn die Widerstandskraft und die Fähigkeit zur Selbstständigkeit gut entwickelt sind. Vieles wird also auf die Stärkung personaler Entscheidungsfähigkeit ankommen. Dennoch kann nicht der Einzelkämpfer das Ideal sein. In einer solchen Situation kommt es noch viel mehr als bisher auf das gemeinsam getragene und gelebte Ethos an. In einer extrem säkularen Welt und angesichts einer so hohen Pluralisierung kann nur die innere Festigkeit einer Gemeinschaft auf die Dauer das Überleben von Glaubensüberzeugungen und Lebensanschauungen gewährleisten, besonders wenn diese nichtkonformistischen Charakter haben. Die Sozialform des christlichen Glaubens – Gruppe, Gemeinschaft, Gemeinde, Bistum, Zusammenschlüsse auf der überdiözesanen Ebene je nach Sprache und Kultur, Weltkirche – wird gewiss noch eine größere Bedeutung erhalten. Sie darf jedoch nicht an der Organisationsdichte der Institutionen gemessen werden, sondern erhält ihre Qualität durch die Lebendigkeit vielfältiger konkreter Beziehungen, die per-

sonal orientiert sind. In dem, was in einem gesunden Sinne „Basisgemeinschaften“ genannt werden kann, und in den neueren geistlichen Gemeinschaften, aber auch in den Orden und in wirklich erneuerten Gemeindeformen stehen Hilfen und Anregungen zur Verfügung. In diesen Rahmen lassen sich auch ökumenische Bestrebungen einordnen, die gerade in diesem Zusammenhang eine hohe Bedeutung behalten. In diesem Sinne muss auch eine vertiefte Gestalt „neuer Kirchlichkeit“ gefunden werden, die von einem intensiven Zusammenstehen aller lebt.

2. Einheit der Kirche ist immer Einheit in der Vielfalt und in der Fülle der Gaben. Die Kirche kann der zunehmenden Pluralisierung der Lebensstile nur dann die rechte Antwort entgegenhalten, wenn sie in sich selbst einen großen Reichtum geistlicher Lebensformen und Lebensstile schafft und zulässt, wie es sich heute in der Eigenart vieler Gemeinden mit ihrem je eigenen Gesicht und auch angesichts vieler geistlicher Gemeinschaften bereits abzeichnet. Das Jesuswort im Johannesevangelium „Im Haus meines Vaters gibt es viele Wohnungen“ (Joh 14,2) hat auch hier seinen Platz. Allerdings wird dadurch die Sorge um die wirkliche Einheit der Kirche nicht nebensächlicher, sondern viel radikaler und auch schwieriger. Wo die Verschiedenheit der Ortskirchen mehr in Erscheinung tritt, wird der Dienst an der Einheit nicht weniger bedeutsam, sondern er wird bei den vielen zentrifugalen und partikularistischen Kräften noch wichtiger. Hier stehen wir – wenigstens auf katholischer Seite – in einem Wandel, der seine Zeit braucht.

3. Die Kirche ist von Hause aus die Stätte eines aufrichtigen Dialogs. Dies gilt für die Familie als „Kirche im kleinen“, Gruppen, Verbände, geistliche Gemeinschaften, Gemeinden usw. Dies scheint mir gerade bei der Findung eines neuen Konsenses im Blick auf Wertentscheidungen lebensnotwendig zu sein, wenn diese Zellen kirchlicher Vergemeinschaftung wirklich nicht bloß überleben, sondern ihrem Auftrag gerecht werden wollen. Hier muss auch der Ort sein, wo verschiedene Wertorientierungen einander begegnen, die einzelnen Generationen mit ihren Optionen miteinander im Gespräch bleiben und Menschen unterschiedlicher Wertentscheidung, z.B. im Blick auf Parteien, letzte Gemeinsamkeiten nicht preisgeben. Je abstrakter unsere Gesellschaft wird und solche Auseinandersetzungen nicht mehr leisten kann, um so mehr müssen die lebendigen Strukturen der Gesellschaft von unten her abgerissene Fäden eines solchen Dialogs regenerativ knüpfen. Dieses Feld reicht von der Familie bis zu den Akademien. Das Wertbewusstsein ist ja immer wieder im Wandel begriffen. Stets gibt es Akzentverschiebungen und Neuorientierungen die nicht zuletzt dem ausgleichenden Gespräch zwischen den verschiedenen Generationen und den vielen anderen Gruppierungen des Lebens entsprechen. Die Kirche als ein geschichtlich erfahrener Lebensraum,

in dem sich immer wieder Altes und Bewährtes mit Neuem und Fremdem verband, hat hier zweifellos eine besondere Chance.

4. Innerhalb einer solchen Gesamtsicht hat die Kirche gewiss auch die Funktion eines Korrektivs. Wenn in einer Gesellschaft Wertorientierungen radikal in einseitige Richtungen umschlagen, muss sie – auch in Form des Protests und des Streits – um die Integration mit Werten kämpfen, die viele für überholt betrachten. Wir sind heute in vielen Lebensfragen des Einzelnen und der menschlichen Gemeinschaft vor einer solchen Aufgabe. Man denke nur an den Schutz des Lebens, vor allem des ungeborenen Kindes, an die Ordnung der Sexualität innerhalb und außerhalb der Ehe, an Werte wie eheliche Treue, Mut zum Kind, Wertschätzung heute manchmal negativ besetzter Funktionen, wie z. B. das Muttersein, Hausfrau ohne Berufstätigkeit. Hier geht es nicht um das Verharren auf entgegengesetzten Problemlösungen, sondern um die Verteidigung und die Propagierung echter Werte, die auch künftig dem Menschen das Leben nicht erschweren, sondern erleichtern helfen. Wenn Erklärungen und Stellungnahmen weitgehend sich wie bloße Kritik dessen, was ist, ausnehmen oder so erscheinen mögen, darf die positiv-integrierende Funktion solcher Zwischenrufe nicht verkannt werden. Dies ist jeweils ein langer Weg, zumal oft zuerst das Bewusstsein geweckt werden muss für die Würde und die Bedeutung vergessener oder verdrängter Werte.

5. Selbstverständlich macht der Auftrag der Kirche angesichts des Wertewandels nicht halt an den Grenzen einer Pfarrei. Vielleicht kann man dies in aller Kürze an einem Beispiel besonders aufzeigen, nämlich an der Bedeutung von „Grundwerten"[19]. Je mehr sich nämlich die Pluralisierung der Wertorientierung verfeinert und auswächst, um so unausweichlicher wird die Frage, welche Maßstäbe des menschlichen Zusammenlebens uns verbinden. Der Pluralismus ist zwar eine hohe Errungenschaft des modernen Lebens, aber er ist nicht so unschuldig, wie er propagiert wird, wenn man zugleich die Frage nach der Einheit und Gemeinsamkeit verbindlicher Spielregeln unseres Lebens stellt. Hier scheint mir überhaupt eine Hauptgefahr der heutigen Situation zu liegen, dass die auseinander strebenden Wertorientierungen immer mehr jene Mitte verlassen oder ignorieren, die eine gemeinsame Plattform für eine Gesellschaft darstellt. Nicht zuletzt darum werden große und weittragende Entscheidungen in unserer Gesellschaft, Weichenstellungen in Regierungen und Planungen auf allen Ebenen schwieriger, ja manchmal unmöglich, weil die einzelnen Gruppen sachliche Konsensfähigkeit einbüßen und das Gemeinwohl aus dem Auge verlieren. Die Länge der Legislaturperioden ist ein zeitlich zu knapper Horizont, um innerhalb einer solchen Frist grundlegende Orientierungen in Politik und Gesellschaft zu realisieren. Kurzsichtigkeit und Kurzatmigkeit drohen als permanente Gefahr. Es gibt

nicht wenige ernsthafte Zeitgenossen, die deshalb Zweifel an der Zukunftsfähigkeit der demokratisch verfassten Gesellschaft westlicher Prägung artikulieren[20]. Die Grundwerte-Debatte hat uns an diese gemeinsame Aufgabe erinnert. Sie droht eine Episode zu bleiben. Die augenblickliche Überlegenheit des westlichen Systems darf hier nicht beschwichtigen helfen. Es bleiben Probleme.

VI. Den Glauben heute vermitteln

Blicken wir noch kurz auf die Frage der Wege heutiger Glaubensvermittlung. Eine wichtige Einsicht der letzten Zeit darf vielleicht so zusammengefasst werden: Der Lebensraum des Glaubens umfasst viele einzelne Lernorte innerhalb und außerhalb der Gemeinde. Wir dürfen keinen Lernort des Glaubens vom anderen und vom Ganzen trennen und ihm die Alleinverantwortung für die Weitergabe des Glaubens aufbürden. Alle Lernorte müssen unbeschadet ihrer Verschiedenheit zusammenwirken: Elternhaus, Kindergarten, Schule mit dem Religionsunterricht, Gemeinde und Gemeindekatechese, Jugendarbeit und Freundesgruppen. Die Bewegung muss immer in eine doppelte Richtung gehen: Die Innenkultur der einzelnen Lernorte muss neu belebt und gepflegt werden. Aber es genügt nicht, allein den Binnenbereich zu stärken. Der Blick muss auch auf die wichtige Funktion der Außenstützen fallen, die in dem offenen gesellschaftlichen Umfeld das Leben des Glaubens fördern helfen oder gefährden. So darf die Familie allein nicht überlastet werden, obgleich sie nach wie vor erste Schule des Glaubens und „Hauskirche“ ist. Auch wenn die Bedeutung der Familie kaum überschätzt werden kann, vermindern sich ihre Tradierungschancen deutlich, wenn sie in der Weitergabe des Glaubens auf sich allein gestellt ist. Ähnlich ist es im Übrigen auch mit den Chancen des Religionsunterrichtes. Seine Erziehungsinhalte müssen von den anderen Instanzen der Sozialisation und den übrigen Lernorten Bestätigung und Unterstützung erfahren. Es kommt auf die gleichgerichteten Einflüsse in allen Lebensbereichen an. Die „Vernetzung der Lernorte“ im einen Lebensraum des Glaubens ist also von besonderer Dringlichkeit. Schließlich müssen Schwächen der inneren Kultur der einzelnen Lernorte, um die viele instinktiv wissen, überwunden werden: Der Glaube braucht zu seiner Weitergabe lebendige Vorbilder; er muss im täglichen Leben sichtbar gemacht werden. Komplementäre Einflüsse erhöhen die Chancen gelingender Glaubensvermittlung. Dagegen muss nüchterner diskutiert werden, wie schwer die allermeisten Familien den gesellschaftlichen Pluralismus verarbeiten und wie gefährdet die Weitergabe des Glaubens in sehr vielen konfessionsverschiedenen Ehen ist. „Eine günstige Konstellation ist eine intakte Familie, die von starkem Zusammengehörigkeitsgefühl getragen ist, mit intaktem Verhältnis zwischen den Generationen, stabil nach innen und gleichzeitig offen nach Außen, mit zahlreichen sozialen Kontakten, von denen viele die religiösen Überzeugungen der Familie abstützen; eine Familie, die das Vorbild anderer wahrnimmt und sich daran orientiert; eine Familie mit ausgeprägtem Traditionsbewusstsein; eine intensive religiöse Praxis und Nähe zur Institution; ein Familienleben, in dem die religiösen Überzeugungen der Eltern sichtbar werden, statt persönliches Geheimnis zu sein; eine lebendige Pfarrgemeinde und ein eindrucksvoller Religionsunterricht. Diese Bedingungen treten nur selten alle gemeinsam auf; Konstellationen lassen sich jedoch verbessern wie auch ungünstig beeinflussen."[21] Dabei geht es nicht nur um das religiöse Wertegefüge, sondern um Kommunikation und Wertebewusstsein im humanen Bereich. Die Weitergabe des Glaubens hat also, wenigstens mittel- und langfristig, eine bisher wohl unterschätzte gesellschaftliche Bedeutung: „Diese Zusammenhänge zeigen, wie tief greifend sich Familien und die gesamte Gesellschaft verändern, wenn die Weitergabe des Glaubens in vielen Familien nicht mehr gelingt."[22] Oder: „Familien, in denen die Weitergabe des Glaubens nicht gelungen ist, sind allgemein kommunikationsschwächer als in der Tradierung erfolgreiche Familien."[23]

Es gibt in der Literatur viele Szenarien der künftigen Entwicklung von Kirche und Religiosität. Manchmal sind es auch Horrorbilder. Prognosen dürfen nicht kurzsichtig sein. Dazu reicht die empirische Momentaufnahme der gegenwärtigen Bewusstseinskonstellation für sich nicht aus. Einmal zeigt bereits die Geschichte der Kirche in Situationen der Krise und des Niedergangs, dass es auch in Zeiten der Bedrängnis unerwartete Regenerationsphänomene gibt. Die erste Hälfte des 19. Jahrhunderts bietet dafür immer noch eindrucksvolle Beispiele, sowohl im gesamten Bereich deutscher Geschichte als auch in manchen Diözesen. Es kam zu kraftvollen Erscheinungsformen des Katholischen, an die man nicht mehr glaubte.

In den letzten zweihundert Jahren haben viele aufgeklärte Geister Christentum und Kirche das Aussterben prophezeit. Der wahre Grund ihres Bleibens ist nicht bloß eine große geschichtliche Erfahrung oder ein Beharrungsvermögen des Religiösen in der Geschichte, sondern am Ende ist es der geschichtsmächtige und zukunftsinspirierende Gottesgeist, der selber alle Verkrustungen durchbricht und die Kirche dank des Zeugnisses prophetischer Männer und Frauen in verjüngter Gestalt erstehen lässt. Die Kirchen- und Frömmigkeitsgeschichte könnte bei der Beschreibung von Krisen und ihrer Überwindung eine große Rolle spielen. Im Übrigen ist Religion und

Kirche nicht bloß ein Thema im Abseits der gesellschaftlichen Trends. Auch wenn man keine religiöse Erneuerung erwartet, die die ganze Gesellschaft verändert, so ist die Einsicht in freilich differenzierte Zusammenhänge zwischen der Identitätsfindung des Menschen und dem Glauben, zwischen dem Wertegefüge und der Wertedynamik einer Gesellschaft und der Religion gewachsen. Das Unbehagen an der Modernität lässt sich nicht leugnen, auch wenn es keine einfachen Rezepte dagegen gibt. Darum ist aber auch noch nicht gesichert, dass die Zukunft der modernen Gesellschaft ohne Glaube und Religion gewährleistet werden kann. Es gibt gegenläufige Kräfte zur Säkularisierung und auch zur Modernisierung, die am Ende nur durch den christlichen Glauben ausreichend korrigiert und integriert werden können. Die Folgeprobleme des gesellschaftlichen Wertewandels haben jedenfalls ihre eigene, noch nicht prognostizierbare, wenn auch in Ansätzen vermutbare Logik. Sie stellen neue Fragen und wollen auch verlässliche Antworten.

Der „Zeitgeist" bläst den Kirchen, besonders der katholischen Kirche, manchmal kräftig ins Gesicht. Wer aber den Tendenzen dieses Zeitgeistes standzuhalten vermag und seinem Auftrag treu bleibt, wird auch künftig ein unentbehrlicher Gesprächspartner gerade des suchenden Menschen sein – und sei es im Streit und in der Auseinandersetzung. Unter dieser Voraussetzung hat die Kirche auch künftig ein entscheidendes Wort zu sagen, ihr eigenes Wort freilich. Nur nachplappern darf sie nicht. Je mehr die christlichen Kirchen dieses Wort gemeinsam sprechen können, um so glaubwürdiger wird es. Das Gebot des Herrn um Einheit im Glauben kennt keine Alternative. Ökumene darf uns aber nicht schal werden lassen. Der kleinste gemeinsame Nenner ist für Christen eine zu geringe Basis. Wahre ökumenische Begegnung muss darum ungleich vertieft werden. Es genügt nicht, wenn jeder nur so bleibt, wie er ist. Nur wenn wir uns gemeinsam mehr auf Jesus Christus hin verändern lassen, wachsen die Christen von der Tiefe her näher zusammen – damit die Welt glaube.

Anmerkungen

[1] Vgl. die gleichnamige Dokumentation hg. vom Deutschen Katecheten-Verein e. V. (Hg.), München 1988, darin: Glaube lernen, wo der Glaube lebt, 92–103.

[2] Vgl. Tradierungskrise des Glaubens hg. von E. Feifel / W. Kasper, München 1987; Religionsunterricht. Kolloquium (Arbeitshilfen 73), hg. vom Sekretariat der Deutschen Bischofskonferenz, Bonn 1989.

[3] Vgl. Die Zukunft des Glaubens (Arbeitshilfen 65), Bonn 1989, darin: Erzählt euren Kindern davon, 22–38.

[4] Vgl. Herder-Korrespondenz 43 (1989), Heft 2, 67–74.

5 Vgl. E. Noelle-Neumann / R. Köcher, Die verletzte Nation, Stuttgart 1987.
6 Vgl. K. Lehmann, Grundwerte, in: Staatslexikon II, Freiburg i. Br., [7]1986, 1131–1137.
7 Vgl. H. Albert / E. Topitsch, Werturteilsstreit, Damstadt 1971; H. Lübbe, Sozialwissenschaften und Politik. Der Werteurteilsstreit als exemplarischer Fall, in: Ders., Die Aufdringlichkeit der Geschichte, Graz 1989, 120–131.
8 E. Noelle-Neumann / R. Köcher, Die verletzte Nation, a. a. O. (Anm. 5), 11.
9 Vgl. H. Klages, Wertorientierungen im Wandel, Frankfurt a. M. [2]1985, 1641 ff.
10 Ebd. 92 ff., 123 ff.
11 Vgl. H. Klages / P. Kmieciak, Wertwandel und gesellschaftlicher Wandel, Frankfurt a. M. [3]1984, 279 ff.; vgl. neuerdings die Fortsetzung und Zusammenfassung von R. Inglehart, Kultureller Umbruch. Wertwandel in der westlichen Welt, Frankfurt a. M. 1989 (gleichzeitige amerikanische Originalausgabe „Cultural Change", Princeton – New Jersey 1989) – dort auch umfangreiche Literaturangaben.
12 M. Kaase, Bewusstseinslagen und Leitbilder in der Bundesrepublik Deutschland, in: Deutschland-Handbuch, hg. von W. Weidenfeld / H. Zimmermann, Bonn 1989, 203–220, hier: 213.
13 Vgl. E. Noelle-Neumann, Werden wir alle Proletarier? Wertewandel in unserer Gesellschaft, Zürich 1978.
14 Ebd. 9.
15 Vgl. folgende Veröffentlichungen von H. Lübbe zu diesem Thema: Kultureller Wandel im Spiegel der Demoskopie, in: Ders., Zeit-Verhältnisse, Graz 1983; vgl. auch ders., Die Aufdringlichkeit der Geschichte, a. a. O.,145–159; Demoskopie als Aufklärung, in: Demoskopie und Aufklärung. Ein Symposium, hg. vom Institut für Demoskopie Allensbach, München 1988, 32–44. Vgl. weiter zu diesem Bereich: W. Kerber (Hg.), Säkularisierung und Wertewandel, München 1986; E. Noelle-Neumann, Eine demoskopische Deutschstunde, Zürich 1983; Religion, Kirchen und Gesellschaft in Deutschland, hg. von F.-X. Kaufmann / B. Schäfers (Gegenwartskunde, Sonderheft 5), Opladen 1988. Zur historischen Dimension vgl. Chr. von Krockow, Die Deutschen in ihrem Jahrhundert 1890–1990, Reinbek 1990.
16 E. Noelle-Neumann / R. Köcher, Die verletzte Nation, a. a. O. (Anm. 5), 14.
17 Vgl. H. Klages / P. Kmieciak, Wertwandel und gesellschaftlicher Wandel, a. a. O. (Anm. 11), 325.
18 Vgl. Deutschland-Handbuch, a. a. O. (Anm. 12) 215.
19 Vgl. meinen oben schon genannten Artikel „Grundwerte", a. a. O. (Anm. 6), 1131 ff.
20 Vgl. P. Graf Kielmansegg, Das Experiment der Freiheit. Zur gegenwärtigen Lage des demokratischen Verfassungsstaates, Stuttgart 1988, 97 f., 133 ff., 193 ff.
21 Institut für Demoskopie Allensbach, Weitergabe des Glaubens, 1989, 102. Zur Konkretisierung vgl. K. Lehmann, „Erzählt euren Kindern davon …". Von der Mitteilung des Glaubens im Lebensraum der Familie. Hirtenwort des Bischofs von Mainz zur österlichen Bußzeit 1990, Mainz 1990.
22 Ebd. 39.
23 Ebd. 49. – Zum Thema vgl. auch K. Lüscher / F. Schultheis / M. Wehrspaun (Hg.), Die „postmoderne" Familie, Konstanz 1988, darin bes. auch F.-X. Kaufmann, Familie und Modernität, 391–415 (mit umfangreichen Literaturangaben); ders., Religion und Modernität. Sozialwissenschaftliche Perspektiven, Tübingen 1989, bes. 222 ff.

1990

Ein Alternativ-Programm des Evangeliums

(25. September 1990, Fest des hl. Nikolaus von der Flüe, Predigt zu Röm 14, 17–19)

Paulus steht in einer heftigen Auseinandersetzung, ob die Christen Götzenopferfleisch essen dürfen oder nicht. Die „Starken" haben keine Bedenken, die „Schwachen" nehmen Anstoß daran. In diesen Streit ruft Paulus wie mit einem Fanfarenstoß einen Satz hinein, der für das christliche Leben von grundlegender Bedeutung ist. Beinahe polemisch-warnend heißt es nämlich: „Nicht besteht das Reich Gottes in Essen und Trinken, sondern in Gerechtigkeit, Friede und Freude im Heiligen Geist." Ursprünglich mag es sich dabei um eine Warnung vor Völlerei und Trunksucht handeln (vgl. Röm 13, 13). Die frisch Bekehrten sollen nicht rückfällig werden, denn „Fleisch und Blut können das Reich Gottes nicht erben„(1 Kor 15, 50). Gottes Gabe hängt jedenfalls nicht am Genuss bestimmter Speisen und Getränke. Die Bibel weiß um das Geschenk lebenserhaltender Nahrung und auch um die Köstlichkeit der Schöpfungsgaben für den Menschen – man denke nur an das Lob des Weines –, aber sie dürfen nicht einen ausschließlichen, einzigen und höchsten Rang einnehmen. Ein solcher Satz erreicht auch uns heute, sofern wir von der Lust am Genuss, vom Wohlstand im materiellen Sinne und von einem allein konsumorientierten Denken beherrscht werden. Es war nicht falsch, dass wir in den letzten Wochen und Monaten uns auf Aufgaben wie Wirtschafts- und Währungsunion konzentrierten, aber der Mensch lebt nicht vom Brot allein. Gerade wenn er gesättigt ist, spürt er den Hunger nach Sinn und Erfüllung seines Lebens. Deshalb dürfen wir auch keine neue Mauern des Wohlstands an Europas Grenzen aufbauen. Wir dürfen die Sucht des Habens und Verzehrens für uns allein und auf Kosten der anderen nicht ausbreiten.

Paulus verspricht uns in dieser Welt nicht das Paradies. Er weiß, dass es eine vollkommene Welt erst in der absoluten Zukunft Gottes gibt, die ein Geschenk ist. Dies ist der volle Sinn des Wortes „Reich Gottes", ein Wort, das Paulus – im Unterschied zu den ersten drei Evangelien – ziemlich selten gebraucht (acht Mal), meist sogar nur in negativen Zusammenhängen. Er kennt das Wort aus der überlieferten Sprache des Glaubens und verwendet es auch, aber nicht so zentral wie z. B. „Evangelium" und „Gerechtigkeit Gottes". Aber hier hat das Wort „Reich Gottes" einen sehr bestimmten Sinn. Wenn auch das Reich Gottes nicht blitzartig unsere ganze jetzige Welt zum Guten verändert, so können doch jetzt schon die Wirkkräfte der Herrschaft Gottes unser Leben kräftig umgestalten. Es gibt schon eine wirkliche Revolution unserer Denkart und unserer Verhaltensweisen, die auch den Alltag unseres Lebens bestimmen: „Denn das Reich Gottes ist nicht Essen und Trinken. Es ist Gerechtigkeit, Friede und Freude im Heiligen Geist." So unsichtbar ist die Herrschaft Gottes nicht in dieser Welt. Wir dürfen uns nicht vertrösten bis zum „Sankt-Nimmerleinstag", alles nur in die Hände Gottes legen, als ob wir nicht gefragt wären. Es gibt Merkmale, Anzeichen, Signale für die Gottesherrschaft in dieser Zeit. An diesen Früchten kann man den Christen erkennen.

Gerechtigkeit steht hier, wie auch an anderer Stelle (vgl. 2 Kor 3,11; Phil 4,7), neben Friede und Freude (vgl. 2 Kor 1,24; 1 Thess 1,6). Aber diese drei Gaben begegnen auch sonst in ähnlicher Einheit (vgl. Röm 15,13; Gal 5,22). Sie sind so etwas wie die erste Frucht der Erlösung und Befreiung in Jesus Christus (vgl. besonders Röm 5,1 ff.). Auch sonst geht Paulus so vor, dass er uns mit negativem, ja polemischem Unterton warnt, um dann das viel Entscheidendere anzukündigen (vgl. 1 Kor 4,20; 6,9; Gal 5,21; Eph 5,5).

Mit „Gerechtigkeit" meint Paulus zuerst gewiss die Gerechtigkeit Gottes, die aus uns neue Menschen macht (vgl. z.B. Röm 8,10; 1 Kor 1,30). Wir sind von Hause aus, gerade wenn wir in Verzehr und Verbrauch für uns allein orientiert bleiben, ungerecht. Erst die göttliche Kraft der Gerechtigkeit macht uns neu und ist eine Gabe, die auch das Verhältnis zum Mitmenschen umzugestalten sucht. Die in Jesus Christus geschenkte Gerechtigkeit soll sich in der Liebe auswirken. Darum kann Paulus beide Worte beinahe austauschen (vgl. unsere Stelle z.B. mit Gal 5,22).

Was hier Gerechtigkeit heißt, dürfen wir für unsere Zeit noch konkreter bedenken. Es ist die Gerechtigkeit für die Benachteiligten und Armen, es ist aber auch die Einklagung der Menschenrechte für alle Bewohner dieser Erde. Deshalb werden wir aufgerufen, nach der Wende in Mittel- und Osteuropa nun umso energischer für Menschenwürde und Freiheit anderer unterdrückter Völker einzutreten. Dies gilt jedoch auch für die Einführung der Marktwirtschaft. In der Tat versteht jeder sein eigenes Interesse am besten. So kommt auch durch den gesunden Egoismus aller das gemeinsame Interesse besser voran als durch staatlichen Plan. Aber an einigen Stellen gibt es doch eine hohe Gefahr, dass das Marktprinzip allein versagen könnte. Der freie, von keinem Einzelnen beherrschte Markt erzeugt ein Maximum an Gütern, weil er das Eigeninteresse und somit auch den Fleiß und die schöpferische Kraft vieler Menschen motiviert. Aber wir können nicht auf allen Ebenen allein nach diesem Prinzip miteinander umgehen: in der Familie, in den Freundeskreisen und in unserer Nachbarschaft. Hier gibt es wohl auch noch andere Weisen des Umgangs miteinander. So muss die Marktwirtschaft auch immer wieder dahingehend korrigiert werden, dass die produzierten Güter gerecht verteilt werden. Die gerechte Verteilung geschieht nicht mit demselben Elan. Hier bedarf es immer wieder auch der Korrektur durch das, was wir soziale Gerechtigkeit nennen. Und dies gilt auch und gerade im Weltmaßstab, besonders im Blick auf eine so dringend notwendige neue Weltwirtschaftsordnung. Das Elend schreit überall nach Gerechtigkeit in diesem Sinn. Wie aber sollen wir aus dem Egoismus des Einzelnen und der Nationen, diesem Teufelskreis, herausfinden ohne die wahrhaft göttliche Macht einer neuen Gerechtigkeit?

Von einer so verstandenen Gerechtigkeit ist der Weg nicht weit zum Frieden, besonders im biblischen Sinne. Auch hier ist Friede zuerst eine Gabe Gottes. Wir Menschen sind einander in der Tat oft reißende Wölfe, auch wenn wir im Schafspelz daherkommen. Darum müssen wir durch Gottes Erbarmen und Versöhnung von dieser ursprünglichen Feindseligkeit auf dem Grund unseres Herzens befreit werden. Friede ist da, wo Gottes Liebe unsere Feindschaft überwunden hat. Erst dann sind wir friedensbereit, sodass wir auch den Zwist und Streit mit den Nächsten und den Fernen beseitigen können. Dabei wissen wir, dass das vom Herrn selbst selig gepriesene Friedenstiften immer wieder von innen und von außen unter großen Anfechtungen steht. Nikolaus von Flüe wusste um diese bleibende Anfechtung des Friedensschaffens. Dieser Dienst für den Frieden beginnt in unseren kleinsten Lebenskreisen, nämlich zwischen Mann und Frau, Eltern und Kindern, Freunden, Verwandten und Nachbarn. Wer nicht im kleinsten Bereich für mehr Frieden und Liebe sorgt, straft die großen Programme Lügen. Wir sollen in der Tat auch unseren Frieden mit den Völkern machen. Auch wenn kein Nuklearkrieg geführt worden ist, so bedrücken uns die über 130 nichtnuklearen Kriege seit dem Zweiten Weltkrieg, die Folgen regionaler und lokaler Konflikte. Die Menschheit muss den Krieg als Institution überwinden. Sie steht in dieser Hinsicht am Golf vor einer großen Bewährung. Ein erster Schritt, der in Zukunft eine viel größere Bedeutung erlangen muss, ist der Verzicht auf Waffenexporte in konfliktgeladene Regionen und Länder. Vielleicht merken die exportierenden Länder in der Auseinandersetzung am Golf selbst, welche Torheit der Waffenexport in eine solche Gegend ist, wenn sie sich nun gegen ihre eigenen Waffen schützen müssen.

Aber wir müssen bei aller Friedensbemühung zurück zu den Ängsten und den ungerechten Beziehungen zwischen den Menschen. Aus ihnen kommen Aggression und kriegerische Auseinandersetzungen. Der Friede bedarf der Gerechtigkeit, ja ist erst eine Frucht gerechten Handelns. Dafür muss es dann auch eine international einklagbare Rechtsordnung geben. Wir hoffen und beten, dass die vereinten Nationen immer mehr zu Bürgen einer wirksamen Friedensordnung in unserer Welt werden. Frieden ist immer angewandte Vernunft. Deshalb brauchen wir auch dringend den Frieden mit unserer Natur. „Bewahrung der Schöpfung" darf kein billiges Schlagwort bleiben, sondern muss von allen Ländern in zähen, kleinen Schritten eines wirksamen Umweltschutzes verwirklicht werden. Luft, Wasser und Erde sind wirklich die gemeinsamen Güter der Menschheitsfamilie. Darum tut hier Solidarität am meisten Not. Hier darf keiner nur auf seinen – ohnehin kurzfristigen – Vorteil bedacht sein. Es bedarf gewaltiger Anstrengungen, wenn die Menschheit im Norden und im Süden diese Herausforderung bestehen will.

Frieden brauchen wir auch gerade gegenüber den Menschen, die wehrlos sind. Wir dürfen das alte Gebot der Gastfreundschaft nicht verletzen, wenn Fremde zu uns kommen, zumal in Not. Dies gilt gegenüber den ausländischen Mitbürgern ebenso wie den Aussiedlern, aber auch den Asylanten, die uns gewiss immer mehr Kopfzerbrechen machen und uns an Grenzen der Aufnahmemöglichkeiten bringen. Wie unwillkommen sind oft Kinder in unserer Welt! Viele sind unerwünscht, bevor sie das Licht der Welt erblicken. Sie hungern und leiden, werden missbraucht und geschunden. Jesus tut auch hier etwas ganz anderes: Er nimmt in einer Zeit, in der Kinder nicht viel gelten, ein Kind und stellt es in die Mitte.

Gewiss schafft der Friede, der immer ein Moment des Ausgleichs und damit der Entspannung in sich birgt, so etwas wie Freude. Aber im ersten Augenblick scheint das Wort von der Freude nicht so recht hierher zu passen. Gibt es nicht zu viel Anlass für Enttäuschung und Traurigkeit, Empörung und Aufruhr? Dennoch ist das Wort von der Freude hier besonders wichtig. Sie ist etwas ganz anderes als Ausgelassenheit und Selbstvergessenheit im Taumel und gar im Rausch. Auch die Freude ist eine Gabe Gottes, denn sie entspricht dem Jubel und dem Dank, dass Gottes Güte und Erbarmen am Ende aller Bedrängnis siegen werden. Die Freude kommt aus der Gewissheit, dass Gott das letzte Wort und schließlich auch Recht behält. Nur brauchen wir Glauben und Vertrauen auf diese Macht Gottes. Nur dann können wir fröhlich sein. Gott ist ein Feind der Traurigkeit des Geistes.

Vielleicht fehlt uns am meisten diese Freude. Man spürt es wieder in diesen Wochen und Monaten (1990): Wir haben allen Anlass zum Danken und Loben, zur Freude und zum Mutfassen für die Zukunft. Selbst Menschen, die sich nicht als Glaubende bezeichnen, sprechen von unerklärlichen Ereignissen und nennen sie ohne Scheu Wunder. Und wie benehmen sich nicht wenige Christen? Statt Freude Trübsinn, statt Erleichterung über die gewonnene Freiheit nostalgische Träume nach rückwärts und angeblichen

„Errungenschaften". Können wir uns am schwersten trennen von dem, was war? Mutet es nicht wie ein böser Spuk an, dass wir beinahe 14 Tage brauchten, um uns über die Selbstverständlichkeit eines gemeinsamen Dank- und Bittgottesdienstes zu einigen? Wo ist die Freude und Erleichterung geblieben?

Wir spüren, dass diese Gerechtigkeit, dieser Friede und diese Freude nicht nur menschliche Tugenden sind. Darum fügt Paulus hinzu, dass wir sie nur „im Heiligen Geist" finden. Der Geist Gottes, der unsere Borniertheit und Engstirnigkeit überwindet und uns aus unseren Egoismen befreit, ist der Ursprung dieser Gaben Gottes und der menschlichen Verhaltensweisen. Er ist der Wurzelgrund eines Heils, das ganz von Gottes frischem, unvergänglichem Leben kommt und uns gleichwohl nicht der Welt entrückt.

Vielleicht verstehen wir jetzt, warum einige Ausleger des Römerbriefes in jüngster Zeit sagen, dieser kurze Vers „Denn das Reich Gottes ist nicht Essen und Trinken, es ist Gerechtigkeit, Friede und Freude im Heiligen Geist" sei „die theologische Mitte" der Kapitel 12 bis 15 dieses Schreibens. In der Tat ist hier ein Angelpunkt christlichen Lebens und Handelns überzeugend zur Sprache gebracht. Paulus schaut in eine doppelte Richtung: Er ruft uns im Blick auf die Welt zum Dienst am Frieden auf, im Blick auf die Kirche zur gegenseitigen „Erbauung". Die neue Freiheit besteht darin, dass wir nicht mehr den alten Herren gehören, sondern dass wir nur noch Knechte sind für Jesus Christus, die sich einsetzen für den Frieden und den Aufbau der Kirche. Amen.

Die stille Revolution der Freiheit: ihre Bedingungen und ihr Preis

I. Die Wende

Unsere Gegenwart ist gerade im Blick auf das vergangene Jahr blitzschnell in den Ereignissen und den Wandlungen. Bei der Weihe unseres Mitbruders Georg Sterzinsky zum Bischof von Berlin am 9. September 1989 spürte man überall ein Knistern in der Luft, aber niemand wagte eine Prognose, in welcher Richtung die Wandlungen gehen werden. Auch die evangelischen Kirchenführer, die ich traf, bangten, welche Früchte der hohe Einsatz ihrer Kirchen zeitigen werde. Am 11. September ließ die ungarische Regierung die DDR-Bürger nach Österreich ausreisen. Am 12. September wurde die Bürgerbewegung „Demokratie jetzt" gegründet. Als wir wenig später unsere Herbst-Vollversammlung in Fulda abhielten, standen wir wie viele zwischen Angst und Hoffnung. Am 7. Oktober feierte die DDR ihren 40. Jahrestag. Bei Protestdemonstrationen kommt es zu brutalen Übergriffen der Polizei und zu vielen Festnahmen. Rasch folgen die wichtigsten Ereignisse: Am 9. Oktober geht in Leipzig eine große Demonstration mit 70000 Menschen ohne den Einsatz der Staatsmacht zu Ende. Am 18. Oktober stürzt Erich Honecker und verliert alle Ämter. Am 4. November demonstriert eine Million von Bürgen in Berlin für demokratische Reformen. DDR-Regierung und Politbüro der SED treten zurück. Am 9. November werden die Berliner Mauer und die Grenzen zur Bundesrepublik Deutschland geöffnet.

Manchmal sehnen sich die Menschen, dabei zu sein, wenn Geschichte gemacht wird. Hier nun haben wir es mit einer inneren Dramatik ohnegleichen erlebt, ohne vielleicht immer das Gewicht dessen zu ermessen, was vor unseren Augen geschehen ist. 1989 wird jedenfalls ein unvergessliches Jahr bleiben. Sechs Völker der östlichen Hälfte Europas gingen den Weg der Revolution zur Freiheit. In fünf Staaten gelang dieser historisch beispiellose Befreiungsprozess gewaltfrei: in Ungarn, Polen, der DDR, der Tschechoslowakei, Bulgarien. In Rumänien siegte zwar die Revolution, aber die Gegenwehr des Diktators forderte einen hohen Blutzoll. Obgleich die Menschen in Rumänien am meisten leiden mussten, konnten sie bis heute nicht genügend die Früchte ihres Eintretens für die Freiheit ernten. Ohne die Duldung der sowjetischen Führung, besonders von Generalsekretär Michail Gorbatschow, wäre dies alles nicht möglich gewesen. Vergessen wir nicht, wie zur selben Zeit der Versuch einer gewaltfreien Revolution in China scheiterte und bis heute viele Opfer kostete.

Im Herbst 1989 vollzog sich in wenigen Wochen, worauf die Menschen diesseits und jenseits der Mauer jahrzehntelang warteten. Zwar gab es viele offizielle Begegnungen und Verhandlungsergebnisse zwischen den beiden deutschen Staaten, aber eine Verbesserung der deutsch-deutschen Beziehungen scheiterte immer wieder an fehlenden Reformen in der DDR: größere Freiheitsspielräume für die Menschen, Überwindung von Unterdrückung und Willkür, Verwirklichung von Presse- und Meinungsfreiheit, wirklich geheime Wahlen, Gewährung unbeschränkter Reisemöglichkeiten. Die Entwicklung von Glasnost und Perestroika in der Sowjetunion ab 1985, die Ernennung Gorbatschows zum Generalsekretär der KPdSU, schuf langsam die Überzeugung, dass diese Erwartungen nicht ewige Zukunftsmusik bleiben mussten, sondern stärkte die Hoffnung, dass es auch über kurz oder lang zu Reformen in der DDR kommen werde.

Lassen wir nochmals – wenigstens in Stichworten – die stille Revolution in unserem Land passieren und erinnern wir uns der wichtigsten Stationen im Befreiungsprozess: Brechung des Monopolanspruchs der SED, Lösung der so genannten Blockparteien von der Bevormundung durch die tragende Staatspartei, die Gründung eigener demokratischer Parteien, die Herausbildung und immer größere Anerkennung der Reformbewegungen, die Schaffung der Bürgerkomitees zur Auflösung des Staatssicherheitsdienstes, Ausarbeitung einer neuen Verfassung, Befreiung der Wirtschaft von den Fesseln einer bürokratischen Planwirtschaft, Emanzipation der Schulen und Hochschulen von ihrer einseitigen Ausrichtung, beginnende Aufarbeitung der DDR-Geschichte, erste freie Wahl zur DDR-Volkskammer.

In unserem Land war die stille Revolution in hohem Maß eine Sache des Volkes. In unseren Nachbarländern waren Vertreter einer wirklichen geistigen Elite, die die Menschen aus allen „Schichten" – zumal auch die Arbeiter – begeistern konnten, die Vorkämpfer für die Freiheit, allen voran der heutige tschechoslowakische Staatspräsident Vaclav Havel, der kurze Zeit davor noch seinen kämpferischen und vorbildlichen Mut mit einem Aufenthalt im Gefängnis bezahlen musste.

Wir wollen aber auch die Gründerväter, Führungskräfte und Mitglieder der polnischen Gewerkschaft „Solidarität" um Lech Walesa und viele Anhänger aus literarischen und wissenschaftlichen Zirkeln nicht vergessen, die ihren unaufhörlichen Schrei nach Freiheit und Demokratie mit der Internierung büßen mussten. Den meisten Schriftstellern, Künstlern und Wissenschaftlern in der DDR hat der Befreiungsprozess des Volkes freilich geradezu die Sprache verschlagen. Viele tapfere Kämpfer hatten schon früher die DDR verlassen oder wurden ausgebürgert. So werden wir die Losungen des Volkes zu den Faktoren zählen, die in unserem Land am stärksten Unfreiheit und Terror gebrochen haben: „Wir sind das Volk", „Stasi in die Produktion", „Reisepässe für alle – Laufpass für die SED", „Sägt die Bonzen ab, nicht die Bäume".

Dieser Aufbruch ist zugleich eine Geschichte voller Gefahren und auch menschlicher Tragödien. Vielleicht werden wir erst einmal später erfahren, an welchen seidenen Fäden das Gelingen der stillen Revolution hing. Männer der alten Garde, die blitzschnell die Wende für sich auszunutzen versuchten und denen auch ein anfänglicher Erfolg beschieden war, stürzten sehr bald. Viele, die wenigstens auf den Trittbrettern des rasch fahrenden Zugs der Geschichte in eine neue Zeit hinübereilen wollten, holte die eigene Vergangenheit ein. Gewiss waren dabei auch solche, die in echter Weise umkehrbereit waren. Es gab dabei auch Opfer zwielichtiger Anschuldigungen, die im Moment nicht verlässlich aufgeklärt werden konnten. Dies alles ist ein Vorgeschmack jener Aufarbeitung einer Vergangenheit, die uns noch lange beschäftigen wird. Diesmal dürfen wir sie nicht aufschieben und vernebeln. Hoffentlich haben wir aber auch aus so gut gemeinten und schließlich doch gescheiterten Unternehmungen wie „Entnazifizierung" genügend viel gelernt, um die richtigen Wege einzuschlagen.

Erinnerung tut Not, und zwar schon nach kurzer Zeit. Was hat im Kern die Menschen bewegt? Die Menschen haben erkannt, dass eine Ordnung der Gesellschaft und ein menschenwürdiges Leben ohne Freiheit nicht gelingt und auch letztlich – sogar über vier Jahrzehnte hinweg – ohne Erfolgsaussichten ist. Es ist ein großer Sieg dieser unauslöschlichen Sehnsucht nach Freiheit und nach der mit ihr eng verbundenen Menschenwürde über Angst und Unterdrückung, Willkür und Lüge.

Wie war dieser entschlossene Bewusstseinswandel in so kurzer Zeit und auf so breiter Front in so vielen Ländern möglich? Die Bewusstseinslage in Ost und West war dazu trotz des erstaunlichen Mutes Einzelner nicht ohne weiteres im Stande. Resignation und Passivität beherrschten hüben und drüben die meisten. Auch wir hatten uns in vielem schon mit den „bestehenden Verhältnissen" abgefunden. Diese Frage nach den letzten Motiven kann wohl niemand beantworten. Aber es bleiben einige Symbole, die offenbar für das Bewusstsein vieler Menschen starke Hoffnungszeichen waren. Ich denke nur an die kleinen Kerzen mit ihrem Licht in den Fenstern der Häuser und während der großen Protestdemonstrationen des vergangenen Herbstes. Wer will dieses kleine Licht der Hoffnung identifizieren? Wenn es für den Christen am

Ende auch nur einen Namen trägt, so hat es für die Menschen dieser vielschichtigen Geschichte gewiss viele Vornamen.

Niemand kann allein den Sieg der Freiheit über die jahrzehntelang herrschenden Mächte politischen und gesellschaftlichen Unheils für sich in Anspruch nehmen. Dies wollen auch die Christen und Kirchen nicht. Sie standen lange Zeit mit Andersdenkenden in einer mehr oder minder ausdrücklichen Front leidvollen Widerstands. Der Einsatz der Kirchen, die in verschiedenen Ländern durch ihre Stellung die einzige einigermaßen noch sichere Schutzzone bilden konnten, hat gerade auf die Länge der ganzen Befreiungsgeschichte, im Blick auf ihre öffentliche Wirkung und auch hinsichtlich des Gelingens am Ende eine einzigartige Bedeutung. Hier müssen wir, die Evangelische Kirche in der DDR ebenso nennen wie – über viele Jahre die katholische Kirche Polens. Aber es gab auch in diesen vergangenen Jahrzehnten andere Formen des Widerstands, die jetzt nicht vergessen werden dürfen. Die kleine katholische Kirche der DDR war auf ihre Weise nicht weniger mutig, wenn sie über vierzig Jahre auch nur den Anschein einer gemeinsamen Sache mit dem Staat vermeiden konnte. Gerade Laien hatten dabei mit ihren Familien oft für ihre Treue noch mehr einzustehen als Bischöfe, Priester und Ordensleute. Ich werde die Gespräche unterwegs von Dresden nach Erfurt mit dem Mann, dessen Kinder trotz guter Schulleistungen nicht zur Universität zugelassen worden sind, nicht vergessen, bloß, weil der Vater Fahrer eines Bischofs war – und dies im Arbeiterparadies. Niemand wird auch das Klima der Kirchen, die in der Tschechoslowakei lebten, vergessen können: Unterordnung, Zensur, Überwachung schufen ein Gefängnis, in dem man bei Besuchen den Eindruck gewann, als ob einem die Luft zum Atmen fehlte. Aber auch in solchen Situationen haben viele Menschen des Glaubens nicht kapituliert. Ich denke nicht nur an die Mutter eines Theologiestudenten, die wegen des Berufes ihres Sohnes ihre Stelle als Realschullehrerin verlor und sich übrigens dieser Folgen mit ihrer Familie voll bewusst war, sondern auch an den Bischof, der, gerade weil er ein guter Pfarrer war, ein jahrelanges Dienstverbot erhielt und als Fensterputzer sein Brot verdiente, und an den Theologieprofessor Josef Zvěřina, der nach seiner Absetzung jahrzehntelang im Untergrund Glaubensschulen vor allem für Laien organisierte. Nicht vergessen seien auch die im Geheimen geweihten Priester und Bischöfe, ob sie nun jahrzehntelang im Verborgenen wirken konnten oder mit der Hinnahme übler Folgen entdeckt wurden.

Jedenfalls ist es an der Zeit, dieses breite Spektrum der Formen des Widerstandes wahrzunehmen, denn diese jahrzehntelange Verweigerung jeglicher Kooperation war und bleibt eine entscheidende Voraussetzung für die Möglichkeiten des entschiedenen Bruchs mit einem gewalttätigen Regime.

Dass es dabei auch eindrucksvolle Märtyrer gibt, wie den polnischen Geistlichen Popiełuszko, sollten wir ebenso wenig vergessen wie die Rolle des polnischen Papstes Johannes Paul II., einschließlich des Attentats auf dem Petersplatz gegen ihn.

Die Geschichte der Kirche dieser Jahrzehnte wird aber nicht nur eine Darstellung der Siege und vollbrachter Leiden im Sinne mutiger Glaubenszeugnisse sein, sondern auch eine Geschichte des Versagens und der Untreue. Wir sind immer schon – in dieser Zeit oft bis zur Unkenntlichkeit verborgen – eine Kirche der Heiligen und eine Kirche der Sünder. Gerade weil wir darum wissen, sollte die Kirche sich nicht scheuen, rechtzeitig kundigen und verlässlichen Historikern ihre Archive zu öffnen und Zeitzeugen zu befragen, solange sie noch unter uns sind.

II. Der Ruf nach der Deutschen Einheit

Anfangs war von Wiedervereinigung nicht die Rede. Aber auf der Leipziger Montagsdemonstration am 27. November 1989 fordern mehrere hunderttausend Menschen die Wiedervereinigung. Die Forderung „Deutschland, einig Vaterland" aus der alten Bechernationalhymne, die seit langem nicht mehr gesungen werden durfte, wurde im November 1989 zunehmend erhoben. Zuerst war noch die Rede von „Vertragsgemeinschaft" und „konföderativen Strukturen". Aber in dem am 28. November vorgelegten Zehn-Punkte-Plan von Bundeskanzler Helmut Kohl zur weiteren Entwicklung der beiden deutschen Staaten heißt es: „Wie ein wiedervereinigtes Deutschland schließlich aussehen wird, das weiß heute niemand. Dass aber die Einheit kommen wird, wenn die Menschen in Deutschland sie wollen, dessen bin ich sicher." Der Ruf nach Einheit wird immer lauter und dringlicher. Gorbatschow bestätigt am 10. Februar das sowjetische „Ja" zur deutschen Einheit. In einem fast atemberaubenden Marathon internationaler Konferenzen und Verträge erreichen vor allem Bundeskanzler Helmut Kohl und Außenminister Hans-Dietrich Genscher, dass die alliierten Schutzmächte und die Nachbarn Deutschlands einschließlich der europäischen Institutionen ihre Zustimmung zur deutschen Einheit geben. Es gehört zu den ungewöhnlichen Ereignissen des Jahres 1989/1990, dass ein Volk wieder zu seiner staatlichen Einheit findet, ausschließlich mit friedlichen Mitteln und unter Zustimmung gerade auch der Nachbarn, die früher viel unter diesem Volk zu leiden hatten.

Nicht vieler Worte bedarf es, warum den Deutschen die Einheit nicht versagt werden konnte. Das Recht zur Selbstbestimmung kann den Deutschen nicht verweigert werden, wenn es zugleich überall in der Welt aktiv eingefordert wird. Schließlich hat man in vielen Staaten und bei den Nachbarn eingesehen, dass die Einheit eines friedlichen und in sich geordneten Deutschlands im eigenen Interesse liegt. Stabilität kann nicht auf Gewaltakte und künstlich hergestellte Identitäten gegründet werden. Gerade die Völker, die früher selbst gespalten und geschunden worden sind, haben dies mehr und mehr eingesehen.

Jede Rede von der Einheit der Nation im Zusammenhang mit der politischen Einheit setzt sich dem Verdacht aus, einem neuen Nationalismus irgendwie die Wege zu bereiten. Wir haben auch viele Gründe, um in dieser Sache gegenüber uns selbst äußerst wachsam zu sein. Dies gilt auch für die katholische Kirche, welche zwar durchaus in der Eigentümlichkeit des Nationalen einen Wert erblicken kann, nie jedoch das Eingebundensein in die Völkergemeinschaft und in eine Weltkirche vergaß. Wegen dieser notwendigen Relativierung des Nationalen haben die Katholiken in der Geschichte unseres Landes nicht selten den Vorwurf mangelnder Begeisterung für das Nationale hinnehmen müssen.

Ein ungesunder Nationalismus kann bereits dann beginnen, wenn die Liebe zum eigenen Vaterland und die Bereitschaft, ihm zur Verfügung zu stehen, als ein höchster Wert gilt. Schon Nation ist kein leicht bestimmbarer Begriff. Gemeinsame Abstammung, gemeinsame Kultur, gemeinsamer Wohnsitz, gemeinsame Sitten, gemeinsame soziale oder wirtschaftliche Einrichtungen, ein gemeinsamer Stolz auf Erfolge und gemeinsame Trauer über Misserfolge gehören mit zu den Elementen, die zum Wert „Nation" gehören. Nicht alle die genannten Elemente sind immer gegeben. Nicht selten entsteht auch das Bewusstsein einer Nation durch die gemeinsame Erfahrung einer geschichtlichen Selbstbehauptung gegenüber äußeren Bestreitungen, wie etwa die Geschichte der USA und der Schweiz aufzeigen. Die Sprache ist für uns heute gewiss ein hervorgehobenes Element; sie kann eine wichtige Voraussetzung für eine Nation sein, dennoch ist die Sprache nicht unbedingt an die Ausbildung einer Nation gebunden. Die Grenze zum Nationalismus im negativen Sinne beginnt dort, wo ein Volk sich seiner tatsächlichen oder eingebildeten Überlegenheit bewusst wird, diese Überlegenheit als Macht entfaltet und sie – in welchen Formen immer – aggressiv gegen diese Völker richtet.

Gewiss wird die heutige Frage nach der Nation ein anderes Profil haben als früher und nicht mehr ummittelbar an eine bisherige politische und historische Gestalt von Einheit anschließen können. Die Menschen im neuen Deutschland sind durch gemeinsame Sprache, gemeinsame Geschichte und durch das Bewusstsein, einer deutschen Nation anzugehören, geeint. Aber Nationen sind geschichtlich entstandene und bedingte Gebilde. Es gibt kein

„natürliches“ Recht auf so etwas wie „Nation“. Für eine neue Gestalt der „Nation“ in Deutschland lassen sich jedoch durch die jüngst erlittene Geschichte der Trennung zusätzliche Gründe ausmachen, die man bei der Rede von einem neuen Deutschland nicht vergessen sollte:

1. Die Deutschen können aus ihrem weitgehend selbst verschuldeten Geschick der Trennung nur gemeinsam herausfinden. Darum würde unsere eigene Identität beschädigt, wenn wir die Solidarität den Menschen im anderen Deutschland verweigern würden, die nun von dem Unrecht, das ihnen widerfahren ist, freikommen können. Wir können unsere Freiheit nicht allein genießen und sie zugleich anderen verwehren, wenn wir mit in der Lage sind, sie mit ihnen zu erringen und zu bewahren.

2. Die Bundesrepublik Deutschland ist, wie das Grundgesetz zeigt, zunächst als Notbehelf entstanden. Manche haben den Vorbehalt, der darin zweifellos liegt, nie verwunden und – besonders in intellektuellen Kreisen – ein stets schwieriges Verhältnis zu diesem Staat gehabt. Gewiss hängt dies auch damit zusammen, dass die Bundesrepublik Deutschland unter dem Patronat und der bleibenden Souveränität der westlichen Alliierten entstand und bald danach ihre eigene Existenz mit der Trennung zusammenhing. Die Verfassung unseres Staates hat sich jedoch eindeutig bewährt. Dennoch wird man Dolf Sternberger Recht geben, wenn er immer wieder den fehlenden „Verfassungspatriotismus“ beklagt und zugleich angemahnt hat. Die Bundesrepublik Deutschland gewinnt also auch ihrerseits erst ihre volle und tiefere Legitimität, wenn es zu einer Einheit Deutschlands kommt, ohne dass dies eine Aufgabe der bisherigen Geschichte oder auch nur die geringste Verachtung ihrer Grundlagen zu heißen braucht. In diesem Sinne verhilft auch und gerade der Untergang der DDR uns zu unserer eigenen vollen Identität. Auch wir brauchen den anderen Teil Deutschlands, um uns selbst vollends zu finden. Schließlich heilt die Einheit Deutschlands uns selbst von der Deformation durch eine künstliche Grenze, die weithin unsere Lebensbedingungen bestimmt hat. Jetzt können wir auch wieder unbefangen, wenn auch nicht naiv, die Frage nach der Einheit der Nation stellen.

Es gibt auch gemeinsame Deformationen durch unsere Vergangenheit. In unterschiedlicher Weise haben wir in beiden deutschen Staaten nach den Gräueln des Nationalsozialismus und des Zweiten Weltkrieges neu begonnen. Man kann sich wirklich fragen, ob wir uns genügend unserer Vergangenheit gestellt haben, wobei dies für die Generationen jeweils etwas Eigenes bedeutet: Suche nach eigener Schuld, Wahrnehmen persönlicher Verstrickung in die allgemeine Katastrophe oder des Versagens der Eltern und Großeltern, Auseinandersetzung mit einer Last, die einem ohne eigenes Dazutun von der Geschichte auferlegt wurde. Vielleicht werden wir jetzt, ohne falsch in der Vergangenheit herumzuwühlen, auf neue Weise fähig, Trauer und Scham zu empfinden über das, was angerichtet wurde, heute noch nachwirkt und uns – auch ohne die These einer Kollektivschuld – belastet. Dass hier die Weiterführung der Versöhnung mit unseren Nachbarvölkern, besonders mit Polen, und die jüdische Frage eine besondere Rolle spielen, soll nur vermerkt werden. Wir dürfen dem langen Schatten in unserer Geschichte nicht ausweichen, wenn es zu einer geschichtlich bewährten Identität eines geeinten Deutschlands kommen soll.

3. Für viele Völker gehört die deutsche Kultur zum Charakteristikum unseres Landes. Dabei meinen wir nicht nur das Konzert- und Museumswesen, sondern die geschichtlichen Kräfte der Bildung und eine Geistesgegenwart, die sich den wahren Fragen von Welt und Zeit offen zeigt und eigenständig zu antworten versucht. Die Anlehnung der beiden deutschen Gesellschaften und Staaten an Ost und West hat zwar nicht die Bindung an diese gemeinsame Kultur aufgehoben, aber sie hat das Bewusstsein und die Ausprägung ihrer Einheit elementar gefährdet. So wird die Frage neu gestellt, ob das geeinte Deutschland im Horizont Europas und einer immer näher zusammenrückenden Welt aus der eigenen Mitte heraus eine neue Nähe zur gemeinsamen Kultur in Geschichte und Gegenwart gewinnt. Dies ist nicht so leicht zu beantworten. Unsere Gegenwart ist in vielem so geschichts- und erinnerungslos geworden, dass jedes Anknüpfen an die großen Zeiten deutscher Kultur nicht nur eine immense Übersetzungsaufgabe darstellt, sondern überhaupt vor das Problem eines Gelingens oder Misslingens stellt. Dabei wird es nicht zuletzt darauf ankommen, ob wir ein lebendiges Verhältnis zum geschichtlichen und kulturellen Reichtum unserer Sprache wiedergewinnen. Wir haben einen gewaltigen Sprachverlust erlitten, nicht zuletzt auch durch große Fehler in der Bildungspolitik vieler Länder. Man wird hier unbefangen fragen müssen, welcher Teil Deutschlands in der Substanz mehr gelitten hat und wie wir gemeinsam vieles wieder authentisch zurückgewinnen können. Gewiss spielt in diese Frage auch die Herausforderung herein, wie trotz des Verlustes an Wirklichkeit und Sprachkompetenz nicht nur das Wissen um die christlichen Gedanken unserer Kultur, sondern auch die Erfahrung des Christlichen zurückgewonnen werden kann. Dass es dabei nicht nur um Restauration und um die Wiederherstellung des „Klassischen“ gehen kann, sondern dass es auch um die Erneuerung und Vertiefung des gegenwärtigen Weltverhältnisses geht, ist selbstverständlich. Die rasche Eingliederung der Deutschen in den Ost-West-Konflikt hat auch hier erhebliche Wunden geschlagen. Schmerzliche Erinnerungsarbeit gibt es nicht nur im Blick auf die vergangene Geschichte unseres Jahrhunderts, die ein Stachel im Fleisch auch des neuen Deutschlands ist, sondern nicht minder im Blick

auf eine gemeinsame Kultur, die von sehr vielen nicht mehr verstanden und darum auch kaum mehr angeeignet werden kann

III. Der Blick nach Europa

Wir müssen jedoch auch auf eine viel wichtigere Frage achten, nämlich die Einbettung der Deutschen Frage und des einen Deutschlands in die gesamteuropäische Landschaft. Dies darf natürlich nicht dazu führen, den Umkreis dieses Problems auf die Europäische Gemeinschaft einzugrenzen. Wir sind erst recht heute, aber schon früher eine „verspätete Nation", die besonders vielen Versuchungen ausgesetzt war und bleibt. Die deutsche Kultur- und Sprachgemeinschaft kann z.B. nicht zur Identität eines Nationalstaates führen. Dies ist in den letzten zwei Jahrhunderten mehrfach misslungen. Es gibt überhaupt keine ungebrochene Kontinuität der deutschen Nation seit dem Mittelalter. Wer von der deutschen Geschichte reden will, muss auch in historischer Hinsicht immer wieder auf Europa blicken. Dabei haben die Deutschen immer wieder die Reichweite ihrer eigenen Geschichte verkleinert und in verschiedenen verhängnisvollen Verabsolutierungen auf das deutsche Volk allein einengen wollen. Wenn die Sprache dazu nicht taugte, so beschwor man nicht selten das Blut. Aber in Wahrheit war dies nur ein Beleg, dass der Zusammenhang und die Mitte der deutschen Geschichte fehlte. Wir haben uns lange Zeit mit dieser Frage und damit mit der Sorge um die eigene Identität wenig befasst. Der innere Wohlstand und eine fast problemlose Einbettung in ein Bündnissystem haben uns dies lange Zeit abgenommen. Aber spätestens nach 1968 wurde sichtbar, dass Identitätszweifel und Orientierungsverlust inwendig an der Gesellschaft nagten. Olympische Goldmedaillen und wirtschaftliche Leistungsbilanzen allein trugen nicht mehr. Wer sind die Deutschen? Deutsche? Westdeutsche? Bundesrepublikaner? Ossis und Wessis? Europäer? Nietzsche sagte einmal: „Die Deutschen sind von vorgestern und von übermorgen – sie haben noch kein Heute."[1] So gab es Verführungen für ein deutsches Sonderbewusstsein, für einen Sonderweg, für so etwas wie eine schicksalhafte Mission zwischen Ost und West.

Es gibt nur eine historische und eine politische Antwort, die sich heute glücklicherweise zusammenzufügen scheinen. Die europäische Mitte war immer wieder zersplittert und hatte vielfältige, verwirrende und sich überlagernde Strukturen. Immer wieder musste man sich neu um ein Gleichgewicht dieser Mächte und Kräfte mühen. Dies ist im Kern auch so geblieben. Nur wurde die Aufgabe einer zu erneuernden politischen Einheit dieses vielgestaltigen Europa durch die Teilung Europas in Ost und West verdeckt. Wir haben mit der Dauerhaftigkeit der Teilung des Kontinents gerechnet. Der Ernstfall einer europäischen Einigung aus Ost und West war lange Utopie, auch wenn viel davon gesprochen worden ist. Nun besteht die Möglichkeit, dass Europa wieder zu sich kommt und zu sich erwacht. Die Revolutionen in Mittel- und Osteuropa haben dazu beigetragen, dass in Europa die Geschichte nicht mehr stillsteht, sondern dass sie gleichsam wieder für alle erwacht ist. Nur darf man sich nicht darüber hinwegtäuschen, dass es sich um eine äußerst komplexe und homogene Sache handelt. Die Bilder vom „gemeinsamen europäischen Haus" oder von der „europäischen Familie" täuschen über diese Schwierigkeiten hinweg. Nicht minder sind Worte wie „Mitteleuropa" gefühlsbetont, aber letztlich nicht sehr konkret.[2] Es wird gut sein, wenn wir uns mit den Europa-Utopien und den Europa-Enttäuschungen intensiver befassen. An einem besteht jedoch historisch kein Zweifel: „Deutsche Politik und deutsche Kultur waren zu allen Zeiten abhängig von den Einflüssen europäischer Politik und europäischer Kulturen, Einflüsse, die von allen Seiten in die Mitte Europas hineinströmten, dort aufgenommen, zu Eigenem verarbeitet und wieder ausgestrahlt wurden. Vielleicht liegt es an der traditionellen Beschränkung unseres Blicks auf Mitteleuropa allein, dass uns die Frage nach der deutschen Geschichte so schwierig scheint. Im europäischen Zusammenhang jedenfalls gewinnt die deutsche Geschichte, was ihr als Nationalgeschichte fehlt: Eigenart und Kontinuität."[3] Von deutscher Geschichte und damit auch von deutscher Zukunft kann man deshalb auch nur ohne erneute Gefährdungen sprechen, wenn man auf Europa als Herkunft und als künftige Größe blickt.

Dabei wird man auch hier realistisch und nüchtern bleiben müssen. Die Geschichte Europas hat auch Rückseiten. Es ist eine Geschichte der unaufhörlichen Kriege, des Imperialismus, der Unterdrückung der übrigen Welt, des Ausblutens anderer im Dienste unserer Prosperität. Sind nicht viele Ideale und Träume der Freiheit Vorwand für Anarchie und Willkür gewesen? Die Demokratie ist nicht der europäische Regelfall. Sie kam nur auf Umwegen zu uns. So geht es mehr um unverrückbare Ideale, die dem Gedanken Europas Form und Zukunft geben. „Wenn wir also von Europa als von einer auf Geschichte und Kontinuität ruhenden Wirklichkeit reden, dann gibt es nur eine sinnvolle Bedeutung: die Einheit einer durch Vielheit gekennzeichneten Kultur, gewachsen aus griechischen, römischen, christlichen, humanistischen Wurzeln, gekrönt von den Ideen der Freiheit und Menschenwürde, die von den Institutionen der Demokratie geschützt werden."[4] Unser europäisches Erbe ist widersprüchlich. Die Nachtseiten dürfen gegenüber den Vorzügen nicht verschwiegen werden.

Wir haben heute eine besonders große Chance. Die Zeit vom Ende des Zweiten Weltkriegs bis heute ist die längste Friedenszeit, die Europa jemals erfahren hat. Die Zukunft Europas ist außerdem so offen wie schon lange nicht mehr. Schließlich kann die Sowjetunion mehr als je die Rolle eines Partners und Verbündeten in einem neuen Europa spielen. Die vielen Nationen dürfen jedoch nicht in den alten Fehler zurückfallen, nur ihre nationalen Eigeninteressen zu entfalten. Die Nation ist nicht der höchste Wert einer Gemeinschaft. Erst recht müssen die Länder Europas den Traum von einer Erfüllung der Einheit von Nation, Sprache und Staatsgebiet aufgeben. Eine solche Situation von der Offenheit, wie sie uns jetzt geschenkt ist, hat auch ihre Gefahren, die eine große Wachsamkeit erfordern: die großen Flügelmächte hielten uns in Schach; wenn sie sich jetzt zurückziehen, dürfen nicht die alten Bündniskonstellationen aus dem Abgrund der Geschichte auftauchen. Dabei wird eine Hauptfrage sein, ob wir trotz nationaler Grenzen in weiträumigeren Ordnungen leben können. Was bedeutet noch die deutsch-polnische Grenze, wenn Polen und Deutsche hüben wie drüben unter relativ ähnlichen Bedingungen leben und arbeiten können? Der Nationalstaat ist nicht einfach überflüssig, aber er muss die kulturell und sprachlich jeweils eigenen Räume eher verbinden als trennen. Deswegen müssen die Nationen nicht verschwinden, im Gegenteil: sie sind auch heute noch lebendige kulturelle und geistige Wesen, die ein Ausdruck des Reichtums Europas sind. Eine wahrhaft europäische Gemeinschaft kann nur dauerhaft sein, wenn sie mit den Nationen, ihrer langen Geschichte, ihren Sprachen, ihren Regionen, ihren Gemeinden rechnet. Europa gefährdet sich selbst, wenn es einem künstlichen, zentralistischen Verwaltungsstaat ähnlich wird, der mit allen heute möglichen Machtbefugnissen ausgestattet ist. Europa kann auf die Dauer nur ein verhältnismäßig lockeres Staatengebilde sein, das im Geist der Subsidiarität errichtet wird. Kein Europäer darf seine aus langen Überlieferungen gewachsene Heimat verlieren. Wenn das neue Europa die gewachsene Verschiedenheit einebnet und vieles – gerade im Bereich von Kultur und Bildung – derselben asphaltartigen Uniformität gleichmacht, dann wird es – wenigstens auf die Dauer – keine Zukunft haben. Dabei entsteht auch die Frage, ob die heutigen Europapläne der Brüsseler Kommission in dieser Hinsicht auf dem richtigen Weg sind.

Die Einheit Deutschlands und Europas brauchen einander. Die Katastrophen des 20. Jahrhunderts dürfen sich nicht vergeblich ereignet haben. Der Schatten des deutschen Kolosses in der Mitte Europas ist lang. Noch nie waren die Deutschen so eng mit dem Westen und mit dem ganzen Europa verbunden wie heute. Die deutsche Einigung ist darum keine Gefahr für Europa, aber sie ist eine eminente Herausforderung: „In der nächsten Zukunft kommt alles darauf an, ob es den übrigen Staaten Europas gelingen wird, ein vereinigtes, wirtschaftlich starkes Deutschland einzubinden. Nur dann kann die Politik Europas europäische Innenpolitik werden, ohne Machtgefälle, ohne Vormachtstreben Einzelner, ohne die Antagonismen der Nationalstaaten und ohne den alten Konflikt zwischen der Mitte Europas und der Peripherie: Das wäre das Ende des europäischen Bürgerkriegs, die letzte Chance unseres alten Kontinents."[5] Es gibt über die bisherigen Aufgaben hinaus neue Aufträge, die dabei in Richtung eines friedlich zusammenwachsenden Europa weisen. Dazu gehören vor allem die gemeinsamen Umweltprobleme und die gemeinsame Verantwortung für die Länder in der Dritten Welt.

Ich möchte darauf verzichten, die Bedeutung der Sorge für gemeinsame klimatische Lebensbedingungen ausführlicher zur Sprache zu bringen. Aber von der Verantwortung der reichen westlichen Industrienationen muss noch – wenigstens kurz – die Rede sein. Die Anwesenheit der kubanischen Bischöfe ist dafür ein erinnerndes, mahnendes und ermutigendes Symbol. Auch wenn in Mittel- und Osteuropa eine unermessliche Aufbauarbeit zu leisten ist, die wir schon wegen der politischen Stabilität der Sowjetunion und der anderen bisherigen Ostblockländer nicht vernachlässigen dürfen, so ist die Verantwortung für Gerechtigkeit und Frieden in den Ländern der Dritten Welt um kein Haar geringer einzustufen. Es würde uns in der einen Welt nichts nützen, wenn wir neu unsere Probleme lösen könnten. Aber so etwas ist beim intensiven Austausch zwischen den Regionen der Welt ohnehin nicht mehr möglich. Im Gegenteil: wenn das eine Deutschland und das neue Europa nun langsam Tritt fassen, dann müssen sie sich unverzüglich – nicht erst nach geleisteter Aufbauarbeit im eigenen Bereich – noch stärker den Nöten der übrigen Welt zuwenden. Es ist gerade die ureigene Aufgabe der Kirchen, besonders der weltweiten katholischen Kirche, auf diese unverzichtbare Solidarität hinzuweisen und sie einzufordern. Die Praxis dieser Solidarität ist auch ein vorzügliches Heilmittel gegen das Wiederaufleben neuer Nationalismen im alten Kontinent.

IV. Missionarischer Aufbruch als Antwort der Kirche

Damit sind die Eckdaten zur Sprache gebracht, die wichtig sind zur näheren Situationsbestimmung der Kirche in unserem Land, in Europa und – als Glied der Universalkirche – in der Welt. Es ist einsichtig, dass in diesem Zusammenhang nur fundamentale Richtpunkte zur Sprache kommen können. Es geht dabei mehr um Rahmenbedingungen der kirchlichen Sendung als um die Formulierung der wichtigsten Aufgaben kirchlicher Tätigkeit.

Zuerst kommt es darauf an, dass wir den Kairos erfassen und die Stunde, die uns geschenkt ist, nutzen (vgl. Kol 4,5; Eph 5,16). Dazu gehört vor allem, dass wir nüchtern die Chancen, aber auch die Gefährdungen unseres geschichtlichen Augenblicks möglichst vorurteilslos erkennen: Zu dieser Orientierung gehört auch, dass wir bei aller Wachsamkeit nicht von alten Leitbildern und falschen Ängsten beherrscht werden. Es wäre z.B. töricht, auf unüberlegte Aussagen einzugehen, Deutschland würde nun wieder nordischer, preußischer und protestantischer. Wenn wir das oben Gesagte zum jetzigen geschichtlichen Standort und zum heutigen Profil der Einheit ernst nehmen, zerfallen solche rückwärts gewandten und im Übrigen auch geschichtlich fragwürdigen Prophetien von selbst. Wir Christen haben unter den veränderten Bedingungen im neuen Deutschland gemeinsam alle Hände voll zu tun, sodass wir uns nicht mit fragwürdigen und im Grunde überholten Proporzbestimmungen der Konfessionen beschäftigen müssen. Gleichzeitig müssen wir von den nostalgischen Träumen nach rückwärts loskommen und deutlich sagen, wo wir uns geirrt und Feuer gemacht haben. Aber Umkehr bedeutet Abkehr von falschen Wegen und nicht das ständige Wiederholen von Schuldbekenntnissen, die leicht unverbindlich werden. Dabei werden wir auch grundlegende geistige Auseinandersetzungen nicht vermeiden dürfen, die im Augenblick eher noch verdeckt sind: die Sozialismus-Diskussion, die Frage unseres Staatsverständnisses, die Mitverantwortung für die gesellschaftlichen Lebensbereiche, ganz zu schweigen von der Eigentumsfrage und der Aufarbeitung der Vergangenheit, einschließlich der Stasiakten.

Das vereinte Deutschland macht uns bewusst, wie viele Menschen unter uns sein werden, die nicht getauft sind und sich nicht Christen nennen. Auch ist bereits von „nennenswerten" Kirchenaustritten in der DDR die Rede. Jedenfalls wird das ohnehin säkularistische Klima in unserem Land noch schärfer. Das Bewusstsein vieler Menschen scheint hermetisch gegenüber jeder Transzendenz verschlossen zu sein. Die Sinnfrage ist äußerst schwer zu eröffnen und wach zu halten. Wir haben ein fast paradoxes Phänomen: In der bisherigen DDR gibt es zwar eine hohe Wertschätzung der Institution Kirche nicht zuletzt wegen ihres Beitrags zum Befreiungsprozess; Religiosität und Glaube als existenzielle Phänomene spielen jedoch eine sehr geringe Rolle. In der Bundesrepublik Deutschland herrscht beinahe ein umgekehrter Trend: Hier gibt es – auch im Sinne außerkirchlicher Religiosität – eine offene Suche nach Antworten aus dem Glauben, aber die Skepsis gegenüber der Kirche als Institution ist groß. Können wir fruchtbar voneinander lernen, wenn wir diese gegenläufigen Tendenzen gemeinsam zu bewältigen suchen?

Die Feststellung dieser Situation mahnt uns in anderer Richtung. Wenn die Kirche nun vor so vielen Menschen steht, die sie nicht kennen und ihr fremd gegenüberstehen, muss sie viel entschiedener als bisher alle Kraft ihrem missionarischen Auftrag zuwenden. Gewiss sind uns dabei die in unseren zahlreichen Institutionen gespeicherten und verfügbaren Erfahrungen und Vorschläge nützlich. Aber es wird sehr viel mehr darauf ankommen, dass die Kirche selbst in allen ihren Gliedern glaubwürdig von Mensch zu Mensch Zeugnis gibt. Wir werden in eine Zeit hineingehen, in der das Glaubenszeugnis der einzelnen und kleiner Gruppen eine entscheidende Bedeutung erhält. Vieles, was oft in unseren Kirchen vordringlich erscheint und große Prioritäten erkämpft hat, muss nüchtern daran gemessen werden, wie weit es der Stärkung des Zeugnisgebens dient. Gerade bei der Einstellung von Personal und bei der Verteilung bzw. Schaffung neuer Stellen, soweit dies überhaupt geschehen kann, kommt es darauf an, dass dadurch der missionarische Auftrag der Kirche so gestärkt wird, dass möglichst viele Christen in ihrer Zeugnisfähigkeit besser ausgerüstet und bestärkt werden. Eine solche Orientierung wird unsere Apparate vor eine Bewährung stellen und sie auch herausfordern. Im Übrigen nehmen wir damit nur Anregungen auf, die uns Papst Johannes Paul II. beim Treffen mit den deutschen Bischöfen am 13./14. November 1989 zum Nachdenken anvertraut hat. Gerade hier erbitten wir die kritische Hilfe und Einrede unserer Brüder aus der bisherigen DDR, weil sie vermutlich in dieser Hinsicht über größere Erfahrungen verfügen.

Dieser missionarische Auftrag kann nur gelingen, wenn wir auch gegenüber neueren Entwicklungen sehr nüchtern bleiben. Dies gilt gerade auch für Europa. Es ist in dem früher Gesagten deutlich geworden, dass „Europa" zwar von seinem Ursprung und von seiner Geschichte her immer verbunden sein wird mit dem Geist des Christentums und der von ihm inspirierten Kultur. Aber deswegen wird es keine „Rechristianisierung" Europas in dem Sinne geben, als ob man je zu einem früheren Stadium oder einem Idealzustand zurückkehren könnte. Wir müssen die elementaren Herausforderungen des heutigen Europas annehmen und ihnen auf dem heutigen geschichtlichen Boden mit unseren Erfahrungen begegnen. Darum müssen wir uns viel radikaler auseinander setzen mit dem weltanschaulichen und ethischen Pluralismus unserer Gesellschaft, mit den Postulaten der Aufklärung, ihrer Dialektik und ihrer Krise, mit den Wertwandlungen der letzten Jahrzehnte und der Rolle der öffentlichen Meinung in unserem Leben. Was wir in dieser Zeit erfahren haben, ist auch ein Signum der ganzen Neuzeit, dass sich nämlich die historischen Prozesse außerordentlich beschleunigen. Es ist also deshalb weniger notwendig als je, allen Wandlungen nachzulaufen, aber es ist auch weniger Zeit, auf die großen Fragen die richtigen Antworten zu finden.

Hinzu kommt die große Individualisierung und Pluralisierung der Werturteile und Glaubensüberzeugungen, Lebensformen und Weltbilder. So wird es immer schwieriger, über alle Religionen und Weltanschauungen hinweg gemeinsam verbindliche „Grundwerte" sichtbar zu machen. Individualisierung und Rationalisierung haben eine fast unwiderstehliche Kraft stetigen Fortschreitens. Ihre Dynamik hat vieles gebracht, was nicht mehr wegzudenken ist: die Freiheit des Bekenntnisses, des privaten Eigentums, der kulturellen Differenzierung; zu ihnen gehören Fortschritt der Wissenschaft und Naturbeherrschung, Sieg über Krankheiten und soziale Sicherheit.

Aber es lässt sich auch nicht die Kehrseite dieser Entwicklung leugnen: Impulse zur zunächst wirtschaftlich motivierten, aber doch allgemeinen Rücksichtslosigkeit, Missachtung gesellschaftlicher und ethischer Normen, oft im Namen das persönlichen Gewissens; Rationalisierung und Verwissenschaftlichung kennen prinzipiell keine Grenzen. Wir müssen nüchtern und ohne Vorurteile Plus und Minus der modernen gesellschaftlichen Entwicklung kennen und verstehen, die Widersprüche und Nachtseiten ins Auge fassen. Immer wieder müssen die gesellschaftlichen Folgen des Fortschritts der Individualisierung und der Rationalisierung erträglich gemacht werden. Die Geschichte der Moderne ist immer auch eine Geschichte des Scheiterns. Insofern ist sie in der Tat immer auch ein „unvollendetes Projekt" (J. Habermas). Aber man darf diesen stetigen Ausgleich von Gelingen und Scheitern nicht einfach von Außen als Zuschauer betrachten, sondern muss sich als Weggenosse und Begleiter in diesen Prozess hineinbegeben, ohne sich von ihm verschlingen zu lassen. Weggemeinschaft gibt es nicht nur dem Einzelnen gegenüber, sondern auch im Blick auf eine ganze Zeit und die geschichtliche Gegenwart. Historische Augenblicke, wie wir sie jetzt erleben dürfen, rufen uns dies in besonderer Weise in Erinnerung.

Wenn wir unseren Auftrag voll annehmen und uns ihm stellen, haben wir Grund zur Hoffnung gegen alle Hoffnung. Immer wieder fragen sich nämlich nachdenkliche Menschen, woher die Welt die Kraft nimmt für den notwendigen Wandel. Dabei ist man sich auch einig, dass man die geistige und ethische Potenz dafür nicht einfach aus der gegenwärtigen Bewusstseinslage ableiten kann. Ich schließe mit der Antwort eines Physikers und Philosophen unserer Tage, Carl Friedrich von Weizsäcker: „Welcher Bewusstseinswandel wäre nötig? – Ich weiß nur eine Antwort: Wahrnehmung der Vernunft bedarf eines tragenden Affektes, um zum entschlossenen Handeln zu führen. Für die Aufgaben der menschlichen Gemeinschaft weiß ich nur einen hinreichenden Namen für diesen Affekt, den alten Namen der Nächstenliebe. – Als Zuschauer von Außen, freilich als tief engagierter Zuschauer habe ich mich gefragt: Wie war es möglich, dass diese Revolution der Freiheit gewaltlos siegen konnte? … Viele Faktoren haben zusammengewirkt, viel Entschlossenheit, viel guter Wille. Aber zwei Faktoren haben sich unserem Blick als die stärksten aufgedrängt: die kluge Duldung aus Moskau und der unermüdliche, durchdachte Einsatz der Evangelischen Kirche. Analog in Polen, durch viele Jahre, der Einsatz der katholischen Kirche. – Diese Rolle der Kirche war kein Zufall. Wenn Kirche erkennt, was ihr Herr Jesus Christus von ihr gewollt hat, dann kann ihr die Kraft zuwachsen, so zu handeln. ‚Liebet eure Feinde, tut wohl denen, die euch hassen!' Wer das ernst nimmt, der ist auf dem Wege des notwendigen Bewusstseinswandels. – Ist dieser Bewusstseinswandel in Gang – oder wird er erst durch die Folgen unseres Versagens erzwungen werden?"[6]

Anmerkungen

[1] F. Nietzsche, Jenseits von Gut und Böse. Zur Genealogie der Moral, Berlin 1968, 188.
[2] Vgl. dazu H. Schulze, Die Wiederkehr Europas, Berlin 1990.
[3] H. Schulze, Gibt es überhaupt eine deutsche Geschichte? Berlin 1989, 70.
[4] H. Schulze, Die Wiederkehr Europas, Berlin 1990, 55.
[5] Ebd., 71.
[6] C. F. v. Weizsäcker, Bedingungen der Freiheit, München 1990, 105 f.

1991

Das Kind – ein Repräsentant Jesu

(24. September 1991, Predigt zu Mk 10, 13–16 par)

Manche Dinge, die wir gerne ändern möchten, kann man nicht durch äußere Maßnahmen, Gesetze und Hilfen auf die richtige Bahn bringen. Überall wo es um Einstellungen unseres Herzens und unseres Verstandes geht, braucht es zuerst ein neues Denken. Sonst sieht man die Wirklichkeit nicht recht. Darum sehen manche Dinge nur Augen der Liebe. Wer hasst, ist – wie unsere Sprache richtig sagt – meist verblendet.

Jesus übt mit uns in allem, was er sagt und tut, ein neues Denken ein. Er zeigt uns falsche Rangordnungen, z. B. zwischen arm und reich, auf. Er macht uns aufmerksam, wie früh schon in der Verborgenheit des Herzens Abneigung und Streit entstehen. Manchmal sind es weniger die Worte, sondern das Tun in Zeichen, Wundern und Gesten, die uns ein neues Miteinander erschließen. Er geht dem verlorenen Schaf nach, wendet sich der Sünderin zu und nähert sich den Aussätzigen in der Verbannung.

Ähnlich hat es Jesus mit Kindern gemacht, wie uns das Evangelium vom vergangenen Sonntag (vgl. Mk 9, 30–37) lehrt. Kinder gehörten damals zu den Menschen, die man nicht so recht ernst nahm, ähnlich wie Frauen und die Vertreter mancher Berufe, etwa Zöllner. Sie waren uninteressante Außenseiter der Gesellschaft. Mit ihnen war nicht viel anzufangen. Das Kind interessierte nur im Blick auf das, was es werden konnte: als künftiger Erwachsener. Man kann diese Einschätzung noch ein Stück weit bei den Jüngern Jesu erkennen, die sich über die immer wieder herumspringenden und zu Jesus drängenden Kinder ärgerten (vgl. Mk 10, 13). Jesus hat die Jünger scharf in die Schranken gewiesen: „Da brachte man Kinder zu ihm, damit er ihnen die Hände auflegte. Die Jünger aber wiesen die Leute schroff ab. Als Jesus das sah, wurde er unwillig …“ (Mk 10, 13 f.). Jesus wendet sich gegen alle Einstellungen seiner Umwelt gerade denen zu, die in der öffentlichen Meinung nichts gelten. Wir wissen, dass dabei gerade auch den Mädchen wenig Beachtung in der allgemeinen Wertschätzung zukam.

Jesus hat damit einschneidend unser Verhältnis zum Kind und zu jungen Menschen verändert. Das Kind hat ein Recht auf die eigene Phase seines Menschseins, so wie es ähnlich auch für die alten Menschen gilt. Brauchbarkeit in der Arbeit und Ansehen im Beruf, Erfolg und Siegen im Wettbewerb sind nicht die einzigen Kriterien des Menschseins. Die Jünger streiten ja schließlich, wer der Größte unter ihnen ist. Offenbar geht es um Leistung, Macht und Geltung. Jesus dreht alle Wertungen und Rangordnungen, die wir Menschen aufstellen, radikal um und stellt ein Kind in die Mitte der Jünger (vgl. Mk 9,36). Ja, noch mehr: Er nimmt ein Kind in seine Arme – es ist ein fremdes Kind – und sagt zu seinen Jüngern: „Wer ein solches Kind um meinetwillen aufnimmt, der nimmt mich auf." (9,37) Das Kind ist ein Repräsentant Jesu. Das Kind steht für die Geringen. Jesus stellt sich ganz bewusst auf die Seite der Armen, Bedürftigen und Unterdrückten.

Diese kleine Szene enthält viel mehr Sprengstoff, als wir vermuten. Wir müssten uns sehr viel mehr in Kirche und Gesellschaft, in unserer Sozialpolitik und in unserer Glaubensverkündigung nach diesen „Geringen" ausrichten, als wir es in unseren Programmen und Budgets tun. Wie kinderfreundlich im Sinne Jesu sind wir in unserer Gesellschaft? Wie viele Opfer bringen wir für Kinder?

Kinder hat man immer wieder idealisiert. Auch im Blick auf Jesu Worte (vgl. bes. Mk 10,15) hat man die Unschuld, Demut, unreflektierte Naivität und sündlose Reinheit der Kinder gepriesen. Jesus hat aber die Kinder sehr realistisch und sehr nüchtern eingeschätzt (vgl. Mt 11,16–19). Sie können launisch und unberechenbar, quengelig und undankbar sein – wie wir alle. Nicht besondere Qualitäten sind es, welche die Kinder zum Empfang der Gottesherrschaft vorherbestimmen, sondern im Gegenteil: ihr totales Angewiesensein auf das Empfangen und Sich-beschenken-Lassen. In ihrer völligen Hilfsbedürftigkeit und Abhängigkeit haben sie nichts zu bieten: keine Leistungen und Verdienste, keine Gesetzeserfüllung. Wie die Armen, Kranken und Sünder stehen die Kinder da vor Gott mit leeren Händen. Darum kann Jesus sagen: „Wer das Reich Gottes nicht so annimmt, wie ein Kind, der wird nicht hineinkommen." (Mk 10,15) Dies ist der tiefere Grund, warum Jesus die Kinder gegen die Gewohnheiten seiner Umwelt in die Mitte stellt, sie bedingungslos annimmt und liebevoll umarmt. Was Jesus in der Zuwendung zu den Kindern zum Ausdruck bringt, gilt auch für die anderen ungeachteten, unterprivilegierten Menschengruppen am Rande der Gesellschaft, Ausländern, Kranken und Armen zumal (vgl. auch Mt 25,34 ff.).

Wir denken zunächst nur an die Kinder, die sichtbar unter uns sind und schon zur Lebensgemeinschaft im täglichen Tun und Treiben gehören. Das Neue Testament spricht nicht von den ungeborenen Kindern. Dies mag Zufall sein, vielleicht auch einige historische Bedingtheiten zur Ursache haben, aber zweifellos sind die Kinder im Mutterschoß mitgemeint. Ihnen eignet ja, wie wir heute besser als früher wissen, ein ebenbürtiges Menschsein, auch wenn sie noch nicht das Licht der Welt erblickt haben. Wir erkennen heute besser, wie sehr sie bereits im Mutterschoß an unserem Leben durch Wohlbefinden und Leiden teilnehmen. Sie sind schon unter uns. Und wenn sie nicht als solche in unserem Bewusstsein und in unserer Aufmerksamkeit sind, dann stellt sie Jesus mit seinem Wort erst recht kräftig in die Mitte, ob wir es wollen oder nicht.

Zwischen den Zeilen und ganz indirekt kommt dabei etwas zum Vorschein, was fast selbstverständlich erscheint. Wenn das Kind durch Jesus eine solche Zuwendung erfährt und vor aller Augen in die Mitte gestellt wird, dann hat es eine eigene Bedeutung. Bei aller radikalen Angewiesenheit des ungeborenen Kindes auf die schützende und nährende Mutter, ist es nicht nur in ihr Belieben oder gar in ihre volle Verfügungsgewalt gestellt. Wir haben heute manchmal Schwierigkeiten zu verstehen, dass das ungeborene Kind ganz auf die Mutter angewiesen ist und doch schon gleichsam einen eigenen Stand hat, selbst jemand ist. Darum eignet dem Ungeborenen die ganze Würde des Menschseins. Wir sagen mit etwas abstrakteren Worten, die der Sprache des Rechts angehören, es sei Träger von Rechten und habe als höchsten Wert der menschlichen Gemeinschaft ein eigenes Lebensrecht, das es unantastbar macht und allen Zugriff menschlicher Gewalt in Schranken hält.

Wenn man die Diskussion unserer Tage über ein neues Abtreibungsrecht verfolgt, macht man immer wieder die Erfahrung, dass viele dieses Wort vom eigenen unantastbaren Lebensrecht des Kindes nicht gerne hören und offenbar auch nicht recht verstehen. Sie werden nicht selten aggressiv und wollen sich ihr Selbstbestimmungsrecht nicht von etwas einschränken lassen, was ihre Pläne stören könnte. Das Lebensrecht eines anderen steht oft gegen die eigenen Lebenschancen, die Wirklichen oder die Vermeintlichen.

Sollten wir nicht, um auch für solche Menschen das ungeborene Kind im Sinne Jesu ganz in die Mitte zu rücken, vielleicht eine andere Sprache versuchen? Es ist ein Anderer, den wir – vielleicht zuerst gar nicht bewusst und gar nicht so gerne – eingeladen haben, an unserer Welt und an unserem Leben teilzunehmen. Wir haben uns auf sein Kommen eingelassen. Wie können wir ihn plötzlich zu einem unerwünschten Gast erklären? Denken wir nicht nur von uns aus, sondern, wie es wahrhaft menschlich ist, vom Anderen her. Blicken wir zuerst auf das Antlitz dieses Anderen. Wir können es heute schon früh erkennen. Ich meine damit nicht nur die Bilder getöteter und zerrissener Föten, die uns abschrecken sollen, uns aber auch vielleicht in dieser manchmal demonstrativ zugemuteten Grausamkeit das Thema verleiden – obwohl man auch diese Bilder aushalten muss. Ich meine vielmehr das Antlitz des Anderen, der um Einlass bittet. Es ist die stumme Bitte eines wehrlosen und bedürftigen Menschenwesens. Kann es dabei bleiben, dass wir es als „unerwünschte Schwangerschaft" aus unserer Gemeinschaft weisen, ihm die elementarste Gastfreundschaft des Lebens versagen und zum Tod verurteilen? Und wenn jemand in der Not und Verzweiflung auf den Gedanken kommt, die Annahme und Aufnahme dieses Kindes abzulehnen, rührt ihn nicht das vollkommene Angewiesensein auf Hilfe, die Schutzbedürftigkeit? Regt sich nicht ein elementares Erbarmen im Herzen einer Frau, die sich dieser stummen Bitte auf dem Antlitz des ungeborenen Kindes zu verschließen wagt? Wenn wir die schon durch Zeugung und Empfängnis eingegangene Einladung widerrufen und die Türe verschließen, dann allerdings erhebt sich mahnend und warnend, zum letzten Mal auffordernd und werbend, unerbittlich und streng das eigene *Lebensrecht* des ungeborenen Kindes. Wenn alles andere versagt, bleibt noch die Stimme des Ungeborenen in unserem Gewissen. Es ist kein Wunder, dass diese Stimme nicht einfach durch viele Worte erstickt werden kann. Es ist kein Wunder, dass wir nicht ruhig werden, wenn wir solchermaßen einem Mitgeschöpf die Türe vor der Nase zugeschlagen haben.

Vielleicht sollten wir die Rede vom „Lebensrecht des ungeborenen Kindes" im Spiegel des Evangeliums Jesu Christi einmal auf diese Weise durchbuchstabieren. Die Aufforderung Jesu, das Kind in die Mitte zu stellen, trifft dann nicht zuerst oder gar allein die schwangere Frau, sondern alle an ihrer Seite, Beteiligte und Unbeteiligte. Alle werden um ihr Ja und damit auch um ihre Hilfe gebeten, nicht bloß Beratungsstellen und alle, die von Berufswegen damit zu tun haben. Vor allem die Männer müssen endlich ihre Verantwortung einlösen.

Ganz unerwartet ist das Evangelium von der Rolle des Kindes in unserem Leben vor uns aufgeleuchtet und spricht in unsere Diskussionen und Auseinandersetzungen hinein, unaufdringlich und sanft, unüberhörbar und unvergesslich – wie ein Kind, ein geborenes oder ein ungeborenes. Amen.

Das Eintreten für das Lebensrecht des ungeborenen Kindes als christlicher und humaner Auftrag

Die Öffentlichkeit innerhalb und außerhalb der Kirche wird durch die Diskussion um die Abtreibung in Atem gehalten. Die Meldungen mit neuen Informationen und Stellungnahmen zu den verschiedenen Entwürfen häufen sich. Aber je mehr das Tempo dieser Auseinandersetzung wächst, um so mehr droht auch die Gefahr, dass man das Thema im kleinen Horizont von Parteientwürfen und taktisch bedingten Äußerungen nur noch für Spezialisten zugänglich macht. Dies erscheint fast wie ein Trick, der das Denken über die Sache verhindern könnte. In der Tat ist es in der bisherigen und gegenwärtigen Debatte um die Abtreibung fast unmöglich gewesen, wirklich an die Wurzeln gehende Überlegungen anzustellen. In gewisser Weise sind manchmal unsere eigenen Stellungnahmen und Reaktionen davon mitbetroffen, denn die Themen und die Art ihrer Behandlung werden weitgehend von den öffentlich gestellten Fragen bestimmt. Dies kann aber auf die Dauer schädlich sein, denn die wahren Motive gehen in ihrem Rang und in ihrer Durchschlagskraft in einem fast undurchdringlichen Wald von – im Einzelnen durchaus akzeptablen – Nützlichkeits- und Zweckmäßigkeitsüberlegungen unter. Die üblichen Stellungnahmen in der Öffentlichkeit sind durch die Begrenzungen in der Zeit, durch den jeweiligen Adressatenkreis usw. kaum geeignet, einer solchen tieferen Besinnung Raum zu geben. Ich habe diese Einschränkung und Begrenzung immer als schädlich und beklagenswert empfunden, übrigens auch in der „Woche für das Leben". Darum möchte ich die Gelegenheit dieses Eröffnungsreferates zur Herbst-Vollversammlung 1991 der Deutschen Bischofskonferenz nutzen, um einige Perspektiven darzulegen, die meines Erachtens bei der ganzen Erörterung nicht fehlen dürfen, die jedoch durch die hohe Emotionalität und die Politisierung, die Schlagworte und die öffentlichen Kampagnen verdeckt werden. Sie sind aber nicht nur für die Urteilsbildung der Christen von Gewicht, sondern stellen auch jene Maßstäbe dar, an denen sich das Gewissen all jener bilden muss, die für die neue Gesetzgebung verantwortlich sind, zumal wenn sie sich auf christliche Grundwerte berufen. Im Übrigen gibt es auch im nationalen und internationalen Bereich eine Reihe von Veröffentlichungen, deren Ergebnisse man kennen sollte, wenn man sich in dieser Frage zu Wort meldet. Es versteht sich von selbst, dass ich im Rahmen eines solchen Referates dennoch nur einige wenige Perspektiven aufzeigen kann.

I. Das biblische Menschenbild als Grundlage

Man trifft gelegentlich auf die wenig differenzierte und missbräuchliche Aussage, die heilige Schrift mache keine Aussage über die Abtreibung. Gewiss finden sich nur wenige direkte Hinweise. Das bekannteste Beispiel dafür stammt aus dem Bundesbuch, näherhin aus den Rechtsvorschriften zur Ahndung von Körperverletzungen: „Wenn Männer miteinander raufen und dabei eine schwangere Frau treffen, sodass sie eine Fehlgeburt hat, ohne dass ein weiterer Schaden entsteht, dann soll der Täter eine Buße bezahlen, die ihm der Ehemann der Frau auferlegt; er kann die Zahlung nach dem Urteil von Schiedsrichtern leisten. Ist weiterer Schaden entstanden, dann musst du geben: Leben für Leben, Auge für Auge, Zahn für Zahn, Hand für Hand, Fuß für Fuß, Brandmal für Brandmal, Wunde für Wunde, Strieme für Strieme." (Ex 21,22 ff.) Die Hauptfrage dreht sich hier um das Leben der Mutter. Das ungeborene Kind wird eher als eine Sache behandelt, deren widerrechtliche Beeinträchtigung Schadensersatz verlangt. Die Bewertung des Ungeborenen als eines selbstständigen menschlichen Wesens wird in diesem Zusammenhang nirgends angedeutet. Es besteht jedoch kein Zweifel, dass alles Leben in steter Verbindung mit Gott steht. Er ist der einzige Herr des Lebens. Darum ist das Leben heilig und verlangt Ehrfurcht. Diese Herrschaft Gottes über alles Leben kennt grundsätzlich keine Grenzen. Gott schenkt auch bei der Geburt das Leben, er unterstützt und fordert es künftig, indem er Segen mitteilt. Da Gott über Leben letztlich verfügt, dürfen Menschen fremdes Leben, auch tierisches, nur bedingt antasten; wildes Töten ist ein schwerer Frevel, dem das unbedingte Gebot entgegengesetzt wird: „Du sollst nicht morden." (Ex 20,19) Besonders nachhaltig gilt dies für den Menschen: „Für das Leben des Menschen fordere ich Rechenschaft von jedem seiner Brüder. Wer Menschenblut vergießt, dessen Blut wird durch Menschen vergossen. Denn: als Abbild Gottes hat er den Menschen gemacht," (Gen 9,5b–6) Mord ist ein Frevel gegen Gott, weil der Mörder Gottes Bild im Menschen zerstört. Das Tötungsverbot gilt allen Menschen ohne Unterschied von Rasse und Volk.

Auch wenn in diesem Zusammenhang nicht ausdrücklich vom ungeborenen Kind die Rede ist, gilt der Anspruch Gottes, Garant und Hüter allen Lebens zu sein, gewiss auch dem Ungeborenen. Gerade Kinder sind eine besondere Gabe und ein Segen Gottes (vgl. Ps 127,3; 128; 113,9; 144,12 f.).

Die besondere Zuwendung Gottes zum Menschen zeigt sich bereits in der Schöpfungserzählung, wo es (vgl. Gen 2,7) heißt: „Da formte Gott, der Herr, den Menschen aus Erde vom Ackerboden und blies in seine Nase den Lebensatem. So wurde der Mensch zu einem lebendigen Wesen." Durch die Begabung mit dem Lebensatem wird das Wesen aus dem Staub der Ackererde eine lebendige Person, die Gott selbst unmittelbar anspricht. So ist der Schöpfer der Menschheit zugleich auch der Schöpfer jedes einzelnen Menschen (vgl. Jes 17,7). In diesem Zusammenhang ist ein Text nicht zu übersehen, der – näher betrachtet – vom ungeborenen Kind spricht. Der Beter legt in Psalm 139 dar, wie er sich ganz und gar von Gott durchforscht sieht; auch wenn die Menschen ihn anklagen und ihm kein Vertrauen schenken, ist er sich dessen gewiss, dass Gott sein Wesen völlig kennt. Um diese Gewissheit zu verdeutlichen, weist er auf seine persönliche Schöpfungsgeschichte hin:

„Denn Du hast mein inneres geschaffen, mich gewoben im Schoß meiner Mutter. Ich danke Dir, dass Du mich so wunderbar gestaltet hast. Ich weiß: Staunenswert sind Deine Werke. Als ich geformt wurde im Dunkeln, kunstvoll gewirkt in den Tiefen der Erde, waren meine Glieder Dir nicht verborgen. Deine Augen sahen, wie ich entstand, in Deinem Buch war schon alles verzeichnet; meine Tage waren schon gebildet, als noch keiner von ihnen da war." (Ps 139,13–16)

Was hier im Verborgenen entsteht, stammt nicht nur aus den schöpferischen Fähigkeiten der beteiligten Menschen. Gott selber kennt von Anfang an das, was hier entsteht, von Grund auf. Schon den Embryo – hier findet sich das nur an dieser Stelle im Alten Testament vorkommende Wort „golem": das ‚unfertige Wesen' – sahen Gottes Augen. Gott kennt schon die Ur- und Keimgestalt jedes Menschen. Damit wird auf einzigartige Weise offenbar, wie tief jedes Menschenleben in Gott gründet und warum es auch für den Embryo eine letzte Würde des Menschen gibt, die unantastbar ist. Gott kennt jeden Menschen von Uranfang an. Unsere Identität liegt tiefer als unsere bewusste Existenz und unser Hervortreten in die Menschenwelt durch die Geburt. So gründet sie auch noch tiefer als in dem Erwachen des menschlichen Bewusstseins, der Aufnahme der menschlichen Zwiesprache oder gar der Anerkennung und Annahme durch eine menschliche Gemeinschaft. Gott gibt jedem ungeborenen Kind sein Ja, seine Anerkennung und seine Würde, die ihm kein menschliches Machen und Planen, Ablehnen und Töten einfach nehmen kann. In diesem Sinne gilt das Berufungswort nicht nur für die großen Glaubensboten, sondern für jeden Menschen: „Noch ehe ich dich im Mutterleib formte, habe ich dich ausersehen …" (Jer 1,5; vgl. Gen 2,5.7).

Wer heute die Bibel liest und um die menschliche Qualität des Ungeborenen weiß, wird schließlich an die Aussagen Jesu erinnert, die dem Kind gelten. Als Kinder zu ihm gebracht werden, dass er sie segne, und seine Jünger dies abwehren wollen, lautet Jesu Antwort: „Lasst die Kinder zu mir kommen; hindert sie nicht daran! Denn Menschen wie ihnen gehört das Reich Gottes." (Mk 10,14) Jesus hat gegenüber seiner Zeit, die die Kinder mehr noch als die Frauen am Rand der Gesellschaft sieht, die Kinder als einen eigenen menschlichen Stand entdeckt. Warum soll der prophetische Akt, mit dem Jesus die Kinder in seine Arme nimmt (vgl. Mk 10,16), nur den Geborenen reserviert sein, wenn gerade Kinder – ob geboren oder ungeboren – zu den im Sinne des Evangeliums Armen, Schutzbedürftigen und Wehrlosen gehören? Haben wir Jesu Botschaft für die Kinder überhaupt schon entdeckt?

II. Frühchristliche Zeugnisse zum Wert des Lebens

Bietet die Bibel selbst keine ausdrücklichen Texte zur Abtreibung, so lässt das frühe Christentum uns nicht lange warten, bis erste Zeugnisse deutlich sprechen. Dabei bauen diese Aussagen zweifellos vor allem auf den alttestamentlichen und jüdischen Anschauungen zur Heiligkeit des Lebens auf. In der „Lehre der zwölf Apostel", die zwei Wege vor Augen führt, nämlich den Weg des Lebens und den Weg des Todes, und die aus dem späten 1. oder frühen 2. Jahrhundert stammt, heißt es im zweiten Gebot der Lehre: „Du sollst nicht töten, nicht ehebrechen, nicht Knaben schänden, nicht Unzucht treiben, nicht stehlen, nicht Zauberei treiben, nicht Gift mischen, du sollst ein Kind nicht abtreiben und das Geborene nicht töten, nicht den Besitz deines Nächsten begehren."[1] Hier liegt wahrscheinlich der älteste christliche Beleg für das Verbot der Abtreibung vor.[2] Auch hier weisen die Quellen auf einen jüdischen Wege-Traktat hin. „Aber die Christen haben sicher von Anfang an – der alttestamentlich jüdischen Sitte folgend – die Abtreibung abgelehnt. Dass ein explizites Verbot im Neuen Testament fehlt, ist ein Zufall. Wie in 5,2 (und wie es in jüdischen und christlichen Texten öfter zu finden ist) hängen das Verbot der Abtreibung und das Verbot der Kindesaussetzung zusammen."[3] Der Barnabasbrief formuliert fast wörtlich auf gleiche Weise: „Du sollst deinen Nächsten mehr als dich selbst lieben. Du sollst nicht abtreiben, noch ein Neugeborenes wieder beseitigen!"[4] Die Apostolische Kirchenordnung. (Nr. 6) und die Apostolischen Konstitutionen (VII, 3,2) wiederholen diese Überzeugung und fügen hinzu, dass der ausgebildete Embryo von Gott eine Seele erhalten habe und seine Vernichtung als Mord dem Gericht verfalle. So wird es verständlich, wenn der Apologet Athenagoras im Jahr 177[5] gegenüber dem heidnischen Vorwurf, dass die Christen Kinder schlachten und Mahlzeiten mit Menschenfleisch halten, diese Betrachtung den Heiden entgegenhält: „Wie sollen wir Menschen töten können, da wir doch behaupten, dass jene Frauen, die Abtreibungsmittel gebrauchen, Mörderinnen sind und für die Abtreibung Gott einst Rechenschaft geben müssen? Es wäre doch nicht folgerichtig zu glauben, dass das Wesen im Mutterleib (schon) ein Lebewesen sei und deshalb für Gott ein Gegenstand der Fürsorge und das zum Leben Gekommene dann zu töten …" Auch die apokalyptische Literatur wendet sich gegen die Abtreibung. So heißt es in der Petrus-Apokalypse, dass in einer Schlucht die Frauen sitzen, welche ihre Kinder abgetrieben haben, und dass ihre Kinder zu Gott weinen und schreien.[6] Clemens von Alexandrien[7] fügt hinzu, dass die abgetriebenen Kinder einen Schutzengel erhalten.

Diese Texte sind keineswegs so selbstverständlich, wie sie uns vielleicht heute erscheinen mögen. Die Abtreibung ist nämlich in der Antike weit verbreitet gewesen, besonders in der Kaiserzeit. Sie wurde gerade von den besser gestellten Schichten der Gesellschaft häufig praktiziert. Es ist also nicht zu übersehen, dass die prinzipielle Ablehnung der Abtreibung zur spezifischen Neuheit des christlichen Ethos gehört, wodurch sich auch das Christentum entschieden von der Praxis der Heiden absetzte. Dies wird sehr deutlich zum Beispiel im Brief an Diognet, wo es im 5. Kapitel heißt: „Die Christen nämlich sind weder durch Heimat noch durch Sprache noch durch Sitten von den übrigen Menschen unterschieden … Und sie bewohnen griechische und nichtgriechische Städte, wie es ein jeder zugeteilt erhalten hat; dabei folgen sie den einheimischen Bräuchen in Kleidung, Nahrung und der übrigen Lebensweise, befolgen aber dabei die außerordentlichen und paradoxen Gesetze ihres eigenen Staatswesens … Sie heiraten wie alle und zeugen Kinder, jedoch setzen sie die Neugeborenen nicht aus."[8] Die Unterschiede zeigen sich in verschiedener Hinsicht. In Rom wurde das ungeborene Kind als „Teil der Eingeweide der Mutter" betrachtet. Nur der Vater hatte das Recht, über Leben und Tod zu entscheiden; die Frau, die ohne Wissen des Mannes abtrieb, verstieß gegen die „patria potestas" und gegen den Ehevertrag. Die Christen konnten dieses Verfügungsrecht des Hausvaters nicht anerkennen.

Die unerhörte Neuheit des christlichen Ethos – ich übergehe hier mögliche Ansätze vor allem im Judentum, vereinzelt aber auch in der griechischen Antike (hippokratischer Eid, der Gynäkologe Soranos) – brachte einen ziemlichen Bruch zwischen dem christlichen Glauben und der antiken Umwelt. „Zu Beginn des später so genannten christlichen Zeitalters bekannten sich Jesus und seine Jünger in allem, was Ehescheidung, Fortpflanzung und Familie betraf, zu Einstellungen, die einen schroffen Bruch mit den im Judentum jahrhundertelang vorherrschenden Praktiken in diesem Bereich einschlossen

... Auch ihren Konvertiten aus dem Heidentum mutete die erstarkende christliche Bewegung einen radikalen Einstellungs- und Verhaltenswandel zu. Zu den kulturellen Selbstverständlichkeiten der römisch-hellenistischen Welt gehörte es, die Ehe als ein Arrangement hauptsächlich in der sozialen und ökonomischen Dimension, homosexuelle Beziehungen unter Männern als reguläres Element der höheren Bildung und die Prostitution, gleichviel ob männlich oder weiblich, als etwas vollkommen Legales und Normales zu betrachten; Abtreibung, Empfängnisverhütung und Kindesaussetzung waren in dieser Hinsicht einfach nur die praktischsten Methoden, um bestimmte Probleme aus der Welt zu schaffen und sonst nichts. Derlei Praktiken und Bewusstseinshaltungen trat das Christentum auf das Entschiedenste entgegen, und sehr zur Verwunderung ihrer eigenen Verwandten wurden sie auch von all den vielen Heiden, die sich zum christlichen Glauben bekehrten, willig aufgegeben."[9]

Vielleicht kann man auch von hier aus die Schärfe verstehen, mit der das kirchliche Recht von Anfang an die Abtreibung als Mord kennzeichnete und zur Versöhnung dieser Kapitalsünde schwere Strafen und lange Bußzeiten verordnete.[10]

Diese Bestimmungen, die hier nicht weiter verfolgt werden sollen, verraten indirekt auch etwas von der Schwierigkeit der Durchsetzung dieser Überzeugungen. So schreibt F. J. Dölger am Ende seines ausführlichen Beitrags: „Trotz der ernsten Mahnungen der Prediger hat sich die Fruchtabtreibung auch in die christlich gewordene Zeit forterhalten, aber die Kirche hat als richtige Mutterkirche unablässig den Kampf weitergeführt für das Lebensrecht des Kindes."[11] Waszink schließt seine Übersicht mit den Worten: „Dass das Übel in christlicher Zeit infolge der energischen Bemühungen der Kirche im Ganzen abgenommen hätte, kann mit Sicherheit nicht gesagt werden. Die wiederholten Konzilsbeschlüsse, die ausführliche Behandlung der Abtreibung in Apokalypsen scheinen kaum dafür zu sprechen."[12]

Diese Einsichten sind auch grundsätzlich für unsere heutige Situation äußerst lehrreich. Die Christen können keineswegs damit rechnen, dass ihre Anschauungen zum Verbot der Abtreibung gleichsam selbstverständlich auf eine Akzeptanz in der jeweiligen Gesellschaft stoßen. Sie müssen also mit Einwänden und Widerstand gerade einflussreicher Kreise rechnen. Darum sind die letzten und tragenden Motive für das Verbot der Abtreibung im Glauben verankert. Dies heißt zwar nicht – wie später noch zu zeigen sein wird –, dass die Ablehnung der Abtreibung partikuläres christliches Sondergut ist, zeigt aber einen differenzierten Zusammenhang zwischen Glaubenserfahrung und Ethos auf. Die Christen brauchen darum eine große Geduld und eine hohe Überzeugungskraft in der Verkündigung dieser ethischen Weisungen. Wenn die Gesellschaft und die Kirche stärker auseinander treten, als es in der relativen Homogenität von Antike und Mittelalter sowie früher Neuzeit realisiert war, dann wird man vor allem zwei Dinge ins Auge fassen müssen: Rein rechtliche Vorschriften, die losgelöst sind vom nährenden Mutterboden des Glaubens, werden für sich allein weniger greifen. Umso mehr müssen aber die Christen selbst eine überzeugende Alternative in ihrem eigenen Leben bieten, also Sauerteig, Stadt auf dem Berg und Licht der Welt sein. Mit einem gewissen Stolz, der sich aber der tiefen Verpflichtung bewusst bleibt, sagt es der „Brief an Diognet“: „Ohne Umschweife sei es formuliert: Was im Leib die Seele ist, das sind in der Menschheit die Christen … An einen solchen erhabenen Platz hat Gott selbst sie versetzt, den zu verlassen ihnen nicht zusteht.“[13] Schließlich hat auch die frühe Christenheit trotz ihres fast atemberaubenden Umbruchs in den ethischen Einstellungen und ihres ungewöhnlichen Zeugnischarakters zugunsten des Lebensrechtes des ungeborenen Kindes erfahren müssen, dass sie auf Unverständnis und Widerstand stieß und dass auch in den eigenen Reihen viel Schwäche und Nachgiebigkeit vorhanden sind. Dabei muss man auch darauf hinweisen, dass es trotz der gemeinsamen Grundsätze bei den einzelnen Vätern und in den einzelnen Regionen verschiedene Nuancierungen gibt, zum Beispiel in der Frage, wann die Abtreibung als Mord einzustufen ist.[14]

III. Die philosophische Rezeption und der Niederschlag in unseren Gesetzen

Diese Grundelemente wurden maßgebend für die Folgezeit und haben bis in das Mittelalter und – in abgeschwächter Form – in die modernen Gesetzgebungen hinein eine große Wirkung erlangt. Darüber muss hier nicht im Einzelnen gehandelt werden. Aber es gibt einige Elemente in dieser Rezeptionsgeschichte, die dennoch eine eigene Erwähnung verdienen.

1. Das ungeborene Kind als eigenes Subjekt von Rechten:

Das römische Recht mit der Anschauung, dass das ungeborene Kind ein „den Eingeweiden vergleichbarer Teil des mütterlichen Organismus“ (portio mulieris) sei, hat im Ringen mit der christlichen Konzeption, dass das Kind ein Eigenleben hat und ein eigenes Menschsein besitzt, noch lange eine außerordentlich große Zähigkeit behauptet. Es ist, wenn man genauer hinsieht, erstaunlich, dass diese Anschauungen bis in modern dünkende Schlagworte hinein ein zähes Nachleben erfahren haben. Es ist zum Beispiel nicht schwer, in der Parole vor allem der 70er Jahre „Mein Bauch gehört mir" eine späte Schablone dieser uralten Überzeugungen zu erkennen. So ist es auch verständlich, dass das ungeborene Kind lange Zeit, z.B. auch im frühdeutschen Recht, nicht als zu schützendes Rechtsgut angesehen worden ist, dass vielmehr die Abtreibung als ein Fall der schädlichen Zauberei, als Vereitelung berechtigter Nachwuchshoffnungen usw. bestraft worden ist. Die eigenständige Schutzwürdigkeit des embryonalen Lebens konnte sich also nur mühsam und gegen erhebliche Widerstände durchsetzen.

Gerade hier aber kann man auch in der heutigen Diskussion eine nicht unerhebliche Langzeitwirkung alter Anschauungen erkennen, denn die Rede von der emanzipativ verstandenen, autonomen Selbstbestimmung der Frau klammert vielfach die eigene Würde, das Subjektsein und damit auch den rechtlichen Schutz des ungeborenen Kindes aus und fällt damit – in welchen Formen immer – in für überwunden geglaubte Positionen zurück. Daran ändert sich auch nichts, wenn solche Argumentationen sich mit den Mitteln moderner Logik ausschmücken. So vertritt z.B. N. Hoerster[15] die These, dass das ungeborene Kind ein eigenes Lebensrecht nicht eingeräumt bekommen kann und dass das generelle Tötungsverbot erst mit dem Zeitpunkt der Geburt beginnt. Deshalb hält Hoerster auch so etwas wie die „Unverfügbarkeit" des Lebens des ungeborenen Kindes für unbegründet. Es ist für ihn nur gültig auf der Basis eines religiösen Glaubens, der freilich im säkularen Staat keinen normativen Platz haben könne.

2. Zur Bestimmung des Menschseins des ungeborenen Kindes:

Die vielleicht fundamentalste Frage in der langen Geschichte der ethischen Reflexion über die Abtreibung richtet sich auf die Bestimmung des Menschseins. Man hat dieses Problem auch unter dem Oberbegriff der „Beseelung" zusammengefasst. Innerhalb der gemeinsamen Ablehnung der Abtreibung durch die Väter gibt es nämlich durchgängige Unterschiede in der Beantwortung der Frage, ob die Abtreibung in einem frühen Schwangerschaftsstadium schon als Tötung eines Menschen anzusehen sei oder nicht. Dies zeigt sich besonders in der Frage, ob die Beseelung zum Zeitpunkt der Empfängnis oder erst ab einem bestimmten Datum (sehr oft Annahme des 40. Tages) erfolge. Hier waren viele Einflüsse wirksam. Eine große Auswirkung hatte die griechische Übersetzung des hebräischen Textes von Ex 21,22.23, und zwar in folgender Fassung: „Wenn zwei Männer sich streiten und sie treffen dabei eine schwangere Frau, sodass ihre Leibesfrucht unausgebildet abgeht, so soll der Täter mit einer Buße bestraft werden, wie sie der Mann der Frau fordert, und er soll sie geben wie nach einem Schiedsspruch. Wenn die Frucht aber bereits ausgebildet war, so soll er Leben für Leben geben." Den ausgebildeten Embryo betrachtete man als Menschen, dessen Entfernung auch als Tötung anzusehen ist. Der Unterschied zwischen dem unausgebildeten und dem ausgebildeten Embryo entschied also über die Zulässigkeit der Abtreibung. Diese Übersetzung der Septuaginta (alte griechische Übersetzung des Alten Testaments) hat philosophische Theorien, vielleicht im Anschluss an Aristoteles, medizinische Auffassungen, rechtliche Anschauungen und gewiss auch Volksmeinungen im Hintergrund, die wir nicht mehr leicht trennen können. Man kann dies auch und gerade beim Begriff der Seele erkennen, wo Elemente einer Metamorphose bzw. einer Sukzessiv-Beseelung (Aristoteles), eines Empfangs der Seele mit dem ersten Atemzug nach der Geburt (Stoa) und der Annahme einer Präexistenz der Seele (Plato) in Wettbewerb stehen oder sich auch überlagern. Die Unterscheidung in die Perioden „ungeformt"/„geformt" hat eine sehr große Wirkung erzeugt, die bis zum Anfang des 19. Jahrhunderts maßgeblich blieb. Eine Abtreibung im frühen Schwangerschaftsstadium konnte in diesem Kontext nicht als Tötung klassifiziert werden. Es gab dafür andere Kennzeichen von Verwerflichkeit, was sich vor allem in der Ansetzung minderer Strafen niederschlug. Auch das weltliche Recht wurde davon bis weit in die Neuzeit hinein bestimmt.

Dennoch muss man sehr differenziert urteilen. Die Theologie und die christliche Position ist nicht schlechthin abhängig von einem philosophischen oder weltbildlichen Konzept. Man kann das Ringen um diese Frage sehr gut bei Augustinus verfolgen, der letztlich den Zeitpunkt der Menschwerdung in der Schwebe lässt. Andere Theologen, wie z. B. Basilius (vgl. Ep. 118), stehen zwar auf dem Boden der mit der Septuaginta überkommenen Lehre von der Beseelung, übernehmen aber nicht die Fristenunterscheidung für eine Bewertung. Thomas von Aquin und Albert der Große, Schüler und Lehrer, unterscheiden sich als Anhänger einer Sukzessiv- bzw. einer Simultanbeseelung. In der zweiten Hälfte des 19. Jahrhunderts wurde endlich ein Konsens der Theologen hinsichtlich der unmittelbaren Beseelung erreicht, wenn es auch freilich noch da und dort Schwankungen gab und gibt.[16] Es gibt viele Argumentationen sowohl von biologisch-genetischer als auch von philosophisch-theologischer Struktur, die darauf hinweisen, dass der Embryo schon von Anfang an ein Mensch ist.

Es ist nun aufschlussreich, dass bei den verschiedenen Vertretern einer Fristenlösung – also der Freigabe der Abtreibung innerhalb einer bestimmten Frist zu Beginn der Schwangerschaft – immer wieder auf die alte Theorie einer „sukzessiven Beseelung" zurückgegriffen wird. M. Gante konnte in seiner Arbeit „§ 218 in der Diskussion, Meinungs- und Willensbildung 1945–1976"[17] nachweisen, dass selbst in der Strafrechtsdiskussion der 70er Jahre

z. B. Hans de With (SPD) und Willi Weyer (FDP) sich zur Begründung der Dreimonatsgrenze der Fristenregelung auf die alte Unterscheidung „unbeseelt" / „beseelt" stützten. Diese Argumentation mit einer längst für überwunden gehaltenen Theorie findet sich spurenweise auch noch heute. Dies ist ganz erstaunlich, denn man weiß nun wirklich schon lange genug, dass in der befruchteten Eizelle das vollständige genetische Programm eines Individuums enthalten ist. Progressiv erscheinende Lösungsvorschläge, wie hier z. B. die Fristenlösung, arbeiten also mit vollständig überholten biologischen und anthropologischen Voraussetzungen.

Überhaupt darf man sich nicht der Meinung hingeben, als sei die Fristenlösung erst seit den 70er Jahren ein angestrebtes Modell. So hat z. B. der bekannte Jurist Gustav Radbruch in seiner Eigenschaft als Mitglied der Fraktion der SPD im Deutschen Reichstag am 31. Juli 1921 eine Gesetzesinitiative eingebracht, deren Ziel es war, Abtreibung während der ersten drei Monate der Schwangerschaft straflos zu lassen.[18] Im Übrigen wurde in der Weimarer Zeit, in der unmittelbaren Nachkriegszeit, sogar bei der Beratung des Grundgesetzes und danach immer wieder versucht, eine Fristenlösung durchzusetzen. In diesem Sinne ist schon sehr vieles früher durchgespielt worden, was heute – oft gar nicht originell – wiederholt wird. Die Untersuchungen von M. Gante und G. Jerouschek[19] ergänzen sich hier in sehr aufschlussreicher Weise.

Mit Recht macht jedoch M. Gante auf eine wichtige Entscheidung des Deutschen Reichsgerichts vom 11. März 1927 aufmerksam, dass nämlich in diesem Urteil eine Güter- und Pflichtenabwägung zwischen dem ungeborenen Leben und der Gesundheit der Mutter so angesetzt wird, dass das ungeborene Kind von vornherein das geringerwertige Rechtsgut ist. Diese höhere Einschätzung des „fertigen Menschen" wird in der Entscheidung überhaupt nicht erläutert. Der Lebensschutz des ungeborenen Kindes wurde jedoch durch diese weitreichende Entscheidung erheblich relativiert[20]. Wie man sieht, auch wenn die ständigen Versuche während der Weimarer Republik zur völligen Aufhebung des § 218 oder zu einer Fristenregelung nicht zum Ziel kamen, erfolgte dennoch eine folgenschwere Aufweichung des unbedingten Lebensschutzes. Dadurch wurde schließlich ein sehr problematisches Zweckmäßigkeitsdenken in die Rechtspolitik und besonders das Strafrecht eingeführt.

Der Bruch mit den Irrwegen der Vergangenheit war also keineswegs einschneidend, und auch die Erfahrungen mit dem Nationalsozialismus hatten keine allzu großen Auswirkungen auf das Denken nach dem Zweiten Weltkrieg. Das Jahr 1945 wurde für das Abtreibungsthema und damit für den unbedingten Schutz des menschlichen Lebens nicht zu jener geschichtlichen

Zäsur, die immer wieder – gerade von progressiver Seite – beschworen oder postuliert wird.

Das Ergebnis dieser Überlegungen besteht in der überraschenden Einsicht, dass längst überholt geglaubte Theorien über das Verhältnis zwischen der Schwangeren und dem ungeborenen Kind sowie über die Beseelung des Ungeborenen zwar nicht unmittelbar politisch sich durchsetzen konnten, aber immer wieder laut zur Sprache kamen und doch auf verschiedenen Wegen allmählich die früher unbezweifelbare Lehre vom absoluten Schutz des menschlichen Lebens gründlich erschütterten. Es wäre eine große Hilfe, wenn man auf diese „Antiquiertheit" sich so progressiv gebärdender Initiativen schon früher aufmerksam gemacht hätte. Wer aber nun diese Erkenntnisse nicht beim Wort nimmt und sich nicht mit ihnen auseinander setzt, darf von sich aus nicht behaupten, er wäre auf der Höhe des notwendigen Wissens und ausreichender Kenntnis. M. Gante macht auf den erstaunlichen Satz im Preußischen Allgemeinen Landrecht von 1794 aufmerksam, wo es in § 10 I, 1 heißt: „Die Allgemeinen Rechte der Menschheit gebühren auch den noch ungeborenen Kindern schon von der Zeit ihrer Empfängnis."

Um am Ende auch nochmals auf die Theologie und das kirchliche Lehramt zu blicken, sei Folgendes nachgetragen: Papst Sixtus V. hatte bereits im Oktober 1588 der Unterscheidung zwischen „beseelter" und „noch nicht beseelter" Leibesfrucht eine Absage erteilt. Sein Nachfolger freilich, Papst Gregor XIV., hat im Mai 1591 leider die alte Lehre noch einmal bekräftigt. Doch hat das Heilige Offizium unter Papst Innozenz XI. im März 1679 (vgl. DS 2134) die Unterscheidung in ihrer Gültigkeit wieder aufgehoben. Es ist dabei gerade für uns Deutsche nicht unwesentlich, dass der dänische Anatom und spätere Bischof Niels Stensen, der vor kurzem von Papst Johannes Paul II. selig gesprochen wurde, durch seine Entdeckungen auf dem Gebiet der Humanembryologie die entscheidenden Weichen gestellt hat und der traditionellen Lehre von der so genannten Sukzessivbeseelung der Leibesfrucht den Boden entzogen hat. Ethik, Anthropologie und Biologie führten also im Bereich der Kirche zu neuen Erkenntnissen, die noch lange bis zum endgültigen Sichdurchsetzen brauchten und die offensichtlich heute, mindestens in ihren Auswirkungen, noch nicht genügend bekannt sind. Auch hier kann man sich fragen, warum das Lehramt und zumal auch die Theologie mit diesen Erkenntnissen nicht schon längst fruchtbarer argumentiert haben.

IV. Fristenlösung und die Antwort der Kirche

Trotz mancher Veränderungen in der Abtreibungspraxis, die durch die Nachkriegs- und Besatzungszeit (z. B. Vergewaltigungen vor allem durch die sowjetischen Soldaten) bedingt waren, kam es vom Ende der 40er bis zum Beginn der 70er Jahre zu keiner großen öffentlichen Diskussion über den § 218 StGB. Die Ausweitung dieser Praxis ist nachher nicht mehr rückgängig gemacht worden, als sich die soziale Lage normalisierte. Trotz der Ausweitung der medizinisch, kriminologisch, psychiatrisch bedingten Indikation wurde die – immer schon geforderte – soziale Indikation ziemlich entschieden abgelehnt. Das relative Desinteresse der Parteien und der Öffentlichkeit ist überraschend.[21]

Um so wichtiger wird die Frage, warum es dann zu Beginn der 70er Jahre zu einem spektakulären Durchbruch zugunsten der Fristenlösung kam. M. Gante hat diese Entwicklung in seiner schon mehrfach erwähnten Abhandlung sorgfältig nachgezeichnet, sodass ich hier nur mit Hinweis auf seine Untersuchung einige wichtige Stichworte und Stationen hervorzuheben brauche.

– Namhafte liberale Strafrechtslehrer haben im Zusammenhang der Großen Strafrechtsreform im Jahr 1970 einen „Alternativ-Entwurf eines Strafgesetzbuches" (Tübingen 1970) vorgelegt. Er enthielt eine Fristenregelung, bei der die Abtreibung innerhalb der ersten drei Monate nach der Empfängnis straffrei bleiben sollte, wenn sie von einem Arzt vorgenommen werde und wenn die schwangere Frau eine Beratungsstelle aufgesucht habe. Die Autoren haben vor allem eine rechts- und kriminalpolitische Zielsetzung vertreten, nämlich durch diese Regelung eine Senkung der Abtreibungszahlen und eine Milderung der Folgeschäden zu erreichen. Damit hing eine fortschreitende Pragmatisierung und konsequent eine wachsende Entmoralisierung des § 218 zusammen. Man wollte durch eine Reduzierung der Gesamtzahl der Abtreibungen den Lebensschutz verbessern. Faktisch wurde aber der Grundsatz der Unantastbarkeit des ungeborenen Lebens dabei ziemlich ausgehöhlt.

– Dieser Entwurf fand zwar ein beträchtliches öffentliches Interesse, brachte aber dennoch noch keine große öffentliche Diskussion in Gang. Diese kam zunehmend durch die Förderung der Medien zu größerer Wirkung. Ein eigentlicher Durchbruch erfolgte jedoch fast schlagartig im Jahr 1971 durch eine Selbstbezichtigungskampagne „Ich habe abgetrieben", die von kleinen Frauen-Emanzipationsgruppen im geplanten Zusammenspiel mit einigen Medienvertretern organisiert wurde.[22] Der Funke am Pulverfass hatte gezündet. Innerhalb kurzer Zeit rückte die Forderung nach einer totalen Streichung des § 218 rasch in das Zentrum der Auseinandersetzung. Der

Frauenprotest wurde zwar nicht zu einer „Massenbewegung", aber begriff sich als historisches Moment, nämlich als „ein explosionsartiger Bewusstwerdungsprozess der Unterdrückung von Frauen und eine prompte Gegenoffensive, mit der die Männergesellschaft mit allen Mitteln versuchen würde, die Sache der Frauen zu stoppen".[23]

Durch diese öffentlichkeitswirksame Kampagne hat sich auch die parteipolitische Landschaft verändert. Die Sozial-liberale Koalition, bisher eher zurückhaltend, hat relativ rasch diese Impulse aufgegriffen. Die FDP machte sie sich in den auf dem Freiburger Parteitag 1972 vorgelegten „Thesen zur Rolle der Frau in der Gesellschaft" rasch zu Eigen und verlangte die Einführung der Fristenregelung als Ausdruck der vom Liberalismus programmatisch vertretenen Selbstbestimmung und Selbstverwirklichung der Frau. Die Unterprivilegierung der Frau müsse aufgehoben und die Emanzipation vorangetrieben werden. Bald hat auch die SPD diesen Gedanken aufgenommen. Die Fristenregelung wurde nicht nur als notwendiges Instrument zur sozialen Gleichstellung der Frau bezeichnet, um „Gebärzwang" und ein „Klassenstrafrecht" zu eliminieren, sondern um überhaupt die gesamte Gesellschaft einer größeren Emanzipation entgegenzuführen. Die Möglichkeit der Tötung eines ungeborenen Kindes – aber hier traten in der Zwischenzeit die viel milderen Ersatzwörter „Schwangerschaftsabbruch" und „Schwangerschaftsunterbrechung" an die Stelle – wurde ein Vehikel für mehr Entscheidungsfreiheit und Emanzipation. Daran haben sich auch viele Wissenschaftler beteiligt, die sich heute vielleicht dieser naiven Gläubigkeit geradezu schämen. Ziel war der mündige Bürger, der keine autoritative Anordnungen kenne. Ein wichtiges Dokument auch für die Bischofskonferenz ist der Brief von Prof. Dr. A. Kaufmann vom 15. November 1970 an Kardinal Döpfner, in dem er den Wahlaufruf der katholischen Bischöfe Bayerns zur Landtagswahl am 22. November 1970 kritisiert, worin die Bischöfe unter anderem für den Schutz des ungeborenen Lebens eintraten.[24] Die Anhänger des Fristenmodells haben die Begriffe „Menschenwürde" und „Entscheidungsfreiheit" rasch für sich besetzt. Es war außerordentlich schwer und in gewisser Weise vergeblich, Grenzen des Selbstbestimmungsrechtes durch das Lebensrecht eines anderen aufzuzeigen. Letztlich ging dieser Vorrang des fraulichen Selbstbestimmungsrechts auf Kosten des Lebensrechtes des Ungeborenen, dem die Qualität „Mensch" für bestimmte Phasen seiner vorgeburtlichen Entwicklung abgesprochen worden ist. Argumente spielten keine primäre Rolle, entscheidend war das Durchsetzen der Grundüberzeugungen.[25] Die Fristenregelung hob de facto die grundsätzliche Strafbarkeit der Abtreibung auf. Im Rückblick fällt auf, dass das Lebensrecht des ungeborenen Kindes – bis in die Theologie hinein – von der gesellschaftlichen Akzeptanz und Erwünschtheit eines Menschen abhängig gemacht wurde. Das mütterliche Verfügungsrecht erschien weitgehend als Mittel und Zweck der Frauenemanzipation. Eine schlüssige Begründung für den Vorrang der Würde der Frau vor der Menschenwürde des ungeborenen Kindes und dessen Lebensrecht wurde nie gegeben. Zwar haben sich alle theoretisch zu diesem Lebensrecht des ungeborenen Kindes bekannt, aber oft hatte es keine reale Wirkung. Das „Recht auf Leben" hat damals wie heute niemand bestritten, aber seine wirklich normative Verbindlichkeit kam nicht zum Zug. M. Gante schließt seine Arbeit mit dem bestürzenden Satz: „Die Geschichte der Meinungs- und Willensbildung zur Abtreibung in der Bundesrepublik Deutschland ist die Geschichte der 1974 und 1976 schließlich gesetzlich kodifizierten Gründe, sich über dieses Recht, die Grundlage jeder menschlichen Gemeinschaft (Art. 1 Abs. 2 GG), hinwegzusetzen.[26]

Es ist vermutlich nicht so schwer, das ähnliche Szenario der letzten zwei Jahre und der gegenwärtigen Diskussion zu beschreiben. Mit der Einheit Deutschlands haben sich die alten Vorkämpferinnen und Vorkämpfer im Westen mit Vertretern der in der ehemaligen DDR geltenden Fristenregelung zusammengeschlossen, um mit neuer Schubkraft zu probieren, die längst bekannten, immer wieder versuchten, aber unerfüllt gebliebenen Forderungen nun für ganz Deutschland in die Tat umzusetzen. Die „Wende" mit ihrer Chance eines neuen Umbruchs sollte benutzt werden, um endlich mit einer Fristenregelung zugleich die Voraussetzung und die Folge der Emanzipation der Frauen zu erreichen. Erstaunlicherweise spielte dabei kaum eine Rolle, dass der Kontext und der Inhalt der alten DDR-Schwangerschaftsunterbrechungs-Gesetzgebung einem letztlich Frauen verachtenden Denken und einer ökonomischen Verzweckung entstammte. Auch andere gravierende Mängel dieser Fristenregelung wurden kaum beachtet. Wiederum kam es zu einem Zusammenspiel bestimmter Medien mit Vertreterinnen progressiver Frauenbewegungen, denen sich eine Reihe von Politikerinnen und Politikern aus dem sozial-liberalen Bereich anschlossen. Zwar gab es keine so öffentlichkeitswirksamen Kampagnen, dafür wurde unter den Meinungsmachern im weitesten Sinne alles aufgeboten, was nur möglich war. Schließlich gelang es diesen Kräften sogar, durch medienwirksamen und politischen Druck die Frage der Fortgeltung der alten DDR-Fristenregelung zum Schibboleth des Einigungsvertrages zu machen.[27] Zwar hatte sich für den Moment alles auf die neue Schwangerschaftsunterbrechungs-Gesetzgebung für ganz Deutschland konzentriert, aber es bestand kein Zweifel, dass die Vorkämpfer dafür auch noch anderes im Sinn hatten: eine weitere Entmoralisierung von Recht und Gesetz, eine neue Verfassung und – wenigstens in mancher Hinsicht – eine andere Republik. Im Übrigen gibt es – ähnlich wie bei den Auseinandersetzungen der 70er Jahre – nicht viele neue Argumente. Die Rituale wiederholen sich, möglicherweise bis in den Ablauf der parlamentarischen Beratung hinein. Wiederum muss man den Eindruck gewinnen, den M. Gante mehrfach umschrieben hat, dass die Unionsparteien in dieser Auseinandersetzung spät gestartet sind, sich die Fragestellung darum weitgehend von außen vorgeben ließen und größte Mühe auf dem Weg zu einer einheitlichen Meinungsbildung hatten. Leider ist auch der hohe Konsens, den alle großen und kleineren christlichen Kirchen mit der Gemeinsamen Erklärung „Gott ist ein Freund des Lebens“[28] gewonnen hatten, öffentlich wenig wirksam geworden, nicht zuletzt weil die innerprotestantische Einigung zwischen der Evangelischen Kirche in Deutschland (EKD) und dem „Bund“ der Evangelischen Kirchen in der DDR – ähnlich wie in der gesellschaftlich-politischen Diskussion – sich an diesem Punkt besonders schwer tat. Wie schwach die Kräfte aber geworden waren, auch im Westen, zeigte das Abstimmungsvotum der Synode der Bayerischen Landeskirche in Rosenheim für die Fristenlösung, das freilich von Landesbischof Hanselmann nicht angenommen wurde.

Um so dankbarer müssen wir auf katholischer Seite sein, dass es immer wieder gelungen ist, von der Bischofskonferenz und dem Zentralkomitee der deutschen Katholiken her mit einer Stimme nach innen und nach außen zu sprechen. Die im Juni 1991 zum ersten Mal durchgeführte „Woche für das Leben“ sollte die Grundüberzeugungen sowohl in den christlichen Gemeinden als auch in der Gesellschaft bekannter und zugleich plausibler machen. Trotz einiger Erfolge wird man nicht übersehen dürfen, wie schwierig es bleibt, an der Basis und im Volk eine gewisse umfassende Mobilisierung in Gang zu setzen. Aber auch in Zukunft muss es – nicht zuletzt dank einer hoffentlich bald auf europäischer Ebene von unseren Nachbarkirchen mitgetragenen „Woche für das Leben“[29] – ein entscheidendes Ziel sein, durch Information und Argumentation den Bewusstseinsbildungsprozess zugunsten des Lebens des ungeborenen Kindes zu fördern, und zwar vor allem nach zwei Stoßrichtungen: das Gespräch in den Medien und mit den Medien sowie eine umfassende Mobilisierung der Basis. Unsere Gemeinden müssen die Fragen um den Lebensschutz viel mehr zu einer „normalen“ Sache ihres alltäglichen Lebens machen. Das Eintreten für das Lebensrecht des ungeborenen Kindes ist für den Christen keine nebensächliche oder gar punktuelle Angelegenheit der momentanen Diskussion um eine neue Gesetzgebung und darf auch nicht einzelnen Gruppen überlassen werden, die allzu leicht an den Rand des kirchlichen Lebens geraten oder gelegentlich auch dort angesiedelt sind. Von der Katholischen Kirche in den USA können wir lernen, dass die Schulung von Multiplikatoren für alle Ebenen ganz besonders wichtig ist. Argumentation und Information allein reichen jedoch nicht aus. Sie müssen durch die konkrete Hilfe und Solidarität beglaubigt und bewährt werden, wie sie von vielen Gemeinden, Verbänden und vor allem auch von den Beratungsstellen geleistet werden.

V. Perspektiven zum Schutz des Lebens

Es bleiben noch viele Fragen, die in diesem Beitrag nicht mehr ausreichend zur Sprache kommen können. Aber einige Perspektiven gehören so zum hier versuchten Ganzen, dass sie wenigstens kurz erwähnt werden müssen.

1. Christlicher Ursprung und humane Geltung:

Es ist deutlich geworden, wie sehr sich der Lebensschutz für das ungeborene Kind dem theoretischen und praktischen Einsatz des christlichen Glaubens und der Kirche verdankt. Für manche liegt so der Schluss nahe, das Verbot der Abtreibung beruhe – ob verdeckt oder offen – auf einem religiösen Fundament. Unter den Voraussetzungen eines säkularen Staates hätten die damit verbundenen Forderungen keine Berechtigung mehr, sodass sich das Abtreibungsverbot in keiner Weise mehr rechtfertigen lasse.[30] So einfach kann man sich jedoch weder historisch noch systematisch die Lösung der damit verbundenen Fragen machen. Hier kann freilich nur die Richtung angedeutet werden. Es gibt auch den säkularen Staat der Gegenwart nicht ohne eine Geschichte, die zu ihm gehört und die er nicht einfach abstreifen kann. In die Fundamente des modernen Staates sind – nicht zuletzt über die Menschenrechte (mag der Weg auch etwas verschlungen sein) – manche Erkenntnisse eingegangen, die auf religiös-christlichen Einsichten beruhen. Nicht selten wurden diese Anstöße aus dem christlichen Glauben und Ethos heraus in säkularen Feldern und Kontexten wirksam, sodass der verborgene Ursprung kaum mehr wahrgenommen wird. Ich denke z. B. an die Begründung der Menschenwürde, aber auch mancher Grundrechte. Ob man diese geschichtlichen Prozesse mit dem Stichwort „Säkularisierung“ bezeichnen soll, braucht hier nicht diskutiert zu werden. Das Christentum hat auch sonst Einblicke in das Wesen von Welt und Mensch ermöglicht, die zwar aus der Tiefe des Glaubens herkommen, aber – einmal entdeckt – auch relativ unabhängig vom Glaubensvollzug Plausibilität beanspruchen und eine humane Geltung haben können. Man kann dies z. B. für den Begriff der Person und damit auch der personalen Würde des Menschen aufzeigen.

Ähnlich scheint es mir mit dem Abtreibungsverbot zu sein. Auch wenn es sich christlichen Motiven verdankt, hat es in einem wirklich humanen Gesellschaftswesen eine mit den Mitteln der menschlichen Vernunft einsehbare Evidenz. Wer die so gewonnene Humanität verhindern will, dreht das Rad der Geschichte zurück, verleugnet die tieferen Wurzeln, aus denen Europa im Ganzen und auch noch der säkulare Staat kommen. Entweder verkennt man den Tiefgang der Geschichte auch für die abstrakte moderne Gesellschaft und den säkularen Staat, oder aber man will sich bewusst und entschieden von den geistigen und spirituellen Kräften loslösen, die zu den Triebfedern Europas, seiner Zivilisation und seiner Humanität gehören.

Letztlich geht es um nichts anderes, auch wenn dies vielen nicht präsent sein mag. Es ist höchste Zeit, sich dieser fundamentalen Zusammenhänge bewusst zu werden.

2. Die neue Situation:

Selbstverständlich wiederholt sich die Geschichte nicht. Auch wir leben in einer neuen und anderen Konstellation. Es ist nicht notwendig, an dieser Stelle die heutige geistesgeschichtliche und gesellschaftlich-politische Grundsituation der modernen Gesellschaft und des Staates unter den Bedingungen eines Pluralismus der Werte und Lebensformen sowie einer hochgradigen Individualisierung zu analysieren. Die Frage, welche gemeinsamen Maßstäbe für das Zusammenleben der Menschen verbindlich bleiben, wird immer dringlicher. Wenn „Leben" wirklich dabei den obersten Wert, ja die Existenzgrundlage überhaupt darstellt, entscheidet sich sehr viel an diesem Problem. Wenn es dabei zwischen dem Ungeborenen und dem Geborenen keinen qualitativen Unterschied im Menschsein selbst gibt, hat die Frage nach der Abtreibung nicht zufällig eine hohe Bedeutung. Hier bündeln sich viele Lebensanschauungen und Interessen wie in einem dichten Knäuel.

Es ist kein Zweifel, dass bei einer Neuorientierung in der Frage der Abtreibung auch eine schwere Hypothek aus der Geschichte auf der Gesellschaft und auch auf der Kirche lastet. Die „Heiligkeit" des Lebens wurde mit zum Teil auch schauerlichen Strafen eingefordert. Denkt man an die strengen Strafen, die oft selbst wiederum Leben in grausamer Weise vernichtet haben, so bleibt auch ein gewisses Paradox: Im Eifer für die Opfer scheint man die Humanität gegenüber den Schuldigen fast ganz vergessen zu haben. Man kann diese Geschichte der Bestrafung nicht einfach auslöschen.[31]

Es besteht auch kein Zweifel, dass die Gesellschaft im Blick auf die beteiligten Frauen viel Schuld auf sich geladen hat. Die Frauen blieben oft oder fast immer als die allein Schuldigen zurück, wobei die Mitverantwortung des Mannes und der Umwelt fast völlig verschwand. Die Abschreckung der Gesellschaft im Blick auf Vergehen wie Abtreibung und Kindstötung traf nur die Frauen mit voller Wucht. Es kann auch nicht geleugnet werden, dass gerade

Frauen aus den Unterschichten der Bevölkerung in besonderer Weise harter Strafverfolgung ausgesetzt waren. Die Härte der Gesellschaft war unbarmherzig, sodass Frauen in Konfliktsituationen oft in einer ausweglosen Lage waren. Eine ledige Mutter war für ihr Leben weitgehend ruiniert. Nur selten konnte man mit einem unehelichen Kind eine ehrbare Hausfrau werden.

Es scheint mir sinnlos, die Strenge und Grausamkeit, die einseitig die Frauen getroffen hat, zu leugnen. Es scheint mir aber töricht zu sein, nur die Kirche für diese Entwicklung verantwortlich zu machen. Zweifellos bleibt die Aufarbeitung dieser Vergangenheit ein dringendes Gebot. Die manchmal unverständliche, ja fast pathologische Ablehnung des Strafgedankens verrät vermutlich etwas von der Aggressivität, die die frühere Bestrafung bis heute offen oder verborgen ausgelöst hat. Um so sorgfältiger muss man unterscheiden. Der Strafcharakter markiert zuerst das Unrecht, das durch eine Abtreibung gegenüber dem Anspruch des ungeborenen Kindes auf Leben unwiderruflich geschieht. Soweit ich sehe, gibt es zur Kennzeichnung dieses Unrechts bis heute keinen überzeugenden Gegenvorschlag, der auf den Strafgedanken überhaupt verzichten lassen könnte. Es ist darum auch falsch, den Strafgedanken grundsätzlich und ausschließlich nur in der Perspektive der Kriminalisierung und Pönalisierung der Frau anzusetzen, erklärt sich jedoch bis zu einem gewissen Grad aus der bisherigen Geschichte. In gewisser Weise sind die einseitigen Überzeugungen und manchmal auch Exzesse extremer Frauenbewegungen nichts anderes als die mit fast gleicher Münze heimgezahlte Quittung für eine lange Geschichte, in der hauptsächlich die Frau für solche Konflikte die Zeche bezahlen musste.

Es ist darum schädlich, nur den Gesichtspunkt der „Strafe" einseitig oder gar exklusiv in den Vordergrund zu stellen. Wenn die Strafe wirklich so etwas wie „ultima ratio" ist, also zusammen mit Information und Gespräch, Beratung und Hilfen eine Skala der möglichen Reaktionen auf einen Konflikt oder gar eine Abtreibung darstellt, dann hat es freilich auch keinen Sinn, „Strafe" gegen „Helfen" auszuspielen, wie es leider in geradezu demagogischer Weise immer wieder geschieht. Die Rede von der Strafe wird außerdem unglaubwürdig, wenn der Erzeuger und die möglicherweise zur Abtreibung drängende Mitwelt völlig ungeschoren und straflos bleiben.

Darum kann man es nur begrüßen, wenn die Beratung mit einer Vielzahl von Hilfen kräftig ausgebaut wird, wobei das Beratungsziel, nämlich dem Schutz des Lebens zu dienen, nicht aus dem Auge verloren werden darf.

Die Hilfen der Beratung sind, wie gesagt, erwünscht. Aber die Debatte um diese Hilfen darf den Kern und die Mitte des Eintretens für den Lebensschutz des ungeborenen Kindes nicht verdunkeln. Es hat wenig Sinn, eine unklare und verschwommene Grundaussage zur Abtreibung zu machen und sich wieder durch einen Kranz von Hilfen und Beratungen ein gutes Gewissen zu verschaffen. So entschieden wir Beratung mit einem klaren Ziel begrüßen, so sehr muss das Prinzip des Lebensschutzes selbst überzeugend aufrechterhalten werden.

3. Mut zu einem neuen Denken:

Letztlich fehlt es in der Abtreibungsdebatte an überzeugender geistiger Orientierung. Das Ausweichen vor den grundlegenden Fragen nach dem Menschsein, nach der Fruchtbarkeit von Mann und Frau im Kind, nach Höhen und Tiefen in der Erfahrung menschlicher Sexualität, nach Glück und Verzicht usw. rächt sich. Aber es geht auch um grundlegende anthropologische Fragen der Zuordnung von Mann und Frau, des Verhältnisses von Autonomie und Freiheit, von Selbstbestimmung und Rücksicht auf andere. Wie wird die „Schranke", an die das Selbstbestimmungsrecht gerade bei der Begegnung mit einem anderen Menschen stößt, erfahren? Welche anthropologischen Grundvorstellungen stecken hinter vielen Forderungen nach gelingender Emanzipation und „Selbstverwirklichung"?

Schließlich müssen wir überlegen, wie wir dem Lebensschutz des ungeborenen Kindes auch durch eine neue Argumentation und eine andere Sprache gerecht werden können. Ich will es wenigstens an einem Beispiel in der Predigt beim Eröffnungsgottesdienst dieser Herbst-Vollversammlung versuchen. Es muss doch möglich sein, wenigstens auf die Dauer, Menschen, die in sozialen Bewegungen engagiert sind und sich Bedürftigen und Armen zuwenden, nahe zu legen und plausibel zu machen, dass gerade das ungeborene Kind im Mutterschoß besonders schutzbedürftig ist. Die Wehrlosigkeit und Verletzlichkeit des ungeborenen Kindes ruft nicht weniger nach Erbarmen als die vielen anderen Geschundenen und Gemarterten. Wenn kein qualitativer Unterschied im Menschsein besteht, dann darf es auch in der Sensibilität für das Leid aller Armen keine Unterschiede geben. Dafür muss eine neue Solidarität gefunden werden, die freilich nicht überall und sofort Grenzen der Zumutbarkeit wittert, sondern auch bereit ist, immer wieder über die eigenen Horizonte und Interessen hinauszuwachsen. Der schwierigste Gegner scheint mir dabei ein Egoismus zu sein, der im Mantel des Humanismus einhergeht und zu dieser wirklichen Solidarität letztlich nicht bereit ist. Hier müsste ein neues Kapitel über Umkehr, Hingabe und Liebe beginnen, die jedoch nur aus der Kraft des Glaubens leben können, jedenfalls am Ende und auf die Dauer.

Bei der Vorbereitung dieses Beitrags stieß ich auf einen bemerkenswerten Text des Theologen und Kirchenmannes Dietrich Bonhoeffer, der sein Eintreten für Freiheit, Recht und Gerechtigkeit mit seinem Leben bezahlt hat.

Gerade wenn es da und dort herausfordernde Worte sind, sollte man sie nicht in den Wind schlagen. „Die Tötung der Frucht im Mutterleib ist Verletzung des dem werdenden Leben von Gott verliehenen Lebensrechtes. Die Erörterung der Frage, ob es sich hier schon um einen Menschen handele oder nicht, verwirrt nur die einfache Tatsache, dass Gott hier jedenfalls einen Menschen schaffen wollte und dass diesem werdenden Menschen vorsätzlich das Leben genommen worden ist. Das aber ist nichts anderes als Mord. Dass die Motive, die zu einer derartigen Tat führen, sehr verschieden sind, ja dass dort, wo es sich um eine Tat der Verzweiflung in höchster menschlicher oder wirtschaftlicher Verlassenheit und Not handelt, die Schuld oft mehr auf die Gemeinschaft als auf den Einzelnen fällt, dass schließlich gerade in diesem Punkt Geld sehr viel Leichtfertigkeit zu vertuschen vermag, während gerade bei den Armen auch die schwer abgerungene Tat leichter ans Licht kommt, dies alles berührt unzweifelhaft das persönliche und seelsorgerliche Verhalten gegenüber den Betroffenen ganz entscheidend, es vermag aber an dem Tatbestand des Mordes nichts zu ändern."[32]

Wenn wir die Heiligkeit und Unantastbarkeit des Lebens in dieser Weise hochschätzen, dann ist auch die Versöhnung leichter mit denen, die gestrauchelt sind. Vielleicht müssen wir uns in Zukunft viel mehr jenen zuwenden, die sich am Leben des ungeborenen Kindes vergriffen haben und dies entweder verdrängen oder still darunter leiden. Hier kommt eine neue Not auf die Seelsorger zu, die uns radikal fordert. Karin Strucks Roman „Blaubarts Schatten"[33] ist ein eindrucksvolles Zeugnis für das, was wirklich in den Seelen der Betroffenen vorgeht. Auf den letzten Seiten dieses Buches heißt es „am Ende einer langen Nacht": „Die katholische Kirche ist in der ‚Abtreibungsfrage' die menschlichste, sie weiß, dass *die Wahrheit dem Menschen zumutbar* ist. In der ‚Abtreibungsfrage' könnte sie die Rolle spielen, die in Albanien die katholische Kirche für alle Verfolgten der Ideologie spielt; sie könnte ein Ort der Zuflucht sein."[34] Dazu fordert das Evangelium uns Christen auf, aber es ist gut, wenn wir es auch einmal „von außen" so zugemutet bekommen.[35]

Anmerkungen

[1] 2,2; Fontes Christiani 1, 103.

[2] Vgl. auch 5,2: „Der Weg des Todes aber ist folgender: … Die die Guten verfolgen, … sich nicht des Armen annehmen, sich nicht um die Bedrückten mühen, ihren Schöpfer nicht kennen, Kindermörder, Vernichter des Geschöpfes Gottes (nämlich im Mutterleib), die sich vom Bedürftigen abwenden, den Bedrängten niederdrücken, Fürsprecher der Reichen, ungerechte Richter der Armen".

[3] K. Niederwimmer, Die Didaché, Göttingen 1989, 119.

4 19,5; Ausgabe: Schriften des Urchristentums II, Darmstadt 1984, 189; geschrieben um 130.
5 Athenagoras, Supplicatio pro Christianis, 35; Ed. E. J. Goodspeed, Göttingen 1984, 356.
6 Zum Text vgl. Neutestamentliche Apokryphen II, hg. von W. Schneemelcher Tübingen 1989, 571 f.
7 Vgl. ebd.
8 Brief an Diognet, 5,1–5,6, hg. von B. Lorenz, Einsiedeln 1982, 19; geschrieben wohl Ende des 2. Jahrhunderts.
9 E. Pagels, Adam, Eva und die Schlange. Die Theologie der Sünde, Hamburg 1991, 52 f.
10 Vgl. J. H. Waszink, Abtreibung, in: RAC I, 59 f.; F. J. Dölger, Das Lebensrecht des ungeborenen Kindes und die Fruchtabtreibung in der Bewertung der heidnischen und christlichen Antike, in: Antike und Christentum 4, 1934, unveränderter fotomechanischer Nachdruck Münster 1975, 54 ff.
11 F. J. Dölger, a. a. O. (Anm. 10), 61.
12 RAC I, 60.
13 Brief an Diognet, 6,1; 6,10; hg. von B. Lorenz, Einsiedeln 1982, 21 f.
14 Vgl. dazu über Augustinus O. Wermelinger, in: Augustinus-Lexikon I, Basel – Stuttgart 1986, 6 ff.
15 Vgl. N. Hoerster, Abtreibung im säkularen Staat. Argumente gegen den § 218, Frankfurt a. M. 1991, 26.
16 Vgl. dazu neben den Studien von J. T. Noonan bes. J. Connery, Abortion: The Development of the Roman Catholic Perspective, Loyal University Press 1977.
17 M. Gante, § 218 in der Diskussion. Meinungs- und Willensbildung 1945–1976, Düsseldorf 1991.
18 Was G. Radbruch übrigens später revidiert hat; vgl. H. Reis, Das Lebensrecht des ungeborenen Kindes als Verfassungsproblem, Tübingen 1984, 9.
19 G. Jerouschek, Lebensschutz und Lebensbeginn, Kulturgeschichte des Abtreibungsverbots, Stuttgart 1988, vgl. Reg.
20 Vgl. M. Gante, a. a. O. (Anm. 17), 16 f.
21 Vgl. M. Gante, a. a. O. (Anm. 17), 342 f.
22 Vgl. A. Schwarzer, So fing es an! Die neue Frauenbewegung, München 1983.
23 Ebd., 30.
24 Dokumentiert in: Das Abtreibungsverbot des § 218 StGB, hg. von J. Baumann, Darmstadt 1972, 149–153.
25 R. Spaemann nennt dies den „Voluntarismus“ dieser Debatte.
26 M, Gante, a. a. O., (Anm. 17), 348.
27 Vgl. dazu W. Schäuble, Der Vertrag, Stuttgart 1991, 229–250.
28 Gemeinsame Erklärung des Rates der Evangelischen Kirche in Deutschland und der Deutschen Bischofskonferenz, Gott ist ein Freund des Lebens. Herausforderungen und Aufgaben beim Schutz des Lebens, Trier – Gütersloh 1989.
29 Seit 1994 wird die „Woche für das Leben“ als Initiative der katholischen und evangelischen Kirche ökumenisch veranstaltet. Informationen: www.woche-fuer-das-leben.de.
30 So N. Hoerster, Abtreibung im säkularen Staat, Frankfurt a. M. 1991.

[31] Vgl. nur R. van Dülmen, Frauen vor Gericht. Kindsmord in der Frühen Neuzeit, Frankfurt a. M. 1991.

[32] D. Bonhoeffer, Ethik, München 1975, 187.

[33] K. Struck, Blaubarts Schatten, München – Leipzig 1991.

[34] Ebd., 321.

[35] Das Referat wurde gedruckt in der Reihe „Der Vorsitzende der Deutschen Bischofskonferenz“ als Nr. 16, hg. vom Sekretariat der Deutschen Bischofskonferenz, Bonn o. J. (1991). In diesem Heft ist neben der ergänzenden Predigt auch ein ausführliches Literaturverzeichnis zu finden (S. 26–29). Da dieses aber den Stand von 1991 spiegelt, wurde für den hier vorliegenden Band auf einen erneuten Abdruck verzichtet.

1992

Neue Herausforderungen im zusammenwachsenden Europa

(22. September 1992, Predigt zu Phil 1,27–2,4 / Joh 14, 15–31)

Die großen Vollversammlungen unserer Bischofskonferenz sind wie Jahresringe am Baum unserer Kirche. Dies spüren wir in diesen Tagen, wenn wir 125 Jahre Fuldaer Bischofskonferenz begehen und ein wenig zurückblicken. Wir sind dankbar für die Führung durch den Herrn der Kirche in guten und schlechten Tagen. So erfahren wir auch immer wieder neu die Wahrheit der Verheißung, die uns im heutigen Evangelium begegnet: „Der Beistand aber, der Heilige Geist, den der Vater in meinem Namen senden wird, der wird euch alles lehren und euch an alles erinnern, was ich euch gesagt habe" (Joh 14,26). Der Geist Gottes wehte nicht nur in der Ursprungszeit der Kirche und an ihren Höhepunkten, sondern er begleitet auch alle Wegstrecken des wandernden Gottesvolkes. In einer Zeit, wo uns nicht selten der Wind schärfer ins Gesicht pfeift, tut es gut, durch ein Jesuswort selber auf diesen immerwährenden Beistand hingewiesen und dadurch auch getröstet zu werden.

Wenn wir in diesem Licht unseren Auftrag betrachten, fällt neues Licht auf unsere unmittelbare Gegenwart. Wir wollen dabei einen dreifachen Blick werfen auf die Kirche in unserem Land, den Weg Europas und die Verbundenheit mit der Kirche im Ganzen und mit der Welt überhaupt.

Von einer Bischofskonferenz soll man nicht so viel Aufhebens machen. Sie ist ein dienendes Instrument der kirchlichen Gemeinschaft eines Landes, um uns besser auszutauschen und uns besser abzustimmen. Aber für sich selbst hat sie keinen Zweck, sondern sie taugt nur so viel, wie viel sie zu dienen fähig ist. Aber am 125. Geburtstag darf man einmal den Mund voller nehmen. Wir sind eine vielfältige und bunte Kirche in unserem Land mit jeweils starken Diözesen und einem selbstbewussten Eigenleben in den Bistümern. Dies ist gut. Wir haben viele geistliche Zentren, aber keinen Punkt, von dem alles überall geleitet wird. Jeder hat seine Gabe, seine Geschichte und seine Erfahrungen: überwiegend katholisch bevölkerte Diözesen stehen neben ausgesprochenen Diaspora-Bistümern. Besonders dankbar sind wir für die Bekräftigung unserer kirchlichen Einheit durch die Wiedervereinigung mit dem so lange bedrängten östlichen Teil unseres Vaterlandes. Neue Erfahrungen fordern uns heraus. Wir lernen nochmals neu, uns gegenseitig zu schätzen. Diese Freiheit und Vielfalt sind eine Voraussetzung dafür, dass wir auch eine lebensfähige Einheit bilden. An ihr soll niemand ersticken und gedrosselt werden. Wir dürfen uns aber auch nicht gleichgültig in ein bloßes Nebeneinander verlieren.

Der heilige Paulus mahnt uns in der Lesung mit eindringlichen, geradezu warmen Worten, dass wir um die Einheit besorgt sind. Er hat offenbar seine Erfahrungen gemacht. Es ist gerade heute nicht leicht, auch die vielfältigen Strebungen und Gegenströme im kirchlichen Leben auszugleichen und in einer wirklichen Einheit zusammenzuhalten. Auch eine gute Gemeinde muss sich immer wieder neu zusammenfinden. Darum mahnt uns Paulus, „dass ihr eines Sinnes seid, einander in Liebe verbunden, einmütig und einträchtig, dass ihr nichts aus Ehrgeiz und nichts aus Prahlerei tut" (Phil 2,2 f.). Es geht ganz schnell, dass man sich aufplustert und meint, besser zu sein als andere ... Nein, wir sollten immer wieder den Versuchungen wehren, uns in unseren – angeblichen oder wirklichen – Besonderheiten abzukapseln, unsere vergleichbaren, gewiss oft noch guten „Leistungen" zu rühmen und ehrgeizige Sonderwege einzuschlagen. In jeder Gemeinschaft, auch in einer Bischofskonferenz, gibt jeder sein Bestes dem Ganzen. Er will keinen eifersüchtig gehüteten Vorteil, sondern gibt das Ureigene hinein in den lebendigen Austausch des Ganzen. Kirche ist immer eine Gemeinschaft der Gemeinschaften und so wirklich „communio". Paulus sagt es treffend auch im Blick auf Bischofskonferenzen: „In Demut schätze einer den anderen höher ein als sich selbst. Jeder achte nicht nur auf das eigene Wohl, sondern auch auf das der anderen" (Phil 2,3 f.). Auch der Kleinste hat noch einen unverwechselbaren Reichtum. So wollen wir niemanden an die Wand spielen und durch Mehrheiten, sei es der Mitgliederzahlen oder der finanziellen Einnahmen, zum Schweigen bringen. Mag uns dies auch nicht immer gelingen, so sollten wir immer wieder zu dieser lebendigen Gemeinschaft eines unaufhörlichen Austausches aufbrechen. Nur dann feiert man in der Kirche ein Jubiläum, wenn man sich durch den Gottesgeist verjüngen und erneuern lässt.

Wer so durchlässig zu werden versucht füreinander, darf sich nicht im eigenen Land einigeln. Es ist eine der größten Enttäuschungen nach der „Wende", dass in Europa alte, totgesagte Nationalismen wieder auferstehen, mit denen kaum noch jemand gerechnet hätte. Wir erleben aber auch in entsetzlicher, zorniger Ohnmacht, dass dieses neue Europa, das mühsam seinen Weg sucht, so gut wie unfähig ist, verfeindete Brüder im tödlichen Streit voneinander zu trennen, wie wir es im ehemaligen Jugoslawien täglich erleben. Dieser wirtschaftlich so reiche Koloss ist heute spirituell und ethisch eine so armselige Gestalt. Immer wieder haben wir Bischöfe betont, dass die Menschen zu diesem neuen Europa auf die Dauer nur Zutrauen haben, wenn die einzelnen Ländern wirklich über ihre alten Vorurteile hinauswachsen und

– wie in der heutigen Lesung gesprochen – Prahlerei und Ehrgeiz ablegen, auch auf das Wohl der anderen schauen. Das Ergebnis des Maastricht-Referendums vom vergangenen Sonntag (20. September 1992) in Frankreich mit 50,9 Prozent erscheint wie ein Menetekel an der Wand des gemeinsamen Hauses Europa: Wenn uns nicht eine neue, wirklich offene und solidarische Gemeinschaft gelingt, kann das Ganze wie ein Kartenhaus zusammenfallen.

Auch in der Kirche, die von Hause aus zwar Nationen, aber nicht ihre Absolutsetzung kennt, schleichen sich falsche Tendenzen ein. Auch hier fühlt sich der eine – wenigstens in bestimmten Feldern – besser als der andere. Der eine wähnt sich reicher an kirchlichen Strukturen und pastoralen Ideen, der andere an Heiligkeit und Berufungen. Haben wir früher oft mit großem Wagemut hohe Mauern übersprungen, um zueinander zu kommen, so hätten manche lieber wieder neue Mauern, weil ihnen die Not des Bruders zu dicht im Nacken sitzt oder man sich so die gefährlichen Errungenschaften des anderen vom Leibe halten möchte. Wir haben das Geschenk einer neuen Einheit, die Europa so dringend braucht – wir haben jedoch die alten Gräben immer noch nicht ganz verlassen. Die Klage reicht über unsere eigene Kirche hinaus. Es wird endlich Zeit, dass sich die christlichen Kirchen Europas vom Schlafe erheben, sich nicht nur bei feierlichen Versammlungen ein Stelldichein geben, aber sonst ihre eigenes Süppchen kochen. Europa muss vor allem auch eins werden, weil die Welt uns braucht. Viele Länder in der Welt, besonders in Afrika, rutschen immer weiter ab in ein kaum mehr aufholbares Elend. Die Hungerkatastrophe in Somalia und im südlichen Afrika beweist mit Grauen, wohin Cliquen-Herrschaft führen kann. Wir sind vielem gegenüber taub. Seit Jahren beklagen wir immer wieder vergeblich wegen der rücksichtslosen Islamisierung die brutale Verfolgung der Christen im Sudan. Für Somalia sind wir – Gott sei Dank – aufgeschreckt. Wann wachen wir endlich für die Menschen im Sudan auf?

Die Nöte der Welt strömen immer mehr auf uns ein. Es wird keine Inseln der Seligen mehr geben. Auch die Verbrecher haben ihre multinationalen Konzerne. Der kriminelle Drogenhandel verbindet Arm und Reich. Viele Menschen in den unterentwickelten Ländern, aber auch benachteiligte Minderheiten brechen auf und wollen am Wohlstand und Fortschritt unserer Länder teilhaben. Die steigende Flut so vieler Asylbewerber zeugt von der ungebremsten Dynamik des Nord-Süd-Konflikts.

Das Problem der Gewalt gegen Asylbewerber macht uns schwer zu schaffen. Wir lehnen jegliche Gewaltanwendung gegen fremde Menschen in unserem Land radikal ab. Wer wehrlose Menschen, nicht zuletzt auch Kinder, auch in unserem Land an Leib und Seele gefährdet, lässt den niedrigsten Instinkten seinen Lauf. Es ist noch eine kleine Minderheit von Gewalttätern in unserem Land, aber wir dürfen uns über die heimliche Zustimmung nicht weniger Sympathisanten nicht wundern. Wer die Bibel aufschlägt, weiß, was Gott von uns will: „Wenn bei dir ein Fremder in eurem Land lebt, sollt ihr ihn nicht unterdrücken. Der Fremde, der sich bei euch aufhält, soll euch wie ein Einheimischer gelten und du sollst ihn lieben wie dich selbst; denn ihr seid selbst Fremde in Ägypten gewesen. Ich bin der Herr, euer Gott" (Lev 19,33f.). Warum haben wir zusammen nicht mehr so viel moralische Kraft, um einem solchen gewalttätigen Treiben zusammen Einhalt zu gebieten?

Wir können freilich nicht übersehen, dass die Akzeptanz gegenüber Asylbewerbern aus vielen Gründen in unserem Land geschwunden ist. Die Gewährung des Rechtes auf Asyl in unserem Grundgesetz ist eine außerordentlich kostbare Weiterentwicklung der Menschenrechte, die es zwar sonst kaum so gibt, die gleichwohl zukunftsweisend ist. Dieser einmalige Schutz darf gerade für wirklich verfolgte Menschen nicht Episode werden. Der Christ würde hier einen urbiblischen Auftrag verletzen, wenn er nicht Aufnahmebereitschaft und Gastfreundschaft aufrechterhalten würde, solange er nur kann. Aber wir müssen nüchtern auch bekennen, dass im praktischen, alltäglichen Leben bei so vielen Asylbewerbern in unserem Land explosive Situationen entstanden sind. Wir wollen niemanden wegen früherer Versäumnisse anklagen. Aber jetzt ist die Zeit parteipolitischer Punktsiege und erst recht eines Kuhhandels vorbei. Jetzt müssen die Demokraten unseres Landes über sich hinauswachsen und sich wirklich selbst an den runden Tisch setzen. Es gehört zur Demut, die uns abverlangt wird, zuzugeben, dass wir an Grenzen unserer Aufnahmebereitschaft gestoßen sind und dass wir nach Wegen einer Begrenzung suchen müssen. Dies rechtfertigt nicht, dass wir durch einen Kahlschlag das verfassungsmäßig verbürgte, individuelle Asylrecht für verfolgte Menschen abschaffen. Edith Stein hätte nicht im KZ zu sterben brauchen, wenn die Schweiz damals eine vergleichbare Regelung gehabt hätte. Wir Bischöfe sind nicht Experten für eine so schwierige Sache. Wir glauben nicht, dass wir den „Stein der Weisen" gefunden haben. Aber wir wollen bei der Bewältigung der entstandenen Situation mit allen Kräften helfen, wie es uns nur möglich ist.

Wir sollten immer mehr über uns hinauswachsen, ohne uns zu verlieren. So etwas kann nur im Glauben gelingen. Unser Glaube muss intensiv wachsen, dass er Berge versetzen kann, damit wir zur Erfüllung unserer Aufgaben tief Mut und Hoffnung schöpfen können. In der Eucharistiefeier nährt der Herr selbst uns mit seinen wirksamsten Gaben, die allein unsere Hoffnungslosigkeit und Resignation überwinden können. Nur so kann allein aufgebaut werden, was verheißungsvoll in der Mitte unserer Lesung zu finden ist: Gemeinschaft des Geistes. Um sie bitten wir in diesen Tagen ganz besonders: für unser Land, für Europa und die ganze Welt. Amen.

Beratung zwischen Lebensschutz und Abtreibung

I. Noch einmal: Schwangerschaftskonflikt und Abtreibung

Im vergangenen Jahr habe ich als Thema des Eröffnungsreferates „Das Eintreten für das Lebensrecht des ungeborenen Kindes als christlicher und humaner Auftrag“ gewählt[1]. Dabei ging es um den Aufweis, dass der Einsatz für den Lebensschutz des ungeborenen Kindes, grundgelegt in den fundamentalen Aussagen der Bibel zur Schöpfung des Menschen und zum Recht auf Leben, bereits in den ersten nachbiblischen Schriften zur unverwechselbaren Eigenart des frühen Christentums gehört, dass dieses Proprium die junge Kirche sehr viel mehr von der Umwelt unterschied und dass gerade dadurch ein unmissverständliches Zeichen in der Gesellschaft aufgerichtet wurde. Wenn vielen heute die Frage nach der Abtreibung eher als ein Thema am Rand des christlichen Ethos vorkommen mag, so widersprechen einer solchen Anschauung die Quellenbefunde eindeutig. In der Einschätzung der Abtreibung laufen viele theologische Grundlinien zusammen, die Gott als den Herrn des Lebens, den Sinn der Schöpfung, das Wesen des Menschen, seine Verfügungsgewalt über das Leben und die Solidarität mit seinesgleichen zum Inhalt haben. Die Vermittlung dieser verschiedenen, aber grundlegenden Perspektiven führt dogmatisch und ethisch in eine Tiefendimension, die das Mark des christlichen Glaubens berührt.

Freilich hat sich auch das Christentum in der Verwirklichung des Lebensschutzes außerordentlich schwer getan. Der atemberaubende Umbruch der Frühzeit konnte in einer immer größer werdenden Kirche nicht in allen Dimensionen mit der ursprünglichen Klarheit festgehalten werden. Durch die ganze Geschichte des Christentums hindurch gibt es in Theorie und Praxis auch viel Kompromissverhalten, Konformismus und Nachlässigkeit. Man darf daraus nicht folgern, dass die konkreten Lösungsmodelle für die heutige rechtliche Regelung der Abtreibung vor dem Hintergrund eines solchen Eingeständnisses relativ sekundär seien, weil es ohnehin, wie die Geschichte ausweist, nie eine ideale Lösung dieses ewigen Menschheitskonfliktes geben könne. Denn es ist und bleibt ethisch ein grundlegender Unterschied, ob der Mensch zwar aus Schwäche dem an ihn gestellten Anspruch auf den Lebensschutz des ungeborenen Kindes hier und dort nicht gerecht wird und versagt, gleichwohl um die Verpflichtung zur Achtung des Lebensschutzes weiß, oder ob er den Unrechtscharakter eines solchen Tuns – auf welche Weise immer – eliminiert und möglicherweise nicht nur Entschuldigungs-, sondern Rechtfertigungsgründe für sein Handeln beizubringen sucht. Daran ändert auch ein aus heutiger Sicht ärgerniserregendes Versagen der Christen und der Kirche in der Vergangenheit grundsätzlich nichts.

Es ist und bleibt eine Schande, wie sehr gerade ledige Mädchen und junge Frauen im Falle der Schwangerschaft allein gelassen, bloßgestellt und oft grausam bestraft wurden. Zwar ist es historisch nicht unwichtig, dass die Wurzeln eines solchen Verhaltens nicht einfach, wie es heute eine billige Christentumskritik versucht, allein dem christlichen Glauben angelastet werden können. Aber es ist auch enttäuschend, dass alternative christliche Weisungen, die es wenigstens im Ansatz in der Bibel gibt, die Dominanz z. B. biologischer Weltbilder oder auch einer negativen Einschätzung der Sexualität nicht ausreichend und nachhaltig genug gebrochen haben und ihre eigenen Leitvorstellungen nicht intensiver durchsetzen konnten. Es kann meines Erachtens kein Zweifel bestehen, dass der heutige christliche Glaube entschiedener und selbstkritischer dieser verwickelten Tradition in der Anschauung und Wertung der menschlichen Sexualität nachgehen müsste. Wenn wir nicht von philosophischer, historischer und theologischer Seite aus uns nüchtern und aufrichtig mit dieser vielschichtigen Wirkungsgeschichte beschäftigen, wird uns diese Historie von außen her immer wieder zum Vorwurf gemacht und unsere Glaubwürdigkeit geschwächt. Unsere eigene, aber auch die internationale Literatur bietet dafür bereits genügend Beispiele. Wenn die wissenschaftlichen Disziplinen im Bereich der Kirche diese ambivalente Geschichte im Umgang mit der menschlichen Sexualität nicht auf ihre Weise differenziert aufarbeiten, versuchen dies vulgäre, reißerische und kirchenfeindliche Kräfte oder machen sich auch durchaus ernsthafte Wissenschaftler anderer Disziplinen an das Werk, denen aber nicht selten die theologischen Voraussetzungen abgehen, deren Kenntnis zur Wertung unbedingt notwendig ist. Dabei wird es nicht nur auf die Historie und eine verfeinerte Hermeneutik ankommen, sondern unbedingt notwendig erscheint eine Vertiefung des philosophischen und theologischen Befundes menschlicher Sexualität überhaupt. Denn die Alternative zu manchen Anschauungen, die von einer oft negativen Qualifizierung des Geschlechtlichen bestimmt sind, ist nicht eine ahnungslose Idealisierung oder eine naive Liberalisierung. Vielmehr bedarf es einer neuen Einsicht in die tiefe Ambivalenz menschlicher Sexualität zwischen Faszination und Schrecken, Sublimierung und Triebstruktur, Hingabe und Ausverkauf der Liebe. Ohne diese Abgründigkeit und damit auch Konflikthaltigkeit wird die menschliche Sexualität allzu schnell verharmlost oder dämonisiert. Nur wenn man durch die Vermittlung beider Dimensionen einen neuen Zugang zum Verständnis des Phänomens schafft, erkennt man auch die dem Menschen unausweichlich gestellte Aufgabe einer humanen, sozial gefestigten und zugleich ethischen Gestaltung der Sexualität.

Wenigstens andeutungsweise musste eingangs von diesem Hintergrund auch der Abtreibungsproblematik die Rede sein. Denn nicht selten wird das Problem des Schwangerschaftskonflikts anthropologisch und ethisch fast völlig isoliert und dann auch weitgehend nur pragmatisch angegangen. Die Voraussetzungen für einen solchen Konflikt und die Abtreibung selbst, also z.B. das sexuelle Verhalten, die Verantwortung gegenüber dem Partner und auch der Umgang mit dem ungeborenen Kind, sind in unserer Gesellschaft so hochgradig privatisiert, dass darüber so gut wie keine gemeinsamen Maßstäbe existieren oder darüber einfach geschwiegen wird. Jede Rede darüber, die ethisch relevant wird, erscheint sofort als unerlaubte Einmischung, der mit dem Hinweis auf die „Gewissensentscheidung“ der Boden für jede weitere Diskussion entzogen wird. In Wirklichkeit aber rühren viele Konflikte von der Unkenntnis, den Verwirrungen und Täuschungen im gesamten Bereich der Gestaltung menschlicher Sexualität her. Die Zeche haben fast immer die Frau und das Kind zu bezahlen.

Viele Diskussionen und Optionen im Problemfeld des Schwangerschaftskonfliktes und der Abtreibung verraten rasch ihre Zugehörigkeit zu bestimmten Anschauungen und Wertungen menschlicher Sexualität, ohne dass dies offen zur Sprache kommt. Erst nachträglich werden dann Aufklärung und Beratung gefordert, die aber so meist zu spät kommen oder nur noch das ohnehin vorherrschende Selbstverständnis kopieren. Es kann aber auch sein, dass Aufklärung und Beratung herangezogen werden, um entstandene Defizite und Fehler im Nachhinein zu korrigieren oder wenigstens zu mildern. Oft werden sie dabei überfordert, weil sie dies nicht leisten können. Dies gilt erst recht, wenn Aufklärung und Beratung selbst keine normative Ausrichtung enthalten, sondern auf Information, die neutral erscheinen soll, oder auf bloße technische Hilfestellung reduziert werden.

II. §218 in gesamtdeutscher Perspektive

In der Zwischenzeit ist die parlamentarische Entscheidung zur Neuregelung des Abtreibungsrechts im Deutschen Bundestag gefallen. Der Artikel 31 des Einigungsvertrages verpflichtete den gesamtdeutschen Gesetzgeber, „spätestens bis zum 31. Dezember 1992 eine Regelung zu treffen, die den Schutz vorgeburtlichen Lebens und die verfassungskonforme Bewältigung von Konfliktsituationen schwangerer Frauen ... besser gewährleistet, als dies in beiden Teilen Deutschlands derzeit der Fall ist". Die Vorschläge zur Neuregelung reichten vom „Recht auf Abtreibung", von der völligen Freigabe der Abtreibung, von abgewandelten Fristenregelungen über eine neu gefasste Indikationsregelung bis zu einem Modell, das lediglich die medizinische Indikation als Strafausschließungsgrund anerkannte. Ein Kompromiss konnte unter diesen Umständen auch in dem eigens eingesetzten Sonderausschuss „Schutz des ungeborenen Lebens" nicht erreicht werden. Keiner der sechs Entwürfe erwies sich als mehrheitsfähig. Ein siebter Entwurf einigte die Befürworter einer Fristenregelung. Nach 14-stündiger Debatte wurde in der Nacht zum 26. Juni 1992 abgestimmt: Mit 357 gegen 284 Stimmen setzte eine interfraktionelle Gruppe (hauptsächlich von SPD- aber auch einer Reihe von CDU-, FDP- sowie Abgeordneten vom Bündnis 90/Grüne) durch, dass Frauen nach Erfüllung einer Beratungspflicht künftig selbst über den Abbruch einer Schwangerschaft entscheiden können.[2]

Die Bayerische Staatsregierung und Abgeordnete der CDU/CSU-Fraktion haben nach der Abstimmung, ähnlich wie 1975, eine Klage vor dem Bundesverfassungsgericht eingereicht, die mit dem Antrag auf einstweilige Anordnung verbunden war.

Das Bundesverfassungsgericht erließ am 4. August 1992 (AZ: BVerfGE 86, 390) – über den strafrechtlichen Teil des Schwangeren- und Familienhilfegesetzes eine einstweilige Anordnung. Das Gericht macht ausdrücklich darauf aufmerksam, dass im Verfahren der einstweiligen Anordnung die Verfassungswidrigkeit der in Frage stehenden Bestimmungen außer Betracht zu lassen sei. Einige Kommentatoren in den Medien haben daraus geschlossen, das Urteil enthalte in keiner Weise irgendwelche Vorentscheidungen hinsichtlich der Verfassungskonformität der §§ 218 f. StGB neu. Diese Auffassung macht sicher zu Recht darauf aufmerksam, dass keine grundsätzliche Vorentscheidung gefallen ist. Aber es ist doch für den unbefangenen Leser erkennbar, dass einige Aussagen getroffen worden sind, die wie Leitplanken auch für das künftige Verfahren erscheinen und die eine partielle Korrektur der geäußerten Meinungen darstellen:

1. Bereits der Erlass der einstweiligen Anordnung als solcher belegt, dass die Anträge der Bayerischen Staatsregierung und der CDU/CSU-Fraktion nicht „offensichtlich unbegründet" sind, d. h., das Gericht misst den Anträgen eine reale Erfolgsaussicht bei. „Die einstweilige Anordnung ist zur Abwendung einer Gefahr für das gemeine Wohl dringend geboten." (Gründe, B)

2. Auch wenn zur Klage auf Verfassungswidrigkeit nicht Stellung genommen wird, so hebt das Gericht für die Abwägung der Folgen allein auf die „Schutzpflicht des Staates gegenüber ungeborenem menschlichem Leben" ab und sieht darin einen „fundamentalen Bestandteil der Verfassungsordnung der Bundesrepublik Deutschland" (Gründe, B, 2). Es fällt auf, dass in diesem Zusammenhang jeglicher Anklang an das Selbstbestimmungsrecht der Frau im Sinne eines konkurrierenden Rechtsgutes vermieden wird. Hier werden Hinweise auf eine Übereinstimmung mit der Leitlinie des Urteils von 1975 erkennbar.

3. Trotz der gebotenen Zurückhaltung stellt das Urteil mit überraschender Klarheit fest: „Die normativen Konzepte zur Verwirklichung eines solchen Schutzes, wie sie von der Indikationsregel und von der Fristenregelung verfolgt werden, unterscheiden sich – ungeachtet ihrer jeweiligen praktischen Schutzwirkung – in prinzipieller Weise. Sie beruhen auf einer grundsätzlich unterschiedlichen Auffassung, auf welchem Weg in einer einzigartigen existenziellen Konfliktlage ungeborenes Leben – abgestützt durch soziale Maßnahmen – wirksamer geschützt werden kann: durch rechtliche Missbilligung nicht indizierter Schwangerschaftsabbrüche auch unter Einsatz des Strafrechts von Anfang an oder durch das vorrangige Abstellen auf die durch soziale Maßnahmen und Beratung unterstützte Eigenverantwortlichkeit der Frau bei der Entscheidung, ungeborenes Leben auszutragen." (Gründe, B, 2). An anderer Stelle wird festgestellt, der neue Gesetzesentwurf stelle einen „Übergang auf ein prinzipiell anderes Konzept des Lebensschutzes" dar. Mit großem Ernst hebt das Gericht hervor, es handele sich um eine auf Dauer angelegte Neuorientierung, um eine „prinzipielle Entscheidung", um ein jeweils „normatives Konzept", das tief in das Leben eingreift und von großer Wichtigkeit ist für das Rechtsvertrauen der Bevölkerung.

4. Das Gericht hebt hervor, dass die strafrechtlichen Vorschriften im engeren Sinne und die im strafrechtlichen Teil enthaltenen Regelungen der Beratung eine „systematische Einheit" bilden, die sich nicht auflösen lasse in einzelne Elemente, die man dann unbesehen mit Teilen des bisher geltenden Rechtes kombinieren könnte. Dabei wird mehrfach die Beratung als Voraussetzung der Straflosigkeit des Schwangerschaftsabbruchs genannt. Man wird daraus vorsichtig schließen dürfen, dass sich das Gericht auch dezidiert zur Stellung der Beratung im Ganzen der Regelung äußern wird. Die verfassungskonforme Interpretation dieses Zusammenhangs will man offensichtlich nicht nur der Praxis und Lehre überlassen (vgl. Gründe, B, 3).

5. Mit Blick auf die alte Regelung im ehemaligen DDR-Gebiet betont das Gericht, dass das ungeborene Leben von der Verfassung geschützt ist und „dass also insbesondere der Schwangerschaftsabbruch nicht ein Instrument

der Familienplanung sein darf" (Gründe, B, 4). Eine Regelung, die die Entscheidung über das ungeborene Leben faktisch oder rechtlich derart allein der Entscheidungsbefugnis der Frau überlässt, dass die Entscheidung – rechtlich bewertet – der Wahl zwischen verschiedenen Methoden der Empfängnisverhütung gleichkommt, würde mit der Verfassung nicht übereinstimmen. In welchem Sinne diese Feststellung Konsequenzen für das Beratungsverständnis haben wird, lässt sich nur vermuten. Die Beratung müsste, wenn man in dieser Linie weiterdenkt, eine eigenständige Funktion zum Schutz des Lebens haben.

6. Das Gericht ist der Meinung, dass die umstrittene, vielfach relativierte Meldepflicht der Ärzte weiterhin bestehen bleibt (vgl. Gründe, B, 4). Die Kontinuität der Datenerhebung, so unvollkommen diese auch sein mag, wird in Zusammenhang gebracht mit der Pflicht des Staates für einen effektiven Lebensschutz. Man wird darin einen wenigstens partiellen Vorbehalt des Gerichtes gegen eine vollständige Individualisierung der Entscheidung zum Schwangerschaftsabbruch erkennen können, wie sie der grundsätzlichen Tendenz nach jeder Fristenregelung zu Eigen ist.

Auch wenn das Gericht damit noch keine Aussagen über die Verfassungskonformität der angegriffenen Regelung triff, so dürfte eine Wertung, alles sei nach jeder Seite hin offen, kaum zutreffen. Auf jeden Fall gewinnt man den Eindruck, dass im Verhältnis zur Entscheidung des Bundesverfassungsgerichtes von 1975 keine völlige Kehrtwendung stattfindet. Selbstverständlich handelt es sich dabei um eine persönliche Einschätzung des Urteils vom 4. August 1992, die keinen weiteren Anspruch erhebt, sondern nur einer differenzierten Klärung des Sachverhalts dienen möchte. Dies wird in den folgenden Überlegungen noch deutlicher werden.

III. Die Beratung: „Helfen statt strafen"

Man wird den Befürwortern des vom Deutschen Bundestages beschlossenen Schwangeren- und Familienhilfegesetzes einräumen, dass auch sie auf ihre Weise den effektiven Schutz des „vorgeburtlichen/werdenden Lebens" unter Wahrung der Eigenverantwortlichkeit der Frau anzielen. Da der Schutz des ungeborenen Kindes nicht gegen die Frau, sondern nur mit ihr möglich sei, müssten ihre Verantwortung und die Möglichkeit zur Selbstbestimmung gestärkt werden. Man ging dabei weitgehend von der Einschätzung aus, der so genannte „Strafcharakter" des Schwangerschaftsabbruchs habe sich als nutzlos erwiesen. Nur die schwangere Frau selbst könne das Vorliegen einer seelischen Notlage wirklich beurteilen. Wenn in einer solchen Konfliktsituation diese Notlage auf andere Weise nicht abwendbar sei, erfolge ein Schwangerschaftsabbruch. Eine Strafandrohung könne hier nicht motivierend wirken. Außerdem habe das Verfahren zur Feststellung einer Indikation für viele Frauen einen herabsetzenden Charakter. Deshalb müsse die Strafandrohung zum besseren Schutz des Lebens durch ein Bündel positiv unterstützender Maßnahmen ersetzt werden („Helfen statt strafen“).

Als Mittel, die diesem Ziel dienen, werden mehrere Maßnahmen aufgeführt:

- Rechtsanspruch auf Sexualaufklärung;
- Verbesserung der Rahmenbedingungen für Familien; Schaffung einer kinderfreundlicheren Umwelt durch ein breites Spektrum sozialer Hilfen, die besonders typische Schwangerschaftskonflikte berücksichtigen sollten;
- qualitativ hochwertige Beratung und praktische Hilfen für Frauen in Schwangerschaftskonflikten;
- Neuregelung des Rechts der Schwangerschaftsabbrüche.

Die Strafandrohung des bisher geltenden Rechts ist eine vielschichtige Größe. Es ist zwar von der Geschichte der Abtreibung und der Kindstötung her begreiflich, dass die Dimension der Strafe vor allem in ihrer Wirkung auf die Frau beurteilt wird. Man sieht schon in der Strafandrohung eine äußerste Form von Diskriminierung. Faktisch wird eine Frau, die abgetrieben hat, jedoch so gut wie nie strafrechtlich belangt. Hinter der Ablehnung der Strafbewehrung des Schwangerschaftsabbruchs wegen der – angeblichen oder wirklichen – „Diskriminierung“ der Frau gerät die primäre Funktion des Strafrechts in diesem Bereich außer Betracht, dass nämlich der Schwangerschaftsabbruch grundsätzlich rechtlich missbilligt und als Unrecht beurteilt wird. Wer die Strafandrohung grundsätzlich eliminiert, muss Rechenschaft darüber abgeben, wie er die verfassungsmäßig gebotene Missbilligung des Schwangerschaftsabbruchs zum Ausdruck bringt und wie er auf andere Weise einen Schutz gewährleistet, der der Bedeutung des ungeborenen Kindes entspricht.

Der Neuentwurf des Schwangeren- und Familienhilfegesetzes geht davon aus, dass die Gesamtheit der Maßnahmen diese Missbilligung signalisiere und auch den entsprechenden Lebensschutz erhalte. Dabei erhält die Beratung eine zentrale Funktion, die meist nicht genügend erkannt wird. Die jetzt in § 219 StGB geregelte Beratung steht nämlich in einem unmittelbaren und untrennbaren Zusammenhang mit der Strafbarkeit des Schwangerschaftsabbruchs. Gemäß § 218 a Abs. 1 StGB neu ist die erfolgte und nachgewiesene Beratung Voraussetzung der Straflosigkeit. Dadurch, dass es im dem vom

Deutschen Bundestag beschlossenen Gesetzestext nicht mehr in erster Linie um die Freistellung von Strafe, sondern um die Rechtmäßigkeit des Schwangerschaftsabbruches geht („nicht rechtswidrig"), erhält die Beratung zusätzlich zu dem schon erwähnten Gewicht eine weitere Aufgabe, nämlich der Abtreibung den Unrechtscharakter zu nehmen und den Abbruch – zusammen mit anderen Voraussetzungen – zu rechtfertigen. Da objektivierbare Rechtfertigungsgründe, deren Vorliegen durch Dritte festgestellt wird („Indikationen") im Rahmen einer Fristenregelung grundsätzlich abgelehnt werden, hängt die Zulässigkeit des Abbruchs von dem Verlangen der schwangeren Frau und weiteren prozeduralen Voraussetzungen ab. Eine Kontrolle der Entscheidung findet von außen nicht statt. Man vertraut der gewissenhaften Entscheidung der Frau und setzt im Übrigen voraus, dass offenbar jede Schwangerschaft bereits in sich eine Not- und Konfliktlage darstellt (vgl. § 218 Abs. 1 StGB neu). Der Entscheidungsprozess selbst ist nicht kontrollierbar. Die Selbstbestimmung kann nur an einem Punkt gleichsam „von außen" beeinflusst werden, nämlich durch Beratung, und diese ersetzt auch die Kontrolle durch Dritte. Dadurch übernimmt die Beratung die Schutzfunktion der „Indikationen". In diesem Sinne wird der Schutz des Lebens, zu dem der Staat verpflichtet ist, auf die Beratung delegiert. Deshalb ist die Beratung der Dreh- und Angelpunkt des ganzen Systems. Ohne Beratung würde es ein voraussetzungsloses Recht auf Abtreibung geben (vgl. den Gesetzentwurf der Gruppe Bündnis 90/Grüne). So ist auch erklärlich, warum die Beratung obligatorisch ist. Das „System" ist im Ganzen nur stimmig unter Voraussetzung einer Pflichtberatung, so schwierig dieser Begriff auch sein mag. Ob Beratung als solche dies leisten kann, steht freilich auf einem anderen Blatt.

Eine weitere Schwierigkeit ergibt sich dadurch, dass in § 219 Abs. 1 StGB neu die vorgesehene Beratung als „umfassende medizinische, soziale und juristische Information der Schwangeren" verstanden wird. Ja, es entsteht der feste Eindruck, dass Beratung geradezu durch Information ersetzt wird. Der Prozess der Motivation zum Schutz des ungeborenen Kindes sei durch eine solche umfassende Information besser gewährleistet als durch „Indoktrination". Nur auf dem Weg einer solchen informativen Beratung könne sich die schwangere Frau ohne Druck und ohne Angst, also frei für das Kind entscheiden.

Es soll hier nicht versucht werden, die Anforderungen an eine solche Beratung und ihre Ausgestaltung im Einzelnen zu untersuchen. Beide lassen im neuen Gesetzestext erhebliche Schwächen erkennen. So ist die Frau nicht gezwungen, ihre Konfliktlage darzulegen. Sie kann die Beratung auch anonym verlangen. Es ist keine Dokumentationspflicht gegeben. Bevor das Gewicht dieser Fragen ins Spiel gebracht wird, bedarf es jedoch einer grundsätzlichen Reflexion über den Stellenwert und die Funktion eines solchen Beratungskonzepts.

IV. Die Herausforderung der guten Beratung

Es ist keineswegs selbstverständlich, dass die Beratung bei der Bewältigung des Schwangerschaftskonfliktes in der beschriebenen Weise zu einem Dreh- und Angelpunkt geworden ist. Der Vorrang der Beratung gegenüber den anderen Elementen, vor allem auch den sozialpolitischen Maßnahmen, hängt zweifellos mit der Grundeinstellung von Menschen in Konflikten zusammen. Beratung zielt immer schon darauf ab, dass sich der Ratsuchende angenommen und verstanden erfährt. Die Beratung bezieht die konkrete Situation des Ratsuchenden grundlegend ein. Wer in einer Krise ist, möchte zuerst seine ihm oft ausweglos erscheinende Situation dartun.

Der Ratsuchende ist oft der Meinung, er finde sich in einer einmaligen Situation, die durch bestimmte Herausforderungen, Beziehungen und Konflikte entstanden ist. Jede Beratung will das komplexe Netz einer solchen Konstellation bewusst machen. Wenn diese Situation zur Sprache kommt, wird dies nicht selten bereits durch die Überwindung der Sprachlosigkeit als eine Art Befreiung vom Druck der Lage erfahren.

Beratung hält sich entschieden zurück mit Schuldzuweisungen und Vorwürfen. Beratung wird immer wichtiger in einer Welt, in der Orientierungen von außen, Lehren und Normen nicht mehr so leicht angenommen werden. Dies hat viele Gründe. Unsere Welt ist komplexer und unübersichtlicher geworden. Die Überfülle der Einladungen und Angebote bringt uns in Entscheidungsnot. Die vielen Informationen können nicht mehr leicht auf rationale Weise geordnet, beurteilt und verarbeitet werden. Darum herrscht trotz eines Überangebotes an Informationen ein Defizit an Orientierung vor. Auf der einen Seite strebt der Mensch eine immer größere Individualisierung und Pluralisierung der Wertüberzeugungen und der Lebensstile an, aber zugleich überfordert uns die Entscheidung: Die Auswahl aus den vielen Möglichkeiten und die Nötigung zu nur einer Option können fast krank machen, da die konkrete Entscheidung nur für eine Möglichkeit fast immer als Verarmung erscheint. Nicht zuletzt davon rührt auch eine Verringerung der Bindungsfähigkeit des Menschen her, der glaubt, bei einem entschiedenen Eintreten für eine Position oder auch für eine Person begebe er sich vieler Entfaltungsmöglichkeiten. Mit diesem Schwund an Bindungsfähigkeit geht auch ein Verlust an Vertrauen einher. Dies macht den Menschen viel unsicherer in seinem Verhalten. Jeder „Fundamentalismus" ist die verständliche Suche nach einer verlässlichen Gewissheit, aber zugleich der missglückte Versuch einer Antwort auf verlorene Sicherheit. Je mehr wir unsere Welt und unsere Zukunft schöpferisch gestalten können, umso empfindlicher werden wir dabei gegen die dabei entstehenden Risiken. Wir sind merkwürdigerweise weniger bereit, solche Lebensrisiken hinzunehmen, wenn diese letztlich als Resultate unserer eigenen Optionen zustande kommen. Hier liegt einer der Gründe, warum wir in allen Lebenslagen mehr Beratungen verlangen und brauchen. Es sind nicht in erster Linie persönliche Labilität und Orientierungslosigkeit der Menschen, die mehr Beratung erforderlich machen, sondern schon zuvor die modernen Lebensbedingungen, die vielfach „Orientierungswaisen" hervorbringen.

Diese Grundsituation bringt eine hohe Ambivalenz für den Ratsuchenden und den Berater mit. Die Privatsphäre und die Intimität des Menschen werden durch die Zunahme von Beratung in außerordentlichem Maß zugänglich. Dies kann die Abhängigkeit des Ratsuchenden erhöhen, obgleich die Beratung dazu dienen soll, dass er als eigenverantwortliches Individuum in seiner Gesamtsituation stabilisiert und ermutigt wird. Je tiefer die Not, desto mehr droht die Gefahr, dass er sich der Kompetenz des Beraters ausliefert und diese auch nicht mehr kontrollieren kann. Beratung soll aber gerade eine selbst verantwortliche Entscheidung ermöglichen. Der Berater selbst muss sich seinerseits über alles höhere Wissen eines Experten hinaus auch bis zu einem gewissen Grad dem Suchenden und seiner Not verstehend öffnen. Er muss jedoch alles tun, um auf keiner Seite neue Abhängigkeiten entstehen zu lassen. Die unauslöschliche Verschiedenheit des Anderen muss akzeptiert werden. Hier kann es zu schwerwiegenden Konflikten kommen, wenn z. B. ein Berater erkennen muss, dass ein Mensch sich durch eine unangemessene Entscheidung in ernsthafte Gefahr begibt oder auf andere destruktiv einwirkt. Die Achtung vor der Eigenständigkeit des Ratsuchenden, die mitmenschliche Verantwortung für ihn selbst und das Wohl anderer können hier in einen großen Konflikt kommen. Nur in einem dialogischen Prozess kann eine wirkliche Lösung gefunden werden. Es gibt zweifellos aber auch subtile Gefährdungen der inneren Anpassung, gerade in Not und Verlegenheit.

V. Formen der Beratung

Diese Eigentümlichkeit der Beratung macht es nicht leicht, dass sie den ihr im neuen Entwurf des Schwangeren- und Familienhilfegesetzes zukommenden

Auftrag hinreichend erfüllen kann. Dies soll an einem wichtigen Punkt aufgezeigt werden. Ein solcher Aufweis ist deshalb recht schwierig, weil es bei der Vielfalt der Beratungsangebote und Beratungsstellen ein sehr breites Spektrum von Konzepten gibt. Es existiert keine einheitliche Theorie der Beratung. Ja, die verschiedenen Konzepte machen nur selten ihre weitgehend impliziten anthropologischen Voraussetzungen transparent. Hinter vielen Beratungskonzepten steht sehr oft ein Menschenbild, das fast selbstverständlich als gültig angenommen wird, ohne dass es explizit in Erscheinung tritt oder gar zur Diskussion gestellt wird.

Aus dem bisher Gesagten geht hervor, dass die Beratungskonzepte zwischen einer helfenden Orientierung „von außen“ und einer Stärkung der individuellen Kräfte der Persönlichkeit, die bereits vorhanden oder wenigstens im Subjekt angelegt sind, schwanken. Auf jeden Fall will Beratung eine reine Lenkung von außen vermeiden. Insofern schwingt in den modernen Beratungskonzepten fast immer die Ablehnung externer Normen mit. Gegenüber der Eigenverantwortung des betroffenen Subjekts dürfen keine objektiven Vorgaben geltend gemacht werden. Die meisten Beratungskonzepte gehen von einem sehr zugespitzten Autonomie-Verständnis des Menschen aus, das jede Orientierung an „fremden“ Normen im Namen der Freiheit ausschließt. Das Menschenbild vieler Beratungskonzepte wird in einem hohen Maß vom Modell einer fast ausschließlichen Selbstbestimmung geprägt.

In der Literatur ist diese Eigenart des Beratungsverständnisses mit dem begrifflichen Gegensatzpaar „nicht-direktiv/direktiv“ verknüpft. Der enorme Einfluss des amerikanischen Psychologen und Therapeuten Carl Rogers im ganzen Bereich des Beratungswesens hat dazu geführt, dass der Begriff „nicht-direktiv“ fast schablonenhaft verwendet wird. Rogers meint in seinem 1942 in den USA und erst 1972 in deutscher Übersetzung erschienenen Buch „Die nicht-direktive Beratung“[3] mit dieser Kennzeichnung zunächst, dass das Individuum im Mittelpunkt der Betrachtung steht. Es sei nicht das Ziel, ein bestimmtes Problem zu lösen, sondern dem Individuum zu helfen, sich so zu entwickeln, dass es mit einem Problem jetzt und später auf bessere Weise fertig werden kann. Dem Ratsuchenden Direktiven zu geben, würde bedeuten, ihn durch Lösungen und Verhaltensmuster von außen her zu führen. In Wirklichkeit käme alles darauf an, dass der Ratsuchende seine Situation erkennt, den Leidensdruck annimmt und durch Mobilisierung in ihm selbst schlummernder Kräfte zu einer Lösung kommt. Alles andere wäre eine Manipulation. Im Übrigen wären Ratschläge oder Verhaltensanweisungen auch sehr oft unwirksam, weil sie der inneren oder äußeren Situation des Ratsuchenden nicht angemessen seien und von ihm nicht produktiv aufgenommen werden könnten. Der Berater müsse sich also in gewisser Weise verweigern, wenn von ihm Ratschläge erwartet werden. Vielmehr müsse er einen therapeutischen Prozess in Gang setzen, der die selbstheilenden Kräfte weckt und aktiviert.

Die Kennzeichnung „nicht-direktive Beratung“ kann jedoch täuschen, wenn zu viel daraus gefolgert wird. Denn auch Rogers fordert ein ganz bestimmtes Verhalten des Ratsuchenden. „Mit all seinen Interventionen will er den Klienten auf seine eigenen inneren Möglichkeiten hinweisen. Jedes Nicken, jedes Formulieren einer durchschimmernden Bedeutung stellt eine Anweisung dar: ‚Sieh, was du hier in dir entdeckst.‘“[4] Rogers leugnet auch nicht, dass besonders in akuten Krisen-Interventionen stärkere „Eingriffe“ erfolgen müssen. Im Übrigen hat er selbst in den späteren Publikationen (ab 1946) begründet, warum er den Begriff „nicht-direktiv“ lieber durch „klientenzentriert“ oder später „personenzentriert“ ersetzen wollte. Dennoch hat sich bei der weltweiten, allgemeinen Rezeption der Begriff „nicht-direktiv“ in der eingangs herausgestellten Bedeutung erhalten. Nicht-direktiv meint in der ursprünglichen Intention Rogers, dass das Individuum und seine Situation im Zentrum stehen müssen, keine autoritäre Indoktrination ausgeübt wird und die Initiative zu neuen Verhaltensweisen vom Ratsuchenden selbst ausgeht. Insofern trifft in der Tat das Wort „klientenzentriert“ bzw. „personenzentriert“ die gemeinte Sache sehr viel besser. Es sei aber nicht verschwiegen, dass trotz dieser begrifflichen Klärung die inhaltliche, auf das Menschenbild gerichtete Konzeption Rogers sich in seinen späteren Publikationen immer mehr auf ein bestimmtes humanistisches Persönlichkeitsideal verengte.

Auch wenn durch die folgende Entwicklung vor allem der Familientherapie die Polarität nicht-direktiv/direktiv mehr in den Hintergrund getreten ist, so ist im Zusammenhang der Schwangerschaftskonfliktberatung das Schlagwort „nicht-direktiv“ ziemlich vorherrschend geblieben. Man räumt sonst eher bereitwillig ein, dass der Berater sich ein Ziel setzt, nämlich Menschen von ihren Ängsten zu befreien und ihnen Mut für ein eigenverantwortliches Leben zuzusprechen. „Der Berater versucht, Menschen Lebensmut zu geben, ihnen zu helfen, überflüssige Ängste zu überwinden, die Furcht, mit Menschen zusammenzutreffen, die Furcht, sich zu verlieben, die Ängste, die sie überkommen mögen, wenn sie eine neue Aufgabe übernehmen … Das Ziel des Beraters ist es, Menschen, die gebrochenen Mutes zu ihm kommen, einen Ausblick auf die vor ihnen liegenden Möglichkeiten der Freude und der Erfüllung zu eröffnen.“[5] In den Konzepten der Schwangerschaftskonfliktberatung finden sich solche Beschreibungen weniger.

VI. Konsequenzen für die Beratungspraxis

Die Konsequenzen für die Rolle der Beratung im Schwangerschaftskonflikt liegen auf der Hand. Wenn das Beratungskonzept sich eng an das durchschnittlich vertretene, sehr autonome Menschenbild anlehnt, dann ist die Beratung oft von vornherein gegenüber Motiven von außen immun. Das Beratungsgeschehen verdient dann den Namen „Beratung" eigentlich nicht. Beim Schwangerschaftskonflikt steigern sich diese Aporien über das bisher Gesagte hinaus in einer besonderen Weise:

Wenn das Beratungsgeschehen keine gezielte Motivierung zulässt, besteht die Gefahr, dass die Beratung nur das bestätigt, was der Ratsuchende von vornherein hören wollte. Von da aus ist es kein weiter Weg, die Entscheidung über einen Schwangerschaftsabbruch ganz der Selbstbestimmung der Frau zu übereignen und letztlich von einer Art „Selbsteinschätzung" oder „Selbstindikation" als einzigem Kriterium auszugehen. Objektive Kriterien und gar die Entscheidung Dritter können hier keinen Einfluss erreichen, da sie im Bereich unerlaubter Direktiven anzusiedeln wären.

Beim Schwangerschaftskonflikt geht es aber nie nur um das Individuum allein, schon gar nicht in einer autonomen Konstellation. Es geht immer um eine Mutter und ihr Kind. Ein Beratungskonzept, das von vornherein auf ein autonomes Subjekt mit seinem artikulierbaren Selbstbestimmungsrecht abhebt, kann die Zusammengehörigkeit von Mutter und Kind, vor allem aber das eigene Lebensrecht des ungeborenen Kindes, das gewiss von der Verantwortung der Mutter nicht abgetrennt werden kann, kaum erfassen. Dies ist wohl auch der Grund, warum so viele Versuche, das eigene Lebensrecht des ungeborenen Kindes gebührend zur Geltung zu bringen, weitgehend auf taube Ohren stoßen. Das implizit zugrunde liegende Menschenbild mit seinen individualistischen Emanzipationstendenzen ist letzten Endes nicht in der Lage, neben dem Verlangen der Mutter grundlegend andere Momente in ihrem eigenen Gewicht anzuerkennen und zu integrieren. „Der Konflikt in der Beratung ist nicht immer, aber oft der Konflikt zwischen der Unerträglichkeit der Not und der Unverfügbarkeit des Rechts anderer und des Sittengesetzes. – Das wird am deutlichsten bei der so genannten Notlagenindikation. Bei ihr müssen wir uns immer klar sein, dass in der Sprechstunde nicht nur eine Person in ihrer Not und Verzweiflung sitzt – nämlich die Mutter –, sondern mindestens zwei, die unserer Sorge anvertraut sind, die Mutter und ihr Kind. Es ist, als ob der Zweite, das winzige Wesen im Leib der Mutter, auch zu uns spricht und bittet, dass wir es beschützen, dass wir sein Lebensrecht wahren müssen, auch wenn die Mutter es nicht tut. – Nun ist klar, dass der Berater oft in der Gefahr ist, sich ganz auf die Seite der unerträglichen

Not der Anwesenden zu stellen und die Rechte der Abwesenden und Schweigenden weniger zu beachten, – als sei das nur deren Problem, und als würden die ihn nichts angehen. Aber das geht nicht. Denn die Beachtung der Gerechtigkeit ist eine Aufgabe des Beraters, nicht nur ein Problem der Parteien."[6]

In dieser Perspektive ist es angesichts der Verantwortung der Mutter ganz unverständlich, warum im neuen Gesetzesentwurf die Beratung nicht protokolliert wird und auf Wunsch der schwangeren Frau anonym durchgeführt werden soll (vgl. §219 Abs. 3 StGB neu). Dabei kann man ja wohl nicht folgern, dass auch die Beratungsbescheinigung (vgl. ebd.) anonym bleiben soll, denn sonst wären solche Scheine austauschbar.

Die Tatsache, dass die schwangere Frau bei der Beratung die dafür vorgesehene Bescheinigung „sofort" (vgl. §219 Abs. 3 StGB neu) verlangen kann und dieser Bitte entsprochen werden muss, legt den Verdacht nahe, dass man in einem solchen Beratungskonzept einen wirklichen Prozess mit eventuell mehreren Beratungsgesprächen, der auch Zeit lässt für eine mögliche Veränderung der Einstellung, im Grunde gar nicht will. Jede echte Beratung braucht – was ganz selbstverständlich ist – ihre Zeit. Es ist ein Hohn, wenn dieses Gewähren von Zeit von vornherein keine Rolle spielt. In diesem Zusammenhang lässt das Gesetz auch die wichtige Frage völlig offen, ob der Frau wegen einer möglichen Weigerung, sich auf ein wirkliches Beratungsgespräch einzulassen, die schriftliche Bescheinigung verweigert werden kann. Man muss eher annehmen, dass eine solche Möglichkeit ausgeschlossen werden soll.

In diesen Umkreis der Fassung des Beratungskonzeptes fügt sich konsequent ein, dass die so genannte Beratung im neuen Gesetz mehrfach auf eine bloße Information reduziert wird (vgl. besonders §219 Abs. 1). Im Grunde könnte eine solche Information auch nur schriftlich erfolgen, zumal die Frau keine Darstellungspflicht hat. Damit wird aber der Begriff der Beratung fast völlig ausgehöhlt, denn die Chance, auf dem Weg der Beratung bisherige Einstellungen in einer für das Kind günstigen Weise zu ändern, nähert sich dem Nullpunkt. Wenn die Beratung die ihr zugedachte Schutzfunktion erfüllen soll, darf sie sich nicht auf eine bloße Information über Leistungseinrichtungen oder Rechtsansprüche beschränken. Das Bundesverfassungsgerichtsurteil von 1975[7] setzt voraus, dass auf den Motivationsprozess gezielt Einfluss zu nehmen ist: „Auf eine solche Einflussnahme kommt es jedenfalls entscheidend an, wenn der Beratung ein Schutzeffekt zugunsten des werdenden Lebens zukommen soll."[8]

Im Übrigen fällt auf, dass in der ausgedehnten Diskussion vor dem neuen Gesetzgebungsprozess die Mitverantwortung des Umfeldes, vor allem des Vaters, zwar sehr oft betont worden ist und auch dafür rechtliche Konsequenzen gefordert worden sind in der neuen Gesetzesfassung jedoch praktisch davon kein nennenswertes Echo zu finden ist. Auch hier wird die Mitverantwortung z. B. des Vaters zugunsten der Selbstbestimmung allein der Mutter ausgeblendet, wobei faktisch das Umfeld eher umgekehrt negativen Druck auf die Frau ausüben kann, der sich im Fall einer Fristenregelung noch sehr viel stärker auswirken würde als in anderen Regelungsmodellen.

Es ist keine Übertreibung festzustellen, dass in einem solchen Konzept das Wesen der Beratung fast völlig entleert und seiner Eigenart beraubt wird. Es bleibt nur noch eine Karikatur. Dabei wird das Wesen der Beratung in eigentümlicher Weise verkannt: Auf der einen Seite wird im Systemmodell der Fristenregelung von der Beratung allein etwas verlangt, was sie für sich einfach nicht zu leisten vermag, nämlich eine effektive Durchsetzung des Lebensschutzes; Beratung selbst ist nämlich in ihrem Prozesscharakter echt offen, in ihrem Ergebnis unbestimmbar und darum auch riskant. Sie kann nicht ihren eigenen Erfolg garantieren. Auf der anderen Seite wird im vorliegenden neuen Gesetz auch gar nicht versucht, die spezifische Stärke von Beratung mit ihren eigenen Möglichkeiten richtig ins Spiel zu bringen. Darum ist sie eigentlich nur eine Farce dessen, was Beratung wirklich ist.

Aufgrund dieser Feststellung erscheint es ganz und gar unmöglich, dass eine so konzipierte Beratung im Rahmen eines Fristenregelungsmodells weitgehend allein nicht nur die Missbilligung der Abtreibung funktional übernehmen, sondern wirklich auch einem effektiven Lebensschutz des Kindes dienen könnte. Die Beratung ist so zur reinen Pflichtberatung degradiert, zu einer bloßen Förmlichkeit. In diesem Sinne war es von den Befürwortern einer Fristenregelung auch konsequent, in den ersten Entwürfen eine solche „Pflichtberatung“ erst gar nicht ins Auge zu fassen. Sie ist im neuen Gesetzentwurf das, was sie von Anfang an war: ein taktisches Zugeständnis an das Bundesverfassungsgericht. Die einstweilige Anordnung vom 4. August 1992 erweist jedoch, dass das Gericht sich bei der Beurteilung solch grundsätzlicher Fragen offenbar keinen Sand in die Augen streuen lässt.

Unter den Voraussetzungen, die einen Schwangerschaftsabbruch als „nicht rechtswidrig“ erscheinen lassen und ihn sogar rechtfertigen, steht an erster Stelle die Beratung der Schwangeren mindestens drei Tage vor dem Eingriff (vgl. § 218 a StGB neu). Die dafür ausgestellte Bescheinigung ist eine entscheidende Bedingung für die nicht rechtswidrige Tötung eines Menschenwesens. Die ursprünglich schützende Funktion der Beratung ist damit pervertiert. Dies ist ein wesentlicher Grund, warum mir die Verknüpfung eines nicht rechtswidrigen Schwangerschaftsabbruchs mit dieser Form von Beratung im vorgelegten Fristenregelungsmodell nicht nur praktisch missglückt vorkommt, sondern auch strikt gegen das verfassungsmäßige Gebot eines effektiven Lebensschutzes des ungeborenen Kindes zu verstoßen scheint.

VII. Die Aufgaben der Kirche im System der Beratung

Die bisherigen Überlegungen haben gezeigt, wie sehr die Beratung bei einem Modell der Fristenregelung mit verschiedenen Funktionen belastet und in gewisser Weise auch sich selbst entfremdet wird. Darum ist es wichtig, die Beratung in ihren Möglichkeiten und Grenzen wieder von solchen äußeren Zwängen zu befreien. Es ist nicht erkennbar, wie vor allem die Beratung den effektiven Lebensschutz des ungeborenen Kindes gewissermaßen garantieren soll. Die Beratung kann diesen Schutz noch weniger unter den Bedingungen gewährleisten, die im neuen Gesetzentwurf zu ihrer konkreten Ausgestaltung gehören. Man darf erwarten, dass das Bundesverfassungsgericht etwas zu jener „systematischen Einheit" von strafrechtlichen Vorschriften und Beratungskonzept sagt, die es selber in der Urteilsbegründung vom 4. August 1992 sehr betont angesprochen hat.

Wenn die jetzt vorgelegte und angegriffene Lösung sich als untauglich erweist, müssen neue Akzente gesetzt werden. Beratung muss prinzipiell auf das Ziel ausgerichtet sein, die schwangere Frau zum Austragen der Schwangerschaft zu ermutigen. Der verfasssungsrechtliche Vorrang des Lebensschutzes muss viel deutlicher erkennbar werden. Auch wenn das ungeborene Kind nur mit Hilfe und Zustimmung der Frau selbst zur Welt kommen kann, darf dies nicht zu einer Dominanz des Selbstbestimmungsrechtes der schwangeren Frau führen, wie es faktisch im neuen Gesetzentwurf geschieht. Die Gefährdungen der wirklichen Eigenverantwortung der schwangeren Frau durch Druck aus dem Umfeld müssen viel ernster genommen werden. Angesichts des Ernstes einer Entscheidung über das Lebensrecht eines anderen kann nicht völlig auf die Darlegungspflicht und wenigstens eine minimale Protokollierung der Beratung verzichtet werden.

Es ist nicht erkennbar, wie der Unrechtscharakter der Abtreibung hinreichend gekennzeichnet werden soll, wenn man auf eine grundsätzliche Strafandrohung verzichtet, wie es der neue Gesetzentwurf tut. Ob es zur Strafandrohung Alternativen gibt, die die Missbilligung der Abtreibung eindeutig zum Ausdruck bringen, muss hier dahingestellt bleiben. Das vorgelegte Modell bietet jedenfalls keinen hinreichenden Ersatz. Es versteht sich dabei von selbst, dass das Element der Strafandrohung seinerseits keinesfalls die Bereitstellung von konkreten Hilfen für Schwangere und Mütter in Not ersetzen kann oder soll, wie es das Schlagwort „Hilfe statt Strafe" immer wieder suggerieren möchte.

Meine Ausführungen sollten zugleich zeigen, dass die Reduzierung der umfangreichen Problematik bloß auf die Frage der Beratungsbescheinigung nicht ausreicht. Da jedoch die Beratungsbescheinigung im Kontext des neuen

Gesetzentwurfes deutlich die elementare Bedingung für die nicht rechtswidrige Tötung eines ungeborenen Kindes ist, konzentriert sich freilich in der Beratungsbescheinigung die ganze Fragwürdigkeit des gesamten Verfahrens. Aber die Ursachen dafür, nämlich die Verringerung eines effektiven Lebensschutzes und die Pervertierung des Beratungsgeschehens, sind wichtiger. Um ihre Korrektur muss es vor allem gehen.

Die Diskussion, ob die katholischen Beratungsstellen in einem neuen gesetzlichen System „mitmachen oder aussteigen", greift daher sowohl grundsätzlich als auch speziell in der gegenwärtigen Situation zu kurz. Denn jetzt steht die Fragwürdigkeit einer neuen gesetzlichen Regelung gerade in ihrer systematischen Einheit zur Diskussion und zur Entscheidung. Die katholischen Beratungsstellen, die bisher zugunsten des Lebensrechtes des ungeborenen Kindes und zur Ermutigung der schwangeren Frau geraten haben, haben überzeugend gezeigt, wie viel Hilfen auf dem Weg der Beratung möglich sind. Den Beraterinnen und Beratern sowie den Verantwortlichen gebührt für diesen umfassenden Einsatz großer Dank. Wir hoffen darauf, dass die bevorstehende Entscheidung des Bundesverfassungsgerichtes zur Vorlage eines neuen Gesetzentwurfes führt, auf dessen Grundlage die katholischen Beratungsstellen ihren Auftrag in der bisherigen Ausrichtung fortsetzen können. Weitere Fragen lassen sich nicht von vornherein abstrakt entscheiden. Erst wenn das Urteil des Bundesverfassungsgerichts und ein neuer Gesetzentwurf verfügbar sind, lässt sich auch eine genauere Antwort ausarbeiten und mitteilen. Die Kirche hat in jedem Fall einen eigenen Auftrag zur Beratung, den sie nicht preisgeben darf. Die Parolen „Mitmachen" oder „Aussteigen" dürfen dies nicht verwischen.

Die Kirche muss die eigene Struktur ihres Auftrags zur Beratung im Auge behalten und darf sich nicht allen möglichen Zwängen aussetzen. Ein eventuelles Sichabfinden mit solchen Zwängen könnte eine doppelte Moral anzeigen. Im Ernstfall muss wirklichen Zwängen eine bessere Alternative entgegengestellt werden, was sicher auch mit der Hinnahme von Nachteilen verknüpft sein kann. Freilich ist es der Kirche nicht erlaubt, sich vorschnell aus komplexen und schwierigen Situationen unserer Gesellschaft einfach zurückzuziehen. Auch ein Rückzug in eine vermeintlich eindeutigere und heile Welt kann schuldig machen. Wer gibt z. B. die Ermächtigung, auf die Rettung vieler ungeborener Kinder und die Ermutigung vieler schwangerer Frauen zu verzichten, indem man seinen Auftrag nicht mehr in dem gesetzlichen Beratungssystem erfüllt? Jedenfalls ist die künftige Stellung von Beratungsstellen für schwangere Frauen – übrigens nicht nur im Konfliktfall – ein Test auf das konkrete Verhältnis von Kirche und Gesellschaft. Eine Kirche, die sich aufrichtig auf die Wunden und Verletzungen einer Gesellschaft einlässt, muss zwar allen Nötigungen der ihr eigenen Freiheit wehren, aber sie darf nicht die größtmögliche Nähe zu denen aufgeben, die um Hilfe rufen. Für manche mag dies wie Verstrickung in eine anfechtbare Situation aussehen. Doch wenn man kein Wagnis mehr eingehen will, gibt man auch viele Chancen des Einsatzes auf. Schließlich ist der Glaube selbst das höchste Wagnis unseres Lebens, das uns für die kleineren Risiken den Rücken stärken und uns Mut machen kann.

Anmerkungen

[1] Vgl. den Text mit Literaturverzeichnis und Predigt zur Sache in: Der Vorsitzende der Deutschen Bischofskonferenz, hg. vom Sekretariat der Deutschen Bischofskonferenz 16, Bonn o. J. (1991).

[2] Vgl. außer den offiziellen Protokollen des Deutschen Bundestages den Sammelband „§ 218. Die Entscheidung, hg., bearbeitet und kommentiert von Günther Pursch, Frankfurt – Berlin 1992.

[3] C. R. Rogers, Die nicht-direktive Beratung, München 1972; Frankfurt a. M. 1985 u. ö.

[4] Bruno Rutishauser, Nichtdirektiv-direktiv. Zwei Konzepte in Therapie und Beratung, in: Beratung, Diagnostik und Therapie in der anthropologischen Psychologie. Festschrift für Detlev von Uslar, hg. von U. Imoberdorf / U. Reichlin (Hg.), Stuttgart 1960, 92–106, Zitat 1(5).

[5] R. May, Die Kunst der Beratung, Mainz 1991, 164.

[6] A. Görres, Rat in einer ratlosen Welt, in: Rat in ratloser Zeit, hg. von I. Post / N. Klann / F. Herzog (Hg.), Freiburg i. Br. 1986, 10–29, Zitat 17.

[7] BVerfG 38, 1, 61 f.

[8] Ebd.

1993

Unser Umgang mit Schuld und Sünde

(21. September 1993, Fest des heiligen Apostels und Evangelisten Matthäus, Predigt zu Mt 9,9–13

Das Bild des Evangeliums ist in vieler Hinsicht provozierend. Es hat die Menschen immer wieder versucht, Jesus mit der prickelnden Welt des Anrüchigen, ja Ruchlosen zusammenzubringen. Die „schöne Gesellschaft" der Zöllner und Dirnen, in die sich Jesus da hineinbegibt, übt eine eigene Faszinationskraft aus. Jesus scheint mit finsteren Mächten zu konspirieren. Wenn man diese Seite des Auftretens Jesu hervorhebt, wittern viele fromme Menschen, dass man mit Jesus Schindluder treibt. Man möchte ihn – so mutmaßen viele – in die Nähe einer schlüpfrigen Atmosphäre bringen, in der sich der Glanz des einzigartigen Gerechten und Reinen mit dem schummrigen Licht dieser Unterwelt vermischen lässt. Aber auch ohne solche Tricks bleibt es damals und heute bei der Frage an die Jünger: „Wie kann euer Meister zusammen mit Zöllnern und Sündern essen?" (9,11). Es ist dann ja nicht weit bis zu dem Vorwurf: „Dieser Fresser und Säufer, dieser Freund der Zöllner und Sünder!" (Mt 11,19) Die Evangelien berichten von einem großen Zulauf. Jesus weist niemand zurück. „Alle Zöllner und Sünder kamen zu ihm, um ihn zu hören. Die Pharisäer und die Schriftgelehrten empörten sich darüber und sagten: Er gibt sich mit Sündern ab und isst sogar mit ihnen." (Lk 15f.; 19,7)

Die Kunst hat uns immer wieder diese Szenen aus dem Leben Jesu drastisch vor Augen gestellt: die Zöllner, Maria Magdalena, die Ehebrecherin. Was zieht diese Menschen an, die ja ganz anders leben als Jesus? Da mag neben Neugier viel mitschwingen. Aber entscheidend ist doch wohl, dass sie, die in den Augen vieler als verloren gelten, noch so etwas wie eine scheue Hoffnung haben.

Gerade darin offenbart Jesus am tiefsten seinen Gott: Gott selbst sucht die Verlorenen. Hier wird große prophetische Überlieferung zur Sprache gebracht.

So heißt es in der Hirtenrede des Ezechiel: „Die verloren gegangenen Tiere will ich suchen, die vertriebenen zurückbringen, die verletzten verbinden, die schwachen kräftigen, die fetten und starken behüten. Ich will ihr Hirt sein und für sie sorgen, wie es Recht ist." (Ez 34,16, vgl. auch Verse 4 und 30) Wer erinnert sich nicht der eindrucksvollen Bilder: „Das geknickte Rohr zerbricht er nicht, und den glimmenden Docht löscht er nicht aus; ja, er bringt wirklich das Recht." (Jes 42,3) Das Verlorensein muss man sich sehr konkret denken, denn die Zöllner, die mit den „Heiden" verkehrten und an den Grenzen wohl auch öfter an Betrügereien mitwirkten, sind nicht nur von den Menschen als „Sünder" verachtet, sondern die messianische Erwartung hat auch damit gerechnet, dass solche gesetzlosen Menschen durch den kommenden Messias zuerst getötet werden sollen. Sie hatten überhaupt keine Chancen.

Versteht man die Bibel recht, dann kennt sie wirklich keine Verlorenen. Im Gegenteil, es gibt sogar eine Vorliebe Gottes für das Verachtete und das Geringe. So ergeht auch Jesu Einladung an alle (vgl. auch Mt 22,1.1). Die Gleichnisse vom verlorenen Schaf, der verlorenen Drachme und dem verlorenen Sohn (vgl. Lk 15,1–32) machen uns diese geradezu verrückte Liebe Gottes zu dem Verlorenen anschaulich.

Unsere Geschichte steigert diese Grundüberzeugung in doppelter Hinsicht. Jesus isst mit den Zöllnern und Sündern. Tischgemeinschaft ist, gerade auch für den Orientalen, eine besonders dichte Form solidarischen Miteinanderseins. Diese Tischgemeinschaft Jesu ist auch ein erstes Vorspiel, das auf die Hingabe des Lebens Jesu für alle hinweist. Zugleich werden Einwände zurückgewiesen, die gegenüber diesem Eintreten für die Verlorenen protestartig den Vorrang religiösen Tuns allein betonen. Unter Hinweis auf das bei Matthäus zweimal bewusst gewählte Zitat aus dem Propheten Hosea (6,6) werden zwar keineswegs das Opfer und der Gottesdienst aufgehoben oder gegenüber konkreter Humanität ausgespielt. Der wahre Gottesdienst schließt vielmehr diese Liebe zum Verlorenen ein. „Darum lernt, was es heißt, Barmherzigkeit will ich, nicht Opfer." (9,13; 12,7) Es ist durch und durch ein spezifisches Anliegen des Evangelisten Matthäus, diese radikale Bewährung des Glaubens mit der Gerechtigkeit zusammenzusehen. „Wenn du deine Opfergabe zum Altar bringst und dir dabei einfällt, dass dein Bruder etwas gegen dich hat, so lass deine Gabe dort vor dem Altar liegen; geh und versöhne dich zuerst mit deinem Bruder, dann komm und opfere deine Gabe." (5,23) Hier nimmt Jesus ganz radikal das Ethos der Nächstenliebe aus dem Alten Bund auf (vgl. auch ähnlich wie Hos 6,6; Spr 21,3; Jes 1,11 f.; Amos 5,21 f.; Mi 6,6 f.; Sach 7,5 f.).

Dies ist nicht nur ein Nebenkrater in der Verkündigung Jesu, sondern die ganze Dynamik seiner Sendung zielt auf die Rettung des Verlorenen. Charakteristisch dafür ist sein Wort: „Denn ich bin gekommen, um die Sünder zu rufen, nicht die Gerechten." (9,13, zur Bedeutung des „Ich bin gekommen …" vgl. auch Mt 5,17; 10,34; 20,28) Es ist nicht minder das große Thema des Johannesevangeliums: „Denn Gott hat seinen Sohn nicht in die

Welt gesandt, damit er die Welt richtet, sondern damit die Welt durch ihn gerettet wird." (Joh 3,7) Das ganze Neue Testament ist bis zu den Pastoralbriefen von dieser Frohbotschaft durchdrungen: „Denn die Gnade Gottes ist erschienen, um alle Menschen zu retten." (Tit 2,11; vgl. auch 3,4f.; 1 Tim 2,3f.)

Haben wir Christen heute diese Botschaft von der Rettung des Verlorenen vergessen? Gewiss nicht. Es wäre leicht, dafür einige besonders eindrucksvolle Aussagen des Zweiten Vatikanischen Konzils anzuführen (vgl. nur LG 16, GS 7, 13, 19, 22, 36, 92; AG 7, 10; PO 4; CD 11,13). Das IV. Hochgebet ruft uns bei der Heiligen Messe diesen äußersten Horizont des Einsatzes Jesu buchstäblich „für alle" in die lebendige Erinnerung.

Aber warum tun wir uns dann offensichtlich so schwer mit der tatkräftigen Annahme und Realisierung dieser Wahrheit Gottes? Es gibt ganze Menschengruppen, die sich oft in verborgenen Nöten befinden und denen wir uns mehr zuwenden sollten. Bei einigen tun wir es auch, wenn es z.B. um Heimatlose, Schwerkranke, Gefangene und Behinderte geht. Aber was ist mit denen, die Alkoholiker sind, an Aids leiden, keinen Sinn mehr sehen im Leben, unbegreifliche Dinge getan haben? Was ist mit denen, die in ihrer Liebe und in ihrer Familie gescheitert sind, mit oder ohne Schuld? Oder was ist mit denen, die sich an Leib und Leben anderer, vielleicht sogar junger Menschen in schwieriger Zeit vergriffen haben? Was ist mit denen, die durch wirkliche Kollaboration mit finsteren Mächten sich befleckt haben?

Wir haben noch einige Verse aus dem Evangelium ausgelassen, die uns wahrscheinlich noch ein Licht aufsetzen können. Jesus benutzt ein Sprichwort, das vor allem auch in der griechisch sprechenden Welt von damals bekannt war: „Nicht die Gesunden brauchen den Arzt, sondern die Kranken." (9,12) Wir wollen mit unseren Verlorenheiten meist nicht wirklich krank sein. Wir geben alles zu: Grenzen, Mängel, Pech, Unachtsamkeit, Vergesslichkeit, vielleicht auch Rücksichtslosigkeit. Aber unsere Schuld? Und gerade dies ist das Eindrucksvolle an den Zöllnern und Dirnen um Jesus, dass sie ohne Umschweife und ohne Ausreden zum Bekenntnis fähig sind: Ich habe mich verfehlt und Schuld auf mich geladen. Wir suchen ständig nach Entschuldigungen und biegen eher die Gebote und Normen in ihrem eigenen Sinn so zurecht, bis sie zu uns passen. Wir treiben Zöllner-Romantik und beschönigen die Sünde. Darum aber sind die Heilung und die Rettung so unsäglich schwer geworden. Wir wollen uns immer selbst rechtfertigen. Und genau dies tun die sympathischen Sündergestalten um Jesus nicht. Bei ihnen, auch bei Matthäus, gibt es keinen Einwand und keine Bitte um Aufschub, sondern Entschlossenheit und Bereitschaft, von vorne anzufangen. Dann ist es sinnvoll, einen Arzt zu rufen. Wir sehen übrigens in der Geschichte der

Berufung des Matthäus, dass ein solches Eingeständnis der eigenen Situation die elementare Voraussetzung darstellt für rückhaltlose Nachfolge. Matthäus lässt alles, was er bisher getan hat, fahren, und folgt dem Ruf des Herrn in einer ganz einzigartigen Geschichte. Erst so kann man auch wirklich Barmherzigkeit erfahren.

Uns Christen fehlt oft der unbekümmerte Mut zum Eingeständnis konkreter Schuld und Sünde. Darum mangelt es auch an der Freude der Umkehr und des Glaubens. Wäre es wie im Evangelium, könnten wir viele Probleme des christlichen Lebens heute, die z. B. bis in die Handhabung des kirchlichen Dienst- und Arbeitsrechts reichen, leichter lösen. Es wäre auch für uns Bischöfe einfacher, Hilfen für schwierige Situationen anzubieten.

Der Zuspruch und Anspruch dieses Evangeliums ist uns allen zugesprochen. Matthäus bleibt mit seinem Lebenszeugnis ein überragendes Beispiel dafür, dass Jesus mit uns allen solche Wunder wirken kann, wenn wir uns nur auf ihn einlassen. Amen.

Verantwortete Elternschaft zwischen Gewissenskonflikt, pastoraler Verantwortung und lehramtlichen Aussagen – Versuch einer Standortbestimmung 25 Jahre nach der „Königsteiner Erklärung" der Deutschen Bischofskonferenz

I. Der lange Weg zu „Humanae vitae" und das zwiespältige Echo

1. Die Vorgeschichte

Am 25. Juli 1968 hat Papst Paul VI. die Enzyklika „Humanae vitae" (= HV) veröffentlicht, die den Untertitel trägt: „Über die rechte Ordnung der Weitergabe menschlichen Lebens". Die Atmosphäre war seit Monaten angespannt, da man schon lange auf die Veröffentlichung der Enzyklika wartete. Die Reform kirchlicher Ehemoral war bereits eines der großen Themen der konziliaren Diskussion über die Kirche in der Welt von heute. In der dritten und vierten Sitzungsperiode fanden dazu die intensivsten Beratungen statt. Auf Wunsch den Papstes wurde die Frage der Geburtenregelung ausgeklammert und einer Kommission für das Studium des Bevölkerungswachstums, der Familie und der Geburtenhäufigkeit übergeben, damit der Papst eine Entscheidung treffen könne. Das Konzil wollte bei diesem Stand der Lehre nicht selbst unmittelbar konkrete Lösungen vorlegen (vgl. GS 51 mit Anm. 14). Die genannte Kommission, mehrfach verändert und erweitert, hatte unter dem Vorsitzenden Kardinal Ottaviani und den Vizepräsidenten Kardinal Döpfner und Kardinal Heenan im Juni 1966 Papst Paul VI. drei Gutachten vorgelegt: ein Bericht über verantwortete Elternschaft als Hauptgutachten der Mehrheit, das knappere Gutachten der Minderheit und ein moraltheologisches Fachgutachten der Mehrheit.[1] Die dem Papst vorgelegten Meinungen waren außerordentlich widersprüchlich. Dabei war von Anfang an klar, dass es dabei nicht um die „Pille" oder „Knaus-Ogino" ging, sondern um die Konzeption des christlichen Menschenbildes, aber auch um die Interpretation der kirchlichen Lehrentwicklung.

2. Grundinhalte

Die Enzyklika baut auf den wichtigen Erkenntnissen von GS 47 bis 52 auf und bildet im christlichen Eheverständnis einen Meilenstein, der jedoch wegen der fast ausschließlichen Konzentration der Öffentlichkeit auf die Frage der Geburtenregelung bis heute in der Kirche nicht so recht erkannt wurde und zur Wirkung kam. Die Enzyklika bringt vor allem in der Entwicklung der kirchlichen Lehre über die Ehezwecke eine ebenfalls bis heute nicht genügend erkannte Wende.[2] Das Rundschreiben bejaht – auch dies wiederum ein wichtiger Schritt – „verantwortliche Elternschaft“ (HV 10, vgl. GS 49 bis 51) und verantwortliche Geburtenregelung. Dieser Begriff wird in seiner Vielschichtigkeit dargelegt. Die Enzyklika weiß selbstverständlich, dass nicht aus jedem ehelichen Verkehr neues Leben hervorgeht, verlangt aber, „dass jeder eheliche Akt von sich aus auf die Erzeugung menschlichen Lebens hingeordnet bleiben muss“ (HV 11). Als Mittel der Geburtenregelung verurteilt sie vor allem auch die Abtreibung und jeden ähnlichen Eingriff in das keimende Leben sowie die bleibende oder zeitweise wirkende Unfruchtbarmachung. Hauptargument ist die „von Gott bestimmte unlösbare Verknüpfung der beiden Sinngehalte (der Ehe)“ – liebende Vereinigung und Fortpflanzung –, „die der Mensch nicht eigenmächtig auflösen darf.“ (HV 12) Durch künstliches Eingreifen darf der Mensch die Möglichkeit der Weckung neuen Lebens nicht bewusst ausschalten. Jede Handlung ist „verwerflich, die entweder in Voraussicht oder während des Vollzugs des ehelichen Aktes oder im Anschluss an ihn beim Ablauf seiner natürlichen Auswirkungen darauf abstellt, die Fortpflanzung zu verhindern, sei es als Ziel, sei es als Mittel zum Ziel … Völlig irrig ist deshalb die Meinung, ein absichtlich unfruchtbar gemachter und damit in sich unsittlicher ehelicher Akt könne durch die fruchtbaren ehelichen Akte des gesamtehelichen Lebens seine Rechtfertigung erhalten.“ (HV 14) Eine therapeutische Anwendung der Mittel ist erlaubt. Ebenso ist es erlaubt, den ehelichen Verkehr auf die empfängnisfreien Zeiten zu beschränken und die Kinderzahl entsprechend zu planen (vgl. HV 16).

3. Gespannte Reaktion in schwierigem Kontext

Die Antwort der Enzyklika schlug in Deutschland ein wie eine Bombe, denn die Erwartung war ganz in eine andere Richtung gegangen. Auch die Moraltheologie und andere Wissenschaften setzten sich weitgehend für eine Neuorientierung ein. Diese Überzeugung hatte auch in hohem Maß die Ehe- und Familienarbeit sowie die Erwachsenenbildung und das Laienapostolat mitbestimmt. Diese Gedanken sind weiten Kreisen bekannt geworden, sodass auch die seelsorgliche Praxis die Wahl der Methoden verantwortlicher Elternschaft weitgehend dem Gewissensurteil der Eheleute überlassen hatte. Diese Situation, die meist auch in den anderen Industrienationen vorherrschte, führte zu der genannten Enttäuschung und zu dem überaus zwiespältigen Echo.

Die Situation war auch deshalb äußerst angespannt, weil das Jahr 1968 ohnehin vom Protest gegen die überkommenen Autoritäten und gegen ihren gesellschaftlichen Einfluss geprägt war: Studentenrevolte, Kriege in Biafra und Vietnam, CSSR-Intervention der Warschauer-Pakt-Staaten, Ermordung Martin Luther Kings, Verabschiedung der Notstandsverfassung. In der Kirche hatte die Protestbewegung Fuß gefasst. Die Enttäuschung über die Entscheidung des Papstes kam gefährlich mit dieser veränderten gesellschaftlichen Stimmungslage zusammen. Der 82. Essener Katholikentag vom 4. bis 8. September 1968 zeigte die veränderte Lage auch überdeutlich in der Kirche an.

4. Der Papst und die Last der Entscheidung

Papst Paul VI. hatte sich die Entscheidung sehr schwer gemacht. Nicht nur die Enzyklika selbst spricht davon. Der Papst hat in einer bewegten und bewegenden Ansprache am 31. Juli 1968 offen von der „schweren Verantwortung“, dem „nicht geringen geistigen Leiden“ usw. gesprochen: „Noch nie haben Wir die Last Unseres Amtes so empfunden wie in diesem Fall … Wie oft hatten Wir den Eindruck, von dieser Masse von Dokumenten beinahe erdrückt zu werden, und wie oft haben Wir, menschlich gesprochen, die Unfähigkeit Unserer armen Person vor der gewaltigen apostolischen Pflicht festgestellt, für dieses Problem eine Entscheidung auszusprechen. Wie oft haben Wir vor der zweifachen Möglichkeit gezittert, ein Urteil zu geben, das leichthin der herrschenden Meinung entsprechen, oder eines, das von der heutigen Gesellschaft unwillig angenommen und aus reiner Willkür für das Eheleben zu schwer sein würde.“[3] Der Papst fleht geradezu, „ihn in diesem Ringen ernst zu nehmen“.

5. Der Weg zur „Königsteiner Erklärung“

Die Enzyklika erschien in der Ferienzeit. Kardinal Döpfner und die übrigen Bischöfe erkannten rasch die zugespitzte Situation. Der Vorsitzende erklärte am 29. Juli 1968: „Die Vermittlung eines genaueren Verständnisses der in ihm (dem Rundschreiben) enthaltenen Lehre und ihrer Verwirklichung stellt unsere Gemeinden und Seelsorger vor viele nicht leichte Aufgaben. Ich stehe mit meinem Mitbrüdern im Bischöflichen Amt in Fühlung, um nach gründlichem Studium des Textes zu überlegen, wie wir dafür möglichst bald geeignete Hilfen anbieten können." Es ist erstaunlich, in wie kurzer Zeit sehr viele Stellungnahmen abgegeben wurden.[4]

Die außerordentliche Vollversammlung der Deutschen Bischofskonferenz erließ zum Abschluss ihrer Tagung in Königstein/Taunus am 29./30. August 1968 eine ausführlichere Verlautbarung, die die Sorgen aufgriff, die Bedeutung der Enzyklika hervorhob, böswillige Kritik zurückwies, die Schwierigkeiten der Rezeption und einige Grundsätze formulierte. Dazu gehörte auch die Aufforderung, „sich der ganzen christlichen Frohbotschaft von der Ehe zuzuwenden und den Blick nicht auf einen einzigen Punkt, die Methoden der Empfängnisregelung, zu fixieren."[5] Die Verlautbarung kündigt für die nächsten Tage zusammen mit einer revidierten Übersetzung der Enzyklika ein „Wort der deutschen Bischöfe zur seelsorglichen Lage nach dem Erscheinen der Enzyklika ‚Humanae vitae'" an, das auch noch vor dem Essener Katholikentag publiziert wird. Dieses Wort ist die „Königsteiner Erklärung" mit vier Teilen: Das Rundschreiben, Die Situation in Deutschland, Fragen an uns Bischöfe, Folgerungen und Hinweise. Nur am Rande sei erwähnt, dass auch eine Reihe anderer Bischofskonferenzen ähnliche Erklärungen veröffentlichten.[6]

II. Zur Analyse der „Königsteiner Erklärung"

1. *„Krisenmomente im Katholizismus"*

Die „Königsteiner Erklärung" (= KE), wie sie kurz genannt werden soll, – obgleich diese Bezeichnung nicht unproblematisch ist – gehört in eine bestimmte Situation, wie sie eben knapp skizziert worden ist. Bezeichnend für die Einschätzung der Lage dieser Tage ist z. B. eine Eingabe von Hubert Jedin an die Adresse der Deutschen Bischofskonferenz vom 16. September 1968, die mit den Worten beginnt: „Die katholische Kirche macht im Augenblick eine schwere Krise durch. Auch Deutschland, wenigstens der Bereich der Bundesrepublik, ist davon erfasst. Durch den Essener Katholikentag ist diese Krise weithin sichtbar geworden, wobei die Enzyklika ‚Humanae vitae' nicht als die Ursache, sondern als Anlaß, als das auslösende Moment, zu betrachten ist."[7] Von „Krisenmomenten im Katholizismus" (H. Helbling) war in jenen Wochen und Monaten auch sonst die Rede. Der Kirchengeschichtler Hubert Jedin formuliert auch eine eindeutige Erklärung: „Die Krise war da, sie war dadurch entstanden, dass man sich nicht mehr damit begnügen wollte, das

Konzil durchzuführen, sondern es als Initialzündung radikaler Neuerungen ansah, die in Wirklichkeit die Dekrete des Konzils weit hinter sich ließen."[8]

2. Einfühlungsvermögen in die Lage

Als die Bischöfe in Königstein zusammenkamen, mussten sie diese Situation berücksichtigen. Ihre Einschätzung war, ganz abgesehen von den heiklen Sachfragen, außerordentlich schwierig. Von daher muss man auch den sorgfältig gewählten Titel verstehen: „Wort der deutschen Bischöfe zur seelsorglichen Lage nach dem Erscheinen der Enzyklika ‚Humanae vitae'". Die Erklärung macht auf die Zustimmung aufmerksam, die die Enzyklika erfahren hat (vgl. Nr. 4), aber auch auf den unübersehbaren Widerspruch. „Die Diskussion um die strittigen Fragen ist nicht beendet, sondern aufs Stärkste entfacht. Bei vielen Priestern und Laien, die ebenso in Liebe zur Kirche stehen wollen, herrscht große Ratlosigkeit. Sie leiden nicht nur unter den Schwierigkeiten, diese Lehre zu leben oder in die seelsorgliche Praxis umzusetzen; sie haben vielfach auch ernste Gewissensbedenken, die in der Enzyklika ausgesprochenen Verpflichtungen zu bejahen und zu vertreten." (Nr. 5) Die Bischöfe bedauern manche böswilligen und unkritischen Stellungnahmen mit billiger Kirchenkritik, die dem Ernst der Frage nicht gerecht wird. „Das Echo auf die Enzyklika ist auch zu sehen im Zusammenhang mit der Glaubenssituation vieler Christen, mit der großen Sensibilität des heutigen Menschen in Fragen der Autorität, mit dem vielfach bestehenden Verdacht auf eine im Vergleich zum Konzil rückläufige Bewegung in der Kirche. Die Massenmedien tragen dazu bei, dass die vielschichtige Diskussion täglich Millionen erreicht und nicht selten verwirrt." (Nr. 6) Die innere Spannung durch die vielen Fragen an die Bischöfe ist heute noch im Text leicht erkennbar (vgl. Nr. 8 und 9). Die Bischöfe wissen zugleich, dass das Gespräch auf allen Ebenen fortgesetzt werden muss, auch mit dem Heiligen Vater (vgl. Nr. 15). „Wir würden es bedauern, wenn wegen der Schwierigkeiten, von denen wir sprachen, die im Sinne des Zweiten Vatikanischen Konzils vielerorts wachsende Bereitschaft zur kirchlichen Mitverantwortung und die Bildung eines selbständigen Gewissens Schaden litten. Deshalb werden auch die Seelsorger in ihrem Dienst, insbesondere in der Verwaltung der heiligen Sakramente, die verantwortungsbewusste Gewissensentscheidung der Gläubigen achten. Wir werden uns in gemeinsamer Arbeit mit Priestern und Laien um gangbare Wege der Ehepastoral bemühen … Mit allen Gläubigen empfinden wir die Größe der Aufgabe, die vor uns liegt." (Nr. 16)

3. Sinn der Verlautbarung

Die KE wäre also von Grund auf missverstanden, wenn man sie – von welcher Seite immer – als eine primär normative Aussage oder gar als eine Gegen-Norm zur Enzyklika auffasst. Die KE ist im strengen Sinn ein Wort zur *pastoralen* Situation im Zusammenhang des schwierigen Rezeptionsprozesses. Unter Hinweis auf Art. 25 der Kirchenkonstitution „Lumen gentium" wird erklärt, dass Enzykliken amtliche Lehräußerungen der Kirche sind, denen die Mitglieder der Kirche religiösen Gehorsam schulden. An der Notwendigkeit einer grundsätzlichen Bereitschaft zur Annahme lässt die KE überhaupt keinen Zweifel: „Da der Papst nach langer Prüfung der entstandenen Fragen gesprochen hat, steht jeder Katholik, selbst wenn er sich bisher eine andere Auffassung gebildet hatte, vor der Forderung, diese Lehre anzunehmen. Auch die Tatsache, dass viele Christen in aller Welt, Bischöfe, Priester und vor allem Eheleute, in gläubiger und kirchlicher Gesinnung dieser Forderung entsprechen, ist von nicht zu unterschätzender Bedeutung." (Nr. 11) Die KE ist also kein Dokument, das von sich aus die Kontestation und die Protestbewegung gegen HV unterstützt.

Auch darf nach der KE „keineswegs die Zuständigkeit des kirchlichen Lehramtes für die sittliche Ordnung des Ehelebens bestritten werden." (Nr. 13) Dies wird oft übersehen.

Welche Auswege kann nun die KE in dieser widersprüchlichen und spannungsvollen Situation anbieten? Es sind nach meiner Einschätzung vor allem drei wichtige Elemente.

4. Authentische, aber nicht unfehlbare Lehräußerung der Kirche

In dieser Situation kam den Bischöfen ein Dokument zu Hilfe, das – noch ganz unabhängig von der Diskussion um die Enzyklika – am 22. September 1967 unter dem Titel „Schreiben der deutschen Bischöfe an alle, die von der Kirche mit der Glaubensverkündigung beauftragt sind" verabschiedet wurde.[9] Dieses auch heute noch hilfreiche Schreiben befasste sich neben anderen Fragen mit der Tatsache, dass dem kirchlichen Lehramt in der Ausübung seiner Autorität Irrtümer unterlaufen können und unterlaufen sind. Ausgeschlossen ist diese Irrtumsmöglichkeit für feierlich definierte Lehrsätze der Kirche.

In den Artikeln 17 bis 21 dieses Schreibens ist Grundlegendes zur Verhaltensweise des einzelnen Christen gegenüber authentischen, aber nicht unfehlbaren Lehräußerungen der Kirche gesagt. Dabei kommt es diesem Lehrschreiben darauf an, dass eine grundsätzlich reformable und also durchaus fehlbare Lehre nicht schon wegen dieser Charakterisierung von vornherein als falsch und zweifelhaft anzusehen ist. Auch HV selbst erinnert daran (vgl. Nr. 29). Das Lehrschreiben von 1967 bringt hier einen guten Vergleich aus dem alltäglichen Leben: „Ernsthafte Bemühung, auch eine vorläufige Lehräußerung der Kirche positiv zu würdigen und sich anzueignen, gehört zur richtigen Glaubenshaltung eines Katholiken. Und ebenso wenig wie im profanen Leben, in dem es auch weitreichende Entscheidungen aufgrund fehlbarer Einsicht nach bestem Wissen und Gewissen anderer gibt, braucht sich jemand im kirchlichen Bereich beschämt oder geschädigt zu empfinden, wenn er sich in seiner Einsicht auch dort der kirchlichen Lehre anvertraut, wo sie nicht von vornherein als definitiv gelten kann. Es ist möglich, dass die kirchliche Lehrentwicklung in bestimmten Fällen zu langsam voranschreitet. Aber auch in einem solchen Urteil muss man vorsichtig und bescheiden sein. Denn eine solche Lehrentwicklung braucht in einer Kirche von geschichtlichen Menschen Zeit, weil sie nicht schneller vor sich gehen kann, als es die Wahrung der Glaubenssubstanz ohne Verlust erlaubt." (Nr. 20)[10]

Dieser „religiöse Gehorsam" im Sinne von LG 25 und DH 14 – beide Texte werden von der KE zitiert (vgl. Nr. 3 und 11) – ist nicht dasselbe wie die absolute Glaubenszustimmung (assensus fidei), mit der der katholische Christ die Offenbarung Gottes von der amtlichen Verkündigung der Kirche entgegennimmt und bejaht. Aber es ist ein im Glauben fundierter Gehorsam.[11] So heißt es schon in der deutschen Ausgabe des Holländischen Katechismus: „Dass viele Richtlinien und Aussprüche des Lehramtes für sich keine Unfehlbarkeit beanspruchen, bedeutet nun nicht, dass sie deshalb ohne Gottes Geist zustande kommen."[12] Karl Rahner hatte in einem Artikel „Zur Enzyklika ‚Humanae vitae'[13] schon vor der KE und unabhängig von ihr auf das Lehrschreiben von 1967 hingewiesen.[14] HV ist für Karl Rahner darum „eine Erklärung, vor der ein katholischer Christ sich selbst und seiner persönlichen Auffassung gegenüber kritisch bleibt und so auch ernsthaft damit rechnen muss, dass eine solche Entscheidung von der kirchlichen Autorität unter der Leitung des Geistes nach bestem Wissen und Gewissen getroffen wurde und somit Recht hat, auch wenn sie der eigenen subjektiven und wahrhaftig nicht von vornherein vor Irrtum geschützten Meinung widerspricht. Ein Katholik, der für eine solche ‚Präsumtion' kein Verständnis hat, muss sich den Vorwurf machen lassen, dass er in einer kindlich-emotionalen Weise in seine eigene subjektive Meinung verliebt ist, und dass er jene selbstkritische Haltung nicht aufbringt, die man seinen eigenen, noch so tiefwurzelnden Meinungen gegenüber auch dann aufbringen muss, wenn diese als Spruch des eigenen ‚Gewissens' auftreten."[15]

Das Lehrschreiben von 1967 betont mit Karl Rahner gleichzeitig, dass die Kirche zur Wahrung der eigentlichen und letzten Glaubenssubstanz selbst auf die Gefahr des Irrtums im Einzelnen hin nicht auf verbindliche Äußerungen verzichten kann. Solche Äußerungen haben einen bestimmten Verbindlichkeitsgrad und zeugen zugleich von einer Vorläufigkeit, die bis zur Möglichkeit eines Irrtums reicht. Es kommt nun freilich entscheidend darauf an, wie jemand eine davon abweichende Meinung fasst und mitteilt. Die KE Nr. 3 wiederholt hier den entscheidenden Satz des Lehrschreibens von 1967: „Wer glaubt, der privaten Meinung sein zu dürfen, die bessere künftige Einsicht der Kirche schon jetzt zu haben, der muss sich vor Gott und seinem Gewissen in nüchtern selbstkritischer Einschätzung fragen, ob er die nötige Weite und Tiefe theologischer Fachkenntnis habe, um in seiner privaten Theorie und Praxis von der augenblicklichen Lehre des kirchlichen Amtes abweichen zu dürfen. Ein solcher Fall ist grundsätzlich denkbar. Aber subjektive Überheblichkeit und voreilige Besserwisserei werden sich vor Gottes Gericht zu verantworten haben. – Ernsthafte Bemühungen, auch eine vorläufige Lehräußerung der Kirche positiv zu würdigen und sich anzueignen, gehört zur richtigen Glaubenshaltung eines Katholiken.“ (Nr. 19/20) Die KE zieht in Anwendung dieser Grundsätze in der Frage nach der Verbindlichkeit von HV die konkreten Folgerungen (vgl. bes. Nr. 12: „Sie (viele Menschen) sind überzeugt, dass hier jener Ausnahmefall vorliegt, von dem wir in unserem vorjährigen Lehrschreiben gesprochen haben.“). Es ist unüberhörbar, wie hier neben der Verbindlichkeit des Textes auf den zu leistenden Gehorsam abgehoben wird, auf den Ernst des Gerichtes Gottes, die Gefahren von Selbstüberschätzung und Selbstherrlichkeit. „Im Vertreten dieses Standpunktes wird er (der Abweichler) Rücksicht nehmen müssen auf die Gesetze des innerkirchlichen Dialogs und jedes Ärgernis zu vermeiden trachten. Nur wer so handelt, widerspricht nicht der recht verstandenen Autorität und Gehorsamspflicht. Nur so dient auch er ihrem christlichen Verständnis und Vollzug.“ (Nr. 12)

5. Die Frage nach der Möglichkeit eines abweichenden Gewissensurteils

Bisher haben wir die theologisch-theoretische Seite dargelegt. Die Konsequenz daraus ist ein Gewissensurteil, das von der in HV gelehrten Norm abweicht und dessen Struktur genauer geklärt werden muss. Auch hier macht es sich die KE nicht leicht. Ein abweichendes Gewissensurteil wird in seiner Berechtigung nicht einfach vorausgesetzt. Vielmehr wird das Gewissen für einen solchen möglichen Fall gemahnt, ob es nüchtern und selbstkritisch genug ist (vgl. Nr. 3, 5, 8, 12, 16) und ob es genügend gegen Selbstüberschätzung, Überheblichkeit und Besserwisserei wachsam bleibt. Auf keinen Fall ist damit ein möglicherweise abweichendes Gewissensurteil mit einer willkürlichen, gar bequemen, laxistischen Schlagseite gemeint, das eigentlich die Kennzeichnung „Gewissen" gar nicht verdient. Die KE ist wohl auch darum in der Umschreibung eines solchen Gewissensurteils zurückhaltend und vermeidet selbst jeden inflationären Gebrauch des Wortes Gewissen. Man sieht es auch an dem Sprachfeld, das die Rede vom Gewissen umgibt: ernsthafte Bemühungen, nüchtern, selbstkritisch, verantwortungsbewusst, kein Ungehorsam gegen die Kirche, kein Eintreten für Subjektivismus, Warnung vor Willkür, keine Vorurteile usw.

Das Gewissensurteil bezieht sich ausschließlich auf die Frage der Methode der Empfängnisregelung in Abweichung von der Lehre in HV: „Auf der anderen Seite wissen wir, dass viele der Meinung sind, sie könnten die Aussage der Enzyklika über die Methoden der Geburtenregelung nicht annehmen." Die Lehrentscheidung erscheint ihnen „nicht zwingend" von der Tradition her, in der Sache „problematisch", sodass im Sinne des Lehrschreibens von 1967 eine Abweichung bzw. eine Ausnahme überhaupt möglich erscheint (vgl. KE 12; Lehrschreiben 19). Ein solches Gewissensurteil wird nicht einfach nahegelegt oder gar insinuiert, sodass es sich jeder leicht zu eigen machen könnte. Es wird nur hypothetisch im Blick auf die subjektive Übersetzung gesagt: „Wer glaubt, so denken zu müssen, muss sich gewissenhaft prüfen, ob ... Nur wer so handelt ... Nur so dient auch er ..." (Nr. 12). Um die Bildung eines solchen selbständigen Gewissens hat die KE Sorge. Sie bittet die Seelsorger, unter diesen Voraussetzungen eine solchermaßen „verantwortungsbewusste Gewissensentscheidung der Gläubigen (zu) achten" (Nr. 16), was übrigens nicht identisch ist mit „zustimmen" oder „billigen". Gerade eine abweichende Gewissensentscheidung muss auch ihre einsame Last tragen können. Es versteht sich von selbst, dass ein solcher Widerspruch gegen HV nicht „auf einer grundsätzlichen Ablehnung der päpstlichen Autorität" beruhen darf (Nr. 4). Die Bischöfe weisen mehrfach billige Kritik und Verdächtigungen der Lehre der Enzyklika zurück (vgl. Nr. 6, 9, 10).

Es bleibt jedoch eine ernsthafte Frage offen, auf die der Text keine eindeutige Antwort gibt. Wie muss das Gewissensurteil näherhin verstanden werden? Es geht um das Problem, ob das abweichende Gewissensurteil das Ergebnis eines „schuldlos irrigen Gewissens" ist oder ob es eine sittliche Ermächtigung zu einem solchen abweichenden Gewissensurteil geben kann.

Nun ist der Begriff des „irrenden Gewissens" gar nicht so einfach, wie man dies gewöhnlich annimmt.[16] Zunächst ist das schuldlos irrige Gewissen sich seines Irrtums gar nicht bewusst. Es gibt freilich die Möglichkeit, dass in unserem Fall auch bei einer formalen Anerkennung des kirchlichen Lehramtes und unter Voraussetzung der Richtigkeit der Norm in HV die Gewissen sehr vieler Katholiken effektiv die Verpflichtung dieser Norm nicht erkennen und auch nicht anerkennen können. Darauf können z. B. kollektive Leitbilder, die fast selbstverständliche allgemeine Praxis einer Gesellschaft oder einer Zeit, besondere wirtschaftliche Belastungen, das Gewicht der öffentlichen Meinung usw. einwirken. Karl Rahner hat vielfach darauf aufmerksam gemacht.[17] Jedenfalls gibt es diese Möglichkeit des existenziellen Nicht-Einsehen-Könnens einer als gültig vorgesehenen Norm. Man kann dann darüber streiten, wie weit man dieses Phänomen mit dem herkömmlichen Begriff des „irrenden Gewissens" kennzeichnet und ob dieses jeweils ein „unüberwindlich" oder „überwindlich" irrendes Gewissen ist.

Wenn auch eine Interpretation nach dem Modell „irrendes Gewissen" nicht ausgeschlossen ist, so trifft diese Kategorie doch nicht recht den Tatbestand. Hier steht die KE tatsächlich vor einem anderen Problem, wie besonders Nr. 12 aufzeigt. Es geht vielmehr darum, dass sich das Gewissen eines Katholiken, das in Respekt um die vorgelegte Lehrentscheidung und sittliche Weisung der Kirche weiß, aus gewissenhaft erwogenen Gründen sittlich berechtigt weiß, ein abweichendes Gewissensurteil zu bilden und ihm zu folgen. Die KE geht – auch wenn dies nicht im Einzelnen dargelegt wird – von der Überzeugung aus, dass es solche Gründe geben kann. Damit hängt sicher zunächst zusammen, dass es sich in dem speziellen Fragepunkt nach den Methoden der Empfängnisregelung nicht um eine unfehlbare Lehre der Kirche handelt. Die KE verschweigt nicht die vor Erscheinen der Enzyklika geführte theologische Diskussion und die Meinungsbildung in den einzelnen Wissenschaften und Bereichen der Kirche (vgl. Nr. 4, 8, 9, 15). Hier muss man auch, selbst wenn sie methodisch anders ansetzen, die Einwände vieler ernsthafter Humanwissenschaftler, vor allem Mediziner, einbeziehen.[18] Gerade philosophisch und naturwissenschaftlich gebildete Menschen, die durchaus loyal zur Kirche stehen wollen, haben hier, wie die Literatur erweist, – mindestens bis jetzt – offenbar unüberwindliche Schwierigkeiten. Dabei geht es vor allem um den umstrittenen „Natur-Begriff"[19], aber auch um grundsätzliche Fragen, die auch nach der KE „noch weiter zu klären sind" (Nr. 14). „Wo liegt die Grenze zwischen der dem Menschen aufgegebenen personalen Steuerung seiner Lebensvorgänge und den seiner Würde widersprechenden Formen der Manipulation des Lebens und der Liebe?" (Nr. 14) Schließlich können viele nicht einsehen, warum die Methode der periodischen Enthaltsamkeit oder der natürlichen Familienplanung grundsätzlich als die einzig richtige Methode der Geburtenregelung empfohlen werden soll (vgl. schon

HV 16) und warum der Unterschied zwischen „natürlicher" und „künstlicher" Empfängnisregelung ethisch so absolut angesetzt wird.

Diese Probleme wurden damals, also 1968, gestellt. Es ist nicht unerheblich, dass es diese Diskussion gab und gibt. Gewissenhafte Eheleute wären nämlich keineswegs beruhigt oder zufrieden mit dem Hinweis, die ganze Frage müssten sie mit ihrem Gewissen ausmachen. Das Gewissen ist sich nicht selbst oberste Instanz. Es wäre auch eine schwache Hilfe, den ratsuchenden Menschen stur auf sein Gewissen zu verweisen. Auch wenn das Urteil über die Methode der Empfängnisregelung in die Entscheidung der Ehegatten gehört, darf es auf keinen Fall willkürlich gefällt werden. In diesem Sinne ist die Frage nicht unwichtig, ob das Gewissensurteil objektive Gründe hat, die seine Entscheidung letztlich auch vor Gott rechtfertigen könnten.

Die KE stand vor einem außerordentlich großen Dilemma. Die Situation war geladen und spannungsvoll. Es war ein Novum, dass viele Katholiken trotz ihres Wissens, dass das oberste Lehramt der Kirche eindeutig und verbindlich eine Norm vorgelegt hat, dennoch der festen Überzeugung waren und sind, zu einer abweichenden Gewissensüberzeugung kommen zu können. HV verlangt ausdrücklich hier Gehorsam: „Wie ihr wohl wisst, verpflichtet euch dieser Gehorsam nicht so sehr wegen der beigebrachten Beweisgründe, als wegen des Lichtes des Heiligen Geistes, mit dem besonders die Hirten der Kirche bei der Darlegung der Wahrheit ausgestattet sind." (Nr. 28) Sicher gibt es unter den Katholiken, die sich an die kirchliche Norm nicht gehalten fühlen, viele, die sich auch nicht um eine persönliche Bildung ihres Gewissens mühen. Aber dies allein kann die Vielzahl auch gebildeter Einsprüche nicht erklären. Offenbar geht es hier entscheidend um einen vertieften Begriff des Gewissens.

6. Die Notwendigkeit der Fortsetzung des Gesprächs

Die KE weiß, dass sie das Gespräch nicht einfach autoritativ für beendet erklären kann. Sie steht mitten im Konflikt, in dem sie einerseits zur Annahme des päpstlichen Rundschreibens auffordert und anderseits das ganze Gewicht der Einwände erblickt. In dieser Situation ist das weiterführende Gespräch fast der einzige Ausweg. Dabei geht es nicht nur um ein Hinausschieben von Entscheidungen und um die Anwendung des „Dialogs" als solchem, sondern es geht darum, dass die wirklich weiterführenden Fragen, wie sie z. B. in Nr. 14 aufgezählt sind, geklärt werden. „Wir Bischöfe wollen mit dafür sorgen, dass das Gespräch über diese und ähnliche Fragen fortgesetzt wird." (Nr. 15) Dazu gehört ein eingehendes Studium der Enzyklika und ihrer Themen auf allen Ebenen. „Bei diesem Gespräch bedarf die Kirche der Hilfe der wissenschaftlichen Forschung, besonders der Anthropologie, der Medizin und der Sozialwissenschaften." (Nr. 15) Die Bischöfe wollen auch intensiv das Gespräch mit dem Heiligen Vater und dem Episkopat anderer Länder pflegen.

Diese hohe Bereitschaft zum Dialog, wie sie schon aus der KE selbst abgelesen werden kann, ist eine Herausforderung an die Verantwortlichen der Kirche, ihre Position zu überdenken. Dies heißt nicht nur und wohl auch nicht zuerst, dass sie einfach revidiert werden soll im Sinne eines schlichten Zurücknehmens der Norm. Der Erkenntnisfortschritt in Sachen des Glaubens ist viel differenzierter. Es ist ja auch durchaus möglich, dass das Lehramt für eine bestimmte Zeit nicht die rechte Sprache und die geeignete Argumentation findet, um die Menschen zu überzeugen. Die Äußerungen des Lehramtes zur Hermeneutik seiner Aussagen haben dies von der Erklärung „Mysterium ecclesiae" (1973) bis zur Instruktion „Donum veritatis" (1990) selbst aufgezeigt. Papst Johannes Paul II. hat viele Anläufe zu einer Vertiefung der Argumente der Enzyklika unternommen, sei es schon in seinen ethisch-moraltheologischen Schriften, vor allem jedoch in „Familiaris consortio" (FC) und in den zahlreichen Katechesen über die menschliche Liebe, die viel zu wenig bekannt geworden sind.[20] Es darf schließlich nicht ausgeschlossen werden, dass die Kirche bei allem eigenen Ungenügen auch elementar gegen epochale Wertverdunkelungen angehen muss, denn es gibt zweifellos auch Blindheiten einer Zeit, wo die Kirche genötigt ist, den Menschen die Augen zu öffnen. Sie muss dann – „gelegen oder ungelegen" – gegen den Strom schwimmen. Aber sie muss dies immer noch in ständigem Bemühen um Kommunikation und um die Vermittlung der hinter ihren Normen stehenden Grundüberzeugungen tun.

III. Das Wort zur seelsorglichen Lage – heute

Wir wollten den Versuch einer Standortbestimmung unternehmen, gleichsam eine „relecture" der KE im Licht der heutigen Situation. Es ist freilich nicht möglich, einzelne Stationen in dieser 25-jährigen Geschichte der Rezeption zu besprechen. Sonst müsste z. B. ausführlicher die Rede sein vom Beschluss „Christlich gelebte Ehe und Familie" der Gemeinsamen Synode der Bistümer in der Bundesrepublik Deutschland (1973, vgl. 2.2.2), von der Welt-Bischofssynode 1980 über Ehe und Familie mit den „Propositiones", von der Veröffentlichung des Apostolischen Schreibens „Familiaris consortio" im November 1981, von der Instruktion „Donum vitae" der Glaubenskongregation im Februar 1987, vom 20. Jahrestag des Erscheinens von HV, von der Veröffentlichung des „Katechismus der Katholischen Kirche" im Jahr 1992/93 (vgl. die Ausführungen zur Geburtenregelung in den Nr. 1653 bis 1654, 2366 bis 2367, 2368, 2370, 2374 bis 2376) sowie von vielen Äußerungen von Papst Johannes Paul II.[21], nicht zuletzt im Jahr 1988. Dies ist im Rahmen eines solchen Berichtes ausgeschlossen. Stattdessen soll versucht werden, den heutigen Standort heller zu beleuchten, wobei Einschätzungen der unmittelbar gelebten Situation immer und unvermeidlich trotz allen Bemühens eine subjektive Einfärbung haben.

1. Veränderungen des gesellschaftlichen Umfeldes in der Gestaltung der Sexualität

Als 1968 HV erschien, machte das Rundschreiben zu Beginn aufmerksam auf neue Problemstellungen: rasche Weltbevölkerungs-Entwicklung, Wandel im Selbstverständnis der Frau, Veränderungen in der Auffassung der Ehe und in der Beurteilung von Sexualität und Intimität innerhalb und außerhalb der Ehe, wachsende Technisierung auch der leiblichen Dimension des Menschen (Nr. 2 und 3), Eingriffe der Staaten in die Familienplanung (Nr. 17), Zunahme der Abtreibungen, Verbreitung von Pornografie, Liberalisierung strafrechtlicher Bestimmungen usw. Die KE hebt „die Warnung der Enzyklika vor der drohenden und schon einsetzenden Manipulation des Menschen, vor den Gefahren der Sexualisierung des öffentlichen Lebens und vor falschen Lösungen des Bevölkerungsproblems" (Nr. 10, vgl. auch Nr. 1) hervor.

Man wird ohne Pessimismus und Schwarzseherei feststellen können, dass viele dieser Voraussagen und Befürchtungen eingetreten sind. Insofern ist die Grundtendenz von HV, in vertiefter Weise zum Gesamtverständnis christlicher Ehe und Familie beizutragen, nach wie vor hochaktuell. Durch die Fixierung auf die Frage vor allem der künstlichen Empfängnisverhütung ist der Reichtum des Rundschreibens an positiven Aussagen und Hilfen bis heute zu sehr übersehen worden. Ja, man kann durchaus mit Papst Johannes Paul II. sagen, dass HV in dieser Gesamtsicht auch für die Zukunft eine prophetische Botschaft enthält.[22]

Auch im Blick auf die Geburtenregelung hat sich vieles verändert. Als die Enzyklika erschien, waren die Präparate zur hormonellen Kontrazeption ein knappes Jahrzehnt auf dem Markt. In jüngster Zeit haben die hormonarmen Pillenpräparate die höherdosierten Pillen sehr zurückgedrängt und inzwischen einen Marktanteil von über 77 Prozent. Dadurch sind Risiken und

Nebenwirkungen geringer geworden.[23] Auch in der Bundesrepublik Deutschland hat die Zahl der Frauen, die regelmäßig Ovulationshemmer anwenden, stetig zugenommen und beträgt seit fast 20 Jahren – nicht sehr viel verändert – ca. 4 Millionen, d. h. 31 Prozent aller Frauen und Mädchen im Alter von 15 bis 44 Jahren. Die „Pillenmüdigkeit" scheint jedenfalls statistisch wenig erkennbar zu sein. „Entgegen einer weit verbreiteten Meinung hat die Verbreitung der Ovulationshemmer bei uns in den letzten 15 Jahren nicht abgenommen."[24]

Heute besteht eine hohe Übereinkunft im Lager der Emanzipationsbewegungen, dass viele hohe Ziele der „Sexuellen Revolution" gescheitert sind. Darüber braucht hier nicht näher gehandelt zu werden. Aber im Verein mit den hormonellen Kontrazeptiva ist es in einem hohen Maß erreicht worden, Sexualität und Fortpflanzung, Intimität und Fruchtbarkeit voneinander abzukoppeln. Dies hatte nicht nur Konsequenzen im Blick auf die geringere Kinderzahl innerhalb der Ehen. An dieser Entwicklung sind viele Faktoren beteiligt.[25] Durch die Möglichkeit der Empfängnisverhütung sind zweifellos auch die vor- und außerehelichen Beziehungen erleichtert worden. Die Liberalisierung des sexuellen Verhaltens ist durch die „Errungenschaften" der hormonellen Kontrazeptiva erheblich gefördert worden. Wurde in der Zeit der Entstehung der KE noch intensiv über den Gebrauch der Ovulationshemmer besonders durch Frauen in der Ehe diskutiert, so hat der Gebrauch der „Pille" besonders bei unverheirateten Mädchen erheblich zugenommen. Es besteht auch kein Zweifel, dass das hohe Ansteigen nichtehelicher Lebensgemeinschaften gefördert worden ist durch die heutigen Möglichkeiten der Empfängnisverhütung, die eine hohe Zuverlässigkeit erreicht hat.

Diese und andere gesellschaftliche Prozesse haben in hohem Maß dazu geführt, dass der anthropologische und vor allem der ethische Aspekt der Empfängnisverhütung inzwischen sehr in den Hintergrund getreten ist und die ganze Frage, nicht zuletzt unterstützt durch Sexualkundeunterricht und Informationen zur Empfängnisverhütung, in ihrer beinahe ausschließlich „technischen" Seite interessiert.

2. Negative Bilanzpunkte der hormonellen Kontrazeption aus ethischer und anthropologischer Sicht

Ursprünglich war die Zuverlässigkeit und Erleichterung der hormonellen Kontrazeption mit der Erwartung einer beiderseitigen Entwicklung und Reifung in einer Partnerschaft verbunden gewesen. Heute wird deutlicher, wie groß die Selbsttäuschung in diesem Bereich ist. Es ist gut, dies nicht als Theologe und Bischof feststellen zu müssen. Es wäre auch nicht angebracht, sich dabei nur der Zeugnisse aus dem Bereich des Feminismus zu bedienen. Immerhin sollen sie schon der Ehrlichkeit halber auch nicht einfach verschwiegen werden: „Früher konnten Frauen sich aus Prüderie oder Angst vor unerwünschter Schwangerschaft wenigstens verweigern, wenn sie keine Lust hatten, heute haben sie Dank Aufklärung und Pille zur Verfügung zu stehen.“[26] Die extremere feministische Literatur ist voll von solchen und ähnlichen Äußerungen. Paul VI. hat auf seine Weise vor solchen Gefahren gewarnt: „Auch muss man wohl befürchten: Männer, die sich an empfängnisverhütende Mittel gewöhnt haben, könnten die Ehrfurcht vor der Frau verlieren, und, ohne auf ihr körperliches Wohl und seelisches Gleichgewicht Rücksicht zu nehmen, sie zum bloßen Werkzeug ihrer Triebbefriedigung erniedrigen und nicht mehr als Partnerin ansehen, der man Achtung und Liebe schuldet.“ (HV 17)

Es sind aber nicht nur feministische Kreise, mit denen unbeschadet aller sonstigen Differenzen überraschende Berührungspunkte entstehen. Ich möchte dafür nur noch zwei Zeugnisse außerhalb des kirchlichen Raumes anführen. Der bekannte Sozialpsychologe und Psychoanalytiker Tobias Brocher schrieb 1975 in seinem Buch „Von der Schwierigkeit zu lieben“: „Die Entdeckung der Schwangerschaftsverhütung durch medikamentöse Beeinflussung des weiblichen Monatszyklus fordert eine Bewältigung der Verantwortlichkeit für die seelischen Konsequenzen einer Partnerschaft, die keineswegs erreicht ist. Die trotz aller möglichen Nebenwirkungen solcher künstlich medizinischen Regelungen im Leben der Frau denkbare größere Intensität einer Liebesbeziehung und ihre daraus entstehende Reifungsmöglichkeit wurde nicht vollzogen. Vielmehr hat diese Entdeckung wie viele andere technische Neuerungen zunächst zu einer Art kindlich naiven Erprobens einer neuen Freiheit geführt, die sich als Scheinfreiheit erweist, da sie an der Notwendigkeit des Erlernens einer größeren Verantwortung kaum etwas änderte. Im Gegenteil, die Scheinfreiheit hat eher zu Täuschungen und folgerichtig zu Enttäuschungen geführt, da es mit dem sexuellen Akt alleine keineswegs getan ist … Verlangt wird jedoch mehr als Beischlaffähigkeit, nämlich die Fähigkeit zur Konstanz, zur Wandlung und Förderung gegenseitiger Entwicklung. Dies kann nur erlernt werden, wenn sich jeder zuvor der Schwierigkeit zu lieben ehrlich bewusst wird … Es ist daher höchst fraglich, ob sexuelle Libertinage, die mit Liebe kaum etwas zu tun hat, zu größerer erotischer Freiheit beiträgt oder aber die Schwierigkeit zu lieben in Wirklichkeit verstärkt.“[27] Bekannt ist die Warnung Max Horkheimers anlässlich seines 75. Geburtstages in einem Spiegel-Interview[28] und in einem Fernsehfilm mit H. Gumnior im selben Jahr. Auf die Frage, warum gerade er zum

Erstaunen vieler Schüler und Freunde die Enzyklika „Humanae vitae" des Papstes gerechtfertigt habe, wies Horkheimer auf die Dialektik hin, „welchen Preis wir für diese oder jene Maßnahme, für diesen oder jenen Fortschritt bezahlen müssen. Die Pille müssen wir mit dem Tod der erotischen Liebe bezahlen ... Die Pille macht Romeo und Julia zu einem Museumsstück. Lassen Sie es mich drastisch sagen: heute würde Julia ihrem Romeo erklären, dass sie nur noch schnell die Pille nehmen wolle und dann zu ihm komme."[29] Im Blick auf die Überbevölkerungsproblematik betont Horkheimer nochmals, „dass wir für diesen Fortschritt einen Preis bezahlen müssen und dieser Preis ist die Beschleunigung des Verlustes der Sehnsucht, letztlich der Tod der Liebe."[30]

Dies ist das Zeugnis von Intellektuellen, die ein Leben lang für Aufklärung gekämpft haben, aber auch nie ihre Dialektik und Ambivalenz verschwiegen haben. Es sind Menschen, die sehr früh darum auch die Rückseite des technischen Fortschritts wahrgenommen haben. Was H. E. Richter kürzlich zur Psychoanalyse und ihren Gefährdungen durch eine technische Mentalität sagte, gilt ähnlich für Theologie und Seelsorge: „Aber durch den Trend, alle menschlichen Funktionen, bis hin zur Empfängnis, technisch manipulierbar zu machen, gerät die Psychoanalyse immer stärker ins Hintertreffen. Wer ist schon noch offen dafür, in den eigenen Tiefen nach den Ursachen für Missstände zu suchen, wenn technische Mittel trügerisch schnelle Abhilfe versprechen."[31]

Liest man die Grundgedanken von HV im Licht dieser Zeugnisse aus fast 25 Jahren, die leicht vermehrt werden könnten, dann wird man gewiss nachdenklicher bei der Reflexion über den „unauflöslichen Zusammenhang" von Sexualität und Fruchtbarkeit, über den unerlässlichen ethischen Aspekt jeglicher Geburtenregelung über die mindestens langfristigen Folgen technischer Eingriffe und von Manipulationen im Bereich der menschlichen Sexualität und Fruchtbarkeit. Es mag dann sein, dass manches missverständlich und unangemessen zur Sprache gekommen ist, aber es kann auch sein, dass die Enzyklika ihre wahre Aussagekraft erst noch bekommt. Mindestens muss man von heute aus für diese Fragestellung sensibel sein.

3. Die „Königsteiner Erklärung" in ihrer Entwicklung zu einer praktischen Gegennorm

Vor diesem Hintergrund wird ein Aspekt der Entwicklung in den zurückliegenden 25 Jahren besonders wichtig. Die KE sollte ein Wort zur seelsorglichen Lage sein, aber keine eigene normative Orientierung geben. Hier hat sich in der Gesamtentwicklung von 1968 bis heute eine meist stillschweigende Verschiebung in der Funktion der KE ereignet. F. Böckle hat als einer der wenigen diesen Prozess sehr deutlich formuliert: „Nun wird man gerechterweise zugestehen, dass die ‚Königsteiner Erklärung' sowie die Synodenaussage in der Praxis vieler Kirchenglieder inzwischen wie eine *sekundäre* Norm verwendet wird. Man denkt und sagt: ‚Der Papst verbietet zwar empfängnisverhütende Mittel, die Bischöfe aber haben doch gesagt, man könne die Sache auch anders sehen.' Mit anderen Worten, die Entscheidung entspringt nicht einem ernsthaft prüfenden Gewissen; vielmehr wird die persönliche Meinung mit der Berufung auf eine ‚Sondernorm' gedeckt. Das war und ist nicht der Sinn des Bischofswortes nach Erscheinen von ‚Humanae vitae'. Dass Rom gegen eine solche Etablierung einer Sondernorm protestiert und zur Ordnung ruft, ist verständlich."[32] In der Tat ist die Berufung auf die KE weitgehend, d. h. bei vielen, eine sehr formelhafte General-Legitimation geworden, um sich über den normativen Gehalt von HV hinwegzusetzen. Gespräche über die KE zeigen, wie wenig die wirklichen Aussagen präsent sind.

Es ist selbstverständlich nie die Absicht der KE gewesen, die normativen Aussagen von HV mehr oder weniger stillschweigend zu ersetzen. Als ein Wort zur seelsorglichen Lage will die KE keine eigene Orientierung außer, neben oder gar gegen HV sein, sondern sie ist ein pastoraler Schlüssel zu einer differenzierteren Lektüre von HV in einer bestimmten Situation. Blickt man in die Literatur, dann ist es schon erstaunlich, wie formell, ja manchmal beinahe fetischartig die KE als Ausweis für ein prinzipiell abweichendes Handeln benutzt wird.[33]

Solche Fehldeutungen sind missbräuchlich und desavouieren die wahre Intention der KE, die es in ihrer authentischen Zielsetzung aufrechtzuerhalten gilt. Dies gelingt aber letztlich nur, wenn der falsche Gebrauch beim Namen genannt wird.

4. Keine Verfälschung des personalen Gewissensurteils

Mit dieser Kritik ist auch bereits eine weitere Unterscheidung notwendig. In vielen Hinweisen auf die KE erscheint dieses Wort der Bischöfe als eine allgemeine Berufungsinstanz für ein abweichendes Handeln. Man muss jedoch beides zunächst streng auseinanderhalten, nämlich die Ebene des personalen Gewissens und die Ebene allgemeiner Normen. Selbstverständlich gibt es Zusammenhänge zwischen beiden Bereichen. Verallgemeinerungsfähige Gewissensurteile haben durchaus etwas mit der Entstehung von Normen zu tun. Aber der Übergang darf nicht stillschweigend und unreflektiert erfolgen. Wir haben bei der Darlegung der Gehalte der KE gesehen, dass die KE selbst keine Anleitung für ein Gewissensurteil oder gar eine Handlungsanweisung enthält. Die Struktur der entscheidenden Sätze „Wer glaubt, so denken zu müssen …“ (Nr. 12) verdient höchste Aufmerksamkeit. Die Notwendigkeit einer einzelnen Gewissensprüfung, die zuerst einmal an der normativen Aussage der Kirche selbst erfolgen muss (vgl. Nr. 11 und 12), darf keinesfalls übergangen werden. Der dafür notwendige personale Rahmen muss unter Umständen durch eine wirkliche Gewissensbildung erst geschaffen werden. Jedenfalls darf er nicht fehlen, wenn es wirklich um eine Gewissensentscheidung gehen soll.

Wenn es wirklich eine abweichende Gewissensentscheidung geben kann, dann ist diese personale Reifung in der Gewissensbildung eine unersetzbare Voraussetzung. In diesem Sinne muss der von der KE für sittlich erlaubt gehaltene Gewissensspruch streng gegen die missbräuchlichen und unberechtigten Berufungen geschützt werden. So entsteht der Eindruck, die Lehre von HV würde nur verbal bejaht und es gebe eine Freigabe zu beliebigem Handeln, die durch das Etikett „Gewissen“ gedeckt werde. Die KE ist kein „Zauberwort“ und schon gar nicht ein „Hintertürchen“, vielmehr verlangt sie vom Menschen eine vorbehaltlose Begegnung mit der Wahrheit, was nie ohne Schmerz und Veränderung möglich ist. Deshalb ist es auch töricht, die relativ breit abweichende Praxis im Bereich der katholischen Kirche der „Königsteiner Erklärung“ anzulasten. Das hier und dort aufkommende Unbehagen muss *grundsätzlich* reflektiert werden. Am Ende kommt alles auf das Gewissensverständnis an, das man gewiss gerade heute an der objektiven Norm und der Begegnung mit der in ihr bezeugten Wahrheit ausrichten muss, aber dennoch ist das Gewissen auch nach der klassischen Tradition nicht nur die Anwendung des Allgemeinen auf einen Einzelfall. Gerade auch im Ethos muss man berücksichtigen: Individuum est ineffabile. Es gibt darum bei aller Notwendigkeit des Gehorsams im Gewissensurteil ein schöpferisches *Moment* – es ist nicht einfach eine schöpferische Instanz – und einen echten Ermessensspielraum. Im Einzelfall kann dies – in ganz bestimmten Grenzen und unter bestimmten Voraussetzungen – zu einem von der Norm abweichenden Gewissensurteil führen, was selbstverständlich bei in sich schlechten Handlungen nicht möglich ist. Mit Recht wird das Gewissen vom Zweiten Vatikanischen Konzil als „Heiligtum im Menschen, wo er allein ist mit Gott, dessen Stimme in diesem seinem Innersten zu hören ist“ (GS 16) bezeichnet. Man darf hier nie die Beachtung der universalen Normen gegen die persönliche Verantwortung ausspielen. Hier sehe ich anthropologisch und ethisch, moraltheologisch und pastoral das eigentliche Defizit und die entscheidende Aufgabe der jetzigen Situation.[34]

5. Versäumte Aufarbeitung

Die KE hatte intensive Dialoge zur Bewältigung der mit der Krise gestellten Aufgaben gefordert. Rückblickend muss man jedoch sagen, dass trotz vieler Einzeläußerungen und einer ständigen Diskussion keine wirkliche Aufarbeitung stattgefunden hat. Es ist erstaunlich, wie gering die Beschäftigung mit den wirklichen Brennpunkten ist. Darüber können auch viele Veröffentlichungen nicht hinwegtäuschen. Es gibt im deutschen Sprachgebiet kaum zusammenhängende Kommentare zu HV.[35] Ähnliches gilt für die Interpretation der „Königsteiner Erklärung". Fast vergeblich sucht man nach Monographien zur Rezeptionsgeschichte von HV.[36] Die wichtigen Fragen der „natürlichen Familienplanung", die seit 1968 – auch medizinisch – sehr viel mehr Ansehen gewonnen hat, werden in unserem Land, auch in ethischer Hinsicht, wenig erörtert.[37]

Vielleicht hängt dieser an sich verwunderliche Ausfall mit dem gegenwärtigen Stand der Moraltheologie als Wissenschaft zusammen. Man hat sich seit mehr als zwei Jahrzehnten mit einer erstaunlichen Akribie bestimmten, aber auch begrenzten Themenfeldern zugewandt: die Absolutheit sittlicher Normen, das Proprium christlicher Ethik, die Kompetenz des Lehramtes in ethischen Fragen, die deontologische bzw. teleologische Begründung der Normen usw. Andere Themen traten, auch wenn sie wichtig waren, für eine Weile sehr zurück, wie z. B. das Gewissensproblem.[38] Diese gelegentlich einseitige Akzentuierung hat auch z. B. in der Interpretation der Enzyklika HV und der „Königsteiner Erklärung" zu verzerrten Beurteilungen und Interpretationen geführt. So ist z. B. die Diskussion um den Naturbegriff zwar wichtig, aber sie darf die Struktur des ehelichen Aktes, wie er in HV gesehen wird, nicht vernachlässigen. Außerdem ist es erstaunlich, dass die Entwicklung in der Begründung der Positionen innerhalb des Lehramtes selbst und der damit einhergehende Wechsel der Argumentation (GS, HV, FC) wenig beachtet worden sind. Es scheint mir, dass in der Analyse lehramtlicher Dokumente in der Moraltheologie eine Hermeneutik und ein Vorgehen fehlen, wie sie dem dogmatischen Theologen längst vertraut sind. Viele Probleme könnten so besser gelöst werden.

Man wird also feststellen dürfen, dass das 1968 so begrüßte Gespräch und der gezielte Dialog weitgehend ausgeblieben sind, ohne dass jetzt dafür Schuldige verantwortlich gemacht werden müssen. Stattdessen haben sich die Positionen und die Kontroversen außerordentlich verhärtet, wie die Auseinandersetzungen der letzten Jahre zeigen. Es ist höchste Zeit, diese Blockaden aufzubrechen. Ich denke dabei vor allem auch an so schwerwiegende Themen wie den Unterschied zwischen natürlicher und künstlicher Familienplanung, der m.E. einer sehr viel eindringlicheren Behandlung bedarf. Darauf kann ich leider in diesem Zusammenhang nicht mehr eingehen.

IV. Folgerungen

1. Die KE ist ein Schlüssel zur pastoralen Lektüre von HV in einer Situation, in der viele überzeugte Katholiken die vom Lehramt vorgelegte Norm nicht annehmen können. Sie ist keine sekundäre Norm oder gar eine Gegennorm zu HV.

2. Nach 25 Jahren wird zwar in mancher Hinsicht ein sicher auch zeitbedingter Kontext von KE sichtbar, das Grundanliegen behält jedoch nach meinem Urteil seine Gültigkeit. Dies gilt vor allem auch deshalb, weil sich die Konfliktsituation bisher nicht grundsätzlich entschärfen ließ.

3. Es besteht jedoch – gerade im Abstand von 25 Jahren – die Möglichkeit, manche bewussten oder auch ungewussten Ambivalenzen der KE zu entdecken und sich zu fragen, wie ein Missbrauch und eine Fehldeutung entstehen konnten und wie sie wirksam vermieden werden können. Diese müssen offen beim Namen genannt werden, damit die KE nicht in ihrer berechtigten Intention diskreditiert wird.

4. Es hat wenig Sinn, die Normen von HV unter hohem Einsatz allein der Autorität einzuschärfen oder gar zu verschärfen. In dieser Perspektive ist die intensive Gesprächsaufforderung der KE trotz vieler Versuche uneingelöst.

5. Die Seelsorge trifft heute aus vielen Gründen immer wieder auf die Situation, dass autoritativ vorgelegte Normen auf Einwände und Widerstände stoßen. Umso wichtiger ist die elementare Verkündigung und Glaubensunterweisung im Blick auf die allgemeinen Normen. Doch ist ein verantwortliches Gewissensurteil nicht nur die Anwendung des Allgemeinen auf den Einzelfall. Das damit gegebene Problem kann auf die Dauer nicht durch immer etwas problematische pastorale Hilfestellungen aufgefangen werden. Es bedarf einer grundlegenden ethischen und pastoralen Auseinandersetzung mit der Gewissensproblematik, vor allem im Verhältnis zu Amt und Autorität. Insofern sind die Probleme und Konflikte um HV und KE nur Ausdruck einer umfassenderen Aufgabe, der sich die Kirche von heute stellen muss.

6. In pastoraler Hinsicht wird in einer so komplexen Situation immer auch das Gesetz des stufenmäßigen Wachsens und Reifens Anwendung finden müssen, das um die Unvollkommenheiten, aber auch um die Chance kleiner Schritte weiß. Die Annahme eines Gesetzes der Gradualität bedeutet nicht eine Gradualität des Gesetzes (vgl. FC 34). Hierfür muss eine eigene Pastoral der Wegbegleitung entwickelt werden, die auch für viele andere Bereiche wichtig ist.

Heute kann man sich nicht mehr auf die KE berufen, ohne ihre ursprüngliche Intention mit dem bisher begangenen Weg in diesen 25 Jahren (1993) zu bedenken. Es bedarf einer echten „Relecture", die letztlich das ursprünglich Gemeinte wieder reiner und entschiedener herausstellen will. Ob dafür ein eigenes Wort notwendig ist, müssen zuerst die deutschen Bischöfe besprechen und entscheiden.

KLEINES NACHWORT (2006)

Das unveränderte Referat von 1993 bedarf einer kleinen Erläuterung. Als ich am 22. September 1987 zum Vorsitzenden der Deutschen Bischofskonferenz gewählt war, hatte ich bei Papst Johannes Paul II. am 4. Dezember 1987 einen Antrittsbesuch gemacht. Der Heilige Vater sprach mich sofort darauf an, mein Vorgänger, der am 16. Oktober 1987 verstorbene Joseph Kardinal Höffner, habe vorgehabt, die „Königsteiner Erklärung" der Deutschen Bischofskonferenz zurückzuziehen. In der ihm eigenen Art hat er mich deutlich spüren lassen, dass er dies nun von mir erwartet. Er hat aber keinen Druck ausgeübt.

Herr Kardinal Höffner hat in der Zeit, seit ich sein Stellvertreter im Vorsitz war (1985) und besonders auch in der Zeit seiner Erkrankung, nie mit mir darüber gesprochen. Möglicherweise haben Papst Johannes Paul II. und Joseph Kardinal Höffner beim Pastoralbesuch des Heiligen Vaters im späten Frühjahr 1987 (30. April – 4. Mai), als offenbar der Rücktrittstermin des Kölner Erzbischofs vereinbart wurde, auch darüber gesprochen. Es gibt in der Tat einige Hinweise, dass Kardinal Höffner sich ab Mai 1987 erneut mit der „Königsteiner Erklärung" beschäftigen wollte (z. B. Auftrag zur Besorgung von entsprechender Literatur). Vielleicht hatte Kardinal Höffner vor, sich in seinem letzten Eröffnungsreferat bei der Herbst-Vollversammlung im September 1987 – in welchem Kontext immer – mit dem Thema zu befassen. Dazu kam es wegen der rasch schlimmer werdenden Erkrankung des Vorsitzenden nicht mehr. Dies würde aber gut erklären, warum Papst Johannes

Paul II. nach dem Tod von Kardinal Höffner den neuen Vorsitzenden auf die Sache ansprach.

Ich war natürlich über diese Erwartung des Heiligen Vaters überrascht. Ich habe angemerkt, dass Kardinal Höffner elf Jahre im Amt gewesen sei, ohne die „Königsteiner Erklärung“ zurückzunehmen. Ich sei auch nicht sicher, ob ihm eine qualifizierte Mehrheit der Deutschen Bischofskonferenz darin folgen werde. Er könne ja auch nicht allein darüber entscheiden. Der Heilige Vater möge vor diesem Hintergrund mir die Chance einräumen, der Sache nochmals genauer nachzugehen. Ich hätte den Eindruck, dass man die „Königsteiner Erklärung“ sehr oft falsch auslegt und dass darauf auch ein gewisser Missbrauch beruht, der gar nicht zu leugnen ist. Man müsse aber auch bedenken, dass ein erheblicher Teil gebärfähiger Frauen katholischen Glaubens sich trotz einer grundsätzlichen Treue und Anhänglichkeit zur Kirche nicht an die Normen von „Humanae vitae“ halten würden. Dies müsse nüchtern gesehen und aufgearbeitet werden.

Ich habe dann dem Heiligen Vater den Vorschlag gemacht, er möge mir zu diesem intensiveren Studium etwas Zeit geben, die allerdings wegen der Differenziertheit der Sache nicht zu knapp sein dürfte. Ich wollte auch selbst die damit gegebene Aufgabe anpacken und zu Ende führen. In ca. fünf Jahren seien es 25 Jahre seit der Publikation der Enzyklika „Humanae vitae“ und der so genannten „Königsteiner Erklärung“. Gerne würde ich ihm in diesem Zeitraum als Ergebnis meiner Studien eine Ausarbeitung vorlegen. Ich würde aber in der Zwischenzeit auch das Thema in der Deutschen Bischofskonferenz ansprechen. Den meisten Bischöfen sei es ja durchaus bewusst, dass hier eine nicht genügend aufgearbeitete Aufgabe sei, die man aber nicht ignorieren und auch nicht zu lange aufschieben dürfe. Papst Johannes Paul II. war mit diesem Vorschlag einverstanden.

Nach gründlichen Studien, die ich selbst unternahm und wobei ich auch, wie die Anmerkungen ausweisen, ausländische Literatur heranzog, habe ich am 20. September 1993 bei der jährlichen Herbst-Vollversammlung in Fulda das hier abgedruckte Eröffnungsreferat zum Thema „Verantwortete Elternschaft zwischen Gewissenskonflikt, pastoraler Verantwortung und lehramtlichen Aussagen. Versuch einer Standortbestimmung 25 Jahre nach der ‚Königsteiner Erklärung‘ der Deutschen Bischofskonferenz“ gehalten. Gewöhnlich gibt es nach dem Eröffnungsreferat nicht unmittelbar danach eine Aussprache, die geplante längere Diskussion wurde verschoben. Die Bischöfe erhielten den hier veröffentlichten Vortragstext (19 Seiten).

Nach dieser Herbst-Vollversammlung habe ich persönlich bei der nächsten Gelegenheit einer Audienz (19. November 1993) Papst Johannes Paul II. meine früher versprochene, jetzt im Vortrag niedergelegte Ausarbeitung übergeben. Dem Heiligen Vater habe ich natürlich auch den Wunsch unterbreitet, dass ich vielleicht nach einiger Zeit etwas von der Sache höre und man vielleicht später darüber sprechen könnte. Er hat dies angenommen, mich aber auch auf den Präfekten der Glaubenskongregation, Joseph Kardinal Ratzinger, verwiesen, freilich ohne selbst die Sache ganz aus den Händen zu geben. Ich habe selbstverständlich danach dem Präfekten der Glaubenskongregation den Text zur Verfügung gestellt.

Den Mitgliedern der Deutschen Bischofskonferenz habe ich mündlich bei meinem Vortrag diesen konkreten Hintergrund und Anlass meines Referates mit der Bitte um Diskretion vorgetragen. Weil ich aber den Text dem Heiligen Vater selbst zur Verfügung stellte, habe ich damals und bis heute meinen Vortrag nicht veröffentlicht. Ich hatte freilich früher zweimal die Sache in einem größeren Kontext angesprochen. Hier spielte jedoch die „Königsteiner Erklärung“ eine sehr geringe Rolle.[39]

Ich habe in gebührendem Abstand später einmal Papst Johannes Paul II. auf das Thema und meine Ausarbeitung angesprochen, bekam aber keine Antwort. So ist die Sache liegengeblieben, ist aber immer noch von drängender Aktualität.

Der Vortragstext von damals wurde für diesen Band durchgesehen und der äußeren Struktur der übrigen Referate (Gliederung, Fußnoten) angeglichen, blieb aber in der Sache schon um der Dokumentation willen unverändert. Nach 1993 erschienene Literatur ist darum selbstverständlich nicht berücksichtigt. Hier bedarf der Text der Fortsetzung. Ich sehe aber keine Notwendigkeit, die grundlegenden Positionen in Frage zu stellen.

Jetzt dürfte aber die Zeit gekommen sein, um im Rahmen einer Gesamtveröffentlichung aller von mir gehaltenen Eröffnungsreferate in den letzten 18 Jahren auch diesen Text öffentlich zugänglich zu machen. Dies ist auch darum notwendig, weil gelegentlich fehlerhafte Informationen in Umlauf kamen, Papst Johannes Paul II. habe von mir die Zurücknahme der „Königsteiner Erklärung“ verlangt, ich hätte aber nicht reagiert. Dies ist falsch. Es gab auch nie Zeugen in den drei Audienzen, in denen ich mit dem Heiligen Vater über die Sache sprach. Schließlich bin ich heute noch dem verstorbenen Papst Johannes Paul II. dankbar, dass er sich am 4. Dezember 1987 auf den eingangs genauer beschriebenen Weg der Klärung einließ. Das Vertrauen hat mich bestärkt und ermutigt.

Das Gespräch über die „Königsteiner Erklärung“ ist notwendig im Sinne einer „Relecture“ des früheren Textes im Abstand und mit einer Wirkungsgeschichte von damals 25, heute bald 40 Jahren. Auch heute ist es noch meine feste Überzeugung, dass eine Diskussion der Sache die hier aufgezeigten Themen und Probleme nicht ignorieren darf. Niemand darf es sich hier leicht machen. Die Sache selbst hat nach wie vor ihren Preis.

Anmerkungen

1 Vgl. Geburtenregelung und Gewissensentscheid. Die bekannt gewordenen Dokumente der Päpstlichen Ehekommission, hg. von F. E. Freiherr von Gagern, München 1967, [2]1968; vgl. auch R. Blair Kaiser, The Encyclical that Never Was. The Story Of the Pontifical Commission an Population, Family and Birth 1964–66, London [2]1987.
2 Vgl. A. Manheeuws, Union et Procreation, Paris 1989.
3 Vgl. die deutsche Ausgabe der Enzyklika in: Nachkonziliare Dokumentation 14, Trier [3]1973, 58f.
4 Vgl. nur die Sammlungen: Erstes Echo auf Humanae vitae, hg. von F. Oertel, Essen 1968; Die Enzyklika in der Diskussion, hg. von F. Böckle / C. Holenstein, Zürich 1968, Brennpunkte Bd. 16 und 17.
5 Erstes Echo auf Humanae vitae, hg. von F. Oertel, Essen 1968, 80.
6 Vgl. außer den schon genannten und anderen Dokumentationen D. Tettamanzi, L'enciclica „Humanae vitae", nelle dichirarazioni delle Conferenze Episcopali Nazionali di Olanda, Belgio, Germania, Italia e Austria, in: Commento all'Enciclica „Humanae vitae", hg. Von O. Ceriani u.a., Mailand 1968, 178–234, vgl. die Texte 243–272; vgl. auch Ph. Delhaye u.a., Pour relire Humanae vitae, Gembloux 1970. Die Österreichische Bischofskonferenz hat die so genannte „Maria Tröster-Erklärung" vom 21. Sept. 1968 durch eine weiterführende Erklärung vom 29. März 1988 ergänzt und das Thema auch nochmals im „Sozialhirtenbrief" vom 15. Mai 1990 aufgenommen.
7 H. Jedin, Lebensbericht. Mit einem Dokumentenanhang hg. von K. Regen, Mainz 1984, 266–272, dazu auch 220ff.
8 Ebd., 220.
9 Dieses Schreiben ist heute wieder leicht zugänglich gemacht in: Theologie und Kirche. hg. von Dokumentation, Sekretariat der Deutschen Bischofskonferenz, Bonn 1991 (Arbeitshilfen 86), 15–41; K. Rahner hat diesen Text ab der 11. Auflage in den so genannten „Neuner-Roos" aufgenommen: Der Glaube der Kirche in den Urkunden der Lehrverkündigung, Regensburg [11]1971, 318–321.
10 Theologie und Kirche, 24.
11 Vgl. dazu G. Stanke, Freiheit und religiöser Gehorsam des Willens und des Verstandes. Zum Verhältnis von Gewissen und kirchlichem Lehramt, Frankfurt a.M. 1993 (Fuldaer Hochschulschriften 19).
12 Glaubensverkündigung für Erwachsene, Utrecht 1968, 413f.; Freiburg i.Br. 1968, 403f.
13 K. Rahner, Zur Enzyklika ‚Humanae vitae', in: Stimmen der Zeit 93 (1968) Heft 9, 193–210.
14 Vgl. ebd., 196ff.
15 Ebd., 198.
16 Vgl. z.B. A. Anzenbacher, Was ist Ethik?, Düsseldorf 1987, 44ff.; E. Schockenhoff, Das umstrittene Gewissen, Mainz 1990, 134ff.; K. Golser, Gewissen und objektive Sit-

tenordnung, Wien 1975 (Wiener Beiträge zur Theologie XLVIII); ders., Das Gewissen als „verborgenste Mitte im Menschen", in: Grundlagen und Probleme der heutigen Moraltheologie, hg. von W. Ernst, Würzburg 1989, 113–137; dort auch weitere Literatur von B. Häring, J. Fuchs, B. Schüller, K. Demmer, F. Böckle, F. Furger u. a.

17 Vgl. z. B. Handbuch der Pastoraltheologie, Bd. 11/1, Freiburg i. Br. 1966, 152–163.

18 Vgl. immer noch: Sexualität und Geburtenkontrolle, hg. von H. Göppert / W. Wickler (Hg.), Freiburg i. Br. 1970; Lehramt und Sexualmoral, hg. von P. Hünermann, Düsseldorf 1990; A. W. von Eiff, Empfängnisverhütung als wirksame Vorbeugung gegen Abtreibung, in: Anzeige für die Seelsorge, 101 (1992) Heft 5, 210–219.

19 Vgl. dazu den Sammelband „Der umstrittene Naturbegriff", hg. von F. Böckle, Düsseldorf 1987.

20 Vgl. Giovanni Paolo II, Uomo e donna lo creo, Roma/Vaticano 1987; Johannes Paul II. Die Erlösung des Leibes und die Sakramentalität der Ehe, Vallendar – Schönstatt 1985, vgl. auch die folgenden Bände der Reihe „Communio personarum".

21 Aus der späteren Zeit sind die Enzykliken „Veritatis Splendor" (1993) und „Evangelium vitae" (1995) zu nennen.

22 Vgl. dazu D. Tettamanzi, Un'enciclica profetica, Mailand 1988, [2]1993.

23 Vgl. zu diesen Fragen G. K. Döring, Empfängnisverhütung. Ein Leitfaden für Ärzte und Studenten, Stuttgart [1]1966, [12]1990, Vorwort.

24 Vgl. ebd.

25 Vgl. E. Beck-Gernsheim, Die Kinderfrage, München 1988; dies., Mutterwerden, der Sprung in ein anderes Leben, Frankfurt a. M. 1989; U. Beck / E. Beck-Gernsheim, Das ganz normale Chaos der Liebe, Frankfurt a. M. 1990, 135–183.

26 A. Schwarzer, Der „kleine Unterschied" und seine großen Folgen, Frankfurt a. M. 1975, 179.

27 T. Brocher, Von der Schwierigkeit zu lieben, Stuttgart 1975, 51 f.

28 Vgl. Spiegel Heft 1/Januar 1970.

29 M. Horkheimer, Die Sehnsucht nach dem ganz Anderen. Ein Interview mit Kommentar von H. Gumnior, Hamburg 1970, 73 f.

30 Ebd. 75; vgl. auch M. Horkheimer, Notizen 1950 bis 1969 und: Ders., Dämmerung, Frankfurt a. M. 1974, 203, 214 u. ö.

31 H. E. Richter, Wer nicht leiden will, muss hassen. Zur Epidemie der Gewalt, Hamburg 1993, 220.

32 F. Böckle, Kirchliche Autorität und Gewissen, in: Moraltheologie im Dienst der Kirche. Festschrift für Wilhelm Ernst zum 65. Geburtstag, hg. von K. Demmer / K.-H. Ducke, Leipzig 1992 (Erfurter Theologische Studien 64), 136–146, hier 139.

33 Eine große Ausnahme ist besonders der Beitrag von R. Schlund, Die „Königsteiner Erklärung" der Deutschen Bischofskonferenz vom 30. August 1968 bis heute, in: Erzbistum Freiburg – Informationen Nr. 9, 1981, 146–158; ders., Schöpferisches Gewissen, Freiburg i. Br. 1990, 99–131.

34 Vgl. dazu K. Golser, Das Gewissen als „verborgenste Mitte im Menschen", a. a. O. (Anm. 16) bes. 134 ff., dort viele Hinweise auf Äußerungen des Heiligen Vaters.

35 Vgl. z. B. in italienischer Sprache L. Ciccone, Humanae vitae. Analisi e commento, Roma 1989.

36 Vgl. jedoch die freilich unzulänglichen Veröffentlichungen von H. Zwingen, Die „Wi-

dersprüche" der Enzyklika „Humanae vitae", Hückeswagen 1969; K. Edouard, L'évolution de la notion de nature humaine comme référence de „Humanae vitae". Reflexion critique sur le débat francophone 1968–1980, Rom 1990.

[37] Eine Ausnahme stellt das allerdings zu wenig beachtete Buch von J. G. Ziegler dar: Verantwortete Elternschaft. Eine zeit- und theologiegeschichtliche Orientierung zur Natürlichen Familienplanung, Siegburg 1990.

[38] Vgl. K. Golser, a. a. O. (Anm 16), 130 ff. mit Lit.

[39] Vgl. K. Lehmann, Systematische und pastorale Überlegungen zu einigen Brennpunkten der gegenwärtigen Situation in Ehe und Familie, in: Erzbistum Freiburg. Informationen. Berichte – Kommentare – Anregungen, Nr. 9/10 (Sept./Okt. 1981) 159–165; vgl. Ders., Bevölkerungsentwicklung und Familienplanung aus der Sicht der katholischen Kirche, in: Bevölkerungsexplosion – Bevölkerungsschwund. Vorträge im Sommersemester 1988, hg. von der Ruprecht-Karls-Universität Heidelberg, Sommersemester 1988, Heidelberg 1989 (Studium generale an der Ruprecht-Karls-Universität Heidelberg) 139–148.

1994

Zur Entscheidung herausgefordert

(20. September 1994, Predigt zu Joh 6,60–71)

Das Evangelium hat geradezu eine unheimliche Aktualität. Merkwürdigerweise gehen wir aber an diesem Text oft achtlos vorbei. Er schließt die bekannte eucharistische Rede bei Johannes ab und ist zugleich das Ende der galiläischen Wirksamkeit Jesu. Es scheint, dass Jesus in seiner Heimat zuerst mit seiner Verkündigung recht erfolgreich war. Aber dieser so genannte „galiläische Frühling" sollte bald in einer Krise zu Ende kommen. Als die vielen nationalistischen Eiferer merkten, dass Jesus keine irdische, politisch umsetzbare Botschaft verkündigte, wurden sie seine Gegner. Je mehr er vom Leiden und vom Weg nach Jerusalem sprach, um so mehr zweifelten auch seine Jünger.

Dies ist zunächst das Neue, dass hier nicht die Juden über Jesus „murren" (vgl. V. 61), sondern dass mit aller Offenheit gesagt wird, dass unter den Jüngern einige sind, die nicht glauben (vgl. V. 64). Jesus setzt ganz nüchtern voraus, dass auch die Jünger tief in ihrem Glauben erschüttert werden können. Schon damals gab es Abfalls- und Trennungserscheinungen in den Gemeinden (vgl. 1 Joh 2,19). Es gibt unter den Jüngern den „Kleinglauben", wie Matthäus es nennt, es gibt aber nach dem Johannesevangelium offenbar auch einen regelrechten Unglauben unter den Jüngern.

Jesus fordert die Jünger elementar heraus. Der Misserfolg wird nicht geleugnet. Es gibt auch schon für die Jünger in der unmittelbaren Umgebung Jesu die Erfahrung, dass sogar der Herr selbst mit seinem Wort nichts ausrichtet und nicht „ankommt". Aber auch ein Massenabfall ist kein Grund für irgendeine Erleichterung der Bedingungen für die Nachfolge Jesu. Die Glaubensentscheidung wird niemandem abgenommen.

Dieser Glaube ist nicht einfach menschliches Verdienst. Darum sollten wir auf jene, die sich zurückziehen und nicht mehr in der Nachfolge mit ihm umherwandern, keinesfalls abwertend oder gar verächtlich herabsehen. Jesus sagt deutlich, dass Gott dem Menschen die Fähigkeit verleihen muss, zu Jesus zu kommen und an ihn zu glauben: „Niemand kann zu mir kommen, wenn es ihm nicht vom Vater gegeben ist." (V. 65) Zum Glauben gelangen zu dürfen, ist immer auch eine Erwählung und hat etwas tief Geheimnisvolles in sich.

Von Jesus können wir lernen, dass er unbefangen von Misserfolg und Enttäuschungen, vom Verlust unter den Anhängern und von der Trennung spricht. Könnten wir nicht auch versuchen, so einmal von Menschen zu reden, die sich schwer tun mit dem Glauben, zweifeln, sich zurückziehen, an den Rändern der Kirche dahinleben und sogar aus der Kirche austreten? Jesus mutet uns hier eine große Gelassenheit zu.

Diese Gelassenheit ist jedoch nicht Desinteresse oder Verdrängung. Als sich „viele Jünger" aus dem Staub machen, erspart Jesus auch den Zwölfen, die ganz unvermittelt genannt werden, die Frage nicht: „Wollt auch ihr weggehen?" (V. 67) Jetzt bekommt diese Frage an die Zwölf ein großes Gewicht. Niemand darf dieser Glaubensprüfung ausweichen. Spätestens mit den Zwölf (vgl. sonst nur noch 20,24) sind auch wir heutige Leser und Hörer ernsthaft gefragt und gefordert: Wollt auch ihr weggehen? Es gibt so viele Angebote auf dem Markt religiöser und weltanschaulicher Möglichkeiten. Es wird so vieles angepriesen, was angeblich erträglicher und leichter, menschlicher und beglückender ist. Aus vielen Reklamewänden und Lautsprechern wird dem Menschen heute immer wieder diese Frage suggeriert: Wollt auch ihr weggehen? Jesus macht uns verlegen, denn er deckt damit in unserem Herzen eine letzte, offenbar durchaus real gegebene Möglichkeit des Zweifels auf, die wir uns eigentlich nicht eingestehen.

Da fallen alle Ausreden und Verhüllungen. Jesus ist nicht nur ein guter Psychologe, er kennt den Menschen durch und durch, er prüft uns auf Herz und Nieren, wie es nur Gott selbst tun kann. In Wirklichkeit geht es nicht um Institutionen und Amtsträger, so wenig diese entschuldigt werden sollen, wenn sie ihren Auftrag verfehlen, sondern es geht ganz entscheidend um den eigenen, um unseren Glauben an die Person Jesu. Dieser ist oft auch bei den Eingeweihten, ja sogar bei den Getreuen in der Nachfolge wackelig. Wir treiben uns alle viel zu viel mit den menschlichen Unzulänglichkeiten in der Kirche herum und vergeuden die kostbare Zeit mit allerlei Kirchen- und Pfarrerskandalen. Aber gerade so flüchten wir vor der eigentlichen Entscheidung: Für wen haltet ihr mich? Auch der beliebte Slogan „Jesus ja – Kirche nein" offenbart hier seine letzte Schwäche. Verschieben wir nicht alles auf den Ärger mit der Kirche und ihren Leuten, den es wahrhaftig gibt, sondern lassen wir uns zuerst von Jesus fragen, ob wir im Ernst eine wirklich lebendige, immer wieder erneuerte Beziehung zu Jesus Christus selbst haben.

Genau an dieser Stelle hat das Bekenntnis des Petrus seinen tiefen Sinn. Dieser oft so ärgerliche und schwache Petrus, der uns oft tölpelhaft vorkommt, trifft hier den Nagel auf den Kopf: „Herr, zu wem sollen wir gehen? Du hast Worte des ewigen Lebens. Wir sind zum Glauben gekommen und haben erkannt: Du bist der Heilige Gottes." (Joh 6,68 f.) In der kritischen

Situation geht es nicht darum, billigem Ersatz hinterherzulaufen, sondern hier wird das authentische Bekenntnis des Glaubens wach. Gegenüber Gleichgültigkeit und Abfall gibt es nur die Antwort eines entschiedenen Bekenntnisses, das von falscher Sicherheit ebenso weit entfernt ist wie von Fanatismus. Petrus geht in seinem Bekenntnis ganz von sich und der eigenen Befindlichkeit weg. Er spricht nur von Jesus Christus. Er allein hat „Worte des ewigen Lebens“: Es sind Worte, denen man im Leben und im Sterben fest vertrauen und auf die man seine ganze Existenz bauen kann. Dies ist ein wichtiges Kriterium jeder Religion, weil es um die letzte Erfüllung allen menschlichen Fragens und Suchens geht. Einen solchen Grund kann kein anderer bieten.

Jesus ist für Petrus „der Heilige Gottes“ (V. 69). Was immer dieser archaisch klingende Titel bedeutet, gemeint ist die größte Nähe zu Gott selbst, Teilhabe an seinem innersten Wesen. Nur darum kann er uns Worte schenken, die bleiben.

Jesus selbst hat auch schon zu Beginn des Evangeliums erklärt, der Menschensohn müsse „hinaufsteigen“, dorthin, wo er vorher war (V. 62). Dieses Hinaufsteigen heißt Weg zum Leiden und Gang zum Kreuz. Gerade deswegen war dieses Wort ein so großes Skandalon für die Jünger, dass sie wegliefen. Jetzt wird deutlich, dass der Tod am Kreuz und die größte Nähe zu Gott, Jesu „Göttlichkeit“, die letzte Herausforderung darstellen. Sie verdichtet sich in der eucharistischen Rede, in der den Glaubenden eine äußerste Konkretisierung des Heils zugemutet wird. Hier kann man viel fragen und noch viel mehr zu verstehen suchen, aber es kommt auf das Bekenntnis als Antwort auf die Herausforderung an: Wollt auch ihr gehen? Die Jünger haben in Jesu Botschaft ein hartes, geradezu unerträgliches Wort gesehen (V. 60). Man muss sich an ihm entscheiden. Er ist zum Zeichen gesetzt, dem widersprochen werden wird (vgl. Lk 2,34).

Wenn wir heute über den Dialog und den Kirchenaustritt, den Katechismus und die Maßstäbe für die Jugendarbeit sprechen, kommt es auf diesen entscheidenden Punkt an, dass Kirche sich immer dieses Bekenntnis zu Eigen macht, auch wenn sie sonst Misserfolge hat. Selbst wenn sie kleiner wird im Blick auf die Zahl, aber treu bleibt im Bekenntnis, ist sie vor Gott reich. So braucht uns der künftige Weg nicht bange zu machen.

Das Evangelium ist damit jedoch noch nicht zu Ende, wie der offizielle Perikopentext, der hier schließt, nahe legt. Jesus kommt nochmals auf die Zwölf zu sprechen. Er redet von einem, der ihn auf teuflische Weise verrät und nennt seinen vollen Namen, „Judas, der Sohn des Simon Iskariot“ (V. 71). So nahe liegen Bekenntnis und Verrat zusammen. Dies heißt nicht nur Sichzurückziehen, sondern die Preisgabe des Lebens des einstmals geliebten Herrn für schnödes Geld. So tief kann der Jünger fallen. „Wer also zu stehen meint, der gebe Acht, dass er nicht fällt.“ (1 Kor 10,12) Fragen wir also nicht immer nur nach dem Glauben oder Unglauben der anderen, sondern fangen bei uns selbst an, wie es jede gute Erneuerung und Reform tun. Amen.

Vom Dialog als Form der Kommunikation und Wahrheitsfindung in der Kirche heute

I. Die Sendung der Kirche als dialogische Vermittlung

„Dialog" ist auf neue Weise zum Signal für die Diagnose und Therapie in der heutigen Gesellschaft geworden. Überall wird in umfassender Weise der Dialog als Form des Umgangs miteinander und der Kommunikation gefordert. Dies gilt in besonderer Weise für die Kirche. Hier kann es, nun etwas schärfer zugespitzt, programmatisch heißen „Dialog statt Dialogverweigerung. Wie in der Kirche miteinander umgehen?"[1] Damit ist ein ungewöhnlich breiter Diskussionsprozess in vielen Gemeinden und Gemeinschaften, in Diözesen und Verbänden gemeint, der auf Anregung des Zentralkomitees der deutschen Katholiken seit 1991 eines der tonangebenden Themen in der Kirche unseres Landes geworden ist.[2]

Im Grunde ist es überraschend, dass der Ruf nach Dialog wiederum eine so starke Aufmerksamkeit gefunden hat. „Dialog" war ja ein zentrales Stichwort der Erneuerung der Kirche im Zweiten Vatikanischen Konzil. Die Öffnung der Kirche nach innen und nach außen sollte vornehmlich mit Hilfe des Dialogs erfolgen: grundsätzlich zwischen Kirche und Welt (vgl. GS 23, 43, 85, 90, 92), in der Kirche zwischen allen (vgl. GS 92), der Priester und Ordensleute sowie der Bischöfe mit den Menschen innerhalb und außerhalb der Kirche (GS 43, CD 13), mit Nichtchristen und Atheisten (AG 11, PO 19, GS 28, GE 11, AA 41), mit den getrennten Christen und Kirchen (UR 9, 11, 14, 18, 19, 21–23), mit allen Menschen guten Willens (vgl. AA 14), zwischen Juden und Christen (NA 4), überhaupt zwischen Andersdenkenden und Angehörigen nichtchristlicher Religionen (vgl. GS 28, NA 2, AG 41, DH 3). Die Fähigkeit zum Gespräch wurde als maßgebliches Erziehungsziel bestimmt (vgl. GE 1, OT 19), das für die Entfaltung der Menschheitsfamilie dringend notwendig erschien (vgl. GS 25). So ist es nicht verwunderlich, dass auch die Beziehung des Menschen zu Gott vorwiegend in der Form des Dialogs zum Ausdruck kam (vgl. GS 19, DV 8, 21, 25). Diese universale Öffnung der Kirche zur Welt und zu allen Menschen wurde nicht selten in engste Verbindung mit der grundlegenden Beschreibung der Kirche als Grundsakrament für das Heil der Welt gebracht (vgl. LG 1, 9, 48, 59, GS 42, 45, AG 15, SC 5, 26). Die

Sendung der Kirche sollte sich vom Wesen des Heilsgeheimnisses her als dialogische Vermittlung vollziehen. Das Konzil selbst hat dafür, wie schon aus der Aufzählung hervorgeht, fast alle Bereiche des kirchlichen und gesellschaftlichen Lebens angesprochen.

Es ist darum nicht zufällig, dass Papst Paul VI. seine erste Enzyklika im Jahre 1964, also mitten im Konzil vor dreißig Jahren, unter dem Titel „Ecclesiam suam" dem Thema eines aufrichtigen Dialogs zwischen Kirche und Welt widmete.[3] Diese wegweisende Enzyklika ist zu Unrecht vergessen.[4] Die Enzyklika wollte bewusst die Devise Papst Johannes' XXIII. „Macht die Fenster weit auf!" konkret entfalten (vgl. bes. den III. Teil: Der Dialog der Kirche mit der Welt). Es genügen einige Sätze, um den Geist dieses Weltrundschreibens zu kennzeichnen: „Niemand ist ihrem (der Kirche) Herzen fremd. Niemanden betrachtet sie, als hätte er mit ihrer Aufgabe nichts zu tun. Niemand ist ihr Feind, der es nicht selbst sein will. Nicht umsonst nennt sie sich katholisch, nicht vergebens ist sie beauftragt, in der Welt Einheit, Liebe und Frieden zu fördern." (Nr. 87) Der Papst weiß, dass ein solcher Dialog bereits auf vielen Ebenen verwirklicht wird. „Die Kirche lebt heute mehr denn je! Aber bei genauer Betrachtung scheint es, dass die Hauptarbeit erst noch zu leisten ist. Die Arbeit beginnt heute und hört nie auf. Das ist das Gesetz unserer irdischen, zeitlichen Pilgerschaft." (Nr. 109)

Paul VI. spricht nicht einfach vom Dialog als einer heute allgemein üblichen Umgangsform oder einer neutralen Methode. Er meint ein Sprechen und Handeln, das stets vom Tun Gottes und vom Glauben der Kirche geprägt ist. So spricht er oft vom Glaubens- und Heilsdialog. Ein solcher Dialog ist immer auch für alle Beteiligten eine Herausforderung. Es geht darum, auf den anderen zu hören, im Zeugnis sich selbst zu öffnen und zu lernen, aber auch im Wagnis den Ausgang und die Fruchtbarkeit des Dialogs einem anderen zu überlassen. Darum ist diese bahnbrechende Enzyklika gewiss nicht Ausdruck einer modischen Zeiterscheinung, sondern dieser Dialog entspringt letztlich der Provokation des Evangeliums.[5]

Papst Paul VI. und Johannes Paul II. haben in ihrem Wirken viel getan, um viele Dialogorgane im Zug des Erneuerungsprozesses einzurichten und um dadurch der Weltkirche Impulse zu diesem Dialog zu geben. Die Päpste haben ihn immer wieder kraftvoll erneuert und angestoßen, wenn er ins Stocken kam.

Es ist dennoch kein Geheimnis, dass diese Form der Öffnung der Kirche zur Welt in der nachkonziliaren Situation in eine große Krise kam. Es ist nicht möglich und auch nicht notwendig, an dieser Stelle die Ursachen dafür im Einzelnen zu untersuchen.[6] Einige Stichworte sollen nur der Erinnerung und der Richtungsanzeige dienen: Das Konzil hatte vielleicht in manchem das Risiko einer neuen Öffnung zur modernen Welt hin sowie die Sogwirkung der säkularen Gesellschaft unterschätzt; die innere religiöse und spirituelle Zurüstung des oft angefochtenen Christen für diesen Weltauftrag hat nicht Schritt gehalten mit dem Optimismus der Öffnung; die Bedingungen für den Dialog wurden schwieriger durch die tiefe Erosion der religiösen Kultur im Säkularisierungsprozess; der Gottesglaube selbst kam bald in eine tiefe Krise; der Bruch zwischen dem Evangelium und der modernen Kultur war tiefer als angenommen; das Jahr 1968 bedeutete einen unerwartet tiefen Einschnitt, der den Erneuerungsprozess in eine fragwürdige Richtung lenkte, aber auch die mangelnde Fähigkeit des Katholizismus zu einer schöpferischen Auseinandersetzung mit der modernen Welt offenbarte; es war doch schwieriger, von der Position einer „festen Burg", die sich gegen die Gefahren und Risiken der modernen Welt abschottete, über die „Schleifung der Bastionen"[7] zu einem differenzierten Prozess des kritischen Dialogs zwischen Kirche und Welt zu gelangen.[8]

Es gibt jedoch noch andere Gründe, warum der erneute Ruf nach dem Dialog so laut geworden ist. Einmal gibt es heute den Ruf nach der Rettung des Menschen als Subjekt. Manche Prozesse entmächtigen nämlich den Menschen als Menschen. Er scheint nur noch sein eigenes Experiment zu sein. Alles wird technisch reproduzierbar, am Ende auch der produzierende Mensch selbst. Auch die zwischenmenschlichen Beziehungen werden immer stärker austauschbar. Der Mensch erscheint vielfach in einer Gesellschaft wachsender Sprachlosigkeit, zunehmender Vereinsamung und Beziehungslosigkeit. Man hat von der Subjektmüdigkeit gesprochen. Andere nennen den neuen Menschen einen „sekundären Analphabeten" (H. M. Enzensberger).[9] Im Zusammenhang dieser Vereinsamung erwächst ein stärkeres Bedürfnis, durch Kommunikation und Dialog der Isolierung zu entrinnen. Der Dialog scheint dabei wie ein Rettungsanker zu sein.

Ähnliche Beobachtungen, die zunächst gegenläufig zu sein scheinen, gibt es unter dem Begriff „Individualisierung". Sie scheint das Stichwort zur Erfassung unserer Zeit zu sein. Sie drückt sich aus in den hohen Scheidungsraten, dem häufigen Wechsel von Beziehungspartnern, Wohnorten und Lebensformen. Dadurch nehmen die Privatisierungstendenzen der modernen Kultur immer mehr zu, traditionelle Gemeinschaften erleben einen Niedergang, die Zwänge der Konsumgesellschaft steigern sich. Damit wird die Bewusstseinslage des Menschen immer mehr atomisiert. Zuerst wird die daraus entstehende Pluralität als Befreiung von der Vergangenheit und ihren Normen oder von den Anpassungsforderungen des sozialen Milieus erlebt. Endlich kann der Einzelne entdecken, was er eigentlich will. So haben wir es mit einer zunehmenden Vielfalt unterschiedlichster Lebensformen und Orientierungsweisen zu tun. Diese Vielfalt ist so radikal, dass sie zunehmend unüberschreitbar erscheint und weitgehend vorbehaltlos anerkannt wird. Die moderne Gesellschaft ist dadurch gekennzeichnet, dass eine Menge von Lehren, Richtungen und Wahrheiten, die untereinander sehr verschieden sind, in gleicher Weise anerkannt sind. Sogar in den einzelnen Köpfen gibt es solche widersprüchlichen Ansichten und Lebensprinzipien. Nicht wenige glauben, dass in dieser gesteigerten, prinzipiellen Pluralität das Wesen der Moderne liegt, ganz unabhängig davon, ob man dafür den vieldeutigen Begriff der Postmoderne gebraucht oder nicht.[10]

In der Zwischenzeit ist diese Pluralisierung der Lebensstile und der sozialen Lebenswelten erheblich fortgeschritten und zeigt auch Probleme, die zusehends von den Sozialwissenschaften aufgegriffen werden. „Diese Pluralisierung führt ins Ungewisse: Ein Stil der genannten Lebensform ist noch nicht vorgegeben, die Beteiligten müssen ihn selbst finden, sie können ihn nicht übernehmen. – Insgesamt sagen die Soziologen also, dass die gegenwärtige Gesellschaft nicht mehr durch eine gemeinsame Grundform, sondern durch eine Gemengelage höchst unterschiedlicher Formen bestimmt ist. Die gegenwärtige Gesellschaft gleicht einem lockeren Netz differenter und kontroverser Formationen."[11]

Amerikanische Forscher, die man auch „Kommunikativer" nennt, sehen hier eine immer größere Gefahr auch für den Bestand der Demokratie. In einer Gemeinschaft bindungsloser Individuen fehle das Gemeinschaftsinteresse und das Interesse an der Erhaltung der demokratischen Staatsform. Die individuelle Freiheit habe gegenüber den Gemeinschaftswerten, auf deren Basis sie allererst möglich ist, ein bedenkliches Übergewicht erhalten.[12] Es sei nur erwähnt, dass diese Individualisierung nicht sofort mit Beliebigkeit gleichgesetzt werden darf, denn gleichzeitig gibt es in der modernen Gesellschaft viele Vorgaben und Regelungen, die das Individuum gleichsam in seine Lebensgeschichte hereinholen muss. Deshalb spricht man von „Bastelbiografie", die heute freilich auch rasch „Drahtseilbiografie" und „Bruchbiografie" wird. „Man nehme, was man will: Gott, Natur, Wahrheit, Wissenschaft, Technologie, Moral, Liebe, Ehe – die Moderne verwandelt alles in ‚riskante Freiheiten'. Alle Metaphysik, alle Transzendenz, alle Notwendigkeit und Sicherheit wird durch Artistik ersetzt. Wir werden – im Allgemeinsten und Privatesten – zu Artisten in der Zirkuskuppel: ratlos. Und viele stürzen ab. Dies nicht nur im Westen, sondern gerade auch in den Ländern, die sich abrupt für westliche Lebensformen öffnen. Die Menschen in der ehemaligen DDR, in Polen, in Russland, in China befinden sich in einem dramatischen ‚Absturz in die Moderne'" (H. Wiesenthal).[13] Es scheint mir unter diesen Voraussetzungen deutlicher geworden zu sein, warum der Dialog unter solchen gesellschaftlichen Bedingungen generell und auch in der Kirche eine neue Dimension und einen höheren Rang erhält, der nicht einfach mit den Voraussetzungen identisch ist, die für die 60er und 70er Jahre gültig sind.

II. Die Antwort der Kirche auf die veränderten Rahmenbedingungen

Es ist nicht schwer zu erkennen, dass die beschriebenen gesellschaftlichen Veränderungen in einem hohen Maß in die Kirche selbst eingezogen sind und sich dort ziemlich virulent entfalten. Die Pluralität der Lebensformen spiegelt sich in den Lebensgewohnheiten besonders junger Menschen. Die geradezu atomisierte Bewusstseinslage lässt sich leicht wiederfinden in zahlreichen Ansprüchen auf ausschließlich persönliche Entscheidungskompetenz in Sachen vor allem der individuellen Moral. Es ist darum nicht zufällig, dass gerade die Sexualethik das am meisten umkämpfte Feld widersprüchlicher Auseinandersetzungen geworden ist. In einer solchen Situation wird jede dezidierte, besonders normative Haltung, dazu noch verbunden mit einer institutionellen Autorität, in Zweifel gezogen oder gar von vornherein abgelehnt. Im Bestreben, keine Lebensformen einfach „auszugrenzen" oder gar die beteiligten Personen zu „diskriminieren", werden bisherige Weisungen des Lehramtes, vor allem z. B. zur Ordnung von Geschlechtlichkeit und Ehe, infrage gestellt. Die Auseinandersetzung um die Homosexualität ist ein beredtes Beispiel für die gemeinte Sache.

Der unbefangene Betrachter kann angesichts dieser inneren Vielfalt, ja manchmal auch Beliebigkeit, den Eindruck gewinnen, die früher einmal gegebene „Geschlossenheit" des Katholizismus bzw. der katholischen Milieus, die innere Einheit der Kirche, ihre Identität löse sich immer mehr auf in jeweils einzelne Gruppierungen, ja sogar Sekten. Nicht wenige sehen eine solche Auflösung der Kirche in eine Vielzahl von Bewegungen, Verbänden und Gruppen.[14]

In diesem Zusammenhang entsteht die Frage, wie die Kirchenleitungen grundsätzlich auf die veränderte gesellschaftliche Situation und vor allem die Funktion der Kirche antworten. Zunächst muss beachtet werden, dass das Konzil nur höchst selten Bezug nimmt auf die gewandelte historische und soziale Situation. Aber zweifellos gilt nicht mehr jene Abgrenzungsstrategie, welche den Katholizismus zwar in mancher Hinsicht stark machte, ihn jedoch auch mehr und mehr in ein immer größeres Getto zu führen in Gefahr war.[15] Die zeitgeschichtliche Forschung konnte zeigen, dass längst vor dem Zweiten Vatikanischen Konzil eine wachsende Spannung entstand zwischen dem kirchlichen Selbstverständnis und den durch die Katholiken selbst geförderten gesellschaftlichen Entwicklungen.[16] Es lässt sich leicht nachweisen, dass bereits Ende der 50er und zu Beginn der 60er Jahre hier neue Töne angeschlagen wurden. „Als die kirchliche Hierarchie sich der Öffnung zu widersetzen begann, war es für den Erfolg einer Gegenstrategie schon zu spät. Der in den sechziger Jahren geführte Kampf um die Konfessionsschule sollte dies bald deutlich werden lassen. Die Entwicklung verzögerte sich, bis sie in der ‚Konzilsära' und im gesellschaftlichen Umbruch der späten sechziger Jahre eine neue Dynamik erhielt und zur weitgehenden Auflösung des Katholizismus in seiner spezifischen Sozialform führte."[17]

Früher wurde schon darauf hingewiesen, dass diese Wende auf dem Konzil selbst gewiss nicht einer opportunistischen Anpassung entstammt. Die Öffnung zur Welt ist in den beiden großen Konstitutionen „Lumen gentium" und „Gaudium et spes", theologisch gestützt durch die Offenbarungskonstitution „Dei Verbum", theologisch vorbereitet und legitimiert, auch wenn die Konzilstexte selbst in dieser Hinsicht oft mehrschichtig, ambivalent und sehr spannungsvoll erscheinen. Die Erklärung über die Religionsfreiheit „Dignitatis humanae" ist mit dem Ökumenismusdekret, der Erklärung über die nicht-christlichen Religionen und dem Dekret über das Laienapostolat der markanteste Ausdruck einer Wende gegenüber dem Verständnis von Kirche und Gesellschaft im 19. Jahrhundert.

Auf diese Weise erfolgte ein Stilwandel in der Auseinandersetzung mit der Moderne. Trotz bleibender Vorbehalte, die aber nicht mehr als Fundamentalopposition verstanden wurden, erfolgte eine vielschichtige Auseinandersetzung mit der Moderne. Diese blieb zwar weitgehend implizit, bejahte aber in der Anerkennung des Prinzips Menschenwürde, des Ranges menschlicher Freiheit und der Autonomie irdischer Sachbereiche grundlegende neuzeitliche Orientierungen, die im Übrigen durchaus auf Anstöße des biblischen Glaubens selbst zurückgehen. Diese Aufnahme moderner Grundthemen vollzog sich nicht nur historisch und faktisch, sondern bedeutete auch eine Zustimmung zum ethischen Gehalt dieser neuzeitlichen Leitlinien. Gegenüber traditionalistischen Interpretationen muss man jedoch daran festhalten, dass das Konzil selbst in den grundlegenden Aussagen ein hohes Augenmaß bewahrte und in diesem Prozess der Auseinandersetzung sehr wohl die Eigenständigkeit der kirchlichen Sendung von den gesellschaftlichen Kontexten abgehoben hat. Die Anerkennung moderner gesellschaftlicher Situationen erfolgt nie pauschal, sondern im Sinne eines wechselseitigen Prozesses von Anknüpfung und Widerspruch. Die Zeichen der Zeit werden in einer Unterscheidung der Geister gelesen, gedeutet und beurteilt.

Die Öffnung zur Welt hin erfolgte gleichzeitig mit einer Vertiefung der religiösen und spirituellen Fundamente. Man wird auch den Konzilsvätern und dem nachkonziliaren Reformwerk der Päpste eine große Zuversicht aus dem Glauben zuerkennen können. Aber es scheint, dass dies nicht alles standgehalten hat. Die gesellschaftlichen Veränderungen nach 1965 – sie wurden schon angesprochen – beschleunigten sich außerordentlich. Die Kirche war wenig gewappnet, unter diesen veränderten Bedingungen die Verwirklichung des Konzils auf allen Ebenen unbeschädigt zu überstehen. Die große Erfahrung der Kirche als umfassende, aus Einheit in Vielfalt lebende Communio, die die Konzilsväter tief prägte, hat sich trotz Bischofssynoden und Bischofskonferenzen langsam verflüchtigt. Da die Auseinandersetzung mit der Moderne im Konzil meist implizit erfolgte, war es trotz einer eindrucksvollen Kommentierung der Konzilsergebnisse nicht leicht, allgemein gültige Richtlinien und Handlungsanweisungen für die notwendige Transformation zu erkennen.

In der nachkonziliaren Zeit ist in verschiedener Weise der Vorwurf erhoben worden, der römische oder der deutsche Katholizismus sei von einem „Marsch ins Getto" bestimmt.[18] Immer wieder tauchte der Verdacht auf, die verantwortliche Kirchenleitung wolle das Unaufgebbare und Verpflichtende des katholischen Christentums durch einen Rückzug in ein Getto retten. Ich habe damals am Schluss einer Untersuchung eine These formuliert, die mir auch heute noch wichtig erscheint: „Die mühsam gewonnene Differenzierung und Pluralisierung im deutschen Katholizismus der beginnenden sechziger Jahre wird seit einiger Zeit durch Kooperationsunwilligkeit, Dialogverweigerung und manchmal auch durch Gruppenideologien gefährdet oder gar zerstört; deshalb gibt es die Gefahr vieler unzeitgemäßer und zutiefst unkatholischer Gettos."[19] Angesichts dieser Auseinandersetzungen ist jedoch auch völlig deutlich geworden, dass es aus vielen Motiven zur Grundentscheidung des Zweiten Vatikanischen Konzils keine ernsthafte Alternative gibt, auch wenn die Art der Öffnung für den künftigen Weg erst noch präzisiert werden muss. In diesem Sinne gibt es kein Zurück hinter die wirklichen Errungenschaften des Zweiten Vatikanischen Konzils. Ganz gewiss muss man jedoch sowohl den Dialog als auch die Öffnung der Kirche zum Dienst an der Welt genauer bedenken. Hier kann dies nur für das Stichwort „Dialog" geschehen.

III. Die Formen des Dialogs

Es gibt viele Gesprächsformen. Ein freundschaftliches Gespräch, eine sachliche Besprechung, eine wissenschaftliche Diskussion, eine Prüfung oder ein gesellschaftlicher Konsensbildungsprozess ist jeweils etwas anderes. Man darf das Gespräch nicht monopolartig nur von einem Modell her interpretieren. Auch wenn das Wort Dialog in den letzten Jahrzehnten bis zur Unkenntlichkeit vernutzt wurde, so darf man es nicht vom Missbrauch her bestimmen. Dialog ist niemals eine harmlose Form des Sichöffnens auf die Welt hin oder gar eine Spielart unreflektierter Anpassung. Im Unterschied zum Wort „Gespräch" zielt ein Dialog auf das gemeinsame Finden und Anerkennen der Wahrheit. Ein Dialog ist also entschieden zielgerichtet und auf einen herzustellenden Konsens bezogen. Er strebt nach einer Einigung, die einem zuvor bestehenden Missverständnis oder einem Streit wenigstens ein vorläufiges Ende macht. Mindestens sucht er eine Einigung in einer strittigen Sache, wobei es nicht zuletzt um die solide Haltbarkeit des erreichten Konsenses geht, damit der Streit nicht bei nächster Gelegenheit wieder ausbricht. Andere Formen des Gesprächs haben eine lockere Fügung, sind direkt auf die Sache bezogen, wobei sich die angestrebte Einigung in vielfacher Weise vollzieht.[20] Dabei können auch fragwürdige Geltungsansprüche behandelt und auf ihre Berechtigung hin untersucht werden. Diese vor allem durch Argumentation gekennzeichnete Form der Kommunikation wird in der neueren Philosophie auch „Diskurs" genannt.[21] Ein Diskurs versucht über die Berechtigung eines problematisierten Geltungsanspruchs eine positive Entscheidung herbeizuführen. Ein Diskurs setzt auch voraus, dass ein Wahrheitsanspruch in Frage gestellt ist und dass eine gemeinsame, wirklich kooperative Wahrheitssuche in einer zwanglosen und uneingeschränkten Kommunikation der Verständigung dient. Im gemeinsamen Dialog hat jeder Teilnehmer gleiche Chancen.

Selbstverständlich bezieht sich der Dialog nicht nur auf Behauptungen oder Aussagen allein. Es gibt auch einen „praktischen Diskurs"[22], der z. B. die Richtigkeit von Handlungsnormen aufweisen soll. Darüber hinaus besagt Dialog in einer weniger scharfen, aber doch noch fassbaren Bedeutung, dass es um einen offenen Stil des Umgangs miteinander geht, der angstfrei ist und allen Beteiligten die Chance bietet, als Subjekt in der Communio zu Wort zu kommen und sich in eine Gemeinschaft einzubringen. Die Partizipation aller Glieder des Gottesvolkes an der Entscheidungsfindung muss deshalb nicht amtliche Verantwortung und Leitungsvollmacht leugnen. Communio ist ein kirchlicher Dialograum, damit dort auch unterschiedliche Rollen wahrgenommen werden. Dialog in diesem Sinne meint nicht zuletzt einen Stil der Offenheit und Gesprächsbereitschaft in allen Lebensäußerungen. „Es ist wohl weniger gemeint, dass wir mehr reden sollten. Es wird ja bei uns viel gesprochen, und doch verbessert das unsere Verständigung oft nicht. Mit Dialog ist eine Grundhaltung gemeint; eine Grundhaltung der Neugierde und des Verstehenwollens. Anstelle eines Lamentos über unzureichende Zustände in Kirche und Gesellschaft tritt die Selbstverpflichtung, gewissenhaft zu analysieren, Ideen und Interessen zusammenzutragen und abzuwägen und die visionäre Kraft der christlichen Botschaft in dieser Welt wirken zu lassen. Dialog ist in dieser Situation der Kirche keine Antwort auf alle Fragen und nicht schon Lösung aller Probleme. Aber: ‚Das dialogische Prinzip ist das Ferment einer sich wandelnden Kirche … Die Kirche hat sich selbst und der ganzen Welt eine neue Idee, ein neues Verfahren und eine neue Hoffnung gegeben'."[23] In diesem Sinne erscheint der Dialog nicht als eine relativ beliebige Stilfrage, sondern die Fähigkeit und Bereitschaft zum Dialog ist eine Lebensfrage für Kirche und Gesellschaft. Dabei geht es nicht nur um das Verhältnis zwischen katholischer Kirche und moderner Welt. Es gibt vielmehr einen grundlegenden Zusammenhang zwischen dem Dialog und der Wahrheitsfindung im Glauben. Die göttliche Offenbarung hat selbst eine dialogische Gestalt. In diesem Zusammenhang wird auch ganz bewusst auf die dialogische Gemeinschaft des dreifaltigen Gottes zurückgegriffen (vgl. dazu die Enzyklika „Ecclesiam suam", Nr. 18, 64). In diesem Sinne ist eine Stelle der Pastoralkonstitution „Gaudium et spes" (Nr. 92) aufschlussreich. Die Kirche soll „zum Zeichen jener Brüderlichkeit (werden), die einen aufrichtigen Dialog ermöglicht und gedeihen lässt. Das aber verlangt von uns, dass wir vor allem in der Kirche selbst, bei Anerkennung aller rechtmäßigen Verschiedenheit, gegenseitige Hochachtung, Ehrfurcht und Eintracht pflegen, um ein immer fruchtbareres Gespräch zwischen allen in Gang zu bringen, die das eine Volk Gottes bilden, Geistliche und Laien. Stärker ist, was die Gläubigen eint als was sie trennt. Es gelte im Notwendigen Einheit, im Zweifel Freiheit, in allem die Liebe." Der Diskussionsbeitrag der Kommission 8 „Pastorale Grundfragen" des Zentralkomitees der deutschen Katholiken „Dialog statt Dialogverweigerung" ist ganz von einem solchen Dialogverständnis bestimmt, das zunächst grundsätzlich geklärt wird (Teil A) und das anschließend im Blick auf die Stellung des Laien, die Rolle der Frauen und das Verhältnis Teilkirche – Weltkirche, Diözese – Gemeinden konkret exemplifiziert wird.

Grundsätzlich kann man diesem dialogisch orientierten Programm durchaus zustimmen. Gerade unter den Bedingungen einer hohen Pluralisierung und Individualisierung in der Gesellschaft, die auch in die Kirche hineinwirken, ist der Dialog die einzige Methode, wie mit dieser sehr konkreten Vielfalt und den unvermeidlichen Pluralitäten umgegangen werden kann. Zu diesem Dialog gehört gewiss auch Subsidiarität und Delegation, Kompetenzübertragung und Anerkennung von Fachkompetenz. Aber damit ist freilich auch gegeben, dass der Dialog über eine allgemeine Grundhaltung und Stimmungslage hinaus zeitlich und örtlich an kompetente Gremien und Verfahren gebunden wird. Es kann ja nicht nur um einen kritischen Dauerdiskurs gehen, der um seiner selbst willen angestellt wird. Ich mache diesen Vorwurf keineswegs dem Dokument „Dialog statt Dialogverweigerung". Aber man muss auch nüchtern erkennen, dass ein ununterbrochener Dialog nach allen Seiten einerseits die tatsächliche kommunikative Leistung vieler Amtsträger heute verkennt und unterschätzt, anderseits aber den guten Willen auch der Bereitwilligen überfordern kann. Der Dialog muss schließlich an den Willen zur Findung von Wahrheit gebunden bleiben. Es gibt zweifellos auch den Begriff eines „substanzlosen" Diskurses, der irgendwie auf Wahrheit verzichtet. Eine solche Konzeption wäre nicht vereinbar mit der Wahrheit des Evangeliums.

IV. Voraussetzungen für einen gelingenden Dialog

Es gibt freilich Bedingungen für das Gelingen eines Dialogs. Jeder Dialog steht in Gefahr, durch Macht- und Autoritätseinwirkungen verzerrt zu werden. Viele Philosophen sprechen deshalb sehr nüchtern von dem Misslingen eines wirklich freien Dialogs. „Die Institutionalisierung von Diskursen gehört offensichtlich zu den schwierigsten und gefährdetsten Innovationen der Menschheitsgeschichte."[24] Dabei wäre es verfehlt, die Rolle von Macht auf das Amt allein zu begrenzen. Von den Zeiten der antiken Sophistik bis zur Manipulation der öffentlichen Meinung heute gibt es dafür viele Spielarten, wenngleich Zwang und Macht in Scheindialogen nicht geleugnet werden sollen.

Der Dialog in der Kirche steht für alle Beteiligten immer unter dem Wort Gottes. Jeder Dialog setzt ein Minimum an vorgängiger Kommunikationsgemeinschaft und fundamentaler Solidarität voraus. Der lebendige Glaube der Gesamtkirche ist für alle Partner der Boden des Dialogs. Wer diese Gemeinsamkeit im Blick auf das Evangelium auf- oder preisgibt, nimmt jedem Dialog in der Kirche die innere Ermöglichung als ein wirkliches Gespräch. Dies heißt nicht, dass es z.B. ein Diskussionsverbot schlechthin gibt. Man kann im Dialog vieles, was zunächst unverständlich erscheint, tiefer begreifen und gerade durch den wechselseitigen Dialog in der Kommunikation mit der Wahrheit wachsen. Niemand kann eine wirkliche Rolle in einem dialogischen Prozess übernehmen, der sich in diesem Sinne nicht verändern und tiefer in die Wahrheit einführen lassen will. Wenn in einem solchen Dialog für die Gemeinschaft der Kirche Verbindliches angefragt wird, dann kann dies nicht von vornherein heißen, es sei auch keine Verständlichkeit einer zunächst fremden Sache zu erzielen. In einem Dialog darf es keine solchen Sperren geben. Die Schwerverständlichkeit einer Sache kann auch nicht bedeuten, dass ihre Gültigkeit durch einen kritischen Dialog von vornherein aufgehoben oder sogar negativ vorweggenommen wird.

„Das Gespräch gelingt nur durch die Antizipation, dass beide Parteien auf der Ebene grundsätzlicher Gleichberechtigung und Freiheit in voller Offenheit miteinander zu sprechen bereit sind. Das erfordert nicht nur, dass derjenige, der es eingeht, diese Voraussetzungen bei sich selber realisiert, sondern das hängt auch davon ab, ob der Partner auf ein unter diesen Voraussetzungen geführtes Gespräch einzugehen bereit ist. Das Eingehen des Gesprächs ist also immer ein Wagnis und erfordert von den Beteiligten Mut und Überwindung der natürlichen Selbstbezogenheit."[25] Ein wirklicher Dialog ist also sehr anspruchsvoll, wird allzu leicht verletzt und gelingt darum gar nicht so oft, wie man vielleicht denkt. In einem Dialog muss gewährleistet sein, dass die Zustimmung der Redenden nicht bloß vorgetäuscht oder erschlichen ist. Darum kann kein Dialog zur Wahrheit führen, wenn er über den erforderlichen Sachverstand hinaus nicht von Aufrichtigkeit und Freimut, von Aufnahmebereitschaft im Hören der Wahrheit und vom Willen zur Selbstkorrektur getragen wird. Dialogische Aufnahmebereitschaft hat zur Konsequenz, dass sich die Partner von der gemeinsam erkannten Wahrheit umstimmen bzw. verändern lassen oder mindestens in der Wahrheitserkenntnis wachsen. Ohne eine solche Änderungsbereitschaft verkümmert jeder Dialog. Der wahre Dialog vergrößert die Einsicht in das Fragmentarische endlicher Wahrheitserkenntnis, in den größeren Reichtum einer Gemeinschaft und in die Geheimnishaftigkeit des Glaubens. Gerade dadurch fördert der Dialog die Kommunikation vieler in der einen Wahrheit. Dies macht zugleich den missionarischen und pastoralen Sinn des Dialogs aus. Ein Dialog, der so überzeugend nach innen geführt wird, hat auch seine Fruchtbarkeit nach außen. Deswegen braucht das christliche Bekenntnis seine Entschiedenheit nicht einzubüßen. Dialogpartner mit einem klaren Profil haben, wie wir aus ökumenischen Gesprächen wissen, eine größere Chance wahrer Verständigung, auch wenn der Dialog selbst streckenweise hart ist.

Partielle Unstimmigkeiten sind fast immer überwindbar. Sie können sich auch als Zeugnis einer legitimen Vielfalt herausstellen. Ohne ein letztes, tragendes Einverständnis kann es jedoch keine zuverlässige Basis für einen Dialog geben. Darum wird es immer wieder darauf ankommen, miteinander in Erfahrung zu bringen, ob ein bestimmter Dissens möglicherweise auf fundamentale Differenzen im Grundgefüge des Verstehens zurückführbar ist. Gelingt dies nicht, dann bleibt ein Dialog oft in Wortklauberei und Unverbindlichkeiten stecken. Ein fauler Kompromiss ist ein Hohn auf jeden Dialog.[26]

Der Dialog ist ein eigentümliches „Zwischenreich", dem alle angehören und das keinem gehört. Auch wo hart miteinander gestritten wird, handelt es sich immer noch um einen gemeinsamen Bereich. In ihm nur kommt zustande, was keiner für sich allein erreichen kann. Die Krise beginnt, wenn dieses „Zwischenreich" des Dialogs einseitig okkupiert wird. Dies geschieht, wenn sich ein Partner nicht mehr frei bestimmen lässt durch das Argument des anderen. Der Dialog beginnt zu zerfallen, wenn einer den im Gespräch eröffneten Bereich einzig für sich beansprucht. Die fruchtbare Andersheit der Gesprächspartner wird zur radikal kämpferischen Gegensätzlichkeit. Es findet kein offener Austausch mehr statt. Zwei oder mehr verschlossene Welten prallen aufeinander. Statt des offenen Miteinander häufen sich Drohungen, Machtansprüche und Diktate. Der Aufrichtigkeit des Dialogs steht faktische Berechnung gegenüber. Jedem Dialog eignet ein „agonales" Element; er ist immer ein „liebender Kampf" (K. Jaspers). Wenn dieser Streit nicht mehr um den Partner und seine Einsicht in die Wahrheit, sondern gegen ihn ausgetragen wird, bestimmen andere Gesetze den Dialog. Der Dialog wird instrumentalisiert, er bietet kein Ziel in sich selbst, vielmehr wird er unternommen, um den „Gegner" bloßzustellen, zu überwältigen und sich selbst durchzusetzen. Der Dialog dient dann rücksichtslos der Überwältigung und Unterwerfung des Partners. Jedes „entgegenkommende" Element wird pervertiert. So kann z. B. die Verständigungsbereitschaft des anderen als willkommene Schwäche ausgenützt werden. Das Ergebnis ist die Zerstörung der Freiheit, der Sieg irgendwelchen Zwangs und der Zerfall aller Dialogmöglichkeiten.

Ein Dialog dieser Art kommt heute oft in eine besonders kritische Zone, wenn eine größere Öffentlichkeit daran beteiligt wird. Er wird mindestens dann gefährdet, wenn die Auseinandersetzung in einer unzureichend qualifizierten oder nicht vorbereiteten Öffentlichkeit und unter einseitig unausgewogenem Einsatz der Massenmedien unternommen wird. Prestigedruck und propagandistische Manipulation sind unvermeidlich. Ich brauche dieses Thema hier nicht eigens zu behandeln.[27] Ähnlich ist es, wenn „Offene Briefe" sofort veröffentlicht werden. Ich plädiere damit nicht für eine öffentlichkeitsferne Praxis des Dialogs schlechthin. Aber eine hohe Transparenz im Inneren des Dialogs kann eine voreilige Befassung der Öffentlichkeit verhindern. Diese wird zur rechten Zeit von verschiedenen Positionen und gemeinsamen Ergebnissen unterrichtet. Wenn ein Dialog zur Unzeit veröffentlicht wird, wird er nicht selten unglücklich fixiert. Nur unter seltenen glücklichen Umständen kann er dann wieder zum Leben erweckt werden. Öffentlich eingenommene Positionen machen jeden Dialog hartnäckiger, härter und auch mehr politisch. Solche Konflikte lassen sich im Allgemeinen schwieriger lösen.

Der Dialog ist nicht das einzige Mittel der Verständigung. Es gibt auch die Notwendigkeit der Verhandlung und auch – wenn einer Verantwortung trägt – der Entscheidung. Dies ist ein schwieriges Stadium. Damit hört praktisch die Gleichberechtigung der Gesprächspartner auf. Gerade im Blick auf die Sendung der Kirche und die Vermittlung des Evangeliums sind nicht selten Entscheidungen notwendig, die sich nicht beliebig hinausschieben lassen.

In der Kirche ist das Evangelium das, worum sich alles dreht. Es umfasst die Heilige Schrift und die lebendige Überlieferung der Kirche. Letztlich ist das Evangelium in der Person Jesu Christi begründet und es bezeugt zugleich die von ihm der ganzen Welt mitgeteilte Botschaft. Dienst und Dialog sind die Weisen, wie das Evangelium in die Welt kommt. Der Dialog ist jedoch nicht die einzige Form, in der das Evangelium wirksam wird. Dies kann auch anders geschehen: durch eine Mahnung, ein Lied, die Klage, die Erzählung, einen Protest, einen Auftrag. Aber ganz gewiss ist der Dialog eine besonders ausgezeichnete Weise, wie das Evangelium seine Adressaten erreicht.

Seit Konzilsende ist die Kirche stets im Dialog begriffen. Es gibt freilich gestörte Felder. Dies hängt auch jeweils mit der Schwierigkeit der Sache zusammen. Wir selbst schicken uns in dieser Vollversammlung an, vielfältige, zum Teil schwierige Dialoge zu beginnen oder fortzuführen: mit den Jugendverbänden, im Konsultationsprozess gemeinsam mit der Evangelischen Kirche „Zur wirtschaftlichen und sozialen Lage in Deutschland", durch den zweiten Band des Erwachsenenkatechismus über das Leben aus dem Glauben sowie das christliche Ethos.

So möchte ich angesichts dieser Aufgaben zum Dialog ermutigen mit einem Wort von Papst Paul VI. aus „Ecclesiam suam" (Nr. 78): „Im Dialog entdeckt man, wie verschieden die Wege sind, die zum Lichte des Glaubens führen, und wie es möglich ist, sie alle auf dasselbe Ziel hinzulenken. Auch wenn sie voneinander abweichen, können sie doch zur Ergänzung beitragen, weil sie unsere Überlegungen auf ungewohnte Bahnen lenken und uns zwingen, unsere Forschungen zu vertiefen und unsere Ausdrücke neu zu gestalten. Die Dialektik dieses Denkens und dieser Geduld lässt uns auch in den Meinungen der anderen Wahrheitselemente entdecken; sie wird uns zwingen, unsere Lehre möglichst unparteiisch vorzutragen und als Lohn für die Mühe, dass wir auf die Einwände der anderen eingegangen sind, wird sie uns die allmähliche Annäherung schenken. Sie wird uns weise und zu Meistern machen." Dafür darf uns keine Mühe zu groß sein.

Anmerkungen

[1] Vgl. zusammenfassend die Dokumentation „Dialog statt Dialogverweigerung". Impulse für eine zukunftsfähige Kirche, hg. von A. Schavan, Kevelaer 1994.
[2] Vgl. in dem genannten Buch „Dialog statt Dialogverweigerung" die Einführung von A. Schavan, 13–23, und die Analyse der Stellungnahmen von W. Hagemann, 237–269.
[3] Vgl. den lateinischen Text in AAS 56 (1964), 609–659. Von den vielen deutschen Übersetzungen seien die Ausgaben im Paulus-Verlag, Recklinghausen und im Rex-Verlag, Luzern – München, erwähnt. In der Zwischenzeit wurde die Genese und Struktur dieser Enzyklika ausführlicher erforscht, vgl. dazu die Studie „Ecclesiam suam" des Istituto Paolo VI., Rom 1982.
[4] Vgl. im Zusammenhang unseres Themas die Hinweise bei H. Heinz, Kirche im Dialog – Dialog in der Kirche, in: Dialog statt Dialogverweigerung (Anm. 1),79–89.
[5] Vgl. dazu ebd., 85 ff.
[6] Vgl. dazu K. Lehmann, Neuer Mut zum Kirchesein, Freiburg i. Br. [3]1982, ders. Glauben bezeugen, Gesellschaft gestalten. Reflexionen und Positionen, Freiburg i. Br. 1993, 308 ff., 316 ff., 328 ff., 343 ff.; W. Kasper, Theologie und Kirche, Mainz 1987, 149 ff., 290 ff.
[7] Vgl. dazu das wegweisende kleine Buch desselben Titels von H. U. von Balthasar, Einsiedeln 1952, [3]1995.
[8] Vgl. hierzu neben vielen anderen Arbeiten desselben Verfassers F.-X. Kaufmann, Das Zweite Vatikanische Konzil als Moment einer Modernisierung des Katholizismus, in: K. Wittstadt / W. Verschooten (Hg.), Der Beitrag der deutschsprachigen und osteuropäischen Länder zum Zweiten Vatikanischen Konzil, Leuven 1996, 3–24. (Buch war zum Zeitpunkt des Referates noch im Druck). Sehr lehrreich ist für den gesamten Zusammenhang K. Gabriel, Christentum zwischen Tradition und Postmoderne (QD 141), Freiburg i. Br. 1992.
[9] Vgl. dazu Zukunftsfähigkeit. Suchbewegungen im Christentum, hg. von F.-X. Kaufmann / J. B. Metz, Freiburg i. Br. 1987, 124 ff.; H. Nagl-Docekal / H. Vetter (Hg.), Tod des Subjekts, Wien 1987; E. Bolay / B. Trieb, Verkehrte Subjektivität. Kritik der individuellen Ich-Identität, Frankfurt a. M. 1988.
[10] Vgl. dazu W. Welsch, Unsere postmoderne Moderne, Weinheim [3]1991; ders. (Hg.), Wege aus der Moderne. Schlüsseltexte der Postmoderne-Diskussion, Weinheim 1988; D. Horster, Politik als Pflicht, Frankfurt a. M. 1993; Louis Dumont, Individualismus. Zur Ideologie der Moderne, Frankfurt a. M. 1991; M. B. Buchholz (Hg.), Intimität. Über die Veränderung des Privaten, Weinheim 1989; Riskante Freiheiten. Individualisierung in modernen Gesellschaften, hg. von U. Beck / E. Beck-Gernsheim, Frankfurt a. M. 1994.
[11] W. Welsch, Postmoderne – Pluralität als ethischer und politischer Wert, Köln 1988, 26.
[12] Vgl. dazu Kommunitarismus. Eine Debatte über die moralischen Grundlagen moderner Gesellschaft, hg. von A. Honneth, Frankfurt a. M. 1992 (Auswahl der wichtigsten Vertreter in der Debatte); zur Auseinandersetzung vgl. Kommunitarismus in der Diskussion, hg. von Chr. Zahlmann, Berlin 1994.
[13] Riskante Freiheiten (Anm. 10), 11.

[14] Vgl. dazu nur G. Schmied, Kirche oder Sekte, München 1988; ders., Kanäle Gottes? Katholische Kirche in der Medienzange, Opladen 1991.
[15] Vgl. Näheres bei K. Lehmann, Was heißt Katholizismus?, in: Ders., Glauben bezeugen, Gesellschaft gestalten, Freiburg i. Br. 1993, 308–315.
[16] Vgl. dazu K. Gabriel, Christentum zwischen Tradition und Postmoderne, Freiburg i. Br. 1992, 114 ff.
[17] Ebd., 116 f.
[18] Vgl. das gleichnamige Buch Marsch ins Getto? Der Weg der Katholiken in der Bundesrepublik, hg. von K. Lehmann / K. Rahner, München 1973.
[19] Ebd., 115. – Vgl. auch K. Lehmann, Glauben bezeugen, Gesellschaft gestalten, Freiburg i. Br. 1993, 322.
[20] Zu den vielfachen Gesprächsformen, zur Struktur und zu den Störungsfaktoren des Dialogs vgl. K. Lehmann, Notwendigkeit und Grenzen des Dialogs zwischen Theologen und Lehramt II, hg. von W. v. Pannenberg / Th. Schneider (Dialog der Kirchen 8), Freiburg i. Br. 1995, dort zahlreiche Literaturangaben.
[21] Vgl. dazu H. Scheit, Wahrheit – Diskurs – Demokratie, Freiburg i. Br. 1987 (Lit.).
[22] Vgl. ebd., 105, 335 ff.
[23] A. Schavan, Dialog statt Dialogverweigerung, 15 (Zitat von B. Hanssler).
[24] J. Habermas, Wahrheitstheorien, in: H. Fahrenbach (Hg.), Wirklichkeit und Reflexion, Pfullingen 1973, 211–265, hier 265.
[25] O. F. Bollnow, Das Doppelgesicht der Wahrheit, Stuttgart 1975, 66.
[26] Vgl. K. Lehmann, Dissensus, in: E. Schockenhoff / P. Walter (Hg.), Dogma und Glaube. Festschrift für Bischof Walter Kasper, Mainz 1993, 69–87.
[27] Vgl. dazu K. Lehmann, Glauben bezeugen, Gesellschaft gestalten, Freiburg i. Br. 1993, 475–495.

1995

Sich nicht von der Hoffnung des Evangeliums abbringen lassen

(26. September 1995, Predigt zu Kol 1,12–23, bes. 21–23)

Das Loblied auf Jesus Christus im ersten Kapitel des Kolosserbriefes erscheint uns zunächst wie ein überschwänglicher Text, ein begeisterter und begeisternder Hymnus. Es ist ein Lied der Freude über das Geschenk der Versöhnung. Die Begeisterung kennt keine Grenzen. Gott wollte „durch ihn alles versöhnen" (1,20). Es gibt wie in der Schöpfung bei dieser Versöhnung offenbar keine Grenzen. Die Macht der Sünde ist gebrochen. Himmel und Erde sind den Christen neu geschenkt.

Wir wissen heute, dass Paulus in dieses urchristliche Lied einige kräftige eigene Akzente gesetzt hat. Vor allem unterstreicht er, dass die Stiftung dieses Friedens nur durch das Blut am Kreuz erfolgt ist. Der Preis dieses Friedens ist hoch. Es ist der höchste Einsatz, den jemand leisten kann, nämlich die Bereitschaft zur Hingabe und zum Opfer des eigenen Lebens. Dies gilt für alle Versöhnungen im Geiste Jesu Christi: Sie sind nicht zu erwirken ohne den Einsatz der eigenen Person, ohne Verzicht und Drangabe. Insofern korrigiert Paulus kräftig die etwas vollmundige Sprache, die dem Hymnus freilich viel eher auf der Zunge liegt. Der Glaube hat viele Sprachen.

Paulus ist dies noch nicht genug. In einem erneuten Anlauf macht er offenbar, wie sehr der freudige Zuspruch zugleich einen ernsten Anspruch darstellt. Das Geschenk enthält auch eine Aufforderung an die Gemeinde. In einem einzigen Satz werden drei wichtige Grundgedanken entfaltet: „Doch müsst ihr unerschütterlich und unbeugsam am Glauben festhalten und dürft euch nicht von der Hoffnung abbringen lassen, die euch das Evangelium schenkt" (1,23a) Nur ein unerschütterlicher Glaube und eine unbesiegliche Hoffnung sind eine würdige Antwort des Menschen auf das Geschenk der Versöhnung. Dabei geht es zwar auch und zuerst um die Umkehr des Einzelnen, aber die Erwartung richtet sich auf die Kirche: Sie ist der Platz innerhalb der Welt, wo christliche Versöhnung wirksam wurde und werden muss. Es gibt keine Veranlassung, selbstgefällig zu werden. Der Versöhnte muss sich erst in einem unbescholtenen Leben bewähren und zum vorbehaltlosen Dienst vor Gott und für Gott bereit sein (vgl. schon Dtn 10,8; 18,5.7; 21,5).

Man könnte zuerst erschrecken, was für eine unbewegliche Festigkeit hier vom Glaubenden verlangt wird. Aber wenn wir das Wort vom Glauben theologisch ganz ernst nehmen, dann heißt dies, dass wir alle unsere Erwartung und Sehnsucht auf den Herrn werfen, der allein fester Grund unseres Lebens sein kann. Alles andere verdient den Namen Glauben nicht. Nur der dreifaltige Gott kann diese unerschütterliche Festigkeit schenken.

Wie viele andere Fundamente und vor allem Sicherheiten werden von diesem Glauben zerbrochen! Wie viele Garantien bauen wir auch im kirchlichen Leben auf unsere Götzen! Wie zweitrangig werden in diesem Licht unsere Zweifel im Blick auf Institutionen und Ämter in der Kirche. Sind wir nicht wirklich kleingläubig, wenn wir davon Erneuerungen der Kirche erwarten? Wir werden tausendmal überholt durch die unerschöpfliche, aufwühlende Frische und Neuigkeit unseres Gottes.

„Ihr müsst unerschütterlich und unbeugsam am Glauben festhalten und dürft euch nicht von der Hoffnung abbringen lassen, die euch das Evangelium schenkt" (Kol 1,23). Es geht nicht darum, dass wir Pfeile der Hoffnung in eine unbekannte Zukunft hinein abschießen. Paulus konfrontiert uns mit einem vielleicht zunächst befremdlichen Gedanken: Die Hoffnung ist bereits bei Gott hinterlegt. Sie liegt vor uns und kommt auf uns zu. Darum dürfen wir fest auf sie vertrauen. Ihre Kraft wird voll offenbar werden, wenn wir uns nicht von ihr abbringen lassen. Es ist ein handfestes Wort, wie Paulus überhaupt hier sonst selten gebrauchte Wörter verwendet. Wir sollen uns nicht von der Stelle rücken und uns verändern lassen, sondern unverrückt – das ist nun wörtlich zu nehmen – auf den Herrn schauen. Die Hoffnung ist ein Gut, das uns schon zuverlässig bei Gott bereitet ist. Nur er kann es einlösen (vgl. Kol 1,5.23.27). Sich nicht abbringen lassen von der Hoffnung: bei diesem zupackenden Wort werde ich zuerst an den Hund erinnert, der sich nicht den Knochen abjagen lässt.

Unsere Hoffnung ist oft so schäbig und so klein. Sie enthält nur unsere armseligen Wünschbarkeiten. Hoffnung ist aber ein Wort für alle. Wir haben Hoffnung gerade für die Hoffnungslosen. Wir hoffen gegen alle Hoffnung. Wir hoffen nicht nur für eine kleine Zahl, sondern wir geben keinen auf. Auch hier müssen wir das kleine und zugleich so große Wort aushalten, dass Jesus Christus „alles versöhnt hat". Was müssen wir da noch an den Hecken und Zäunen zu Hause und in der ganzen Welt an Hoffnung einlösen? Was sind wir ängstlich immer wieder zuerst um uns selbst besorgt? Wer Hoffnung hat, denkt nicht zuerst an sich. Sein erster Gedanke geht an die, die keine Hoffnung mehr haben. Es ist doch gerade die Größe des Christentums, dass es zu einer Hoffnung einlädt, die Gott uns schon vorgestreckt hat. Wir müssen sie nicht erst im Labor experimentell zusammenbauen. Wir müssen uns nur unermüdlich für sie abarbeiten. Es ist „die Hoffnung des Evangeliums":

nicht irgendeine Utopie, sondern Gottes Heil bringendes und befreiendes Wort für die Welt, für alle.

„In der ganzen Schöpfung unter dem Himmel wurde das Evangelium verkündet." (1,23b) Hier wird der Mechanismus unseres Lebens durchbrochen. Jesus kümmert sich nicht nur um die Seinen, die Genossen, die Kumpel und die Komplizen. Alles, was unter dem Himmel ist, steht unter dieser Botschaft der Hoffnung. Nichts ist ausgenommen. Da geht es auch um die Liebe zu den Ausgegrenzten, zu den Fremden, zu den Feinden!

Nur in der geschwisterlichen Nachbarschaft von Glaube und Hoffnung lässt sich diese Zuversicht leben. Beide gehören zusammen und tragen einander (vgl. auch Kol 1,5; Eph 1,18; 4,4). Wir haben das Evangelium der Hoffnung gehört: Nur wenn es durch unsere Ohren Wurzeln in uns selbst geschlagen hat, sind wir wirkliche Zeugen seiner Kraft. Wir sind nicht Funktionäre und Ideologen, sondern Gottes lebendige Boten, die alle ihre Fähigkeiten ihm zur Verfügung stellen.

Darum sagt Paulus in aller Knappheit und Strenge: „Sein Diener bin ich, Paulus, geworden." (1,23c) Für diese Hoffnung lässt man alles fahren. Unsere Diskussion über Dienste und Ämter ist oft kleinkariert und unterscheidet sich wenig vom Gerangel um Prestige und Macht in der Welt. Die Ämter machen es den Menschen in der Kirche nicht immer leicht, alles auf diesen Glauben und diese Hoffnung zu werfen, die Paulus hier erwähnt. Geben wir uns auch keiner Täuschung hin. Bereits der Verfasser des Kolosserbriefes blickt auf die Fundamente der Kirche zurück, die gelegt sind. Dabei kommt dem Apostolischen Amt grundlegende Bedeutung für die Kirche zu. In erster Linie sind damit die Apostel, aber auch ihre Nachfolger, besonders im Petrus-Dienst, gemeint. Auch wir Bischöfe tragen diese Verantwortung des Apostolischen Amtes bescheiden und zugleich – so hoffe ich – auch entschieden. Auch wenn wir nicht nur Befehls-Empfänger sind, sondern unsere Verantwortung wahrnehmen, lassen wir uns von Petrus und seinem Nachfolger nicht trennen.

Meine lieben Schwestern und Brüder, der Kolosserbrief zeigt uns, worauf es heute ankommt. Das ist unser Programm. Davon lassen wir uns nicht abbringen. Darum ringen und streiten wir, nicht für unsere Belange oder gar unsere Privilegien. Wir reden und diskutieren gerne auch über andere Fragen, wie sie z.B. im Kirchenvolksbegehen enthalten sind. Wir stellen uns ihnen von morgens bis abends. Wir haben keine Angst. Wir freuen uns, wenn in der Kirche diskutiert und vielleicht auch gestritten wird. So lange ist sie lebendig und verdorrt nicht. Solange ist sie auch ein Zeichen, das wenigstens dadurch Aufmerksamkeit erfährt, dass ihm widersprochen wird. Aber wir möchten auch mit derselben Ehrlichkeit und Klarheit sagen, wo ernst gemeinte Fragen am Ende doch zweit- und drittrangig sind. Die Gotteskrise treibt uns um, nicht eine Institutionenkrise, die es auch geben mag.

Sehr verehrte, liebe Schwestern und Brüder, helfen Sie durch Ihr Gebet, dass wir nicht an Zweitrangigem kleben bleiben und dass wir die Kraft haben, die Nebel zu durchstoßen, um gemeinsam immer wieder das Eine Notwendige zu erkennen. Gott ist größer als unser Herz. Amen.

Die Kirche in der pluralistischen Gesellschaft

Wir begehen in diesem Jahr (1995) die dreißigste Wiederkehr des Abschlusses des Zweiten Vatikanischen Konzils und haben dabei die besondere Gelegenheit, einige wichtige Grundthemen wieder aufzunehmen und sie von der heutigen Situation und der bisherigen Wirkungsgeschichte aus in ihrer gegenwärtigen Bedeutung neu zu beleuchten. Eine solche „relecture" hat sich bei den verschiedenen Gedenkjahren als nützlich und fruchtbar erwiesen. Jedes Konzil hat gerade in praktischer Hinsicht oft Jahrzehnte gebraucht, um wirkungsvoll realisiert zu werden,

I. Herkunft, Sinn und Wandlungen des Pluralismus-Begriffs

Das Thema dieses Eröffnungsreferates ist nicht einfach ein Beratungsgegenstand des Konzils gewesen. Zwar kommt das Wort einige Male in den Texten vor, wie z.B. GE 6 und 7, ist aber doch eher wie ein fremdes Wort gebraucht. Es ist verständlich, dass man dabei eher von einem „praktischen Pluralismus" spricht. Man bejaht ihn in manchen Bereichen der Liturgie (vgl. SC 37), anerkennt auch eine legitime Vielfalt in der Kirche (vgl. LG 23, vgl. auch LG 13), z.B. in der Theologie und in der Spiritualität. Schließlich weiß man um den Pluralismus der Kulturen (vgl. GS 53) und der Meinungen in den politischen Gemeinschaften (vgl. GS 74). So beschreibt man auch die Verschiedenheit der christlichen Kirchen, ohne dass dies die Einheit der Kirche aufhebt (vgl. UR 14, 16). Nicht immer kommt das Wort, wohl die Sache vor. Wo man es gebraucht, spürt man, dass es ein vieldeutiger, von außen kommender Begriff ist, den man nur zögernd benutzt.

Besonders im Blick auf das Verhältnis von Kirche und Gesellschaft ist diese Zurückhaltung auch verständlich, denn einerseits ist der Begriff in seinem Bedeutungsspektrum recht vage und anderseits kann sich das Konzil gerade in der Beschreibung des Verhältnisses von Kirche, Staat und Gesellschaft nicht auf partikulare Verwirklichungsformen einlassen. Bei der Einwurzelung der Grundabsichten des Konzils in den einzelnen Ländern ist es freilich anders. Hier erscheint der Begriff im deutschen Sprachraum eher als unverzichtbar. Es ist daher auch kein Zufall, dass Karl Rahner bei der Grundlegung der Pastoraltheologie, vor allem in der Situationsanalyse, diesen Begriff mehrfach reflektiert und intensiv gebraucht hat.[1]

In der Diskussion und Darstellung der Verfassungsgrundlagen unseres Staates, besonders auch bei der Beschreibung des Staat-Kirche-Verhältnisses, ist „Pluralismus" ein Grundwort zur Beschreibung der faktischen Situation und der normativen Aufgabe. Es mag dennoch überraschen, dass der Begriff in unseren Verfassungen auf Bundes- und Länderebene nicht vorkommt. Aber dies gilt auch für andere Grundworte zur Kennzeichnung unserer Verfassungswirklichkeit, z.B. für Neutralität und Toleranz. Dabei ist es schon erstaunlich, dass zwar die Begriffe fehlen, die Sache selbst aber aufs engste mit den tragenden Fundamenten unserer Verfassungsordnung verknüpft ist.

Vielleicht ist es so auch verständlich, dass die reine Begriffsgeschichte[2] nicht so ergiebig ist. Eine Zentralbedeutung hat der Begriff im amerikanischen Pragmatismus vor allem von W. James erhalten. Hier wird Pluralismus dem Monismus entgegengesetzt. Gegen den um die Jahrhundertwende im philosophischen Denken besonders vorherrschenden Einheitsbegriff wird ein Anspruch auf Vielheit verteidigt, ohne dass die Einheit geleugnet wird. Zwischen beiden gibt es eine beständige Interaktion. Bald wandert der Begriff in die politische Theorie. Mit dem Begriff „Pluralismus" bezeichnet H. I. Laski die Autonomie sozialer Gruppen gegenüber dem Staat, der diesen gesellschaftlichen Gebilden gleichgestellt wird. Auch der Staat ist auf die freie Loyalität und Zustimmung angewiesen.

Eine besondere Profilierung hat der Pluralismus-Begriff im deutschen Sprachgebiet durch den Staatsrechtslehrer Carl Schmitt erhalten. „Pluralismus … bezeichnet eine Mehrheit fest organisierter, durch den Staat, d.h. sowohl durch verschiedene Gebiete des staatlichen Lebens, wie auch durch die territorialen Grenzen der Länder und die autonomen Gebietskörperschaften hindurchgehender, sozialer Machtkomplexe, die sich als solche der staatlichen Willensbildung bemächtigen, ohne aufzuhören, nur soziale (nicht staatliche) Gebilde zu sein."[3] Diese „Macht mehrerer sozialer Größen über die staatliche Willensbildung" (ebd.) sah Schmitt in der Weimarer Republik und in ihrem Parlamentarismus verhängnisvoll verwirklicht, sodass seine radikale Pluralismus-Kritik in diesem Sinne nicht überraschen kann. Die Angst vor der Zerstörung der politischen Einheit durch Parteien und Interessenorganisationen bestimmt auch sonst die massive Ablehnung des Pluralismus-Phänomens.[4] Diese Grundhaltung hat lange Zeit viele Staatsrechtslehren beeinflusst. Besonders in der Frage der „Repräsentation organisierter Interessen" (J. Kaiser) hat der Begriff große Bedeutung gewonnen. Auch hier schwankt der Gebrauch: positiver scheint er als Hilfe zum Ausgleich der Gruppeninteressen, negativer gewertet wird er durch die Dominanz der Einzelinteressen, die die Gesellschaft überhaupt gefährden. Die neue Linke hat schließlich jede Pluralismus-Konzeption als ideologisch verworfen, da sie verschiedene Herrschaftsausübungen nur verschleiere und zugleich fixiere.[5]

Es ist nicht verwunderlich, dass auch in der Ethik, schon angeregt durch F. Nietzsche, verschiedene Moralen unterschieden werden: Sklavenmoral und Herrenmoral, Gesinnungs- und Verantwortungsethik, geschlossene oder dynamische Moral. So spricht z. B. A. Gehlen von einer „pluralistischen Ethik".[6]

II. Innere Gründe für den Pluralismus

Es ist vermutlich nicht sehr aufschlussreich, sich vorwiegend an der Begriffsgeschichte zu orientieren. Es gibt wichtige historische Ereignisse vor allem in der Neuzeit, die zum religiös-konfessionellen und weltanschaulichen Pluralismus geführt haben. Dabei muss auch ein kirchliches Ursprungsmoment genannt werden. Die Klärung der Wahrheitsfrage in der Reformationszeit gelang nicht mehr mithilfe der traditionellen Mittel (militärische Überlegenheit, Unterwerfung der Andersdenkenden, Wiederherstellung der konfessionellen Konformität). Eine kleine Gruppe von Juristen und Intellektuellen wollte sich jedoch mit der dadurch entstandenen Ausweglosigkeit nicht zufrieden geben. Die Beendigung der Gewalttätigkeiten und die Sache des Friedens sollten sich zuerst durchsetzen. Denn sie versprachen eine Sicherung der nackten Existenz. Die Klärung der Wahrheitsfrage wird so aus den Fundamenten des menschlichen Zusammenlebens ausgeklammert. Am Anfang steht die Notwendigkeit der Lebenserhaltung, d. h. des Friedens und der Sicherheit. Die Politik muss Fundamente sichern, auf denen sich dann ein spirituelles Leben entfalten kann. So hat die „Souveränität" des Staates am Ende des 16. Jahrhunderts z. B. in Frankreich den konfessionellen Frieden geschaffen, zu Toleranzedikten und schließlich auch zu einer religionsrechtlichen Parität geführt. Man sollte nicht vergessen, wie sehr die Spaltung der Kirche in der frühen Neuzeit zu einer Ausklammerung der Wahrheitsfrage aus den Fundamenten der Gesellschaft führte und dadurch auch den weltanschaulichen Pluralismus der Neuzeit begünstigte.[7] „Mit dem Gedanken der konfessionellen, später religiösen Neutralität des Staates wird schließlich die blutige Erfahrung der konfessionellen Bürgerkriege, die auf europäischer Ebene im Patt endeten, verarbeitet und die relative Autonomie von Staat und Kirche/

Religion und mit ihr der konfessionelle Pluralismus als eine Notwendigkeit des politischen, sogar physischen Überlebens anerkannt."[8]

Es sind selbstverständlich noch andere Entwicklungen, die den Pluralismus begünstigten. Sie können hier nicht ausführlicher erläutert werden. Hier müssten die neuzeitliche Arbeitsteilung, die Aufklärung und die Entwicklung demokratischer Herrschaftsformen mit dem Parteienprinzip besonders entfaltet werden.

Die Idee des Pluralismus ist nach 1945 in unserem Land stärker entwickelt worden. In unserer Verfassung traten der Staat und die Staatsziele – zum Leidwesen nicht weniger Staatrechtslehrer und Politiker bis zum heutigen Tag – zurück. Der Erhalt der Würde des Menschen, nicht zuletzt mithilfe der stärkeren Betonung der Grundrechte, wurde das erste Ziel. Dies führt natürlich auch zu einer Aufwertung verschiedener Konzeptionen des Menschenbildes, weltanschaulicher Meinungen und Mentalitäten. Dies prägte das Demokratie-Verständnis. „Demokratie als Übereinkunft, verschiedene Meinungen und Bestrebungen zu tolerieren und zugleich zu begrenzen: das signalisiert deutlicher als bloß formale Verfassungen und Institutionen (die sich dem Schein nach ähneln mögen) den Unterschied zu allen Formen der Diktatur. Pluralismus heißt vor allem, dass der Gemeinwille nicht autoritär – oder totalitär – staatlich gesetzt, sondern von der Bereitschaft getragen und bestimmt wird, der Pluralität der Intentionen und Kräfte eine Grenze zu ziehen; nämlich da, wo Existenz und Fähigkeit dieser Pluralität, ihre Freiheit und reziproke Toleranz selbst bedroht oder verneint wird. Und umgekehrt kann nur da, wo diese Grundübereinstimmung anerkannt wird, der demokratische Staat der Vielheit der Bestrebungen vollen Spielraum gewähren, ohne selbst bedroht zu sein."[9]

Die Entwicklung des Pluralismus konnte gelegentlich den Anschein erwecken, als ob die Verschiedenheit nicht zuletzt weltanschaulich-religiöser Grundlagen nur vorübergehend wäre. Längere Zeit hat man nach dem Zweiten Weltkrieg und in der frühen Bundesrepublik Deutschland geistig gleichsam von der homogenen Grundlage gelebt, die von den Vätern des Grundgesetzes, durch die gemeinsamen Erfahrungen im Nationalsozialismus und Stalinismus erworben und auch als Vermächtnis dem jungen Staat und seiner Verfassung eingestiftet worden sind. Zwar darf man sich auch für diese Zeit keine allzu romantische Vorstellung politischer oder wertemäßiger Einheit vorstellen – bei der Vorbereitung des Grundgesetzes von 1949 ging es in Wirklichkeit sehr gespannt zu –, aber offenbar reichte die gemeinsame Überzeugung, wie es auf jeden Fall nicht wieder werden dürfe, weit in die ersten Jahrzehnte unseres Staates hinein.

Der Vorrat an diesen Grundüberzeugungen schmolz allmählich dahin:

nicht nur wegen des Generationenwechsels, sondern auch wegen des mangelnden Gespräches zwischen den Generationen über die jüngste Geschichte und schließlich wohl auch wegen einer mangelnden Pflege der tragenden Grundüberzeugungen. Prosperität und Wohlstand haben auch hier zu satt gemacht. Das Jahr 1968 bedeutet hier eine Wende. Auf einmal – aber länger schon vorbereitet – „funktionierten" die Grundüberzeugungen im Ganzen nicht mehr in der bisher gewohnten Art. Die Werteverschiebungen der folgenden Jahre, die sich meist in Schüben vollzogen,[10] zeigten nun mit aller Deutlichkeit, dass die Pluralität sehr viel stärker geworden war und die homogene Grundlage fast aufzuzehren drohte. Jetzt wurde vor allem den Christen langsam stärker bewusst, dass der weltanschauliche Pluralismus, ja der moderne Pluralismus überhaupt keine vorübergehende historische Erscheinung ist, sondern ein dauerhaftes Merkmal der politischen Kultur in den neuzeitlichen Gesellschaften und vor allem Demokratien bleiben wird. Nicht überall ist dies innerlich akzeptiert. Der Anti-Pluralismus lebt noch durchaus. Aber es ist ja nicht zu erwarten, dass eine einzelne umfassende Lehre die notwendige Übereinkunft schafft. Dies wäre wohl nur mit repressiver Macht herstellbar.[11] In diesem Sinne ist der Pluralismus eine unaufhebbare Grundstruktur des demokratisch-freiheitlichen Gemeinwesens und kann, solange Demokratie unsere Staatsform ist, wohl auch in Zukunft nicht ersetzt werden.

Dies scheint mir auch deshalb wichtig zu sein, weil die prinzipiellen Kritiker des Pluralismus sich wenig offen und klar die Frage stellen, was für eine Alternative sie eigentlich haben. Gerade im kirchlichen Bereich scheinen mir hier manchmal ziemlich irreale, oft vormoderne, zum Teil euch integralistische Vorstellungen zu existieren, die – würde man sie entfalten – sich ziemlich schnell als antiquiert herausstellen. Sie bleiben jedoch meist verborgen und unreflektiert.

III. Die jüngste Entwicklung: Pluralität als Prinzip

Nun ist es jedoch nicht so, dass man eine naive Unschuld des Pluralismus annehmen dürfte. Dies kann nur der annehmen, der sich entweder die Frage nach der Einheit überhaupt nicht mehr stellt oder aber die Augen verschließt vor wirklichen Bedrohungen der Pluralität selbst.[12] Denn es versteht sich von selbst, das dieser Pluralismus Sprengstoff in sich enthält. Der Pluralismus ist immer auch Ausdruck des Interessenwandels, der Dynamik der öffentlichen Meinung und des gesellschaftlichen Wandels überhaupt. Auch darum ist das

Mischungsverhältnis von Homogenität und Pluralität keineswegs statisch oder planbar.

Dies wird in der jüngsten Entwicklung noch sehr viel stärker erkennbar. Dabei geht es nicht mehr bloß um den religiös-konfessionell-kirchlichen Pluralismus auch nicht mehr primär um die damit zusammenhängende weltanschaulich-religiöse Neutralität des Staates. Vielmehr wird der Pluralismus mehr und mehr ein umfassenderes Problem, der die Vielfalt geistiger und ökonomischer Kräfte ebenso betrifft wie die Daseinsdeutungen und die Lebensformen (vgl. hier nur Ehe und Familie). Der religiös-konfessionelle Pluralismus ist nur noch ein Teilsegment bzw. ein Ausschnitt aus einem viel umfassenderen Prozess der Pluralisierung aller Daseinsbereiche.

Frühere Versuche, bei der wachsenden Pluralisierung den notwendigen dialektischen Gegenpol nicht aus dem Auge zu verlieren, nämlich nach der verbliebenen Einheit der Grundüberzeugungen zu fragen, haben nur für kurze Zeit Aufmerksamkeit gefunden. Ich erinnere an die „Grundwerte"-Debatte vor allem der 70er und 80er Jahre.[13] Zwar ist nachträglich die deutsche Rezeption der amerikanischen Kommunitarismus-Diskussion beachtlich, ist aber eher ein intellektueller Nachgang ohne genügende Breitenwirkung in die gesellschaftliche und politische Diskussion hinein und im Übrigen auch ohne die notwendige Applikation auf unsere Situation.[14] Das Grundproblem stellt sich in diesem Kontext sehr deutlich, ob die gemeinschaftsgebundenen Werteüberzeugungen überhaupt von vereinzelten Subjekten aus angegangen werden können oder ob es hier nicht ganz neuer denkerischer Zugänge bedarf.

Die letzte Wende in der Pluralismus-Debatte bedeutet eine wichtige zusätzliche Lehre. In der Diskussion um die „Postmoderne" – ich übergehe hier notwendigerweise diesen ganzen Fragenkomplex – ist nicht nur die Pluralität von Lebensweisen und Handlungsformen, von Denktypen und Orientierungssystemen, Weltanschauungen und Religionen zentral, sondern damit wird auch eine grundlegende Option für Pluralismus überhaupt getroffen. Die Postmoderne geht davon aus, dass der gegenwärtige Pluralismus prinzipiell unüberschreitbar und unaufhebbar ist. Wahrheit, Gerechtigkeit und Menschlichkeit gibt es nur im Plural. Wer anders plädiert, nähert sich einer totalitären Mentalität. Dabei geht es nach dem Selbstverständnis der Postmoderne nicht um Nachlässigkeit und billigen Relativismus, sondern die Vielheit ergibt sich aus Gründen der geschichtlichen Erfahrung und der Freiheit. Jeder Ausschließlichkeits-Anspruch entspringt letztlich nur der unerlaubten Erhebung eines in Wahrheit Partikularen zu einem bloß vermeintlich Absoluten. Natürlich lauert hier auch die Gefahr, dass die Vielfalt des individuellen Lebens verkommt, weil sie in die Nähe der Willkür und der Beliebigkeit gelangt. Man soll jedoch diese Gefahr der tatsächlich gegebenen Entgleisung nicht zum einzigen Kriterium der Beurteilung machen. Einheitsansprüche müssen gewiss stärker daraufhin bedacht werden, ob der Reichtum und die Fülle der Verschiedenheit substanziell in sie eingegangen ist. Pluralitätsmomente müssen mehr Beachtung finden. Es kommt darauf an, dass der Begriff der Vernunft auf neue Weise gedacht wird, nämlich als Einheit aus der Fülle der Verschiedenheiten. Hier braucht es ganz neue Formen des Austausches.[15] Diese Pluralität findet sich in sehr vielen Formen auch der so genannten, „Individualisierung", wie besonders U. Beck immer wieder anschaulich gemacht hat.[16]

Diese Deutung unserer gesellschaftlichen Lage muss sicher ergänzt werden, sie scheint mir jedoch im Kern zutreffend zu sein. Es lässt sich jedoch auch feststellen, dass diese Sicht unserer Gesellschaft sehr oft die tiefe Verletzlichkeit dieser Systeme ausblendet, die Labilität des Ausgleichs verschweigt und das drohende Chaos herunterspielt. Im Gegenteil, die Labilität wird geradezu verklärt. Es gibt in den Theorien der Postmoderne manchmal eine Apotheose der Pluralität, die auch nicht zurückscheut vor unausgeglichenen Widersprüchen. Hegel hat m. E. hier sehr viel deutlicher den explosiven Charakter einer solchen gesellschaftlichen Situation erkannt, wenn er feststellt, hier müsse nur noch die Lunte an ein Pulverfass gelegt werden, bis die Identität einer solchen Gesellschaft geradezu gesprengt wird. Dabei ist dies keine Kritik von außen, sondern sie ergibt sich aus dem Verlauf des Phänomens Pluralismus selbst.

IV. Kirche – ortlos oder eine Servicestation?

Es kommt nun darauf an, den Ort und die Funktion von Kirche in einer so strukturierten pluralistischen Gesellschaft zu definieren. Ich kann und will dabei nicht alle Aspekte, auch wenn sie wichtig sind, beleuchten. Karl Rahner hat dazu bis heute Gültiges gesagt. Es geht mir nur um die Grundstellung. Aber auch diese Aufgabe ist aus vielen Gründen schwierig. Denn einmal entsteht der Eindruck, die Kirchen hätten sich durch die vom Staat notwendigerweise vorgenommene Ausklammerung der Wahrheitsfrage gleichsam selbst aus dem Spiel bringen lassen. Es entsteht der Eindruck, die Kirche habe angesichts der Staatsziele und der gesellschaftlichen Gesamtbedürfnisse gleichsam keinen Ort mehr. Die Reaktion auf diese Situation kann sehr verschiedenartig sein. Sie ist in jedem Fall immer zweideutig. Die Zweideutigkeit besteht in der genaueren Bestimmung der Nähe und der Distanz zu Staat und Gesellschaft. Aber dies ist nicht nur eine einbahnige Bestimmung von Seiten der Kirche, sondern es ist auch eine Verhaltensweise von Staat und Gesellschaft.

Vielleicht kann man dies am Gebrauch eines Wortes in diesem Zusammenhang kurz erläutern. Als Hinweis für die neue Freiheit der Kirche wird im Blick auf bisherige Bindungen und Umklammerungen durch die Herrschaftsmächte immer wieder das Wort von der „Freigabe" von Glaube und Kirche erwähnt. „Freigabe" hat hier einen doppelbödigen Sinn. Sie meint zunächst in der Tat, dass die Kirche aus der mannigfachen Beherrschung staatlicher Mächte „entlassen" wird und so in ihr Eigenes kommt, d.h. zur Freiheit gelangt. Dies ist ein Positivum. „Freigabe" heißt aber im selben Augenblick auch „Entlassenwerden" in einen unbestimmten Bereich hinein. Die Kirche verlässt den Raum und das Feld eines verbindlichen öffentlichen Anspruchs – mindestens verstehen viele dies so – und wird der Sphäre letztlich des Privaten und rein Innerlichen überantwortet, sodass sie weitgehend auf das Reich der Inwendigkeit und einer unsichtbaren Spiritualität beschränkt wird.

Wenn der Pluralismus im Blick auf Religion und Kirche anders angesetzt wird, können beide auch als ein Teilbereich innerhalb des gesellschaftlichen Gesamtsystems begriffen werden. Religion erscheint dann neben Wirtschaft, Sport und den anderen Hauptfeldern des gesellschaftlichen Lebens als ein eigener Sektor. Die Gefahr besteht hierbei, dass die Religion in ihrem Geltungsbereich sich einschränkt oder auch eingeschränkt wird auf die Grenzsituationen des Menschen, vor allem am Anfang und am Ende des Lebens, aber auch in der Situation von Leid und Krankheit, schließlich auch an den Knotenpunkten und Wendemarken der menschlichen Biografien. Religion und Kirche erscheinen dann nur allzu leicht als bloße „Kontingenzbewältigungspraxis" (H. Lübbe). In diesem Sinne wird Religion zweckrational und funktional in ein Gesamtsystem des gesellschaftlichen Lebens eingeordnet. Die Gefahr besteht darin, dass Kirche nur noch ein Servicebetrieb für die letzten Fragen oder ein Dienstleistungsbetrieb zur Verschönerung wichtiger Stunden des Lebens wird.

Es ist jedoch fern Religion und Kirche schwer erträglich, nur auf den Bereich der Grenzsituationen eingeengt zu werden. Die anderen Subsysteme des gesellschaftlichen Lebens verschließen sich in ihrer Tendenz zur Autonomie ohnehin so sehr, dass von außen kaum ein Fuß zwischen die Tür zu bringen ist. Religion wird aber so weltlos, und die säkularen Daseinsbereiche werden fast notwendigerweise gottlos. Religion und Kirche verlangen von Hause aus einen Blick auf das Ganze; sie beanspruchen auch Orientierungen grundsätzlicher Art für alle Daseinsbereiche; Sinndeutungen sind auf eindeutiges Handeln angelegt. Dies ist gegenläufig zu dem funktionalen Ort, der hier der Religion noch verbleibt. Wenn die Religion und die Kirche sich über ihren Bereich hinaus bemerkbar machen, erscheint dies unter solchen Voraussetzungen nur allzu leicht als illegitime „Einmischung". Man denke nur an kirchliche Äußerungen zur Heiligung des Sonntags und zum Erhalt der Feiertage.

V. Das 19. Jahrhundert – kein nachahmbares Modell

Die katholische Kirche hat bis in unser Jahrhundert hinein in vielen Bereichen die Tendenz verfolgt, sich gegenüber der modernen Welt eher zu verschließen und in Konfrontation mit ihr überzugehen. Dies betrifft natürlich nicht die gesamte gesellschaftliche Breite, sondern bezieht sich vor allem auf die Ideen der Aufklärung und des 19. Jahrhunderts im Blick auf eine absolute Autonomie der menschlichen Person. Dieser Prozess ist nicht einfach zu beurteilen. Die manchmal fast gettohafte Distanz hat die inneren Defensiv-Kräfte der Kirche gestärkt, eine hohe innere Geschlossenheit erzeugt, über längere Zeit Milieus kirchlicher Art erhalten und pflegen können sowie die eigene Identität nach innen und außen erfahrbar gemacht. Die Bildung vieler Verbände und Vereine, die hohe Zahl der Ordensgründungen und vor allem der soziale Einsatz der Kirche in Theorie und Praxis zeigen in ihren Auswirkungen, dass trotz dieses Sichabschirmens gegenüber den aufklärerischen Ideen einzelne Formen der Zuwendung zur modernen Welt gelungen sind, die durchaus reformerisch genannt werden dürfen. Man kann also für diese Zeit keine reine Getto-Verdachts-Hypothese formulieren. Der historische und soziologische Befund ist recht differenziert.[17] Es könnte verführerisch sein, an diese Situationen im Einzelnen anzuknüpfen und daraus den Schluss zu ziehen, eine grundsätzliche Distanz zur modernen Welt, ja möglicherweise eine Fundamental-Opposition könne dazu beitragen, die ursprüngliche Kraft des christlichen Glaubens auch in dieser Zeit wiederzugewinnen. In dieser Verführung stehen einzelne Teile heutiger restaurativer Bewegungen in der Kirche, die einem Traditionalismus, manchmal auch Fundamentalismus nahe kommen.[18]

Ich glaube nicht, dass dies eine real mögliche und verantwortbare Option für heute sein kann. Sie wäre auch vergeblich. Die Geschichte wiederholt sich nicht. Der Pluralismus ist auch in einem tieferen Sinne Bestandteil der Struktur unserer Gesellschaft geworden. Das hohe Maß an Differenzierung und Komplexität lässt sich nicht zurückschrauben. Pluralismus bedeutet auch die Mitgliedschaft von Christen in mehreren sozialen Gruppen mit ganz oder teilweise unterschiedlichen Normen. Dies bleibt nicht ohne Einfluss auf die Struktur der Person, die oft selber von einer spannungsvollen, pluralistisch orientierten Mentalität geprägt wird. So entstehen Normen- und Rollenkonflikte sowie Unsicherheiten im Handeln. Die allermeisten Menschen, können sich einer solchen Situation nicht entziehen, allein schon durch ihre Aufgaben in Beruf, Ehe und Familie. Für eine große Kirche gibt es hier kein Zurück.

VI. Lehren aus dem Zweiten Vatikanischen Konzil zur Weltpräsenz der Kirche

Das Zweite Vatikanische Konzil hat in einer gewaltigen Anstrengung eine differenzierte Öffnung der Kirche zur modernen Welt hin versucht. Das „Aggiornamento“ des Konzils ist kein Programm müder Anpassung an die moderne Welt. Es wird freilich heute oft so verstanden. Das Konzil hat bis zum Schluss mit dem Weltverhältnis gerungen.[19] Ob man diese Bestimmung eines neuen Weltverhältnisses schon als geglückt bezeichnen soll, steht auf einem anderen Blatt. Gewiss ist dies auch nicht die Aufgabe allein eines Konzils. Wie schon oft gezeigt wurde, ist das Zweite Vatikanische Konzil in seiner frühen Wirkungsgeschichte in gewisser Weise auch durch die Ereignisse vor allem des Jahres 1968 überrollt worden. Eine kontinuierliche Applikation, die eine echte Rezeption gewesen wäre, konnte unter diesen Umständen nur schwer gelingen. Es war eine ungeheuer große Aufgabe, die „Schleifung der Bastionen“ (H. U. v. Balthasar) so durchzuführen, dass an ihrer Stelle keine Verweltlichung, aber auch kein neuer Integralismus Einzug hielt. Ich habe darum noch nie etwas von der zu simplen These gehalten, der Weg der Kirche nach dem Konzil sei als „Marsch ins Getto“ zu definieren[20], obgleich ich schädliche retardierende Elemente nicht leugnen möchte (es gibt freilich einen echten Weg zurück zu den Ursprüngen und Quellen!).

Nun ist dies nicht nur ein Scheitern des Katholizismus. Nicht nur andere Kirchen, sondern auch geistige und soziale Bewegungen haben die „Dialektik der Aufklärung“ und das „Experiment der Moderne“ nicht gemeistert. Es ist in mancher Hinsicht regelrecht misslungen, was durch die ständige Selbstüberholung, die nach Fortschritt aussieht, eher verdunkelt wird. Schon auf dem Höhepunkt der Aufklärung gab es von Lessing und Herder, Kant und Fichte bis zu Kierkegaard, Hegel und Schelling so etwas wie die Einsicht in die Aporien der neuen Ideen. Die unvollendete Aufklärung mit ihren positiven

Errungenschaften und ihren Schattenseiten wurde aber meist halbiert und brach in neue Antithesen auseinander. Es ist also gewiss nicht nur ein Problem der Kirche, sondern des modernen Denkens selbst, wenn dieses kritische Gespräch mit der modernen Welt nicht hinreichend gelungen ist.

In einer solchen Situation ist es fast nahe liegend, dass auch das „Aggiornamento“ der Kirche in letztlich substanzlose Gegenbewegungen zerfällt: in einen hohlen „Progressismus“, der nicht mehr „Salz der Erde“ ist, sondern sich konformistisch anpasst, und in einen bösartigen Konservatismus, der aus der Tradition keine verwandelnde Kraft mehr beziehen kann, um sich wirklich mit der Welt von heute schöpferisch auseinander zu setzen. Alle, die in der Kirche Verantwortung tragen, sind in der Gefahr, zwischen diesen Fronten zerrieben zu werden und sich selbst zu zerfleischen. Immer wieder gibt es den Schrei nach der radikalen Mitte und Versuche, sie in neuen Formen und Programmen zu verwirklichen.

VII. Authentische Präsenz das Unverwechselbaren – aber wie?

In dieser Situation stehen wir im Grunde seit drei Jahrzehnten. Die Versuchung zu „radikalen“ Lösungen dürfte sogar gestiegen sein. Die Extreme auf beiden Seiten scheinen immer mehr auseinander zu driften, sodass die Kirche mindestens an den Rändern manchmal anderen wie ein Gemenge von Sekten vorkommen kann. Die Frage heißt, wie wir unter den gesellschaftlichen Bedingungen das Unverwechselbare des christlichen Glaubens authentisch verwirklichen können. Die einen möchten unverändert am „Status quo“ festhalten und die Präsenz der Kirche mit allen ihren Einrichtungen, wie sie bei uns im Land gegeben sind, fest- und fortschreiben. Hier droht die Gefahr, dass wir die Kraft des christlichen Glaubens in unserer Gesellschaft vor allem mit den sozialen und pädagogischen Funktionen gleichsetzen, die wir in dieser Gesellschaft und für sie übernommen haben. Man darf das Christliche – ich benutze bewusst dieses fragwürdige Substantiv – nicht funktional auf den politisch sozialen, karitativ diakonischen oder therapeutischen Wert reduzieren, und dafür die Erstaufgabe einer glaubwürdigen Bezeugung und Verkündigung des Evangeliums zurücktreten lassen, ebenso die persönliche Glaubensüberzeugung sowie die kirchliche Beheimatung. Die Präsenz des Christlichen im gesellschaftlichen Raum muss auch von der gelebten Mitte des konkreten Glaubens in der Kirche gedeckt werden. Schon von den Personen her, die im Auftrag der Kirche arbeiten, darf es keine Zweideutigkeiten geben, die dies verdunkeln. Von den Strukturen her darf es keine Kompromisse geben, die das eindeutige Zeugnis der Kirche vom Willen Gottes für diese Welt infrage stellen. Dies ist in den allermeisten Fällen ohne beständige Gratwanderung nicht möglich. Anfechtungen sind in grundsätzlich ambivalenten Situationen nicht ausgeschlossen. Jeder Theologe weiß, dass sie zwar aus der Sünde kommen und zur Sünde führen können, jedoch selbst – begegnet man ihnen ernsthaft – nicht von sich aus schon Sünde sind.

Hier entsteht die Versuchung, sich von der Gesamtgesellschaft zurückzuziehen und – freiwillig, nicht gezwungen – abzutauchen in eine Subkultur kirchlichen Lebens. Darin steckt ein Körnchen Wahrheit, das zum Christen gehört. Wir dürfen uns im Sinn der paulinischen Theologie, aber auch des ganzen Neuen Testaments dieser Welt und ihren gesellschaftlichen Trends nicht anpassen. Ohne Distanz und Verzicht gegenüber diesen Tendenzen werden wir in den meisten Fällen wie von Fangarmen umschlungen und schließlich verschlungen. Wir müssen in jedem Gesellschaftssystem und in allen Einrichtungen die lebendige, überzeugende, sichtbare Kraft behalten, das Evangelium Gottes als eine reale Alternative zu vielen gesellschaftlichen Tendenzen zu vertreten. Wenn in einem System solche alternativen Zeichen, die aufhorchen lassen, überhaupt nicht möglich sind, darf der Christ trotz guter Absichten sich nicht die Hände schmutzig machen.

Wir können so unter Umständen wie der Herr zu einem Zeichen des Widerspruchs werden. Wir sind jedoch keine pure Kontrastgesellschaft. Wir sind aufgerufen, *Salz der Erde* und *Licht für die Welt* zu sein. Salz kann auch schal werden, wenn es sich mit nichts mehr vermischt, und ein Licht, dessen Leuchten nicht mehr wahrgenommen wird, verliert seinen ursprünglichen Sinn.[21] Kirche als Gegengesellschaft kann auch eine Trotzreaktion sein. Kann eine solche leicht in sich selbst verschlossene Sonderwelt je noch impulsgebend auf die im Grunde ja schon abgeschriebene „alte" Gesellschaft regenerativ zurückwirken? Ist die uralte Versuchung nicht greifbar nahe, auf dem beschränkten eigenen Boden eine heile Welt, ja vielleicht das Reich Gottes selbst zu gründen?

Die Kirche ist Sakrament des Heils Gottes für die Welt. Sie ist zuallererst gegründet in ihrem Herrn Jesus Christus, der sein Leben hingegeben hat *für alle*. Sie muss zwar eindeutig bleiben in ihrer Sendung, aber sie darf ihre Solidarität und Liebe zur zerrissenen, ja in die Irre gegangenen Welt nicht einfach aufgeben. Insofern ist die Einladung aller zur Umkehr im recht verstandenen Dialog unaufgebbar.[22] Kirche würde ihre Sendung verraten, wenn sie nur mit Gleichgesinnten verkehren und abseits der Gesellschaft sich zurückziehen würde in ein selbst geplantes Reich ihres Glücks. Sie muss bis an die äußerste Grenze die Sorgen und Nöte einer konkreten Gesellschaft mittragen und ausleiden, auch wenn sie vielleicht manchmal einer problematischen Komplizenschaft verdächtigt wird. Schließlich steht das Beispiel Jesu Christi uns vor Augen. Er hat sich eindeutig von der Sünde getrennt, sich aber sündigen Menschen nicht verweigert. Wie Jesus darf die Kirche den glimmenden Docht nicht auslöschen und das geknickte Rohr nicht zerbrechen. Nicht die Gesunden bedürfen des Arztes, sondern die Kranken. Ich möchte nicht kokettieren mit Jesu Freundschaft zu Zöllnern, Pharisäern und Dirnen, aber sie zeigt eindeutig die Reichweite seines Mitleids und seiner Barmherzigkeit.

VIII. Öffentlichkeit des kirchlichen Auftrags und Mitverantwortung für das Humanum

Für einen solchen Dienst braucht die Kirche Raum und Freiheit in der Gesellschaft. Wenn sie grundsätzlich ihre Unabhängigkeit verliert, muss sie sich befreien. Sie darf sich von niemand in der Welt gefangen nehmen lassen. Sie hat nur einen Herrn. An ihrem Platz muss sie unverkürzt, gelegen oder ungelegen, die Wahrheit Gottes bezeugen können. Dies darf sie nicht nur im stillen Kämmerlein tun, sondern muss es auch in der Öffentlichkeit unseres Lebens von den Dächern der Häuser verkünden. Dies ist ihr in unserem Gemeinwesen möglich. Wir haben nicht nur eine negative Religionsfreiheit, die alle zur Toleranz verpflichtet. Diese darf nie verabsolutiert werden. Wer nicht (mehr) glaubt, hat kein Recht darauf, dass auch die anderen ihren Glauben verlassen. Weltanschauliche „Neutralität" des Staates ist kein Negativum. Wie nicht wenige frühere Urteile den Bundesverfassungsgerichtes und besonders K. Schlaich[23] erweisen, darf „Neutralität" weniger von einer Art Ausgrenzung und Abschottung her verstanden werden, sondern sehr viel mehr als Offenheit gerade eines pluralistischen Staatswesens für die Eigengesetzlichkeiten und das Selbstverständnis verschiedener gesellschaftlicher Kräfte, sofern ihre Programme mit der Verfassung vereinbar sind. Neutralität hat nichts mit Indifferenz zu tun. Die Kirche kann also innerhalb dieses Rahmens ihre Sendung in Freiheit verwirklichen. Neutralität bewährt sich in der Offenheit der Verfassung und ist kein Gegenbegriff zum Pluralismus.

Gerade die Kirche wird im Blick auf die Gesellschaft und den Staat immer wieder darauf aufmerksam machen, dass ein Pluralismus ohne Integration zerfällt und dass es immer wieder der gemeinsamen Konsensbildung über die Grundlagen bedarf. Hier wird die Kirche immer wieder auch an die Grenzen des Pluralismus mahnen, wenn es z. B. um die Unverfügbarkeit des menschlichen Lebens oder um die Unantastbarkeit des Artikels 79 Abs. 3

des Grundgesetzes geht. Gerade im Blick auf die Menschenrechte und die Grundrechte des Grundgesetzes wird sich die Kirche – gewiss nicht allein, sondern mit anderen gesellschaftlichen Kräften – zum Hüter und Wächter der „Grundwerte" machen und sie auch an Ort und Stelle entschieden verteidigen. Sie hat auch die Aufgabe, die Menschenrechte, die von der Menschenwürde abgeleitet werden, zu stützen und zu ihrer Verwirklichung beizutragen. Im Einzelnen ist dies freilich nicht leicht: Im Allgemeinen und Grundsätzlichen ist man sich vielfach einig, aber besonders im Fall der Kollision verschiedener Grundwerte und einer Güterabwägung gibt es wohl mit Recht unterschiedliche Meinungen und auch unübersehbare Ermessensspielräume.

Die Kirche darf sich von ihrer Mitverantwortung für das Humanum her, dass ja auch zum Christlichen gehört, nicht von der Öffentlichkeit unseres Lebens abtrennen lassen. In den letzten Jahrzehnten hat die Theologie in sehr verschiedenen Spielarten immer mehr die Öffentlichkeit, ja den öffentlichen Anspruch des Evangeliums entdeckt und zur Geltung gebracht.[24] Diese Öffentlichkeit ist nicht das Rampenlicht der modernen Medien. Es ist die Öffentlichkeit als Anspruch des Evangeliums vor der Welt. Sie muss freilich in der Gesellschaft als Öffentlichkeit immer neu sichtbar und namhaft gemacht werden. Gerade im Pluralismus kommt es jedoch auch darauf an, dass die verschiedenen Daseinsdeutungen öffentlich miteinander ringen und im Wettbewerb stehen. Die Kirche hat diesen „Kampf" immer auf sich genommen. Sie ist so gewiss auch angefochtener und verwundbarer, aber gerade so verhindert sie auch, eine geschlossene Gesellschaft zu werden, die sich letztlich auf sich selbst bezieht.

Die dahinter sichtbar werdende Spannung muss ausgehalten und ausgetragen werden. Sie gehört zum Kreuz des Herrn, das der Kirche in dieser Zeit vom Herrn aufgeladen und aufgetragen ist. Nur unter dem Kreuz findet sie die wahre Unterscheidung der Geister. Aber dies gilt nicht nur für den christlichen Glauben. Leben besteht im fruchtbaren Ertragen und Austragen von Polaritäten.

Anmerkungen

1 Vgl. Handbuch der Pastoraltheologie I, 343; II/I, 2 ff., 110, 208, 210–214, 245–253; II/2, 27, 86 f., 214, 261 f., 368 f.; vgl. jetzt Karl Rahner, Sämtliche Werke, Bd. 19: Selbstvollzug der Kirche, Solothurn – Freiburg i. Br. 1995, vgl. Reg. 554.

2 Vgl. dazu W. Kerber / L. Samson, in: Historisches Wörterbuch der Philosophie VII, Basel 1989, 988–995.

3 C. Schmitt, Der Hüter der Verfassung, Berlin 1931, [3]1985, 71.

[4] Vgl. bes. auch C. Schmitt, Politische Theologie, Berlin 1922, [4]1985.
[5] Vgl. den Textband Pluralismus, hg. F. Nuscheler / W. Steffani, München 1972.
[6] Vgl. A. Gehlen, Moral und Hypermoral, Bonn 1969, [4]1981.
[7] Vgl. dazu bes. R. Schnur, Die französischen Juristen im konfessionellen Bürgerkrieg, Berlin 1962.
[8] O. Höffe, Den Staat braucht selbst ein Volk von Teufeln, Stuttgart 1988, 119.
[9] K. D. Bracher, Zeit der Ideologien, Stuttgart 1982, 337 ff.
[10] Vgl. dazu K. Lehmann, Glauben bezeugen, Gesellschaft gestalten, Freiburg i. Br. 1993, 109–127.
[11] Vgl. dazu ausführlich J. Rawls, Die Idee des politischen Liberalismus Frankfurt a. M. 1992, 298 f. u. ö.
[12] Vgl. K. Lehmann, Gauben bezeugen, Gesellschaft gestalten, Freiburg i. Br. 1993, 15 ff., 128 ff.
[13] Vgl. ebd., 101–108.
[14] Vgl. dazu Kommunitarismus in der Diskussion, hg. von Chr. Zahlmann Berlin 1994; Kommunitarismus. Eine Debatte über die moralischen Grundlagen moderner Gesellschaften, hg. von A. Honneth, Frankfurt a. M. 1993.
[15] Vgl. aus der Überfülle der Literatur nur W. Welsch, Unsere postmoderne Moderne, Weinheim [3]1991.
[16] Vgl. vor allem Riskante Freiheiten, hg. von U. Beck / E. Beck-Gernsheim, Frankfurt a. M. 1994; zur Einführung U. Beck, Die feindlose Demokratie, Stuttgart 1995.
[17] Vgl. hier in Zusammenfassung vieler anderer Forschungen – unter anderem auch von E. W. Böckenförde und F.-X. Kaufmann den Überblick bei K. Gabriel, Christentum zwischen Tradition und Postmoderne, Freiburg i. Br. 1992, dort weitere Lit.
[18] Dazu: K. Lehmann, Glauben bezeugen, Gesellschaft gestalten, Freiburg i. Br. 1993, 603 ff.
[19] Vgl. ebd., 329 ff.
[20] Vgl. ebd., 343 ff.
[21] Vgl. dazu auch ebd., 359 ff.
[22] Vgl. K. Lehmann, Vom Dialog als Form der Kommunikation und Wahrheitsfindung in der Kirche heute, Bonn 1994.
[23] K. Schlaich, Neutralität als verfassungsrechtliches Prinzip, Tübingen 1972.
[24] Vgl. z. B. W. Huber, Kirche und Öffentlichkeit, Stuttgart 1973; B. Nichtweiß, Erik Peterson, Freiburg i. Br. 1992, [2]1993, vgl. Register 961 f.

1996

Die Lebenserfahrung der Völker

(24. September 1996, Predigt zu Spr 21, 1–6. 10–13)

Die Bibel ist sich nicht zu schade, die praktische Lebenserfahrung der Völker in das Buch der Bücher aufzunehmen. Die Lebensweisheit vieler Generationen sollte den Nachkommen nicht verloren gehen. Man hat sich dabei nicht nur auf Israel beschränkt, sondern nutzte auch die Einsicht in die Lebenserfahrung der Nachbarvölker. Die Sprichwörter der heutigen Lesung sind ohne straffen Zusammenhang, lose aneinander gereiht. Wie viele andere fragen sie nach dem, was vor Gott recht ist.

Mehr als fünfzig Sprüche in den Kapiteln 10–31 befassen sich mit dem Thema „arm und reich". Wie viele Prophetentexte, Psalmen und andere Bücher (z. B. Deuteronomium) hat diese alltägliche Erfahrung der Spannung zwischen Armut und Reichtum die Menschen und den Verfasser unseres Buches beschäftigt. So sind diese Sprüche auch recht verschieden: Die einen heben die Vorzüge des Armen hervor; andere wollen innerhalb der gegebenen Umstände für eine Milderung von Härten sorgen; andere Sprüche warnen die Besitzenden vor Selbstüberschätzung und fordern die soziale Verantwortung gegenüber den Armen ein.

Manche Sprüche fragen, wie es zur Armut kommt. Die Antworten sind ganz nüchtern: durch Faulheit, Genusssucht und falschen Lebenswandel. So erfolgt vielfache Kritik am unbeherrschten Trinken. Die Sprüche warnen vor solchen „Schlingen des Todes". Reich wird man vor allem durch Eigeninitiative. „Lässige Hand bringt Armut, fleißige Hand macht reich." (10, 4) Das Hauptanliegen dient jedoch der Warnung vor Unrecht und vor übereilt erworbenem Eigentum. Trügerischer Gewinn bringt auf die Dauer nichts. „Süß schmeckt dem Menschen das Brot der Lüge, hernach aber füllt sich sein Mund mit Kieseln." (20, 17) Wer sich hastig Reichtum verschafft, macht sich verdächtig. Aber viele Menschen stört dies nicht so sehr. Mit einem Reichen will jeder, mit einem Armen niemand befreundet sein. Wer verarmt, wird oft sogar von seinem letzten Freund verlassen. Dies ist leider oft auch heute noch so.

Allerdings – so betonen die Sprichwörter – ist der Reiche nicht schon klug durch seinen Besitz. „Der Reiche hält sich selbst für klug, aber ein verständiger Armer durchschaut ihn." (28, 11) „Besser ein Armer, der schuldlos seinen Weg geht, als ein Reicher, der krumme Wege geht." (28,6) Umgekehrt gilt: Der Arme ist nicht schon durch seine Besitzlosigkeit besser. Der Maßstab zur Beurteilung der Armut liegt in der Aufrichtigkeit des Umgangs. Der äußere Erfolg oder Misserfolg sagt noch nichts über die Grundhaltung der Menschen. Besitzlosigkeit erlaubt keinen Rückschluss auf den Charakter. Dies müsste auch den Umgang von Arm und Reich miteinander prägen. Beide sind vom Schöpfer gleich geschaffen (vgl. 22,2). Alle haben die gleiche Menschenwürde. Daran ändert auch der unterschiedliche Lebenserfolg nichts. Diese Gemeinsamkeit darf keiner vergessen. Auch der Arme kann die Würde des Reichen angreifen. Beide müssen einander gut im Auge behalten. „Der Arme und der Ausbeuter begegnen einander, der Herr gibt beiden das Augenlicht." (29,13) Auf das Wahrnehmen, die Sensibilität kommt es an, wie wir aus unterschiedlichen Situationen einander begegnen. „Wer den Geringen bedrückt, schmäht dessen Schöpfer, ihn ehrt, wer Erbarmen hat mit dem Bedürftigen." Wer barmherzig ist gegenüber den Bedürftigen, wird selig gepriesen (vgl. Ps 41,2; 112,9; 72,13; Ijob 31,16–20).

Hier fällt die Hartherzigkeit des Reichen gegen den Armen besonders auf. Flehentliches Bitten, oft in schwerer Not vorgetragen, hilft nichts. Rasch ist die Gemeinsamkeit derselben Würde verloren. „Flehentlich redet der Arme, der Reiche aber antwortet mit Härte." (18, 23) Deshalb wird auch vor Verarmung gewarnt. Man soll nicht von der Huld der Reichen abhängig werden. „Der Reiche hat die Armen in seiner Gewalt, der Schuldner ist seines Gläubigen Knecht." (22,7) Es ist nur tröstlich, dass es auch die gegenteilige Erfahrung gibt: „Wer ein gütiges Auge hat, wird gesegnet, weil er den Armen von seinem Brot gibt." (22,9) In diesem Zusammenhang steht auch ein Wort aus der heutigen Lesung, das nun verständlicher wird: „Wer sein Ohr verschließt vor den Schreien des Armen, wird selbst nicht erhört, wenn er um Hilfe ruft." (21,13)

In der Tat steht die Unfähigkeit, Leid wahrzunehmen, oft am Anfang allen Übels. Gerade wir Menschen heute können zwar vieles sehen und anschauen, aber nur selten werden wir wirklich im Innersten gerührt. Da wir alles in kürzester Zeit sehen, was um den Globus herum passiert, sind wir reichlich abgebrüht. Wir registrieren Hass und Verbrechen, vergessen es aber rasch wieder. Es kommt jedoch auf das rechte Sehen an. Die Alten wussten es, dass man etwas nur wirklich versteht, wenn man ein Stück Sympathie mitbringt. Man sieht nur mit dem Herzen gut, sagt der Kleine Prinz bei A. de Saint-Exupéry. Würden wir nicht sehr vieles anders sehen, auch in unseren alltäglichen Auseinandersetzungen, wenn wir uns einmal an den Ort unseres Gegenübers begäben? Sollten wir nicht einmal aus seiner Perspektive denken, vielleicht im Blickwinkel des Opfers? Gerade wenn wir dem anderen etwas zumuten müssen, wäre es gerade dann nicht notwendig, einmal von der Warte des anderen her zu denken? Ich denke an Arme in einem vielfachen Sinn: ein Schuldiger, ein Bestrafter, ein ewiger Pechvogel, ausgegrenzte Menschen jeder Art, verdeckte Arme.

Wir alle kennen diese Erfahrung, dass man sich die Ohren verstopft vor dem Schreien des Armen. Man geht ihm aus dem Weg, man wechselt zur anderen Straßenseite, um den Bettler umgehen zu können. Man verdrängt ähnlich das Wohlstandsgefälle zwischen West und Ost, Nord und Süd aus Herz und Sinn. Irgendwo las ich beim Kirchenvater Origenes, die Unempfindlichkeit – in der griechischen Sprache heißt dies: Anästhesie – sei der Ursprung der Sünde. Wir wollen vom anderen nichts wissen und wenden uns ab, schließen dann auch endlich die Augen vor dem Unrecht, verweigern die Hilfe dem Bedürftigen. Wie oft lesen wir, dass Passanten einem Opfer, das überfallen wird, überhaupt nicht zur Hilfe kommen ... Sind wir in der Tat nicht hier am Anfang aller Vergehen: wenn das Herz hart wird im Verhältnis von Menschen, die sich Liebe und Treue versprochen haben; wenn der eine den anderen verlässt, weil dieser an Anziehungskraft verloren hat oder krank geworden ist; wenn wir das Leben gering schätzen, weil wir z. B. die Menschenwürde des Kindes im Mutterschoß nicht sehen wollen ... ? Ja, die Sünde kommt aus einer Verweigerung, die volle Wirklichkeit wahrzunehmen und sehen zu wollen.

Wer mit dem Herzen sieht, empfindet nicht nur, sondern er greift ein. Das Sehen von Elend kann uns nicht kalt lassen. Das menschliche Antlitz, gerade wenn es auch entstellt ist, ruft uns in unserer Menschlichkeit an. In unnachahmlicher Knappheit ist dies im Beispiel vom barmherzigen Samariter zur Sprache gebracht, wenn es dort von dem Mann aus Samarien im Blick auf den von Räubern Überfallenen heißt: „Als er ihn sah, hatte er Mitleid, ging zu ihm hin, goss Öl und Wein auf seine Wunden und verband sie.“ (Lk 10,33b.34a) So müsste es immer wieder in unserem Herzen zünden.

Vieles, was in unserer Gesellschaft geschieht, wird vielleicht beklagt, aber einfach hingenommen: Korruption, Missbrauch von Kindern, skandalöses Verhalten, Blasphemie. Wir nehmen es – vielleicht sogar zornig – zur Kenntnis und entrüsten uns. Aber fragen wir eigentlich noch, woher solche Unempfindlichkeit und Rücksichtslosigkeit kommen? In vielen Fällen sind wir hartgesottene Positivisten, die alles Unheil zur Kenntnis nehmen, aber nicht mehr den Mut haben, nach den Ursachen zu fragen, z. B. einem schon längst nicht mehr intakten Ethos. Wundern wir uns eigentlich noch über viele Vergehen, die auch zahlenmäßig ansteigen, wenn wir keine sittlichen Maßstäbe mehr einfordern oder sie sogar mit Füßen treten? Wir betreiben in allem eine penible, wochenlange Ursachenforschung, wenn z. B. ein Jumbo plötzlich vom Himmel fällt. Das ist gut so. Aber warum fehlt uns diese Sorgfalt in vielen anderen Dingen, und warum ziehen wir dort keine Konsequenzen, wenn wir auf ursächliche Fehler stoßen? Die Unempfindlichkeit und Unbußfertigkeit sind tatsächlich die Wurzel vieler Vergehen.

Unser Sprichwort gibt uns noch einen letzten Hinweis. Es heißt nämlich: „Wer sein Ohr verschließt vor dem Schreien des Armen, wird selbst nicht erhört, wenn er um Hilfe ruft." An einer Stelle könnten wir wenigstens aufwachen, wenn wir schon das Leid nicht mehr auf dem Antlitz des anderen sehen. Hier wird nämlich dem, der die Bitten des Armen nicht erhört, angekündigt, dass er in die gleiche Situation kommen kann und dann ebenso wenig Hilfe erfahren wird. Wenn schon der barmherzige Blick auf den anderen uns nicht rührt, dann könnte es die so genannte „Lebenserfahrung" bewirken, dass wir aufwachen: „Alles nun, was immer ihr wollt, das euch tun die Menschen, tut so auch ihr ihnen: Denn dies ist das Gesetz und die Propheten" (Mt 7, 12) Wenn wir schon keine ethischen Heroen sind, so sollten wir so viel Interesse für den anderen aufbringen, wie wir es uns selbst gönnen. Wie man selbst behandelt werden möchte, so sollte man auch seinen Mitmenschen begegnen.

Sprichwörter sind lehrreich. Aus ihnen spricht die Lebenserfahrung der Völker. Dies gilt ebenso für die kulturübergreifende „Goldene Regel" des Umgangs der Menschen untereinander. Aber wir können letztlich die Härte des Herzens nur überwinden, wenn wir zu einem tiefen Umdenken, zu einer Umkehr bereit sind. Es ist jedoch am schwersten, sich selbst zu verändern. Darum brauchen wir das Wort Jesu: „Kehrt um, und glaubt an das Evangelium!" (Mk 1, 15b) Dieses Wort hat Jesus in seinem Leben auf eine unüberbietbare Weise wahrgemacht. Er gibt uns die Kraft zur Erneuerung, damit wir uns selbst immer wieder überwinden und besser zu Gott und zueinander finden. Nicht zuletzt darum feiern wir täglich die Eucharistie miteinander. „Tut dies zu meinem Gedächtnis!" Amen.

„Vergiss nie die Armen und die Kranken, die Heimatlosen und die Fremden“ – Über den eigenen Auftrag der Kirche zwischen Wohlstand und Armut angesichts der heutigen Sozialstruktur und veränderter Lebenslagen

Unser Land durchmisst wie viele andere Staaten und Gesellschaften eine Zeit beträchtlichen sozialen Wandels mit großen Herausforderungen für unser Gemeinwesen. Zur Bewältigung der Folgeprobleme ist gewiss in erster Linie die Politik hauptverantwortlich, aber die Lösungen dürfen nicht nur von ihr allein erwartet werden. Der Einzelne ist dabei genauso wenig ausgeschlossen wie die Institutionen. Alle müssen ihre Bereitschaft und Fähigkeit unter Beweis stellen, die aufgegebenen Probleme anzuerkennen, anzugehen und zu meistern. Kleine kirchliche Gemeinschaften können es sich vielleicht leisten, im Windschatten dieser elementaren Herausforderungen nur ihren eigenen Zielen nachzugehen. Kirchen, die bei allen Wandlungen der „Volkskirche“ die Verantwortung für die Mitgestaltung des Gemeinwesens im ganzen nicht einfach abstreifen können und wollen, müssen sich im Maß des Möglichen und vor allem im Rahmen ihrer Kompetenz mit der Bewusstseinsbildung, Wahrnehmung und Bewältigung der entstandenen Probleme beschäftigen. Sie können sich nicht in Nischen zurückziehen, die sich dieser gesellschaftlichen Gestaltungsprobleme verschließen. Es kann ihnen nicht gleichgültig sein, wie die Bürger, die vielfach immer auch Mitglieder der Kirchen sind, in ihren verschiedenen alltäglichen Situationen leben und wo sie der Schuh drückt. Dabei geht es um den Unternehmer genauso wie um den Arbeitnehmer.

Die Verführung zu einer nichtssagenden Neutralität oder zu einer totalen Enthaltsamkeit ist groß. In solchen Situationen, wo es immer auch schon um elementare Alternativen der gesellschaftlichen Gestaltung geht, gibt es kein behütetes Plätzchen, das außerhalb jeder Politik und jeder Kritik wäre. Im Gegenteil, fast alle gesellschaftlichen Kräfte versuchen alle Partner des gesellschaftlichen Dialogs auf ihre Seite zu bringen oder gar auch – mit gewiss nicht immer zimperlichen Mitteln – über den Tisch zu ziehen.

Diese Situation ist unvermeidbar. Man muss sich ihr in aller Offenheit, Nüchternheit und Klugheit stellen. Dies ist nicht möglich, wenn man sich letztlich parteilich auf die eine oder andere Seite schlägt, sondern nur wenn man von der Mitte des Evangeliums her einen eigenen, unverwechselbaren Auftrag zur gesellschaftlichen Mitverantwortung hat und diesen, unabhängig von aller Einflussnahme und Instrumentalisierung von außen, konsequent verfolgt.

In diesem Eröffnungsreferat soll gezeigt werden, in welchem Rahmen es eine ureigene Aufgabe sozialer Verkündigung der Kirche gibt und wie sie heute wahrgenommen werden muss. Es ist selbstverständlich, dass dabei nur einige exemplarische Themen und Felder in Auszügen und fragmentarisch angegangen werden können. Dieses Eröffnungsreferat will nichts anders sein als eine Präambel für die Beratungen der Deutschen Bischofskonferenz zu einem gemeinsamen Wort der Kirchen zur wirtschaftlichen und sozialen Lage in Deutschland.[1]

I. Die Kirche und die Soziale Marktwirtschaft

Als Gottes Volk, das durch die Jahrhunderte wandelt und in fast allen Ländern der Erde verbreitet ist, kann die Kirche Jesu Christi keine Option treffen für ein bestimmtes gesellschaftliches, politisches und wirtschaftliches System. Wenn sie eine solche Bindung eingegangen ist oder sich zu spät von den entsprechenden Verhältnissen gelöst hat, musste sie es immer auch büßen. Dies kann freilich nicht heißen, dass die Kirche unverbindlich über den Wolken schwebt. Dies schließt zum Beispiel eine Zustimmung zu den Grundlagen der Demokratie ein. „Anerkennung verdient das Vorgehen jener Nationen, in denen ein möglichst großer Teil der Bürger in echter Freiheit am Gemeinwesen beteiligt ist. Zu berücksichtigen sind jedoch die konkrete Lage jedes einzelnen Volkes und die notwendige Stärke der öffentlichen Gewalt. Damit aber alle Bürger zur Beteiligung am Leben der verschiedenen Gruppen des Gesellschaftskörpers bereit seien, müssen sie auch in diesen Gruppen Werte finden, die sie anziehen und zum Dienst für andere willig machen."[2] Deshalb ruft die Kirche zur Anerkennung legitimer Meinungsverschiedenheiten in Fragen gesellschaftlicher Ordnungsprobleme auf, ermutigt zur politischen Verantwortung und erinnert daran, dass die politische Gemeinschaft und die Kirche „zum Wohl aller um so wirksamer ihren Dienst leisten, je mehr und besser sie rechtes Zusammenwirken miteinander pflegen".[3] Die Kirche erfüllt ihren Auftrag als „Zeichen und Schutz der Transzendenz der menschlichen Person" und fördert innerhalb einer Nation und zwischen den Völkern Gerechtigkeit und Liebe. So will sie die politische Freiheit der Bürger und ihre Verantwortlichkeit fördern.[4]

Die Kirche anerkennt im Sinne relativer Autonomie eigene Verfahrensweisen und Sachgesetzlichkeiten der Wirtschaft, die freilich immer im Rahmen der sittlichen Ordnung und primär zum Dienst am ganzen Menschen ausgeübt werden sollen.[5] In diesem Rahmen heißt es: „Darum verdienen technischer Fortschritt, Aufgeschlossenheit für das Neue, die Bereitschaft, neue Unternehmen ins Land zu rufen und bestehende zu erweitern, die Entwicklung der eigenen Produktionsverfahren, das ernsthafte Bemühen aller irgendwie am Produktionsprozess Beteiligten, überhaupt alles, was zu diesem Fortschritt beiträgt, durchaus gefördert zu werden."[6] Das Konzil spricht hier in einer Diktion, die zwar sicher den 60er Jahren nahe steht, aber es ist keineswegs blind im Blick auf die Folgen des Modernisierungsprozesses. Störungen und Beunruhigungen werden deutlich beim Namen genannt.[7]

Man hat bis zum Erscheinen der Enzyklika „Centesimus annus" Papst Johannes Pauls II. am 1. Mai 1991 die kirchliche Soziallehre nicht selten getadelt, weil sie zur Wahl der Wirtschaftsordnungen verhältnismäßig unbestimmt gesprochen und sich damit auch vielen Deutungsmöglichkeiten ausgesetzt hat. Die Kirche hat eindeutig den marxistischen, besonders auch vom Staat diktierten Sozialismus in allen Spielarten abgelehnt. Die Kapitalismuskritik ist auch in den jüngeren Lehräußerungen in der Substanz unverändert hart. Besonders scharf wurden Äußerungen in der Enzyklika „Sollicitudo rei socialis" vom 30. Dezember 1987 der Kritik unterzogen, weil sie den Anschein einer „Äquidistanz" gegenüber den beiden Wirtschaftssystemen in Ost und West nahe zu legen schienen. Umgekehrt hatte sich die Soziallehre nie eindeutig – was besonders die Kritik in unserem Land hervorrief – zur marktwirtschaftlichen Ordnung geäußert. Lange Zeit gab es ein tiefes Misstrauen gegenüber dem Prinzip des Wettbewerbs.[8]

Mit der Enzyklika „Centesimus annus" ist jedoch eine neue Situation entstanden, weil sich hier Papst Johannes Paul II. nach der Wende des Jahres 1989 – zweifellos auch auf das Drängen deutscher Wirtschaftskreise hin – mit den Wirtschaftssystemen auseinander setzt. Hier wird nun die „freie Marktwirtschaft" im Kontext mit dem „Aufbau einer demokratischen Gesellschaft, die sich von sozialer Gerechtigkeit leiten lässt"[9], zustimmend erwähnt. Der „freie Markt" sei das wirksamste Mittel für die Anlage und den besseren Gebrauch der Ressourcen und für die beste Befriedigung der Bedürfnisse, er fördere den Austausch der Produkte und stelle den Willen und die Optionen des Menschen in den Mittelpunkt.[10]

Man darf diese Aussagen gewiss nicht einfach identifizieren mit der konkreten Gestalt der „Sozialen Marktwirtschaft", wie sie in unserem Land nach 1945 von Ludwig Erhard und seinem Staatssekretär Alfred Müller-Armack konzipiert und verwirklicht worden ist, wobei es für einzelne Elemente Wurzeln im so genannten ORDO-Liberalismus (oder auch „Freiburger-Schule"), in der Tradition evangelischer Sozialethik und Sozialarbeit und natürlich auch in der katholischen Soziallehre gibt. Die Nähe zwischen der Enzyklika und diesen Theorien ist freilich ganz unbestreitbar. Walter Kerber[11] formuliert diese Gemeinsamkeit so: „Der Staat soll einerseits die Rahmenbedingungen des Wirtschaftens im Sinne des Gemeinwohls gestalten und gegebenenfalls auch mit Zwangsgewalt durchsetzen, aber andererseits die Lenkung des Wirtschaftsablaufs der Entscheidung der vielen einzelnen über den Wettbewerb am Markt überlassen, ohne dauernd interventionistisch einzugreifen." Es verbleiben eben wohl Unterschiede, die hier nicht näher erläutert werden müssen, auf ihre Bedeutung für die heutige Diskussion wird später zurückzukommen sein.

Trotz der Nähe zur „Sozialen Marktwirtschaft" vermeidet die Enzyklika „Centesimus annus" in der folgerichtigen Fortführung der bisherigen Konzeption die Bindung an ein konkretes, partikuläres Wirtschaftssystem, auch wenn dieses durchaus erfolgreich ist. Hier wird verwirklicht, was H. de Lubac[12] schon sehr hellsichtig vor bald 60 Jahren[13] formuliert hatte: „Der Katholizismus entbindet uns und bindet uns gleichzeitig; er entbindet uns von jeder irdischen sozialen Form, und er bindet uns an jede irdische Gesellschaft. Gegen jeden Anarchismus ist er der gründlichste Konservative als Wahrer der Grundprinzipien, und gegen jeden Konformismus der gründlichste Revolutionär, da seine Ungeduld sich nie nur gegen eine bestimmte soziale Form richtet, sondern über alles hinausstrebt, was das Kennzeichen der Schwäche und irdischen Hinfälligkeit trägt. Der Katholizismus hindert uns darum auch, je zu Sklaven unserer eigenen Amtlichkeit zu werden, weil er das eigentliche soziale Band ins Innere verlegt."

II. Krise und Erneuerung der Sozialen Marktwirtschaft in unserem Land

Man sollte nicht vergessen, dass die Idee der Sozialen Marktwirtschaft als freiheitliche und menschengerechte Alternative nicht nur zur zentral geplanten staatlichen Zwangsverwaltungswirtschaft, sondern ebenso zum reinen Laissez-faire-Kapitalismus erdacht und verwirklicht worden ist. Sie entstammt der durchaus kritischen und von Anfang an mit einer ethischen Fragestellung versehenen Grundfrage, wie denn der modernen Industriegesellschaft eine funktionsfähige und zugleich menschenwürdige Ordnung gegeben werden könnte. Dieser Ansatz ist wichtig, weil mit Sozialer Marktwirtschaft keineswegs das liberalistische Freibeutertum einer vergangenen Epoche, auch nicht das naiv vorgestellte „freie Spiel der Kräfte" gemeint ist, sondern eine Form des Wirtschaftens, die das einzelne Individuum mit seinen Fähigkeiten und seiner Verantwortung zur Geltung kommen lässt, aber auch die soziale Gerechtigkeit und das Gemeinwohl nicht aus dem Auge lässt. Die Soziale Marktwirtschaft gründet sich auf souverän handelnde Menschen, deren freie Entscheidungen in der Eigenverantwortlichkeit begründet sind.

In diesem Zusammenhang ist es darum wichtig, dass die „Soziale Marktwirtschaft" eigentlich gar nicht ein System im engeren Sinne darstellt, das eine bestimmte gesellschaftliche Ordnung gewährleistet. Marktwirtschaft in diesem Sinne ist sehr viel mehr ein offenes Gefüge von wirtschaftlichen Verhaltensweisen, entspricht viel eher einem „Stil" des Umgangs mit der wirtschaftlichen Realität.[14] Darum ist es auch konsequent, dass die geistigen Väter der „Sozialen Marktwirtschaft" (Walter Eucken, Alfred Müller-Armack, Wilhelm Röpke, Franz Böhm, Alexander Rüstow und Ludwig Erhard) nicht nur die ethische Dimension wirtschaftlichen Handelns erkannt haben, auch wenn sie sie mit unterschiedlichen Gewichten realisiert haben, sondern sie wussten um das sich gegenseitig bedingende Geflecht von Sozialer Marktwirtschaft und Demokratie, von individueller Anstrengung und sozialer Verantwortung, von Privateigentum und seiner Sozialpflichtigkeit. Darum sind im Umkreis der so verstandenen Marktwirtschaft auch vernünftige Lebensplanung, Familiensinn, feste moralische Bindung, mehr Selbstverantwortung, Rangordnung der Werte und Subsidiaritätsprinzip fest verankert. Gerade Ludwig Erhard hat den Sinn der Sozialen Marktwirtschaft darin gesehen, dem einzelnen Menschen reichere und bessere Lebensmöglichkeiten und damit überhaupt neue Perspektiven der Lebensführung zu eröffnen.

Eigens sei auf Alfred Müller-Armack verwiesen, der nie einen Hehl daraus machte, dass für ihn eine wirtschaftliche Erneuerung nicht ohne eine Wiederbelebung des Glaubens möglich ist.[15] Er scheute vor deutlichen Worten nicht zurück: „Eine Rechristianisierung unserer Kultur ist … die einzige realistische Möglichkeit, ihrem inneren Verfall in letzter Stunde entgegenzutreten. In ihrem Zeichen vereinigt sich die Wahrheit des Wortes mit den letzten Kräften der europäischen Tradition und den geistigen Überzeugungen unserer Gegenwart, um jene wenigen, aber unverrückbaren Richtmaße zu geben, deren wir im irdischen Dasein bedürfen."[16]

Wenn man sich dies vor Augen hält, ist es evident, dass es „Soziale Marktwirtschaft" nicht als ein Wirtschaftssystem gibt, das man nach Beliebigkeit von Ort zu Ort verpflanzen kann, sondern dass die ethischen und geistigen Voraussetzungen als elementare Rahmenbedingungen eine ebenso große oder noch größere Rolle spielen wie die gesellschaftlichen und politischen Faktoren.

Es ist darum auch problematisch, wenn man nur wenige Elemente oder gar ein Moment in der Konzeption der Marktwirtschaft herausgreift und darauf allein setzt. Dies soll am Beispiel der Bedeutung des Marktes gezeigt werden. Der Markt ist keine zentrale Autorität, im Gegenteil: Er dezentralisiert. Hier begegnen sich Anbieter und Nachfrager. Es werden Preise gebildet. Der Markt ist der Ort und die Chance des Tauschens. Über die von der Preisbildung ausgehenden Handlungsanreize kann der Markt die Produktion und Verteilung von Gütern und Dienstleistungen in gewisser Weise steuern. Der Markt fordert nicht den moralischen Übermenschen, aber er ist auch nicht von sich einfachhin unethisch. Zunächst haben Menschen nur ihr eigenes Wohl, vielleicht das ihrer Familie und ihrer Kleingruppe, im Auge. Natürliches Selbstinteresse ist nicht gleichzusetzen mit Selbstsucht oder reinem Egoismus. Es gibt im Eigennutz durchaus eine ethische Dimension. Hier ist an die biblische Auffassung der Nächstenliebe zu erinnern, die zunächst „nur" verlangt, dass wir den Nächsten lieben wie uns selbst. Märkte veranlassen die Teilnehmer schließlich auch dazu, die Interessen anderer Menschen zu berücksichtigen. Man wird im Lichte der umfassenden klassischen ethischen Tradition dem ethischen Gehalt der Marktkräfte und auch des Strebens nach Eigennutz besser gerecht werden müssen, als dies oft von einem überzogenen Begriff des „Altruismus" her geschehen ist.

Aber gerade so wird auch evident, dass der so verstandene Markt nicht alle ethischen Faktoren berücksichtigt. Er interessiert sich zunächst für die Belange kaufkräftiger Nachfrager, aber am Markt Unbeteiligte und solche, die bedürftig sind, interessieren ihn weniger. Der Markt enthält also durchaus humane und ethische Triebkräfte, er hat auch durchaus ein ethisches Potenzial, aber deswegen ist er nicht einfach „heilig". Darum darf man dem Markt keinen unbegrenzten Lauf lassen.[17] Er ist auch gierig, und keineswegs löst sich alles von selbst. Der Mensch ist mehr als bloßer Produzent und Konsument von Waren.[18] Darum darf der Markt mit seinen Mechanismen nicht „vergötzt" werden.[19] Viele wichtige Güter des Lebens sind ihrem Wesen nach keine bloßen Waren und entziehen sich darum auch der Logik des Marktes.[20] Dies ist wohl auch der Grund, warum die Sozialenzykliken lange Zeit ein tiefes Misstrauen gegenüber den Mechanismen der Marktwirtschaft und vor allem des Wettbewerbs entgegenbrachten. Der Markt „ist Element der Freiheit und Mittel zur Steigerung der wirtschaftlichen Effizienz. Trotzdem wendet sich der Papst gegen eine Auffassung, die den Wettbewerb am Markt wie eine Art natürliches Gesetz ansieht, dessen Ergebnisse einfach hingenommen werden müssen – auch wenn sie auf eine Unterdrückung der Schwachen durch die Starken hinauslaufen. Der Staat hat vielmehr die Rahmenbedingungen des Wirtschaftsablaufs so zu gestalten, dass sich der Wettbewerb zugunsten aller Beteiligten auswirkt … Nicht anonyme Marktgesetze, sondern der politische Wille zur Gerechtigkeit und die gemeinsame Verantwortung aller sollen die Wirtschaft bestimmen."[21] Genau hier ist der Ort, warum der Begriff „Soziale Marktwirtschaft" keineswegs selbstverständlich ist. Er enthält in sich die Spannung, die Kräfte des Marktes zuzulassen, in ihrer Dynamik zu nützen, sie aber auch – wenn nötig – in ihren problematischen, manchmal auch destruktiven Tendenzen zu bändigen und stets auch an das Wohl aller und die Verantwortung für das Gemeinwohl zu denken. „Soziale Marktwirtschaft" ist darum schon als Begriff ein Paradox, eine elementare polare Spannung, die nur als ständige Herausforderung und Aufgabe begriffen werden kann. Ohne sittliche Maßstäbe ist ein solcher Ausgleich gar nicht denkbar.

Es scheint mir eine Binsenweisheit zu sein, dass wir in unserem Land uns schon länger auf allen Seiten gegen dieses grundlegende Verständnis einer wirklichen „Sozialen Marktwirtschaft" verfehlt haben. Wir haben viele Mechanismen und Institutionen geschaffen für z. B. die Begrenzung des Wettbewerbs, den sozialen Ausgleich, die Unterstützung Bedürftiger. Dies hat auch lange Zeit funktioniert. Aber in derselben Zeit sind die tragenden Grundlagen, die ein wirkliches Gelingen Sozialer Marktwirtschaft gewährleisten, nicht mehr genügend beachtet, ja in vielen Fällen unterlaufen worden. Die Selbstverantwortung ist oft nicht mehr eingefordert und selten belohnt worden. Eine Form des Eigennutzes und der Rücksichtslosigkeit machte sich breit, die eben doch an Egoismus grenzt. Schließlich gab es auch zwischen Arbeitnehmern und Arbeitgebern in satten Zeiten Vereinbarungen, die von beiden Seiten aus elementare Voraussetzungen der Marktwirtschaft missachteten. Dies reicht weit über die Arbeitswelt hinaus. Ich denke z. B. auch an die Defizite der Bildungspolitik.

Alfred Müller-Armack, der von einer „sozial gesteuerten Marktwirtschaft" sprach, hat gegenüber der rein liberalen Marktwirtschaft diese soziale Verpflichtung außerordentlich unterstrichen. Er hat die Marktwirtschaft auch nicht zu der „freiheitlichen Lebensordnung schlechthin" hochstilisiert, sondern hat in ihr bei allen notwendigen ethischen Voraussetzungen so etwas wie ein Organisationsmodell und eine Zweckmäßigkeitsstruktur gesehen, die instrumentellen Charakter trägt. Sie ist nicht selber Ziel. Müller-Armack war überhaupt grundsätzlich offen für eine ständige Korrektur der Sozialen Marktwirtschaft. So hat er im Jahr 1960 von einer „zweiten Phase der Sozialen Marktwirtschaft" gesprochen.[22] Er hat zum Beispiel auf erhebliche Mängel der realisierten Ordnung hingewiesen und neue Mängel genannt: die mangelnde Rücksicht der produktionell-technischen Entwicklung auf Umweltschäden, vermehrte Ausbildungs- und Studienmöglichkeiten, institutionelle Sicherung von Vollbeschäftigung usw. So hat er schon sehr früh in der vollen Realisierung der Sozialen Marktwirtschaft ein „Programm für die Zukunft" gesehen, das längst noch nicht erfüllt ist.

Diese Defizite wurden nicht sofort in ihrer Bedeutung erkannt. Es gab hohes wirtschaftliches Wachstum, Geldwertstabilität, eine relativ starke Währung, für praktisch jeden Arbeitsuchenden einen Arbeitsplatz, soziale Sicherheit und zunehmenden Wohlstand.

Zwar wird schon seit vielen Jahren vor Zerfallserscheinungen gewarnt.[23] Aber es gab wohl eine gewisse Selbstzufriedenheit und Sattheit, die die Herausforderung und die Korrektur der Sozialen Marktwirtschaft vernebelten. Gewiss sind auch die Kirchen nicht unbeteiligt. Es gab zwar unerschrockene Rufer in der Wüste, wie zum Beispiel Joseph Kardinal Höffner, aber man darf die Frage stellen, ob wir in dieser Zeit nicht zu sehr mit innerkirchlichen Fragestellungen und internen Konflikten beschäftigt waren.

Im Lauf der letzten Jahre ist die Erneuerungsbedürftigkeit der Sozialen Marktwirtschaft sonnenklar geworden. Da ich kein Fachmann bin, beschränke ich mich auf die Nennung einiger Stichworte:

- Schwierigkeiten einer sparsamen Haushaltspolitik und einer mittelfristigen Haushaltskonsolidierung in den öffentlichen Budgets,
- Reduzierung von Subventionen (Hemmnis für den weiteren Strukturwandel, Förderung der „Subventionsmentalität", einseitige Begünstigung einzelner Sektoren oder Unternehmen, Wettbewerbsverzerrung usw.),
- Verminderung von Staatseingriffen an zahlreichen Märkten, Abbau hinderlicher Regulierungen, Privatisierung von Staatsunternehmen und staatlicher Beteiligungen an Unternehmen,
- Notwendigkeit einer Reform der Unternehmensbesteuerung zur Sicherung der Wettbewerbsfähigkeit vor allem auf den internationalen Märkten,
- Begrenzung der Lohnzusatzkosten,
- mehr Flexibilität am Arbeitsmarkt,
- Schutz der Umwelt und ihrer Ressourcen,
- verstärkte wirtschaftspolitische Kooperation der Industrieländer aufgrund der wachsenden internationalen Verflechtung der Güter- und Finanzmärkte,
- Eintreten für ein offenes und freies Welthandelssystem.

In der „Sozialen Marktwirtschaft" sind Ökonomie und Sozialpolitik bei aller Verschiedenheit ihrer Methoden und Ziele wie zwei Brennpunkte einer Ellipse, denn die beste Sozialpolitik wäre eine Ökonomie, die Notlagen gar nicht erst entstehen lässt. Es ist kein Zweifel, dass es zwischen beiden Bereichen eine viel größere Wechselwirkung gibt, als üblicherweise die Differenz der Disziplinen und der Methoden vermuten lässt. Dies gilt auch in praktischer Hinsicht, denn der soziale Friede ist eine wichtige Bedingung und zugleich eine Folge wirklicher Sozialer Marktwirtschaft im beschriebenen

Sinne. Hier gab es bestimmte Entwicklungen in den letzten Jahren, die in die Krise führten:

– Eine Sozialpolitik, welche die wirtschaftlichen Antriebskräfte lähmt, die Flucht in die Schattenwirtschaft fördert und die Selbstverantwortung schwächt, belastet die Sozialkassen und setzt einen verhängnisvollen Zirkel von sinkender Leistungsbereitschaft und steigenden Abgabelasten in Bewegung. Wenn der wirtschaftliche Fortschritt blockiert wird, leiden auch der Wohlstand und die soziale Sicherheit.
– Solidarische Hilfe muss stärker auf jene Fälle begrenzt werden, in denen der Einzelne sich nicht mehr allein helfen kann. Die Abhängigkeit von der staatlichen Entziehung und Zuteilung von Hilfen steht in einem Widerspruch zum Menschenbild einer freiheitlichen Ordnung. Die privaten Haushalte und die Selbstverantwortung vieler Bürger können kleinere Lebensrisiken besser bewältigen. Hohe Risiken sollten vollständig abgesichert werden.
– Die Sozialpolitik in ihrer heutigen Ausprägung schafft in vielen Fällen von sich aus die Notlagen, um deren Linderung sie bemüht ist.
– Jahrzehnte hindurch ist das Sozialleistungssystem immer mehr ausgebaut worden. Bürokratisierung und Regulierung sind kaum mehr überschaubar.
– Soziale Leistungen müssen so bemessen werden, dass Arbeit höher entlohnt wird als Nichtarbeit.
– Bedenkliche Fehlentwicklungen und unsoziale Folgen der praktischen Sozialpolitik müssen stets wahrgenommen, überprüft und gesammelt werden.
– Die Versprechungen des Sozialstaats sind langsam, aber sicher unhaltbar geworden. Dabei geht es nicht nur um Wohlstand, es geht um unser friedliches Zusammenleben in Deutschland auch in der Zukunft. Es ist noch kein Abbau des Sozialstaates, wenn gewisse Ansprüche auf Sozialleistungen nicht mehr erfüllt werden können. „Auch nach der Wiedervereinigung ist Deutschland eines der ökonomisch erfolgreichsten Länder der Welt mit Spitzenlöhnen, den kürzesten Arbeitszeiten und dem wohl dichtesten sozialen Sicherungsnetz. Seinen urlaubenden Bürgern nimmt der Staat sogar das Risiko eines Konkurses ihrer Reiseveranstalter ab; arbeitslose Bürger rennen wegen nicht erstatteter Taxikosten anlässlich eines Bewerbungsgesprächs in Höhe von 1,20 Mark zu den Sozialgerichten."[24] Es wird einem asozialen Besitzstandsdenken das Wort geredet. Dabei erscheint es völlig unmöglich, die heutigen Probleme mit den alten Mitteln zu lösen. Die wirkliche Krise liegt in der Kumulation mehrerer Belastungen. Dies gilt besonders für die internationale Wett-

bewerbsfähigkeit. Hier spielen folgende Faktoren eine besonders wichtige Rolle.

- Es gibt eine epochale Wende, weil die Zeit der Nationalökonomien zu Ende geht und diese nur noch Segmente des Weltmarktes sind. Geld, Waren und Dienstleistungen kennen keine Grenzen mehr, indem die großen Konzerne jeweils dort produzieren, wo die geringsten Kosten und die größte Wirksamkeit zu erwarten sind. Diese Globalisierung scheint unausweichlich zu sein. Sie erhöht die Reaktionsschnelligkeit der Unternehmer, schwächt im Allgemeinen die Gewerkschaften. Sie können besser ausgespielt werden. Darauf ist mindestens psychologisch Rücksicht zu nehmen.[25]
- Das Phänomen der Massenarbeitslosigkeit lässt sich auf kurze Sicht nicht beseitigen. In ihr steckt ein gefährliches Potenzial. Nicht zuletzt auch in Erinnerung an die Weimarer Republik muss man sich ernsthaft fragen, wie viel Arbeitslosigkeit die Gesellschaft, vor allem die junge Generation, verkraften kann, ohne dass dies auf Dauer zu einer grundsätzlichen Verweigerungshaltung führt.
- Die andauernde Verlängerung der Lebenserwartung schafft für die sozialen Sicherungssysteme eine Serie äußerst prekärer Situationen.
- Deutschland hat bei wichtigen zukunftsträchtigen modernen Schlüsseltechnologien Probleme, die viel intensiver von der Industrie wahrgenommen werden.
- Die wachsende Überalterung der Gesellschaft bringt immer mehr Lasten für die Arbeitenden.

Somit ist nochmals im Gesamtkontext offenbar geworden, wie sehr eine Kumulation von Belastungen für die Krise ausschlaggebend ist. Darum ist es fragwürdig, nur auf einzelne Maßnahmen allein zu setzen, also nur punktuell. Es wäre nicht minder illusionär, wollte man sich die Lösung der Probleme mit den Mitteln und Zielen von gestern vorstellen. Hier spielt bei allen Einschnitten ein auch pragmatisches Abwägen der konkreten Möglichkeiten eine Rolle. Die Gewerkschaften sind gut beraten, die realen Veränderungen ins Auge zu fassen. Alle ideologischen Instrumentalisierungen helfen nichts.

Man muss an die Wurzeln des Übels zurück. Es geht um eine Restrukturierung und um eine Erneuerung der Sozialen Marktwirtschaft, die durchaus die Kräfte zu einer Regeneration in sich trägt. Dies ist kein Verrat an der Sozialen Marktwirtschaft. Vielmehr zeigt sich, dass diese Bemühungen zu einem mittel- und langfristigen Gelingen beitragen. Wir sprachen bereits von den vielen konstitutiven Faktoren, welche zur Bildung einer wirklich Sozialen Marktwirtschaft beitragen. Dabei geht es nicht nur um Grundwerte und Tugenden, sondern nicht minder um die Familien und alle vorstaatlichen Institutionen. Darum ist hier auch die Kirche elementar herausgefordert und aufgerufen. Sie mischt sich nicht von außen fälschlich in ein fremdes „System“ ein, sondern erfüllt eine ureigene Aufgabe.

III. Zur unablässigen Sorge der Kirche um die Armen

Es besteht im Neuen Testament kein Zweifel, dass die Kirche die Nachfolge ihres Herrn besonders glaubwürdig realisiert, wenn sie sich spirituell und lebenspraktisch den Armen zuwendet. Hier wird die Treue zu Jesus Christus unverfälscht bewahrt und zugleich die Herausforderung unserer Gegenwart angenommen. Es gibt wohl keine größere Konkretion der Nachfolge als das Leben mit den Hungernden und Durstigen, mit den Fremden, Heimat- und Wohnungslosen, mit den Armen, Kranken und Behinderten, mit den Gefangenen und Unterdrückten leibhaftig in der oft tief beeinträchtigten und beschädigten Lebenswelt zu teilen.

Über den Sinn des Wortes „arm“ soll später noch ausführlicher die Rede sein. Jedenfalls ist die Bibel schon im Alten Testament nicht naiv, wenn sie von Armut spricht. Sie weiß um die Lässigkeit und die Faulheit, um vage Entschuldigungen und erfundene Ausreden, um Müßiggang und Genusssucht. Niemand soll jedoch so selbstsicher sein, um vom Fleiß auf den Erfolg zu schließen. Der Reichtum ist kein eindeutiger Wert, sondern kann auch zweideutig sein. Erfolg kann auch zu einem falschen Vertrauen führen: „Wer auf seinen Reichtum vertraut, der fällt, die Gerechten aber sprossen wie grünes Laub“ (Spr 11,28). In diesem Sinne können Armut und Entbehrung wertvoller sein als Reichtümer: „Besser wenig in Gottesfurcht als reiche Schätze und keine Ruhe. Besser ein Gericht Gemüse, wo Liebe herrscht, als ein gemästeter Ochse und Hass dabei“ (Spr 15,16 f.).

Armut wird in der Bibel zwar als unvermeidliche gesellschaftliche Gegebenheit angesehen, doch ist ihre Linderung und Bekämpfung eine elementare Pflicht. Zahlreiche Gesetzesbestimmungen schützen den Armen.[26] Aus der Überzeugung heraus, dass Gott selbst für die Armen eintritt und ihnen Recht schafft, werden die Bedürftigen oft „die Armen Gottes“ genannt[27], die von ihm Befreiung und Freude erwarten dürfen. „Arm“ zu sein bedeutet, in einem Zustand verminderter Kraft zu sein, bedeutet Armseligkeit und Elend. Sehr stark schwingt in dem sozialen Sinn dieses Wortes mit, dass der Arme unterdrückt worden ist. Darum ist er der Hilflose. Gott hört jedoch die Klagen: „Du vergisst die Elenden nicht“ (Ps 10,12).

Die Propheten übernehmen auf der Linie des Bundesrechtes die Verteidigung der Geringen, die in Elend und Unglück leben. Wenn man für diese Armen eintritt, dann bedeutet dies einen Einsatz für das Gottesvolk. Besonders die Unterdrückung der Armen und die Beugung des Rechts werden bekämpft. In der Prophetie des Amos spielt der Schutz der Armen vor Rechtsbeugung und Ausbeutung eine besondere Rolle.[28] Die Propheten schildern meisterhaft den Zustand der satten Überheblichkeit, der leichtfertigen Abkehr von Gott und der Rücksichtslosigkeit als Wurzel: „Hört dieses Wort, ihr Baschankühe auf dem Berg von Samaria, die ihr die Schwachen unterdrückt und die Armen zermalmt und zu euren Männern sagt: Schafft Wein herbei, wir wollen trinken." (Am 4,1)

Der Schutz der Unschuldigen und sozial Schwachen gehört zur Lebensordnung des Gottesvolkes und findet daher in vielen Geboten, Verboten und Mahnungen eine genauere sozialethische Ausformung. Es ist darum von besonderer Bedeutung, dass Jesus bei seinem ersten öffentlichen Auftreten bewusst an diese prophetische Sendung für die Annen anknüpft und sich damit auch ein Programm gibt, das nicht zufällig bereits an dieser Stelle in der griechischen Sprache „Evangelium" genannt wird: „Der Geist Gottes des Herrn, ruht auf mir; denn der Herr hat mich gesalbt. Er hat mich gesandt, damit ich den Armen eine frohe Botschaft bringe und alle heile, deren Herz zerbrochen ist, damit ich den Gefangenen die Entlassung verkünde und den Gefesselten die Befreiung, damit ich ein Gnadenjahr des Herrn ausrufe ..." (Jes 61,1f.; Lk 4,18f.). Jesus hat sich sehr bewusst in diese prophetische Tradition hineingestellt und sie radikalisiert. Seine ganze Verkündigung ist Evangelium für die Armen: „Selig ihr Armen, denn euch gehört das Reich Gottes." (Lk 6,20) Das scharfe Wort Jesu „Eher geht ein Kamel durch ein Nadelöhr, als dass ein Reicher in das Reich Gottes gelangt" (Mk 10,25) ist eine Art von Kommentar zur Nachfolgefrage.[29] Mit diesem Ausspruch Jesu und ähnlichen Worten erfolgt keine pauschale Verwerfung der Reichen, aber es geht um ihre besondere Gefährdung, wie sie schon im Alten Bund zur Sprache kam. Niemand darf sein Herz an die Dinge dieser Welt hängen. Nur Bereitschaft zum Verzicht auf Besitz und das Teilen mit den Armen macht frei für eine wirkliche Nachfolge des Herrn. Gerade Lukas verschärft diese kritische Haltung.[30]

Ähnliches wäre über viele andere Schriften des Neuen Testamentes zu sagen. Ich zitiere nur noch ein wichtiges Wort über die Gleichheit aller vor Gott aus dem Jakobusbrief: „Hört, meine geliebten Brüder: Hat Gott nicht die Armen in der Welt auserwählt, um sie durch den Glauben reich und zu Erben des Königreichs zu machen, das er denen verheißen hat, die ihn lieben? Ihr aber verachtet die Armen. Sind es nicht die Reichen, die euch unterdrücken und euch vor die Gerichte schleppen?"[31] Es kommt der Heiligen Schrift darauf an, mit dem „ungerechten Mammon" gerecht umzugehen, wie es in selbstloser Wohltätigkeit praktiziert wird.[32] Der reiche Oberzöllner Zachäus ist ein Vorbild für eine großzügige Behandlung des Vermögens.[33]

Über diese elementare Hilfe durch den Einzelnen hinaus gibt es jedoch im Neuen Testament auch erste Ansätze für eine stärker institutionell ausgerichtete Unterstützung der Armen. Nur zwei Beispiele seien genannt, nämlich die Gütergemeinschaft der Urgemeinde und das Einsetzen besonderer Armenpfleger.[34] Ein anderes Beispiel mit einer sehr subtilen christologischen Begründung stellt die Kollekte des hl. Paulus dar für die Armen in Jerusalem.[35]

Damit ist ein Maß aufgestellt, das unbeschadet der verschiedenen Situationen die Kirche ganz grundlegend verpflichtet. Gott steht entschieden auf der Seite der Armen und Hilfsbedürftigen. Seit Gott in seinem Sohn Jesus Christus die Armut der Menschen angenommen hat, ist der Arme in besonderer Weise Bild Gottes. Er fordert stets wieder die Zuwendung und Solidarität der christlichen Gemeinde. Es ist ein Maßstab für ihre Glaubwürdigkeit, auf der Seite der Armen zu stehen. Das Neue Testament kennt kein Sozialprogramm zur endgültigen Überwindung der Armut in der Welt. Aber durch Spenden, Kollekten, Teilen und Eintreten für sie soll die Gemeinschaft und Verpflichtung für alle, besonders für die Hilfsbedürftigen, zum Ausdruck kommen.[36]

Es gehört darum zur Signatur der Kirche in dieser Welt, die Zuwendung zu den Armen als prophetische Herausforderung zu verstehen. Das Zweite Vatikanische Konzil hat eine tiefgreifende Umkehr der Kirche zu den Armen gefordert. Neben einigen wichtigen Aussagen in der Pastoralkonstitution „Gaudium et spes“[37] und im Missionsdekret „Ad gentes“[38] gibt es in dem dogmatisch dichten Artikel 8 von „Lumen gentium“ eine besonders eindrückliche Aussage: „Wie aber Christus das Werk der Erlösung in Armut und Verfolgung vollbrachte, so ist auch die Kirche berufen, den gleichen Weg einzuschlagen, um die Heilsfrucht den Menschen mitzuteilen … Christus wurde vom Vater gesandt, ‚den Armen frohe Botschaft zu bringen, zu heilen die bedrückten Herzens sind‘ (Lk 4,18), ‚zu suchen und zu retten, was verloren war‘ (Lk 19,10). In ähnlicher Weise umgibt die Kirche alle mit ihrer Liebe, die von menschlicher Schwachheit angefochten sind, ja in den Armen und Leidenden erkennt sie das Bild dessen, der sie gegründet hat und selbst ein Armer und Leidender war. Sie müht sich, deren Not zu erleichtern, und sucht Christus in ihnen zu dienen.“[39] Diese Aussage, die viel zu wenig beachtet worden ist, gehört in das Herz der Ekklesiologie. Hier wird die Zuwendung zu den Armen und Leidenden ganz eng mit den Strukturen von Kirchesein zusammengebracht.[40]

Es braucht hier nicht gezeigt zu werden, wie die lateinamerikanische Kirche diese Initialzündung des Konzils aufgriff und vertiefte, wie manche freilich dieses Thema politisch missbrauchten und wie die Kirche es dennoch unbeirrt in ihre Sozialverkündigung aufnahm. Die zentralen Glaubensgehalte werden mit der sozialen Situation der Armen verbunden, ihre Perspektive und Erfahrung ist Maßstab der Verkündigung des Evangeliums, sie sind damit auch nicht mehr „Objekte" einer mehr von außen handelnden Pastoral, sondern sie sind selbst mit ihrer Glaubens- und Lebenserfahrung, aber auch mit ihrem Elend und ihrer Verzweiflung „Subjekte" der Kirche, die so wirklich zu einer „Kirche der Armen" wird.[41] Die lehramtlichen Veröffentlichungen zur Theologie der Befreiung haben einseitige Tendenzen und Gefährdungen aufgezeigt, jedoch – was öfter übersehen wird – keinen Zweifel daran gelassen, dass die „Option für die Armen" im Kern zu den unumstößlichen Grundsätzen der heutigen Sozialverkündigung der Kirche gehört, und zwar nicht nur in Lateinamerika.

Es ist darum auch nicht zufällig, dass diese Aufgabe, den Armen und Kranken beizustehen, in der heute gültigen Form der Weihetexte von Diakon, Priester und Bischof einen unübersehbaren Rang einnehmen. Es sind vor allem zwei Orte, nämlich die Homilie und das Weiheversprechen, in denen die Bereitschaft der Zuwendung zu den Armen wie eine zentrale Voraussetzung für die Ausübung des Amtes erscheint. Ich weise hier nur auf die Homilie bei der Bischofsweihe hin, wo es in der Muster-Vorlage heißt: „Vergiss nie die Armen und die Kranken, die Heimatlosen und die Fremden."[42] Im Weiheversprechen wird dies noch verdeutlicht: „Bist du bereit, um des Herrn willen, den Armen und den Heimatlosen und allen Notleidenden gütig zu begegnen und zu ihnen barmherzig zu sein?" (ebd. S. 32).

Die Gestalt der Not hat sich in der Geschichte immer wieder verändert.[43] In einer Art von Reaktion und Korrespondenz gibt es auch eine bewegende, viel zu wenig bekannte Geschichte der Nächstenliebe, die immer wieder neues oder verborgenes Elend an den Tag brachte und es bekämpfte.[44]

Beseitigung der Not und Hilfe sind in den heutigen Gesellschaften ohne einen größeren institutionellen Rahmen kaum möglich. Diese Aussage mindert nicht die primäre Bedeutung der konkreten Nächstenliebe des Einzelnen, von Gruppen und von Gemeinden. In den größeren und schwierigeren Nöten wird die Kirche unvermeidlich heute jedoch gesellschaftlich präsent durch die verbandliche Caritas und ihre Fachverbände. Durch die Struktur des Sozialstaates und die im Gefolge des Subsidiaritätsprinzips konsequente Funktion der Wohlfahrtsverbände, zu denen auch der Deutsche Caritasverband und die Fachverbände gehören, entsteht freilich eine sehr enge Verflechtung mit der staatlichen Sozialgesetzgebung und den gesellschaftlichen Strukturen.

Daraus geht hervor, wie intensiv die karitativ-diakonischen Einrichtungen der Kirchen in unserem Land an der Prävention und Therapie, der Linderung und der Überwindung von Not und Elend beteiligt sind. Freilich erhebt sich immer wieder auch die Frage, wie weit bei einer solchen Inanspruchnahme und gesellschaftlichen Verpflichtung die kirchliche Identität und das Proprium der Caritas bewahrt und entfaltet werden können. Dabei geht es nicht in erster Linie um eine ängstliche Selbstbehauptung, sondern um die Frage, ob den Verbänden unter den gegebenen Voraussetzungen noch ein genügend großer schöpferischer Spielraum gegeben ist, um den Nöten der Zeit auf eine originelle, von wirklichen christlichen Motiven inspirierte Weise zu begegnen. Jedoch ist dies ein eigenes Thema, das hier nur angesprochen, nicht jedoch behandelt oder gar beantwortet werden kann. Die Frage lässt sich aber gerade bei dem Wandel des Sozialstaates und rückläufigen finanziellen Einnahmen und Zuwendungen auf die Dauer nicht umgehen.

IV. Zur Diskussion um den Armutsbegriff

Es gibt keine eindeutige und zeitenthobene Definition von Armut. Es ist auch deutlich geworden, dass es sehr schwer ist, die materielle Armut von den nichtmateriellen Aspekten des Elends, zu denen etwa der Zugang zur Bildung gehört, zu trennen. Armut ist außerdem nicht nur mit materiellen Schwierigkeiten verbunden, sondern sie bestimmt auch den sozialen Status, die Stellung und die Rolle in der Gesellschaft. Viele Experten scheinen sich darauf zu einigen, dass das Element der Erniedrigung ein verbindendes Element im Wechselverhältnis vieler Faktoren ist, und zwar als ethische Kategorie, im sozialen Leben und im wirtschaftlichen System. So kann man verstehen, dass die methodologischen Kontroversen um die Messung der Armut bis heute andauern und nach Übereinstimmung vieler Sozialwissenschaftler zu keinem allseits befriedigenden Ergebnis gekommen sind.[45]

Um so notwendiger sind wissenschaftlich ernsthafte Armutsuntersuchungen. Diese sind in den letzten Jahren auch bewusst von den Wohlfahrtsverbänden in Auftrag gegeben worden, um vor einer pointierten Stellungnahme eine verlässliche Untersuchung zu besitzen. Eine besondere Aufmerksamkeit hat die Caritas-Armutsuntersuchung erfahren.[46] Die Untersuchung ging von der Voraussetzung aus, dass den armen Menschen in unserem Land nur durch hieb- und stichfeste Materialien geholfen werden könnte. Die Untersuchung wollte also von Anfang an keine emotional aufgeheizte Ausweitung eines unbestimmt bleibenden Armutsbegriffs, der natürlich leicht geeignet wäre, heiße Debatten zu entzünden. Es hat sich nämlich in einzelnen Reaktionen gezeigt, dass schon die Verwendung des Armutsbegriffs im Blick auf unsere Gesellschaft trotz aller wissenschaftlichen Absicherung, wie sie in der Untersuchung zweifellos erfolgt, massive Irritationen und Vorwürfe provoziert. Dies gilt besonders dann, wenn man unser Land global mit der so genannten Dritten Welt vergleicht.

Armut ist ein Sammel- und Oberbegriff für Strukturen, Lebenslagen und individuelle Mangelsituationen, in denen es Menschen nicht möglich ist, auf eine gewisse Dauer hin mithilfe eigener Leistung und ohne private, öffentliche oder staatliche Maßnahmen zur Armutsbekämpfung ihre materiellen, physischen, psychischen oder sozio-kulturellen Bedürfnisse in einem Maß zu befriedigen, dass ihnen nach allgemeiner Anschauung ein Leben ohne dauernde Bedrohung schon ihrer physischen Existenz durch Hunger, Krankheit oder die Auswirkungen des Überlebenskampfes („absolute Armut") oder ein menschenwürdiges Leben („relative Armut") möglich ist.

Wenn man die Armutsuntersuchungen genauer liest, wird von Anfang an erkennbar, dass durch den Ansatz und die Intention nur ein kleiner Ausschnitt der Gesamtbevölkerung erfasst wird, nämlich besonders Problemgruppen. „In der Untersuchungspopulation sind soziale Unterschichten weit überdurchschnittlich vertreten, repräsentative Aussagen über die Gesamtbevölkerung sind somit nicht möglich."[47] Die Untersuchungsergebnisse haben eine besondere Relevanz für die unteren sozialen Schichten. Sie „widersprechen jedenfalls einem leichtfertigen Ignorieren von gesellschaftlichen Ungleichheitslinien, der sozialstrukturellen Prägekraft von Bildung, sozialer Herkunft und beruflicher Stellung und zeigen den ganz herausragenden Einfluss des Einkommens für die Ausgestaltung der Lebenslage".[48]

Damit werden einige Vermutungen von Untersuchungen fragwürdig, die in den letzten Jahren – in Verbindung mit der Beobachtung einer steigenden Individualisierung und Pluralisierung (U. Beck) – nahe legten, dass die Einkommensveränderungen stark dynamische Züge aufweisen, die gesellschaftlichen Ungleichheitslinien ihre Konturen verlieren, soziale Ungleichheit als Ergebnis von Schwankungen und Brüchen in den individuellen Biografien erscheint usw. Die Untersuchungen haben ergeben, dass die Klassenlagen und Schichtungstendenzen in der – vor allem westdeutschen – Sozialstruktur doch ziemlich hartnäckig sind und sich keineswegs so rasch verflüssigen, wie oft angenommen worden ist.[49]

Erkenntnisse dieser Art sind ganz besonders wichtig, weil die Zahl der verdeckten Armen, die nicht erkannt sein wollen, relativ hoch ist. Bedürftigkeiten werden aus Angst, Scham oder Unkenntnis der Betroffenen nicht geltend gemacht. So haben knapp drei Viertel der verdeckt armen Menschen

(71 Prozent), die bei der Caritas Hilfe suchen, noch nie in ihrem Leben Sozialhilfe bezogen. Auch Schulden sind ein wichtiges Problem bei Armen. Wie bei den Arbeitslosen und den Alleinerziehenden stellt sich bei Armen die Wohnsituation als besonders problematisch dar.

Ich möchte vor allem darauf hinweisen, dass in zwanzig Jahren sich die Empfänger von Sozialhilfe verdreifacht haben. Junge allein stehende Arbeitslose, Familien mit mehreren Kindern, deren Hauptverdiener arbeitslos wurde, Langzeitarbeitslose, Alleinerziehende und Ausländer sind besonders von Notlagen betroffen. Mindestens ein Drittel der Empfänger dieser Hilfe braucht die Unterstützung weniger als ein Jahr. Die Armutsgefährdung reicht bis in die Personengruppen mit mittlerem Einkommen hinein. Überhaupt muss man bei der Feststellung von „Armut" sich bewusst sein, dass viele Betroffene immer wieder an der Armutsgrenze herumpendeln und je nach Lebenslage für einige Zeit über oder unter dieser Grenze leben. Etwa zehn Prozent der Bevölkerung sinkt immer wieder in Armut ab oder verharrt darin längere Zeit.

Die Messung der Armut wurde bereits besprochen. Die Armutsschwelle wird auf europäischer Ebene regelmäßig so angesetzt, dass der als „arm" bezeichnet wird, der weniger als 50 Prozent des durchschnittlichen Nettoeinkommens erhält.[50]

Wenn es schon keinen Königsweg zur wissenschaftlichen, objektiven Messung von Armut gibt, ist es notwendig, die theoretischen Grundannahmen und die konzeptionellen Entscheidungen bei der Wahl des Armutsbegriffs jeweils offen zu legen. Zweifellos ist mehr Zurückhaltung bei der Verwendung des Armutsbegriffs anzuraten. Man sollte der Versuchung widerstehen, im Anschluss an G. Simmel[51] den Armutsbegriff so weit auszudehnen, dass er jedes Unterstütztwerden einbegreift und die Beseitigung der Armut erst dann erreicht sieht, wenn jede Form von Abhängigkeit abgeschafft ist. Es ist jedoch nicht unbillig, den Armutsbegriff zu verwenden, wenn jemand eine nicht unbeträchtliche Dauer auf laufende Hilfe zum Lebensunterhalt oder auf Hilfe in besonderen Lebenslagen angewiesen ist und bleibt.

Unter diesen Voraussetzungen ist es notwendig, die Belastungen des Gemeinwohls immer wieder kritisch zu überprüfen. Gerade auch im Rahmen der dargestellten Sozialen Marktwirtschaft besteht kein Zweifel, dass es eine Transformation sozialstaatlicher Leistungen geben muss, der jedoch nicht von Anfang an als Abbau des Sozialstaats diffamiert werden darf. Umgekehrt ist die Aufregung in manchen Kreisen nicht recht zu verstehen: Wenn wir – was gar nicht bestritten werden soll – immer noch in einem der reichsten Länder der Welt leben, wo auch die Lebensrisiken durch die sozialen Sicherungssysteme in einem hohen Maß beherrscht werden, dann kann es doch nicht illegitim sein, bei der eingeräumten Notwendigkeit der erwähnten Transformation genauer hinzusehen, welche Schichten der Bevölkerung, die ohnehin gefährdet sind und sich an der Armutsgrenze bewegen, eventuell stärker in Mitleidenschaft gezogen werden oder gar unter die Räder zu kommen drohen. Ich will, ohne auch nur eine Spur von Sozialneid schüren zu wollen, die Bemerkung nicht ganz unterlassen, dass freilich der feststellbaren Armut ein ebenfalls feststellbarer Reichtum gegenübergestellt werden kann.

Die Armut kann nie aus der menschlichen Gesellschaft verbannt werden. Armut ist aus christlicher Sicht keine Tugend und hat auch keinen Adel. Menschen können in ihr oft tugendhaft leben und eine erstaunliche Menschlichkeit entwickeln. Aber dies ist eher die Ausnahme. Armut ist ebenso wie die Sünde etwas, was nicht sein soll. Sie spiegelt die Gebrochenheit und Erlösungsbedürftigkeit des Menschen wieder. Deshalb ist aber Armut auch nicht einfach schicksalhaft in einer gewissen Ergebenheit in das angeblich Unabänderliche hinzunehmen. Armut ist eine zentrale Herausforderung an jede Sinnstiftung, an jedes der Menschenwürde verpflichtete politische System und an jeden Mitmenschen. Sie fordert zum Einsatz für eine größere soziale Gerechtigkeit heraus.

Für den Christen ist es Glaubenssache, dass das Ende aller Armut erst im Reich Gottes verwirklicht werden kann. Aber wenn dieses Reich Gottes im Wort und im Wirken Jesu Christi sowie im Zeugnis seiner Kirche bereits angebrochen ist, gehört die Bekämpfung der Armut notwendigerweise zum Evangelium Jesu Christi. Dazu gehört das Teilen von Besitz, Eigentum und Chancen ebenso wie die Solidarität mit Situationen und Lebenslagen des Nächsten. Teilen ist mehr als das schlichte Abgeben vom Überfluss. Es bedeutet auch, Einschränkungen bisheriger Möglichkeiten oder durchaus legitimer Erwartungen hinzunehmen, und zwar ohne Groll und Bitterkeit. Allerdings ist eine solche Haltung vor allem im säkularen Milieu nur dann zu erwarten, wenn möglichst überzeugend vermittelt werden kann, dass alle in überzeugender Weise bereit sind, den Gürtel enger zu schnallen. Letztlich ist aber ein so radikales Teilen nur in der Nachfolge Jesu Christi möglich. Dies wird zuletzt damit begründet, dass in jedem Armen, dem man sich zuwendet, Jesus Christus begegnet, der sich mit den armen Menschen identifiziert.[52]

Dieses Teilen überwindet Distanz und alle Formen von Diskriminierung, schafft Solidarität und Mitleiden. So entsteht wirklich gemeinsam erfahrene und bewährte Solidarität.[53] Christliche Armutsbekämpfung möchte im Übrigen reiche Menschen nicht diffamieren, sondern gewinnen, „damit sie reich werden an guten Werken, freigiebig … (werden) und, was sie haben, mit anderen teilen. So sammeln sie sich einen Schatz als sichere Grundlage für die Zukunft, um das wahre Leben zu erlangen“ (1 Tim 6,18 f.).

Manchmal wird auch durch Teilen eine bedrückende Realität nicht verändert. Sie wird vielleicht erträglicher. Deshalb darf die Bereitschaft zum Teilen nicht die einzige Antwort sein. Umkehr im Sinne der Bibel schließt auch eine Veränderungsbereitschaft ein, die freilich keine Gewalt in Anspruch nimmt. Aber manches kann in dieser Zeit nur – freilich fragmentarisch – geheilt werden, wenn es auch verändert wird. Wo diese Veränderung nicht möglich ist, müssen die Christen und die Kirche, gerade in einer augenscheinlich ausweglosen Lage, gemeinsam ausharren. Statt Resignation und Bitterkeit wird diesem christlichen Bleiben in Geduld vom Kreuz Jesu Christi her eine Hoffnung gegen alle Hoffnung geschenkt. Es gibt mitten in der Verzweiflung einen Mut, der nicht innerweltlich ableitbar ist, sondern aus der Hoffnung auf das Reich Gottes erwächst. Die großen Reformen in Kirche und Gesellschaft sind vermutlich nie ohne eine solche Beharrlichkeit zustande gekommen.

Dies darf jedoch nicht verdunkeln, dass jeder einzelne, vielleicht kleine Einsatz für arme Menschen Teil der jetzt schon angebrochenen Bewegung ist, die im Reich Gottes mit der Fülle und dem Heil für alle ihre Vollendung finden wird und die uns in der Bibel in vielen Bildern verheißen ist: in den Gleichnissen vom Verlorenen, in der Ankündigung des Mahls aller Völker, in der Verkündigung eines ewigen Friedens zwischen allen Kreaturen und in den Seligpreisungen der Bergpredigt.

Wir haben eine lange Wegstrecke durchmessen, die immer wieder bei der Verwirklichung des Christlichen durchschritten werden muss. Sie zeigt die bleibende Handlungsfähigkeit der Kirche und aller Christen, wenn sie aus der Mitte des Glaubens Hoffnung und Kraft schöpfen. Sie hat auch etwas zu tun mit dem Menschenbild, das nicht nur historisch hinter der Ausprägung der Sozialen Marktwirtschaft steht. Diese steht nicht im Gegensatz zu einer sensiblen Sozialpolitik. Aber wir haben trotz aller Versuche eines „Bündnis für Arbeit“ in unserer Gesellschaft den Runden Tisch noch nicht gefunden, um den man sich wie um eine verbindende Mitte sammeln kann.

Die Christen in unserem Land wollen – wie eingangs schon gesagt – nach dem Konsultationsprozess mit einem gemeinsamen Wort zur wirtschaftlichen und sozialen Lage in Deutschland versuchen, eine solche Begegnung, wo und wie sie immer stattfindet, vorzubereiten: Für eine Zukunft in Solidarität und Gerechtigkeit.

Für das Gespräch darüber wollte ich gleichsam den Bühnenvorhang öffnen, nicht mehr, aber auch nicht weniger.

Anmerkungen

[1] Dieses Sozialhirtenwort erschien 1997: Für eine Zukunft in Solidarität und Gerechtigkeit (Gemeinsame Texte 9), hg. von Kirchenamt der EKD und vom Sekretariat der DBK, Hannover – Bonn 1997.

[2] Pastoralkonstitution „Gaudium et spes", Art. 31.

[3] „Gaudium et spes", Art. 76.

[4] Vgl. ebd.

[5] Vgl. „Gaudium et spes", Art. 64.

[6] Ebd.

[7] Vgl. „Gaudium et spes", Art. 63.

[8] Vgl. schon „Rerum novarum", Art. 2; „Quadragesimo anno", Art. 88.

[9] Enzyklika „Centesimus annus" (CA), Art. 19.

[10] Vgl. CA, Art. 34 und 40.

[11] Kommentar zu „Centesimus annus", unter dem Titel „Vor neuen Herausforderungen der Menschheit", Freiburg i. Br. 1991, 154.

[12] H. de Lubac, Glauben aus der Liebe, Einsiedeln 1970, S. 326.

[13] H. de Lubac, Catholicisme, Paris 1938.

[14] Vgl. B. S. Schefold, Wirtschaftsstile I, Frankfurt a. M. 1994, S. 73–110.

[15] Vgl. A. Müller-Armack, Das Jahrhundert ohne Gott. Zur Kultursoziologie unserer Zeit, Münster 1948.

[16] Ebd., 182.

[17] Vgl. CA, Art. 40.

[18] Vgl. CA, Art. 49.

[19] Vgl. CA, Art. 40.

[20] Vgl. ebd.

[21] W. Kerber, Vor neuen Herausforderungen der Menschheit. Kommentar zu „Centesimus annus", 152 f.

[22] A. Müller-Armack, Wirtschaftsordnung und Wirtschaftspolitik. Studien und Konzepte zur Sozialen Marktwirtschaft und zur Europäischen Integration, Freiburg i. Br. 1966, 267–291.

[23] Vgl. z. B. ORDO. Jahrbuch für die Ordnung von Wirtschaft und Gesellschaft, Bd. 40, Stuttgart 1989, mit zahlreichen Beiträgen.

[24] J. Borchert, Sozialstaat unter Druck, in: Universitas, 51, 1996, 318.

[25] Vgl. R. B. Reich, Die neue Weltwirtschaft, Berlin 1993, Frankfurt a. M. 1996; H.-P. Martin / H. Schumann, Die Globalisierungsfalle, Reinbek bei Hamburg 1996.

[26] Vgl. Dtn 15, 1 ff.

[27] Vgl. Ps 34, 19; Jes 29, 19; 61, 1 ff.

[28] Vgl. Am 2, 6–8, 5, 11–13.

[29] Vgl. Mk 10, 17–22.

[30] Vgl. Lk 12, 22–34; 8, 14; 18, 23 ff.; 6, 24.

[31] Jak 2, 5 f.; vgl. auch Jak 5, 1 ff.

[32] Vgl. Lk 14, 12 f.

[33] Vgl. Lk 19, 2 ff.

[34] Vgl. Apg 6, 1 ff.

[35] Vgl. 1 Kor 16,1 ff.; 2 Kor 8–9.
[36] Vgl. die Artikel Armut/Reichtum in den verschiedenen biblischen Wörterbüchern und biblischen Theologien.
[37] Art. 1, 21, 31, 69, 72, 88.
[38] Z.B. Art. 5.
[39] LG 8.
[40] Vgl. M. Kehl, Die Kirche, Würzburg 1992, 240 ff.
[41] Zur Interpretation der Option für die Armen vgl. M. Kehl, Die Kirche, Würzburg 1992, 242 ff.; E. Klinger, Armut, Zürich 1990, 44 ff.; J. Ellacuria / J. Sobrino, Mysterium liberationis I, Luzern 1995, 293 ff.
[42] Die Weihe des Bischofs, der Priester und der Diakone. Pontifikale I, Handausgabe, Freiburg i. Br. 1994, 29.
[43] Vgl. dazu W. Fischer, Armut in der Geschichte, Göttingen 1982; M. Mollat, Die Armen im Mittelalter, München 1984; B. Geremek, Geschichte der Armut. Elend und Barmherzigkeit in Europa, München 1988.
[44] Vgl. dazu H. Vonhoff, Geschichte der Barmherzigkeit. 5000 Jahre Nächstenliebe, Stuttgart 1987.
[45] Vgl. dazu aus der Sicht des Historikers B. Geremek, Geschichte der Armut, 7 ff.
[46] Vgl. R. Hauser / W. Hübinger, Arme unter uns, 2 Bde., hg. vom Deutschen Caritasverband, Freiburg i. Br. 1993.
[47] W. Hübinger, Prekärer Wohlstand. Neue Befunde zu Armut und sozialer Ungleichheit, Freiburg i. Br. 1996, 219.
[48] Ebd., 222.
[49] Vgl. die Untersuchungen von St. Leibfried, W. Zapf usw.
[50] Vgl. Näheres bei W. Hübinger, Prekärer Wohlstand, 54–79.
[51] Vgl. Soziologie, Untersuchungen über die Formen der Vergesellschaftung, Berlin ^{5}1968, 345–374; dazu W. Hübinger, Prekärer Wohlstand, 73 ff.
[52] Vgl. Mt 25,31–46.
[53] Vgl. dazu Solidarität. Option für die Modernisierungsverlierer, hg. von P. M. Zulehner, H. Denz, A. Pelinka und E. Tálos, Innsbruck 1996; vgl. auch den Katholischen Kongress vom 12.–15. September 1996 in Hildesheim „Solidarität ist unteilbar“.

1997

Die radikale Liebe zum Nächsten

(23. September 1997, Predigt zu Mt 25,31–46)

Der Gottesdienst wird zugleich zum Gedenken an Mutter Teresa gefeiert

Im Evangelium wurde das Weltgericht in einer Erde und Himmel umfassenden Darstellung bis ins Einzelne geschildert. Es ist wie eine große Bildfläche, die alles beherrscht. Viele Bilder und Symbole, die auch im Judentum sowie in anderen Religionen erscheinen, verlebendigen die Szene: Engel und Menschen, Schafe und Böcke, der König und die Armen. Das Weltgericht deckt auf, wie es in Wirklichkeit um die Menschheit bestellt ist. Jetzt wird die Geschichte der Welt mit den Augen Gottes gelesen. Dann sieht manches anders aus als in den Geschichtsbüchern der Sieger. Meisterhaft versteht es Matthäus, die Bedeutung dieses Gerichtes nicht zuerst in dem kolossalen Gemälde anschaulich zu machen, was ja auch einem Spektakel gleichkommen könnte, in dem der Einzelne verschwindet. Vielmehr steht plötzlich die Verantwortung der einzelnen Menschen mitten in der Schilderung, als ob es nur darum gehen würde. Dieses ineinander von Weltgericht und besonderem Gericht sagt mehr als viele theologische Erörterungen darüber.

Die Theologie tut sich mit manchen Aussagen ohnehin schwer. Lange hat man gerätselt, ob mit dem „Bruder" nur die Christen oder christliche Missionare gemeint sind. Andere meinten, mit dem Ausdruck „alle Völker" (25,32) seien die Heiden gemeint. Man darf wohl davon ausgehen, dass im Gericht über „alle Völker" der Horizont der Missionszeit überschritten ist. Darum gehören nicht nur die Heiden, sondern auch die Kirchenangehörigen dazu. Jedem wird der Menschensohn vergelten, wie es seine Taten verdienen (vgl. Mt 16,27), Christen und Nichtchristen. Probleme gab es immer auch damit, dass der endzeitliche Richter sich mit den Geringsten gleichsetzt. Wie soll dies geschehen? Ist es nicht doch nur eine fromme Formel, in Wirklichkeit aber doch nur die Fiktion, „als ob" es der Geringste sei? Verbirgt sich der König nur im Gewand der Bedürftigen und Bedrückten? Ist es eine mystische Identifikation? Im Judentum findet sich einmal die Aussage: „Meine Kinder, wenn Ihr den Armen zu Essen gegeben habt, so rechne Ich es Euch so an, als ob Ihr Mir zu Essen gegeben hättet." (Midhr. Tann. 15,9). Es ist ein Wort, das unserem neutestamentlichen Bild am nächsten kommt. Aber ist der Wortlaut der Rede Jesu nicht aufregender, müssen wir ihm nicht treu bleiben: „Was ihr für einen meiner geringsten Brüder getan habt, das habt ihr mir getan.“ (25,40b), „was ihr für einen dieser Geringsten nicht getan habt, das habt ihr auch mir nicht getan.“ (21,45b).

Diese ganzen Fragen zerrinnen oft, wenn wir vor dem Zeugnis eines Menschen stehen, der an diesen Worten nicht herumdeutet, sondern ganz konkreten Ernst damit macht. Die Einfachheit des Evangeliums geht einem immer noch am meisten auf, wenn man die Wahrheit tut.

Wenn wir in diesem Gottesdienst auf Mutter Teresa zurückblicken, so wird unser Text durch ihr Leben und ihr Leben durch diesen Text in einer beinahe einzigartigen Weise hell und transparent. In ihren Zeugnissen kommt sie immer wieder auf die Rede Jesu vom Weltgericht zurück. Ja, ihre Gründung einer neuen Ordensgemeinschaft vor gerade 50 Jahren, als sie die Schwestern von Loreto verließ und die Missionarinnen der Nächstenliebe in den weißblauen Saris gründete, ist nur zu verstehen – wie sie selber sagt – durch eine „Berufung in der Berufung“. Als sie Lehrerin in Kalkutta war, ging sie – wie fast alle anderen – an dem Elend der Menschen vorbei, die am Rand der Straßen lagen und auf den Tod warteten. Man kann schließlich nicht allen helfen, außerdem konnte man kaum den Ekel überwinden vor der Berührung der oft von Schmutz starrenden und mit übel riechenden Schwären bedeckten Körper der Kranken. Eines Tages geht Mutter Teresa nicht mehr mit diesen Gedanken im Kopf an den Armen vorüber, sie erfährt wirklich eine radikale Berufung. Später wird sie es genauer erzählen. Hören wir ihr Zeugnis als eine konkrete Illustration, wie das Jesuswort die Herzen treffen kann:

„Eines Tages, als ich in den Slums von Kalkutta gearbeitet hatte und mich auf dem Heimweg zu meinem Zimmer befand, sah ich diese Frau auf dem Pflaster liegen. Sie war sehr schwach, völlig abgemagert, ein Bündel von Haut und Knochen; offensichtlich war sie sehr krank. Ihr Körper strömte einen so üblen Gestank aus, dass mir schlecht wurde, als ich an ihr vorbeiging, und ich mich fast übergeben hätte … Im Vorbeigehen sah ich fette Ratten, die an ihrem Körper nagten, und ich dachte entsetzt: Das ist das Grausigste, was du in deinem ganzen Leben gesehen hast … Alles, was ich in diesem Augenblick empfand, war der Wunsch, so schnell wie möglich von da wegzukommen und zu vergessen, was ich gesehen hatte, um niemals wieder an diese entsetzliche Szene denken zu müssen. Ich fing an zu laufen, als wenn Weglaufen das Vergessen beschleunigen könnte … Aber bevor ich noch die nächste Straßenecke erreichte, ließ mich eine plötzliche Erleuchtung anhalten. Ich stand auf dem Pflaster dieser Straße in den Slums von Kalkutta, die ich schon so gut kannte, und ich sah nicht den von Ratten angefressenen Leib einer Frau dort liegen, ich sah, dass es Christus selbst war, der im Schmutz der

Straße lag und litt … Ich ging zu der Frau zurück, jagte die Ratten fort, hob die Leidende auf und trug sie zum nächsten Krankenhaus. Aber sie weigerten sich, die Frau aufzunehmen. Ich versuchte es bei zwei anderen Krankenhäusern – das gleiche Ergebnis. Da entschloss ich mich, sie auf mein Zimmer mitzunehmen und sie selbst zu pflegen. Von dem Tag an war mein Leben verändert. Jetzt stand mein Lebensplan unerschütterlich fest: Ich würde für die Ärmsten der Armen und mit ihnen leben, wo immer sie auf dieser Erde zu finden waren." (Die Weisheit der Mutter Teresa, München 1992, 126 f.)

Das Jesuswort hat nicht nur eine Lebensgeschichte verändert, sondern geradezu eine Explosion des Einsatzes für die Ärmsten der Armen ausgelöst, wenn wir an die tausenden von Schwestern in weit mehr als 100 Ländern der Erde denken, die – später gefolgt von den Brüdern – auf den Spuren von Mutter Teresas Berufungsgeschichte wandeln. Immer wieder durchzieht es das ganze Werk von Mutter Teresa: „Die Größe unserer Berufung besteht darin, in den armen und leidenden Christus selbst zu dienen." (Für jeden Tag, 93, vgl. auch 96 f.) „Jesus ist der Hungrige, dem ich zu Essen geben will … Jesus ist der Obdachlose, den ich aufnehmen will … Jesus ist der Leprakranken, dessen Wunden ich waschen will." (Die Weisheit der Mutter Teresa, 106) Im Kreuzweg (Freiburg 1985, 27) kann sie beten: „Du sahst mich bedeckt mit Speichel und Blut, du erkanntest mich, obwohl ich bedeckt war von Schmutz und Schweiß." Mutter Teresa ruft jedem zu: „So flehe ich einen jeden von Euch an – arm und reich, jung und alt –, die eigenen Hände in den Dienst Christi an seinen Armen zu stellen, und sein Herz zu geben, um ihn in ihnen zu lieben." (Aus der Stille des Herzens) Mutter Teresa sieht in diesem Auftrag geradezu das Wohl der Kirche. So sagt sie ‚Was Ihr für einen meiner geringsten Brüder getan habt, das habt Ihr mir getan' (Mt 24, 40). ‚Das ist mein Gebot: Liebt einander!' (Joh 15, 12). Wenn dieses Gebot nicht verwirklicht wird, geht das große Werk der Kirche Christi zugrunde." (Für jeden Tag, 91).

Nicht jedem wird ein solches Charisma zu Teil, aber dies kann leicht zur Ausrede werden, auf einen solchen Anruf nicht zu achten. Zugleich werden unsere Vorstellungen vom Dienst an den Armen ein Stück korrigiert. Er ist mehr, als unser abgegriffenes Wort „Solidarität" zum Ausdruck bringen kann. Solidarität kann auch leicht zu einem Gefühl werden, das nicht unbedingt Konsequenzen im täglichen Umgang miteinander zeitigt. Mitleid kann es auch geben, ohne dass dies wirklich eine Berührung mit dem Leid ist. Ebenso wenig kann man aber Solidarität gegen Mitleid oder Solidarität gegen Almosen stellen. Gerade die Betroffenen haben oft ein gutes Gefühl dafür, ob sie mit Würde, Ernst und Wahrhaftigkeit angenommen werden oder ob sie nur Spielball eines schlechten Gewissens oder Instrumente zur Durchsetzung anderer Interessen sind. Die radikale Liebe zum Nächsten, wie sie Mutter Teresa geschenkt ist, ist in letzter Konsequenz nur möglich aus dem Glauben. Man kann dies besonders auch an der Überwindung von Hemmungen und Abscheu bemerken, mit denen auch sie immer wieder ringen musste. Vermutlich konnte sie diese Kräfte nur zum Einsatz bringen, weil sie wirklich daran glaubte, dass Jesus Christus und in ihm Gott im Bruder und in der Schwester begegnet.

Mutter Teresa hat einen reinen Dienst der Nächstenliebe ausgeübt. Mag sie im Vordergrund stehen, so darf man dennoch nicht ihre tiefe, vielleicht oft verborgene Wurzel verkennen. Hier sind nämlich Gottesliebe und Nächstenliebe nicht nur eng verbunden, sondern geradezu identisch. Manchen mag das stören. Aber hier ist die Distanz zwischen Gott und den Menschen nicht aufgelöst. Hier wird weder die Gottes- noch die Nächstenliebe in pure „Mitmenschlichkeit" aufgelöst. Dies ist letztlich nur möglich, weil Jesus als Sohn Gottes in vollkommener Weise den Willen Gottes auslegt und verwirklicht. In Jesus Christus hat Gott seine Liebe zum Menschen offenbart; dass Jesus diese Offenbarung der Liebe Gottes ist, zeigt es sich an der Zuwendung, die er selbst in seiner irdischen Zeit den Armen und Hilfsbedürftigen zukommen lässt. Der Menschensohn kann nur so sprechen, weil er unter den Menschen gelebt und solche Barmherzigkeit vorgelebt und gefordert hat. Darum kann auch der Menschensohn an die Stelle Gottes treten.

Gewiss hat diese Zuwendung zum Nächsten auch noch andere Dimensionen. Aber die unmittelbare Begegnung mit ihm – und Jesus identifiziert sich gerade so mit ihm – ist und bleibt der unaufgebbare Kern aller Nächstenliebe. Da kann man nichts an Liebe zurückhalten, da kann man sich auch nicht durch Sachleistungen von der Tat des Lebens freikaufen und da kann man auch nicht so leicht fremde Motive hineinschmuggeln. Mutter Teresa hat dies in einer einmaligen Weise vorgelegt. Darum hat die ganze Welt Anteil genommen an ihrem Leben und Sterben. Aber es gibt freilich auch noch andere Konsequenzen aus diesem Jesuswort. Das Elend ruft nach unmittelbarer Hilfe von Mensch zu Mensch, es ruft aber auch nach Abhilfe, wenn die Strukturen von Geld und Macht immer wieder neues Unrecht produzieren. Dies wird u. U. von selbst ein zweideutiger Auftrag, weil er die Menschen leicht mit den Fallstricken der Macht und ihren Versuchungen umgarnen kann. Darum ist es gewiss hilfreich und auch mahnend, dass Mutter Teresa nicht direkt Politik aller Spielarten betreibt. Sie zeigt uns den Auftrag in seinem reinsten Ursprung. Aber es muss den Übergang von der Bekämpfung des einzelnen Elends zur Sozialpolitik und zur Entwicklungshilfe geben. Aus dem Evangelium erfließt auch die Soziallehre der Kirche. Wir werden uns in diesen Tagen um ihre Verwirklichung bei uns im Lande und bei „allen Völkern“ kümmern.

Wir brauchen jedoch immer wieder den heilenden und reinen Gang zu den Quellen des Glaubens, zum Wort Jesu und seiner unverfälschten Auslegung und Realisierung. Darum bleibt Mutter Teresa auf lange Zeit – wie so viele vor ihr – ein weithin wirkendes Vorbild der Liebe zum Nächsten und der Zuwendung zu den Armen. Johannes fasst es auf seine Weise prägnant für uns zusammen: „Wer nicht liebt, bleibt im Tod.“ (1 Joh 3,14). Amen.

„Wächter, wie lange noch dauert die Nacht?" – Zum Auftrag der Kirche angesichts verletzlicher Ordnungen in Gesellschaft und Staat

I. Die uralte Frage nach den Zeichen der Zeit

Solange der Mensch lebt, fragt er nach der Zukunft. Dies gilt erst recht, wenn die Gegenwart schwierig ist. In einer solchen Situation erfährt der Mensch sich als eine wachende Existenz, die genau auf die Zeitumstände achtet. Der Wächter gibt dafür schon in vorchristlicher Zeit ein tiefes Symbol ab. Er hat die Aufgabe, das Volk zu warnen, das freilich für diese Warnrufe offen bleiben muss (vgl. Ez 33,1–9; 3,17). So heißt es beim Propheten Jesaja im Blick auf den erhofften Zusammenbruch der babylonischen Herrschaft: „Wächter, wie lange noch dauert die Nacht?" Die Nacht ist das Bild für eine Situation der Bedrängnis und der gefährdeten Freiheit, in diesem Fall zweifellos ein Symbol für Fremdherrschaft. Dahinter steht die intensive Hoffnung, dass der Morgen bald anbricht und der große Umschwung nicht mehr lange auf sich warten lässt. Der Seher rät zur Zurückhaltung, kühne Hoffnungen enttäuschen oft, die Verhältnisse sind noch nicht durchsichtig genug. Man tut gut daran, die Ungeduld zu zähmen.

Ein ähnliches Bild gebraucht die Bibel auch, wenn sie von den Zeichen der Zeiten spricht (vgl. Mt 16,1 ff.; Lk 12,54 ff.). Dabei wird vor einer allzu äußerlichen Wahrnehmung der Zeichen gewarnt. Es geht um mehr als nur das Wetterleuchten: „Das Aussehen der Erde und des Himmels könnt ihr deuten. Warum könnt ihr dann die Zeichen dieser Zeit nicht deuten?" (Lk 12,56). Der Bauer hat eine wache Erfahrung im Umgang mit der Witterung.

Die Zeichen der Zeit müssen also entdeckt, in ihrem Gewicht gemessen und in ihrer tieferen Bedeutung von anderen Anzeichen unterschieden werden. Wenn das Zweite Vatikanische Konzil an mehreren Stellen von den „Zeichen der Zeit" spricht, deren Erkenntnis und Unterscheidung helfen soll, die Situation und Sendung der Kirche heute genauer zu erfassen, dann hat es ein verlässliches biblisches Fundament. „Zur Erfüllung dieses ihres Auftrags obliegt der Kirche allzeit die Pflicht, nach den Zeichen der Zeit zu forschen und sie im Licht des Evangeliums zu deuten. So kann sie dann in jeweils einer Generation in einer angemessenen Weise auf die bleibenden Fragen der Menschen nach dem Sinn des gegenwärtigen und des zukünftigen Lebens und nach dem Verhältnis beider zueinander Antwort geben. Es gilt also, die Welt, in der wir leben, ihre Erwartungen, Bestrebungen und ihren oft dramatischen Charakter zu erfassen und zu verstehen."[1]

Zu dieser Einschätzung der jeweiligen Zeit bedurfte es immer schon einer inneren und äußeren Unabhängigkeit von den Mächten und den Mächtigen einer Zeit. Es ist auch verführerisch, nach einzelnen partikularen Ereignissen oder gar nach Stimmungen zu urteilen. Aber auch der, der die Wissenschaften zu Hilfe ruft, ist gegen Anpassung und Verteufelung noch nicht geschützt. Die Kriteriologie zur Beurteilung der Zeichen der Zeit ist recht schwierig. Am ehesten gibt es noch Übereinstimmung mit den Regeln zur Unterscheidung der Geister, wie sie Ignatius von Loyola in den Exerzitien (vgl. Nr. 313–336) zur Sprache gebracht hat. Es bedarf zweifellos einer gewissen Lebenserfahrung, der Klugheit und der Kunst des Abschätzens der Tragweite von Ereignissen. Dazu kann der vom Geist erleuchtete Glaube helfen, der die Spreu vom Weizen besser zu unterscheiden hilft. Wir brauchen nicht den Lauf der Sterne und ihre Deutung zu Hilfe zu nehmen, aber es wäre vermessen, zuverlässige Erkenntnisse der Wissenschaften zu ignorieren oder gar zu verachten.

In diesem Sinne wollen wir wie der Wächter bei Jesaja – „Wächter, wie lange noch dauert die Nacht?" (21,11f.) – im Blick auf die Situation der Kirche in Staat und Gesellschaft nach den Zeichen der Zeit fragen. In den letzten Jahren habe ich dies immer wieder unter verschiedenen Aspekten versucht, zuletzt hinsichtlich des Pluralismus und der Privatisierung von Religion, Glaube und Kirche in der Moderne. Heute möchte ich in gewisser Weise diese Überlegungen fortsetzen, indem ich etwas genauer nach der verletzlichen Ordnung in unserer Gesellschaft und nach der Antwort der Kirche fragen möchte.

II. Was die Gesellschaft zusammenhält

Das Zusammenleben der Menschen ordnet sich in allen Gesellschaften nach bestimmten Spielregeln. Diese können sich ändern, indem sie z. B. ihre Gültigkeit über einen Stamm oder ein Volk hinaus zu einem universalen Menschheitsethos erweitern. Diese Maßstäbe entstehen oft in langer Zeit und tragen einen großen Schatz menschlicher Grunderfahrungen in sich. Sehr oft sind sie in einem Spruch Gottes begründet oder wenigstens von ihm her durch Zeichen der Beglaubigung legitimiert. Das Beispiel der Zehn Gebote genügt.

Solche Spielregeln haben eine merkwürdige Struktur. Auf lange Zeit erscheinen sie wie Selbstverständlichkeiten. Sie haben eine eigene Evidenz aus sich selbst und werden ein Stück weit durch sich selbst getragen. Dies sichert ihnen eine hohe Autorität. Darum scheinen sie immer „vorgegeben" zu sein, ganz unabhängig ob man ihren Ursprung der Natur, der menschlichen Sitte, einer göttlichen Offenbarung usw. zuschreibt. Dennoch ist unverkennbar, dass sie zugleich von einer Übereinkunft der tragenden Gruppe leben, die darin so etwas wie einen lebendigen Konsens ihrer Grundüberzeugungen sieht und bekräftigt, schützt und sichert. Solche Übereinkünfte können mündlich oder schriftlich sein. Ihre Überlieferungsform ist recht verschieden. Von da ist es kein langer Weg zur Fixierung von fundamentalen Geboten und Verboten des menschlichen Zusammenlebens, zur Formulierung ethischer und rechtlicher Normen für einzelne Stände sowie Berufe und schließlich zur Fixierung von Verfassungen. Die Grundrechte und Grundpflichten bilden dabei Fundament und Mitte.

Ich habe früher mehrfach aufgezeigt, warum die Neuzeit keinen homogenen Konsens zur Geltung bringen kann, der von einer einheitlichen Lebensdeutung ausgeht und gemeinsame Überzeugungen religiöser und vor allem auch ethischer Art einschließt. Der moderne Pluralismus muss die Paradoxie lösen, wie es inmitten einer nicht nur tolerierten, sondern positiv gewollten Vielfalt, ja sogar Widersprüchlichkeit von Grundüberzeugungen über Gott, die Menschen und die Welt so etwas wie verlässliche gemeinsame Maßstäbe des menschlichen Zusammenlebens gibt.

Es ist nicht leicht, ein geeignetes, allgemeines Wort dafür zu finden. Vermutlich hängt dies mit der paradoxen Struktur selbst zusammen. Am Begriff „Grundwerte" soll die Sache nicht scheitern, auch wenn vor allem Philosophen, Juristen und Theologen Zweifel hegen im Blick auf den Wertbegriff.[2] Man muss in diesem Bereich jedoch auch notwendigerweise mit unvollständigen und belasteten Worten umgehen, die sich trotz dieser Grenzen auf ihre Weise als unverzichtbar erweisen. Der Grundfrage jedoch kann sich auf die Dauer kein Gemeinwesen entziehen. Es ist darum nicht überraschend, dass auch nichteuropäische Gesellschaften sich diesen Fragen stellen müssen.[3] Auf jeden Fall kommt es auf einen toleranten Dialog über Normen und Werte in solchen Gesellschaften an. Wichtig sind Vermittlungsstrukturen, die es den Gesellschaften ermöglichen, rational mit Konflikten umzugehen. Es bedarf auch der stetigen Verständigung, damit unterschiedliche normative Positionen nebeneinander bestehen und damit verschiedenartige Wertsysteme aufrechterhalten werden können. Dabei darf anderen Positionen, wenn sie im gleichen Maß legitim sind, kein Schaden zugefügt werden, ja sie beanspruchen Achtung. Nur so kann es mitten in der Vielfalt Wege zu Frieden und gegenseitigem Verständnis geben. Man darf jedoch diese Vermittlungsleistung im Konflikt nicht als einzige Aufgabe menschlicher Vernunft darstellen, denn die Frage, wo es mitten in aller Verschiedenheit eine tragfähige Gemeinsamkeit gibt, darf nicht umgangen werden.

Das Problem gemeinsamer Maßstäbe muss gerade auch in ihren Ausweglosigkeiten ausgehalten werden. Sonst deckt man den Ursprung von Konflikten in modernen Gesellschaften zu. Über lange Zeiten hat man sich diesen Fragen weniger gestellt. Der moderne Pluralismus untergräbt fast notwendigerweise die „selbstverständliche" Übereinkunft über Welt und Gesellschaft, Leben und Identität. Keine Deutung kann mehr als allein gültige und fraglose übernommen werden. Viele fühlen sich in einer solchen pluralistischen Welt mit der stetigen Öffnung neuer Horizonte und Lebensmöglichkeiten wie befreit. Es macht ihnen keine Schwierigkeit, sich auf Neues und Unvertrautes einzustellen. Es gibt so etwas wie „Virtuosen des Pluralismus" (P. L. Berger). Die meisten Menschen fühlen sich jedoch in einer unübersichtlichen Welt voller Deutungsmöglichkeiten eher unsicher und stehen oft ratlos vor der Überfülle der Lebensmöglichkeiten.

Für den Staat und die Gesellschaft können daraus gewisse Bedrohungen erwachsen. Durch die ständigen Veränderungen und immer wieder neu auftauchende Angebote gibt es eine eigentümliche Mischung von neuer Freiheit und wachsender Abhängigkeit. In eine Vielfalt wenig koordinierter, nebeneinander liegender sozialer Sektoren und Ebenen sozialer Wirklichkeit einbezogen, sind die Menschen gezwungen, verstärkt immer wieder für ihr Leben Sinn zu gewinnen. Für manche Leute kann dieser Pluralismus zu einer schwer tragbaren Last werden. Sie fühlen sich, zumal, wenn persönliche Krisen hinzukommen, überfordert. Die zahlreichen Beratungssysteme unserer Gesellschaft sind darum ständig überlaufen. Nur so ist auch der Sturm auf Psychotherapeuten und Psychiater zu verstehen. Die Last der Freiheit wird oft als Zwang empfunden. Es ist zwar im Sinne der Überlegungen von U. Beck[4] durchaus so, dass diese Individualisierung, die bis in die letzte Verästelung unseres Lebens hineinreicht, nicht nur negativ verstanden werden darf, denn sie eröffnet dem Menschen wirklich individuelle Freiheiten und Dispositionsspielräume, wie er sie früher kaum gekannt hat. Die Lebensführung wird darum freilich anstrengender. Nun zeigt es sich, dass es eine schwierige Aufgabe ist, aus Freiheit Sinn, ja konkreten Lebenssinn zu machen. Kollektiv vermittelte Identitäten sind immer weniger in der Lage, unmittelbar für den Einzelnen Sinn zu stiften. Wenn die Freiheit mit ihren individuellen Möglichkeiten positiv gestaltet werden soll, ist eine größere Auseinandersetzung mit Moral notwendig, d. h. mit den Spielregeln der individuellen Selbstbestimmung. Dieser Zwang zur überlegten Wahl darf nicht romantisiert werden. Viele Menschen unterliegen dem Druck der Anpassung und der Werbung, der öffentlichen Meinung und problematischer Vorbilder. Sie erliegen mitten in der Pluralität der Lebensentwürfe neuen Zwängen. Das Ansteigen von Suchtkrankheiten aller Arten erweist, dass die neue Freiheit nicht wirklich bewältigt wird.

Was für das Leben des Einzelnen gilt, das stimmt analog auch für das gesellschaftliche Miteinander und in besonderer Weise für den Staat. Dieser wird in einer solchen Situation immer weniger fähig, wirklich zu steuern und zu führen. Er erscheint manchem wie ein Notar, der die gesellschaftlichen Trends und Bedürfnisse erfasst. So erweitert sich der Vorwurf der Unübersichtlichkeit und der Sinnleere, der Steuerungsschwäche und der Zerstörungsmacht gegenüber dem Staat. Der Staat scheint hauptsächlich da zu sein, um die Modernisierung der Gesellschaften auf der einen Seite voranzutreiben, auf der anderen Seite die schädlichen Folgen einzudämmen. Die Erleichterungen des menschlichen Lebens und die Freiheitsgewinne der modernen Welt werden beinahe selbstverständlich in Anspruch genommen, aber man ist weniger bereit, die Gegenleistung dafür aufzubieten. Der Bürger gerät in die Rolle des Zuschauers, ja des Konsumenten und beraubt sich seiner gesellschaftlich-politischen Mitwirkungsrechte. Die abnehmende Wahlbeteiligung, gerade auch auf der kommunalen Ebene, ist nicht weniger ein Beleg dafür als die Erosion der Steuermoral, selbst wenn das Verhalten legal ist. Politikverdrossenheit ist dann keine Überraschung mehr. Gesteigert wird diese Mentalität noch durch einen Medienbetrieb, der in der Gefahr ist, alles zu einem Unterhaltungswert zu degradieren.

III. Phänomene verletzlicher und verletzter Ordnung

Wenn nun etwas genauer von der verletzlichen Ordnung die Rede ist, ist dies keine billige Schwarzseherei oder der Ruf nach einem „Law and Order"-Staat. Eine frei gewählte Ordnung des menschlichen Zusammenlebens in großer Vielfalt ist auch nicht billig mit Repression gleichzusetzen. Auch möchte ich nicht nur ein Klagelied über die heutige Gesellschaft anstimmen, jedoch müssen die Phänomene beim Namen genannt werden, wenn die Analyse stimmig sein soll.[5]

Es ist ein Gemeinplatz geworden, dass die Bindungskraft in unserer Gesellschaft Einbußen erlitten hat. Man nennt dies auch die soziale Kohäsion. Die Individualisierung hat bei allen Gewinnen für den Einzelnen auch eine mächtige zentrifugale Kraft. Am stärksten wird dies wohl am Wandel und Zerfall von Ehe und Familie deutlich. Angesichts äußerer und innerer Krisen und Belastungssituationen sind die Bindungskräfte geringer geworden. Aber auch in anderen Lebensbereichen findet sich eine erhöhte Anspruchshaltung, die nicht immer bereit ist, sich ebenso auch für das Ganze der Gesellschaft in Anspruch nehmen zu lassen. Die Frage „Was bringt es mir?“ ist manchmal der einzige Horizont, in dem Entscheidungen fallen. Bis in den Alltag hinein liegen die Phänomene auf der Hand: Bei Gewaltanwendungen in aller Öffentlichkeit werden die Opfer von den anwesenden Bürgern oft allein gelassen. Niemand hat es gesehen. Brutal und konsequent werden bloß die eigenen Ziele verfolgt.

Ich will hier keinen Kulturpessimismus erzeugen oder nur einen negativen Wertewandel verkünden. Es gibt nicht nur Selbstbezogenheiten in unserer Gesellschaft. Es gibt auch einen Zugewinn an Werten, gerade auch bei jüngeren Menschen: Nachbarschaftshilfen, Selbsthilfegruppen, Pendler-Kollektive, Dritte-Welt-Gruppen usw. Bei jungen Menschen ist in anderer Form trotz aller Liberalisierung der Beziehungen im Blick auf Partnerschaft eine Sehnsucht nach Treue und Verlässlichkeit nicht zu verkennen. Die immer noch großen Spenden, gerade auch bei Katastrophen, zeigen, dass die Einsatzbereitschaft für andere zwar andere Formen angenommen hat, aber nicht einfach verschwunden ist. Zweifellos ist z. B. auch der Umgang mit behinderten Menschen besser geworden.

Aber dies darf nicht den Blick dafür verstellen, dass die Bindekräfte zwischen den Menschen – Ralf Dahrendorf spricht von „Ligaturen“ – schwach geworden sind. Dabei ist keine Bevölkerungsschicht ausgenommen. Die so genannten Eliten wissen gut für sich zu sorgen. Die Unmoral bei Steuerhinterziehung, Subventionsschwindel usw. macht auch vor sonst ehrwürdigen Namen nicht halt. Die Korruption wuchert wie nie zuvor. Überall stößt man auf dasselbe Phänomen: Die Verpflichtung auf einen gemeinsamen Nenner wird immer kleiner. Der Gemeinsinn zieht meist den Kürzeren.[6] Rücksichtslosigkeit besonders auf Schwächere und Benachteiligte wächst. Das soziale Netz der Solidarität hat erhebliche Risse.

Wahrscheinlich sind die Lockerungen dieser Bindungen und die Sinnkrise viel bedeutsamer als wirtschaftliche und demografische Fragen allein. Aus den gemeinsamen Symptomen nicht nur der westlichen Welt möchte ich nennen: Zunahme asozialen Verhaltens wie Kriminalität, Drogenkonsum und ganz allgemein Gewalt; der Verfall der Familie, damit zusammenhängend die Zunahme von Ehescheidungen; viele Kinder als Halbwaisen und mit manchen psychosozialen Folgen der Trennung der Eltern; Nachlassen der Arbeitsethik; der zunehmende Trend zur vorrangigen Erfüllung persönlicher Wünsche; Anzeichen des Rückgangs des „Sozialkapitals“, d. h. etwa der freiwilligen Mitgliedschaft in Vereinen und besonders des ehrenamtlichen Engagements.

Ein Blick in die Welt zeigt nochmals dieselben Phänomene. Ich zitiere Samuel P. Huntington: „In den neunziger Jahren gibt es viele Hinweise auf die Relevanz des ‚Reinen-Chaos'-Prinzips in der Weltpolitik: ein weltweiter Zusammenbruch von Recht und Ordnung, gescheiterte Staaten und zunehmende Anarchie in vielen Teilen der Welt, eine weltweite Verbrechenswelle, transnationale Mafia-Organisationen und Drogenkartelle, steigende Drogensucht in vielen Gesellschaften, eine allgemeine Schwächung der Familie, der Rückgang von Vertrauen und sozialer Solidarität in vielen Ländern, ethnische, religiöse und kulturbezogene Gewalt und das in weiten Teilen der Welt herrschende Gesetz des Stärkeren bzw. der Faustwaffe. In immer mehr Städten – Moskau, Rio de Janeiro, Bangkok, Schanghai, London, Rom, Warschau, Tokio, Johannesburg, Delhi, Karatschi, Kairo, Bogotá, Washington – scheint das Verbrechen zu triumphieren und selbst die elementarste Zivilisiertheit zu verschwinden. Die Menschen sprechen von der Unregierbarkeit der Welt. Der Aufstieg transnationaler Wirtschaftsunternehmen geht zunehmend einher mit der Ausbreitung transnationaler krimineller Mafiastrukturen, Drogenkartelle und terroristischer Banden, die gegen die Zivilisation gewaltsam vorgehen. Recht und Ordnung sind die erste Vorbedingung einer Zivilisation und in vielen Teilen der Welt – Afrika, Lateinamerika, der früheren Sowjetunion, Südasien, dem Nahen Osten – scheinen sie sich aufzulösen, aber auch in China, Japan und im Westen in schwere Bedrängnis zu geraten. Weltweit scheint die Zivilisation in vieler Hinsicht der Barbarei zu weichen, und es entsteht die Vorstellung, dass über die Menschheit ein beispielloses Phänomen hereinbrechen könnte: ein diesmal weltweites finsteres Mittelalter."[7]

Dabei ist noch gar nicht die Rede von der wachsenden Kluft zwischen vielen Entwicklungsländern und Industrienationen, von Reichtum und Armut in vielen Teilen der Welt, von Rückschritten in der Demokratisierung, vom Wiedererstarken von Seuchen, von großen Wanderungsbewegungen und kriegerischen Konflikten, die diese Gesichtspunkte noch steigern. So erklärt R. Dahrendorf: „Ich glaube, dass die sich bewegende Welt neue soziale Fragen aufwirft, die unter Umständen an Gewicht, an sozialer Wirkung und an moralischer Bedeutung über die sozialen Belange der Vergangenheit eher hinausgehen."[8] Dahrendorf erwähnt Studien über eine neue Unterklasse, die aus dem Arbeitsmarkt endgültig herausfällt. An ihrem Schicksal entscheide sich, ob wir die Wertvorstellungen unserer Gesellschaft ernst nehmen oder nicht. So folgert er als These, „dass eine Gesellschaft, die bereit ist, fünf Prozent ihrer Bevölkerung zu vergessen, damit ihre eigenen Werte in einem solchen Maße verrät, dass sie sich nicht wundern sollte, wenn viele ihrer Mitglieder an diese Werte nicht mehr glauben. Es wird sozusagen die Rede von

Grundwerten der Gesellschaft zur Heuchelei, wenn man diese fünf oder mehr Prozent im Stich lässt.“[9]

Es gibt also sehr viele Weisen, wie eine Ordnung gefährdet oder verletzt werden kann. Der Staat selbst kann zwar auf dem Wege der Rechtsordnung Gefährdungen begegnen, indem er durch Prävention im Voraus schützende Hilfe leistet oder, wenn es sich um strafbare Verstöße handelt, dies mit Sanktionen ahndet. Dabei geschehen oft widersprüchliche, von zufälligen politischen Trends bestimmte Operationen: In einen Fall, z. B. der Abtreibung, werden – wenigstens im Blick auf die Frau – Sanktionen bis zur Straflosigkeit abgebaut, während man an anderer Stelle sich massiver neuer Strafbewehrung bedient, um ein Ethos bzw. Lebensformen zu schützen, wie z. B. bei der so genannten „Vergewaltigung in der Ehe“.

Solche Vorgehensweisen sind ein Beleg dafür, dass der Staat nach dem berühmten Wort von Ernst-Wolfgang Böckenförde das Ethos, auf das er selbst angewiesen ist, nicht stiften oder gewährleisten kann.[10] Diese These schließt natürlich nicht aus, dass der Staat durch entsprechende Rechtssetzungen das Ethos vom Recht abhebt und es so freigibt, aber durch eine völlige Trennung vom Recht auch zur Unverbindlichkeit hin schwächt. Damit soll die Differenz von Moral und Recht nicht grundsätzlich bestritten werden.[11] Früher galt wohl die Erfahrungsmaxime, dass moralische Regeln von allgemeiner pragmatischer Bedeutung sich irgendwann in Rechtsregeln umsetzen. Dies ist heute in der komplexen Lebenswelt schwieriger geworden. „Die zivilisatorische, näherhin auch ökonomische Autarkie der Individuen und der kleinen sozialen Gruppen nimmt ab. Die Reichweite unserer wechselseitigen Abhängigkeiten nimmt zu. Man erkennt rasch, dass Sozialsysteme großräumiger wechselseitiger Abhängigkeiten sich nicht kraft moralischer Selbstbestimmung der interagierenden Individuen steuern ließen. Je moderner wir leben, um so mehr werden wir, statt von Moral, die sich einzig in relativ kleinen Gruppen sozial kontrollieren und sanktionieren lässt, von Institutionen und ihren Rechtsregeln abhängig. … Für weitere Bereiche unserer rechtlich so normierten sozialen Interaktionen bleibt damit der moralische Faktor außer Betracht … Das Prinzip der Verantwortung im moralischen Sinn reicht fortschreitend weniger weit als der Bereich kausal analytisch identifizierbarer Handlungsfolgen. … Die Rechtsregeln, denen wir uns in unserem Handeln unterworfen finden, lassen sich in zunehmendem Maße nicht mehr als gesetzlich verbindlich gemachte Moral interpretieren.“[12]

IV. Grundsätzliche Reaktion der Kirche

Durch die bisherigen Ausführungen ist deutlich geworden, wie die Einwirkungsmöglichkeiten der Kirche, auf die Gefährdung und Verletzung der gesellschaftlich-politischen Ordnung zu antworten, sich verringert haben. Es ist schwer, gleichsam den Fuß zwischen die Türe zu bringen. Dies hängt auch mit der grundsätzlichen Stellung der Kirche in den modernen gesellschaftlichen Systemen zusammen. Sie wird am ehesten geduldet, wenn sie sich neben die anderen Sektoren der Gesellschaft einordnen lässt wie z. B. Wirtschaft, Sport und Gesundheit. Hier wird jedoch ihre Kompetenz nicht selten auf den vor allem spirituell verstandenen Beistand des Menschen in Grenzsituationen oder auf Fälle des bleibend beschädigten menschlichen Lebens, wie z. B. schwere Behinderung, reduziert. Die Kirche erscheint als ein Dienstleistungsbereich neben anderen. Gibt man sich damit zufrieden, verkürzt man aber den Auftrag und die Reichweite der Kirche entscheidend. Entweder hat man dann die Frage nach dem Sinnganzen von Gesellschaft überhaupt aufgegeben oder spricht der Kirche dafür jegliche Kompetenz ab. Wenn man in dieses Deutungsmuster einwilligt, hat die Kirche zwar noch einen begrenzt funktionalen Ort bei der Bewältigung prekärer Situationen für den Menschen, aber sie ist im Ganzen unseres Lebens ortlos geworden und erscheint darum – aus der Sicht der einzelnen Lebensbereiche – eher am Rand.

Bei dem schrumpfenden Raum für umfassendere Fragen nach einem Sinnganzen des menschlichen Lebens geht es freilich nicht nur um die ethische Dimension. Für sich allein ist diese weitgehend abstrakt. Für die allermeisten Menschen sind die ethischen Maximen fundiert oder gestützt durch weltanschauliche oder religiöse Grundoptionen. In diesem Sinne kann die Frage nach den verlässlichen Maßstäben des menschlichen Zusammenlebens nicht auf die ethische Ebene allein bezogen werden. Nun ist aber durch die Pluralisierung, Privatisierung und Individualisierung religiöser Optionen[13] wenigstens im Blick auf die gesellschaftliche Entwicklung daraus erfließender Werte nochmals eine Schwierigkeit gegeben. Die oft extreme Privatisierung von Religion in Mittel- und Westeuropa lässt es kaum zu, einen Weg in die gesellschaftliche Öffentlichkeit zu bahnen. Immer wieder wird Religion auf die Innerlichkeit oder die Pastoral, den Binnenraum der Kirche oder gar die Sakristei zurückgeworfen.[14]

P. L. Berger hat in einer der letzten Veröffentlichungen[15] prinzipiell für die christlichen Kirchen vier Wege aufgezeigt, um mit den schwierigen Folgen des modernen Pluralismus umzugehen. Er nennt sie den Weg des „kognitiven Verhandelns", den Weg der „kognitiven Kapitulation" und den in eine defensive und eine offensive Spur sich gabelnden Doppelweg der „kognitiven Verschanzung".

Die „kognitiven Verhandlungen" treten in einen inneren Disput ein mit den Zweifeln, die aufgrund der modernen Situation entstehen. Die Gefährdungen, die mit diesem Weg gegeben sind, liegen darin, dass man die eigene Identität aufs Spiel setzt und Gefahr läuft, von den Zweifeln verschlungen zu werden. Der zweite Weg bedeutet einen Unterwerfungsakt, indem man die Macht der säkularen Realität mit ihren Herausforderungen anerkennt und sich ihrer Dynamik überlässt. Es bleibt dann, wie etwa in der Gott-ist-tot-Theologie oder in einer „Ethik Jesu", irgendein Ersatzprodukt, sei dies spiritueller oder politischer Art. Berger sieht darin einen direkten intellektuellen Selbstmord und eine Häufung sozialer Konzessionen bis zur Selbstvernichtung. Der dritte Weg gabelt sich. In jedem Fall zieht man sich jedoch zurück, um von da aus eine Verteidigungsstellung aufzubauen. „Defensiv betrieben, bedeutet dies, dass man sich in eine Festung zurückzieht, innerhalb der sich alle alten Normen, die doktrinären ebenso wie solche des Verhaltens, aufrechterhalten lassen. Offensiv betrieben, besteht das Ziel darin, die Gesellschaft für die traditionelle Religion zurückzuerobern. Mit anderen Worten, die einen begeben sich in ein Getto, die anderen auf einen Kreuzweg."[16] In dieser Position ist natürlich eine immer stärkere Ablehnung des Pluralismus gegeben.[17]

Die Kirche steht hier vor einem außerordentlichen Dilemma, das nicht leicht in den Griff zu bekommen ist und nur sehr schwer aufgehellt werden kann. P. L. Berger bringt es auf eine einleuchtende, einfache Formel: „Es ist schwer, Anschauungen zu verfechten, ohne sie entweder in einer letzten Relativität aufzulösen oder in die falschen Absolutheiten des Fanatismus einzumauern. Es ist ein schwieriges Unterfangen, aber kein unmögliches."[18]

V. Eckdaten einer eigenen und neuen Antwort

Es ist nicht von vornherein sicher, dass man diese Modelle einfach für ewige Zeiten verabschieden kann. F.-X. Kaufmann[19] und K. Gabriel[20] haben immer wieder, untermauert von historischen und sozialgeschichtlichen Untersuchungen, darauf hingewiesen, dass der moderne Katholizismus bis zum Zweiten Vatikanischen Konzil mit einer Art defensiven „kognitiven Verschanzung" eine durchaus erfolgreiche Strategie der Selbstbehauptung betrieben hat. Dazu hat nicht zuletzt eine kirchennahe Subkultur- und Milieubildung beigetragen. Dies braucht hier nicht im Einzelnen gezeigt zu werden.

So kam es im modernen Katholizismus zu einer zwischen Defensive und Offensive schwebenden „Verschanzung“ der Kirche. Indem das Zweite Vatikanische Konzil hier einen grundlegenden Umbruch im Sinne des „aggiornamento“, also einer weiteren Öffnung auf die moderne Welt hin versuchte, wollte es sich von den Deutungsmustern jeder Form von „Verschanzung“ gegenüber der modernen Welt lösen. Diesen Weg seit dem Zweiten Vatikanischen Konzil haben andere und ich selbst mit allen Aporien oft beschrieben.[21] Offenheit und recht verstandener Dialog mit der modernen Welt sind wichtige Eckpfeiler dieses neuen Paradigmas. Hier braucht auch nicht dargelegt zu werden, warum dieser Versuch in die Krise gekommen ist und was aus den damit verbundenen Aporien für einen Neuversuch folgt.

Im Sinne eines ersten Versuchs möchte ich diesen Neuanfang mit wenigen Strichen kennzeichnen. Er verdient selbstverständlich eine intensivere Ausarbeitung, die jedoch hier nur angedeutet werden kann.

1. Anerkennung des Pluralismus mit seinen Chancen und Grenzen: Ich gehe davon aus, dass der weltanschauliche und auch religiöse Pluralismus prinzipiell kaum aufgehoben werden dürfte. Er ist für uns sehr eng mit dem Grundrecht der Religionsfreiheit und der Demokratie verbunden. Aber es ist keineswegs sicher, dass er in jeder Hinsicht unwandelbar ist. Gerade P. L. Berger hat immer davor gewarnt, die Unumkehrbarkeit des Säkularisierungs- und Pluralisierungsprozesses als unumstößlich hinzustellen. Vor allem ist es nicht sicher, ob ein existenzieller Pluralismus der menschlichen Grundprobleme – weniger der Pluralismus praktisch-politischer Konsensbildung – bei schweren Konflikten und Belastungen immer durchgehalten werden kann. Aber im Augenblick spricht nichts dafür, dass mit einem solchen Wandel bald zu rechnen ist. Es müsste für den Christen nicht so schwer sein, seine tiefsten Glaubensüberzeugungen und Gewissheiten auch unter vorläufigen und veränderbaren Rahmenbedingungen zu leben und zu verkünden.

2. Entschieden den eigenen Standort einnehmen: Wenn der Pluralismus aufrichtig anerkannt wird, erlaubt er auch eine bisher vielleicht wenig genützte Stärke. Unter der Voraussetzung, dass innerhalb des pluralistischen Gefüges jede Option Achtung und Offenheit, Toleranz und Dialogbereitschaft gegenüber anderen Positionen gewährt, kann eine eingenommene und öffentlich vertretene Glaubensüberzeugung voll und uneingeschränkt vertreten werden. Die Gewissheit, die der Glaube schenkt, braucht nicht verkürzt zu werden. Er ist gewiss nicht zu verwechseln mit einem dialogunfähigen „Fundamentalismus“[22]; er soll aber auch mit Freimut, der biblischen „parrhesia“, die ganze Fülle der eigenen Botschaft unerschrocken zur Sprache und zur Geltung bringen. Im Pluralismus nützt es niemandem, wenn alle zum Verwechseln ähnlich sind. Zwar muss man sich um eine wenigstens

minimale Gemeinsamkeit der „Grundwerte“ bemühen, aber der kleinste gemeinsame Nenner vieler Optionen ist kein Weg, um im Pluralismus zu bestehen. Darum gehören zum recht verstandenen Pluralismus das Bekenntnis und das Zeugnis gelebten Glaubens und zwar sowohl des Einzelnen wie auch von Gruppen und der Kirche auf allen Ebenen. Gerade das Zeugnis wird durch die Einheit des persönlichen und des öffentlichen Elementes in der Lage sein, den freien Ursprung des Glaubens in der Personenmitte ebenso überzeugend deutlich werden zu lassen wie den öffentlichen Anspruch des Evangeliums. Auf diese Weise können und müssen alle Spielarten einer falsch verstandenen Innerlichkeit und eines blinden Fanatismus vermieden werden. So müssen auch auf neue Weise die individuellen und kollektiven, die personalen und die institutionellen Aspekte der Verkündigung und des Zeugnisses neu miteinander verknüpft werden.

3. Mut zum spirituellen und geistigen Wettbewerb: Solange der Katholizismus sich in die Grundposition der „Verschanzung“ begibt, wird er seinen defensiven Charakter nicht verlieren können. Er steht dann immer mit dem Rücken zur Wand, wird weitgehend auf Angriffe und Einwände bloß reagieren und verliert schon den geistigen Aufmarschraum für eine wirklich offensive Vorwärtsstrategie. Dadurch wird man von außen gnadenlos und ohne große Möglichkeiten des Widerstands auf Themen festgelegt, die zwar alle auch mit intellektueller Redlichkeit erörtert werden müssen, aber bei einer ständigen Zementierung den Ursprung und die Mitte des katholischen Glaubens gründlich verdecken. Diese Reizthemen muss ich hier nicht aufzählen. Wir brauchen deshalb sehr viel mehr Mut zu einer offensiven Darstellung unserer grundlegenden Glaubenserkenntnis und der gesellschaftlichen Optionen.

Dies schließt die Bereitschaft zu einem größeren geistigen Wettbewerb ein. Wir haben oft ein pervertiertes Verständnis von Toleranz und wagen nicht, mit den eigenen Optionen in einen wirklichen Wettbewerb der Ideen und Herausforderungen einzutreten. Wenn diese geistige Konkurrenz wirklich von Offenheit und Dialogfähigkeit bestimmt wird, dann kann man ohne Verletzung der anderen Teilnehmer im öffentlichen Gespräch mit größerem Einsatz die Vorzüge der eigenen Position zum Einsatz bringen. Wir sind viel zu scheu und ängstlich-zögerlich, um die wirkliche Stärke unserer Option in einer Art spiritueller Auseinandersetzung zur Geltung zu bringen. Deshalb erscheinen wir oft als verzagt, flüchten in eine abstrakte Gemeinsamkeit mit anderen Positionen und verraten so manchmal unser Proprium. Diese größere Entschiedenheit zur eigenen Sache und der Mut zur Selbstbehauptung sind freilich etwas anderes als eine triumphalistische Überheblichkeit, wie sie früher vielfach eine bestimmte Form der Apologetik kennzeichnete.

4. Katholizität und Ökumene: In diesem Zusammenhang bedarf es zweifellos auch einer Neubesinnung auf die ökumenische Methode in theologischer Theorie und kirchlicher Praxis. Viel zu oft bedeutet ökumenische Verständigung den Rückzug auf den kleinsten gemeinsamen Nenner, der eine abstrakte Einigkeit nahe legt und sicher auch nicht selten bezeugt, im Grunde aber von der jeweiligen kirchlichen Lebenswelt weit entfernt ist, keinen Einfluss auf sie ausübt und die Stärken der evangelischen beziehungsweise katholischen Optionen ausklammert. Dies ist zu wenig. In der Ökumene muss man gerade auch an der herausfordernden Stärke des anderen Partners wachsen. Sonst besteht die Gefahr, dass man sich gegenseitig nur den Status quo bestätigt. Dann muss sich niemand im Ernst ändern, während wir alle es bitter nötig haben, durch eine größere Nähe zu Jesus Christus enger zusammenzuwachsen. Ohne eine solche tiefere Veränderungsbereitschaft ist Ökumene eine Sackgasse, die letztlich nicht zusammenführt und auch nicht befreit. Wir müssen einander mehr fordern, um noch besser zusammenzufinden.

5. „Relativierung den Relativierern“: Dieses etwas merkwürdige Wort stammt von Peter L. Berger.[23] Er meint damit, dass die Instrumente der Sozialwissenschaften und damit wohl auch der Ideologiekritik „ebenso gut auf jene Ideen angewandt werden könnten, die die übernatürliche Sicht von der Welt so nachhaltig diskreditiert haben, sowie auf die Leute, die diese Ansichten propagierten“[24] Im Klartext heißt dies, dass wir entgegenstehende Positionen viel stärker auf ihre eigenen Inhalte befragen und zu testen versuchen müssen, wie sie selbst die Probleme lösen, die sie ansprechen. Damit wird auch offenkundig, wie relativ und verwundbar sich die Weltsicht anderer Positionen und sogar der Wissenschaften ausnimmt, die sich zunächst nur kritisch über die Religion hermachen. Natürlich hängt dies eng mit dem Mut zum geistigen Wettbewerb zusammen.

6. Die verkannte Institution und der Rang der Personalität: Die Institutionenkritik nach 1968 hat vielen Mitgliedern der Kirche den Mut zu einer Identifikation mit ihrer Glaubensgemeinschaft genommen oder ihn wenigstens geschwächt. Sicher gibt es dafür auch noch andere Gründe, nicht zuletzt hausgemachte. Die inzwischen eingetretenen Individualisierungsprozesse haben eine unangemessene und unrealistische Dominanz der Individuen vorgespiegelt. In der Zwischenzeit ist viel deutlicher geworden, wie anfällig die Struktur der frei schwebenden Subjektivität gerade in Sachen Religion ist. Sie hat im Kontext außerkirchlicher Religiosität keine allzu langen Lebenschancen und klammert unbequeme Themen, nicht zuletzt auch aus dem Bereich der Individualethik, nur allzu gerne aus. Trotz der Anregungen vieler soziologischer Institutionentheorien sind die Themen der Religiosität und der

Kirchlichkeit oft inselhaft und isoliert behandelt worden. Gewiss gibt es Institutionen, die oft polarisieren, aber wenn ihre Herausforderung angenommen wird, können sie auch eine vermittelnde Rolle spielen. Solche intermediären Institutionen zwischen dem Staat und der Gesellschaft sind politische Parteien, Bildungseinrichtungen und Medien. Kirchliche Institutionen nehmen an dieser Aufgabe teil. Gewiss erschöpft sich der Auftrag der Kirche nicht in dieser vermittelnden Funktion. Als Kirche muss sie immer auch eine Transzendenz über solche Rollen hinaus aufrechterhalten. Es ist freilich gegenüber der gewiss pauschalen Institutionenkritik nicht so recht zu zeigen gelungen, dass der elementare Sinn der Institutionen nicht darin besteht, freiheitsmindernd und repressiv zu sein, sondern das Gelingen wahrer Freiheit, die freilich nicht im Gegensatz zu selbst eingegangenen Bindungen steht, zu fördern.

7. Unentbehrliches missionarisches Zeugnis: Ähnlich wie der institutionelle Aspekt von Kirche sind der missionarische Charakter und das Sendungsbewusstsein der Kirche in Misskredit gekommen. Sendungsbewusstsein wird dabei weitgehend mit Exklusivitätsanspruch und Indoktrination identifiziert. In Wahrheit kann gerade das missionarische Bewusstsein unter den Voraussetzungen des Pluralismus gar nicht absehen von einem personalen Zeugnischarakter, der zwischen der persönlichen Erfahrung und dem Geltendmachen eines Wahrheitsanspruchs glaubwürdig zu vermitteln sucht. Wenn der christliche Glaube heute Prioritäten setzen muss, dann muss er einem solchen vermittelnden missionarischen Zeugnis einen Vorzug geben vor reiner Selbstbehauptung und allen Formen von Propaganda. Argumentation und Dialogbereitschaft bestimmen eine solche Kommunikation. Hier sind zweifellos auch die unentbehrlichen Stärken der Gruppenbildung im kirchlichen Bereich nicht zu übersehen. Zwischen dem Einzelnen und der Kirche als ganzer muss es gerade hier intermediäre Instanzen geben. Damit hängt auch zusammen, dass man zum Beispiel den Gemeinsinn und das Gemeinwohl von der Kirche aus nicht direkt verändern kann, sondern nur über die Pioniertätigkeit von Gruppen, Verbänden und Vereinen.

8. Radikalisierung der Glaubensfrage: Eine solche eigene Position ist nicht zu gewinnen durch eine laue, unverbindliche Verhaltensweise. Darum muss die radikale Vertiefung der Glaubensfrage die höchste Priorität erhalten. Sonst ist die Fluchttendenz zu falschen oder wenigstens problematischen gesellschaftlichen, politischen und institutionellen Sicherungen nicht zu verhindern. Im Sinne der biblischen Theologie von einem Glauben, der alles Vertrauen auf den Herrn wirft und der von seiner bergeversetzenden Mächtigkeit überzeugt ist, muss davon erst eine Unterscheidung der Geister ausgehen und müssen alle Pseudo-Sicherungen abgeworfen werden. Nur vor

diesem Hintergrund kann die Stärke eines Glaubens, der alle gesellschaftlichen Tabus und Blockaden durchbrechen kann, wiedergewonnen werden. Dieser Glaube ist dann immer eine Art Alternative und eine zum zeitgenössischen Bewusstsein quer laufende Störung, die im Vergleich zur Normalität des Lebens immer etwas Subversives an sich hat. Eine Subkultur kann sich jedoch auch leicht in eine Nische zurückziehen oder in einem Getto verschwinden. Hier ist das missionarische Zeugnis ein grundlegendes Korrektiv, das die Suche nach falscher Geborgenheit in Frage stellt. Ohne ein Minimum an Bereitschaft zum Anderssein, zur „Kontrastgesellschaft" und zum Exodus kann es keinen Glauben geben, der diesen Namen verdient. Dies wird erst recht durch eine Kreuzestheologie erhärtet.[25]

Wir fragten am Anfang „Wächter, wie lange noch dauert die Nacht?". Die Bibel warnte uns vor Ungeduld, unterstützte aber zugleich die intensive Hoffnung, dass der „Umschwung" nicht mehr lange auf sich warten lässt. Ich bin und bleibe skeptisch gegen alle Schalmeientöne, der religiöse Frühling stehe kurz bevor. Vielleicht müssen wir erst noch durch die Tiefe der Nacht hindurch. Aber seit dem Karsamstag gibt es keine Nacht, die nicht auch dem Morgenlicht entgegenharren darf.

Anmerkungen

[1] Pastoralkonstitution über die Kirche in der Welt von heute „Gaudium et spes", Art. 4; vgl. auch GS 11; UR 4; AA 14; PO 9.

[2] Vgl. dazu K. Lehmann, Art. „Grundwerte", in: Staatslexikon, Freiburg i. Br., [7]1986, 1131–1137.

[3] Vgl. dazu Die Grenzen der Gemeinschaft. Konflikt und Vermittlung in pluralistischen Gesellschaften. Ein Bericht der Bertelsmann Stiftung an den Club of Rome, hg. von P. L. Berger, Gütersloh 1997.

[4] Vgl. zuletzt Kinder der Freiheit, hg. von U. Beck, Frankfurt a. M. 1997.

[5] Vgl. K. Lehmann, Gesellschaftlicher Wandel und Weitergabe des Glaubens, Bonn 1989.

[6] Vgl. L. Kühnhardt, Jeder für sich und alle gegen alle, Freiburg i. Br. 1994.

[7] S. P. Huntington, Der Kampf der Kulturen. Die Neugestaltung der Weltpolitik im 21. Jahrhundert, München 1996, 530, vgl. auch 500.

[8] R. Dahrendorf, Erstarrende Gesellschaft in bewegten Zeiten, in: Erstarrende Gesellschaft in bewegten Zeiten. Gründe, Folgen, Öffnungschancen, hg. von der Alfred-Herrhausen-Gesellschaft für Internationalen Dialog, Stuttgart 1993, 14.

[9] Ebd., 14 f.

[10] Vgl. zuerst: E.-W. Böckenförde, Die Entstehung des Staates als Vorgang der Säkularisation, in: Säkularisation und Utopie. Ebracher Studien. E. Forsthoff zum 65. Geburtstag, Stuttgart 1967, 75–94, bes. 93 f.

[11] Vgl. dazu K. Lehmann, Glauben bezeugen, Gesellschaft gestalten, Freiburg i. Br. 1993, 383–396.
[12] H. Lübbe, Desorientierungsfolgen der Modernisierung. Über die Moralisierung des Lebens in offenen Gesellschaften, in: H. Lübbe u. a., Werte im pluralistischen Staat (Aktuelle Fragen der Politik 46), hg. von der Konrad-Adenauer-Stiftung, Sankt Augustin 1997, 17–30, hier: 24 f.
[13] Vgl. die Eröffnungsreferate der letzten Jahre zu diesen Themen und meinen Beitrag beim Symposion des CCEE im Oktober 1996 in Rom: Mit dem Pluralismus leben, in: Renovatio 52. Jahrgang, März 1996, 1–10; Kirche und Glaube in einer pluralistischen Gesellschaft, in: Religion als Privatsache und als öffentliche Angelegenheit, Köln 1997, 51–66.
[14] Zu diesen Fragen vgl. auch Religiöse Individualisierung oder Säkularisierung, hg. von K. Gabriel (Veröffentlichungen der Sektion Religionssoziologie in der Deutschen Gesellschaft für Soziologie I), Gütersloh 1996.
[15] Vgl. P. L. Berger, Sehnsucht nach Sinn. Glauben in einer Zeit der Leichtgläubigkeit, Frankfurt a. M. 1994, [2]1995, 47 f.
[16] Ebd., 49.
[17] Vgl. dazu auch: Pluralismus und Identität, hg. von J. Mehlhausen, Gütersloh 1995.
[18] Berger, Sehnsucht nach Sinn, 52.
[19] Vgl. F.-X. Kaufmann, Kirche begreifen, Freiburg i. Br. 1979, 100 ff.
[20] Vgl. K. Gabriel, Christentum zwischen Tradition und Postmoderne, Freiburg i. Br., [4]1994, 82 ff.
[21] Vgl. K. Lehmann, Glauben bezeugen, Gesellschaft gestalten, 295–362; ders., Neuer Mut zum Kirchesein, Freiburg i. Br., [3]1985.
[22] Vgl. ebd., 603–617.
[23] P. L. Berger, Auf den Spuren der Engel, Freiburg i. Br. [3]1996, 9.
[24] Ebd.
[25] Vgl. Lehmann, Glauben bezeugen, 359 ff.

1998

Die verändernde Kraft des Glaubens

(22. September 1998, Fest des heiligen Märtyrers Mauritius und Gefährten, Predigt zu Offb 21,5–7 und Joh 12,24–26)

Märtyrer wie der heilige Mauritius und seine Gefährten, die in der letzten großen Christenverfolgung des 4. Jahrhunderts um ihres Glaubens willen hingerichtet worden sind, sind ganz nahe bei Jesus Christus. Johannes der Täufer ist auf seine Weise als Vorläufer ein eigenes Beispiel, wie es auf andere Weise der erste Märtyrer, der heiligen Stephanus, ist, dessen Fest wir sogar am zweiten Weihnachtsfeiertag begehen. Ein Blutzeuge tritt mit seiner ganzen Existenz für die Wahrheit des Glaubens ein. Die Entschiedenheit des Bekenntnisses zu Gott tritt damit in besonders reiner, aber gerade so auch herausfordernder Gestalt auf uns zu. Der Märtyrer empfängt deshalb die Krone, weil er sich durch keine irdischen Versprechungen beirren lässt, unbedingt und ganz auf Gott setzt. Er erweist durch den Einsatz seines Lebens, dass ihm nichts wichtiger ist als das vorbehaltlose Ja zu Gott.

Diese Entschiedenheit hat nichts mit blindem Fanatismus oder einem halsstarrigen Fundamentalismus, wenn wir das Wort schon wählen, zu tun. Das Martyrium ist Ausdruck höchster Freiheit, was freilich oft durch die angewandte Gewalt verstellt wird. Aber im Grunde richtet die uneingeschränkte Lebenshingabe für Gott jeden Gewaltakt. Die Macht der Liebe erweist die Ohnmacht des Schwertes. Nicht zuletzt darum ist auch die Lebenshingabe vieler Märtyrer so fruchtbar geworden für die Kirche. Das Blut der Märtyrer ist der Same für neue Christen, sagt mit Recht unsere Überlieferung. Wir freuen uns deshalb auch, dass einer großen Frau unseres Jahrhunderts, Jüdin und Christin, Philosophin und Ordensfrau, Edith Stein, am 11. Oktober bei der Heiligsprechung die höchste Ehre widerfährt, die in der Kirche möglich ist.

Wir brauchen immer wieder dieses Zeugnis. Darum ist das Liturgische Jahr weise, wenn es uns immer wieder von einem Heiligen zu einem anderen führt. Es gibt ja auch Frauen und Männer, die ohne Martyrium Bekenner genannt werden. Sie entlarven unsere Lauheit und Unentschiedenheit, Wankelmütigkeit und Gleichgültigkeit im Glauben. Der Kleinglaube, der nach dem Evangelisten Matthäus (vgl. 6,30; 8,26; 14,31; 16,8; 17,20) der Unglaube der Jünger ist, ist wohl einer der gefährlichsten Feinde im Inneren der Kirche und auch heute – bis in unser eigenes Herz hinein – weit verbreitet.

Darum möchte jeder Glaubenszeuge, der sein Leben hingegeben hat, uns aus unserer schäbigen Mittelmäßigkeit herausrufen und uns zu radikalen Christen bekehren, die durch ihren Glauben die Selbstverständlichkeiten unseres Lebens in Frage stellen, buchstäblich anecken, aber andere auch durch ihr Beispiel anstecken. Nur so hat sich das Christentum ausgebreitet. Es waren gewiss die großen Missionare, wie der heilige Bonifatius, aber es waren auch die Kaufleute, Reisenden und Soldaten, die immer wieder unterwegs waren. Unser kirchliches Christentum leidet vor allem daran, dass wir so wenig unerschrockene Kraft zu einem solchen missionarischen Glaubenszeugnis aufbringen. Ich denke dabei besonders an die vielleicht einmaligen Chancen in den neuen Bundesländern, aber auch zunehmend bei uns. Wenn wir in diesen Tagen über das Erwachsenenkatechumenat nachdenken, sind wir auf dem richtigen Weg. In diesem Sinne gehören immer auch Leben und Lehre untrennbar zusammen. Von Menschen, die in der Kirche für das Evangelium Gottes sich einsetzen, darf man ein entschiedenes Glaubensbekenntnis erst recht erwarten, das freilich nicht bloß aus den Buchstaben eines Gesetzes besteht.

Der Märtyrer lehrt uns noch mehr. Er stellt alles hinter Gott zurück, was uns in dieser Zeit fasziniert und manchmal auch behext. Kaum irgendwo wird die Relativität und Vorläufigkeit unserer irdischen Güter deutlicher, die immer wieder unsere großen Versuchungen sind: Reichtum, Macht, Ansehen. Wir können nicht genug davon bekommen, weil sie in der Tat endlich sind. Man kann sie nur anhäufen, aber sie erfüllen nie unsere Sehnsucht. Sie erzeugen nur eine schlechte Unendlichkeit, die am Ende nicht wirklich satt und glücklich, sondern gelangweilt und schal macht. Sie erinnert uns an das eine Notwendige, das bleibt: ein gutes Leben vor Gott für die Menschen. Am Ende bleibt tatsächlich nur die Liebe zu Gott und zum Nächsten. Alles andere kann uns rasch genommen werden. Vergessen wir nicht alltägliche Erfahrungen, an die Lukas uns mahnt, wenn er den reichen Mann sagen lässt: „Nun hast du einen großen Vorrat, der für viele Jahre reicht. Ruh dich aus, iss und trink, und freu dich des Lebens! Da sprach Gott zu ihm: ‚Du Narr! Noch in dieser Nacht wird man dein Leben von dir zurückfordern. Wem wird dann all das gehören, was du angehäuft hast?' So geht es jedem, der nur für sich selbst Schätze sammelt, aber vor Gott nicht reich ist." (Lk 12,19 ff.)

Aber es soll uns ja auch nicht Angst eingejagt werden. Im Gegenteil, durch Glaube, Hoffnung und Liebe soll unsere Angst überwunden werden. „In der Welt seid ihr in Bedrängnis; aber habt Mut: Ich habe die Welt besiegt." (Joh 16,33b) Das Leben mit Gott ist eigentlich das Aufregendste, das uns nie enttäuschen wird. Daher kommt die Neuheit des Christentums, die viele so genannte Heiden gewonnen hat. Die Lesung sagt uns, dass nur hier die tiefe, meist verborgene und oft entstellte Sehnsucht unseres Herzens erfüllt wird: „Seht, ich mache alles neu. Und er (der auf dem Thron saß) sagte: Schreibe es auf, denn diese Worte sind zuverlässig und wahr. Er sagte zu mir, sie sind in Erfüllung gegangen. Ich bin das Alpha und das Omega, der Anfang und das Ende. Wer durstig ist, den werde ich umsonst aus der Quelle trinken lassen, aus der das Wasser des Lebens strömt." (Offb 21,5 f.) Dieses Wasser ist nicht abgestanden und faulig, kein falscher Ersatz für eine frisch sprudelnde, wirklich erquickende Quelle. Aber spüren wir noch diesen Durst? Haben wir ihn nicht umfunktioniert in ein ununterbrochenes Erlebenwollen, in endlose Befriedigung, die uns nur ablenkt und den tiefen Hunger des Menschen nach einer letzten Sinnerfüllung verdrängt?

Wir stellen unsere Welt oft auf den Kopf. Das wahre Leben ist diese unverbrauchte, wirklich ewig junge Quelle von Glück und Seligkeit, die nur in Gott zu finden ist. Nur ihretwegen gibt es Märtyrer, gibt es Glaube, Hoffnung und Liebe, die bei aller Enttäuschung in dieser Welt nicht zuschanden werden, sondern auch in Bedrängnis und Not ihr Versprechen einhalten. Es wird wirklich eingelöst und geht in Erfüllung. Weil es dieses ewige Leben gibt und Gott es uns in seinem unverbrauchten Reichtum verbürgt, gibt es auch das kleine, kostbare Glück in dieser Zeit. Nicht umgekehrt, wie wir oft meinen.

Das Evangelium führt uns noch einen Schritt weiter. Wir werden nie zufrieden sein, wenn wir nur anhäufen. Es gibt gerade in unserer Zeit eine Gigantomanie des immer Mehr, des immer Größer ... bis zu den weltweiten atemberaubenden Fusionen von Banken und Unternehmen. Wir werden das Glück aber auch nicht finden, wenn wir nur unseren eigenen Bedürfnissen nachlaufen und uns so vereinzelt das Lebensglück schaffen wollen. Das Geheimnis des Weizenkorns ist anders. „Wer an seinem Leben hängt, verliert es; wer aber sein Leben in dieser Welt gering achtet, wird es bewahren bis ins ewige Leben." (Joh 12,25) Wer das Glück direkt erjagen will, täuscht sich. Münchhausen kann sich auch hier nicht am eigenen Kopf aus dem Sumpf ziehen. Wir werden nur glücklich, wenn wir bereit sind, uns wegzugeben, auf dem Rücken einer guten Tat, nach Art des Weizenkorns, das nur dann reiche Frucht bringt, wenn es stirbt. Nur dies hat dem christlichen Glauben in seiner Geschichte so viel Kraft geschenkt, Kranke und Sieche nicht aufzugeben, Mission auch immer wieder mit dem Kampf gegen den Hunger sowie mit der Förderung von Bildung und Gesundheit zu verbinden, Behinderten ein Leben lang zur Seite zu stehen und immer wieder sich für das Leben der ungeborenen Kinder einzusetzen. So gehört beides eng zusammen: Gottes- und Nächstenliebe. Wer sich für Gott verschwendet, hat auch die Kraft der Hingabe für den Nächsten. Darum wollen wir uns auch in dieser Vollversammlung aus der Kraft des Glaubens heraus um Ehe und Familie, um die Rettung unserer Erde vor irreparablen Schäden, um die künftigen Generationen, um die Versöhnung der Menschen im Heiligen Land und um Wege kümmern, die am besten den armen Menschen und den verschuldeten Ländern der Dritten Welt helfen kann.

Der Glaube überrascht uns immer wieder durch seine Einfälle. Er ist wirklich schöpferisch. Er hat eine Berge versetzende Kraft, nicht nur für den Himmel, sondern auch jetzt schon auf der Erde. So kann er am Ende uns sogar mit M. Delbrêl fragen, ob wir mit diesem Glauben im Rücken zeitlich genug sind, die Erde und ihre Menschen genügend lieben, ohne uns in sie zu verkrallen oder sie gar zu zerstören. „Seht, ich mache *alles* neu.“ Amen.

Einig im Verständnis der Rechtfertigungsbotschaft? – Erfahrungen und Lehren im Blick auf die gegenwärtige ökumenische Situation

I. Ausgangssituation und Absicht

Es dürfte lange Zeit her sein, dass die Rechtfertigungsbotschaft über Jahre und Monate ein Zentrum der öffentlichen Meinungsbildung darstellt und so viel Aufmerksamkeit beansprucht. Man kann bald erkennen, dass weniger eine überzeugende Neuformulierung und Auslegung für unsere Zeitgenossen im Mittelpunkt steht, sondern eine kontroverstheologische Auseinandersetzung, die mit scharfen, mitunter auch polemischen Tönen einhergeht. So sehr Klärung – und sei es im Streit – erwünscht und geradezu notwendig ist, so sehr droht auch ein elementarer Rückfall in Formen eines ökumenischen Gegeneinanders, das man mit solchen Zuspitzungen für überwunden glauben konnte. So übertönt ein rechthaberisch gewordener Streit alle ursprünglichen Absichten, zwischen den reformatorischen Kirchen, hier in Gestalt des Lutherischen Weltbundes, und der katholischen Kirche eine lehrhafte Vereinbarung zu finden. Fast mag man den Eindruck gewinnen, die gesuchte „Gemeinsame Erklärung zur Rechtfertigungslehre" habe das Gegenteil von dem bewirkt, wozu sie beabsichtigt war: unaufhörlicher Streit statt Zeichen der Versöhnung. Den ökumenischen Experten, die seit Jahren und Jahrzehnten auf dieses Ziel hin arbeiteten, hat es eine Zeit lang angesichts des Stils und der Inhalte dieser Auseinandersetzung fast die Sprache verschlagen. Hingegen meldeten sich zahlreiche Hochschullehrer zu Wort, deren wissenschaftlicher Rang zu einem guten Teil auf ihren Gebieten unbestreitbar ist, die aber bisher wenig durch ökumenisch orientierte Beiträge hervortraten oder sich vor allem im Blick auf eine so genannte Konsens-Ökumene immer wieder als skeptische Mahner erwiesen.

Dies schuf kein gutes Klima für den längeren Rezeptionsprozess der „Gemeinsamen Erklärung". Die evangelischen Synoden im deutschen Sprachgebiet, die einen Beschluss fassen mussten, stimmten zwar am Ende alle zu, aber die Differenzen sind erheblich. Die Kirchenleitungen gerieten zum Teil in einen Gegensatz zu vielen Theologieprofessoren, die in den reformatorischen Kirchen faktisch so etwas wie das volle Gewicht des Lehramts innehaben. Die Basis, sofern sie sich überhaupt um theologisch subtilere Dinge sorgt, war angesichts dieser Differenzen besonders betroffen. Viele waren der Überzeugung, die kirchenamtliche Ökumene hinke hoffnungslos hinter der gewachsenen ökumenischen Realität hinterher und sie könne im Grunde nicht warten, bis „die da oben“ mit ihren Experten nachkommen. So hat der Streit neben dem Interesse, das er da und dort geweckt hat, auch viel Enttäuschung, ja manchmal auch regelrechte Wut hervorgebracht.

In dieser Situation kann hier nicht der ganze Weg der Auseinandersetzung vor allem in den letzten zwei Jahren nachgezeichnet werden. Es hat sich ein ungeheures Material angesammelt, dessen Ordnung, Bündelung und Interpretation ungebührlich viel Zeit und Raum beanspruchen würde. So ist ein Teil des Materials in 13 umfangreichen Heften der epd-Dokumentation gesammelt und leicht zugänglich, wobei nicht wenige Texte zum ersten Mal ungekürzt und korrigiert erscheinen.

Stattdessen soll es hier um die Sache selbst gehen, wobei die aktuelle Auseinandersetzung als konkreter Hintergrund durchaus präsent bleibt. Es soll gezeigt werden, wie es zu dieser Erklärung kam, wo ihre Stärken und vielleicht auch Schwächen liegen, vor allem aber auch wie die umstrittene Sache selbst fortgesetzt werden kann. Es versteht sich von selbst, dass hier nur einige Etappen und Schwerpunkte skizziert werden können, die man ergänzen und fortführen kann, gewiss auch mit anderen Akzenten.

II. Die „Gemeinsame Erklärung“ als Ernte jahrzehntelanger Bemühungen

Der Text der „Gemeinsamen Erklärung“ ist erstaunlich knapp. Für Texte dieser Art ist dies eine Seltenheit. Dieser Befund enthält jedoch eine gewisse Ambivalenz. Es ist zweifellos erfreulich, dass ein so zentrales und schwieriges Thema in 44 meist sehr konzentrierten Artikeln auf knapp zehn Druckseiten Platz finden konnte. Dies war eine wesentliche Voraussetzung dafür, dass z. B. Synoden und ähnliche Gremien sich überhaupt intensiver damit beschäftigen konnten. Es beweist auch viel ökumenischen Mut, eine solche Synthese zu wagen. Wenn man bei einem solchen Thema eine so konzentrierte Kürze wagt, setzt man sich vielen Gefährdungen aus. Der Text ist darum sehr verletzlich und braucht gutwillige Interpreten, die vor echten Problemen nicht die Augen zu verschließen brauchen, aber dennoch ein Minimum an Sympathie für das schwierige Unternehmen mitbringen sollten.

Man darf jedoch auf der anderen Seite die verborgene Stärke dieses knappen Dokumentes nicht unterschätzen. Im Anhang wurden nämlich zu den Teilen 3 und 4 der „Gemeinsamen Erklärung“ aus verschiedenen lutherischkatholischen Dialogen auf Quellen zurückgegriffen, die zum Teil recht umfangreich sind und nachhaltig die knappen Aussagen der Erklärung durch viele Zitate und Verweise stützen. Die geballte Wucht der Argumente entdeckt man nur, wenn man auch diese „Quellen" in ihrem ganzen Umfang kennt und sie produktiv heranzieht. Leider sind sie sehr oft nicht einmal abgedruckt worden, obgleich sie als „Anhang" dazugehören. Viele Einwände hätten sich schon durch ein sorgsames Studium dieser vielen Zeugnisse erübrigt.

Hinter diesen Konsensbemühungen stehen kontroverstheologische Bemühungen, die in die Anfangszeit des ökumenischen Dialogs in den dreißiger Jahren zurückgehen und z.B. mit den Namen von R. Grosche und G. Söhngen, Y. Congar und J. Lortz verbunden sind. Die neue Erforschung und vertiefte Interpretation des Konzils von Trient, beispielhaft im Lebenswerk von H. Jedin, kommen hinzu.[1] H. U. von Balthasars auch heute noch großes Barth-Buch aus dem Jahr 1951[2] markiert einen grundsätzlichen Durchbruch im ökumenischen Gespräch gerade über die zentralen Themen. H. Küng hat diese und andere Anstöße in seiner Dissertation[3], die E. Jüngel etwas boshaft immer noch für Küngs bestes Buch hält, selbständig aufgenommen und mithilfe einer umfangreichen Literatur fortgeführt. Es ist gerade heute aufschlußreich, wie in Küngs Untersuchungen mehrfach davon die Rede ist, „dass in der Rechtfertigungslehre, aufs Ganze gesehen, eine grundsätzliche Übereinstimmung besteht zwischen der Lehre Karl Barths und der Lehre der katholischen Kirche."[4] Schon 1964 hat Küng in einem Nachwort darauf hingewiesen, es gehe nicht um eine totale, sondern um eine grundsätzliche Übereinstimmung, „die an diesem Punkt eine Kirchenspaltung nicht zulässt"[5] Man darf heute nicht übersehen, dass bei allen einzelnen Einwänden zu Küngs Barth-Buch die Kritiker „keinen Zweifel an der Orthodoxie der Darstellung Küngs von der katholischen Rechtfertigungslehre" hatten.[6] H. U. von Balthasar schreibt dazu, Küng profiliere die „geforderte Christozentrik noch weit entschiedener (als er selbst) und unternimmt es, auch die alte erstarrte Front zwischen Reformation und Tridentinum diesbezüglich zu neuer Lebendigkeit zu erwecken. Man kann nur wünschen, dass die Ansätze Küngs umsichtig erweitert und ausgebaut ... werden. Das Gespräch, das in Gang ist, darf nicht wieder versteinern."[7] Die ökumenische Theologie gerade im Zentrum der Kontroversen fängt auf katholischer Seite also nicht erst nach dem Zweiten Vatikanischen Konzil an, sondern geht auf viel frühere Anfänge zurück.

Aus den folgenden Jahren soll von katholischer Seite nur das bahnbrechende Werk von O. H. Pesch genannt werden.[8] Es folgten evangelischerseits die Arbeiten von U. Kühn[9], H. Vorster[10], M. Bogdahn[11] und H. G. Pöhlmann[12]. Eine erste Frucht der gemeinsamen Auswertung dieser Studien haben U. Kühn und O. H. Pesch im Jahre 1967 vorgelegt[13]. Schon hier sei erwähnt, dass O. H. Pesch und A. Peters später eine ähnliche Synthese gemeinsam vorgelegt haben[14]. Die ökumenische Theologie gründet sich letztlich bei aller Teamarbeit auf die wissenschaftlichen Forschungen einzelner Theologen.

So ist es nicht verwunderlich, dass der im Zeitraum von 1967–1971 vorbereitete „Malta-Bericht" der Studienkommission „Das Evangelium und die Kirche" im Blick auf die Rechtfertigungslehre von einem „weitreichenden Konsens" und von einer „weitgehenden Übereinstimmung" spricht, ohne noch ungelöste Differenzen zu leugnen[15]. Immerhin handelt es sich hier um den offiziellen Dialog zwischen dem Lutherischen Weltbund und der römisch-katholischen Kirche.[16]

Später boten die Gedenkjahre der 450. Wiederkehr der Entstehung des Augsburgischen Bekenntnisses im Jahr 1980 und des Luther-Jubiläums 1983 weitere Gelegenheiten zur Vertiefung. In der gemeinsamen Untersuchung lutherischer und katholischer Theologen[17] wird festgehalten, „dass die tiefe Übereinstimmung gerade solche Bereiche einschließt, die immer als spezifische Kontroversthemen zwischen unseren Kirchen galten: die Lehre von der Rechtfertigung als Ausfaltung und Anwendung des Christusglaubens".[18] Die vielen Studien und Erklärungen im Luther-Jahr, im nationalen und internationalen Raum verstärkten im Ganzen das soeben angeführte Gesamtzeugnis.[19]

Damit sind wir bereits in dem Zeitraum, in dem nach dem ersten Pastoral-Besuch von Papst Johannes Paul II. an den Ökumenischen Arbeitskreis evangelischer und katholischer Theologen der Auftrag erging, die Lehrverurteilungen des 16. Jahrhunderts sorgfältig daraufhin zu prüfen, ob und inwiefern sie den heutigen Partner noch treffen. Über fünf Jahre hindurch ist dabei in einer eigenen Arbeitsgruppe der Sachkomplex Rechtfertigung (Glaube – Taufe – Buße) gründlich überprüft und der Öffentlichkeit vorgelegt worden.[20] In der abschließenden Würdigung stellte die auftraggebende Gemeinsame Ökumenische Kommission dazu fest: „Diese spannungsvolle Gemeinsamkeit im Glauben, die im 16. Jahrhundert zwar in Ansätzen empfunden, aber nicht gemeinsam zum Ausdruck gebracht werden konnte, lässt sich heute als gemeinsames Zeugnis beider Kirchen von der freisprechenden Rechtfertigung Gottes zum Ausdruck bringen … Weil heute darüber Übereinstimmung zwischen den Kirchen besteht, ist zu fragen, ob Verwerfungssätze, die im 16. Jahrhundert von jeder der beiden Seiten gegen die Lehre der Gegenseite über die Rechtfertigung formuliert worden sind, heute noch mit kirchentrennender Wirkung aufrechterhalten werden müssen."[21] Diese Teilausarbeitung, die viel Zeit und Kraft beanspruchte, ist in einem umfangreichen Kommentarband eingehend begründet und interpretiert worden.[22] Man wird nicht sagen können, dass diese Untersuchungen, Kommentare und Werkstattberichte, die zum Teil auch in englischer Sprache erschienen, in der gegenwärtigen Diskussion eine Rolle spielen.

Fast zur selben Zeit hat die seit 1965 sehr kompetent arbeitende US-Kommission zwischen Lutheranern und Katholiken ihre umfangreichen Arbeiten zu „Rechtfertigung durch den Glauben“ (1978–1983) abgeschlossen. Dies ist der siebte Bericht, in den seit Anfang auch die Erkenntnisse früherer Studien eingegangen sind. Es ist die eingehendste Behandlung der Rechtfertigungsfrage in einem interkonfessionellen Gespräch.[23] Das Dokument schließt mit der Erklärung: „Wir sind dankbar dafür, dass wir nun in der Lage sind, gemeinsam zu bekennen, was unsere katholischen und lutherischen Vorfahren zu bezeugen gesucht haben, als sie auf verschiedene Weise auf die biblische Botschaft von der Rechtfertigung antworteten. Ein Grundkonsens (fundamental consensus) im Blick auf das Evangelium ist erforderlich, um unseren früheren gemeinsamen Erklärungen über die Taufe, die Eucharistie und die Formen kirchlicher Autorität Glaubwürdigkeit zu verleihen. Wir glauben, dass wir einen solchen Konsens erreicht haben.“[24]

Die Gemeinsame römisch-katholische / evangelisch-lutherische Kommission hat in den Jahren 1986–1993 diese größeren Dokumente zur Rechtfertigung am wohl schwierigsten Thema getestet und am Beispiel des Kirchenverständnisses erprobt.[25] „Zusammenfassend kann gesagt werden, dass im Blick auf alle erörterten Fragebereiche (institutionelle Kontinuität der Kirche, das ordinationsgebundene Amt als Institution der Kirche, verbindliche kirchliche Lehre, kirchliche Jurisdiktion) von einem grundsätzlichen Konflikt oder gar von einem Gegensatz zwischen Rechtfertigung und Kirche nicht geredet werden kann, wie sehr auch immer die Rechtfertigungslehre darüber wacht, dass alle Institutionen der Kirche in ihrem Selbstverständnis und bei ihrer Ausübung dem Bleiben der Kirche in der Wahrheit des Evangeliums dienen, das allein im Heiligen Geist die Kirche schafft und erhält.“[26] Wenn damit auch noch keine Lösung des fundamentalen Problems der Zusammengehörigkeit und Differenz von Rechtfertigungsgeschehen und Kirche gegeben ist, so bedeutet diese viel zu wenig beachtete Schrift einen wichtigen Schritt zu einer exemplarischen Konsolidierung aller Bemühungen um einen grundsätzlichen Konsens.

Es gibt nicht nur einen stetigen Fortschritt in den ökumenischen Konsensbemühungen. Es muss nicht weniger auch eine Intensivierung und zugleich Erprobung im Inneren einer Kirche und zwischen allen Kirchen geben. Im Blick auf die Rechtfertigungsbotschaft ist dies in den deutschen Verhandlungen über die Lehrverurteilungen erfolgt.[27] Dadurch ist das Thema weit in interessierte ökumenische Kreise hineingetragen worden.[28] Diese Verdichtung des Konsens-Netzes ist nicht nur ein quantitatives Ergebnis, sondern auch ein qualitativer Konsens-Zugewinn, den man nicht unterschätzen sollte.

Man darf sich aber auch nicht nur im deutschen Sprachgebiet bewegen. Manchmal überschätzen wir unsere deutsche All-Kompetenz. Dies gilt für Themen und Probleme z. B. der finnischen Lutherforschung, die bei uns weniger Beachtung finden,[29] aber auch für die derzeitige Theologie in Italien, wo man nicht nur die ökumenische Fragestellung unter Mitwirkung vieler Theologen erheblich vertieft hat, sondern auch durch eine inzwischen sehr differenzierte Sicht des Trienter Konzils bereichert hat.[30] Wir leben zwar im Land der Reformation, aber wir sind nicht der ökumenische Nabel der Welt – Gott sei Dank. Bei internationalen ökumenischen Begegnungen lächeln manche über uns, weil viele bei uns es immer noch meinen.

Es ist auch nicht so, dass die katholische Kirche sich nicht zum Thema geäußert hätte. Papst Johannes Paul II. hat sich bei allen drei Pastoralbesuchen 1980, 1987 und 1996 in Deutschland zu Martin Luther und der Rechtfertigungsbotschaft bzw. zum Projekt Lehrverurteilungen geäußert.[31] Von anderen ökumenischen Äußerungen des Papstes sei hier abgesehen. Die Gemeinsame Erklärung zitiert aus einem sehr positiven und differenzierten Gutachten des Päpstlichen Rates zur Förderung der Einheit der Christen zur Studie „Lehrverurteilungen – kirchentrennend?".[32] Die Stellungnahme der Deutschen Bischofskonferenz zur Studie „Lehrverurteilungen – kirchentrennend?" vom 21. Juni 1994[33] erblickt in den Aussagen zur Rechtfertigung eine „fundamentale Übereinstimmung" und einen „Grundkonsens".[34] „Dies wird in der vorliegenden Studie weiter entfaltet und an entscheidenden Einzelpunkten verifiziert."[35] Bleibende Divergenzen und offene Fragen werden dabei nicht verschwiegen.

Diese Zeugnisse wurden genauer aufgezählt, ohne vollständig sein zu wollen, um die lange, breite und tiefe Konsens-Bewegung in Richtung eines „Grundkonsenses" im Verständnis der Rechtfertigungsbotschaft aufzuzeigen. Die „Gemeinsame Erklärung zur Rechtfertigungslehre" aus dem Jahr 1997 kann nur so knapp sein, weil sie das reiche Erbe dieser Bemühungen einsammeln und zur Geltung bringen kann. Es ist erstaunlich, wie wenig diese immense Vorbereitung, die nicht generalstabsmäßig geplant wurde, sondern sich weitgehend aus den inneren Tendenzen der Arbeit selbst ergab, hinter der „Gemeinsamen Erklärung" zur Kenntnis genommen worden ist. Dies gilt nicht nur für die gegenwärtige Situation, sondern für viele einzelne Etappen und Stationen auf diesem Weg. Die professionelle und offizielle Ökumene ihrerseits hat die Schreibtisch- und interne Gremienarbeit überschätzt. Noch so schöne Texte sind noch nicht mit spirituellem und kirchlichem Leben erfüllt. Jahrhundertealte Denkgewohnheiten und Verhaltensmuster sind – oft auch bis in die akademische Theologie hinein – stärker als die Versuche der Verständigung, die freilich selbst wiederum vielschichtig und mehrdeutig sein können. Die sozialpsychologischen Imprägnierungen der Trennung sind hartnäckiger als unsere guten Absichten.

Die Diskussion um die „Gemeinsame Erklärung" hat dies alles erst vollends an den Tag gebracht. Solange es letztlich unverbindliche Theologentexte waren, hat sich auch die theologische Zunft nicht sonderlich um sie gekümmert. Da das Dokument Verbindlichkeit erlangen sollte, kam die Wahrheit an den Tag. Es ist in dieser Hinsicht gut, dass die Nebelschleier zerrissen worden sind. Damit ist jedoch nicht erwiesen, dass die Einwände auch im Recht sind.

Die qualifizierte fachliche Diskussion ist in der Tat weiter. Dies mag man z. B. daran ermessen, dass in der Theologischen Realenzyklopädie, herausgegeben von dem unverdächtigen Reformationshistoriker und ehemaligen Braunschweiger Landesbischof Gerhard Müller, ein katholischer Exeget den neutestamentlichen Artikel über die Rechtfertigung übernommen hat.[36] Auf der anderen Seite ist es ein echter großer Fortschritt, wenn in einer namhaften evangelischen Dogmatik so fair über die katholische Rechtfertigungslehre berichtet und reflektiert wird, wie dies bei W. Pannenberg geschieht.[37] Die solide theologische Forschung ist heute erst recht das erste und unersetzliche Erfordernis ökumenischer Arbeit. Dies gilt besonders für die Rechtfertigungslehre mit ihren dornigen Problemen.

III. Das Ausmaß eines „Konsenses in Grundwahrheiten der Rechtfertigungslehre"

Entscheidend ist jedoch das Ergebnis des Konsens-Prozesses der „Gemeinsamen Erklärung". Im ersten Augenblick scheint das Ergebnis enttäuschend zu sein. Viele haben gewiss einen umfassenderen Konsens erwartet. Die Beschlüsse sowohl des Lutherischen Weltbundes als auch der römischen Instanzen enthalten für sie noch zu viele Vorbehalte und offene, ja sogar strittige Fragen. Hier muss man sich freilich fragen, welcher Begriff von Konsens dahinter steht. Nicht selten erscheint das Ideal eines Konsenses identisch mit einer uneingeschränkten Einigung über alle einzelnen materiellen Aussagen einer Lehre. Man könnte dies einen „totalen" Konsens nennen. Die römische Antwort vom 25. Juni 1998 enthält eine Reihe von wenig glücklichen Formulierungen, die so verstanden werden könnten.[38] Wenn man ernsthaft einen solchen Konsens fordern würde, müsste dies auch eine Einheitlichkeit der Sprache und Begriffe voraussetzen oder zur Folge haben. Ein solcher „totaler Konsens" ist also gewiss nicht möglich. Am Ende würde dies die Unterwerfung des einen Partners unter den anderen bedeuten. Ein Dialog, der wirklich diesen Namen verdient, hat andere Gesetze, ohne dem Wahrheitsanspruch auszuweichen.[39] Wer einen Unterschied zwischen Sache und Sprache leugnet oder sich einer solchen Differenz verweigert, kann im Grunde keinen ökumenischen Dialog führen. Freilich ist damit nicht gemeint, alle Unterschiede wären nur in verschiedenen sprachlichen Ausdrucksweisen begründet, ohne inhaltliche Aspekte einzubeziehen.

Vor diesem Hintergrund ist die Hermeneutik der „Gemeinsamen Erklärung" wichtig. Sowohl der Beschluss des Rates des Lutherischen Weltbundes in Genf am 16. Juni 1998 als auch die Antwort der katholischen Kirche vom 25. Juni 1998 stellen übereinstimmend fest, dass es einen „Konsens in Grundwahrheiten der Rechtfertigungslehre" gibt. Damit nehmen sie einen Begriff der „Gemeinsamen Erklärung" auf und machen sich diesen zu Eigen. Dies ist ein entscheidender Vorgang, der viel zu wenig gewürdigt worden ist. Hier ist das Zentrum der „Gemeinsamen Erklärung".

Über viele Jahre wurde gegenüber der kirchenamtlichen Ökumene der Vorwurf erhoben, sie lasse die von der Theologie erarbeiteten Konsens-Texte ohne Antwort und beraube darum auch die Konsensbemühungen einer letzten Ernsthaftigkeit und Verbindlichkeit. Im Fall der „Gemeinsamen Erklärung" ist aber nun das geschehen, was ein großer Teil der Theologen immer wieder gefordert hat. Der Beschluss des Rates des Lutherischen Weltbundes fasst dies einleitend gut zusammen: „Die Zeit ist nun reif für eine gemeinsame lutherisch / römisch-katholische Erklärung zur Rechtfertigungslehre. Eine Bilanz der Dialogergebnisse wurde gezogen, die Ergebnisse zusammengefasst und eine Erklärung entwickelt, zu der die Kirchen offiziell Stellung nehmen können."[40]

Dieses Ergebnis ist trotz mancher offen gebliebener Fragen, Beschwernisse und vielleicht auch Ärgerlichkeiten erreicht worden. Es scheint mir unverantwortlich zu sein, andere Themen und Ereignisse dieses Prozesses so in den Mittelpunkt zu rücken, dass dieser epochemachende fundamentale Konsens verstellt und vernebelt wird. Gerade darum wurde oben der jahrzehntelange Konsensprozess aufgezeigt, um genauer zu sehen, wie sich die innere Dynamik in der Feststellung eines „Konsensus in Grundwahrheiten der Rechtfertigungslehre" erfüllt. Wie immer man Einzelheiten der römischen Antwort deuten mag, es kann jedenfalls kein Zweifel daran bestehen, dass dies von Anfang bis Ende der Grundduktus der Antwort vom 25. Juni 1998 ist, auch wenn damit konkrete Einschränkungen verbunden sind. In diesem Sinne besteht auch an der Erklärung von Joseph Kardinal Ratzinger[41] kein Zweifel, dass zwischen der eigentlichen „Erklärung“, die das grundlegende Ergebnis formuliert, und den im zweiten Teil entfalteten einzelnen „Präzisierungen“, die konkrete, jedoch partikuläre Einwände formulieren, ein erheblicher Unterschied gegeben ist. Der erste Teil „Erklärung“ formuliert die prinzipielle Entscheidung, der zweite Teil „Präzisierungen“ – Kardinal Ratzinger sagt auch „Verdeutlichungen“ – greift die Fragen auf, die im Dokument selbst als künftige Aufgaben formuliert sind. Selbstverständlich ist der zweite Teil keine Rücknahme der ausdrücklich erklärten Übereinstimmung in Grundwahrheiten. Der dritte Teil öffnet bewusst den Blick in die Zukunft, wenn er mit „Perspektiven für die künftige Arbeit“ überschrieben ist. Nichts anderes erklärt Kardinal Edward Idris Cassidy, der Präsident des Päpstlichen Rates zur Förderung der Einheit der Christen, in seinem englischsprachigen Brief vom 30. Juni 1998 an den Generalsekretär des Lutherischen Weltbundes, Dr. Ismael Noko. Sicher muss man sich heute die Frage stellen, ob diese grundsätzliche Struktur mit der Unterscheidung der beiden Teile, wenigstens in einem erläuternden Kommentar, nicht eindrücklicher und evidenter hätte herausgestellt werden können. An dieser grundlegenden Interpretation kann jedoch, verglichen mit ähnlichen Dokumenten, kein Zweifel sein. Freilich verleitet das schon quantitative Übergewicht der „Präzisierungen“ dazu, die jeweilige Bedeutung dieser Teile falsch einzuschätzen. Man sollte auch nicht leugnen, dass die Hinweise in Nr. 6 zum unterschiedlichen Charakter und zur verschiedenen Autorität der Gesprächspartner sich als missverständlich und für viele als verletzend herausgestellt haben, obgleich im selben Abschnitt die „große Anstrengung“ des Lutherischen Weltbundes und der „echte kirchliche Wert der Unterschrift“ hervorgehoben werden.

Der Ausdruck „Konsens in Grundwahrheiten der Rechtfertigungslehre“[42] ist in mehrfacher Hinsicht interpretationsbedürftig. Es ist nicht gesagt „Konsens in den Grundwahrheiten“ oder gar „Konsens in allen Grundwahrheiten“. Die vatikanische Antwort spricht im Blick auf die Fragestellung und die Beurteilung der „Gemeinsamen Erklärung“ von einem „hohen Grad an Übereinstimmung“. Dieser „unter zahlreichen Aspekten erzielten Übereinstimmung“ bzw. „Verständigung in allen Grundwahrheiten“ stehen trotz „eines bemerkenswerten Fortschritts im gegenseitigen Verständnis und in der Annäherung der Dialogpartner“ und „zahlreicher Konvergenzpunkte“ einige Unterschiede und Divergenzen entgegen.

Nun formuliert die „Gemeinsame Erklärung“ selbst schon eine solche Grenze: „Sie will zeigen, dass aufgrund des Dialogs die unterzeichnenden lutherischen Kirchen und die römisch-katholische Kirche nunmehr im Stande sind, ein gemeinsames Verständnis unserer Rechtfertigung durch Gottes

Gnade im Glauben an Christus zu vertreten. Sie enthält nicht alles, was in jeder der Kirchen über Rechtfertigung gelehrt wird; sie umfasst aber einen Konsens in Grundwahrheiten der Rechtfertigungslehre und zeigt, dass die weiterhin unterschiedlichen Entfaltungen nicht länger Anlass für Lehrverurteilungen sind."[43] Die Übereinstimmung in Grundwahrheiten schließt also Differenzen, wie sie in den Nr. 18–39 erwähnt werden, nicht aus. Allerdings geht man von der Voraussetzung aus, dass die verbleibenden Differenzen den erzielten Grundkonsens nicht wieder aufheben. So darf man voraussetzen, dass auch sehr ernste und weiterreichende Differenzen, wie sie vor allem in Nr. 1[44] der römischen Antwort formuliert sind, die Annahme der gemeinsamen Grundwahrheiten nicht wieder in Frage stellen.

Man spricht im Blick auf die Hermeneutik ökumenischer Lehrvereinbarungen an dieser Stelle von einem „differenzierten Konsens".[45] Es ist also ein Konsens, der von vornherein nicht total und uniform ist, sondern bei aller Übereinstimmung in der Lage ist, Unterschiede zuzulassen. Im Grundlegenden muss es Übereinstimmung geben. Sonst wäre das Wort „Konsens" fehl am Platz. Aber innerhalb der Gemeinsamkeit gibt es dann legitime Differenzen. Ja, man spricht wohl besser von „Differenzierungen". Das jeweils verschiedene Verständnis ist freilich nicht mehr kirchentrennend. Die verbleibenden Verschiedenheiten erscheinen als zulässig und legitim, weil sie die Übereinstimmung im Wesentlichen nicht in Frage stellen. Es ist dabei evident, dass die verbleibenden Differenzen nicht grundsätzlich und durchgängig einen Mangel darstellen, sondern davon geprägt sind, dass die Kirche stets eine Einheit in Vielfalt ist und dass sich dies in der Struktur eines ökumenischen Konsenses widerspiegelt. Freilich ist das Ausmaß dieser Verschiedenheit noch nicht ausreichend geklärt. Die Vertreter der lutherischen Theologie rücken diese Aussagen über den „differenzierten Konsens" ganz nahe an das Modell des Lutherischen Weltbundes über die Gestalt von Einheit und Vielfalt in der Kirche, nämlich die „versöhnte Verschiedenheit".[46] Diese Formel kann in allgemeiner Form gewiss auch von katholischer Seite aus positiv aufgenommen werden. Wenn man sie aber im Sinne einer strikt lutherischen Theologie und des Artikels 7 der Confessio Augustana eng auslegt, nämlich das Amt ganz aus den Einheitskriterien von Kirche ausschließt, sind hier Grenzen des Verständnisses erreicht. Hier besteht zweifellos ein Klärungsbedarf.[47] Dies ändert nichts grundsätzlich an einer allgemeinen vorläufigen Brauchbarkeit der Kategorie „differenzierter Konsens".

An dieser Stelle bedarf es einer weiteren Erörterung über die Struktur des ökumenischen Konsenses, wie er sich in der Formel „Konsens in Grundwahrheiten der Rechtfertigungslehre" ausdrückt. Es muss noch deutlicher nach dem Gewicht, der Art und der Form der verbleibenden Differenzen gefragt werden. Dabei besteht kein Zweifel, dass man sich im 16. Jahrhundert und in der Folgezeit in mancher Hinsicht – dies gilt nicht generell – missverstanden, aneinander vorbeigeredet und eben nicht wirklich begriffen hat. Verkürzende Polemik und vereinfachende Propaganda, wie sie eben auch in den Flugschriften geschehen ist,[48] haben zweifellos zu solchen Entstellungen des Gesprächspartners geführt. Es darf nicht als Manipulation verstanden werden, wenn man heute mit Hilfe der Historie und ihrer Methoden, aber auch einer verlässlichen Hermeneutik solche Entstellungen aufdecken kann.[49] Die Bearbeitung der Lehrverurteilungen des 16. Jahrhunderts ist gar nicht anders denkbar. Hier gibt es eine echte Entschärfung. Veränderte Verstehensbedingungen rücken näher zusammen. Aber hier lauert zugleich eine Gefahr. Die Ergebnisse bedeuten nicht automatisch, dass traditionelle Kontroverspunkte ein längst überholter Streit sind, wo es bloß um Begriffe geht. Es wäre auch zu einfach, alles nur auf verschiedene Sprach- und Denkformen zu reduzieren. In der Sache wäre dann keine Differenz. Die Konsequenz wäre, dass die Lehrentscheide z. B. des Konzils von Trient heute einfach außer Kraft gesetzt werden könnten. Mit Recht warnt die katholische Antwort vom 25. Juni 1998 vor einer solchen kurzschlüssigen Denkweise: „Der hohe Grad der erreichten Übereinstimmung gestattet allerdings noch nicht zu behaupten, dass alle Unterschiede, die Katholiken und Lutheraner in der Rechtfertigungslehre trennen, lediglich Fragen der Akzentuierung oder sprachlichen Ausdrucksweise sind. Einige betreffen inhaltliche Aspekte, und daher sind nicht alle, wie in Nr. 40 behauptet wird, wechselseitig miteinander vereinbar."[50]

Vielleicht muss man hier eine Zwischenreflexion einschieben. Man sollte, wie früher schon dargelegt, Sprachform und Sachproblem durchaus unterscheiden, jedoch nicht simpel trennen. Es gibt selbstverständlich mehrschichtige Wechselwirkungen zwischen beiden Dimensionen, die eng zusammengehören. Man darf aber nicht alles im Sinne von verschiedenen Sprach- und Denkformen relativieren, sodass die Entscheidung über die Erkenntnis von Wahrheit an den Rand gedrängt werden kann. Es gibt jedoch zweifellos – und dies sollte man gerade angesichts eines möglichen Missbrauchs nicht vergessen – aus unterschiedlichen Situationen und Interessen heraus verschiedene Zugänge, Akzentuierungen und Intentionen („Anliegen"). Sie können je nach Ausgangspunkt und Zielvorstellung verschieden sein, ohne dass sie stets in einem unversöhnlichen Gegensatz zueinander stehen müssten. Die immer größere Wahrheit erschöpft sich nicht in einer Perspektive. Hier gibt es eine echte Komplementarität, auf die L. Ullrich immer wieder hinweist. Diese Intentionen können einander auch ergänzen und ergeben erst zusammen ein vollständiges Bild dessen, was gesagt werden muss. Es muss also nicht immer eine Übereinstimmung oder gar Identität in der Gedankenführung und in der Ausdrucksweise existieren. Diese hermeneutische Möglichkeit muss sehr sorgfältig mit allen konkreten methodischen Operationen vor allem historischer Erkenntnis verifiziert werden. Darum ist in dem schwierigen Netz sich überschneidender Rechtfertigungslehren eine penible historische Kleinarbeit, die allen Windungen und Schattierungen nachgeht, unersetzlich. Dem Laien, besonders, wenn er z. B. in einer konfessionsverschiedenen Ehe lebt und darunter leidet, erscheint eine solche Kärrnerarbeit leicht als unnützes Glasperlenspiel. Hier muss die Theologie als Wissenschaft immer wieder um Verständnis und Vertrauen werben. Sie muss aber selbst auch mit großer historischer und hermeneutischer Sensibilität wachsam sein gegenüber einem missbräuchlichem Gebrauch ihrer Instrumente.

An dieser Stelle muss man auch terminologisch behutsam sein. Wenn sich solche Differenzen zeigen, die nicht den Grundkonsens gefährden und auch nicht kirchentrennend sind, sollte man noch nicht von einem vollen Konsens sprechen. Es sind dann vielmehr innerhalb eines Grundkonsenses eher so genannten Konvergenzen, die zunächst nebeneinander stehen, vielleicht auch nebeneinander Geltung beanspruchen dürfen, so auch gleichsam sich aufeinander hinbewegen, aber vielleicht in ihrer Versöhnbarkeit noch nicht vollends geklärt sind. In diesem Sinne gehören Konsense und Konvergenzen zusammen.

Wenn diese historischen und hermeneutischen Operationen gelingen, heißt dies – wie früher schon bemerkt – noch nicht, dass frühere Verurteilungen einfach gegenstandslos waren und sind. Hier werden von reformatorischer Seite aus nicht selten an die katholische Theologie und das kirchliche Lehramt Ansinnen herangetragen, die die bleibende Gültigkeit konziliarer Entscheidungen verkennen. Es kann nicht darum gehen, dass frühere Entscheidungen, die wir heute gewiss besser in ihrer historischen Kontingenz erkennen, einfach außer Kraft gesetzt werden. Darum haben wir bei der Behandlung der Lehrverurteilungen auch anders gefragt und angesetzt.[51] Es ist zwar richtig, aber reicht auch noch nicht aus zu sagen, die früher einmal ausgesprochenen Urteile könnten in neuen Situationen wieder neue Geltungskraft gewinnen, wenn bestimmte Fehlhaltungen wiedererwachen, z. B. pelagianischer Herkunft. Vielmehr haben wir uns auf die Frage begrenzt, ob die Lehrverurteilungen des 16. Jahrhunderts den heutigen Partner noch treffen. Dies ist eine sehr viel bescheidenere, wenn auch schwierigere Fragestellung.

Es darf nicht überraschen, dass der Päpstliche Rat zur Förderung der Einheit der Christen und die Glaubenskongregation die Pflicht haben, an diesem Punkt wachsam zu sein und auf der Hut zu bleiben, damit sich keine Formelkompromisse einschleichen. Bei einem so knappen Dokument wie der „Gemeinsamen Erklärung" wird dies besonders wichtig. Darin sehe ich auch den Sinn kritischer Anfragen evangelischer Theologen an den Text. Aber diese Skepsis bleibt ihrerseits nur dann in den Grenzen, wenn der gesamte Konsens-Bildungsprozess seit Jahren und Jahrzehnten geistig gegenwärtig bleibt und wenn der erzielte Grundkonsens – wenigstens eine Chance dazu als Minimum – nicht einfach gegenüber einer fundamentalen Kritik von Details zweitrangig oder uninteressant wird. Beim genauen Lesen der „Gemeinsamen Erklärung" spürt man immer wieder, dass die Verfasser hier fast immer sehr verantwortungsvoll und sensibel vorgegangen sind.

IV. Notwendige Klärungen

Die „Gemeinsame Erklärung"[52], der Beschluss des Rates des Lutherischen Weltbundes vom 16. Juni 1998[53] und die katholische Antwort vom 25. Juni 1998[54] formulieren Aufgaben, die noch nicht bewältigt werden konnten und künftig erst noch gelöst werden müssen. Diese werden unterschiedlich betont, was vielleicht recht verschieden in die Augen springen kann. Aber es ist doch erstaunlich, dass es praktisch dieselben Anfragen sind. Es handelt sich nämlich besonders um den Stellenwert der Rechtfertigungslehre als Kriterium[55], um das Verhältnis der neuen Gerechtigkeit zu Konkupiszenz und Sünde im gerechtfertigten Menschen[56] und um das Verhältnis von guten Werken und der Wahrung der Gnade, einschließlich der Probleme der „Mitwirkung"[57]. Es ist mir eigentlich unbegreiflich, warum man in der ganzen Debatte nicht diese große Gemeinsamkeit in der Überzeugung der noch klärungsbedürftigen Probleme wahrgenommen und anerkannt hat.

Wenn man das, was „Konsens in Grundwahrheiten der Rechtfertigungslehre" besagt, annimmt, darin einen „differenzierten Konsens" erblickt und so nicht überrascht ist über verbleibende Differenzen bzw. Differenzierungen, kann man über die Notwendigkeit noch zu leistender „Klärungen" bzw. „Präzisierungen" nicht so erbost sein, wie es vielfach geschehen ist. Ich will dabei nicht leugnen, dass die in der katholischen Antwort in diesem Teil[58] gewählte Sprache an manchen Stellen unnötig hart ist. Freilich, sie ist um die Klarheit der Wahrheit besorgt. Wenn jedoch mit kirchenamtlicher Verbindlichkeit nach jahrhunderterlanger Trennung sowie Verwerfung und nach jahrzehntelangen Konsensbemühungen den Kirchen die Feststellung eines „Konsenses in Grundwahrheiten der Rechtfertigungslehre" gelingt, dann ist es doch angesichts der gegebenen Schwierigkeiten beinahe selbstverständlich, dass der differenzierte Konsens noch eine Reihe von Aufgaben enthält, an denen man sich weiterhin abarbeiten muss. In diesem Sinne habe ich trotz mancher Enttäuschung und mancher Ungeschicklichkeiten von Anfang an die totale Entrüstung über die katholische Antwort und die Frustration hinsichtlich der gesamten Situation nicht verstehen können. Darum ging es mir in der eigenen Stellungnahme vom 26. Juni 1998 nicht um eine beruhigende Schadensbegrenzung, auch nicht bloß um die Bekämpfung der entstandenen Resignation, sondern um eine nüchterne, aber auch sachgerechte Wertung des Erreichten: „Das erreichte gemeinsame Verständnis ist ein entscheidender Schritt auf dem Weg zu einer umfassenden Einheit der Kirchen. Es gibt keinen ernsthaften Grund zu Enttäuschung und Resignation. Was sich in mehr als 450 Jahren theologisch, spirituell, kulturell und oft auch politisch auseinandergelebt hat, braucht bei allem hohen Einsatz Zeit der Reifung für ein verantwortungsvolles Zusammenwachsen. Es ist deshalb notwendig, bald die z. T. auch vom Lutherischen Welbund geforderten theologischen Erklärungen in weiteren ökumenischen Gesprächen entschieden anzugehen und in einem auch spirituellen Prozess glaubwürdig zu vollenden."[59]

Es ist in diesem Zusammenhang nicht möglich, die anstehenden Aufgaben im Einzelnen zu skizzieren. Es soll auch nicht der Eindruck erweckt werden, als ob es in den noch ausstehenden Problembereichen einfache Lösungen geben könnte. Dennoch will ich wenigstens stichwortartig auf einige Probleme aufmerksam machen.

Dabei muss beachtet werden, dass Kardinal Ratzinger in seinem Leserbrief an die FAZ am 14. Juli 1998 eigens darauf aufmerksam macht, dass die verlangten „Präzisierungen" einen anderen Stellenwert als die „Erklärung" im ersten Teil der Antwort haben. Die Antwort selbst hebt hervor, dass die verlangten Verdeutlichungen „nach ihrer Bedeutung geordnet" sind, was bisher wenig beachtet worden ist. Unter dieser Hinsicht scheinen mir folgende vorläufige Bemerkungen nützlich zu sein:

Die größten Schwierigkeiten sieht der Vatikan in der Formel „Zugleich Gerechter und Sünder"[60]. Diese Aussage erscheint unvereinbar mit der Erneuerung und Heiligung des inneren Menschen. Hier kann die katholische Antwort noch nicht verstehen, wie die in der „Gemeinsamen Erklärung" versuchte Fassung dieses Grundsatzes vereinbar sein soll mit den Entscheidungen des Konzils von Trient über die Ursünde und die Rechtfertigung.

Es geht mir hier nicht in erster Linie um die Frage, ob die Formulierungen der „Gemeinsamen Erklärung" hier ausreichend sind. Auf jeden Fall muss man gerade hier auf die im Anhang gegebenen „Quellen" zu 4.4 der „Gemeinsamen Erklärung" verweisen. Freilich geht daraus auch der verschiedene Sprachgebrauch hervor. In der Tat bin ich schon seit den 80er Jahren der Überzeugung, dass es zwar viele wertvolle Bausteine zur Überwindung des

Dissenses über die Formel „Zugleich Gerechter und Sünder" gibt[61], dass es jedoch in den ökumenischen Gesprächen trotz guter Ansätze noch nicht zu einer so überzeugenden Aufarbeitung dieser paradoxen Formel gekommen ist, dass es darüber einen allseits befriedigenden Konsens gibt. Gegenüber manchen Deutungen im Luthertum, die ja ein relativ breites Spektrum bilden, hat der katholische Theologe immer wieder den Eindruck, Gnade und Rechtfertigung würden im Menschen keine Änderung bewirken, obwohl doch Luther z.B. von einem Wachsen in der Gerechtigkeit sprechen kann. Die Klärung dieser Formel, die zweifellos in einer allgemeineren Form auch katholisch verstanden werden kann, ist gewiss nochmals eine Nagelprobe auf die gemeinsame Beschreibung der Wirklichkeit der Rechtfertigung im Menschen, selbst wenn die bleibende Souveränität des rechtfertigenden Handelns Gottes außer Zweifel ist.

Ein weiterer Einwand bezieht sich auf die Aussage der „Gemeinsamen Erklärung" in Nr. 18 hinsichtlich des verschiedenen Stellenwertes der Rechtfertigungslehre für Katholiken und Lutheraner. Diese Nr. 18 ist sehr sorgfältig formuliert und hält eine wichtige gemeinsame Aussage fest: „Sie (die Lehre von der Rechtfertigung) ist ein unverzichtbares Kriterium, das die gesamte Lehre und Praxis der Kirche unablässig auf Christus hin orientieren will. Wenn Lutheraner die einzigartige Bedeutung dieses Kriteriums betonen, verneinen sie nicht den Zusammenhang und die Bedeutung aller Glaubenswahrheiten. Wenn Katholiken sich von mehreren Kriterien in Pflicht genommen sehen, verneinen sie nicht die besondere Funktion der Rechtfertigungsbotschaft. Lutheraner und Katholiken haben gemeinsam das Ziel, in allem Christus zu bekennen, dem allein über alles zu vertrauen ist als dem einen Mittler (1 Tim 2,5 f.), durch den Gott im Heiligen Geist sich selbst gibt und seine erneuernden Gaben schenkt." Die Quellentexte zu Kapitel 3 sind eine wertvolle Interpretationshilfe. Ich bin der Überzeugung, dass man hier schon weit aufeinander zugegangen ist. Vielleicht ist es nicht ganz deutlich geworden, was es heißt, dass „Katholiken sich von mehreren Kriterien in Pflicht genommen sehen". Damit ist sicher auch gemeint, dass die biblische Botschaft vom Heil vielfältig artikuliert wird, wie die Nummern 8 bis 12 überzeugend darlegen. Wenn die Rechtfertigungsbotschaft gegenüber dieser reichen Pluralität von Aussagen zum Heil exklusiv gesetzt wird, entsteht die Frage, ob man hier noch der vollen Stimme des ganzen Neuen Testaments entspricht. Es gibt ohne Zweifel, wie die Forschung mannigfach feststellt, hier Differenzen zwischen Paulus und Luther. Die katholische Antwort macht auf die Glaubensregel und damit wohl auch auf das Bekenntnis zum dreifaltigen Gott aufmerksam.

Die Katholiken scheuen nicht die Betonung des einzigartigen Heilshandelns Gottes, sondern fürchten in der extremen Zuspitzung auf die Rechtfertigungslehre als Kriterium aller theologischer Aussagen und aller kirchlicher Erscheinungen, besonders auch im Blick auf die Kirche, die Sakramente sowie die Ämter und Dienste, deren fragwürdige spirituell-theologische Entleerung und extreme Relativierung. Es gibt durchaus Beispiele für solche Interpretationen, zu denen die katholische Kirche bis zum Erweis des Gegenteils keine Zustimmung geben könnte. Es bleibt hier aber auch zu fragen, ob solche Aussagen sich auf die Schrift, auf Luther und die Bekenntnisschriften stützen können. Es ist mir bewusst, dass diese exklusive Kriteriologie viele Emotionen enthält und zugleich weckt. Viele sehen hier von verschiedener Seite aus den Kern von so etwas wie „Protestantismus". Deswegen lohnt es sich mehr denn je, dieser schwierigen Frage nochmals sehr viel intensiver als bisher nachzugehen.

Wer die ökumenischen Gespräche über die Rechtfertigung kennt, weiß, dass die Frage der Beschreibung des Verhältnisses von Mensch und Gott im Rechtfertigungsgeschehen vor allem im Zusammenhang der „Mitwirkung" (cooperatio) viel Zündstoff enthält. Man wird nicht sagen können, dass die wenigen vermittelnden Formeln, die in den Konsensdokumenten zu finden sind, „wasserdicht" sind. Dies ist ein typischer Begriff, den man mit großer Sensibilität analysieren und übersetzend verwenden muss. Die lutherische Rechtfertigungslehre kann jedoch durchaus verstehen, dass man ohne Beschreibung der aktiven Beanspruchung des Menschen durch die empfangene Rechtfertigungsgnade und das personale Beteiligtsein die Wirklichkeit des erlösten Menschen nicht erfassen kann. Viele Elemente, die die Theologie und die ökumenischen Gespräche bisher zu formulieren versucht haben, zeigen in die wahre Richtung. Wenn diese Fragen wirklich gelöst sind, ist es auch leichter, die Probleme des Verdienstes und der guten Werke nochmals neu anzugehen.[62]

Ich will auf viele Probleme der Diskussion nicht eingehen, obgleich es geradezu reizvoll wäre. So ist es m. E. ein müßiger Streit, ob die katholische Theologie die Formulierung einer „Rechtfertigung allein aus Glauben" annehmen könnte. Der bekannte, lange am Päpstlichen Bibelinstitut lehrende Exeget St. Lyonnet hat schon in zahlreichen Studien vor dem Zweiten Vatikanischen Konzil aufgezeigt, dass das „sola fide" längst vor Luther in der katholischen Tradition vorkommt. Bereits Robertus Bellarmin bezieht sich in seinem Werk „De iustificatione" auf Origenes, Hilarius, Basilius, Chrysostomus, Augustinus, Cyrill von Alexandrien, Ambrosiaster und Bernhard.[63] Aber diese Sprache der Tradition gebraucht natürlich nicht die exklusive Schärfe, wie dies häufig im Luthertum geschieht. Vermutlich ist deshalb zur Unterscheidung diese Redeweise nach der Reformation im katholischen Bereich auch zurückgetreten. Lässt sich aber eine extreme Zuspitzung der „particula exclusiva“ bei näherem Zusehen halten? Oder warum gibt es in der lutherischen Tradition hier gegenüber den anderen Reformatoren erhebliche Differenzen? Warum spricht man auch von einem „sola fide numquam sola“?

Natürlich erhebt sich hier die Frage, ob es in diesen künftigen Aufgaben und Anfragen so etwas wie eine noch nicht bewältigte „Grunddifferenz“ zwischen den Konfessionen gibt.[64] Man sollte diese Frage nicht voreilig bejahen, denn sie könnte die sorgfältige Detail-Weiterarbeit an den genannten Themen blockieren. Es ist aber nicht auszuschließen, dass sich eine Grundfrage im Verständnis der Heilswirklichkeit darauf konzentriert, wie das Heil Gottes die irdische Wirklichkeit erreicht, ohne in der menschlichen Realität oder gar der Verfügbarkeit des Menschen aufzugehen, aber dennoch die irdische Wirklichkeit auch nachhaltig zu wandeln und durchgreifend und umfassend zu ändern vermag. Hier geht es wohl nicht mehr nur um Denkformen und Sprachgewohnheiten. Jedoch scheint dies einstweilen noch mehr eine Frage der theologischen Forschung als des unmittelbaren ökumenischen Gesprächs zwischen den Kirchen zu sein.

V. Eine Zukunftsperspektive, oder: Wie soll es weitergehen?

Beide Kirchen suchen zurzeit, wie das Vorhaben der „Gemeinsamen Erklärung“ fortgesetzt werden kann. Der Beschluss des Rates des Lutherischen Weltbundes gibt im Schlussteil selbst Hinweise zum Rezeptionsprozess und erläutert dies auch in einigen Empfehlungen.[65] Die katholische Antwort versteht die Präzisierungen von Anfang an so, „dass die nachfolgenden Hinweise ein Ansporn sein können, um das Studium dieser Fragen in demselben brüderlichen Geist weiterzuführen, der den Dialog zwischen der katholischen Kirche und dem Lutherischen Weltbund in letzter Zeit geprägt hat.“[66]

In diesem Sinne scheint es mir keine Lösung zu sein, wenn man den bisher eingeschlagenen Weg ganz verlässt. Eine „Neufassung“ oder auch nur eine „partielle Revision“ der jetzigen Fassung der „Gemeinsamen Erklärung“ würde den Eindruck nahe legen, als ob kein „Konsens in Grundwahrheiten der Rechtfertigungslehre“ gegeben sei. Es wäre unter diesen Umständen auch völlig vergeblich, wieder am Nullpunkt anzufangen. Man würde damit auch die ganze Kette vieler Konsensbemühungen seit Jahren und Jahrzehnten desavouieren. Man könnte auch wohl kaum damit rechnen, dass die ökumenischen Experten, die bisher den Dialog entscheidend mitgetragen haben und die man – trotz eines notwendigen Generationenwechsels – auch künftig in Anspruch nehmen muss, zu einem solchen radikalen Neubeginn bereit sein würden. Man würde damit auch die erfolgte Zustimmung sowohl des Lutherischen Weltbundes als auch der katholischen Kirche zu einem „Konsens in Grundwahrheiten der Rechtfertigungslehre“ wieder aufheben. Dies ist im Ernst nicht zumutbar.

Außerdem haben die Einwände lutherischerseits und die katholischerseits verlangten Klärungen, auch wenn sie von unterschiedlicher Bedeutung sein sollten, nicht das Gewicht eines prinzipiellen Vorbehalts gegen den ganzen Text. Ich habe dies eingehend zu begründen versucht, dass nämlich der gefundene Grundkonsens durch lange Bemühungen vorbereitet und erhärtet ist. Eine prinzipielle Revision auch partieller Art ist darum nicht notwendig und auch nicht angemessen. Deshalb legt es sich nahe, sich auf die klärungsbedürftigen Punkte zu konzentrieren und bei ihren gegenwärtigen Formulierungen anzusetzen. Es dürfte dann nahe liegen, die bisherigen Aussagen zu interpretieren und zu kommentieren. In welcher Form dies dann in einer späteren Endredaktion der „Gemeinsamen Erklärung“ hinzugefügt oder ihr eingefügt wird, steht jetzt nicht zur Entscheidung an. Im übrigen scheint es mir gewiss zu sein, dass viele Einwände bei einer sorgfältigen Lektüre der „Gemeinsamen Erklärung“ ohnehin hinfällig werden. Dies gilt besonders, wenn man die umfassenderen Dokumente, auf denen sie gründet und die in den „Quellen“ in verkürzter Form verdichtet sind, heranzieht.

Ich habe die feste Hoffnung, dass man sich darüber einigen kann. Kein Verantwortlicher auf Seiten der Kirchenleitungen hat bisher die Türe zugeschlagen. Die meisten lutherischen Bischöfe und Synoden haben bei allem Respekt für die Einwände der Fachtheologen ihre eigene Verantwortung gewahrt. Dies ist ein wichtiges Phänomen und Signal. Die ernsthaften theologischen Einwände müssen deshalb nicht vergessen werden. Sie können, auch wenn sie nicht immer zutreffen, zu einer Hilfe werden für das Finden noch besserer Formulierungen. Ich bin auch überzeugt, dass sich trotz mancher Enttäuschung genügend Theologen auf beiden Seiten zur Verfügung stellen, um die bestehenden Aufgaben in Angriff zu nehmen. Der Ökumenische Arbeitskreis evangelischer und katholischer Theologen hat sich z. B. nach Abschluss des Projektes „Lehrverurteilungen“ bereit erklärt, auf zwischenzeitlich vorgetragene Ergänzungswünsche einzugehen, z. B. auf den schwierigen Gesamtkomplex „Gesetz und Evangelium“.

Man könnte dann evangelischer- und katholischerseits überlegen, ob man zu einem späteren Zeitpunkt eigens über die erläuternden Zusätze und Interpretationen befindet. Jedenfalls könnte man sich dadurch eine neue Entscheidung über die bisher schon angenommenen Ausführungen ersparen.

In diesem Zusammenhang scheint mir die Frage einer baldigen Unterzeichnung zweitrangig zu sein.[67] Wenn man jetzt einen „Konsens in Grundwahrheiten der Rechtfertigungslehre" verbindlich unterzeichnen würde, ohne die strittigen Fragen positiv anzugehen und zu beantworten, bliebe nur ein Torso übrig, der in beiden Kirchen zu erheblichen Spannungen und vielleicht sogar zu Spaltungen führen könnte. Auf diese Weise könnten auch die kritisch eingestellten Theologen zur konstruktiven Mitarbeit an den Ergänzungen eingeladen werden und ihre ökumenische Bereitschaft unter Beweis stellen.

Unter dieser Voraussetzung scheint es mir möglich zu sein, in den nächsten Jahren den Gesamtprozess verbindlich abzuschließen. In diesem Zusammenhang darf man das wiederum bescheidene Ziel der „Gemeinsamen Erklärung" nicht vergessen: „Unsere Erklärung ist keine neue und selbständige Darstellung neben den bisherigen Dialogberichten und Dokumenten, erst recht will sie diese nicht ersetzen. Sie bezieht sich vielmehr – wie die Angaben über die Quellen zeigt – auf die genannten Texte und deren Argumentation."[68] Der Beschluss des Rates des Lutherischen Weltbundes fügt hinzu, dass die „Gemeinsame Erklärung" „auch nicht mit der Absicht ausgearbeitet worden (ist), als neues Bekenntnis in den Kirchen angenommen zu werden."[69] Entsprechendes gilt auch von der katholischen Antwort.

Beide Kirchen können aufgrund ihres Selbstverständnisses auf die Klärung der strittigen Fragen nicht verzichten. Dies gilt gerade auch im Blick auf die pastoralen Fragen, deren raschere Lösung man sich von der Verabschiedung eines solchen Textes erwartete. Bevor jedoch keine verbindliche Übereinkunft im Zentrum des Glaubens besteht, ist es wohl für beide Kirchen schwer vorstellbar, zu einer Kirchengemeinschaft zu kommen, die schließlich auch einmal die Gemeinsamkeit bei Sonntagsgottesdiensten und d. h. vor allem Eucharistiefeiern einschließt. Solange diese Kontroverspunkte nicht geklärt sind, besteht wohl auch wenig Hoffnung, die bestehenden Differenzen im Blick auf das Verständnis von Kirche, Sakrament und Amt zu überwinden.

Für die ökumenisch aufgeschlossene „Basis" in den Kirchen ist dies gewiss eine Enttäuschung. Ich kann dies für Menschen in bekenntnisverschiedenen oder, wie man heute auch gerne sagt, bekenntnisübergreifenden Ehen menschlich gut verstehen. Die Kirchen müssen jedoch den Mut haben, auf einer fachlich überzeugenden Klärung dieser Probleme zu bestehen, und zwar gerade im Interesse der von der Kirchenspaltung am meisten betroffenen Menschen. Nichts richtet so viel Unheil an, wie eine versprochene Einheit, die sich dann doch als brüchig erweist und wieder zerbricht. Die Geschichte mit der „Gemeinsamen Erklärung" kann auch in dieser Hinsicht eine Warnung sein. Eine Einigung ohne Einheit in der Wahrheit des Evangeliums kann sich keiner leisten.

Ja, es ist noch mehr zu leisten. Seit der Vollversammlung des Lutherischen Weltbundes in Helsinki 1963 ringt man um eine überzeugende „Übersetzung" der Rechtfertigungsbotschaft für unsere Gegenwart. Dies ist bis heute noch nicht überzeugend gelungen. Vielleicht ist der Ansatz zu einer „Übersetzung" auch fragwürdig. Es kommt auf ein glaubwürdiges Zeugnis an.[70] Die katholische Antwort hat dieses Bestreben am Ende sehr deutlich als Ziel aller Bemühungen formuliert: „Schließlich sollten sich Lutheraner und Katholiken gemeinsam darum bemühen, eine Sprache zu finden, die imstande ist, die Rechtfertigungslehre auch den Menschen unserer Zeit verständlicher zu machen. Die Grundwahrheiten von dem von Christus geschenkten und im Glauben angenommenen Heil, vom Primat der Gnade vor jeder menschlichen Initiative, von der Gabe des Heiligen Geistes, der uns dazu fähig macht, unserem Stand als Kinder Gottes entsprechend zu leben, sind wesentliche Aspekte der christlichen Botschaft, die die Gläubigen aller Zeiten erleuchten sollten."[71]

Anmerkungen

[1] Vgl. zur Frühgeschichte: H.-A. Raem, Die ökumenische Bewegung, in: Geschichte des kirchlichen Lebens in den deutschsprachigen Ländern seit dem Ende des 18. Jahrhunderts, Bd. 3: Katholiken in der Minderheit, hg. von E. Gatz, Freiburg i. Br. 1994, 145–212.

[2] H. U. v. Balthasar, K. Barth. Darstellung und Deutung seiner Theologie, Köln 1951, Einsiedeln [4]1976.

[3] H. Küng, Rechtfertigung. Die Lehre Karl Barths und eine katholische Besinnung (Horizonte 2), Einsiedeln 1957, Einsiedeln [4]1964; nochmals erweiterte Taschenbuchausgabe, München 1986.

[4] Ebd., 269, vgl. auch 274.

[5] Ebd., 365.

[6] K. Rahner, Fragen der Kontroverstheologie über die Rechtfertigung, in: Ders., Schriften zur Theologie IV, Einsiedeln 1964, 237–271, hier 248; Rahners Aufsatz stammt ursprünglich aus dem Jahr 1958.

[7] H. U. v. Balthasar, K. Barth. Darstellung und Deutung seiner Theologie, Vorwort ab der 2. Auflage, Datum von Weihnachten 1961, Einsiedeln [4]1976, VIIf.

[8] O. H. Pesch, Theologie der Rechtfertigung bei Martin Luther und Thomas von Aquin (Walberberger Studien 4), Mainz 1967, Nachdruck 1985.

[9] U. Kühn, Via Caritatis. Theologie des Gesetzes bei Thomas von Aquin (Kirche und Konfession 9), Göttingen 1965.

[10] H. Vorster, Das Freiheitsverständnis bei Thomas von Aquin und Martin Luther (Kirche und Konfession 8), Göttingen 1965.

[11] M. Bogdahn, Die Rechtfertigungslehre Luthers im Urteil der neueren katholischen

Theologie. Möglichkeiten und Tendenzen der katholischen Lutherdeutung in evangelischer Sicht (= Kirche und Konfession 17), Göttingen 1971.

12 H. G. Pöhlmann, Rechtfertigung. Die gegenwärtige kontroverstheologische Problematik der Rechtfertigungslehre zwischen der evangelisch-lutherischen und der römisch-katholischen Kirche, Gütersloh 1971.

13 U. Kühn / O. H. Pesch, Rechtfertigung im Gespräch zwischen Thomas und Luther, Berlin 1967.

14 O. H. Pesch / A. Peters, Einführung in die Lehre von Gnade und Rechtfertigung, Darmstadt 1981.

15 Rechtfertigung im ökumenischen Dialog. Dokumente und Einführung, hg. von H. Meyer / G. Gaßmann (Ökumenische Perspektiven 12), Frankfurt a. M. 1987, 105; der ganze Text findet sich auch in: Dokumente wachsender Übereinstimmung I, hg. von H. Meyer / H. J. Urban / L. Vischer, Frankfurt a. M. – Paderborn 1983, 248–271, hier: 255; vgl. den Berichtsband Evangelium-Welt-Kirche, hg. von H. Meyer, Frankfurt a. M. 1975, 7 ff.

16 Vgl den einleitenden Bericht in: Dokumente wachsender Übereinstimmung I (Anm. 15), 246 ff.

17 Confessio Augustana. Bekenntnis des einen Glaubens, hg. von H. Meyer und H. Schütte, Paderborn – Frankfurt a. M. 1980.

18 Ebd., 333, vgl. auch 336 und 106–138; Das katholisch / lutherische Gespräch über das Augsburger Bekenntnis. Dokumente 1977–1981 (LWB Report 10), Stuttgart 1982.

19 Vgl. ausführlich die umfassenden Berichte in: Zur Bilanz des Lutherjahres, hg. von P. Manns (Veröffentlichungen des Instituts für Europäische Geschichte Mainz, Abt. Abendländische Religionsgeschichte, Beiheft 19), Wiesbaden – Stuttgart 1986, darin bes. O. H. Pesch, Erträge des Luther-Jahres für die katholische systematische Theologie, 81–146; P. Manns, Zur Lage der Ökumene nach dem Luther-Jahr, in: Martin Luther – „Reformator und Vater im Glauben", hg. von P. Manns (Veröffentlichungen des Instituts für Europäische Geschichte Mainz, Abt. für Abendländische Religionsgeschichte, Beiheft 18), Wiesbaden – Stuttgart 1985, 1–74, bes. 45 ff.

20 Lehrverurteilungen – kirchentrennend?, Band I: Rechtfertigung, Sakramente und Amt im Zeitalter der Reformation und heute, hg. von K. Lehmann / W. Pannenberg (Dialog der Kirchen 4), Freiburg – Göttingen 1986, [3]1988, 35–75.

21 Ebd., 191 f.

22 Lehrverurteilungen – kirchentrennend?, Band II, Materialien zu den Lehrverurteilungen und zur Theologie der Rechtfertigung, hg. von K. Lehmann (Dialog der Kirchen 5), Freiburg – Göttingen 1989, [2]1995.

23 Vgl. den englischen Originaltext mit den wichtigsten Studien: Justification by Faith. Lutherans and Catholics in Dialogue VII, ed. by H. G. Anderson / T. A. Murphy / J. A. Burgess, Minneapolis 1985; deutsche Übersetzung des Dokumentes in: Rechtfertigung im ökumenischen Dialog, 105–200 (S. oben Anm. 15).

24 Ebd., 199, vgl. Justification by Faith, 74; zur biblischen Begründung vgl. „Righteousness" in the New Testament. „Justification" in the United States Lutheran-Roman Catholic Dialogue, ed. by J. Reumann, Philadelphia – New York 1982.

25 Vgl. Kirche und Rechtfertigung. Das Verständnis der Kirche im Licht der Rechtfertigungslehre, Paderborn – Frankfurt a. M. 1994.

[26] Ebd., 117f., Nr. 242.

[27] Vgl. J. Baur, Einig in Sachen Rechtfertigung?, Tübingen 1989; U. Kühn, O. H. Pesch, Rechtfertigung im Disput. Eine freundliche Antwort an Jörg Baur, Tübingen 1991; Überholte Verurteilungen?, hg. von D. Lange, Göttingen 1991; Lehrverurteilungen im Gespräch. Die ersten offiziellen Stellungnahmen aus den evangelischen Kirchen in Deutschland, Göttingen 1993; Lehrverurteilungen – kirchentrennend?, Band IV, hg. von W. Pannenberg / Th. Schneider: Antworten auf kirchliche Stellungnahmen (Dialog der Kirchen 8), Göttingen – Freiburg i. Br. 1994; Die Lehrverurteilungen des XVI. Jahrhunderts im ökumenischen Gespräch, hg. von U. Kühn / L. Ullrich, Leipzig 1992; Von der Verwerfung zur Versöhnung. Zur aktuellen Diskussion um die Lehrverurteilungen des 16. Jahrhunderts, hg. von J. Brosseder, Hamburg – Neukirchen 1996.

[28] Vgl. die dazu veröffentlichten Hilfen: Einig in der Lehre von der Rechtfertigung!, hg. von H. Schütte, Paderborn 1990; G. Hintzen / A. Klein / H. J. Urban, Lehrverurteilungen – kirchentrennend? Eine katholische Lesehilfe, Paderborn 1988; R. Frieling / W. Schöpsdau, Lehrverurteilungen damals und heute. Eine evangelische Arbeitshilfe zum Ergebnis der Gemeinsamen Ökumenischen Kommission (Bensheimer Hefte 67), Göttingen 1987; A. Birmelé / Th. Ruster, Sind wir unseres Heiles Schmied? (Arbeitsbuch Ökumene 2), Würzburg – Göttingen 1987.

[29] Vgl. Luther und Theosis, hg. von S. Peura / A. Raunio, Helsinki – Erlangen 1990; Nordiskt Forum för studiet av Luther och luthersk teologi I, hg. von T. Mannermaa u. a., Helsinki 1993.

[30] Vgl. Associazione Teologica Italiana, La Giustificazione, hg. von G. Ancona, Padova 1997; Pont. Ateneo della S. Croce, La Giustificazione in Cristo, hg. von J. M. Galván, Città del Vaticano 1997; F. Buzzi, Il concilio di Trento (1545–1563). Breve introduzione ad alcuni temi teologici principali, Milano 1995; Il concilio die Trento e il moderno, hg. von P. Prodi und W. Reinhard, Bologna 1996; Il concilio di Trento nella prospettiva del terzo millenio, hg. von G. Alberigo und I. Rogger, Brescia 1997.

[31] Vgl. Verlautbarungen des Apostolischen Stuhles Nr. 25, 77, 126, hg. v. Sekretariat der Deutschen Bischofskonferenz, Bonn o. J.

[32] Vatikan 1992, formell nicht veröffentlicht, jedoch auch in Deutschland in fast 1.000 Exemplaren mit Zustimmung des Einheitsrates verbreitet.

[33] Die deutschen Bischöfe 52, hg. v. Sekretariat der Deutschen Bischofskonferenz, Bonn o. J.

[34] Ebd., 9–10.

[35] Ebd., 9.

[36] Vgl. K. Kertelge, Rechtfertigung II: Neues Testament, in: Theologische Realenzyklopädie XXVIII, Berlin 1997, 286–307.

[37] Vgl. W. Pannenberg, Systematische Theologie, Bd. 3, Göttingen 1993, 238ff., 488ff.

[38] Vgl. z. B. im zweiten Abschnitt der „Erklärung“: „Trotzdem ist die katholische Kirche der Überzeugung, dass man noch nicht von einem so weitgehenden Konsens sprechen könnte, der jede Differenz zwischen Katholiken und Lutheranern im Verständnis der Rechtfertigung ausräumen würde.“ Vgl. auch Nr. 1, 5.

[39] Vgl. K. Lehmann, Vom Dialog als Form der Kommunikation und Wahrheitsfindung in der Kirche heute (Der Vorsitzende der Deutschen Bischofskonferenz 17), hg. vom Sekretariat der Deutschen Bischofskonferenz, Bonn o. J. (1994).

40 Vgl. K. Lehmann, Einig im Verständnis der Rechtfertigungsbotschaft? Erfahrungen und Lehren im Blick auf die gegenwärtige ökumenische Situation (Der Vorsitzende der Deutschen Bischofskonferenz 19), hg. vom Sekretariat der Deutschen Bischofskonferenz, Bonn o. J. (1988) (enthält auch Dokumente zur Gemeinsamen Erklärung über die Rechtfertigungslehre), Gemeinsame Erklärung: A.1.

41 Vgl. seinen Leserbrief in der Frankfurter Allgemeinen Zeitung vom 14.07.1998.

42 Vgl. Gemeinsame Erklärung, a. a. O. (Anm. 40), Nr. 5; vgl. 13, 40, 43.

43 Gemeinsame Erklärung, a. a. O. (Anm. 40), Nr. 5.

44 Vgl. ebd.

45 Zu diesem Begriff vgl. besonders H. Meyer, Zur Gestalt ökumenischer Konsense, in: Unterwegs zum einen Glauben. Festschrift für Lothar Ullrich, hg. von W. Beinert / K. Feiereis / H. J. Röhrig (Erfurter Theologische Studien 1974), Leipzig 1997, 621–630, bes. 626 ff.; L. Ullrich, Praxis und Prinzipien einer ökumenischen Hermeneutik. Dargestellt an der „Gemeinsamen Erklärung zur Rechtfertigungslehre", in: Dem Ursprung Zukunft geben. Glaubenserkenntnis in ökumenischer Verantwortung. Festschrift für W. Beinert, hg. von Bertram Stubenrauch, Freiburg i. Br. 1998, S. 185–224, bes. 198 ff.

46 Vgl. dazu H. Meyer, Ökumenische Zielvorstellungen (Bensheimer Hefte 78), Göttingen 1996, 41, 92 f., 103, 142 ff.

47 Zur Information vgl. auch P. Neuner, Ökumenische Theologie. Die Suche nach der Einheit der christlichen Kirchen, Darmstadt 1997, 281–296, bes. 289 ff.; A. Birmelé, H. Meyer, Grundkonsens-Grunddissens, Frankfurt a. M. – Paderborn 1992.

48 Vgl. Th. Hohenberger, Lutherische Rechtfertigungslehre in den reformatorischen Flugschriften der Jahre 1521–1522 (Spätmittelalter und Reformation, Neue Reihe 6), Tübingen 1996, 374 ff., 391 ff.

49 Zur methodischen und hermeneutischen Vorgehensweise vgl. K. Lehmann, Ist der „Schritt zurück" ein ökumenischer Fortschritt?, in: Lehrverurteilungen – kirchentrennend?, Band II, 32–58.

50 K. Lehmann, Einig im Verständnis der Rechtfertigungsbotschaft?, a. a. O. (Anm. 40), Katholische Antwort, Nr. 5. Die Deutung der Nr. 40 müsste dieses Problem neu angehen.

51 Vgl. K. Lehmann, Ist der „Schritt zurück" ein ökumenischer Fortschritt? (Anm. 49), bes. 43 ff., 50 ff.

52 Vgl. die Nr. 18–39.

53 Vgl. die Nr. 25–27.

54 Vgl. die Nr. 1–5.

55 Gemeinsame Erklärung, a. a. O. (Anm. 40), Nr. 18.

56 Gemeinsame Erklärung, a. a. O. (Anm. 40), Nr. 28–30.

57 Gemeinsame Erklärung, a. a. O. (Anm. 40), Nr. 17, 19, 21, 37–39.

58 Vgl. Nr. 1–5.

59 Pressemitteilung der Deutschen Bischofskonferenz vom 26.06.1998.

60 Vgl. Gemeinsame Erklärung Nr. 28–30 und bes. den Anfang von Nr. 29.

61 Vgl. z. B. neben den zahlreichen Arbeiten von O. H. Pesch – z. B. Die Theologie der Rechtfertigung bei Martin Luther und Thomas von Aquin (Anm. 8), 109 ff., 299 ff.; Hinführung zu Luther, Mainz 1982, 190 ff. – Bes. auch K. Rahner, Schriften zur Theologie VI, Zürich 1965, 262–276; R. Kösters, Luthers These „Gerecht und Sünder Zugleich". Zu

dem gleichnamigen Buch von Rudolf Hermann, in: Catholica 18, 1964, 48–77, 193–217; 19, 1965, 136–160; 210–224.

62 Vgl. Gemeinsame Erklärung Nr. 37–39.

63 Vgl. z. B. St. Lyonnet, Etudes sur l'épître aux Romains (Analecta biblica 120), Rom 1989, 116 ff. Dieser Sammelband vereinigt frühere, zum Teil ausführlichere Studien.

64 Vgl. zum Begriff die schon genannten Studien des Straßburger Instituts für Ökumenische Forschung und besonders die Untersuchungen von H. Meyer, jedoch auch P. Neuner, Ökumenische Theologie, 277 ff.

65 Vgl. I.A.4 und B.1.2.

66 Schlusssatz der „Gemeinsamen Erklärung".

67 Einige wenige Berichte und Kommentare, vor allem zur Frage einer baldigen Unterzeichnung der Gemeinsamen Erklärung, lösten im Anschluss des Referates eine öffentliche Diskussion aus (Vgl. u. a. H. Schmoll, Zugzwang, in: FAZ vom 22. 9. 1998, S. 16) und verlangten daher eine Richtigstellung der Interpretation zu den Ausführungen in diesem Punkt. Diese Richtigstellung ist dokumentiert in: Sekretariat der Deutschen Bischofskonferenz (Hg.), Einig im Verständnis der Rechtfertigungsbotschaft? Erfahrungen und Lehren im Blick auf die gegenwärtige ökumenische Situation (Der Vorsitzende der Deutschen Bischofskonferenz, Nr. 19), Bonn o. J. (1998), 32–34. In diesem Heft findet sich auch ein ausführlicher Anhang mit Dokumenten zur Gemeinsamen Erklärung über die Rechtfertigungslehre. Auf einen erneuten Abdruck dieser „Nachlese" wurde hier verzichtet, da sie sich ausschließlich aus der Zeit der Erstveröffentlichung erklärt und bei Bedarf am genannten Ort leicht zugänglich ist.

68 Gemeinsame Erklärung Nr. 6.

69 Vgl. I.A.2.

70 Vgl. Rechtfertigung heute, Studien und Berichte, Stuttgart 1965; G. Gloege, Gnade für die Welt. Kritik und Krise des Luthertums, Göttingen 1964; J. Baur, Das reformatorische Christentum in der Krise. Überlegungen zur christlichen Identität an der Schwelle zum 21. Jahrhundert, Tübingen 1997.

71 Vgl. K. Lehmann, Einig im Verständnis der Rechtfertigungsbotschaft?, a. a. O. (Anm. 40), Katholische Antwort Nr. 8.

1999

Von der Verantwortung eines jeden und aller für die Einheit der Kirche

(21. September 1999, Fest des heiligen Apostels und Evangelisten Matthäus, Predigt zu Eph 4,1–7.11–13)

Wir suchen uns nicht wählerisch das Predigtthema aus, sondern lassen uns vom Verfasser des Epheser-Briefes ein Wort über unsere Verantwortung für die Einheit der Kirche sagen. Der Verfasser, ob Paulus selbst oder einer seiner engeren Schüler, empfindet eine große Sorge für diese Einheit. Der ganze Brief ist immer wieder davon durchzogen. Dies ist kein Wunder. Alle Zeiten haben unter dem Auseinanderfallen der gesellschaftlichen Wirklichkeit gelitten. Am Ende dieses Jahrhunderts erleben wir Ähnliches. Auch unsere Gesellschaft strebt immer mehr auseinander, und ihr Einfluss auch auf die kirchliche Gemeinschaft ist nicht zu leugnen. Ich nehme als kleines Beispiel einen Text von Elias Canetti, näherhin aus dem zweiten Band seiner Biografie „Die Fackel im Ohr. Lebensgeschichte 1921–1931" (München o. J., S. 296): „Die eigentliche Tendenz der Dinge war eine Zentrifugale, sie strebten auseinander, mit größter Geschwindigkeit voneinander weg. Die Wirklichkeit war nicht im Zentrum, wo sie wie an Zügeln alles zusammenhielt, es gab nur noch viele Wirklichkeiten und sie waren außen. Sie waren weit voneinander entfernt, es bestand keine Verbindung zwischen ihnen, wer einen Ausgleich zwischen ihnen herzustellen versuchte, war ein Fälscher." Was hier über den Kulturbetrieb im Berlin der 20er Jahre gesagt wird, gilt taufrisch auch für uns heute.

Der Epheser-Brief gibt uns schon in den ersten Sätzen eine entscheidende Vorgabe: Diese Einheit schaffen nicht wir. Freilich kommt die Einheit der Kirche auch nicht von selbst zu, sie ist ein Geschenk Gottes, um das wir immer wieder beten müssen. Die Einheit ist in Jesus Christus, in seinem Leib und in seinem Geist, schon geschenkt. Aber dies kann, wenn man es nicht sorgfältig bedenkt, auch zu einer falschen Einstellung werden. Denn wir schaffen zwar diese Einheit nicht, aber wir können sie beeinträchtigen und preisgeben. Deshalb spricht der Epheser-Brief zu uns in einer regelrechten Mahnrede. Die Einheit ist immer durch uns gefährdet. Die Einheit verdankt sich nämlich weder einem Automatismus noch unserer Programmierung. Bei aller Verantwortung der Dienste und Ämter hat dabei ein jeder / eine jede eine Aufgabe, nämlich sich für das Ganze einzusetzen. Die Sorge für die Einheit ist nicht nur eine Sache des Amtes, während alle übrigen die Spannungen und Widersprüche vertreten dürfen. Es wird ganz schlimm, wenn die Dienste und Ämter die Einheit unterminieren.

Bei diesem Ruf zur Einheit der Kirche hat die Taufe eine große Bedeutung. In ihr sollten wir den alten Menschen der Zwietracht und des Eigensinns ablegen, um „ein Leben zu führen, das des Rufes würdig ist, der an euch erging“ (Eph 4,1). Deshalb geht es auch um einfache, aber doch schwierige Dinge: „Seid demütig, friedfertig und geduldig, ertragt einander in Liebe, und bemüht euch die Einheit des Geistes zu wahren durch den Frieden, der euch zusammenhält.“ (4,2 f.) Andere Stellen des Neuen Testamentes reden ähnlich (vgl. z.B. Kol 3,5–17).

Drei Tugenden, die im Deutschen mit Demut, Milde und Langmut nur unzulänglich wiedergegeben werden können, stehen im Vordergrund. Die „Demut“ ist die Grundhaltung des Sich-niedrig-Wissens vor Gott. Dies soll sich auswirken in der Hochschätzung der anderen, der Überwindung der Selbstsucht (vgl. Phil 2,3) und in gegenseitiger Bereitschaft zum Dienen (vgl. 1 Petr 5,5). Es ist nicht zufällig, dass unser deutsches Wort Demut etwas zu tun hat mit „Dien-Mut“. Mit Unterwürfigkeit hingegen, die sich nur an die Mächtigeren anpasst, hat dies nichts zu tun. Demut verbindet sich mit Milde und Sanftmut. Bei Paulus (vgl. 1 Kor 4,21; 2 Kor 10,1; Gal 6,1) und in der Folgezeit (Tit 3,2; 2 Tim 2,25; 1 Petr 3,15 f.) erscheint die Milde besonders im Umgang mit uneinsichtigen Brüdern und widerstrebenden Gegnern. Den Christen erkennt man an dieser Tugend. Dabei schließt sich hier sehr eng die Langmut an. Im Neuen Testament ist viel von der Langmut Gottes die Rede (vgl. Röm 2,4; 9,22; 1 Tim 1,16; 1 Petr 3,20; 2 Petr 2,10). Das geduldige Zuwarten, das den vielleicht sogar berechtigten eigenen Zorn unterdrückt, verlangt eine „Großmut“, für die in der Bibel Gott das Vorbild ist. Nachsicht und Geduld mit den Menschen ist die Folge (vgl. 2 Kor 6,6; Gal 5,22; Kol 3,12; 2 Tim 4,2).

Dies sind für den Epheser-Brief nicht nur moralische Appelle, sondern sie erwachsen aus der Berufung zu einem christlichen Leben. So übernimmt der Verfasser auch die Mahnung aus der christlichen Tradition (vgl. Kol 3,13), „einander in Liebe zu ertragen“. Die Liebe ist der tragende Grund für alle christlichen Tugenden (vgl. Gal 5,14.22; 1 Kor 13). Dies setzt voraus, dass es unter Christen durchaus schwer erträgliche Verhältnisse und auch Personen gibt. Einander in Liebe ertragen ist Erweis des Geistes (vgl. Gal 6,1 f.). Diese „Einheit des Geistes“ ist nicht bloß eine Gemeinsamkeit der Besinnung oder menschliche Eintracht. Weil alle an dem *einen* Geist Anteil haben, der den *einen* Leib Christi durchwaltet, darum können und sollen wir die uns geschenkte Einheit bewahren.

Die folgenden Ausführungen hämmern den Gedanken der Einheit mit großem Nachdruck ein: ein Leib und ein Geist, eine gemeinsame Hoffnung, ein Herr, ein Glaube, eine Taufe, ein Gott und Vater aller, „der über allem und durch alles und in allem ist" (4,4ff.). Der von Gott geschenkte Friede soll alle untereinander zusammenschließen. Er kann nur entstehen, wenn wir aufhören, auf uns selbst zu blicken. Solange die Menschen nur sich selber im Auge haben, werden sie immer neue Kränkungen und Verwundungen finden, immer neue Probleme, die noch nicht ausgeräumt sind. Darum wird es auch keine Einheit der Kirche geben ohne stetige Umkehr zu Gott und seinem Willen. Sie allein kann die Wunde der Spaltungen heilen.

Der Epheser-Brief setzt voraus, dass dabei jeder mitwirken kann: „Aber jeder von uns empfing die Gnade in dem Maß, wie Christus sie ihm geschenkt hat" (4,7). Damit leistet der Brief den Übergang vom Gedanken der Einheit zu dem der Differenzierung und Vielfalt. Dies ist kein Abrücken von der Einheit, es ist geradezu die Mahnung, in der Vielfalt und durch die Vielgestalt der Dienster und Ämter zur Einheit zu finden. Einheit soll also nicht uniform verstanden werden. Es muss eine reiche und bunte, vielfältige und fruchtbare Einheit sein, mit viel Farbe, mit vielen Formen, Sprachen und eigenen Traditionen, aber es muss *eine* Kirche sein.

Diese Einheit der Kirche erfolgt nicht nur von einem Punkt aus. Jeder Einzelne hat seine Gabe und sein Charisma. Aber gerade am Fest eines Apostels und Evangelisten wird uns die frühchristliche Vielfalt der Dienste vor Augen geführt: das Apostelamt, die Propheten, die Evangelisten, die Hirten und Lehrer. Sie alle werden ermahnt, die Einheit der Kirche dadurch zu fördern, dass sie jeweils an ihrem Platz ihre Aufgabe erfüllen. Diese besteht hauptsächlich darin, „die Heiligen für die Erfüllung ihres Dienstes zu rüsten, für den Aufbau des Leibes Christi" (4,12). Diese drei Zielbestimmungen sind auch für das gegenwärtige Leben der Kirche notwendig: Zurüstung der Heiligen, Erfüllung ihres Dienstes, Aufbau des Leibes Christi. Dies sind die Ziele der Kirche und die Kriterien, ob wir einen gemäßen Dienst erfüllen.

Der Epheser-Brief ist nicht der Meinung, dass man diese Einheit bloß irgendwo im Unsichtbaren erwarten darf. Die Einheit der Kirche gehört nicht zum Ende der Welt. *Jetzt* sollen die Jünger Jesu eins sein, weil sonst die Welt nicht glauben kann. Also müssen die Spaltungen in dieser Geschichte überwunden werden, und zwar so schnell wie möglich. Auch dabei wird es darauf ankommen, dass alle dem Ganzen dienen und nicht eigenmächtig vorgehen.

Dies ist uns auch heute aufgegeben: mitten in der Aufgabe, einen guten Weg in der Schwangerschaftskonfliktberatung zu suchen; im Zusammenhang der Frage des kirchlichen Engagements in den Medien; für ein gemeinsames Zeugnis des Glaubens in Europa; beim Eintreten für mehr Gerechtigkeit und

Freiheit; für die Armen und Bedrängten in aller Welt; nicht zuletzt in Ost-Timor; bei der Hilfe für junge Menschen in der Gestaltung ihres Lebens, besonders auch der Sexualität. Der Aufruf des Epheser-Briefes gilt aber besonders auch dem Ringen der Kirche um mehr Einheit. Mit der Unterzeichnung der Gemeinsamen Erklärung über die Rechtfertigungslehre am Reformationstag 1999 in Augsburg erreichen wir dafür eine wichtige Station. Dafür wollen wir danken. Dies wird uns gemeinsam noch besser befähigen, in einer Welt wachsender Entfremdung vom Glauben ein frohes, ermutigendes Zeugnis zu geben von der Wahrheit, Güte und Schönheit des Evangeliums Jesu Christi. Amen.

Gott ist größer als der Mensch – Vom Suchen und Finden Gottes als zentralem Schlüssel für die Zukunft von Religion und Kirche im 21. Jahrhundert[1]

Während unserer Bischofskonferenzen kehren wir immer wieder ein bei Gott. Aber diesmal soll dies nicht nur für die vielfältigen Gottesdienste, die Eucharistiefeiern und das Stundengebet gelten, sondern auch für dieses Eröffnungsreferat. Schon seit vielen Monaten habe ich mir für den Reigen der zwölf Eröffnungsreferate, die ich nun seit 1987 gehalten habe, dieses Thema vorgenommen.

Es ist also ganz unabhängig von den schwerwiegenden Fragen der Regelung der Schwangerschaftskonfliktberatungsstellen entstanden. Aber ich habe schon lange die oft quälende Frage, ob wir angesichts der gesellschaftlichen und politischen Herausforderungen, mit denen sich auch die Kirche befassen muss, und inmitten vieler innerkirchlicher Probleme die entscheidende Frage immer mehr in den Hintergrund drängen lassen: das Fragen nach Gott. Manchmal gewinne ich den Eindruck, es würde von den vielen Themen, mit denen wir uns beschäftigen, verdrängt. Je sichtbarer unsere Institutionen werden, um so unsichtbarer wird Gott selbst. Dabei sind wir alle in erster Linie nur angetreten, um ihm zuerst die Ehre zu geben. Es ist uns verheißen, dass alles andere uns dazugegeben wird. Immer wieder höre ich den Herrn zu uns heute wie damals bei Martha und Maria sagen: „Martha, Martha, du machst dir viele Sorgen und Mühen. Aber nur eines ist notwendig. Maria hat das Bessere gewählt, das soll ihr nicht genommen werden.“ (Lk 10,41 f.)

Dies gilt nicht nur für die Menschen außerhalb der Kirche. Es gilt für uns alle und wird zu einer Art fundamentaler Gewissenserforschung. Diese ist umso notwendiger, wenn wir an der Jahrtausendwende uns nach den Prioritäten des kirchlichen Tuns fragen.

Also fragen wir möglichst elementar nach Gott. Jetzt sind wir nur für ihn da. Ich meine dies im Sinne des russischen Schriftstellers Sinjawskij: „Man soll nicht aus alter Gewohnheit glauben, nicht aus Angst vor dem Tod, nicht für alle Fälle, nicht deshalb, weil uns jemand zwingt, nicht aus humanistischen Grundsätzen, nicht deshalb, um die Seele zu retten oder um originell zu sein. Man soll glauben aus dem einfachen Grund, weil es Gott gibt.“

In den letzten Jahren gab es religionsphilosophisch und theologisch in vielen Disziplinen bedenkenswerte Neuansätze in der Gottesfrage. Dies gilt ganz besonders auch für die Trinitätstheologie. Selbstverständlich kann ich im Rahmen dieses Referates nur auf einige ausgewählte Perspektiven eingehen, die mir wichtig erscheinen.

I. Der unstillbare Hunger des Menschen nach Erfüllung

Die klassische Philosophie und Theologie konnten weitgehend voraussetzen, was das Wort „Gott" bedeutet. So kann Thomas von Aquin bei der Darstellung der Wege zu Gott, also der so genannten Gottesbeweise, nach der Darlegung z. B. eines unbewegten Bewegers oder einer letzten Zielursache in aller Knappheit sagen: „Quod omnes dicunt Deum"[2]. Ganz gewiss können wir nicht mehr den schwierigen Übergang in einer so knappen Weise formulieren. Dafür bedarf es einer Reihe von gedanklichen Schritten, auf die wir noch im Einzelnen zurückkommen.[3]

Ein entscheidender Ausgangspunkt ist die Frage nach dem Menschen. Hier geht es vor allem um die metaphysische Anlage des Menschen überhaupt. Die Struktur des Menschen ist anders als der Befund bei den übrigen Lebewesen. Wir sprechen schon seit langem in der Anthropologie davon, dass das Tier eine weitgehend angeborene, aber gewiss auch erworbene Sicherheit hat im Umgang mit dem Milieu, in dem es lebt. Die Instinktsicherheit begrenzt aber zugleich das Tier auf seine Umwelt. Der Mensch ist viel weniger durch solche Triebe und Tendenzen, die freilich in ihm auch wirksam sind, bestimmt. Er ist darum grundsätzlich ein Wesen der Welt-Offenheit. Diese Welt-Offenheit bedeutet aber für das Leben des Menschen, dass er in diesem weiten Horizont stärker vielfältigen Gefahren ausgesetzt und auch unbehaust ist. Seine Stärke ist auch seine Schwäche. Er hat die Sicherheit der Natur verloren. Für ihn ist die Natur eher eine Herausforderung, sich und sein Dasein selbst zu übernehmen und zu gestalten. In diesem Sinne ist der Mensch eine ihm selbst gestellte Aufgabe, der er nicht entrinnen darf und kann. Darum ist sein Wesen eng mit der Gestaltung seiner Freiheit verbunden. Dies macht seinen Risikocharakter aus. Der Mensch muss sich, um zu seiner Selbstdeutung zu gelangen, bewusst zu sich selbst verhalten.

Diese Welt-Offenheit und Unbestimmtheit seiner Natur gibt dem Menschen die Notwendigkeit, immer wieder zu suchen, wie er sich am besten selbst verwirklicht. Deshalb muss er auch immer wieder die Frage Kants stellen: Was kann ich wissen? Was soll ich tun? Was darf ich hoffen? Darin kommt die Endlichkeit des Menschen ganz besonders zum Ausdruck, weil nur einem endlichen Wesen sein eigenes Können, Sollen und Dürfen fraglich erscheint. Schließlich aber kann der Mensch aus eigenem Antrieb allein zwar die Wahrheit suchen, aber nicht endgültig finden. Wenn er aus eigener Kraft dem sittlichen Anspruch genügen will, stößt er immer wieder auch auf Unwissenheit und Schwäche. Er kann die gesuchte erfüllte Ruhe gelingenden Lebens nicht selbst finden, jedenfalls nicht inhaltlich vollständig und für alle verbindlich. Wir kennen das Augustinus-Wort, dass der Mensch ein ruheloses Herz hat, das nicht in ihm selbst an ein Ziel kommt. Jedenfalls erkennt sich der Mensch aus der Kraft seiner eigenen Natur wesentlich als ein ruhelos suchender Geist. Diese immer wieder durch die faktische Situation unsicher gewordene Suche findet in sich selbst und in der endlichen Welt keinen verlässlichen Halt. Der Mensch taumelt eher in einer ständigen Haltlosigkeit, denn er sucht immer wieder eine neue Erfüllung seiner Unruhe. So ist der Mensch ein Wesen der Hoffnung, das auf ein höchstes, vollendetes Gut ausgestreckt ist, das er aber mit eigenen Kräften nicht erreicht. Es gibt also ein unstillbares Streben und Verlangen des Menschen nach Vollendung, das auch auf eine unendliche Kraft hinweist, aber er kann diese Vollendung nicht aus eigener Kraft erlangen. Er kann sich ihr höchstens asymptotisch oder im Nu des Augenblicks annähern. Im Handeln erfährt der Mensch diese Grenzen noch sehr viel stärker. Es ist besonders M. Blondel gewesen, der das unheilbare Missverhältnis zwischen dem Antrieb des Wollens und dem menschlichen Ziel der Handlung aufgezeigt hat. Blondel bestimmt den Menschen von daher als ein Wesen, das auf eine von außen kommende Erfüllung seines unendlichen Strebens angewiesen ist. Dieses Ziel ist darum unverfügbar und wird mit einem Geschenk verglichen. Blondel gebraucht dafür den noch weiten und offeneren Begriff des Übernatürlichen. Für ihn ist dies zugleich „absolut unmöglich und zugleich absolut notwendig.“[4] So kann der Mensch die Spannung, die in ihm selbst ist, nicht endgültig lösen.

Darin zeigt sich die paradoxe Natur des Menschen. Er findet in der Welt keine Erfüllung. Keine der im Horizont des Fragenden auftauchenden möglichen Antworten gibt ihm je Befriedigung. Dies bringt den Menschen immer wieder neu vor die Entscheidung, wie er diese paradoxe Anlage gebraucht. Er kann seine unstillbare Sehnsucht verdrängen, fällt aber dann leicht in die animalischen Dimensionen zurück, indem er sich mit der Erfüllung seiner Triebe begnügt. Da diese aber keine wirkliche Erfüllung bieten, flüchtet er oft in die Wiederholung einer Ersatzerfüllung. Diese entwickelt sich nur allzu leicht zur Sucht, aus der er schwerlich herausfindet. Er kann aber auch seine unstete Natur dadurch zu erfüllen suchen, dass er ruhelos im Endlichen sein Glück sucht, dabei stets, wie bei wechselnden Moden, einer anderen Erfüllung hinterherläuft. Dies ergibt eine ständige Steigerung einer eben letztlich doch unerfüllten Suche, die am Ende nicht selten Enttäuschung, Frustration, ja sogar Ekel erzeugt. Unsere Konsumwelt, die immer wieder die Bedürfnisse steigert und sie neu schafft, hat etwas von dieser schlechten Unendlichkeit an sich, in die hinein sich der Mensch verliert.

II. Das Wesen des Menschen als Transzendenzgeschehen

Diese knappe Analyse zeigt, dass der Mensch sich als ein transzendierendes Wesen aufgegeben ist. Man kann freilich den Mangel an Vollendung und den Anstoß zum Transzendieren als Faktum hinnehmen, ohne aber darin einen Verweis auf eine ganz andere, „jenseitige" Vollkommenheit zu sehen. Das transzendierende Denken des Menschen offenbart seine Fraglichkeit. Man nimmt dem Menschen seine Eigenart und seine Auszeichnung, wenn man ihm seinen unendlichen Hunger nimmt, der freilich pervertiert werden kann in einer Ersatzbefriedigung. So scheint vieles ambivalent. In den Zerstreuungen der menschlichen Existenz verdeckt sich und meldet sich eine fundamentale „Unruhe" (Heidegger: Sorge) des Menschen. Er erfährt die Uneinholbarkeit seines Seinkönnens und zugleich die unausweichliche Inanspruchnahme durch eine Erfüllung: „Der Mensch überschreitet unendlich den Menschen" (Blaise Pascal).

Die Frage nach Gott und der Glaube an Gott verlangen als eine wesentliche Voraussetzung, dass der Mensch diese transzendierende Bewegung annimmt. Oft ist sie unter den Bedingungen einer hochgradigen Säkularisierung abgeflacht und bleibt im endlichen Bereich stecken. Man verzichtet auf das Wagnis, sich auf eine noch unbekannte, unsichtbare Wirklichkeit einzulassen, fürchtet den Abschied von den irdischen Dingen als letzte Erfüllung und sucht diese z.B. im innerweltlichen Fortschritt, in der Anhäufung von Reichtümern und in stets neuen Erlebnissen. Unsere wahre Welt kann uns dabei durch ihren Glitzer und ihre Faszination, ihren ständig neuen Reiz und die zahllosen Erwartungen geradezu behexen. Deshalb gibt es in unserem täglichen Leben eine oft heimliche Verschlossenheit gegenüber der wirklichen Unruhe unseres Denkens und Herzens. Wir schließen die Dächer über unseren Köpfen, weil wir die wirkliche Unruhe unseres Geistes mit der Ungewissheit und dem Wagnis des Suchens fürchten und meiden.

Es ist aber auch möglich, dass sich dieses Transzendieren einer ständigen Bewegung überlässt, die gar kein Ziel kennen will. E. Bloch spricht immer wieder vom „Transzendieren ohne Transzendenz". Wenn die Stelle für ein Ankommen an einem Ziel gänzlich unbestimmt oder sogar leer bleibt, handelt es sich um eine Fiktion, eine Utopie oder ein Reich der Illusion, das nicht selten auch mit dem Rausch, den Träumen oder Drogen einhergeht. Man kann dies eine „leere Transzendenz“ nennen, die inhaltslos ist und bleibt. Es ist aber auch möglich, dieses Transzendieren ohne Transzendenz ganz in die Zukunft hineinzuverlegen und die Erfüllung progressiv-kritisch auf eine von Entfremdungen befreite Gesellschaft beziehen. Dieses Transzendieren strebt dann nach einer aktiven Weltveränderung, die sich nicht dem „Bestehenden“ anpassen bzw. sich darin verlieren will. Damit kann auch das „Prinzip Hoffnung“ einhergehen, das ein futurisches Transzendieren meint. Es ist dann nicht zufällig, dass in solchen Sinnentwürfen der Tod des Menschen etwas vollkommen Unbegreifliches ist, an dem das Denken strandet.

Diese Überlegungen zeigen, dass man das Transzendieren des Menschen nicht einfach in die Zukunftsperspektive umdeuten kann. Die Zeitschiene kann nicht völlig aufnehmen, was mit „Transzendenz“ gemeint ist, auch wenn man es als „absolute Zukunft“ oder als Zukunft deutet, die von vorne auf uns zukommt (während die rein menschliche Zukunft ein Entwerfen künftiger Möglichkeiten vom Menschen aus wäre; Unterschied von „futurum“ und „adventus“ zur Übersetzung von Zukunft). Die verschiedenen Entwürfe einer politischen Theologie oder einer Befreiungstheologie bleiben an dieser Stelle nicht selten tief zweideutig.

Es ist freilich auch möglich, dass das Anzielen einer solchen Erfüllung des Transzendierens anders strukturiert ist. Denn es gibt nicht selten bei nicht wenigen Menschen ein Streben nach der Verwirklichung eines Gutes, das unbedingte Gültigkeit verlangt und auch keine einschränkenden Bedingungen zulässt. Wir können in diesem Sinne von absoluten Instanzen sprechen, deren letzte Begründung in einem unzeitlichen, außerweltlichen unsichtbaren Grund besteht, nämlich etwas Absolutes darstellt oder wenigstens daran teilhat. Eine solche Instanz ist dann „jenseits“ irdischer Teilziele oder innergeschichtlicher Instrumentalisierungen. Dies können z. B. „Werte“ sein, wie „Gerechtigkeit“, „Freiheit“, „Solidarität“, einzelne Menschenrechte usw. Diese Ideale sollen unbedingt verwirklicht werden.

Es gibt also im Vorgang des Transzendierens gleichsam so etwas wie Stationen, die ein letztes Erfülltwerden zwar noch nicht einschließen, aber doch unbedingte Gültigkeit verlangen. Ich habe diese absoluten Instanzen einmal auch „Vornamen für die noch verborgene Wirklichkeit Gottes“ genannt. Man kann dann nicht auf die Dauer bei dieser „Zwischeninstanz“ stehen bleiben, weil sie sich irgendwie doch als bedingt oder nicht erreichbar erweist. Es muss schließlich eine Transzendenz geben in eine letzte Begründung hinein, die alle menschlichen Kräfte schlechthin übersteigt, absolut weltunabhängig ist und in sich selbst ruht, d. h. keiner Abhängigkeit unterliegt und selbst unverfügbar bleibt. Es lässt sich hier die Unterscheidung der klassischen Philosophie und

Theologie heranziehen, nach der es für die Begründung grundlegender ethischer Gebote und Imperative ein „fundamentum proximum“ und ein „fundamentum ultimum“ gibt.

Gewiss geschieht dieses Transzendieren zu einer absoluten Instanz, die meist in einer unbedingten moralischen Herausforderung besteht, namenlos, abstrakt und beinahe neutral. Es lässt sich jedoch nicht leugnen, dass solche Ideale mit großer Leidenschaft und auch oft mit großer Opferbereitschaft verfolgt werden. Sie können freilich rasch abgleiten, wenn z. B. „Gerechtigkeit“ am Ende nur für bestimmte Schichten, Rassen oder Klassen realisiert wird. Dies zeigt die Brüchigkeit und Verletzlichkeit dieser Zwischeninstanzen. Sie drängen danach, eine letzte Gründung und Rettung zu finden, gleichsam einen Bürgen zu erhalten, der ihre unverletzliche Geltung und ihren unbedingten Anspruch gewährleistet.

Meist geht man an dieser Stelle ziemlich unvermittelt auf Gott über, ja man unterscheidet diese absoluten Zwischeninstanzen oft gar nicht von Gott. Dies hängt damit zusammen, dass der Transzendenz-Begriff innerlich vielschichtig und keineswegs so eindeutig ist, wie wir es oft empfinden. Darum muss in einem erneuten Anlauf nochmals davon die Rede sein, was es heißt, wenn wir sagen: Und diesen letzten Grund nennen alle Gott.

III. Gottesvorstellungen in neuen Religionen

Was aber mit „Gott“ gemeint ist, ist im Blick auf die Geschichte der Gottesidee und auch ihren heutigen allgemeinen Gebrauch nicht so selbstverständlich. Religionsgeschichtlich scheint dies eine Binsenweisheit zu sein. Aber auch der christliche Glaube, der in sich eine feste Gewissheit seiner Wahrheit hat, musste sich immer wieder in Vergangenheit und Gegenwart mit dieser Vieldeutigkeit auseinandersetzen.

So kann man die große Gefahr des Arianismus für den Christusglauben der frühen Kirche nur voll erfassen, wenn man sich vergegenwärtigt, dass im Mittelplatonismus, der kulturell eine große Macht darstellte, die Gottesidee gestuft war. Es gab den Gott schlechthin und schließlich in entsprechendem Abstand, aber zur Sphäre Gottes gehörend, Gott im Sinne des „zweiten Gottes“. Die Aussagen des Neuen Testaments über die Unterordnung des Sohnes unter den Vater und über diese Gehorsamsbeziehung schienen von dieser Gottesvorstellung sehr gut wiedergegeben zu werden. So gab es nicht nur auf dem Konzil von Nikaia, sondern während weiterer 50 Jahre einen erbitterten Kampf um die Stellung Jesu Christi und im Zusammenhang damit auch um die Klärung des Gottesbegriff. Unser Glaubensbekenntnis von Nikaia-Konstantinopel zeigt uns heute noch deutlich die Spuren dieser Auseinandersetzung, wenn dort zur Klärung allen Zeiten übermittelt wird, dass wir glauben: „An den einen Herrn Jesus Christus, Gottes eingeborenen Sohn, aus dem Vater geboren vor aller Zeit: Gott von Gott, Licht vom Licht, wahrer Gott vom wahren Gott, gezeugt, nicht geschaffen, eines Wesens mit dem Vater; durch ihn ist alles geschaffen."

Offensichtlich sind solche Gefahren nicht ein für allemal gebannt, wenn sich auch diese verschiedenen Versuchungen nicht einfach wiederholen. „Gott" findet sich heute oft in einer radikalen anthropologischen Wende. Die neue Religiosität glaubt, neue Zugänge zu ihm zu schaffen. Dies geht bereits auf die Theosophie des letzten Jahrhunderts zurück. Der Mensch erkennt sich selbst als das ewige, unvergängliche Selbst (Theos) in allen Erscheinungen des Weltalls. Diese Entwicklung des Selbst führt gleichsam entlang der spirituellen Erfahrung und Überlieferung der Menschheit von einem göttlichen Keim zur Vollendung. Die Göttlichkeit ruht im Menschen und entfaltet sich evolutiv durch die Führung seitens der verschiedenen Menschheitslehrer, unter denen der „Meister Jesus" als einer von vielen rangiert. Auch die Anthroposophie Rudolf Steiners enthält viele solcher Elemente, worauf hier nicht näher einzugehen ist. Es besteht kein Zweifel, dass diese theosophischen Ansätze gleichsam das Grundmuster und die Matrix der neureligiösen Aufbrüche des 20. Jahrhunderts darstellen. Ich nenne hier nur die Vertreter des New Age, aber auch Fritjof Capra mit seinem Buch „Wendezeit"[5]. Die Gottheit ist demnach am Ende nichts anderes als „die Selbstorganisations-Dynamik des gesamten Kosmos."[6]

Es gibt ähnliche, aber doch anders gelagerte Entwicklungen, wenn heute versucht wird, ein neues Heidentum mit frischem Leben zu erfüllen. So erscheint das Christentum etwa in der in Berlin gegründeten „Heidnischen Gemeinschaft" als die Religion der Naturverachtung und der Zerstörung. Im Rückgriff auf die heidnischen Naturgötter wird Gott nun in den Bäumen und in den Naturgeistern erkannt und verehrt. Das personale Gottesbild der jüdisch-christlichen Tradition wird vielfach ersetzt. „Das sich spiralförmig nach oben hin vollendende Leben ist das organische Gewebe mit kosmischen Dimensionen, in dem der Mensch nur mehr eine kleine Zelle bildet. In dieser Verlagerung des religiösen Gottesbildes werden sofort auch die kulturellen Verschiebungen des angestrebten Paradigmenwechsels postmoderner Spiritualität sichtbar. In Abkehr von einem objektiven Charakter religiöser Erfahrung ist der Zugang zu diesem neuen Gottesbild einzig durch die subjektive Erfahrung und Erlebnisfähigkeit des Einzelnen möglich. Die Erfahrung der Gesundheit, vermittelt durch die verschiedenen Körpertherapien, gewinnt als

Erfahrung der strebenden Lebenskraft heilsvermittelnden Wert. Im Leben selbst liegt die Botschaft; das Leben ist das Heil, das Leben ist Gott."[7] Man kann hier von einem biozentrischen Gottesbild sprechen. Im Übrigen sei hier nur noch der Hinweis gestattet, dass auch die Scientology-Sekte ähnliche Ideen vertritt („Thetan" als universale Lebenskraft).

Der italienische Religionswissenschaftler R. Pettazzoni spricht hier von „Theoplasma" und meint damit eine Art von Knetmasse, aus dem sich der heutige Mensch seine Götter formt und sie wechselnden Bedürfnissen anzupassen versucht. Die Soziologen sprechen in ähnlicher Weise von einer „Bastelbiografie", die in den verschiedenen Lebensphasen aus verschiedenen religiösen Bausätzen sich jeweils ein neues Gottesbild zusammenfügt. Dabei ist es ganz erstaunlich, in welchem Maß neue religiöse Bewegungen von solchen Aspekten weltweit geprägt werden.[8] Vieles erscheint zwar nicht als eine neue Weltreligion, die einen einheitlichen Namen und eine prägende Gründergestalt hätte, aber die Orientierung an einer vitalen Lebensgottheit im Verbund mit der modernen Selbsterfahrung des Menschen ist wie eine Art Netzwerk, das viele heterogene Gruppen miteinander verknüpft. Dabei werden die einzelnen Gottesbilder zwar noch weithin mit einer jüdisch-christlichen Sprache benannt, faktisch aber erscheint dieser Gott immer wieder in einer Vielzahl von neuen Sinnerfahrungen und vieler paralleler Nischen in der modernen Subkultur. Dabei ist es charakteristisch, dass diese Gottesbilder nicht miteinander verbunden sind, sondern in einer diffusen Religiosität synkretistisch aus allen religiösen Traditionen der Welt stammen. Es ist ein auf sich selbst bezogener Glaube, der nicht das Wort eines göttlichen „Du" gehört, sondern das Echo des eigenen Rufens in die Welt ist. „Bei der Suche nach ganzheitlicher Geborgenheit geht es um die richtige Technik persönlicher Selbstverwirklichung. Das Aufbrechen einer elementaren, kosmischen Religiosität, die unmittelbar mit dem ‚Leben' verbunden ist, führt zu einem sehr vitalen Gottesbild im Rahmen persönlicher Nützlichkeitserwägungen des ‚Hier und Jetzt'. Der objektive Urgrund allen Seins wird zu einer Instanz-Mischung subjektiven Glücksgefühls. Die Potenzierung der elementaren Lebenskraft erklärt das Zusammenfallen von Heil und Gesundheit in modernen Erfahrungsgruppen."[9]

Wie sehr hier die Tradition verbogen wird, wird etwa an dem sichtbar, was man gewöhnlich „Transzendenz" nennt, nun aber öfter auch „Transgression" (K. Hutten) heißt. Die Suche nach Gott überschreitet zwar eine rein materialistische Sicht der Welt in eine unsichtbare, hintergründige Tiefe, aber diese bleibt ein Teil unseres Universums. Hier ist eine radikale Differenz zum biblischen und klassischen Gottesbild: „Der Gott der neuen Religiosität ist Selbstvollzug des Kosmos. Herzstück der drei abramitischen Religionen bleibt demgegenüber, dass Gott weder in der Eigendynamik des Universums noch im Selbstverwirklichungsvermögen des Menschen aufgeht, sondern als ‚Person' dieser Welt in ungeschuldeter Freiheit und Liebe gegenübersteht, obgleich er in Natur und Kosmos schöpferisch anwesend ist."[10] In diesem Zusammenhang wird auf neue Weise deutlich, dass die Orientierungskrise unserer Gegenwart in der Tat eine „Gotteskrise" ist (J. B. Metz).

IV. Grundlegende Merkmale des biblischen Gottesverständnisses

Durch diese gewiss sehr knappe Zusammenfassung ist wohl deutlich geworden, warum man im Umgang mit dem Wort „Gott" kritisch bleiben muss. Dabei müssen wir uns bewusst sein, dass das Wort Gott in mannigfacher Hinsicht ohnehin durch die Geschichte belastet ist. Ich zitiere dazu gerne ein Wort M. Bubers, nämlich aus dem 1953 erschienenen Werk „Gottesfinsternis". Dort heißt es eindrucksvoll: „Ja … es ist das beladenste aller Menschenworte. Keines ist so besudelt, so zerfetzt worden. Gerade deshalb darf ich darauf nicht verzichten. Die Geschlechter der Menschen haben die Last ihres geängstigten Lebens auf dieses Wort gewälzt und es zu Boden gedrückt; es liegt im Staub und trägt ihrer aller Last. Die Geschlechter der Menschen mit ihren Religionsparteiungen haben das Wort zerrissen; sie haben dafür getötet und sind dafür gestorben; es trägt ihrer aller Fingerspur und ihrer aller Blut. Wo fände ich ein Wort, dass ihm gliche, um das Höchste zu bezeichnen! … Gewiss, sie (die Menschen) zeichnen Fratzen und schreiben ‚Gott' darunter, sie morden einander und sagen ‚in Gottes Namen'. Aber wenn aller Wahn und Trug zerfällt, wenn sie ihm gegenüberstehen im einsamsten Dunkel und nicht mehr ‚Er, Er' sagen, sondern ‚Du, Du' seufzen, ‚Du' schreien, sie alle das Eine, und wenn sie dann hinzufügen ‚Gott', ist es nicht der wirkliche Gott, den sie alle anrufen, der Eine Lebendige, der Gott der Menschenkinder?! Ist nicht er es, der sie hört? Der sie – erhört? Und ist nicht eben dadurch das Wort ‚Gott', das Wort des Anrufs, das zum Namen gewordene Wort in allen Menschensprachen geweiht für alle Zeiten? Wir müssen die achten, die es verpönen, weil sie sich gegen das Unrecht und den Unfug auflehnen, die sich so gerne auf die Ermächtigung durch ‚Gott' berufen; aber wir dürfen es nicht preisgeben. Wie gut lässt es sich verstehen, dass manche vorschlagen, eine Zeit über von den ‚letzten Dingen' zu schweigen, damit die missbrauchten Worte erlöst werden! Aber so sind sie nicht zu erlösen. Wir können das Wort ‚Gott' nicht rein waschen, und wir können es nicht ganz machen; aber wir können es, befleckt und zerfetzt wie es ist, vom Boden erheben und aufrichten über einer Stunde großer Sorge."[11]

Dieser Text macht hellhörig und zwingt uns wenigstens zu einigen Reflexionen über den Gebrauch des Wortes Gott. Ich möchte dafür folgende Perspektiven erwähnen:

1. Das Wort „Gott" wird sprachlich nur sinnvoll in enger Zusammengehörigkeit mit der Frage nach dem Sinn der Wirklichkeit im Ganzen gebraucht.

Die Gottesfrage wird sich oft bei einzelnen Ereignissen entzünden und vielleicht nicht immer äußerste Horizonte vom Anfang und vom Ende der Welt mit sich bringen. Heute ist die Gottesfrage darüber hinaus vornehmlich im Bereich der menschlichen Sinnsuche angesiedelt. Aber das Wort „Gott" darf nicht nur auf ein Ziel meiner geistigen Bewegung begrenzt werden. Er ist gewiss auch die Veränderung und Wandlung meines Verstehens. Aber er ist nicht nur ein Moment meines Selbstverständnisses. Bestimmte individuelle und kollektive Subjektivierungen der Gottesidee sind unverträglich mit dem Begriff des Absoluten oder des wirklichen Herrseins Gottes über die Welt. Die Schrift sieht immer einen Zusammenhang zwischen Mensch, Welt und Gott. Dabei ist kein Rückfall in ein kosmo-theologisches Denken gemeint, das die Personhaftigkeit und Freiheit Gottes verdeckt. „Gott" zielt auf das Dasein des Menschen und durch ihn auf die Welt. In der richtig gestellten Gottesfrage ist die Suche nach Gott immer schon durch die Weltwirklichkeit vermittelt und sei es im Modus einer negativen Antwort, wie wir es immer wieder bei Augustinus vernehmen: Die Welt antwortet, dass sie nicht Gott sei. In diesem Sinne sagen alle Gottesaussagen etwas über den grundlegenden Zusammenhang und die Bedeutung des Wortes „Gott" für die Welt. Ein Gottesverständnis ohne diese Konsequenz für die Erkenntnis und das Heil der Welt würde sich selbst missverstehen.

2. Das Wort „Gott" verlangt und verheißt eine letzte, unaufhebbare Einheit von Sinn und Sein, Anspruch und „Mächtigkeit".

Wenn der Sinngedanke nur auf ein rein mentales Moment abgeblendet wird, genügt er nicht für die Gottesfrage. R. Spaemann hat dies schon vor einiger Zeit aufgezeigt und immer wieder in Erinnerung gebracht.[12] Es ist unbedingt notwendig, „Gott" als moralische Herausforderung und als Sinn-Anspruch zu verstehen. Gott ist radikal mehr und ganz anders als das Bestehende. Er ist auch nicht einfach eine reine Zutat zu dem, was ohnehin ist. „Gott" bedeutet in der Tat einen ganz neuen Sinn, der mit der Faktizität noch nicht gegeben ist. Wir haben im ersten Teil über Grundworte wie „Friede", „Mitmenschlichkeit" usw. als Vornamen für Gott gesprochen. Wenn sie selbst nicht über sich hinausgehen und zum wahren Namen Gottes finden, bleibt es freilich Ersatz. „Gott“ ist aber auch nicht nur ein Hoffnungszeichen für unsere Erwartungen. Das Wort Gott ist auch nicht nur eine Chiffre für unseren Protest. Das Wort „Gott“ verliert seinen entscheidenden Sinn, wenn es keinen Bezug wirksamer Art hat zur Natur und zur menschlichen Wirklichkeit, die unmenschlich, friedlos, zukunftslos und ungerecht ist. Wenn Gott beziehungslos im Verhältnis zur Realität der Welt gedacht wird, dann ist er radikal ohnmächtig. Die Kraft des moralischen Sinnes wäre dann nicht mehr als Postulat und Sehnsucht.

Robert Spaemann hat schon früher darauf hingewiesen, dass gerade die alttestamentliche Klage voraussetzt, dass „Gott“ eine letzte Einheit von Sinn und Sein, besser noch von Gutsein und Macht ist. Gott ist nur Gott, wenn dem moralischen Sinn-Anspruch auch auf derselben Ebene die heilvolle Mächtigkeit und Kraft der Rettung entspricht. Nur einem Gott, den man zu Hilfe rufen kann, kann man auch seine Klage sagen.

3. Die Transzendenz Gottes kann nur verstanden werden, wenn zugleich seine Gegenwart und seine Nähe in der Welt erkannt ist.

Gott ist der Ursprung der Freiheit, der uns aus dem Eingebundensein in das Vorhandene herausruft. Er ist eine zeitüberlegene Macht, die an nichts gebunden ist und dennoch alles an sich bindet. In diesem Sinne überwindet er auch alle nationalen und partikularen Gesichtspunkte. Er ist zeitüberlegen, aber zugleich auch geschichtsmächtig.

Ein nur jenseitiger Gott wäre nicht Gott, denn er wäre der Welt nicht mächtig. Die christliche Theologie fängt die strengen Transzendenz-Aussagen der Antike immer wieder durch gegenläufige Immanenz-Aussagen auf: Gott umfasst und übersteigt alles, dennoch ist er mehr in uns selbst als unser eigenes Innerstes. Die Unverfügbarkeit, Freiheit und Geschichtsmächtigkeit des biblischen Gottesbildes formt sich schließlich zum vollen Begriff der Personalität aus, die Nähe, Zugänglichkeit und Anrufbarkeit bedeutet. Die Präsenz des Unbedingten zeigt sich im Bedingten. Die Allgegenwart Gottes verlangt zugleich, dass er von allem unabhängig ist und nicht bloß Bestehendem verhaftet ist. „Die christliche Gotteserfahrung hat erst der verstanden, der erkennt, dass Gottes Diesseitigkeit seine Zuwendung zur Welt, seine Präsenz in der Welt durch die Macht der Liebe, die Diesseitigkeit seiner Transzendenz ist, der Anbruch der Zukunft Gottes.“[13]

4. Der biblische Gott sprengt durch sein Personsein den Begriff des Absoluten im herkömmlichen Sinne.

Der antike Gott ist selig nur im Bezug auf sich. Darum sind die Götter schweigend. Ihre Göttlichkeit wächst mit der Entfernung zur Welt. Dass Gott überhaupt von sich aus eine Beziehung zu anderem als sich selbst stiftet, ist das absolut Neue im christlichen Gottesgedanken. Es geht nicht mehr um das totale Abgeschiedensein dessen, der nur sich selbst braucht und in sich selbst steht. Die Tatsache, dass Gott eine Beziehung stiftet, bedeutet eine gewaltige innere Umwandlung des Gottesgedankens, die vielleicht bis heute noch nicht ausreichend in der Theologie durchdacht ist. Diese Möglichkeit und Wirklichkeit der Beziehung erfüllt sich in der Selbstmitteilung seiner Liebe. Am Ende dieser Umwandlung steht das Schriftwort „Gott ist die Liebe“ (1 Joh 4,8). Jemand hat einmal erklärt, mit diesem Satz drehe sich eine Angel in der Tür der Weltgeschichte. Denn die antike Erfahrung könne diesen Satz nicht sagen, sondern würde eher die „Liebe“ zum Subjekt machen: Liebe ist eine Art von Gottheit.

5. Gott ist nur Gott, wenn er zugleich auch der Richter der Welt und der Menschheit ist, vor dem wir mit Furcht und Zittern Verantwortung ablegen müssen.

Dieser Satz kann erschrecken. In der Tat sind das Gerichtsmotiv und die „Furcht Gottes“ in der Tradition oft in einer verhängnisvollen Weise missbraucht worden. Nicht selten sind damit Angst und Schrecken erzeugt worden, die das Gottesbild verfinstert haben. Das Thema ist weit und kann hier nur knapp angedeutet werden.[14] Es lässt sich jedoch nicht übersehen, dass in unserer Zeit – als Gegenreaktion zunächst verständlich – das Pendel in die andere Richtung ausgeschlagen hat, sodass man oft nur den liebenden und versöhnenden Gott sieht, dem man in Vertrauen entgegengeht. Dies ist natürlich grundsätzlich richtig. Wenn man diesen Gedanken jedoch übersteigert und die Furcht Gottes sowie das Gericht eliminiert, dann verharmlost man zugleich die wahre Größe Gottes. Nur Gott selbst kann schließlich gut und böse restlos unterscheiden. Wenn wir den Gerichtsgedanken streichen, nehmen wir nicht nur Gott etwas von seiner Hoheit, sondern uns selbst auch den Ernst unseres Tuns. Das Gericht hat entscheidend gerade auch mit der Verantwortung des Menschen zu tun. Glaube schließt auch das Handeln ein, das vor dem Gericht Gottes zu verantworten ist. Zorn und Erbarmen sind Zeichen des Einsatzes Gottes für den Menschen und die Welt. Dies hat mit einer Drohbotschaft wenig zu tun, denn es geht nicht um das Einhämmern von Angst- und Schuldgefühlen, sondern um den Ernst des Handelns und die Verantwortung der Tat des Lebens.

Ähnliches gilt für die Furcht Gottes. Sie macht uns darauf aufmerksam, dass wir endliche Menschen uns der Grenzen bewusst sind. In der Furcht spüren wir auch, dass wir uns nicht übernehmen dürfen, sondern im Erschrecken vor der Herrlichkeit und Überlegenheit Gottes um die Fehlbarkeit und die Bedrohung des Menschlichen wissen. In der Furcht Gottes verliert der Mensch alle Anmaßungen gegenüber Gott, er erkennt seine Kreatürlichkeit und weiß auch, dass Gott das Leben und die Schöpfung zusammen mit seinen Weisungen besser für uns eingerichtet hat, als wir es von uns aus könnten. Die Furcht Gottes hängt so eng mit der Ehrfurcht zusammen, die nicht nur dem heiligen Gott gilt, sondern auch z.B. der Heiligkeit und Unantastbarkeit des menschlichen Lebens und dem Unversehrtbleiben sowie Schonen der Schöpfung.

Es bleibt dann immer noch wahr, dass Gott ein barmherziger Richter ist und wir Menschen uns nicht die göttliche Synthese von Gerechtigkeit und Liebe, Gericht und Erbarmen vorstellen können, die allein Gott selbst schaffen kann.

Es gibt noch manche Strukturen des Gottseins, die bedacht werden müssten. Dies ist aber hier nicht möglich. Ich denke z.B. an die Aussagen über Gott den Vater und Probleme, die uns noch stärker aufgegeben sind, seit es die Feministische Theologie gibt.

V. Gott in der Sphäre des Heiligen und der Zugang dazu

Alle diese Perspektiven und Strukturen sind notwendig, um in angemessener Weise von Gott zu sprechen. Aber sie genügen noch nicht. Dies wird vor allem evident, wenn wir uns klar machen, dass der Mensch ja von sich aus Gott nicht voll erkennen kann, sondern dass die Erkenntnis Gottes uns vor allem durch seine eigene Manifestation zuteil wird. Es gibt ein solches Sich-Zeigen Gottes, nicht nur im Sinne der geschichtlichen Offenbarung des Alten und Neuen Testaments, sondern Gott selbst macht sich gleichsam auf den Weg zum Menschen, damit wir ihn überhaupt verstehen. Sonst würden uns tatsächlich vielleicht Furcht und Schrecken überwältigen.

Wenn dies so ist, dann erhebt sich jedoch erst recht die Frage, wie Gott sich uns zeigt und auf welche Weise er sich uns kundgibt. Wir dürfen ihn ja nicht unter die uns bekannten Gegenwartsweisen endlicher Dinge einordnen, so wie wir etwa einen Stein vorfinden oder auch Pflanzen wahrnehmen und Tiere sehen. Gott kommt auf seine eigene Weise. Dafür gibt es nun eine besondere Kategorie, die in diesem Jahrhundert in vielfältiger Weise erforscht worden ist, ohne dass schon ein allgemeingültiger Abschluss erkennbar wäre. Dabei geht es um das Denken des Heiligen.[15]

Diese Frage nach der besonderen Erscheinungsweise Gottes, die vor allem von R. Otto[16] im Anschluss an Jes 6,1ff. entfaltet worden ist, sieht im Heiligen eine spannungsvolle Gegensätzlichkeit und Einheit aus einem furchterregenden und eher abstoßenden, Distanz schaffenden Moment („mysterium tremendum“) und – im Kontrast dazu, aber auch in Einheit –

einem faszinierend-anziehenden Moment des Heiligen („fascinosum"), das auf seine Weise Nähe und Ermutigung schafft. Man kann in diesem Grundphänomen des Heiligen leicht auch Gericht und Gnade entdecken. Man hat das Heilige auch das Numinosum genannt, das freilich nicht als irrational bezeichnet werden darf.

Wenn der Mensch sich dem Heiligen nähert, muss er sein Denken wandeln. Es kann dabei nicht um einen unmittelbaren Zugriff gehen, der nichts „heilig" sein lassen kann und der alles hinterfragen möchte. Nicht das Denken hat Bedingungen an das Heilige zu stellen, sondern das Heilige stellt sie an das Denken. Das Denken muss sich lösen vom Verfügen und vom Fassen, es muss zuerst „sein lassen", freigeben. Es geht nicht um die eigene Verfügungsmacht, die dem neuzeitlichen Vernunftbegriff zutiefst innewohnt, sondern es muss auch ein empfangendes, hinnehmendes, in diesem Sinne vernehmendes Verstehen geben. Nur dieses sein lassende Denken ist fähig, den Aufgang des Heiligen wahrzunehmen. Ein solches Denken weiß immer auch, dass es das, was es erblickt, einem anderen verdankt. Wenn man sich Gott zuwendet, muss man ihn zuerst in seiner eigenen Herrlichkeit kommen lassen.[17] Darum sind die Unmittelbarkeit der Begegnung, die freilassende Annäherung, die Dankbarkeit und das hörende Verstehen in diesem neuen Denkstil notwendig. Damit ist die Erkenntnis des Heiligen immer auch eng verbunden mit der Notwendigkeit der Umkehr. Der klassische Schlüsseltext von Jes 6 zeigt wiederum, dass es hier immer zuerst einer Erneuerung und Reinigung der Augen bedarf.

Dabei ist nicht nur gleichsam die Objektseite wichtig, sondern auch die Art und Weise des Vernehmens. Wir sind gewohnt zu sagen, dass wir alles aufnehmen entsprechend der Kapazität und der Art des Empfangenden („omne quod recipitur, ad modum recipientis recipitur"). Aber dies allein genügt nicht, denn der Empfangende muss die eigene Hoheit und unableitbare Souveränität, die Bibel spricht in allen Sprachen von der „Herrlichkeit" (kabod, doxa, gloria), respektieren. Ohne ein solches Freilassen und Seinlassen gibt es kein wirkliches Verstehen des Heiligen. Die Phänomenologie spricht hier auch von einer Entsprechung zwischen dem „Noema" und der „Noesis". Wir können uns dies leicht in der Wechselbezogenheit von göttlicher Epiphanie und menschlichem Auge, von göttlichem Wort und menschlichem Ohr näher bringen. Nur von Gott erleuchtete Augen („Augen des Glaubens") können die Wirklichkeit Gottes erfassen. Es gibt kein noetisches Moment ohne ein ihm spezifisch zugehöriges noematisches Moment.[18] Dieses Entsprechungsverhältnis ist gegenseitig. Beide sind in ursprünglicher Weise gegeben und aufeinander zugeordnet. In diesem Sinne hat besonders die Phänomenologie, die etwas zur Anschauung bringt, wie es von sich selbst her ist (ohne dass wir es mit unseren Begriffen überfallen), einen wesentlichen Beitrag zur Entdeckung und Ausgestaltung des Heiligen als einer besonderen Sphäre geführt, in der der göttliche Gott erst zugänglich wird.

VI. Das Beten als Medium religiöser Sprache

Diese Überlegungen erfordern noch einen letzten Gang, der sich nun allerdings auch besser verstehen lässt. Wenn man eine Entsprechung von Gehalt und Akt, Noema und Noesis beim Bedenken Gottes für besonders wichtig hält, taucht die Frage auf, welche Annäherungsweisen denn am wichtigsten und am angemessensten sind.

Es gibt viele Erkenntnisweisen des Heiligen und Göttlichen. In der Zwischenzeit haben wir gelernt, dass ein religiöses Phänomen auf vielfache Weise erkannt wird. Hier können auch die Historie, die Psychologie, die Soziologie, die Sprach- und Kunstwissenschaft, die Religionsphilosophie und natürlich die Theologie jeweils ihren Beitrag leisten. Sie erproben mit ihren Methoden und Kategorien jeweils den Zugang. Freilich erhebt sich hier auch die Frage, wie weit eine wissenschaftliche Objektivierung religiöse Phänomene in eine solche Distanz bringt, die die Eigenart des Heiligen verletzen könnte. Man kann auch die Liebe zwischen Menschen so sezieren, dass sie in ihrer Lebendigkeit und in ihrer Unmittelbarkeit entschwindet. Etwas Ähnliches geschieht nur allzu leicht mit dem Religiösen und erst recht mit dem Heiligen, noch mehr mit dem erscheinenden Gott. Manchmal findet eine solche Entfremdung des Phänomens statt, dass uns gerade das entkommt, was an ihm einzigartig und nicht zurückführbar ist. Ich bin fest überzeugt, dass die Theologie, aber auch das liturgische Sprechen und Tun nicht immer genügend vor dieser Gefährdung gewappnet sind. Dies alles verlangt von den Wissenschaften, die sich mit der Religion und dem Heiligen befassen, ein hohes methodisches Bewusstsein, das auch die Selbstkritik nicht scheut.[19] Dabei geht es nicht nur um unsere Begriffe und Bilder, die wir gebrauchen, sondern überhaupt um die Angemessenheit des Denkens vor Gott. Wenn wir früher vom Seinlassen Gottes sprachen, vom Aufgang der Herrlichkeit Gottes, dann geht es jetzt noch darum zu fragen, wie das am Besten geschieht. Auf jeden Fall müssen wir dabei „Gott die Ehre geben", wie wir gewöhnlich sagen. Wir müssen uns ihm in Furcht und Zittern nähern, weil wir oft unreine und sündige Menschen sind. Die Religionen haben dafür einen guten Sinn. Es kommt darauf an, dass wir uns Gott so annähern, wie es ihm gebührt. Diese „Gebührensbeziehung" spielt in der Phänomenologie eine große Rolle.[20]

Schon immer hat man gewusst, dass das Beten eine besondere Zugangsweise zu Gott ist. Beten ist der Ernstfall von Religion. Deswegen hat Martin Buber immer wieder deutlich gemacht, dass die Urform des Zugangs zu Gott nicht einfach das Reden über ihn ist, sondern dass wir immer die Anrede brauchen. Dabei braucht dies nicht zu heißen, dass man von Gott gar nicht im Sinne eines „Er" sprechen dürfte. Die Hymnen können durchaus von Gott im Stil des „Er" reden. Aber dies setzt immer die Anrede voraus, die wir in der Relation Ich – Du erfahren. Dabei geht es nicht nur um so etwas wie eine Aussage, die Vorhandenes nur feststellen würde, sondern es ist immer auch eine Sprachhandlung, durch die das Gesuchte immer erst real in Erscheinung tritt. Es gibt beim späten Wittgenstein – der frühere Wittgenstein blieb ja gegenüber dem religiösen Sprechen extrem reserviert – eine tiefblickende Notiz, die auf die Eigenart dieses spezifischen Gegenübers aufmerksam macht. Diese Notiz heißt: „Gott kannst du nicht mit einem Andern reden hören, sondern nur wenn du der Angeredete bist."[21] Das redliche Sprechen von Gott kann sich also nur in unserem eigenen geschichtlichen Dasein bilden und verifizieren.

Davon muss jede Hermeneutik des Sprechens von Gott ausgehen. Hier darf ich besonders auf eine Veröffentlichung B. Caspers – „Das Ereignis des Betens"[22] – hinweisen. Das Beten ist ein Handeln, das sich vom propositionalen und argumentierenden Reden unterscheidet. Es ist ein Sprechen im Angesicht des Anderen. Wir müssen sehr auf diese Verschiedenheit der Sprachformen und Sprachspiele im Religiösen achten. Dies gilt gerade auch im Gottesdienst, in dem es gewiss mehrere Weisen des Sprechens geben kann, aber auch leicht Grenzverletzungen entstehen. Darum ist z. B. nichts peinlicher als das unüberlegte Gerede oder gar Geschwätz gerade im Gottesdienst. Hier gibt es eben auch viele Fehlformen. Nicht zuletzt darum ist das Schweigen und Verstummen so wichtig, wenn wir von Gott sprechen und uns von ihm ansprechen lassen wollen.

Es gibt viele Sprachhandlungen des Gebetes, die man eigens erläutern müsste. Eine sehr elementare Form des Betens besteht z. B. in der Klage. Dies ist und bleibt eine Grundäußerung des Betens: „Aus tiefer Not schrei ich zu Dir." Das „Warum?" der Klage stellt unser Leben in Frage. Man denke hier nur an die große Warum-Frage in Ps 22,2: „Mein Gott, mein Gott, warum hast du mich verlassen?" Es ist für unser Beten typisch, dass wir diese einfache, ganzheitliche und offene Art des Sprechens mit Gott nicht mehr so recht schätzen. Im Beten sollen wir aber vor Gott unser Herz ausschütten. Andere Sprachgestalten kommen hinzu, wie das Loben, das Danken und das Bitten. Im Bitten erfahren wir unsere Bedürftigkeit und Armut. In ihm kommt auch unser Vertrauen auf Gott zum Ausdruck. Das Danken ist ein

Sich-Öffnen des Menschen zu Gott als dem Geber der Gabe, sei es nun für das Brot des Tages, eine bestimmte Freude, die Errettung aus einer Gefahr oder eine eingetretene Gesundung. Darin wird aber Gott selbst, besonders sein Geben gepriesen: „Denn Du bist gut." Schließlich mündet dies alles ein in das Preisen und Loben, in denen wir auf höchste Weise selbstlos Gott Gott sein lassen, ihn in seine Herrlichkeit hinein freigeben.

Wer diese Zugänge zu Gott nicht immer wieder erprobt und übt, kann ihn nicht verstehen, entfremdet sich ihm und steht in der Gefahr, ihn zu verkennen. Gerade im Gebet muss der Mensch immer wieder unterscheiden zwischen Gott und den Götzen, zwischen dem göttlichen Gott und den selbstgemachten Idolen. Nur in der Anbetung lernt er seine eigene Freiheit tiefer kennen und bewahren. Ein englischsprachiger Liturgiker hat in diesem Zusammenhang beachtliche Veröffentlichungen publiziert, G. Wainwright.[23] Er ist der Meinung, dass die Sprache des Gottesdienstes erst den „Gegenstand" vermittelt, auf den die Theologen reflektieren. In diesem Sinne glaubt er, dass alle religiöse und theologische Rede im Kern „doxologisch" ist. Auch im deutschen Sprachgebiet gibt es im Anschluss an K. Barth viele theologische Untersuchungen darüber, dass gerade auch das Dogma in der Doxologie wurzelt und theologische Aussagen deshalb auch immer Anteile an der Doxologie enthalten.[24] Dies gibt zu denken. Deshalb ist es auch gut, die uns selbstverständlich gewordene Rede „Sprechen von Gott" durch das Thema „Gott beim Namen rufen" oder „Gott nennen" zu ergänzen.

Dies wäre ein letztes Thema, das ich jedoch nur noch nennen will. Wir sprachen von der Wichtigkeit der Anrede im Gebet. Gott hat einen Namen. Wir sollten vielleicht mehr als auf einen Gottes-Begriff auf den Namen Gottes achten. Der Name, der mir übergeben wird, lässt sich anrufbar machen und lädt dazu ein. Erst der Name bringt mir jemanden in den Bereich der Erreichbarkeit und der Nennbarkeit.

Ich weiß, dass ich sehr vieles, das nicht minder zentral wichtig ist, übergehen muss. Ich denke dabei an die Offenbarung Gottes in Jesus Christus, die trinitarische Struktur Gottes besonders im Neuen Testament, das Gespräch über Gott mit den Religionen, besonders dem Judentum und dem Islam. Noch gewichtiger ist gerade heute die Frage nach der Vereinbarkeit der Güte Gottes mit dem Leid in der Welt. Die Theodizee-Problematik macht dem Menschen von heute besonders zu schaffen. Theologie und Beten „nach Auschwitz" kann eine Floskel sein, aber sie enthält auch eine tiefe Anfrage, die man am Ende nur im Blick auf Jesus den Gekreuzigten angehen kann.

Ich breche hier ab. Gott bleibt immer ein unbegreifliches Geheimnis. Er allein erfüllt unsere Sehnsucht und unsere Unruhe, mehr als wir uns denken und träumen können. Nur wenn wir uns ihm ganz vorbehaltlos öffnen und entschieden glauben, entdecken wir seinen Reichtum. Darum spricht schon Elihu im Buch Ijob ein weises Wort, wenn er uns sagt: „Gott ist größer als der Mensch." (Ijob 33, 12) Menschen, die in einer atheistischen Welt leben mussten, in der immer wieder der Tod Gottes verkündet wurde, haben diese Erfahrung in ihrem Leben besonders gespürt. Deswegen möchte ich noch einmal ein Wort von Andrej Sinjawskij anführen, den ich zu Beginn dieses Vortrags zitiert habe: „Über den Menschen ist genug geredet worden. Es ist Zeit, an Gott zu denken."[25]

Anmerkungen

[1] Eröffnungsreferat des Vorsitzenden der Deutschen Bischofskonferenz bei der Herbst-Vollversammlung am 20. September 1999 in Fulda.
[2] S.th.I qu.2 art.3c.
[3] Vgl. zum Thema N. Fischer, Die philosophische Frage nach Gott (Amateca 2), Paderborn 1995.
[4] Vgl. M. Blondel, L'action, (1893), Paris 1950, 388.
[5] F. Capra, Wendezeit. Bausteine für ein neues Weltbild, Bern 1983.
[6] Ebd., 324.
[7] M. Fuß, Neue Götter für eine neue Zeit? Gottesvorstellungen in neuen Religionen, in: Fragen nach Gott, hg. von V. M. Strocka, Frankfurt a. M. 1996, 35–58, 47.
[8] Vgl. M. Fuß, Global denken, lokal handeln. Religionstheologische Überlegungen zu neuen religiösen Bewegungen, in: Ordenskorrespondenz 1, 1996, 72–86.
[9] M. Fuß, Neue Götter für eine neue Zeit?, a. a. O. (Anm. 7), 53.
[10] Ebd., 54.
[11] Martin Buber, Werke I, München – Heidelberg 1962, 509 f.
[12] Vgl. in: Wer ist das eigentlich – Gott?, hg. von H. J. Schultz, München 1969, 56–65; Das unsterbliche Gerücht, in: Merkur. Nach Gott fragen. Über das Religiöse, Sonderheft 605/606, Sept./Okt., Stuttgart 1999, 772–783; vgl. auch K. Lehmann, Kirchliche Dogmatik und biblisches Gottesbild, in: Die Frage nach Gott, hg. von J. Ratzinger, Freiburg i. Br. 1973, 116–140; ich folge in diesem Abschnitt in veränderter Form meinen eigenen Ausführungen.
[13] W. Pannenberg, Wie kann heute glaubwürdig von Gott geredet werden?, in: Gottesfrage heute, Stuttgart 1969, 51–64, 63.
[14] Vgl. M. Reiser, Die Gerichtspredigt Jesu, Münster 1990; Weltgericht und Weltvollendung, hg. von H.-J. Klauck, Freiburg i. Br. 1994.
[15] Zur Geschichte und Systematik vgl. B. Casper u. a., Besinnung auf das Heilige, Freiburg i. Br. 1966; Die Diskussion um das Heilige, hg. C. Colpe, Darmstadt 1977; J. Splett, Die Rede vom Heiligen, Freiburg i. Br. – München 1973, [2]1985; R. Schaeffler, Religion und kritisches Bewusstsein, Freiburg i. Br. 1973; dazu viele Schriften aus der Schule Bernhard Weltes und Klaus Hemmerles.
[16] R. Otto: Das Heilige, Breslau 1917, München 1947 u. ö.

17 Vgl. hierzu die vielbändige Theologische Ästhetik „Herrlichkeit" von H. U. von Balthasar.

18 Vgl. E. Husserl, Ideen zu einer reinen Phänomenologie und phänomenologischen Philosophie I, Den Haag 1950, 232.

19 Vgl. dazu M. Eliade, Die Religionen und das Heilige, Salzburg 1954; R. Schaeffler, Religionsphilosophie, Freiburg i. Br. 1983.

20 Vgl. D. von Hildebrand, Christliche Ethik, Düsseldorf 1959, 294 ff.; Das Wesen der Liebe, Regensburg 1971, 145 f.

21 Zettel, Nr. 717, in: Schriften 4, Frankfurt a. M. 1970, 429. Dies ist die letzte Notiz.

22 Das Ereignis des Betens. Grundlinien einer Hermeneutik des religiösen Geschehens, Freiburg i. Br. 1998; vgl. aber auch R. Schaeffler, Das Gebet und das Argument. Zwei Weisen des Sprechens von Gott. Eine Einführung in die Theorie der religiösen Sprache, Düsseldorf 1989.

23 Vgl. G. Wainwright, Doxology, London 1980.

24 Vgl. J. Drumm, Doxologie und Dogma, Paderborn 1991.

25 „Gedichte an Gott sind Gebete", hg. F. Ph. Ingold und I. Rakusa, Zürich 1972, 57. Vgl. auch das gleichnamige Interviewbuch: K. Lehmann, Es ist Zeit, an Gott zu denken. Ein Gespräch mit Jürgen Hoeren, Freiburg i. Br. 2000, ^{5}2001.

2000

Jesus Christus ist der Herr

(26. September 2000, Predigt zu Phil 2,5–11 / Joh 6,60–71)

Die beiden Lesungen haben etwas zu tun mit der Erklärung der römischen Glaubenskongregation „Dominus Iesus“, die uns in den letzten Tagen und Wochen (2000) in Atem gehalten hat. Diskutiert haben wir freilich fast nur den Inhalt von etwas mehr als einer Seite im Vergleich zu den 37 Seiten des gesamten Textes. Über die Hälfte der Erklärung handelt nämlich von der Fülle und Endgültigkeit der Offenbarung Jesu Christi, ja von der Einzigkeit und Universalität des Heilsgeheimnisses Jesu Christi. Nicht wenige Schwestern und Brüder aus dem Bereich der Ökumene haben uns auch in ihren Stellungnahmen erklärt, diese Aussagen könnten, selbst wenn man vielleicht andere Zugänge wählt, von ihnen mitgetragen werden. Es wäre eine gute Kontinuität mit der Rechtfertigungs-Vereinbarung vom 31. Oktober 1999 in Augsburg gewesen, wenn wir unser dortiges gemeinsames „solus Christus“ mit der Intention und dem Inhalt von *Dominus Iesus* hätten verbinden können. Aber dies können wir immer noch tun. Wir wollen es jetzt anhand unserer Lesungstexte ein wenig versuchen.

Diese Frage nach der Stellung Jesu in der Geschichte der Heilsangebote und Religionen ist heute sehr wichtig. Wir sind sehr mobil geworden und wissen, wenn es auch manchmal sehr oberflächlich bleibt, durch unsere Reisen und die Medien etwas von der Vielfalt der Heilbringer. Es ist dann sicher so, dass auch wir im Zug von Toleranz und Religionsfreiheit, was ja eine gute Errungenschaft für unser modernes Leben ist, insgeheim der Meinung sind, dass alle Wege zu Gott führen und dass darum auch irgendwie eine Gleichgültigkeit vorzuherrschen beginnt, alle diese Wege seien auch gleich viel wert. Unser weitgehend auf praktische Probleme und ein pragmatisches Vorgehen eingestelltes Lebensgefühl macht auch nicht Halt vor Bereichen, wo die Wahrheit eine größere Herausforderung darstellt.

Nun will auch die Erklärung „Dominus Iesus“ nicht leugnen, dass es für die Menschen viele Wege zu Gott gibt. Das Zweite Vatikanische Konzil hat sich in diesem Sinne mit der Erklärung „Nostra aetate“ über das Verhältnis der Kirche zu den nichtchristlichen Religionen größte Mühe gegeben und sagt in aller Deutlichkeit: „Die katholische Kirche lehnt nichts von alledem ab, was in diesen Religionen wahr und heilig ist. Mit aufrichtigem Ernst betrachtet sie jene Handlungs- und Lebensweisen, jene Vorschriften und Lehren, die zwar in manchem von dem abweichen, was sie selber für wahr hält und lehrt, doch nicht selten einen Strahl jener Wahrheit erkennen lassen, die alle Menschen erleuchtet. Unablässig aber verkündet sie und muss sie verkündigen Christus, der ist ‚der Weg, die Wahrheit und das Leben' (Joh 14,6), in dem die Menschen die Fülle des religiösen Lebens finden, in dem Gott alles mit sich versöhnt hat. – Deshalb mahnt sie ihre Söhne (und Töchter), dass sie mit Klugheit und Liebe durch Gespräch und Zusammenarbeit mit den Bekennern anderer Religionen sowie durch ihr Zeugnis des christlichen Glaubens und Lebens jene geistlichen und sittlichen Güter und auch die sozial-kulturellen Werte, die sich bei ihnen finden, anerkennen, wahren und fördern." (Nr. 2) So beten wir auch in den großen Fürbitten der Karfreitagsliturgie nicht nur für die Einheit der Christen und für die Juden, sondern auch für alle, die nicht an Jesus Christus glauben und sogar für die, die nicht an Gott glauben. Gerade im Blick auf die zuletzt Genannten heißt es: „Lasst uns auch beten für alle, die Gott nicht erkennen, dass sie mit seiner Hilfe ihrem Gewissen folgen und so zum Gott und Vater aller Menschen gelangen … Allmächtiger, ewiger Gott, du hast den Menschen geschaffen, dass er dich suche und in dir Ruhe finde. Gib dich zu erkennen in den Beweisen deines Erbarmens und in den Taten deiner Gläubigen, damit die Menschen trotz aller Hindernisse dich finden und als den wahren Gott und Vater bekennen."

Aber all dies erspart uns nicht, wie wir selber zu Jesus Christus stehen. Da gibt es gewiss viele Stufen der Nähe oder der Ferne, der Abneigung und der Sympathie. Die Menschen haben Jesus immer wieder mit anderen Heilbringern verglichen, auf die sie gewartet haben, auf einen zweiten Moses, einen wiederkehrenden Elija oder sonst einen der Propheten. Aber es kommt nicht darauf an, was die anderen denken und die Leute sagen. Im Bekenntnis des Glaubens geht es um das Ganze. Deswegen fragt Jesus selber uns alle: „Ihr aber, für wen haltet ihr mich?" In dieser Situation ist es oft Petrus, der bei allem sonstigen Versagen zur rechten Zeit und am rechten Ort das rechte Wort findet.

Wie Johannes uns zeigt, ist sogar unter den engsten Anhängern Jesu, bei denen, die ihn immer begleiten nach seiner Rede über die Eucharistie, eine Spaltung entstanden. Die einen wollten mit ihm weitergehen, die anderen waren über die Härte und Unverständlichkeit der Rede Jesu entsetzt, murrten, viele liefen davon: „Was er sagt, ist unerträglich. Wer kann das anhören?" (6,60) Jesus packt die Frage an. Er weicht dem Konflikt und damit auch der Trennung von einigen bisherigen Freunden nicht aus. Die Wahrheit verlangt manchmal einen hohen Preis. Jesus weiß auch, dass bei ihm einige sind, die nicht glauben und die ihn sogar verraten. Es ist gewiss eine schmerzliche

Erfahrung Jesu, nur ein kleiner Trost für uns, dass damals schon in der engsten Schar um ihn etwas passiert, was uns auch heute noch bedrängt: „Daraufhin zogen sich viele Jünger zurück und wanderten nicht mehr mit ihm umher." (6,66) Jesus zwingt niemanden. Der Glaube braucht die freie Entscheidung. Dies gilt gerade heute, wo uns immer wieder so viele Dinge auf dem Markt aller Möglichkeiten locken. Deshalb fordert er sie alle und jeden Einzelnen heraus durch die Frage: „Wollt auch ihr weggehen?" (6,67) Das fragt er sogar die Apostel, deren Nachfolger die Bischöfe sind.

Ich finde diese Herausforderung von ganz besonderer Bedeutung für uns heute. Wir haben die Freiheit, auch zu anderen zu gehen. Viele Menschen tun dies und suchen sich – freilich oft nur auf eine gewisse Zeit – ihre Gurus und Therapeuten aus, laufen für einige Zeit allen möglichen Lehren und Praktiken nach, verlieren sich aber nicht selten und verfallen Strömungen, die uns am Ende die Freiheit kosten. Aber es ist die Würde des Menschen, dass er entscheiden und wählen kann. So kann er sich auch regelrecht verfehlen. Nicht jede Religion ist von Hause aus schon gut. Man muss immer Wesen und Unwesen der Religion unterscheiden.

In dieser schwierigen Situation, wo die meisten wohl eher schweigen wollten, ist Petrus wirklich ein Zeuge. Wie bei anderer Gelegenheit, (vgl. Mt 16,13–20), legt er ein Bekenntnis ab, das die einzige Antwort auf Jesu Frage ist. Sie lautet: „Herr, zu wem sollen wir gehen? Du hast Worte ewigen Lebens." Petrus trifft den Nagel auf den Kopf. Darum geht es: Er allein gibt uns eine letzte Geborgenheit und einen absoluten Halt im Leben und im Sterben. Er wird uns immer begleiten, wo sonst alle anderen sich aus dem Staub machen. Er ist ein unersetzlicher Freund des Lebens der Menschen und von uns allen. Aber dies kann er nur sein, weil er als der Sohn Gottes aus dem Herzen des Vaters, von dem lebendigen Gott selbst kommt. Nur darum bringt er uns nicht einfach ein hohles Versprechen, wie es viele tun, sondern er bringt uns wirkliche Nahrung und stillt unseren Hunger nach Wahrheit, Gerechtigkeit und Liebe. Nur darum gibt es als einzige Antwort von uns Menschen auf eine solche göttliche Zuwendung den Hymnus im Philipper-Brief, der in besonderer Weise diese Einzigkeit Jesu Christi zum Ausdruck bringt. Er hat keine Angst vor der Hingabe seines Lebens für andere und auch nicht vor dem Tod. Er weiß, dass der Vater ihn auch in der ärgsten Erniedrigung und sogar in der Gottverlassenheit trägt und hält. Darum ist er für uns der Einzige, dem wir alles anvertrauen dürfen. Darum beten wir: „Darum hat ihn auch Gott erhöht und ihm den Namen gegeben, der über alle Namen ist, damit alle im Himmel, auf der Erde und unter der Erde ihre Knie beugen vor dem Namen Jesu und jeder Mund bekennt: ‚Jesus Christus ist der Herr' – zur Ehre Gottes des Vaters."

Dies ist ebenfalls ein Bekenntnis. Viele Menschen auch unserer Tage machen sich dieses zu Eigen oder formulieren es mit persönlichen Worten. Im Christus-Pavillon der EXPO finden sich von Jung und Alt, Arm und Reich, Weiß und Schwarz viele solcher Bekenntnisse, die offenbar auch das geheimnisvolle, uralte Bild Jesu, das Mandylion von Edessa, auslöst. So heißt es: „Jesus ist spitze!" „Du, Jesus, bist für mich Sonne, Wärme, Licht und Leben. Was wäre die Welt, der Mensch ohne dich?"

Die einzige Reaktion, die hier eigentlich angemessen ist, besteht darin, dass wir dies anderen erzählen und diese gute Botschaft anderen mitteilen, damit sie vielleicht auch Feuer fangen. Nichts anderes will am Ende die Erklärung „Dominus Iesus". Wer hat sie uns denn so verstellt? Dann beginnen wir am besten nochmals von vorne, auf jeden Fall mit Jesus. Amen.

Einheit der Kirche und Gemeinschaft im Herrenmahl – Zur neueren ökumenischen Diskussion um Eucharistie- und Kirchengemeinschaft

I. Neue Anstöße

Das Thema „Einheit der Kirche und Gemeinschaft im Herrenmahl“ ist in jüngster Zeit vor allem angestoßen worden durch die Frage, welches denn die praktischen Folgen der Unterzeichnung der Vereinbarung über die Rechtfertigung zwischen dem Lutherischen Weltbund und der Katholischen Kirche, vertreten durch den Päpstlichen Rat zur Förderung der Einheit der Christen, am 31. Oktober 1999 in Augsburg seien.[1] Schließlich geht die Frage bereits zurück auf den ersten Besuch von Papst Johannes Paul II. in Deutschland, bei dem während der Mainzer Begegnung am 17. November 1980 offiziell die Frage nach künftigen gemeinsamen Wegen gestellt wurde, nicht zuletzt im Blick auf die Gottesdienstgemeinschaft und das Verhältnis zu den bekenntnisverschiedenen Ehen. Unabhängig davon gab es bereits Ende der 60er und in den 70er Jahren eine sehr intensive theologische Diskussion, die bisher in dieser Dichte nur selten wieder erreicht worden ist.[2] M. Eham hat in seiner umfangreichen Dissertation „Gemeinschaft im Sakrament?“ den Ertrag dieser Bemühungen auf über 800 Seiten zusammengefasst und relativ leicht zugänglich gemacht.[3]

Es ist nicht möglich und in gewisser Weise auch nicht notwendig, all dies zu wiederholen, was in diesen Jahren erarbeitet worden ist und auch Eingang gefunden hat in nicht wenige ökumenische Konsens-Dokumente. Heute ist die Frage in der Folge der Unterzeichnung des genannten Rechtfertigungs-Dokumentes und besonders angesichts des geplanten Ökumenischen Kirchentages im Jahr 2003 in Berlin auch deshalb besonders zugespitzt worden, weil solche konkreten Angaben von Daten in die Diskussion eingeführt wurden. Der Druck, der dadurch in der Öffentlichkeit entstanden ist, ist jedoch ineins mit einer festen Zeitangabe keine gute Voraussetzung auf dem Weg zu einer gedeihlichen Klärung dieser schwierigen Fragen. Dabei will ich das Leiden vieler Menschen, besonders in bekenntnisverschiedenen Ehen, nicht verkennen und die Unruhe nicht totschweigen, die vom Wort des Herrn für die Einheit der Christen ausgeht.

Unter dieser Voraussetzung ist es jedoch lohnend, den Fragen nach der eucharistischen Gastfreundschaft und der Abendmahlsgemeinschaft nachzugehen. Ich werde mich in meinem Beitrag weitgehend auf die theologischen Grunddaten beziehen.[4] Die Bischofskonferenz berät seit einiger Zeit anhand der Vorarbeiten ihrer Ökumene-Kommission die Frage einer Gemeinsamen Erklärung zu diesem Thema.

II. Ambivalente Erwartungen und ihre Gefahren

Am Anfang möchte ich im Sinne eines Rahmens für das Ganze die besondere Dringlichkeit unseres Themas in Erinnerung rufen. Die Spaltung der Kirche Jesu Christi ist und bleibt im Blick auf das Testament unseres Herrn ein großes Ärgernis. Niemand, dem die Einheit der Kirche am Herzen liegt, kann der Frage nach der vollen Realisierung in der eucharistischen Gemeinschaft gleichgültig gegenüberstehen. Das Problem der „Abendmahlsgemeinschaft" bzw. der „Eucharistischen Gastfreundschaft" ist und bleibt gerade bei allen Fortschritten des ökumenischen Gesprächs wie ein Stachel im Fleisch.

Bei diesen Themen kommen viele andere Probleme mit ins Spiel. Sie sind historischer, exegetischer, dogmatischer und praktischer Natur. Oft verschlingen sie sich wie in einem unauflöslichen Knoten. Unvermeidliche emotionale und affektive Akzente machen die Sache nicht leichter. Umso notwendiger ist es, nicht nur mit größter Sorgfalt an die Dinge heranzugehen, sondern auch die Strenge der theologischen Reflexion einzuhalten, selbst wenn der Druck vor allem durch die sehr verständliche Ungeduld der Betroffenen immer größer wird. Aber man kann die noch mühsame, ausstehende theologische Erklärung nicht durch ein aktionistisches, letztlich auch willkürliches Handeln ersetzen. Alle Leidenschaft, die hier durchaus einen gewissen Schwung geben kann, muss in ein zielorientiertes, gemeinsames Ringen mit großem Einsatz und nicht weniger großer Geduld im Umgang miteinander umgesetzt werden. Aber gerade dies verpflichtet auch je auf ihre Weise die wissenschaftliche Theologie und die Kirchenleitungen.

Gelegentlich gibt es Drohungen von der „Basis", die Bischöfe beim Ökumenischen Kirchentag 2003 durch gemeinsame Mahlfeiern unter Druck zu setzen. Ich will keinen Zweifel lassen, dass ein solcher Missbrauch zu einer unheilvollen Lähmung der Ökumene führen könnte, die niemand verantworten kann. Darum bitte ich um ein besonnenes Gespräch.

III. Kirche als Koinonia-Communio

Unter diesen Voraussetzungen möchte ich zuerst – gewiss unvollständig – an einige Grundeinsichten erinnern, die bereits für den Zugang zum Problem Abendmahlsgemeinschaft elementar wichtig sind. Denn auch in der postkonziliaren katholischen Theologie sind viele Erkenntnisse in der Lehre der Eucharistie und auch der Kirche noch nicht überall genügend aufgenommen und verarbeitet worden und in unserem aktuellen Bewusstsein präsent. Die neuzeitliche Eucharistielehre ist über Jahrhunderte vor allem durch drei Grundthemen bestimmt geblieben, die das Konzil von Trient als katholische Lehre herausgestellt hat und die verständlicherweise gerade deshalb in der Diskussion mit der reformatorischen Theologie maßgeblich geblieben sind. Es sind die drei Lehrstücke der Realpräsenz, der Wandlung der Gaben von Brot und Wein in Fleisch und Blut des Herrn (Transsubstantiation) und des Opfercharakters der Eucharistie. Selbstverständlich sind diese dogmatischen Klärungen unersetzlich, aber sie haben durch einige Wiederentdeckungen einen neuen Horizont erhalten, der vor allem das kontroverse Gespräch über diese Themen bis zu einem gewissen Grad besser ermöglicht. Dazu gehören vor allem die Entdeckung der Anamnese / memoria-Grundstruktur der Eucharistie im Rahmen des biblischen Heilsverständnisses und der ekklesiale Charakter der Eucharistie.

Der Grundgedanke von Kirche als Communio, der vor allem seit dem Zweiten Vatikanischen Konzil auf katholischer Seite stärker entfaltet wurde,[5] bedeutet, dass die Kirche Sammlung und Zusammenführung der Menschen für Gott aus allen Himmelsrichtungen ist. Dies zielt zuerst auf eine Vereinigung mit Gott, die aber auf ihre Weise in der horizontalen Dimension eine Vereinigung der oft untereinander zerrissenen und unversöhnten Menschen mit sich bringt. Kirche ist in diesem Sinne die Kommunion des Wortes und des Leibes Christi, die sie selbst wiederum ein Volk werden lässt. Das gebräuchliche Wort von der „Kommunion“ hat also einen tiefen Hintergrund. Die neuere so genannte „eucharistische Ekklesiologie“, die anfangs vor allem von den Orthodoxen vertreten wurde, vertieft diese Gedanken und vertritt die Überzeugung, dass die Kirche – zunächst unabhängig von allen historischen Fragen einer Kirchengründung – entstanden ist, als der Herr unter den Gestalten von Brot und Wein seinen Leib und sein Blut „für die vielen“ gegeben hat und der Kirche den Auftrag zur Wiederholung gegeben hat: Tut dies zu meinem Gedächtnis. Die Kirche selbst ist in ihrer Herkunft, in ihrer Gegenwart und in ihrer Sendung eigentlich nichts anderes als eine einzige Antwort auf diesen Auftrag Jesu Christi. In diesem Sinne kann man sagen, dass die Kirche Eucharistie ist.[6]

Beide Aspekte, nämlich die Kirche als Ereignis der von Gott berufenen „Versammlung“ und die Herkunft von der Eucharistie, gehören eng zusammen. Im Communio-Gedanken ist beides präsent, bereits vorgebildet im biblischen und patristischen Schlüsselwort der „Koinonia“.[7]

IV. Kirche und Eucharistie

Diese innere Verbindung wird schon sichtbar in dem Ineinander der drei Bedeutungen von „Leib Christi“: der Leib Jesu Christi am Kreuz als Hingabe, der Leib Jesu Christi als Eucharistie, der Leib Jesu Christi als Kirche. Zugleich gibt es eine Verbindung der Aspekte auch in der Formel „Communio sanctorum“, die einerseits die Teilhabe am Heiligen, das heißt an den Heilsgaben von Wort und Sakrament, und andererseits zugleich die Gemeinschaft der Glaubenden meint, also den personalen und sakramentalen Sinn gemeinsam betont.[8] Diese Teilhabe am Heiligen ist nichts anders als die Teilhabe an dem durch sein Wort und Sakrament für die Glaubenden gegenwärtigen Jesus Christus selbst, durch den sie zur Gemeinschaft des Leibes Christi vereint werden. Gemeinschaft der Glaubenden ist die Kirche so nur auf der Basis der Teilhabe an demselben einen Herrn. Die innere Zusammengehörigkeit von Gemeinschaft der Glaubenden mit Jesus Christus und Gemeinschaft der Glaubenden untereinander kommt so am besten zur Darstellung bei der Feier des Abendmahls. Daran hat auch Martin Luther noch in seinen Schriften aus den Jahren 1519 bis 1524 festgehalten, besonders in den Äußerungen von 1519.[9] – Ich verwende hier abwechselnd den mehr katholisch gebrauchten Begriff „Eucharistie“, den stärker evangelisch eingefärbten Begriff „Abendmahl“ und benutze auch den neueren, vermittelnden Begriff „Herrenmahl“, der freilich weniger bekannt ist.

Die Teilhabe am eucharistischen Leib schließt den Zusammenhang mit dem „Leib Christi“ ein. Paulus verwendet den Ausdruck „Leib Christi“ nur einmal außerhalb der Abendmahlstradition. Grundlegend ist der Text: „Ist der Kelch des Segens, über den wir den Segen sprechen, nicht Teilhabe am Blut Christi? Ist das Brot, das wir brechen, nicht Teilhabe am Leib Christi? Ein Brot ist es. Darum sind wir viele ein Leib; denn wir alle haben teil an dem einen Brot.“ (1 Kor 10,16f.) Die Anteilgabe und Anteilhabe an Leib und Blut des Herrn betrifft die Vielen so sehr, dass sie auch untereinander hineingenommen werden in eine neue Einheit aller in Jesus Christus.

V. Kirchengedanke und Gemeinschaft im Herrenmahl

Die Eucharistie bezieht sich also nicht auf ein isoliertes Einzelsakrament neben anderen Zeichen. Vielmehr stehen Eucharistiegemeinschaft und Kirchengedanke in engstem Zusammenhang. Unter den Teilnehmern an der Eucharistiefeier, durch welche diese „ein Leib und ein Geist" werden, darf nichts fundamental Trennendes bestehen. Dieser fundamentale Bezug von Eucharistie und Kirche ist besonders bei Paulus und in der Theologie des ersten Jahrtausends, aber auch im Mittelalter bezeugt.[10]

Die Gemeinde, besser: die Kirche entsteht nicht erst durch die Initiative und den Zusammenschluss ihrer Glieder. „Leib Christi" ist nicht das „Produkt der Gemeinschaft", sondern stellt – eine vielleicht befremdliche, aber exegetisch offenbar zwingende Feststellung – im Blick auf die einzelnen Glieder „die vorgegebene Tatsache" dar. Die Kirche ist kraft seines Todes und seiner Auferstehung durch den Geist in ihm eins geworden. Selbstverständlich wird diese reale Gemeinde aus ihren Gliedern gebildet. Aber dass sie „Leib Christi" wird und zu dieser Einheit findet, ist zuletzt allein sein Tun. Solche Gemeinschaft im Geist der selbstlosen Hingabe des Herrn im Abendmahl und in seinem Tod setzt nach Paulus voraus, dass überwindbare Uneinigkeit und spaltende Zwietracht überwunden worden sind. Wie könnten die Glaubenden sonst „Leib Christi" sein oder in ihm wahrhaft eins sein.

VI. „Gemeinschaft der Gemeinschaften"

Die Kirche als konkrete Wirklichkeit erscheint zunächst in der Einzelgemeinde. Aber sie darf nicht allein bloß darin gesehen werden. Sie bekundet sich zuerst in der konkreten „Versammlung", in der die Menschen zwar aus allen Gruppierungen zusammenkommen (Reiche und Arme, Gebildete und Ungebildete, Griechen, Juden, Barbaren, Männer und Frauen, vgl. Gal 3,28), aber zugleich alle zur selben Eucharistiefeier gehören. Diese „Versammlung" realisiert nämlich primär in der Feier des Gottesdienstes und besonders der Eucharistie (vgl. 1 Kor 10,16f.; Eph 4,15f.) die Gemeinde, die Kirche vor Ort. Dadurch aber, dass in jeder örtlichen gottesdienstlichen Feier, in der Jesus Christus selbst gegenwärtig ist, die ganze weltweite Kirche präsent wird, kann und darf sich die einzelne Gemeinde nicht isolieren. Wo Jesus Christus ist, da ist auch die ganze, „katholische" Kirche.[11] Darum gehört auch die Gemeinschaft der Ortsgemeinden untereinander wesentlich zur Integrität der einzelnen Gemeinde als Gestalt und Erscheinungsform der einen, katholischen Kirche Jesu Christi.

So ist die Kirche eine Gemeinschaft, die aus einem Netz von Ortskirchen besteht. Es gehört ganz wesentlich zum Begriff der Communio, dass sie in diesem Sinne eine „Gemeinschaft der Gemeinschaften"[12] ist, die letztlich von der Eucharistie her mitstrukturiert ist. Dies kommt auch schon in der „ekklesia" im paulinischen Sinn zum Vorschein, die ja in beinahe fließenden Übergängen, aber meist doch deutlich voneinander abhebbar, die Kirche als aktuelle Versammlung, als konkrete Einzelgemeinde und als Universalkirche meint. Dazu gehört freilich auch, dass diese Verbundenheit untereinander mit zum Ausdruck kommt durch die Amtsträger selbst.[13] J. Ratzinger hat immer wieder gezeigt, dass man in diesem Zusammenhang die eucharistische Ekklesiologie nicht nur vom ortskirchlichen Prinzip her verstehen darf, sondern dass auch universalkirchliche Strukturen unverzichtbar sind.[14] Von hier aus ist auch verständlich, warum besonders die Glaubenskongregation in den vergangenen Jahren und bis in die jüngste Gegenwart hinein im Gedanken der „Communio" auch den universalkirchlichen Zusammenhang sieht.[15] Die „Gemeinschaft der Gemeinschaften" findet ihren Ausdruck auch in der gegenseitigen Anerkennung der sie repräsentierenden Amtsträger. Die Gemeinschaft der Gemeinschaften beruht auch hier auf der ihnen vorgegebenen und in der Feier des Abendmahls in besonderer Weise gegenwärtigen Einheit in dem einen Herrn.[16] Es ist erstaunlich, wie sehr alle nachkonziliaren Dialoge trotz mancher Differenzen in dieser Richtung konvergieren.[17]

VII. Das bleibende Dilemma

Aus diesem Befund ergibt sich eine schwer lösbare Aufgabe. Die Kirche kann von sich aus nicht einfach Abendmahlsgemeinschaft „herstellen", ohne dass sie die verlorene Einheit in ausreichender Weise wiederfindet. Sonst entsprechen sich die Gemeinschaft im Herrenmahl und die Kircheneinheit nicht. Dies ist aber ein so fundamentaler, konstitutiver Zusammenhang, dass er nicht zerrissen werden darf. Die Kirche kann im Grunde nicht ernsthaft ihre wirkliche Einheit bezeugen, ohne dass sie diese Einheit in der gemeinsamen Eucharistiefeier zum Ausdruck bringt.

Es ist auch widersprüchlich, wenn so etwas wie „Zwischenlösungen" angepeilt werden, die zwar im Einzelfall eine gemeinsame Feier des Herrenmahles zulassen, aber dennoch nicht wesentlich die verletzte Kircheneinheit wiederherstellen. Deshalb sind diese Zwischenlösungen zunächst einmal mit fundamentalen Widersprüchen behaftet. Man könnte sich zunächst denken, dass eine punktuelle Ausnahme im Blick auf das Heil eines einzelnen Menschen oder auch einer Gruppe erfolgen könnte. Eine einzelne Notlage, deren Charakter später noch näher ausgelotet werden muss, könnte der Grund für eine solche Vorwegnahme sein. Aber dies kann eigentlich nur für die individuelle Seelsorge ein Weg sein. Im Allgemeinen gilt wohl der Grundsatz des Ökumenismus-Dekretes: „Man darf jedoch die Gemeinschaft beim Gottesdienst (communicatio in sacris) nicht als ein allgemein und ohne Unterscheidung gültiges Mittel zur Wiederherstellung der Einheit der Christen ansehen. Hier sind hauptsächlich zwei Prinzipien maßgebend: Die Bezeugung der Einheit der Kirche und die Teilnahme an den Mitteln der Gnade. Die Bezeugung der Einheit verbietet in den meisten Fällen die Gottesdienstgemeinschaft, die Sorge um die Gnade empfiehlt sie indessen in manchen Fällen. Wie man sich hier konkret zu verhalten hat, soll unter Berücksichtigung aller Umstände in der Zeit, des Ortes und der Personen die örtliche bischöfliche Autorität in klugem Ermessen entscheiden, soweit nicht etwas anderes von der Bischofskonferenz nach Maßgabe ihrer eigenen Statuten oder vom Heiligen Stuhl bestimmt ist." (UR 8)

Diese beiden Gesichtspunkte leiten bis heute alle Aussagen zu unserem Thema. Es scheint mir nun aber naheliegend zu sein, dass eine so punktuelle und unter gewissen Vorbehalten stehende „Zulassung" für die kirchliche Struktur im ganzen, also für die soziale Dimension der Kirche kaum eine Lösung wäre, denn sie würde das Dilemma eigentlich nur fixieren, ohne es zu lösen. Dies muss später nochmals genauer betrachtet werden.

VIII. Taufe – Herrenmahl – Kirche

Gerade die Unterzeichnung des Augsburger Rechtfertigungsdokumentes vom 31. Oktober 1999 stützt einen Gedanken, dessen volle Tragweite für unser Thema nicht immer reflektiert worden ist. Wenn in Grundwahrheiten der Rechtfertigungslehre keine eigentlich kirchentrennenden Hindernisse mehr gegeben sind, hat die Anerkennung der Taufe unter Christen ein großes Gewicht. Da die Tauftheologie in allen Kirchen etwas unterentwickelt erscheint, ist ihr Gewicht in der ökumenischen Diskussion nicht genügend groß. Aber es bedeutet doch im Blick auf die Wirklichkeit der einen Kirche ein großes Gewicht, dass die Geschichte der Exkommunikationen, Schismen und Häresiebezichtigungen umgriffen wird durch die Anerkennung der Taufe und damit auch der konstitutiven Merkmale des Christseins. Die Taufe begründet zwischen den getrennten Christen „ein sakramentales Band der Einheit" (UR 22). Hier zeigt sich deutlich, dass die getrennten Kirchen auch des reformatorischen Typs an der Wirklichkeit der einen Kirche Jesu Christi teilnehmen. Dies darf auch nicht durch die Einsicht verdunkelt werden, das „die aus der Taufe hervorgehende volle Einheit mit uns fehlt" (UR 22). Es ist damit auch schon deutlich gemacht, dass diese noch unvollendete, unvollkommene Einheit nach vorne hin dynamisch entfaltet werden kann und weitere Gemeinsamkeiten sichtbar werden können. Man betont gewöhnlich viel zu sehr die Akzentuierung der unvollkommenen Einheit.

An dieser Stelle entsteht immer wieder eine Frage, die nicht genügend gelöst zu sein scheint. In der katholischen Theologie fragt man im Rahmen der Zahl der Sakramente nach einer spezifischen Wirkung der einzelnen sakramentalen Zeichen. Ich habe den Eindruck, dass diese Frage in der evangelischen Theologie eine relativ geringere Rolle spielt. In der Mitte steht immer wieder das Rechtfertigungsgeschehen. Martin Luther sah in der „Vergebung der Sünden" auch den Hauptartikel der Glaubensbekenntnisse, von dem her hermeneutisch alles interpretiert werden muss. Dieses Element findet selbstverständlich zunächst einmal in der Taufe den dichtesten und angemessensten Ausdruck. Aber hat eigentlich die Eucharistie ein eigentliches Proprium? Ich bin in Abhandlungen, besonders auch des 19. Jahrhunderts, immer wieder auf Formulierungen gestoßen, die Sakramente, also besonders die Hauptsakramente von Taufe und Abendmahl, seien eben letztlich verschiedene Weisen und Spielarten (diversi modi) des einen Rechtfertigungsgeschehens. Wenn dies so ist, dann ist es verständlicher, dass für die evangelische Partnerseite aus der Anerkennung der Taufe ein ziemlich gerader Weg auch zur Entfaltung dieser Anerkennung in der Eucharistie führt. Unterstützt wird dieser Gedanke meist noch dadurch, dass man in Jesus Christus selbst den eigentlich einladenden Herr des Mahles („Herrenmahl") sieht, sodass die Gastgeberschaft Gottes die Priorität behält. Sie – so argumentiert man – beschränke nicht die universale Bedeutung der Heilsgaben Gottes, wie sie eben durch kirchliche Vorschriften eingeengt werde. Dabei werden stets auch der universale Charakter und die missionarische Bedeutung des Todes Jesu und damit auch des Abendmahls betont.

Es war mir eine gewisse Erleichterung, bei U. Kühn ähnliche Fragen zu finden. Er ist der Meinung, dass die lutherische Tradition immer stark bemüht gewesen sei, das Abendmahl so sehr als Gabe des Herrn zu sehen, „dass demgegenüber die Gemeinde nur die Funktion des Empfangens und Beschenktwerdens hat."[18] Es ist aber kein Zweifel, dass zahlreiche neuere ökumenische Dokumente das Abendmahl feiernde Subjekt „Gemeinde" theologisch in den Vordergrund bringen.[19]

Ich kann allerdings aus vielen Gründen nicht sehen, wie man gerade bei der Eucharistie zwischen Jesus Christus und der Kirche eine solche weitgehende Trennung (nicht Unterscheidung!) durchführen kann. Ich sehe nicht, dass das Neue Testament für das nachösterliche Herrenmahl eine solche einsame Gastgeberrolle Jesu Christi und eine solche grundlegende missionarische Ausrichtung der Eucharistie kennt, und dies im Unterschied zur Taufe. Es gibt zwar den Primat Jesu Christi in allen Sakramenten, aber nicht mit dieser Trennschärfe zwischen den sakramentalen Zeichen und ihrem Urheber.

Sicher hat diese Denkweise mit dem radikalen christologischen Primat etwas Attraktives und zunächst Befreiendes an sich. Man darf die konstitutive Gastgeber-Funktion Jesu Christi nicht in eine sinnlose Konkurrenz zur feiernden Gemeinde bringen. Wir wissen freilich heute, wie sehr wir bereits im Neuen Testament eine Mischung von Jesusworten und Antworten der frühen Kirche haben. Versuche einer Rekonstruktion der Worte des irdischen Jesus,[20] die hypothetisch durchaus sinnvoll sind, können im Ernst doch nicht hinter die traditions- und redaktionsgeschichtlichen Ergebnisse zurück, die eine solche fein säuberliche Abhebung nicht mehr zulassen. Dies ist nicht nur eine historische Thematik, denn „ein solches geradezu sakramentales Ineinander von Wort und Handeln des Herrn und der Gemeinde“ ist eben auch theologisch von großer Bedeutung.[21] Hier gibt es zwischen den Kirchen noch einige wenige geklärte Irritationen.

Hier verbergen sich freilich noch schwierige exegetische Probleme. Der urchristliche Gottesdienst hat nach 1 Kor 14, 22–25 in gewisser Hinsicht eine missionarische Funktion. Es ist jedoch recht schwierig, den hier beschriebenen Wortgottesdienst mit der in 1 Kor 11 besprochenen Herrenmahlsfeier in ihrem Verhältnis zueinander genauer zu bestimmen. Der Gottesdienst hat gewiss eine sehr wichtige Rolle im inneren und äußeren Wachstum der Gemeinden. Das Essen des gesegneten Brotes und das Trinken des gesegneten Bechers (vgl. 1 Kor 10, 16 f.) setzen jedoch nach Paulus zweifelsohne die Taufe voraus (vgl. 1 Kor 12, 12 f.), den Glauben, die Hoffnung und die Liebe (1 Kor 13). Dass die Taufe allein für Paulus nicht ausreicht, zeigt sich an den Beispielen der Exkommunikation (vgl. 1 Kor 5–6). Am Ende ist es vor allem der Glaube, der ein Kriterium ist, und zwar als Glaubensakt (fides qua) und als Gehalt des Glaubens bzw. Bekenntnis (fides quae).

IX. Die innere Ordnung zwischen Taufe und Eucharistie

Der katholische Theologe kennt nicht nur einen „Typ“ von Sakrament, der maßgebend inhaltlich die Rechtfertigung umfasst. Es fragt sich, ob es eine eigene Modalität der sakramentalen Wirkung der Eucharistie gibt. Manchmal gewinnt man bei reformatorischen Theologen den Eindruck, das Abendmahl werde weitgehend als ein rechtfertigendes Sakrament gesehen, vielleicht sogar geringeren Grades.

Dies ist aber gerade nicht die Perspektive, in der die katholische Theologie die Eucharistie versteht. Dabei muss man freilich auch sagen, dass die mittelalterliche Theologie, vor allem bei Thomas von Aquin, eine vielfache Ordnung der Sakramente untereinander kennt, die in der Neuzeit weitgehend vergessen worden ist und uns auch heute in hohem Grad unbekannt bleibt.[22] Es gibt hier verschiedene Zuordnungen der Sakramente untereinander, z. B. im Blick auf die Heilsnotwendigkeit, die Vollkommenheit, den Intensitätsgrad usw. Dabei spielt zwischen den Sakramenten der Taufe und der Eucharistie eine Grundidee eine wichtige Rolle, die übrigens auch nebenbei im Ökumenismus-Dekret in bemerkenswerter Weise vorkommt, die freilich bisher zu wenig beachtet worden ist. Es heißt dort nämlich: „Die Taufe begründet also ein sakramentales Band der Einheit zwischen allen, die durch sie wiedergeboren sind. Dennoch ist die Taufe nur ein Anfang und Ausgangspunkt, da sie ihrem ganzen Wesen nach hinzielt auf die Erlangung der Fülle des Lebens in Christus. Daher ist die Taufe hingeordnet auf das vollständige Bekenntnis des Glaubens, auf die völlige Eingliederung in die Heilsveranstaltung, wie Christus sie gewollt hat, schließlich auf die vollständige Einfügung in die eucharistische Gemeinschaft.“ (UR 22) Nun muss man freilich den richtigen Begriff von der Taufe als Anfang und Ausgangspunkt kennen (UR 22: „initium et exordium“). Denn es geht ja nicht darum, dass man in der Taufe nur einen schwächlichen Anfang sieht, sondern er ist gerade für die katholische Theologie ein bleibender Gründungsakt christlichen Lebens, der alles durchdringt, umfasst und trägt, was zum Heil gehört. Die Taufe ist auch nicht Ausgangspunkt in dem Sinne, dass sie eigentlich nur eine Art von Sprungbrett ist, das man zu anderen Vollzügen verlässt. Vielmehr ist sie ein bleibendes Fundament, das alles begründet, unterfasst und zur Entfaltung anspornt. Diese Aussagen bedeuten also überhaupt keine Entwürdigung oder Geringschätzung der Taufaussagen. Im Übrigen kann man gut zeigen, wie diese Ideen sich bereits z. B. bei Ignatius von Antiochien finden, der etwa die Taufe als die „Pforte“ bzw. die „Tür“ und die Eucharistie als Vollendung des Heils bezeichnet.[23]

Die Ausführungen in UR 22 machen bei aller etwas formalisierten Sprache aufmerksam auf die notwendige Entfaltung und Dynamik, die bleibend aus der Taufe hervorgehen. Eigens angesprochen sind dabei generell die zu erlangende und anzustrebende Fülle des Lebens in Jesus Christus, das ganze Bekenntnis des Glaubens, die volle Eingliederung in die von Christus gewollte Geschichte und institutionalisierte Form des Heils („Heilsökonomie“) und schließlich die vollständige Einfügung in die eucharistische Gemeinschaft. Eine solche Darstellung erlaubt keine materielle Gleichsetzung der Wirkung von Taufe und Eucharistie. Es gibt eine für das christliche Leben unübersehbare Bewegung, die den Sinn der Taufe in die einzelnen Phasen und Vollzugsweisen christlicher Existenz umsetzt. Dazu gehören das tiefere Eindringen in den Glauben der Kirche, das Vertrautwerden mit den sakramentalen Heilszeichen und schließlich „die vollständige Einführung in die eucharistische Gemeinschaft“ (UR 22: „ad integram denique in communionem eucharisticam insertionem“).

Man kann diesen Gedanken wohl nur recht verstehen, wenn man die Stellung der Eucharistie im Verhältnis zur Kirche, wie es oben dargestellt worden ist, genauer entdeckt, aber auch die Position der Eucharistie im Kosmos der Sakramente tiefer erkennt. Der Gedanke, dass die Taufe der Anfang und die Tür des Heils ist, die Eucharistie aber so etwas wie die Vollendung, hat ja mannigfache Dimensionen. Sie sind freilich manchmal bei uns selbst zu sehr vergessen. Am deutlichsten ist mir dieser Gedanke in der Aussage des Thomas von Aquin geworden, der freilich hier nur für die gesamte Tradition steht, dass nämlich die Eucharistie für die Kirche so etwas wie das spirituelle Gemeinwohl der ganzen Kirche darstellt. In ihr ereignet sich der Gipfel und der Höhepunkt auch der gottesdienstlichen Handlungen, wie das Zweite Vatikanische Konzil mit seinen Reformdekreten immer wieder betont. Aber dies kann man im Ernst auch nur sagen, wenn die Eucharistie wirklich „Vollendung“ ist, d. h. wenn alle Grundvollzüge des christlichen Lebens in sie einmünden und selbst zu einer gewissen Vollendung gebracht werden. Dies gilt nicht zuletzt auch für Grundvollzüge des Glaubens und der Glaubensunterweisung, des Gebetes und der Gottesdienste, der Diakonie und der karitativen Aktivitäten in der Kirche. In der Tat tendieren sie immer wieder auf die Eucharistie hin und werden auch von ihr her wieder genährt, denn sie ist nicht nur Gipfel, sondern auch „Quelle des ganzen christlichen Lebens“ (LG 11). Sie ist – zusammen mit der Taufe – ein Grundsakrament.

Dies ließe sich noch vielfach vertiefen; das kann in diesem Rahmen nicht geschehen. Ich möchte aber doch noch auf ein Element hinweisen, das der Beachtung wert ist. Die Spanne zwischen der Taufe und der Eucharistie mit den vielen einzelnen Dimensionen und Phasen, die sich schließlich im Herrenmahl sammeln, hat viel zu tun mit der irdischen, zeitlichen Existenz der

Kirche und der Christen. In diesem Bogen von Taufe und Eucharistie, der freilich immer wieder hin und her geführt werden muss, geht es um das Umsetzen des Geschenkes des Glaubens und des Heils in die „Zeit der Kirche" und auch in die Strukturen unserer irdischen Existenz hinein. Die Eucharistie hat nämlich gerade in dieser Erstreckung in die geschichtliche Lebens- und Weltzeit hinein eine ganz besondere irdische Note, wie sie auch durch die Symbole von Brot und Wein gegeben sind. Sie ist das Sakrament „zwischen den Zeiten" und erstreckt sich von den Verheißungen des Alten Bundes bis zum Hochzeitsmahl und dem Mahl der Völker bei der Vollendung von Welt und Geschichte. Hier kommt der Pilgerstand des kirchlichen und christlichen Lebens besonders deutlich zum Vorschein. Von daher kann man auch sehr gut verstehen, warum die Eucharistie „Wegzehrung" genannt wird und dass sie jeden Tag überall auf der Welt, je an ihrem Ort und zu ihrer Zeit, gefeiert wird. Damit erklärt sich auch das Entstehen von eucharistischen Prozessionen. Wenn wir die Eucharistie in den letzten Jahrzehnten immer mehr als Anamnese wiederentdeckt haben, als „memoria", Gedächtnisfeier des Todes und der Auferstehung des Herrn,[24] so prägt sie sich hier ebenfalls noch genauer aus als ein signum memorativum, demonstrativum und prognosticum. Sie umfasst selbst in äußerster Dichte die Zeitdimensionen und hebt sich schließlich auf als Wegweiser hin zur Ewigkeit Gottes.

X. Analoge Bezüge zum Problem von Kircheneinheit und Eucharistiegemeinschaft

Dieses Verhältnis der Eucharistie zu den anderen Sakramenten, zum Weg der Kirche und auch zur „Zeitlichkeit" kann nicht ohne Folgen bleiben für das Verständnis des Herrenmahles im Bezug zur Kircheneinheit. Die Abendmahlsgemeinschaft realisiert sich dann am tiefsten, wenn sie aus einem umfassenden Integrationsprozess christlichen Tuns und kirchlichen Miteinanderseins herkommt und selbst solche Einigung wieder voranbringt. Dies hat aber auch zur Konsequenz, dass die Einheit der Kirche durch den Vollzug der eucharistischen Gemeinschaft sich nur dann vollgültig realisiert, wenn zugleich die anderen Bereiche des kirchlichen Lebens positiv und fruchtbar in eine solche Einigung eingebracht werden. Dies gilt zunächst für jede Gemeinde, die Eucharistie feiert, in dem sie z. B. den Zusammenhang von Verkündigung, Eucharistie und Bruderliebe vertieft. Aber es gilt noch entschiedener für die Einigung der getrennten Christen durch das gemeinsame Abendmahl.

Gewiss gibt es auf diesem Weg zur einen Kirche relative Teilziele, ja vielleicht auch so etwas wie „Phasenverzögerungen“: Nicht alles wandelt sich gleichzeitig und konsequent auf allen Ebenen nach vorne hin. Aber die Eucharistie hat aufgrund ihrer hochgradig verdichteten ekklesiologischen Grundgehalte als „Mittel“ in diesem integralen Einigungsprozess auch eine außerordentlich verletzliche Stellung: Die eucharistische „Sammlung der Zerstreuten“ sollte möglichst in einem gleichzeitigen Miteinander auf dem Weg des gemeinsamen Glaubens und Gottesdienstes, der tätigen Liebe, der kirchlichen Ordnung und – schließlich als Ausdruck all dessen – einer gegenseitigen Anerkennung vorankommen.

Ich glaube nicht, dass die Eucharistie selbst „Mittel“ zum Zweck der Einigung werden darf, wenn dies im Sinne einer isolierten Instrumentalisierung verstanden würde. Allein kann sie auch kaum die Einheit der Kirche verstärken oder gar bewirken. Aber zusammen mit dem Gelingen und Vertiefen der anderen Lebensvollzüge kann sie selbst als innerer Motor so etwas wie eine Mitte und auch – nun in einem neuen Sinn – ein Mittel werden zu einer immer tieferen Einigung.

Aufgrund dieser inneren Zusammengehörigkeit kann es nach meinem Verständnis keine „Vorwegnahme“ von Abendmahlsgemeinschaft als dem sakramentalen Zeichen der Einheit der Kirche geben, wenn dies nicht tiefere und bleibende Konsequenzen für das Verhältnis der beteiligten Glaubensgemeinschaften hat. Ich kann mir einfach nicht denken, dass man sich im tiefsten Zeichen der Einheit, das der Herr uns geschenkt hat und in dem er uns tiefer verbindet, als wir es je miteinander könnten, einigt und danach wieder auseinanderläuft, ohne dass sich dadurch etwas fundamental verändert. Nehmen wir so die Stiftung und das Testament des Herrn wirklich ernst? Diese fundamentale Entsprechung beruht auf der zentralen Stellung der Eucharistie in bezug auf die umfassende Wirklichkeit der konkreten Kirche. Jetzt erst wird ein Axiom verständlich, wie es Thomas von Aquin zum Ausdruck bringt: Das geistliche Gemeinwohl der ganzen Kirche ist der Substanz nach im Sakrament der Eucharistie gegeben. Eine Abendmahlslehre, die diesen fundamentalen ekklesiologischen Grundtext nicht mehr kennt oder sich nicht wieder erarbeitet, bekommt nicht die ganze Tiefe und freilich auch Problematik des Themas „Gemeinschaft im Herrenmahl und Kircheneinheit“ in den Blick.

Darum hat eine wirklich gemeinsame Eucharistiefeier der Christen, sieht man einmal von den individuellen Ausnahmesituationen ab, eigentlich immer die Notwendigkeit in sich, dass eine Art Versöhnung stattfindet, die uns wirklich nicht nur punktuell und momentan näher zusammenführt, sondern uns tiefer und bleibend aneinander bindet. Nicht zufällig haben darum die

Eucharistiefeiern bei den Kirchenunionen der letzten Jahrzehnte einen zentralen Platz.

XI. Zur Grundaussage und den verwendeten Kategorien

Es ist jedoch notwendig, an die Typen von Gemeinschaft im Herrenmahl zu erinnern. Ich will dabei nicht alle relativ einfachen Ausführungen der einschlägigen Bestimmungen wiederholen, die eine Zulassung im Blick auf die orthodoxen Kirchen erlauben (vgl. z. B. Direktorium zur Ausführung der Prinzipien und Normen über den Ökumenismus 1993, Nr. 122–128; UR 14–18; Can. 844 § 3 CIC; Enzyklika „Ut unum sint", Teil II). Diese Zulassung gibt es im Blick auf die aus der Reformation hervorgegangenen Kirchen nicht. Die katholischen Gläubigen empfangen die Sakramente erlaubt nur von katholischen Spendern (vgl. Can. 844 und Can. 861 § 2). „Aufgrund der katholischen Lehre über die Sakramente und ihre Gültigkeit kann ein Katholik unter den oben erwähnten Umständen (Nr. 130, 131) diese Sakramente nur von einem Spender einer Kirche erbitten, in dessen Kirche diese Sakramente gültig gespendet werden, oder von einem Spender, von dem feststeht, dass er gemäß der katholischen Lehre über die Ordination gültig geweiht ist." (Ök. Direktorium 1993, Nr. 132) Es handelt sich also nicht um irgendeine Form einer wechselseitigen Zulassung oder einer offenen Kommunion, sondern um eine einseitige Zulassung. Es mag nun aber notwendig sein, die verwendeten Kriterien und ihre Begrifflichkeit überhaupt im Zusammenhang zu formulieren, damit die jeweilige Einordnung leichter und ohne Missverständnisse möglich ist.

Die Kommission für Glauben und Kirchenverfassung des Ökumenischen Rates schlägt folgende Nomenklatur vor, wobei frühere Einteilungen mitverwendet werden (z. B. Lund 1952):

1. Der Begriff „Kommunion" bezeichnet das Endziel der Ökumenischen Bewegung, die von Christen angestrebte Einheit und Gemeinschaft, die sich in der Abendmahlsgemeinschaft äußert. Die Verwirklichung dieses Endzieles kennt verschiedene Stufen.
2. Die so genannte „begrenzte Zulassung" meint die ausnahmsweise gewährte Zulassung von Gliedern einer anderen Kirche zur eigenen Eucharistie aus rein pastoralen Gründen.
3. Die so genannte „allgemeine Zulassung" bedeutet, dass alle Getauften und zum Abendmahl in ihrer Kirche berechtigten Glieder anderer Kirchen oder sogar „alle, die den Herrn liebhaben," eingeladen werden.

4. Bei „gegenseitiger Zulassung" lassen zwei Kirchen oder Gemeinden nach wechselseitiger Absprache die Mitglieder der anderen Konfession generell zur eigenen Eucharistie zu. Man heißt diese Form auch die eigentliche „Interkommunion".
5. Schließlich kennt man die Konzelebration von Geistlichen verschiedener Konfessionen bei gelegentlichen Zusammenkünften von Gliedern ihrer Kirchen und die Interzelebration, bei der zwei oder drei getrennte Kirchen bereit sind, wechselseitig den Amtsträgern zu erlauben, ihren eucharistischen Gottesdienst zu leiten.[25]

Nach dieser Kategorisierung sind die in den katholischen Dokumenten gegebenen Regelungen eindeutig als auf den Not- und Ausnahmefall begrenzte, einseitige Zulassung zu qualifizieren.

Freilich kann man nicht alle Formen, die vorgeschlagen worden sind, in dieser Nomenklatur finden. Dies gilt z. B. für das so genannte „Straßburger Modell" von Bischof L. A. Elchinger (1972).[26] Die Eucharistische Gastfreundschaft ist mehr als „begrenzte offene Kommunion" bzw. „begrenzte Zulassung", da sie auch die Teilnahme der eigenen Glieder an Abendmahlsfeiern der anderen Kirche ermöglicht. Sie ist jedoch weniger als „gegenseitige offene Kommunion" bzw. „gegenseitige Zulassung", da sie keine offizielle Abmachung zwischen den Kirchen voraussetzt. Man hat deshalb diese Form als „Eucharistische Gastbereitschaft" bezeichnet (engl. und franz.: „eucharistic hospitality" „hospitalité eucharistique"). Der Begriff der Gastfreundschaft oder der Gastbereitschaft hat jedoch gerade auch im deutschen Sprachgebiet nochmals eine eigene Geschichte.[27] Am 10. Oktober 1975 hat bekanntlich die VELKD die „Pastoraltheologische Handreichung" zur Frage der gegenseitigen Teilnahme am Herrenmahl verabschiedet.[28] Dort heißt es, „dass der Zugang zum Tisch des Herrn im Grundsatz jedem getauften Christen offen steht, der im Vertrauen auf Christi verheißendes Wort hinzutritt, da Jesus Christus selbst – durch die Kirche – zu seinem Abendmahl einlädt.[29] Dazu wird auch der katholische Christ eingeladen. Der ursprünglich von der Gruppe von Dombes 1971 verwendete Begriff „Eucharistische Gastfreundschaft" wird also dazu benutzt, um vor dem Erlangen voller Kirchengemeinschaft jetzt schon gelebte Abendmahlsgemeinschaft – wenigstens in Ausnahmefällen – verwirklichen zu können. Das Schicksal der Straßburger Regelung zeigt jedoch, dass die katholische Kirche in solchen Richtlinien keinen verlässlichen Weg für die Zukunft sieht, und zwar gerade wegen der grundlegenden Überzeugung von der engen Zusammengehörigkeit von Herrenmahl und Kircheneinheit.

XII. Das Gewicht der „Notlage“

Wir haben schon auf die wichtige Aussage im Ökumenismus-Dekret hingewiesen, dass es zwei Prinzipien zur Lösung der anstehenden Fragen gibt, nämlich die Bezeugung der Einheit der Kirche und die Teilnahme an den Mitteln der Gnade: „Die Bezeugung der Einheit verbietet in den meisten Fällen die Gottesdienstgemeinschaft, die Sorge um die Gnade empfiehlt sie indessen in manchen Fällen.“ Das Konzil selbst hat diese Aussagen nur wenig entfaltet, dies geschah in einer Reihe von Dokumenten vor allem in den 70er Jahren, bis das neue kirchliche Gesetzbuch im Jahr 1983 erschien.

Eine Erweiterung der bisherigen Zulassung erfolgte vor allem über eine Vertiefung der beiden Prinzipien aus dem Ökumenismus-Dekret, die wir eben genannt haben. Das enge Verhältnis zwischen dem Geheimnis der Kirche und dem Mysterium der Eucharistie darf zwar nie verdunkelt werden, jedoch ist in Einzelfällen eine Zulassung möglich. Zuerst galten physische Notlagen, die vor allem aus einzelnen lebensbedrohenden Bedrängnissen entstanden, also besonders Todesgefahr, Gefängnis und Verfolgung. Besonders in der Instruktion über einzelne Fälle zur Zulassung anderer Christen zur Kommunion in der katholischen Kirche aus dem Jahr 1972 findet sich hier ein bemerkenswerter Gedankengang, an dem eine wichtige Modifizierung aufgezeigt werden kann. Hinweise gibt es freilich schon in früheren Dokumenten. Dort geschieht etwas Entscheidendes, was nach meinem Empfinden bis heute nicht genügend entfaltet und geklärt worden ist. Die bisherigen Situationen vor allem physischer Bedrängnis werden geöffnet in Richtung auch geistlicher Notlagen („necessitas spiritualis“). Dies ist nicht selbstverständlich und bedarf daher einer Reflexion. Dabei müsste man – was hier nicht möglich ist – die Entwicklung genauer verfolgen vom Ökumenismus-Dekret über das erste Ökumenische Direktorium aus dem Jahr 1967 sowie die Instruktionen der Jahre 1972 und 1973, die Ausführungen in Can. 844 des CIC bis zum zweiten „Direktorium zur Ausführung der Prinzipien und Normen über den Ökumenismus“ vom 25. März 1993 und die Enzyklika von Papst Johannes Paul II. „Ut unum sint“ aus dem Jahr 1995. Schließlich darf auch noch auf das Apostolische Schreiben „Dies Domini“ vom 31. Mai 1998 über den Sonntag und die Sonntagsgottesdienste verwiesen werden.

Bis zum Beginn der 70er Jahre war es deutlich, dass vor allem eine Situation physischer Lebensbedrohung dazu führen konnte, eine Zulassung zum Eucharistieempfang auch von Christen aus getrennten Kirchen zuzulassen. Das Ökumenismus-Dekret hat hier vieles offen gelassen (vgl. UR 8). Wenn nun der Begriff einer „geistlichen Notlage“ eingeführt wird, wird eine wichtige Grenzlinie überschritten. Denn in diese Formulierung gehen zwar durchaus auch objektive Elemente ein, wie z. B. die Diaspora-Situation. Aber die Zulassung einer spirituellen Notlage bedeutet zusätzlich eine gewisse Berufung auf einen inneren Notstand, vor allem des Gewissens. Wenn man dabei strikt auf den seelsorglichen Status eines einzelnen Menschen schaut, ist die Heranziehung eines solchen Kriteriums sinnvoll und wohl auch notwendig. Aber es zeigt sich auch eine gewisse Subjektivierung, die wohl unvermeidlich ist.

Die Entwicklung hat nun bald gezeigt, dass diese Umschreibung der Notlagensituation schwer zu handhaben ist. Es werden „andere dringende Notfälle" (vgl. Ökumenisches Direktorium 1967, Nr. 55 Abs. 1) erwähnt, ohne dass weitere Kriterien oder Beispiele angeführt werden. Extensive Interpretationen waren also naheliegend. So ist es auch verständlich, dass der Päpstliche Rat für die Förderung der Einheit der Christen sich bereits in den Jahren 1970, 1972 und 1973 gegen Missbräuche wenden musste. Ja, es gibt bereits aus dem Jahr 1968 eine Verlautbarung, in der es heißt: „Nicht ausreichend ist die Tatsache, dass ein Christ, der zu einer der oben genannten Konfessionen gehört (Anglikaner, Protestant), geistlich gut disponiert ist und spontan bei einem katholischen Priester die Kommunion erbittet." Es wird eigens darauf hingewiesen, dass das Direktorium die physische Notlagensituation exemplarisch „als Beispiele drei Fälle höherer Gewalt" (Todesgefahr, Verfolgung, Gefangenschaft) anführe. Eine weitere Erlaubnis sei nur möglich „unter der Bedingung, dass es sich um Fälle dringender Not handle, ähnlich den beispielsweise genannten, und für die die gleichen Bedingungen gelten."[30] Immer geht es um die Interpretation von Nr. 55 des ersten Ökumenischen Direktoriums.

Es ist nun aufschlussreich, dass die Neuordnung des kirchlichen Rechts und die Folgetexte zurückhaltender sind mit der Argumentation einer geistlichen Notlagensituation überhaupt. Der CIC verzichtet ebenso wie das Ökumenische Direktorium von 1993 Beispiele für die Notlagensituation zu nennen. Freilich kann der einzelne Diözesanbischof – nach Absprache mit den örtlichen ökumenischen Partnern (Can. 844 § 5) – normative Präzisierungen vornehmen. Er kann auch ihm z. B. von Seelsorgern vorgelegte Einzelfälle im Sinne einer Notlage entscheiden. Es bleibt aber ein schwieriger Tatbestand, dass der Gesetzgeber in dieser Hinsicht kaum in der Lage ist, die notwendigen Kriterien für die konkrete Praxis zu präzisieren. Es wird daran auch deutlich, dass solche Regelungen für den extremen Notfall nicht auf Gegenseitigkeit abgestellt sind. Es geht im strengen Sinne um die individuelle Heilshilfe, die immer eine gewisse Einmaligkeit mit sich bringt. Die Einschränkung auf solche Notsituationen macht auch deutlich, dass die Zulassung solcher Nicht-Katholiken zu den Sakramenten in der Regel deshalb untersagt ist, da die Einheit des Glaubens bezüglich der Sakramente fehlt (vgl. Can. 844 § 1). In gewisser Weise fehlt also hier ein ekklesiologischer Gesamtrahmen, wie er im Verhältnis zu den orientalischen, orthodoxen Kirchen gegeben ist. Bei ihnen wird auch kein persönliches Glaubensbekenntnis verlangt. Darum wird die Sakramentenspendung über den Fall extremer Not hinaus auch ausgedehnt auf häufiger vorkommende Lebensumstände. Ja, sie wird in gewisser Weise grundsätzlich empfohlen (vgl. Ökumenisches Direktorium 1993, Nr. 129). Mit Recht schreibt W. Aymans: „Dieses Getragensein durch die eigene, von der katholischen Einheit getrennte Kirche, zeigt an, dass hier der Rahmen bloßer individueller Heilssorge überschritten ist; hier wird schon eine anfanghafte Gemeinsamkeit der Kirchen als solcher in einem gewissen Zusammenwirken ermöglicht.“[31] Dies ist auch ein Grund, warum es besonders im Verhältnis zu den reformatorischen Partnerkirchen bisher eine solche Gegenseitigkeit nicht geben kann.

Am Rande sei auf eine wichtige Voraussetzung in der kirchlichen Praxis hingewiesen. Die Regelung bestimmter seelsorglicher Einzelsituationen setzt eine gültige Disziplin und Kirchenordnung beim Sakramentenempfang voraus. In Situationen der Diaspora, jedenfalls der Minderheit, wie z. B. in den nordischen Ländern, aber auch in Ländern mit einer überwiegenden katholischen Mehrheit, wie z. B. Italien und Spanien, bleiben solche Einzelfälle weitgehend individuelle Situationen, die relativ überschaubar bleiben und die auch, selbst wenn im Einzelfall weniger genau entschieden wird, die kirchliche Gesamtordnung kaum stören. In unserem Land, wo die großen Konfessionen jeweils einen etwa gleich großen Anteil an der Gesamtbevölkerung darstellen, ist eine solche kasuistische Einzelfall-Regelung nur sehr schwer realisierbar. Es ist auch nicht selten mit Berufung auf diese Situation verlangt worden, die katholische Kirche müsse wegen dieser Situation in der Bevölkerung die gegenseitige Einladung und Zulassung zur Eucharistie praktizieren. Es scheint mir also notwendig zu sein, genauer zu überlegen, ob diese Regelung, die grundsätzlich auf individuelle Heilshilfen hin orientiert ist, ein geeignetes Lösungsinstrument für unsere Situation mit ihren ganz anderen Strukturen darstellt.

Der CIC von 1983 lässt es bei der allgemeinen Formulierung: „Wenn Todesgefahr besteht oder wenn nach dem Urteil des Diözesanbischofs bzw. der Bischofskonferenz eine andere schwere Notlage („gravis necessitas“) dazu drängt, spenden katholische Spender diese Sakramente erlaubt auch den übrigen nicht in der vollen Gemeinschaft mit der katholischen Kirche stehenden Christen, die einen Spender der eigenen Gemeinschaft nicht aufsuchen können und von sich aus darum bitten, sofern sie bezüglich dieser Sakramente den katholischen Glauben bekunden und in rechter Weise disponiert sind.“ (Can 844 §4) Aus diesem Text wird auch deutlich, dass die in den früheren Dokumenten, vor allem aus den Jahren 1970, 1972 und 1973, genannten genaueren Voraussetzungen für die Zulassung zur Eucharistie (z. B. Unmöglichkeit, über längere Zeit hinweg sich an einen Diener der eigenen kirchlichen Gemeinschaft wenden zu können, Bitte nach dem Sakrament aus eigenem Antrieb, entsprechende Vorbereitung) letztlich auf zwei Elemente zurückgeführt werden, nämlich die Übereinstimmung mit dem Glauben der Katholischen Kirche, vor allem im Blick auf die Eucharistie, und die gute Disposition, welche gewiss ein geistliches Verlangen nach der Eucharistie[32] und einen würdigen christlichen Lebenswandel einschließt.

Bevor diese Überlegung fortgesetzt wird, bedarf es freilich einer Zwischenbesinnung auf die ekklesiologischen Hintergründe.

XIII. Unerledigte Differenzen in der Zuordnung von Eucharistie, Kirche und Amt

Es ist deutlich geworden, dass hier gerade im ekklesiologischen Grundgefüge noch erhebliche Schwierigkeiten bestehen. Es ist freilich nicht möglich, in diesem Rahmen alle hier anstehenden Probleme auch nur zu skizzieren. Da dies jedoch andernorts geschehen ist und die wichtigsten Überlegungen leichter zugänglich sind, kann hier nur ein Hinweis erfolgen. Es besteht kein Zweifel, dass die Bestimmungen über die Zulassung von Christen, die von den reformatorischen Kirchen herkommen, deren ekklesialen Status weitgehend ausblenden. Vielmehr sind nur die einzelnen Christen individuell im Blick. Im Blick auf die seelsorgliche Komponente und die Heilsfrage legt sich dies auch nahe. Der individuelle Aspekt, für sich allein betrachtet, widerspricht aber letztlich dem Eucharistie-Verständnis, weil zu diesem der Grundbezug zur kirchlichen Gemeinschaft gehört. Es ist auch nicht selten darauf hingewiesen worden, dass dadurch das Eucharistie-Verständnis zu rasch seiner sozialen und auch leiblichen Dimension verlustig geht. Hier bleiben also theoretisch und praktisch bisher zu wenig reflektierte Schwierigkeiten.

XIV. Einige exemplarische Versuche

Ohne Anspruch auf Vollständigkeit soll versucht werden, wenigstens in einigen Umrissen die Regelungen verschiedener Bischofskonferenzen hinsichtlich einer möglichen Zulassung reformatorischer Christen zur katholischen Eucharistie darzulegen, die über den Fall der Todesgefahr und vergleichbare Situationen hinausgehen (vgl. Ökumenisches Direktorium 1993, Nr. 130).

Am wichtigsten sind dafür wohl die Spielregeln der kanadischen Bischofskonferenz und eines Lehrschreibens der britischen und irischen Bischöfe über die Eucharistie „Ein Brot – ein Leib". Wenn man diese Texte durchsieht, dann gibt es im Ansatz trotz der Verschiedenheit im einzelnen zwei Grundtypen von solchen Situationen. Die kanadischen Vorschläge sind allerdings nur als Entwurf bekannt geworden und m. W. nicht verabschiedet.

Dies ist einmal ein einmaliger Anlass eines unwiederholbaren Ereignisses (wie Taufe, Firmung, Erstkommunion, Eheschließung, Ordination, Totenmesse), der offiziell und generell vom Diözesanbischof als „schwere Notlage" verstanden wird. Die kanadische Regelung geht noch an einem Punkt weiter, indem nämlich eine Zulassung im Sinne einer „schweren Notlage" auch dann legitim erscheint, wenn manche nicht-katholischen Christen Tag und Nacht in katholischen Einrichtungen leben, wie z. B. Pflege- und Altenheime, und ein Pfarrer der eigenen Konfession nicht regelmäßig erreichbar ist.

Ein zweiter Kreis von solchen Situationen ist, wie zu erwarten war, die Lage von konfessionsverschiedenen Eheleuten. Auch hier geht die kanadische Bischofskonferenz am weitesten, indem sie das Vorliegen eines „aufrichtigen geistlichen Bedürfnisses" als hinreichendes Kriterium der Zulassung wertet. Die kanadische Bischofskonferenz konkretisiert diese Aussage und schränkt sie zugleich auch ein, indem auch wichtige Jubiläen, Beerdigungen, die großen Feste an Weihnachten und Ostern, aber auch andere Gelegenheiten von kirchlicher oder familiärer Bedeutung einbezogen werden. Wenn ausnahmsweise eine Brautmesse gewährt wird, kann der nicht-katholische Ehepartner zur Eucharistie zugelassen werden, wobei die englischen und irischen Bischöfe Wert darauf legen, dass dies nur für die Brautleute, nicht für die Angehörigen und andere Gäste möglich ist. Ebenso ist die Zulassung bei den oben erwähnten sakramentalen Feiern und in der Totenmesse nur für die engsten Familienangehörigen gedacht. Das Ökumenische Direktorium für das Südliche Afrika möchte bei einem einzelnen spontanen Wunsch unregelmäßiger Messbesucher und bei regelmäßigen Messteilnehmern (hier nach eingeholter Erlaubnis des Ordinarius) eine Zulassung aussprechen. Alle Regelungen verstehen sich als Ausnahmefälle.

Es ist deutlich geworden, wie diese zusätzlichen Situationen konzipiert sind. Sie setzen einerseits bei der konfessionsverschiedenen Ehe an,[33] andererseits beziehen sie sich auf besondere Anlässe eines nicht wiederholbaren Ereignisses, meist im Leben einer Familie oder eines Einzelnen, die als „schwere Notlage" verstanden werden. Beispiele, die sonst auch angeführt werden, nämlich Interkommunion aus Anlass ökumenischer Tagungen, werden zwar gelegentlich praktiziert, wohl aber weitgehend ohne Erlaubnis. Sie scheinen mir auch strukturell etwas anderes zu sein als die beiden erwähnten Situationstypen.

XV. Weitergehende Forderungen

Es gibt Entwürfe, die ganz bewusst weitergehen. Sie kritisieren die auf Not und Ausnahmefälle begrenzte Zulassung in den kirchlichen Dokumenten und plädieren für eine Erweiterung der bisher begrenzten Zulassungspraxis. Dabei wird immer wieder auf die notwendige Gegenseitigkeit als eine dringende moralische und spirituelle Forderung hingewiesen. Schließlich werden auch eine generelle gegenseitige Zulassung und Interzelebration als „Vorstufen der Kircheneinheit“ verlangt. Dies dürfe nicht ein utopisches Fernziel bleiben, sondern müsse schon jetzt Wirklichkeit werden.[34] Man beruft sich dabei gerne auf eine Aussage im sogenannten Malta-Dokument aus dem Jahr 1971: „Alle Schritte der Kirchen müssen von dem ernsten Bemühen bestimmt sein, der Einheit der Kirche näher zu kommen. ... Es gilt einen Weg sukzessiver Annäherung zu gehen, auf dem verschiedene Stadien möglich sind. Schon jetzt ist zu befürworten, dass die kirchlichen Autoritäten aufgrund der schon vorhandenen Gemeinsamkeiten in Glauben und Sakrament und als Zeichen und Antizipation der verheißenen und erhofften Einheit gelegentliche Akte der Interkommunion (etwa bei ökumenischen Anlässen in der Mischehenseelsorge) ermöglichen. Die Unklarheit hinsichtlich einer gemeinsamen Lehre vom Amt bildet noch eine Schwierigkeit für wechselseitige Interkommunionsvereinbarungen. Jedoch darf die Verwirklichung eucharistischer Gemeinschaft nicht ausschließlich von der vollen Anerkennung des kirchlichen Amtes abhängig gemacht werden.“[35] Man muss allerdings daran erinnern, dass einige namhafte katholische Mitglieder schon damals nicht unterschrieben haben (Bischof H. L. Martensen, Prof. Dr. A. Vögtle, Prof. Dr. H. Schürmann, Prof. Dr. J. L. Witte SJ). Man sieht, wie die entscheidenden Punkte schon sehr früh formuliert und im Grunde bis heute nicht gelöst worden sind.[36]

XVI. Hindernisse und Aufgaben

Deshalb ist es notwendig, noch genauer die fundamentalen Einwände zu nennen, die die katholische Seite hier stets formuliert hat. Diese Problematik zeigt sich ganz besonders in der Frage nach den Hindernissen, die noch existieren. Diese wurden bereits im Ökumenismus-Dekret (vgl. UR 22) genannt und beziehen sich auf Beschränkungen im Verständnis der Ordination bzw. des Weihsakramentes und der Eucharistie. Ich übergehe hier die Übersetzungsschwierigkeit des Ausdrucks „defectus". Es ist in unserem jetzigen Zusammenhang nicht allein entscheidend, ob man „defectus" mit „Mangel" oder mit „Fehlen" übersetzt. Ich tendiere mit vielen in Richtung „Mangel".

In der Frage der Eucharistie scheinen mir die Differenzen vor allem mit den lutherischen Kirchen nicht mehr so groß zu sein. Gewiss machen die Aussagen zum Opfer-Charakter der Eucharistie und die Fragen nach den konsekrierten Gaben noch einige Beschwer. Aber es gibt dazu eine ganze Reihe von gediegenen Studien, deren Ergebnisse freilich der Rezeption harren. Im Grunde glaube ich dies auch von der Amtsfrage. Aber hier ist es nicht nur und nicht zuerst eine Frage akzeptabler und plausibler Konsens-Formulierungen, sondern hier bedarf es letztlich einer grundlegenden Entscheidung. Die deutsche Theologie muss sich hier allerdings auf andere Gesprächsergebnisse öffnen. Das so genannte „Poorvoo-Dokument" zwischen den skandinavischen lutherischen Kirchen und den Anglikanern aus dem Jahr 1994 kommt hinzu, sodass insgesamt wenigstens eine Richtung vorgespurt ist. Aber dies braucht einen ganz neuen Aufbruch. Wenigstens in unserem Land haben wir uns viele Jahre jetzt intensiv mit der Rechtfertigungs-Thematik befasst. Wir sind, so scheint mir, im Gespräch über die Sakramente und die Ämter hier eher etwas vom internationalen Standard abgeschnitten. In diesem Zusammenhang darf ich daran erinnern, dass die Themenfelder „Sakramente" und „Amt" im Projekt „Lehrverurteilungen" bereits bearbeitet worden sind, aber bisher nicht aufgegriffen wurden. Sie bedürfen der Fortführung und eventuellen Vertiefung.

Dennoch entscheidet sich die Thematik nicht allein an den spezielleren Fragen des Amtes. In der Mitte steckt gewiss die Frage nach der Amtsstruktur im ganzen. Wenn ich also durchaus zuversichtlich bin im Blick auf weite Teile einer Theorie des geistlichen Amtes – es braucht freilich noch viel Bewegung –, dann ist es schwieriger mit der Einordnung des Amtes in die Kirche. Es ist die Frage, wie weit das Amt zu den konstitutiven Elementen und Kriterien für das Kirchesein und zur Einheit der Kirche gehört. Auch diese Frage ist längere Zeit nicht mehr intensiv im gemeinsamen Dialog erörtert worden. Die lutherischen Überlegungen in Deutschland laufen stark darauf hinaus, das Modell der „versöhnten Verschiedenheit“ zu begünstigen. Dieses Modell hat gewiss den Vorteil, dass es grundlegend vom Muster „Einheit“ ausgeht und von der Überzeugung geprägt ist, dass innerhalb der einen Kirche die Gemeinsamkeiten vor allem auf zwei Grundpfeiler beschränkt werden können, wie sie im Bekenntnis von Augsburg (1530) in den Artikeln 7 und 8 formuliert sind, nämlich die Predigt des unverfälschten Evangeliums und die rechte Spendung der Sakramente. Das Amt ist hier nicht genannt. Dies hängt mit dem kritischen Ansatz des reformatorischen Bekenntnisses zusammen. In der Erforschung der Confessio Augustana zum 450-jährigen Jubiläum im Jahr 1980 ist jedoch deutlich geworden, dass diese Aussagen des Augsburgischen Bekenntnisses und andere Artikel, ganz besonders Art. 28, das Amt voraussetzen oder es implizit vor sich haben. Darum wäre es wohl historisch und systematisch nicht Ausdruck eines genuinen Lutherischen Bekenntnisses, wenn man hier jeden Bezug zum Amt einfach auslöscht und streicht.

Vor diesem Hintergrund hat der Ökumenische Arbeitskreis evangelischer und katholischer Theologen seinen eigenen Beitrag zum Confessio-Augustana-Jubiläum geleistet und gerade an dieser Stelle einen Vermittlungsvorschlag gemacht, der allerdings bis jetzt wenig aufgegriffen worden ist. Dies gilt für beide Seiten. Der neue Konsens könnte darin bestehen, dass man die Fragen nach den amtlichen Strukturen durchaus für das Wesen von Kirche als bedeutsam ansieht. Es kommt jedoch auf die Gewichtung an. Aber das Amt wäre nicht auf derselben Ebene anzusiedeln wie die beiden genannten Grundfunktionen, sondern wäre auf einer gleichsam zweiten Ebene den beiden fundamentalen Vollzugsweisen von Kirche „dienend hingeordnet“. Dann wäre es freilich nicht mehr eine relativ neutrale Größe, sondern durchaus auch inhaltlich zu umschreiben. Es würde also nicht genügen zu sagen, man müsse sich zwar im „Dass“, nicht aber im genaueren „Was“ der Entfaltung des Amtes einig sein.[37] Dies würde auch der Sache nach den Nummern 7, 8, 14 und 28 der Confessio Augustana widersprechen.

Ich bin der Meinung, dass das Konzept „Einheit in versöhnter Verschiedenheit“ zwar einige Vorteile hat, weil so auch die kirchlichen Traditionen in der einen Kirche als legitim angesehen werden können, dass aber zugleich die Anforderung der „Einheit“ hier darunter leidet, dass die vielförmigen Zielvorstellungen relativ weit auseinander laufen können, sodass die Einheit ihre konkrete Bestimmtheit und Unteilbarkeit verliert. Der Titel „Einheit in versöhnter Verschiedenheit“ klingt immer gut angesichts dessen, was man in seiner Verschiedenheit leben lassen kann und gewähren muss und dennoch echte Einheit anfordert, damit nicht nur Beliebigkeit entsteht. Wenn man jedoch auf das Problem des kirchlichen Amtes schaut, dann ist „Einheit in versöhnter Verschiedenheit“ für die katholische Kirche nur ein Modell, wenn die Frage nach dem Amt wenigstens in der erwähnten Weise als dienende Zuordnung zu den Grundfunktionen der Evangelienverkündigung und der Sakramentenspendung erscheint. Ein reines Ausklammern, weil man die genauere Ämterstruktur überhaupt weitgehend für theologisch indifferent erklärt, wäre mit einem katholischen, aber auch orthodoxen Verständnis wohl nicht vereinbar.

Ähnlich ist es auch mit dem Begriff der „Kirchengemeinschaft", der ab 1950 bis in die Mitte der 70er Jahre geprägt und ausgestaltet wird. Für mich ist dies ein ambivalenter Begriff. Einerseits ist er sehr hilfreich, weil er von evangelischer Seite aus an die klassischen Überlegungen zur Communio-Struktur der Kirche anknüpft und hier in der Tat manches wiedergewinnt; auf der anderen Seite huldigt der Begriff der eben erwähnten Tendenz, die konfessionellen Strukturen und Identitäten zu fixieren, sodass nur schwerlich eine umgreifende Übereinstimmung gefunden werden kann. Die verschiedenen Gestalten des Zeugnisses, der Lehre und des Bekenntnisses werden legitimiert; findet aber auch eine ähnliche Bemühung statt um den notwendigen Konsens, die Einheit? In diesem Sinne sind die Begriffe „Versöhnte Verschiedenheit" und „Kirchengemeinschaft" auch recht zweideutige Modellbegriffe, die – geht man ihnen auf den Grund – auch sehr nach einer fixierten Endgestalt aussehen, die eher blockieren als weiterführen. Sie sind in gewisser Weise auf den Begriff gebrachte Aporien.[38]

Es gibt noch viele Fragen, die geklärt werden müssen. Dies kann aber nur in einer zielorientierten, längerfristigen, uneingeschränkt wissenschaftlichen Weise geschehen, die uns – ähnlich wie bei der Mühe um die Rechtfertigungsthematik – nur unter äußerstem Einsatz aller Kräfte gelingen kann. Wir müssen dabei sehr fundamental ansetzen. Ich möchte nur zwei Probleme nennen. Einmal geht es um die Frage, wie weit Jesus Christus als Herr des Abendmahles der Kirche mit ihren Regelungen zur Abendmahlsordnung einfach entgegengestellt wird. Die Mahlzeiten des vorösterlichen Jesus werden hier oft verzerrt verwendet. Die nachösterliche Eucharistie knüpft zwar an diese Mahlsituationen des irdischen Jesus an, kann aber nicht einfach nur von ihnen her erklärt werden. Gerade die Eucharistie ist auch das testamentarische Erbe, das der Herr seiner Kirche anvertraut hat. Der erhöhte Jesus Christus ist auch in einer anderen Position, ohne dass er deswegen den kritischen Primat über die Kirche verlieren muss. Es ist kein guter Weg, diese Thematik allein oder weitgehend durch einen relativ künstlichen Rückgriff auf die absolute Souveränität des auferstandenen und erhöhten Herrn als unsichtbaren Gastgeber klären zu wollen. Hier geht es immer wieder um das Verhältnis Jesu Christi zur Kirche.

Ähnlich ergeht es einem immer wieder mit der Behauptung, dass dieser

Mahlherr im Blick auf die Einzuladenden keine Kriterien habe. Alle seien eingeladen. Die Eucharistie erscheint als das vornehmste Instrument der Mission. Hier gibt es auch zwischen den einzelnen theologischen Entwürfen erhebliche Unterschiede, z. B. zwischen W. Pannenberg, E. Jüngel und J. Moltmann.[39] Nach meiner Erkenntnis kann man aber nicht daran zweifeln, dass Jesus die Jünger als die Hauptadressaten des Abendmahles verstanden hat. Dies schließt nicht aus, dass auch einzelne Sünder und sogar ein Verräter unter ihnen waren. Aber sie sind nicht als solche eingeladen worden. Und Vergebung sowie Versöhnung gibt es bei Jesus immer nur dann, wenn der Beschenkte weiß und ernst macht damit, dass er umkehren und neu anfangen muss. Es gibt hier nicht selten eine Mystik und Romantik des Sünders, die nicht evangeliumsgemäß sind. Schon gar nicht im Herzen der Eucharistie. Auch darüber muss gesprochen werden. Mir scheint es nicht immer übereinstimmend zu sein mit der Gemeinsamen Erklärung über die Rechtfertigung vom 31. Oktober 1999. Das Thema Kirche – Rechtfertigung bedarf dringend der Weiterführung.[40]

XVII. Fazit: Ergebnis in Thesen

Wie soll man weiterkommen? Was können wir vorschlagen? Was können wir künftig tun?

1. In der konkreten seelsorglichen Praxis wird man immer wieder auf einzelne Situationen stoßen, die man im Sinne der kirchlichen Bestimmungen angehen und auch beantworten kann. Hier gibt es gewiss die Möglichkeit einer seelsorglichen Einzelhilfe für das Individuum, die in vielen Situationen auch weiterführen kann.

2. Es scheint mir jedoch nicht möglich zu sein, auf breiter Ebene und in hoher Zahl das Problem der Zulassung zur Eucharistie ausschließlich mit den individuellen Heilshilfen zu lösen. Es hat wohl auch wenig Sinn, das gesamte Problem in der ganzen Bandbreite nur mit Maßnahmen der individuellen Pastoral einer Lösung entgegenzuführen. Bei der unterschiedlichen Bewertung der einzelnen Situationen ist dies nicht nur ein Zeitproblem für die Seelsorger, sondern auch eine Frage der Gerechtigkeit, ob denn die einzelnen Beratenden gleich behandelt werden.

3. Wir finden wohl kaum in hinreichend klarer Form weitere Kriterien, die das Vorliegen einer „schweren Notlage“ exakt klären helfen können. Ein weiteres Suchen nach Lösungen könnte in die Irre leiten. Eine Ausnahme

stellt die Situation der konfessionsverschiedenen Ehen dar, die einer erneuten und vertieften Überprüfung bedarf.

4. Aufgrund der dargestellten Situation kann ich nur davor warnen, einen gewissen Gleichklang und ein Miteinander von Kircheneinheit und Gemeinschaft im Herrenmahl aufzulösen und gleichsam zu zerstückeln. Ich kann hier keine Lösung sehen. Dies mag eher hart klingen. Das gemeinsame Mahl gehört insgesamt an das Ende und nicht an den Anfang ökumenischer Bestrebungen. „Gerade weil das Mahl unüberbietbarer Ausdruck des gemeinsamen Heils ist, kann man nicht sonntags Mahl feiern und Montagmorgen mit getrenntem Religionsunterricht fortfahren. Missachten wir das Mahl nicht, streben wir alle danach, dass es wirklich ehrlich als das eine Mahl gefeiert wird."[41]

5. Dies mag enttäuschend klingen, aber eigentlich nur so lange, bis wir voll entdecken, wie viel wir ökumenisch schon jetzt gemeinsam tun können und zwar ohne jeden Aufschub. Deswegen ist es ein gutes Zeichen, wenn wir im Jahr 2003 zugleich wiederum ein Jahr der Bibel gemeinsam begehen. Dies ist vordringlich. Und dies können wir tun, sogar mit großem Segen, auch wenn wir im Jahr 2003 noch keine gemeinsame Eucharistiefeier haben. Es gibt so vieles, was wir sofort gemeinsam anpacken können. Niemand hindert uns. Es wäre der beste Beitrag zu einer baldigen gemeinsamen Abendmahlsfeier. Wir sollten nichts enthusiastisch überspringen.

6. Ich kann mir letztlich nur vorstellen, dass die Theologie mit allen Kräften die aufgezeigten und alle anderen Themen mit großer Energie aufgreift und voranbringt. Es gibt keinen anderen Weg, weder den Weg eines Pragmatismus noch amtliche Autorität allein. Was wir beim Projekt „Verwerfungen" in den Jahren 1980 bis 1986 und danach unternommen haben, können wir nun auch noch im Blick auf die Fragen vor allem der Kirche und des Amtes weiter nach vorne bringen.[42] Wir haben auch unsere Erfahrungen gemacht, dass dies noch besser gelingen kann.

7. Die Trennung der Kirche ist vor dem Gebot des Herrn nach Einheit ein bleibender Skandal. Die vielen bekenntnisverschiedenen Ehen mahnen uns, dass wir eine noch entschiedenere Suche nach Gemeinsamkeit nicht verzögern. Der Herr ist gewiss ungeduldig mit uns, aber er verlangt auch eine sorgfältige Arbeit, die sich nicht beirren lässt. Es gibt viele Motoren, die uns bei dieser Arbeit in Schwung bringen und im Schwung belassen können.

XVIII. Gemeinsam dem Herrn näher kommen

Es gibt eine Ökumene, die ich nicht fördern möchte. Es ist die Gemeinsamkeit auf dem kleinsten und geringsten Nenner. Unter solchen Voraussetzungen könnten wir nur alle gemeinsam ärmer werden. Dies ist gerade bei der Eucharistie als dem Lebensgeheimnis des Herrn nicht erlaubt. Hier müssen wir gemeinsam, indem wir aufeinander zugehen, auch nach vorne noch viel mehr in das eucharistische Geheimnis Jesu Christi hineinwachsen.

Wir haben mindestens in unserer Kirche bei allen guten Errungenschaften seit der Frühkommunion und der häufigen Kommunion einen Zustand erreicht, den wir nicht durch eine falsche Gemeinsamkeit anerkennen und sanktionieren dürfen. Die Vorbereitung auf den Eucharistieempfang und der Zugang zu ihr erfolgen heute oft nicht mit der notwendigen Sorgfalt und Ehrfurcht. Es geht darum, dass wir alle den Leib des Herrn von gewöhnlicher Speise unterscheiden. Wenn wir gemeinsam zum Tisch des Herrn gehen wollen, müssen wir auch zuvor jeweils im eigenen Bereich und gemeinsam die eucharistische Praxis in unseren Kirchen grundlegend verbessern. Sonst könnten wir uns gemeinsam am Herrn versündigen. Deshalb ist die Ökumene am Thema „Herrenmahl" heute auch im Blick auf die praxis pietatis in besonderer Weise herausgefordert. Das Gespräch und vielleicht auch der Streit über die Eucharistie sollten uns die Würde des Herrenmahles immer tiefer vergegenwärtigen. Vielleicht können wir auch besser und rascher aufeinander zugehen und uns gegenseitig einladen, wenn wir eine neue Frömmigkeit der Eucharistie und des Abendmahles gewinnen. Mit dieser Reform können wir sofort in unseren Kirchen beginnen. Niemand hindert uns daran. Im Gegenteil, der Gottesgeist wird unser gemeinsames Bemühen segnen.

Wir haben im ökumenischen Gespräch trotz noch bestehender Probleme und unbeschadet mancher Rückschläge viel erreicht. Manchmal kommt es mir vor, wir würden mit den Fragen der Abendmahlsgemeinschaft und der Kircheneinheit, einschließlich der Probleme des Amtes, wie vor einem letzten großen Berg stehen, wo uns eine hohe Steilwand besonders fordert. Dafür braucht es im besonderen Maße Mut und Anstrengung, Zuversicht und Geduld. Aber dies lohnt sich, denn die Gemeinsamkeit am Tisch des Herrn gehört zum Sinn der Kirche und schenkt den Christen eine Freude und einen Frieden, der alles übersteigt.

Anmerkungen

1 Dieser Beitrag geht zurück auf das Eröffnungsreferat bei der Herbst-Vollversammlung der Deutschen Bischofskonferenz am 25. September 2000 in Fulda mit gleichnamigem Titel. Der Text wurde überarbeitet und geringfügig erweitert.

2 Ich habe mich selbst bei meinem ersten größeren Auftritt im Ökumenischen Arbeitskreis evangelischer und katholischer Theologen gemeldet mit der umfangreichen Studie „Dogmatische Vorüberlegungen zum Problem der ‚Interkommunion'" (1969), in: J. Höfer u. a., Evangelisch-katholische Abendmahlsgemeinschaft? Regensburg – Göttingen 1971, 77–141; später mit einem erweiterten Anhang und neuen Literaturnachträgen nochmals abgedruckt in: K. Lehmann, Gegenwart des Glaubens, Mainz 1974, 229–273. Für nähere Begründungen und Nachweise muss ich auch heute noch darauf verweisen. Ich bin E. Jüngel dankbar, dass er nach fast 30 Jahren auf diese und andere Studien öfter aufmerksam gemacht hat, vgl. „Gebt Zeugnis von eurer Hoffnung". 93. Deutscher Katholikentag 10.6.–14.6.1998 in Mainz, Dokumentation, Kevelaer 1999, 83–93; vgl. ders., Das Evangelium von der Rechtfertigung des Gottlosen als Zentrum des christlichen Glaubens, Tübingen [3]1999. Viele Studien, die mich immer wieder im Umkreis des Themas bewegen, sind bisher ungedruckt geblieben.

3 Vgl. M. Eham, Gemeinschaft im Sakrament? Die Frage nach der Möglichkeit sakramentaler Gemeinschaft zwischen katholischen und nichtkatholischen Christen, Frankfurt – Bern – New York 1986 (= Europäische Hochschulschriften, Reihe XXIII, Theologie, Bd. 293, Teil I u. II).

4 Ich verweise besonders auch auf K. Lehmann, Gegenwart des Glaubens, Mainz 1974, 229–273, ursprünglich 1969/71 (vgl. Anm. 1).

5 Vgl. dazu zusammenfassend mit Lit. den Art. „Communio" von J. Drumm – W. Aymans, in: Lexikon für Theologie und Kirche, Bd. II, Freiburg i. Br. [3]1994, 1280–1284; M. Kehl, Die Kirche. Würzburg 1992; O. Saier, „Communio" in der Lehre des II. Vatikanischen Konzils, München 1973; Y. Congar, Diversités et Communion, Paris 1982; J. Rigal, L'ecclésiologie de communion, Paris 1997; vgl. insgesamt die Studien von M.-J. Le Guilloe, P. Fransen, W. Kasper, J.-M.-R. Tillard, G. Greshake, J. Hilberath, I. Riedel-Spangenberger u. a.

6 Zu den Anregungen vor allem der östlichen Patristik und Theologie vgl. vor allem L. Lies, Eucharistie in ökumenischer Verantwortung, Graz 1996.

7 Vgl. dazu auch zusammenfassend K. Lehmann, Neuer Mut zum Kirchesein, Freiburg i. Br. 1982.

8 Vgl. dazu Communio Sanctorum. Die Kirche als Gemeinschaft der Heiligen, hg. von der Bilateralen Arbeitsgruppe der DBK und der Kirchenleitung der VELKD, Paderborn – Frankfurt a. M. 2000; zur früheren Forschungsgeschichte vgl. K. Lehmann, Gegenwart des Glaubens (Anm. 4), 231–236.

9 Vgl. WA 2, 742–758; M. Luther, Ausgewählte Schriften, Bd. II, Frankfurt a. M. 1995, 52–77.

10 Vgl. H. de Lubac, Corpus Mysticum, Einsiedeln 1969.

11 Vgl. das Dokument zwischen dem Lutherischen Weltbund und dem Päpstlichen Rat für die Förderung der Einheit der Christen „Einheit vor uns", Frankfurt a. M. 1985, 10.

12 Vgl. W. Kasper, Kircheneinheit und Kirchengemeinschaft in katholischer Perspektive,

in: Glaube und Gemeinschaft, hg. von K. Hillenbrand / H. Niederschlag, Festschrift für P.-W. Scheele, Würzburg 2000, 100–118.

[13] Vgl. dazu LG 22 und die Bemerkungen der „Nota explicativa praevia“, Nr. 2; hier setzt der wichtige Begriff der „communio hierarchica“ an.

[14] Vgl. J. Ratzinger, Zur Gemeinschaft gerufen, Freiburg i. Br. 1991, 72 ff.

[15] Vgl. das Schreiben an die Bischöfe der katholischen Kirche über einige Aspekte der Communio, 28. Mai 1992 (Verlautbarungen des Apostolischen Stuhls 107), bes. Abschnitte III.–V.; Erklärung Dominus Iesus. Über die Einzigkeit und die Heilsuniversalität Jesu Christi und der Kirche, 6. August 2000 (Verlautbarung des Apostolischen Stuhls 148), bes. Abschnitte III.–V.; R. Ahlers, Communio eucharistica, Regensburg 1990.

[16] Vgl. Communio Sanctorum, Nr. 143–152.

[17] Vgl. die Nachweise bei W. Thönissen, Gemeinschaft durch Teilhabe an Christus. Ein katholisches Modell für die Einheit der Kirchen, Freiburg i. Br. 1996.

[18] Das Abendmahl – Eucharistie der Gemeinde Jesu, in: U. Kühn, Die eine Kirche als Ort der Theologie, Göttingen 1997, 245–258, hier 246.

[19] Vgl. z. B. Accra 1974, hg. von G. Müller-Fahrenholz, Korntal bei Stuttgart 1975, 93–139.

[20] Vgl. dazu K. Lehmann, in: Handbuch der Fundamentaltheologie II, hg. von W. Kern u. a., Freiburg i. Br. 1985, 122–144.

[21] Vgl. U. Kühn, a. a. O. (Anm. 18), 253; zum Proprium vgl. ebd., 254 ff.; zu diesem Fragenkomplex vgl. vor allem auch die Schriften von A. Peters, Rechenschaft des Glaubens, Göttingen 1984, 130–179, Zitat 179: „Dass wir im Abendmahl durch die Anteilhabe an dem einen gesegneten Brot und Kelch auch untereinander Gemeinschaft gewinnen, wird in den lutherischen Bekenntnissen kaum angedeutet; die Koinonia-Dimension der Eucharistie kommt zu kurz.“

[22] Vgl. dazu Y. Congar, Die Idee der „sacramenta maiora“, in: Concilium 4 (1968) 9–15, und bes. Thomas von Aquin, S. th. III, q. 65, a. 3, c. et ad 4; q. 73, a. 3, c.

[23] Vgl. dazu auch im ganzen die Studien von W. Pannenberg, Kirche und Ökumene, Göttingen 2000, 65 ff., 74 ff., 86 ff. – Prof. Dr. Thomas Söding, dem ich einige wichtige Hinweise verdanke, macht mich darauf aufmerksam, dass das Verhältnis von Taufe und Eucharistie vor allem anhand der paulinischen Texte noch biblisch vertieft werden kann. Der Beginn der Gemeinschaft mit Jesus Christus erfolgt in der Taufe (vgl. Röm 6; 1 Kor 12, 13), in der Eucharistie spielt die Dichte der „Koinonia“ eine wichtige Rolle. Diese hat nicht nur eine synchrone, sondern immer auch eine diachrone Dimension, beschreibt nicht nur einen jeweils eingetretenen „Status“, sondern hat eine Geschichte. Die Heilswirksamkeit von Jesu Tod vergegenwärtigt sich nach Paulus in der Eucharistie so, dass die Christen nicht nur je neu von ihren Sünden befreit werden, sondern vor allem in der Gemeinschaft mit Jesus leben, wachsen, reifen können. Dies erfolgt „immer wieder“, „bis er kommt“ (1 Kor 11, 26). Man müsste dies eigens im Sinne der obigen Ausführungen begründen. Dabei ist die Sündenvergebung bei Paulus implizit gegenwärtig, wird aber nicht ausdrücklich entfaltet.

[24] Vgl. dazu auch L. Lies, Eucharistie in ökumenischer Verantwortung, Graz 1996. Systematisch vgl. M.-D. Chenu, Leiblichkeit und Zeitlichkeit, Berlin 2001, 21 ff., 46 ff. Hier darf man auch an Teilhard de Chardin erinnern.

[25] Vgl. Ökumenische Rundschau 18, 1969, 574–592.

[26] Vgl. die Texte in: Eucharistische Gastfreundschaft. Ökumenische Dokumente, hg. R. Mumm u. a., Kassel 1974, 109–145.
[27] Vgl. dazu K. Lehmann „Eucharistische Gastfreundschaft?" Anmerkungen zu einem Schlüsselwort in der neueren ökumenischen Diskussion um Abendmahls- und Eucharistiegemeinschaft, Vortrag bei der 41. Sitzung des Ökumene-Kontaktgesprächskreises am 27./28. 10. 1988 in München, ungedrucktes Manuskript.
[28] Vgl. Lutherische Monatshefte 14, 1975, 614–616.
[29] Vgl. auch dazu J. Rehm, Das Abendmahl, Gütersloh 1993; E. Lessing, Abendmahl (Bensheimer Hefte 72), Göttingen 1993; Christliche Kirchen feiern das Abendmahl, hg. von N. Beer, Kevelaer – Bielefeld 1993; Abendmahl – Fest der Hoffnung, hg. von Chr. Bergerau, Gütersloh 2000.
[30] Vgl. den Text im Archiv für katholisches Kirchenrecht 137, 1968, 539–541; vgl. auch die Stellungnahme der Deutschen Bischofskonferenz vom Februar 1969: Archiv für katholisches Kirchenrecht 138, 1969, 174 f.
[31] W. Aymans / K. Mörsdorf, Kanonisches Recht II, Paderborn 1997, 47 f.
[32] Vgl. die frühere Lehre vom Votum: K. Lehmann, Gegenwart des Glaubens, Mainz 1974, 256 ff.
[33] Vgl. schon meine bewusst als „Theologisches Experiment" bezeichnete Skizze in: K. Lehmann, Gegenwart des Glaubens, Mainz 1974, 264–267.
[34] Vgl. dazu die Darstellung bei M. Eham, Gemeinschaft im Sakrament (Anm. 3), 738–761.
[35] Nr. 73 in: Dokumente wachsender Übereinstimmung. Sämtliche Berichte und Konsenstexte interkonfessioneller Gespräche auf Weltebene, hg. von H. Meyer u. a., Bd. I, Paderborn – Frankfurt a. M. 1983, 268.
[36] Vgl. den Wortlaut der Sondervoten, ebd., 269 f.
[37] Vgl. Evangelium – Sakramente – Amt und die Einheit der Kirche (Dialog der Kirchen 2), Freiburg – Göttingen 1982, 184 ff.
[38] Vgl. zur Geschichte und zur Bedeutung, H. Meyer, Versöhnte Verschiedenheit, Frankfurt a. M. – Paderborn 1998, 101 ff., 137 ff., 165 ff.; ders., Ökumenische Zielvorstellungen (= Bensheimer Hefte 78), Göttingen 1996.
[39] Vgl. W. Pannenberg, Systematische Theologie III, Göttingen 1993, 362 ff.; J. Moltmann, Kirche in der Kraft des Geistes, München 1975, 272 f.; E. Jüngel, Das Evangelium von der Rechtfertigung des Gottlosen als Zentrum des christlichen Glaubens, Tübingen [3]1999, 128 ff., 198, 201, 217 ff.; vgl. bes. das Katholikentagsreferat von E. Jüngel in Mainz 1998 und den in Anm. 1 angezeigten Fundort dieses wichtigen Textes. Der Sachverhalt bedarf insgesamt einer genaueren Darstellung, vgl. z. B. schon O. Weber, Grundlagen der Dogmatik II., Neukirchen 1967, 678 ff. und W. Pannenberg, Thesen zur Theologie der Kirche, München 1970, Thesen 85 und 87.
[40] Vgl. zur Einführung das Dokument „Kirche und Rechtfertigung" der Gemeinsamen römisch-katholischen, evangelisch-lutherischen Kommission, Paderborn 1994.
[41] Klaus Berger, in: Chr. Begerau, R. Schomburg, M. v. Essen (Hg.), Abendmahl. Fest der Hoffnung. Grundlagen – Liturgien – Texte, Gütersloh 2000, 72: „Gerade weil das Mahl unüberbietbarer Ausdruck des gemeinsamen Heils ist, kann man nicht sonntags Mahl feiern und Montagmorgen mit getrenntem Religionsunterricht fortfahren. Miss-

achten wir das Mahl nicht, streben wir alle danach, dass es wirklich ehrlich als das eine Mahl gefeiert wird."

42 Vgl. Karl Lehmann / Wolfhart Pannenberg (Hg.), Lehrverurteilungen – kirchentrennend? Rechtfertigung, Sakramente und Amt im Zeitalter der Reformation und heute (Dialog der Kirchen 4), Freiburg i. Br. – Göttingen 1986, 29–33; dazu: Stellungnahme der Deutschen Bischofskonferenz zur Studie „Lehrverurteilungen – kirchentrennend?" (Die deutschen Bischöfe 52), Bonn 1994. Vgl. Einig im Verständnis der Rechtfertigungsbotschaft? Erfahrungen und Lehren im Blick auf die gegenwärtige ökumenische Situation. Eröffnungsreferat bei der Herbst-Vollversammlung der Deutschen Bischofskonferenz in Fulda und Dokumente zur gemeinsamen Erklärung zur Rechtfertigungslehre (Der Vorsitzende der Deutschen Bischofskonferenz 19), Bonn 1998.

2001

Werkzeuge des Friedens in Zeiten des Terrors

(25. September 2001,
Predigt zum Fest des hl. Nikolaus von der Flüe)

Das Entsetzen über den Massenmord in den USA am 11. September 2001 hat die Welt emotional aus den Angeln gehoben. Dies trifft auch jeden Einzelnen von uns. Darum haben wohl auch viele Menschen in diesen Tagen den Weg in die Kirchen gefunden, um dort über die Sprachlosigkeit nachzudenken und vor Gott Wege zu finden, um sie zu überwinden.

In den letzten Tagen häuften sich jedoch Gespräche, Briefe und Anrufe, in denen die Menschen ihre große Sorge zum Ausdruck brachten, die Welt könne nun rasch in eine ausweglose kriegerische Auseinandersetzung hineinschlittern, ähnlich wie in der Tragödie in Vietnam. Da wird es gut sein, bei aller Betroffenheit besonnen zu bleiben. Es dürfte klug und hilfreich sein, sich dabei an dem zu orientieren, was die Kirche in ihrer Verkündigung und Lehre bisher sagte, auch wenn wir die ganz außerordentliche, ja wohl einmalige Situation nicht verkennen wollen. An diesem einen Punkt ist der täglich gehörte Satz, seit dem 11. September 2001 sei nichts mehr, wie es einmal war, doch noch einmal zu bedenken. Unsere politische Kultur und auch die Friedensbotschaft der christlichen Kirchen haben durchaus für diese „Zeit danach" etwas zu sagen.

Unser umfangreiches Friedensdokument, das wir Bischöfe genau vor einem Jahr, am 27. September 2000, mit dem Titel „Gerechter Friede" verabschiedet haben, bekommt in diesen Tagen eine ganz neue Aktualität.[1] Es wird gut sein, wenn wir uns dieses Textes erinnern. Das Dokument kann uns auch helfen, dass wir uns nicht zu sehr von der jetzt entstandenen Situation allein bestimmen lassen. Darin liegt der Vorzug von Lehre und Tradition gerade in unserer Kirche. Das darf uns aber nicht unsensibel werden lassen für die einmalige Herausforderung, vor der wir in diesen Tagen stehen.

Der christliche Glaube weiß, dass er geschehenes Unrecht in den allermeisten Fällen nicht einfach aufheben und zur „Normalität" zurückkehren kann. Freilich, wir verlangen Wiedergutmachung, soweit eine solche überhaupt möglich ist. Aber es kann auch bei größtem Unrecht nicht darum gehen, Vergeltung oder Rache zu üben, auch wenn wir Menschen von unserer konkreten Natur her dazu neigen, gerade in solchen Fällen unerbittlich Auge um Auge, Zahn um Zahn aufzurechnen.

Es soll kein Zweifel bestehen, dass man die Verantwortlichen für dieses Attentat aufspüren und vor Gericht stellen soll. Die Völkergemeinschaft kann nicht hinnehmen, dass solche Angriffe auf die Menschheitsfamilie ohne Konsequenzen bleiben. Dabei kann es nicht allein um ein paar hastig zusammengebastelte Sondergesetze gehen, wie z. B. einen Fingerabdruck im Pass, die Preisgabe des Datenschutzes oder verdeckte Ermittler mit problematischen Befugnissen, so sehr die Sicherheit der Menschen in allen Ländern noch besser gewährleistet sein muss. Aber Maßnahmen, die nun getroffen werden, dürfen sich nicht nur in einer Art Rückschau auf das beschränken, was an Furchtbarem geschehen ist. Wir müssen wieder eine neue Perspektive für ein Leben der Menschen in Freiheit in der Zukunft gewinnen. Darum haben die Maßnahmen weitgehend den Sinn, künftige Anschläge solcher Art möglichst zu verhindern. Die Antwort muss jetzt in Richtung entschiedener Prävention und nicht bloßer Repression gehen. Dabei dürfen wir uns nicht im Wahn absoluter Sicherheit wiegen, die es niemals geben kann. Sonst würde unser Zusammenleben einem Gefängnis ähnlich werden oder in einen Überwachungsstaat münden.

Unter diesen Voraussetzungen hat sich die Deutsche Bischofskonferenz vor einem Jahr (2000) auch zur „Problematik bewaffneter Interventionen" geäußert.[2] Ich möchte aus diesem Text einige Aussagen in Erinnerung bringen.

In solchen Situationen stellt sich vor allem die Frage, unter welchen Bedingungen die Anwendung von Gegengewalt gerechtfertigt sein kann:

- Die Anwendung von Gegengewalt kommt nur als „ultima ratio" in Betracht, als äußerste und letzte Möglichkeit also, wenn alle anderen Mittel, um dem Recht einen Weg zu bahnen, erschöpft sind.
- Auch wenn die Gewaltanwendung der Verteidigung elementarer Rechtsgüter dient, „bringt Gewaltanwendung rasch ein nur schwer begrenzbares Ausmaß von Leid mit sich; sie bedeutet deswegen ein schwerwiegendes Übel, mag es sich auch um das geringere Übel handeln."[3] Die Gewaltanwendung entfaltet ihre Eigendynamik und endet oft in einem Übermaß von Gewalteinsatz. Getroffen wird dann hauptsächlich die Zivilbevölkerung. Es wäre ein fataler Teufelskreis, wenn begangenes Unrecht durch eine erneute Ungerechtigkeit beglichen würde, selbst wenn das Verbrechen himmelschreiend war. Auch der gute Wille zur Bestrafung der Verantwortlichen und zur Verhinderung einer Wiederholung kann bei der heutigen wissenschaftlich gestützten, technologisch perfektionierten Waffengewalt zu fürchterlichsten Entschlüssen und Wirkungen führen. Der Abwurf der Atombomben im August 1945 auf japanische Großstädte steckt uns noch in den Knochen.

- Wir leben in einer Zeit, die subtile und grobe Angriffe auf das Leben kennt. Darum fordern wir mit Recht und mehr als früher Gewaltverzicht. Deswegen mehren sich auch in der Kirche kritische Stimmen gegen ein Recht und erst recht den Vollzug der Todesstrafe und gegen die Erlaubnis zur Tötung in einem „gerechten Krieg". Wir erblicken eine Ausnahme am ehesten noch in der unmittelbaren Notwehr gegenüber einem Angreifer, besonders wenn es um unschuldige Wehrlose geht („Nothilfe"). So erscheint es „fraglich, ob es jenseits unmittelbarer Notwehr zur Verteidigung von Leib und Leben Ziele gibt, die den Einsatz militärischer Gewalt rechtfertigen können".[4] In jedem Fall ist bei der Erwägung von Gewaltanwendung „ein größtmögliches Maß an Sorgfalt in der Prüfung der zu erwartenden Folgen" notwendig.[5]
- „Gewaltärmere Mittel und Maßnahmen, die weniger Leid und Zerstörung mit sich bringen, sind immer vorzuziehen".[6] Es muss außerdem eine hinreichende Wahrscheinlichkeit gegeben sein, dass das Ziel einer bewaffneten Intervention tatsächlich erreicht wird, wobei die Verhältnismäßigkeit der angewendeten Mittel nicht übersehen werden darf. „Jede militärische Intervention muss mit einer politischen Perspektive verbunden sein, die grundsätzlich mehr beinhaltet als die Rückkehr zum status quo ante (früheren Zustand). Denn es reicht nicht aus, aktuelles Unrecht zu beheben. Es geht darum, es auf Dauer zu verhindern."[7] Alle Maßnahmen sollten in ein Gesamtkonzept eingebettet sein.

Die Kirchen haben keine Autorität und Kompetenz, diese Grundsätze in die politische und militärische Praxis umzusetzen. Darum können sie auch die anstehenden Probleme selbst nicht lösen. Aber sie können grundlegende Kriterien für eine Anwendung von Gewalt aufstellen und dafür die Gewissen schärfen.

Dies kann wohl nicht ohne eine erweiterte Reflexion geschehen, die ich freilich nur noch andeuten kann. Wir müssen verhindern, dass der Islam zu einem Feindbild wird. Unser Feind ist der Terrorismus. Wir brauchen eine verstärkte Offenheit gegenüber fremden Kulturen, ohne unsere Herkunft zu verleugnen und unsere Kultur zu vernachlässigen. Aber auch das Armutsgefälle in der Welt ist sicherlich eine Brutstätte für den internationalen Terrorismus, so verabscheuungswürdig dieser ist. Die Schattenseiten der Globalisierung werden zu wenig ernst genommen, selbst wenn sie gewiss auch armen Völkern viel Segen bringen kann. Die Eindämmung der terroristischen Gewaltanwendung und alle präventiven Maßnahmen müssen auch hier wirksam ansetzen.

Der Frieden ist nur durch große Opfer und Verzichte zu gewinnen. Auch Jesus konnte uns den Frieden untereinander und für die Welt nur am Kreuz schenken. Daher brauchen wir immer wieder die erneute Einkehr beim Evangelium des Friedens und des Lebens. Der heilige Nikolaus von Flüe, den wir heute (25. September) in der Kirche feiern, kommt zwar aus einer anderen Zeit auf uns zu, im Kern zeigt aber auch er in der Nachfolge Jesu Christi durch sein Leben auf, worum es geht. Dies ist besonders aufbewahrt in einem kleinen Gebet des Bruders Klaus:

„O mein Gott und mein Herr,
nimm alles von mir, was mich hindert zu dir.
O mein Gott und mein Herr,
gib mir alles, was mich fördert zu dir."

Nur so können wir ein wahres Werkzeug des Friedens werden. Amen.

Anmerkungen

[1] Vgl. die Veröffentlichung in der Reihe: Die deutschen Bischöfe 66, Bonn 2000.
[2] Vgl. Nr. 150–161, 83–89.
[3] Nr. 151, 84.
[4] Ebd.
[5] Nr. 153, 85.
[6] Nr. 155, 86.
[7] Nr. 159, 87.

Das Recht, ein Mensch zu sein – Zur Grundfrage der gegenwärtigen bioethischen Probleme

I. Vordringlichkeit und Situierung der Frage nach dem Anfang des menschlichen Lebens in der gegenwärtigen bioethischen Debatte

Wohl nur kurzfristig haben die schrecklichen Attentate von New York und Washington das in den letzten Monaten in den Medien besonders bevorzugte Thema „Bioethik" in den Hintergrund treten lassen. Es wird nicht lange gehen, bis uns sowohl die Nachrichten über neue Experimente als auch die verschiedenen Stellungnahmen einholen werden.[1]

Man kann zunächst die intensivere öffentliche Diskussion der damit verbundenen Probleme der Gen- und Biotechnik nur begrüßen. Allzu lange hat die Öffentlichkeit sich weniger um diese Herausforderungen ernsthaft gekümmert. Jetzt aber darf man Zweifel haben, ob die momentane Berichterstattung und Diskussion wirklich Orientierung und Aufklärung bringen. Es gibt nämlich eine solche Masse an Informationen, dass man sie kaum mehr überblicken und schon gar nicht mehr einordnen kann. Widersprüchliche Meldungen stehen unaufgelöst nebeneinander. Hochgespannte Erwartungen über mögliche künftige Heilerfolge werden wie eine schon bestehende Realität dargestellt. Vieles ist (noch) nicht machbar, was fest angepriesen wird. Wirtschaftliche Interessen, die mit im Spiel sind, werden eher verborgen. Überhaupt gibt es für manches eine Art von Dunkelziffer. Viele Experimente, die geglückt zu sein scheinen, setzten sehr viele gescheiterte Versuche voraus. So ist offenbar aus fast dreihundert manipulierten Eizellen nur ein gesundes Lamm hervorgegangen: das Klon-Schaf Dolly.[2] Mehr und mehr kommt an den Tag, dass diese Versuche mit schweren Missbildungen und Anomalien verbunden sind. Hinter den Kulissen wird ganz gewiss weltweit schon sehr viel mehr experimentiert und manipuliert. In Deutschland ist dies vermutlich durch die Grenzen des Gesetzes zum Schutz von Embryonen vom 13. Dezember 1990 weniger der Fall, obgleich die Diskussion über die embryonalen Stammzellen auch hier einiges offenbarte. Aufgeschreckt wurden viele Menschen durch die Pressemeldung, chinesische Wissenschaftler hätten erstmals Embryonen aus Zellen eines siebenjährigen Jungen und eines Kaninchens gezüchtet. Bisher schien die genetische Kreuzung von Mensch und

Tier nicht nur verboten, sondern von den Wissenschaftlern selbst geächtet zu sein.

Vieles erscheint noch oder überhaupt nicht machbar zu sein. Dies gilt gerade auch für viele Erwartungen im Blick auf Wunschkinder, die man gewissermaßen nach Katalog bestellt. Viele Geschmacklosigkeiten, wie z. B. Samenbanken von Nobelpreisträgern, machen die Runde. Dabei werden auch Fehleinschätzungen vermittelt, als ob der Mensch nichts anderes als die Summe seiner Gene wäre. Darum werden auch Planungs- und Züchtungsmöglichkeiten des Menschen vollkommen falsch eingeschätzt. Zu solchen Vorhaben schrieb vor kurzem D. Ganten: „Das kann kein Ziel sein, ist aber grundsätzlich auch gar nicht machbar. Jeder Mensch ist unterschiedlich und er wird es bleiben. Das genetische Material ist ja nur bedingt dafür verantwortlich, was später die Persönlichkeit ausmacht: Grob geschätzt sind vielleicht 50 Prozent eines Menschen von seinen Genen beeinflusst. 25 Prozent können etwa von seiner Umwelt und 25 Prozent durch sein eigenes Zutun bestimmt sein. Die Gene haben sicher einen wichtigen, aber möglicherweise nicht den wichtigsten Anteil am Menschsein.“[3] Es wäre fatal, wenn gerade heute gegenüber einem deterministischen Menschenbild die soziale Verantwortung und die emotionale Einbindung, die Freiheit und die Verantwortung des Menschen für seine Lebensführung nicht genügend beachtet würden.

Die Wissenschaftler selbst fragen: „Wollen wir denn ernsthaft die Erzeugung identischer Kopien von Menschen – also das reproduktionsmedizinische Klonen – freigeben? Wollen wir in der Zukunft Nachwuchs nicht mehr durch Kreuzung der Erbanlagen auf natürlichem Weg zeugen, oder im Einzelfall auch im Reagenzglas durch künstliche Befruchtung? Wollen wir stattdessen identische Kopien von uns selbst herstellen? Was wird aus dem menschlichen Genpool, wenn reiche oder bedeutende Persönlichkeiten plötzlich dem Wahn verfallen, genetisch unsterblich werden zu wollen und beginnen, sich selbst zu klonen?“[4] Die Hoffnung, dass es in demokratischen Ländern dafür keine Mehrheiten gibt, reicht wohl nicht aus, um solchen Entwicklungen Einhalt zu gebieten.

Weil in diesem Bereich Fakten und Visionen, Erreichbares und Wunschträume, Erlaubtes und Verbotenes ganz dicht beieinander liegen oder auch durcheinandergehen, ist die grundsätzliche Orientierung nicht leicht. Es kommt noch hinzu, dass die Entwicklung der Forschung stellenweise so rasant ist, dass auch Fachleute sich schwer tun mit einem wirklichen Durchblick. Es ist darum eine wichtige Hilfe, in leichter erreichbaren Sammelbänden Einblick nehmen zu können in den heutigen Sachstand.[5] Darum war es auch sinnvoll, dass die Deutsche Bischofskonferenz bei der Frühjahrs-Vollversammlung 2001 zuerst einen mehr allgemeinen, grundsätzlich orientierenden Text herausgab: „Der Mensch sein eigener Schöpfer? Wort der Deutschen Bischofskonferenz zu Fragen von Gentechnik und Biomedizin".[6] In der aufgezeigten Unübersichtlichkeit war eine erste Vermessung der Landkarte notwendig.[7] Wir haben diese ersten orientierenden Hilfen in einem Faltblatt zusammengestellt. Dabei geht es nicht selten auch um eine klare und präzise Sprache, denn manchmal schleichen sich neue Vorstellungen über einen mehrdeutigen oder jedenfalls zwiespältigen Sprachgebrauch ein, wie noch zu zeigen sein wird. Aber es war von Anfang an auch evident, dass die einzelnen Aussagen dieses Wortes Schritt für Schritt noch besser und tiefer entfaltet werden müssen, um wirklich in der öffentlichen Diskussion mitreden zu können.

Im Lauf der Zeit haben sich diese Themen mehr und mehr herauskristallisiert: das Human-Genom-Projekt, die Pränatale Diagnostik, die Präimplantationsdiagnostik, Gentherapie, therapeutisches und reproduktives Klonen, Stammzellenforschung, Patente auf Leben. Aber es gibt in der gesamten Thematik auch so etwas wie einen roten Faden oder durchlaufende Perspektiven, die von Anfang an die Fragestellung beherrschen, wobei dies oft verborgen, indirekt oder implizit geschieht. Es sind Grundannahmen, die von Anfang an erkenntnisleitend sind und darum auch entschlossen thematisiert werden müssen. Dazu gehört zuerst die Frage nach dem Status des Menschen im Anfang. Hier entscheidet sich, in welcher Perspektive sich das Menschwerden und das Menschsein von Beginn an bemerkbar machen und wie dies vom Menschen gewertet wird. Die Frage nach der Schutzwürdigkeit des menschlichen Lebens ist entscheidend von der anthropologischen und theologischen Frage geprägt: Wann beginnt menschliches Leben? Dieser Frage vor allem nach dem moralischen Status des menschlichen Lebens soll hier nachgegangen werden, zumal die Antwort sehr wichtig ist auf die Frage, welche Rechte dem Embryo einerseits und welche Pflichten der Gesellschaft anderseits daraus erwachsen.

II. Zur Deutung der Embryonalentwicklung im Blick auf den Anfang des Lebens

Die Frage nach dem Beginn des menschlichen, vor allem des individuellen Lebens, war immer schon Gegenstand des menschlichen Suchens. Dabei stand früher vor allem der Zeitpunkt der Beseelung im Vordergrund. Vor allem durch den Einfluss des Aristoteles hat z.B. Thomas von Aquin die Empfängnis (Conceptio) als ein zeitlich erstrecktes Geschehen (Sukzessiv-beseelung) verstanden. Er nahm an, dass bei dem Ausformungsprozess des menschlichen Leibes drei Wesensformen zu unterscheiden sind (die vegetative, die sensitive und die rationale), von denen die höhere jeweils die Funktion der niedrigeren übernimmt. Der Embryo hat also bereits Leben, wird aber erst später beseelt, das männliche Kind am 40. Tag, das weibliche Kind am 90. Tag. In Einzelheiten gibt es jedoch im Mittelalter beträchtliche Unterschiede. Albertus Magnus lehnt z.B. die Dreiteilung der Wesensform ab. Der Beginn des Eigenlebens und die Geistbeseelung fallen nach ihm in einem Augenblick zusammen (Simultanbeseelung). Seit es im 19. Jahrhundert gelungen war, den Befruchtungsvorgang genauer zu beschreiben, wusste man, dass der Fötus als Ergebnis zweier lebendiger Zellen selber belebt und von einem formgebenden Prinzip durchwaltet war, das identisch erschien mit der menschlichen Seele. Man glaubte, der Einheit und Kontinuität des sich entwickelnden Lebens mit der Annahme einer einzigen und unteilbaren Seele, also durch eine Simultanbeseelung besser gerecht zu werden als durch eine Sukzessivbeseelung.[8]

Die Theorie der Sukzessiv-Beseelung schien bereits überholt zu sein, als in der ersten Hälfte des 19. Jahrhunderts eine lebhafte Diskussion darüber einsetzte. Dabei war Anstoß dafür das von E. Haeckel aufgestellte biogenetische Grundgesetz, nach dem jedes einzelne Lebewesen im Laufe seines Werdeprozesses die stammesgeschichtliche Entwicklung durchläuft. Näherhin würde dies bedeuten, dass der Embryo erst allmählich, d.h. im Lauf seiner Entwicklung, zum Mensch wird. Viele thomistische Vertreter versuchten im Anschluss daran eine Neuinterpretation der Meinung des Thomas. Schließlich hatte vor allem der Göttinger Embryologe Erich Blechschmidt (1904–1992) dieses „Biogenetische Grundgesetz“ widerlegt.[9] Die Diskussion wurde bald abgelöst, indem nicht mehr so sehr die Frage nach dem Zeitpunkt der Beseelung im Vordergrund stand, sondern die Beseelung als solche zum Problem wurde.[10]

Die entsprechenden Forschungen hatten ergeben, dass es sich beim menschlichen Leben vom ersten Tag der embryonalen Entwicklung an, die mit der Vereinigung von Ei- und Samenzelle beginnt, um spezifisch menschliches Leben handelt. Dies hat zur Konsequenz, dass heute die allermeisten Theologen den Zeitpunkt der Empfängnis, d.h. der Fertilisation, als den vor allem ethisch relevanten Zeitpunkt der Beseelung ansehen. Zwar gibt es immer wieder Versuche einer Anknüpfung an die Theorien der Sukzessivbeseelung, die ja den Vorteil hätte, einen zeitlichen Spielraum in der frühesten Entwicklung anzunehmen, der zwar von der Existenz menschlichen Lebens ausgeht, jedoch noch kein spezifisch individuelles Menschenleben besonders im Sinne von Personalität darstellt.[11] Dabei wird öfter ein Einschnitt bei der

Nidation angenommen, also bei der Einnistung des Embryos in die Gebärmutter. Dieser Prozess der Implantation findet zwischen dem 4. und 6. Tag statt. Manche wollen um den 12.–14. Tag einen gewissen Einschnitt sehen, der durch Entwicklungen im Kopfbereich und in der ersten Differenzierung der Nerven bestimmt werde.

Die Theorie der Sukzessiv-Beseelung hat durch ihre große Bedeutung in der Tradition noch eine starke Wirkungsgeschichte. Strömungen im Bereich der anglikanischen Kirche scheinen solchen Vorstellungen ebenso anzuhängen wie Teile des Judentums, die eine Beseelung des Menschen bei ca. 50 Tagen annehmen.

Der Embryo ist also von Anfang an Mensch. Dies gilt von der Befruchtung an, die selber einen Prozess darstellt, der mit dem Eindringen eines Spermiums in die Eizelle beginnt und mit der Fusion der Zellkerne endet. Die Fertilisation selbst erfolgt als eine kontinuierliche Abfolge von Ereignissen. Das eine Ereignis ist Voraussetzung für die folgende Entfaltung. Die Biologen machen aufmerksam, dass es sich dabei um eine menschliche Wahrnehmung handelt, wenn man einen stufenmäßigen Prozess dahinter sieht: „Die Aufzählung der Einzelereignisse wird lediglich von unserer Beobachtungsgenauigkeit bestimmt. Wegen des stufenartigen Erscheinungsbildes aufeinanderfolgender Reaktionen hat man den ganzen Vorgang auch als ‚Befruchtungskaskade' (H. M. Beier) bezeichnet. Es muss aber klar gesehen werden, dass die beschriebenen Stufen der Kaskade Ergebnis unserer begrifflichen Abgrenzungen, nicht aber der Wirklichkeit selbst sind. Jede ‚Stufe' folgt kontinuierlich aus den vorausgegangenen Prozessen."[12] Jedes Entwicklungsstadium geht kontinuierlich in das folgende über. Es gibt keinen Moment in der Entwicklung, an dem man sagen könnte, erst hier werde der Embryo zum Menschen. „Es ist immer wieder versucht worden, das Menschsein mit der Reifung des Gehirns beginnen zu lassen. Die Differenzierung des Nervensystems ist aber eines der besten Beispiele dafür, dass sich kein Punkt festlegen lässt, an welchem sprunghaft etwas Neues entsteht. Auch die Synaptogenese ist ein kontinuierlicher Prozess."[13]

Einen Prozess mit verschiedenen Einschnitten suggeriert auch die unterschiedliche Terminologie für die Embryonalentwicklung. In einer „Medizinischen Embryologie"[14] heißt es: „Am Beginn menschlichen Lebens steht die Fusion von Spermium und Eizelle, die Fertilisation. Die Zelle, die durch das Eindringen des Spermiums in die Eizelle entsteht, heißt Zygote; in ihr wird der Ablauf des Programms ‚Entwicklung' aktiviert. Mit den folgenden mitotischen Zellteilungen entsteht ein kugeliges Aggregat von Zellen, die Morula. Im Inneren der Morula entsteht die Blastozystenhöhle. Dadurch wird die Morula zur Blastozyste. In der Blastozyste lassen sich zwei Zellpopulationen unterscheiden: die außenliegende einschichtige Zelllage des Trophoblasten und die exzentrisch im Inneren liegenden Zellen des Embryoblasten. Diese Entwicklung dauert etwa eine Woche und findet in der Tuba uterina statt." Aus der Tatsache der verschiedenen Namen wollen manche verschiedene Phasen ablesen, die auch einen qualitativ unterschiedlichen moralischen Status des menschlichen Lebens begründen. Es gibt aber keine diskreten Stufen der Entwicklung, sondern eher „Parameter der Reifungsvorgänge ... um eine Eindeutigkeit der Beschreibung zu erreichen."[15] Einige Autoren haben auch den Begriff des Prae-Embryo eingeführt. Man meint damit weitgehend die Entwicklungsperiode von der Fertilisation bis zur Entstehung des „Primitivstreifens" (also bis zum ca. 14. Tag). Der Begriff legt nahe, es gäbe in der Frühentwicklung des Menschen eine Phase, in welcher ein menschlicher Embryo noch nicht vorhanden sei. Dies hat natürlich Konsequenzen für die Schutzwürdigkeit des Embryos. Der Begriff lässt sich also schlecht gebrauchen, ist unbestimmt und überflüssig, da es andere Begriffe zur Beschreibung der einzelnen Entwicklungsstadien gibt. Wenn ich recht sehe, wird er auch nur selten in den Hand- und Lehrbüchern der Humangenetik und der Embryologie verwendet.[16]

Aus der embryologischen Entwicklung lassen sich für die ersten acht Wochen folgende Schlüsse ziehen:[17]

- Mit dem Abschluss der Fertilisation, der Herausbildung der Zygote ist ein individuelles humanes Genom und damit ein menschlicher Embryo entstanden. Die Zygote besitzt bereits einen humanspezifischen Genbestand, aus dem sich unter entsprechenden Bedingungen ein vollständiges menschliches Individuum entwickeln kann. Es muss nichts Wesentliches mehr hinzugefügt werden. Bereits hier lässt sich eine „Potenz zur vollständigen menschlichen Entwicklung" feststellen.[18]
- Die Entwicklung verläuft im Sinne einer „humanspezifischen Entwicklung"[19], sodass jedes Entwicklungsstadium kontinuierlich in das folgende übergeht. Es gibt keinen Zeitpunkt in der Entwicklung, an dem man sagen könnte, hier werde der Embryo erst zum Menschen. Es handelt sich in jedem Stadium um einen menschlichen Embryo. Es gibt in diesem Ablauf keine Zäsur, von der sich sagen ließe, hier entstehe etwas völlig Neues. E. Blechschmidt hat immer wieder gesagt, dass der Mensch nicht zum Menschen wird, sondern von Anfang an Mensch ist. Man spricht hier von der „Kontinuität der Entwicklung".[20]
- „Am Ende des zweiten Embryonalmonats ist der Embryo gerade 30 mm groß. Er hat auch für den normalen Beobachter schon alle Merkmale des Menschen entwickelt. 99 Prozent der Strukturen, die am Erwachsenen beschrieben werden, sind bereits vorhanden. Somit folgt aus der embryo-

logischen Betrachtung der menschlichen Entwicklung, dass der Embryo von der Befruchtung an menschliches Leben darstellt und die Möglichkeit besitzt, dieses menschliche Leben voll zu entfalten, wenn ihm die dafür nötigen Umgebungsbedingungen geboten werden.“[21]

– Damit geht auch einher, dass sich die Steuerung der Entwicklung menschlichen Lebens differenziert. Eine Entwicklung ist überhaupt nur möglich, wenn ein Programm vorhanden ist, das schon sehr früh die Aktivität der beteiligten Gene koordiniert. „Die Entwicklung bis etwa zum Vierzellstadium unterliegt noch weitgehend der genetischen Steuerung durch das mütterliche Genom. Im weiteren Verlauf wird zunehmend das embryonale Genom aktiviert, während der mütterliche Einfluss schnell zurückgeht.“[22]

Damit sind die Prinzipien beschrieben, die die Entwicklung des menschlichen Lebens bestimmen und die auch wichtig sind zur Entscheidung darüber, wann und wie das menschliche Leben beginnt. Im Grunde gibt es zwei gewichtige Einwände. Der eine bezieht sich auf die Tatsache, dass in der frühen Phase der Entwicklung, wie soeben beschrieben, die Zellen totipotent sind, sodass sich aus jeder Zelle ein vollständiges Individuum entwickeln kann. Man macht darauf aufmerksam, dass im Mehrzellenstadium die Zellen nicht einfach als selbstständige und unabhängige Gebilde nebeneinander liegen, sondern ab der ersten Zellteilung einen Verband mit eigenen Regelungs- und Steuermechanismen bilden. Dieses organische System ist eine Funktionseinheit. Diese gegliederte biologische Einheit, die untereinander in einer engen Kooperation steht, differenziert sich also von innen her. Erst wenn die Tochterzellen voneinander getrennt werden, gewinnen sie ihre Unabhängigkeit und können einen ganzen Embryo hervorbringen. Dies muss man beim Begriff „Totipotenz“ vor Augen haben, denn man kann in diesem Sinne auch durchaus eine solche biologische Systemeinheit, die sich von innen her differenziert, mit einem komplexeren Begriff von „Individuum“ in Verbindung bringen. Im Begriff Individuum geht es im Übrigen weniger um eine Unteilbarkeit, sondern um das Ungeteiltsein.

Dies ist besonders wichtig für einen eng damit zusammenhängenden Einwand, wenn nämlich spontan eineiige Zwillinge entstehen. In dieser frühen Phase sind die einzelnen Zellen, wie schon gesagt, noch totipotent. Bedeutet dies nun, dass der Embryo vor der Ausbildung des Primitivstreifens kein Individuum und erst recht keine Person ist, weil er sich noch in mehrere Individuen teilen kann? Ein Stück weit ist darauf schon durch die soeben gemachten Ausführungen geantwortet worden: „Wenn das lebendige Individuum nicht primär als etwas Unteilbares, sondern als ein Wesen verstanden wird, das ständig dynamisch seine Einheit herstellt, dann stellt die Entstehung von eineiigen Zwillingen keinen Widerspruch zu unserem Begriff von Individuum und Person dar."[23] Mit Recht hat G. Rager darauf aufmerksam gemacht, dass man den Begriff Individuum für den Vorgang der Zellteilung nochmals durchdenken muss.[24] Hier fehlt ein Stück weit noch die theoretisch angemessene Begrifflichkeit. „Ex post nämlich betrachtet sich jeder der aus den beiden Zwillingsembryos hervorgegangenen Personen als gezeugt von den Eltern und in unmittelbarer Kontinuität seiner Entwicklung auf den Zeugungsakt zurückgehend. Aus dem retrospektiven Blickwinkel der erwachsenen Zwillinge setzt daher bei der Identität mit dem Zeitpunkt der Zeugung des ‚Ursprungsembryos' ein."[25] Man wird hier gewiss einräumen, dass die Frage nach dem Beginn des individuellen menschlichen Lebens gerade im Blick auf die totipotenten Zellen und die Mehrlingsbildung noch weiterer Klärung bedarf.

III. Zweifel an der Schutzwürdigkeit früher Embryonen?

Aus dem bisher Gesagten geht hervor, dass die Entwicklung der frühen Schwangerschaft im Blick auf den Anfang eines individuellen Lebens verschieden gedeutet wird. Man weist zunächst darauf hin, dass sich die Embryonen in den ersten Entwicklungstagen noch nicht in die Gebärmutterschleimhaut einnisten können. Sie seien kleiner als ein Punkt in unserer Schrift und würden aus etwa 100 noch undifferenzierten Zellen bestehen. Besonders in den Tagen bis zur Implantation (4. bis 6. Tag) oder auch bis zum 14. Tag, ab dem gewöhnlich die Mehrlingsbildung ausgeschlossen ist, wird deshalb von manchen Wissenschaftlern und Ethikern vor allem im säkularen Raum eine experimentelle Freiheit angenommen. Man verweist auch auf die „fehlende äußere Menschenähnlichkeit und innere Empfindungsfähigkeit früher Embryonen".[26] Viele Forscher, die im Umgang mit Embryonen der frühen Schwangerschaft eine gewisse Gewohnheit haben, reden hier ziemlich unbefangen von „Zellhaufen", was zunächst gewiss auch mit der rein auf das Untersuchungsobjekt gerichteten Betrachtungsweise des Wissenschaftlers zusammenhängt, aber eben zugleich auch eine erhebliche Herausforderung darstellt, besonders für die, denen die Frage nach dem Anfang des menschlichen Lebens nicht gleichgültig ist. Von daher versteht sich, dass manche Wissenschaftler und Ethiker die britische Zweiwochenfrist als Obergrenze jeglicher Embryonenforschung für eine akzeptable Lösung halten.[27]

Es gibt freilich auch noch weitergehende Überlegungen. Sie möchten erst in der Geburt das Zeichen für die Menschwerdung sehen. Norbert Hoerster ist der Meinung, dass erst die Grenze der Geburt eindeutig sei und deshalb das Lebensrecht erst mit der Geburt beginnen könne.[28] In neuester Zeit hat V. Gerhardt dieses Argument wiederum vorgebracht: „Der Akt der Menschwerdung ist die Geburt."[29] Der Satz aus dem Bürgerlichen Gesetzbuch: „Die Rechtsfähigkeit des Menschen beginnt mit der Vollendung der Geburt" (§ 1) lässt hier in der Deutung von V. Gerhardt ganz bewusst alle anderen rechtlichen Bestimmungen aus.[30] Eine solche Interpretation erscheint auch anthropologisch unhaltbar. Sie bedeutet nämlich, dass eine Frühgeburt in jedem Fall geschützt ist, während andere Kinder noch mit neun Monaten getötet werden könnten.[31] Die Auseinandersetzung muss jedoch noch vertieft werden.

Merkwürdigerweise begegnet man auch immer wieder der Argumentation, ein wissenschaftlicher Umgang mit frühen Embryonen, der aus Gründen der Forschung oder auch der Heilung von Kranken Embryonen „verbrauche", d. h. am Ende töte, müsse doch aufgrund der deutschen Abtreibungsgesetzgebung möglich sein, da die Abtreibung ja aus anderen Gründen innerhalb der Zwölf-Wochen-Frist möglich sei. Eine solche Argumentation verkennt in fast grotesker Weise, dass es nach dem geltenden Recht keine Erlaubnis zur Abtreibung gibt, dass sie immer Unrecht ist und bleibt und nur in bestimmten Fällen unter einer Reihe von Bedingungen die Frau von der Strafe ausnimmt. Es ist eine fatale Argumentation, wenn gerade auch Wissenschaftler aus kurzsichtigen Interessen heraus zu solchen Fehlinformationen greifen.

Man darf und muss wohl der Überzeugung sein, dass diese Argumente, die im Vergleich untereinander spannungsvoll und zum Teil widersprüchlich sind, einer kritischen Überprüfung gerade auch im Blick auf die Befunde der Embryologie nicht standhalten. Wie aus den früheren Überlegungen hervorgeht, werden die vier Grundargumente für den Lebensschutz bereits für frühe Embryonen unzureichend interpretiert: die humanspezifische Entwicklung des Menschen als Mensch von Anfang an; die Potenzialität zur vollständigen menschlichen Entwicklung hin; die Kontinuität der Entwicklung; das Verständnis der Individualität mit der Verschmelzung von Samen- und Eizelle, durch die eine für das Individuum einheitliche und vollständige genetische Information entstanden ist. Die Entwicklung des Embryos als eines organischen Systems wird in einer einmalig strukturierten Zwei-Einheit von Mutter und Kind gesteuert. Der mütterliche Organismus liefert dafür vor allem die geeigneten Umgebungsbedingungen und die notwendige Nahrung. Gewöhnlich finden während der Entwicklung keine Mutationen oder Sprünge statt. „Wenn aber die Zygote in kontinuierlicher Weise sich zum Neugeborenen und zum erwachsenen Menschen entwickelt, dann bleibt die Identität dieses

Lebewesens erhalten. Ist dieses Lebewesen im erwachsenen Zustand ein Mensch, dann ist es dies auch als Embryo."[32]

IV. „Person von Anfang an" – Recht und Grenzen einer Redeweise

Vor diesem Hintergrund hat das Lehramt der katholischen Kirche Position bezogen. Dabei muss man bedenken, wie sehr die Annahme einer Sukzessiv-Beseelung von der Tradition her die kirchliche Lehre belastete.[33] Die Päpste haben, gewiss mit zwischenzeitlichen Unsicherheiten, im 16. und schließlich im 19. Jahrhundert die Unterscheidung zwischen einem beseelten und einem unbeseelten Fötus aufgehoben. Das kirchliche Lehramt weist ausdrücklich zurück, erst die Geburt (vgl. DS 2135) oder der erste intellektuelle Akt (DS 3220f., gegen Rosmini), sei der Zeitpunkt der Beseelung des Menschen.

Der jüngere Sprachgebrauch der kirchlichen Dokumente wird vielleicht am deutlichsten in der Instruktion der Kongregation für die Glaubenslehre über die Achtung vor dem beginnenden menschlichen Leben und die Würde der Fortpflanzung, die 1987 veröffentlicht worden ist.[34] Dort heißt es: „Jedes menschliche Wesen muss – als Person – vom ersten Augenblick seines Daseins an geachtet werden." (I,1) Das Zweite Vatikanische Konzil hatte schon deutlich zum Ausdruck gebracht, dass es aus diesem Grund auch das menschliche Leben von der Empfängnis an mit höchster Sorgfalt schützt (vgl. GS 51). Im Anschluss daran hat die „Charta der Familienrechte" von 1983 formuliert: „Menschliches Leben muss vom Augenblick der Empfängnis an absolut geachtet und geschützt werden." (Nr. 4)[35] In der „Erklärung zur vorsätzlichen Abtreibung" aus dem Jahr 1974[36] heißt es: „Von dem Augenblick an, indem die Eizelle befruchtet wird, beginnt ein neues Leben, welches weder das des Vaters noch das der Mutter ist, sondern das eines neuen menschlichen Wesens, das sich eigenständig entwickelt. Es würde niemals menschlich werden, wenn es das nicht schon von diesem Augenblick an gewesen wäre. Die neuere Genetik bestätigt diesen Sachverhalt, der immer eindeutig war … in eindrucksvoller Weise. Sie hat gezeigt, dass schon vom ersten Augenblick an eine feste Struktur dieses Lebewesens vorliegt: Eines Menschen nämlich, und zwar dieses konkreten menschlichen Individuums, das schon mit all seinen genau umschriebenen charakteristischen Merkmalen ausgestattet ist. Mit der Befruchtung beginnt das Abenteuer des menschlichen Lebens, dessen einzelne bedeutende Anlagen Zeit brauchen, um richtig entfaltet und zum Handeln bereit zu werden."[37]

Dabei muss die sorgfältige Argumentation im Kreuzungsfeld von Embryologie, Philosophie und Theologie beachtet werden: „Sicherlich kann kein experimentelles Ergebnis für sich genommen ausreichen, um eine Geistseele erkennen zu lassen; dennoch liefern die Ergebnisse der Embryologie einen wertvollen Hinweis, um mit der Vernunft eine personale Gegenwart schon vor diesem ersten Erscheinen eines menschlichen Wesens an wahrzunehmen. Wie sollte ein menschliches Individuum nicht eine menschliche Person sein? Das Lehramt hat sich nicht ausdrücklich auf Aussagen philosophischer Natur festgelegt, bekräftigt aber beständig die moralische Verurteilung einer jeden vorsätzlichen Abtreibung. Diese Lehre hat sich nicht geändert und ist unveränderlich.“[38] Man kann leicht erkennen, dass der Argumentationsgang behutsam vor sich geht. Die unterschiedlichen Methoden und Erkenntnisweisen der Humanwissenschaften und der Philosophie sowie der Theologie werden angesprochen. Jedoch enthalten die empirischen Forschungen auch wertvolle Hinweise, „um mit der Vernunft eine personale Gegenwart schon vor diesem ersten Erscheinen eines menschlichen Wesens an wahrzunehmen“. Es wird klar zum Ausdruck gebracht, dass die empirischen Hinweise einer weiteren Reflexion bedürfen, auf diesem Weg aber auch zu einer gültigen Einsicht kommen können. Dabei ist die Aussage, dass es sich beim Embryo um eine „Person“ handelt, einerseits eindeutig (auch in den anderen zitierten Quellen!), anderseits wird aber auch gegenüber dem Begriff Person eine gewisse Nachdenklichkeit zur Sprache gebracht, vor allem durch die fast überraschende Frage: „Wie sollte ein menschliches Individuum nicht eine menschliche Person sein?“ Mit überraschender Deutlichkeit wird festgestellt, dass sich das Lehramt auch beim Gebrauch des Personbegriffs „nicht ausdrücklich auf Aussagen philosophischer Natur festgelegt“ hat. Außerdem geht man sehr stark auch von der ursprünglichen Intention dieser Aussagen aus, dass nämlich die Lehre der Kirche jede vorsätzliche Abtreibung beständig verworfen hat. Schließlich gilt die Anerkennung als Person vor allem auch dem Schutz des Embryos.

Diese differenzierte Beschreibung ist durch die große Enzyklika „Evangelium vitae“, die eine der großen Achsen der Lehrverkündigung von Papst Johannes Paul II. ist, im Jahr 1995 wieder aufgenommen und bekräftigt worden, und zwar in einer lehramtlich nun noch stärker verbindlichen Form. In diesem Weltrundschreiben wird besonders auch die Begründung in der Offenbarung dargelegt.[39] Aber im ganzen herrscht trotz aller Verklammerung mit den Lehrtexten eher ein auf die Katechese und Verkündigung abgestimmter Ton. Zusammengefasst ist diese jüngere Lehrentwicklung im „Katechismus der katholischen Kirche“[40]: „Da der Embryo schon von der Empfängnis an wie eine Person behandelt werden muss, ist er wie jedes andere menschliche Wesen im Rahmen des Möglichen unversehrt zu erhalten, zu pflegen und zu heilen.“

Dabei darf nicht vergessen werden, dass auch im säkularen Raum viele rechtliche Bestimmungen von einem Menschsein von Anfang an ausgehen, wie z. B. das Embryonenschutzgesetz in §8 Abs. 1: „Als Embryo im Sinne dieses Gesetzes gilt bereits die befruchtete, entwicklungsfähige, menschliche Eizelle vom Zeitpunkt der Kernverschmelzung an. Ferner jede einem Embryo entnommene totipotente Zelle, die sich bei Vorliegen der dafür erforderlichen weiteren Voraussetzung zu teilen und zu einem Individuum zu entwickeln vermag.“[41] Wenn es auch in der Verfassungsgerichtsbarkeit einige offene Fragen geben mag, so gibt es doch einen hohen Konsens über die Schutzwürdigkeit des ungeborenen Kindes von Anfang an.[42]

Schon aus den lehramtlichen Texten geht eine gewisse Ambivalenz im Gebrauch des Wortes Person für den Embryo hervor.[43] Darum ist die Anwendung des Begriffs in einem ersten Schritt eher etwas zögernd. Man geht von der Individualität des Embryos, seiner Schutzwürdigkeit, seinen Rechten und der ihm zugeschriebenen Menschenwürde aus. Von diesen Intentionen her geht man auf den Begriff der Person zu. Aufschlussreich ist dafür die gewiss nicht nur rhetorische Frage in „Donum vitae“: „Wie sollte ein menschliches Individuum nicht eine menschliche Person sein?“ Die Zurückhaltung geht von dem verschiedenen Gebrauch des Personbegriffs aus und möchte offenbar die Sache selbst nicht durch einen Streit um Begriffe gefährden. Der Mensch ist zunächst Person, weil er mit Vernunft und Gewissen begabt ist, d. h. moralisch verantwortbares Subjekt ist. Dass jemand der Schutz der Würde der Person zukommt, ist von nichts anderem abhängig als dem Umstand, Mensch zu sein. In der klassischen Philosophie und Theologie gibt Person eine Antwort auf die Frage, wer jemand ist und was jemand ist. Eine Person ist eine von allen anderen Gegebenheiten unterschiedene und nicht weiter zu vervielfältigende Einheit, die vor allem durch das Vermögen der Vernunft ausgezeichnet ist. In der römischen Tradition wird die Verantwortlichkeit für das eigene Handeln und die Menschenwürde betont. Dabei ist besonders für den klassischen Gebrauch des Personbegriffs wichtig, dass sich der Personencharakter auch in der Unverletzlichkeit des menschlichen Leibes manifestiert. Dies bedeutet eine substanzielle Einheit von Person und Natur im individuellen Menschen. Deshalb bezeichnet z. B. Thomas von Aquin die vom Leib getrennte Seele für die Zeit dieser Trennung nicht als Person. Im Lichte des klassischen Verständnisses gibt es keine Trennung zwischen Person und Menschsein.[44]

Der neuzeitliche, moderne Personbegriff hat gewisse Gemeinsamkeiten, schlägt aber doch eine andere Richtung ein, indem die Person vor allem durch die Einheit des Bewusstseins konstituiert wird. In der klassischen Fassung des Personbegriffs sind alle Menschen Personen. Für weite Teile des neuzeitlichen Denkens ist die Person aber bewusstes, sittliches Subjekt. Offensichtlich gibt es aber menschliche Lebewesen, die nicht im aktuellen Zustand handelnde Subjekte sind, wie z. B. Ungeborene oder irreversibel Bewusstlose. Es spricht aber sehr viel dafür, dass man an der Einheit von Mensch- und Personsein festhalten muss. L. Honnefelder hat dies überzeugend gerade durch das früher entwickelte Potenzialitäts-, Kontinuitäts- und Unverfügbarkeitsargument aufgezeigt.[45] Personalität wird nicht anerkannt, nicht zuerkannt oder von irgendjemand verliehen; sie ist das Fundament für jede Beziehung. Mit der entgegengesetzten Haltung würde man das Personsein von nachzuweisenden Eigenschaften abhängig machen und die Gleichheitsforderung einschränken.

Es ist ganz offenkundig, dass das moderne Denken aus den angegebenen Gründen sich scheut, den Personbegriff auf Embryonen und ungeborene Kinder anzuwenden. Mit einer konstanten Argumentation wird dabei auf das Fehlen des Bewusstseins, der reziproken Anerkennung und der Empfindungsfähigkeit verwiesen, wobei gerade das letzte Argument im Blick auf moderne Entdeckungen recht differenziert und vorsichtig gehandhabt werden muss.[46] Immerhin sieht I. Kant Personsein und menschliche Natur in einem unlöslichen Zusammenhang, was freilich die theoretische Vernunft nicht erkennen kann, die praktische Vernunft muss dies postulieren. Kant unterstellt den Zusammenhang, vermag ihn aber von seinem Ansatz her nicht auszuweisen.

Es ist gewiss eine Frage der Sprachregelung, ob man das ungeborene menschliche Leben – gerade im Licht des modernen Sprechens von Person – wirklich mit personalen Kategorien beschreiben soll. Es ist jedenfalls schädlich gewesen und ist es noch, den Embryo vom Personsein und irgendwie auch vom Menschsein auszunehmen. Dafür ist vor allem Lockes Personbegriff verantwortlich. Dies hat aber nicht dazu führen können, dem Embryo auch in weiten Teilen der neuzeitlichen Philosophie abzusprechen, dass er ein „ens morale" ist.[47] Für den, der in der klassischen Philosophie geschult ist, lässt sich menschliches Denken, das nicht personales Denken ist, gar nicht konzipieren. „Denn was würde sonst das menschliche Leben nachträglich zu einem personalen Leben machen, etwa die Selbstbestimmung oder die Anerkennung durch andere … Personsein setzt doch gerade eine ursprüngliche Fähigkeit zur Selbstbestimmung voraus, kann also nicht durch diese erst konstituiert werden. Und würde Personsein durch Anerkennung durch andere konstituiert, würde die Person zum Produkt der menschlichen Gesellschaft, während sie dieser Gesellschaft doch als etwas zu Respektierendes vorgegeben ist."[48] Im Horizont des neuzeitlichen Denkens, das hier freilich auch schon zum Teil überwunden ist[49], wird man vielleicht mit einer stark philosophisch pointierten Diktion etwas zurückhaltender sein. Auf jeden Fall muss man den Begriff erklären, was nicht ganz leicht ist, und die Intentionen aufzeigen, die diese Sprache erforderlich machen. In diesem Sinne ist die Rede von der Personalität oder von einem personalen Anfang des Embryos der Sache nach gerechtfertigt. Man sollte um der Klarheit willen diesen Begriff auch auf keinen Fall aufgeben.[50]

V. Schutzwürdigkeit der Person, Menschenwürde und Rechte einer Person

Der Personbegriff hat einen stark praktischen Einschlag. Als Theologe, der vor allem mit dem Personenverständnis in der Trinitätslehre und in der Christologie vertraut ist, kann man dies nicht auf Anhieb zu erkennen. Von der römischen Welt her, besonders von Cicero, ist das Abendland gewohnt, den Rang des Menschen in der Menschenwürde zu sehen. Sie verbindet sich schon bei Boethius und vor allem bei Thomas von Aquin mit dem Status, Person zu sein. Die Verantwortlichkeit für das eigene Handeln steht dabei in der Mitte. Inhaltlich wird dieser Personbegriff sehr stark von der Lehre der Gottebenbildlichkeit gefüllt, fällt aber nicht schlechthin einfach mit ihr zusammen. Deshalb wird der Begriff der Menschenwürde auch in der frühen Neuzeit in Denksystemen, die eine gelockerte Bindung an die christliche Glaubenslehre haben, aufgegriffen und dazu benutzt, das schöpferische Vermögen, aber auch die Gleichheit aller Menschen zum Ausdruck zu bringen.[51] Kant begreift die dem Menschen eigene Würde als Selbstzwecklichkeit und also von der Autonomie her. In den Texten „Charta der Vereinten Nationen" (1945), der „Allgemeinen Erklärung der Menschenrechte" (1948) und ähnlichen Texten kommt der Begriff zu einer hohen Anerkennung. Er bezeichnet den unverlierbaren und unantastbaren Eigenwert der Person im Unterschied zu ihrer Verzwecklichung und Vernutzung in totalitären Gesellschaften.[52]

Die Menschenwürde ist keineswegs nur eine Leerformel, wie immer wieder behauptet wird. Gewiss besteht ihre Grenze darin, dass sie vorwiegend eine formale Größe darstellt, aus der keine konkreten Normen positiver Art unmittelbar abgeleitet werden können. Eine heute manchmal inflationäre Berufung auf die Menschenwürde kann diesen großen Gedanken gewiss entwerten. Aber gerade von der Thematik des moralischen Status des Embryos her gewinnt der Begriff durchaus an Gehalt und ist besonders auch im Blick auf die Menschenrechte inhaltlich bestimmt und ethisch fordernd. In diesem Sinne ist es hilfreich, wenn sowohl der Begriff der Person als auch der Menschenwürde von ihrer praktischen Aufgabe her gesehen werden. In diesem Sinne verbinden beide Begriffe die Menschen untereinander, denn sie veranlassen ihn zur gegenseitigen Anerkennung in ihrer Würde. Damit wird auch der konkrete Menschenrechtsgedanke gestützt. „Zum Menschenrechtsgedanken gehört daher das Gebot der Unantastbarkeit der Person und das Verbot, dies von etwas anderem abhängig zu machen als der Tatsache, Mensch zu sein.[53] R. Spaemann bringt seinerseits die Sache auf eine gute Formel, wenn er dies alles mit dem Eintritt eines Menschen in die Menschheitsfamilie zusammenbringt: „Es kann und darf nur ein einziges Argument für Personalität geben: die biologische Zugehörigkeit zum Menschengeschlecht."[54] Darum besteht aber das große Recht des Menschen, der ursprüngliche Schutz, darin, dass dem Embryo als Menschen nicht schon die Eintrittskarte in die Welt und die Menschheitsfamilie verwehrt wird. Dies wäre gerade bei der Ohnmacht des Ungeborenen, die seine Menschenwürde nicht aufhebt, sondern noch mehr zur Beachtung aufgibt, eine ganz und gar unerlaubte Verletzung der fundamentalen Menschenrechte. Von daher versteht sich der Titel dieses Beitrags: Das Recht, ein Mensch zu sein.

Gewiss kann man darauf hinweisen, dass zwischen der Embryologie und einer philosophisch-theologischen Auswertung der empirischen Befunde da und dort noch einige Fragen offen sind. Aber dies kann die Kraft des hier vorgetragenen Argumentes letztlich nicht schmälern. Man muss nämlich die Frage nach dem, was das menschliche Leben im Anfang bestimmt, immer wieder auch von der Endgestalt des Menschen auf den Anfang hin zurückverfolgen. Wenn man dann ohne Schwierigkeiten die Menschenwürde des Erwachsenen anerkennt und sieht, wie konsequent die Verwirklichung des genetischen Erbes des Menschen mehr oder weniger bruchlos und ohne erkennbare moralische Zäsuren erfolgt, dann muss man selbst im Zweifel vorsichtshalber und zur Sicherheit, also tutioristisch davon ausgehen, dass der Embryo bereits ein menschliches Wesen ist, dem Individualität und damit ein personaler Charakter zu Eigen ist. Im Sinne dieser Regel des Tutiorismus – in der modernen Ethik heißt es: benefit of the doubt argument – ist man bei einem nicht behebbaren Zweifel in der moralischen Bewertung einer Handhabung verpflichtet, dem Prinzip zu folgen: idem est in moralibus facere et exponere se periculo faciendi (eine Tat zu begehen und sich der Gefahr auszusetzen, sie zu begehen, ist moralisch gleich zu bewerten). In diesem Fall ist man also verpflichtet, um der Wahrung der Menschenwürde und der Menschenrechte willen der jeweils strengeren Meinung zu folgen.[55] Vielleicht gelten diese Überlegungen in keinem ethischen Bereich so schwer und ernst wie auf dem Feld des vorgeburtlichen Lebens des Menschen. Denn das Leben ist zwar nicht das höchste, wohl aber das fundamentalste Gut des Menschen.

VI. Reichtum und Armut im Zugang zur ganzen Wirklichkeit des Lebens

Gegen Ende dieser Überlegungen soll eine Reflexion stehen, die nur angedeutet, aber nicht genügend ausgearbeitet werden kann. Die beiden Konzeptionen über die Wertung des moralischen Status des Embryos entstammen wohl auch verschiedenen Denkweisen und Perspektiven menschlicher Erkenntnis. Dabei darf man es sich nicht zu einfach machen und alles nur auf die Differenz zwischen natur- und humanwissenschaftlichen Methoden und geisteswissenschaftlichen Zugängen zu einer Sache zurückführen. Aber es gibt zweifellos auch „Mentalitäten", die sich im Umgang mit einer Wirklichkeit ausbilden. Der Embryologe kann bei seiner heutigen Spezialisierung sich im hohen Maß auf das ihm vorliegende biologische „Material" beschränken. Die Arbeitsteilung und die Spezialisierung verlangen sogar eine solche Askese. Eine solche habituell gewordene Umgangsweise und Sicht kann aber auch nicht unwichtige Dimensionen in der Erkenntnis einer Sache verdecken. Man weiß immer mehr von immer weniger. Dennoch oder vielleicht gerade deswegen ist diese Forschung auch wiederum so faszinierend, weil sie tatsächlich zu immer mehr Entdeckungen vordringt.

Den Human- und Naturwissenschaften wird nichts von ihrer Größe und ihren Erfolgen genommen, wenn man sie auf diese Grenzen hinweist. Ich habe fünf bis sechs eindrucksvolle, umfangreiche deutsche und internationale Handbücher der Embryologie und der Humangenetik gründlich angesehen, aus denen ich für das Thema viel gelernt habe. Ich habe auch aus vielen Gesprächen mit Naturwissenschaftlern gelernt. Ich kann dabei durchaus verstehen, dass kaum einer die Frage verfolgt, wer und was das ist, das er in seiner Forschung untersucht, bearbeitet und manipuliert. Aber kann man einfach davon absehen, dass es sich um frühestes, vollwertiges menschliches Leben handelt? Gibt es nicht eine merkwürdige Einstellung zu den „Objekten", wenn man diese Frage ständig „einklammert"? Es gab ja immer wieder auch heilsame Unterbrechungen solcher Umgangsweisen mit dem Menschen und der sterblichen Hülle, die er zurücklässt. Ich war sehr beeindruckt, dass mich in Freiburg in der Wiederaufnahme eines alten Brauches die Professoren und die Studenten der Pathologie baten, ich möchte jeweils Anfang November zu einer Feierstunde und zu einem Friedhofsgang für die Menschen kommen, mit denen sie sich konkret in der Pathologie beschäftigten. Neben dem Experiment und dem Sezieren ist die Pietät nicht verloren gegangen. Wäre dies nicht auch ein Hinweis auf andere Weisen des Umgangs mit dem Menschen?

Ich bin nämlich nicht selten entsetzt über die Sprache, die hier oft verwendet wird. Da ist im Blick auf die Embryonen erstaunlich unbefangen, auch in gedruckten Äußerungen, die Rede vom „Material", vom „Zellhaufen" und vom „Rohstoff Embryo". Solche Rede ist verräterisch.

Aber es darf nicht beim Entsetzen bleiben. Man muss die verwendete Semantik auf Hintergründe abhören. Da fiel mir E. Husserls letzte große Schrift wieder in die Hände „Die Krisis der europäischen Wissenschaften und die transzendentale Phänomenologie" aus dem Jahr 1936[56]. Ausgerechnet der ursprüngliche Mathematiker Husserl beklagt die verhängnisvolle Spaltung der Neuzeit in einen physikalistischen Objektivismus und einen transzendentalen Subjektivismus. Er möchte den verhängnisvollen Riss überwinden, indem er den Rückgang zu dem ursprünglichen Fundament des „Sinnes" beider vollzieht, denn in den Wissenschaften selbst und für sie bleibt dies verborgen. Er beklagt das Vergessen und Entschwinden der Lebenswelt, wie schwierig dieser Begriff auch immer verstanden und über Husserl hinaus gedacht werden muss. Es geht dabei auch um die Einsicht in die Grenzen allen Expertentums, wie es Hans-Georg Gadamer aufgezeigt hat.[57]

An einem Beispiel soll am Ende gezeigt werden, was dies heißen könnte. Als ich die Hand- und Lehrbücher der Embryologie und Humangenetik studierte, fiel mir auf, wie wenig selbstverständlich es ist, dass ein Embryo gezeugt wird und ein Menschenkind auch wirklich das Licht der Welt erblickt. Besonders in dem aufschlussreichen, höchst lehrreichen Buch von H. Zankl „Von der Keimzelle zum Individuum", das in jedem Kapitel sehr sorgfältig die unzähligen Möglichkeiten von Fehlbildungen hervorhebt, kann man lernen, was für eine fast unglaubliche Fügung es ist, dass ein ursprünglicher Keim, kaum größer als ein Punkt am Satzende, zu einem so faszinierenden Menschen heranwächst. Ich bin erschrocken, wie selbstverständlich wir dies alles betrachten. Der Humangenetiker darf wohl auch in den Augen der Wissenschaft darüber gar nicht sprechen. Er wäre unwissenschaftlich. Aber ist er menschlich, wenn er dies routinemäßig auf Dauer „einklammert" und verschweigt, vor welchem Wunder des Lebens er immer wieder steht? Die Griechen sahen den Anfang des Denkens im Staunen. Ist es der Wissenschaft verboten, mitten in ihren objektivistischen Entdeckungen, auch einmal zu staunen? Oder hat Martin Heidegger vielleicht doch Recht mit dem provozierenden, viel zu wenig beachteten Satz: Die Wissenschaft denkt nicht.[58]

Diese und andere Fragen bewegen mich bei diesem faszinierenden Thema. Gerne wäre ich in diesem Zusammenhang auch noch auf die künstliche Retortenbefruchtung und die In-Vitro-Fertilisation eingegangen. Aber dies ist hier nicht möglich. Ich müsste erneut auf das erst heute in seiner Weisheit und prophetischen Kraft erkennbare Dokument „Donum vitae" zurückkommen. Dies soll einer anderen Gelegenheit vorbehalten bleiben. Vielleicht werden dann auch die Überlegungen dieses letzten Abschnittes, die notwendigerweise kurz sein mussten, noch deutlicher werden.

Schließen möchte ich gerade vor diesem Hintergrund mit einem wunderbaren Psalmwort, das ich immer wieder in den letzten Jahren bei den vielen Auseinandersetzungen über das Leben des ungeborenen Kindes angeführt habe.[59] Der es geschrieben hat, hatte keine wissenschaftlichen Erkenntnisse, die man heute auch nur entfernt so nennen könnte. Aber vielleicht hat er doch sehr viel mehr von der Welt begriffen:

„Herr, du hast mich erforscht, und du kennst mich.
Ob ich sitze oder stehe, du weißt von mir.
Von fern erkennst du meine Gedanken.
Ob ich gehe oder ruhe, es ist dir bekannt;
du bist vertraut mit all meinen Wegen …
Du umschließt mich von allen Seiten
und legst deine Hand auf mich.
Zu wunderbar ist für mich dieses Wissen,
zu hoch, ich kann es nicht begreifen …
Denn du hast mein Inneres geschaffen,
mich gewoben im Schoß meiner Mutter.
Ich danke dir, dass du mich so wunderbar gestaltet hast.
Ich weiß: staunenswert sind deine Werke.
Als ich geformt wurde im Dunkeln,
kunstvoll gewirkt in den Tiefen der Erde,
waren meine Glieder dir nicht verborgen.
Deine Augen sahen, wie ich entstand.
In deinem Buch war schon alles verzeichnet;
meine Tage waren schon gebildet,
als noch keiner von ihnen da war.
Wie schwierig sind für mich, o Gott, deine Gedanken,
wie gewaltig ist ihre Zahl.
Wollte ich sie zählen, es wären mehr als der Sand.
Käme ich bis zum Ende, wäre ich noch immer bei dir …
Erforsche mich, Gott, und erkenne mein Herz,
prüfe mich und erkenne mein Denken!
Sieh her, ob ich auf dem Weg bin, der dich kränkt,
und leite mich auf dem altbewährten Weg!“

(Ps 139, 1–3. 5.6.13–18.23.24)

Anmerkungen

1 Bundespräsident Dr. h.c. Johannes Rau gebührt auch heute noch Dank für seine mutige Rede „Wird alles gut? Für einen Fortschritt nach menschlichem Maß", edition suhrkamp, Frankfurt a.M. 2001 (vgl. auch den Text in S. Graumann, Anm. 5).
2 Vgl. dazu I. Wilmut / K. Campbell / C. Tudge, Dolly. Der Aufbruch ins biotechnische Zeitalter, München 2000.
3 Klonen, darf man das?, Interview mit Prof. Detlev Ganten, in: Weltbild, März 2001, 22–25.
4 A. Rosenthal, Molekulare Medizin – Möglichkeiten und Grenzen, in: Spektrum der Wissenschaft, September 9/2001, 84–93, hier: 93.
5 Vgl. z.B. Wer bist du, Mensch?, Der Streit um therapeutisches Klonen, hg. von M. Gierth, München 2001; Die Genkontroverse. Grundpositionen. Mit der Rede von Johannes Rau, hrsg. von S. Graumann, Freiburg i.Br. 2001; D. Mieth, Die Diktatur der Gene. Biotechnik zwischen Machbarkeit und Menschenwürde, Freiburg i.Br. 2001; vgl. auch J. Huber, Geheimakte Leben. Wie die Biomedizin unser Leben und unsere Weltsicht verändert, Frankfurt a.M. 2000.
6 Veröffentlicht unter demselben Titel in der Reihe „Die deutschen Bischöfe", Nr. 69, hg. vom Sekretariat der Deutschen Bischofskonferenz, Bonn 2001.
7 Vgl. dazu auch den Beschluss der Vollversammlung des Zentralkomitees der deutschen Katholiken „Entwicklungen in der Biomedizin und ihre ethische Bewertung" vom 4./5. Mai 2001, (ZdK Dokumentation), hg. vom Generalsekretariat des Zentralkomitees der deutschen Katholiken, Bad Godesberg 2001.
8 Vgl. in aller Kürze R. Schulte, Beseelung des Menschen, in: Lexikon für Theologie und Kirche, II. Bd., Freiburg i.Br. [3]1994, 311–312, dort auch Lit.; J. T. Noonan, Empfängnisverhütung (Walberberger Studien 6), Mainz 1969, 104ff., u.ö.; F. Böckle, in: Handbuch der christlichen Ethik, hg. von A. Hertz u.a., aktualisierte Neuausgabe, Bd. 2, Freiburg i.Br. 1993, 36ff.
9 Vgl. zusammenfassend: E. Blechschmidt, Vom Ei zum Embryo. Die Gestaltungskraft des menschlichen Keims, Stuttgart 1968; neu bearbeitet u. aktualisiert unter demselben Titel: Reinbek bei Hamburg 1970; J. Reiter, Wann ist der Embryo ein Mensch? in: ders., Menschliche Würde und christliche Verantwortung, Kevelaer 1989, 99–108.
10 Vgl. dazu im Einzelnen P. Overhage / K. Rahner, Das Problem der Hominisation (Quaestiones Disputatae 12/13), Freiburg 1961 u.ö. Auf Rahners Neuinterpretation des Werdebegriffs im Sinne einer „Selbstüberbietung der kreatürlichen Ursache kraft der Dynamik der göttlichen Ursächlichkeit" kann hier nicht näher eingegangen werden.
11 Vgl. dazu F. Böckle, in: Handbuch der christlichen Ethik (Anm. 8), 36–45.
12 G. Rager, in: Ärztliches Urteil und Handeln. Zur Grundlage einer medizinischen Ethik, hg. von L. Honnefelder / G. Rager, Frankfurt a.M. 1994, 77.
13 G. Rager, a.a.O. (Anm. 12), 346, Anm. 52, vgl. genauer 89ff.
14 B. Christ / Fr. Wachtler unter Mitarbeit von Chr. Wilhelm, Medizinische Embryologie. Molekulargenetik – Morphologie – Klinik, Wiesbaden 1998, 29.
15 G. Rager, a.a.O. (Anm. 12), 86.
16 Zu diesem Begriff vgl. G. Rager, a.a.O. (Anm. 12), 87 und Beginn, Personalität und Würde des Menschen, hg. von G. Rager (Grenzfragen 23), München 1997, 80, 312f., 388.

[17] Vgl. dazu G. Rager, a.a.O., 82, 86f.; J. Reiter, Menschliche Würde und christliche Verantwortung (Anm. 9), 102–106.
[18] Vgl. G. Rager, a.a.O., 82.
[19] Ebd.
[20] Ebd.
[21] Ebd.
[22] H. Zankl, Von der Keimzelle zum Individuum. Biologie der Schwangerschaft (Beck'sche Reihe 2149), München 2001, 29, vgl. auch 25. Es ist aufschlussreich, dass dies wahrscheinlich derselbe Zeitraum ist (bis zum Vierzellstadium), in dem die frühen Blastomeren totipotent sind, d.h. aus jeder Zelle sich ein vollständiges Individuum entwickeln kann.
[23] G. Rager, a.a.O., 88.
[24] Ebd. 88f.
[25] G. Rager, Beginn, Personalität und Würde des Menschen (Anm. 16), 238. Vgl. zur Zwillingsbildung 23f., 88, 92, 237f., 242, 312; zu den biologischen Grundlagen vgl. in aller Kürze H. Zankl, Von der Keimzelle zum Individuum (Anm. 22), 40f.; ders. Genetik. Von der Vererbungslehre zur Genmedizin (Beck'sche Reihe 2094), München 1998. Vgl. besonders auch M. Dreyer / K. Fleischhauer (Hg.), Natur und Person um ethischen Disput, Freiburg i.Br. 1998, 147ff. (F. Ricken), 259ff. (L. Honnefelder).
[26] B. Schöne-Seifert, Von Anfang an? Ein kompromissloser Lebensschutz für frühe menschliche Embryonen lässt sich auch für die Forschung nicht begründen, in: Die Zeit, 22.02.2001. Die Einwände gegen einen stringenten Lebensschutz für den Embryo sind in diesem Artikel scharfsinnig formuliert und sollten von der Gegenposition her noch stärker beachtet werden.
[27] Ebd.
[28] N. Hoerster, Neugeborene und das Recht auf Leben, Frankfurt a.M. 1995; vgl. auch dazu P. Singer, Praktische Ethik, Stuttgart 1984.
[29] Vgl. V. Gerhardt, Der Mensch wird geboren, in: Merkur (55) 2001, Heft 5, 412–423 zur Begründung: vgl. ders., Individualität. Das Element der Welt (Beck'sche Reihe 1381), München 2000. Neuerdings vgl. vom selben Autor, der auch Mitglied des Nationalen Ethikrates ist: Biopolitik. Alte Probleme unter neuem Handlungsdruck, in: Merkur (55) 2001, Heft 9/10, Sonderheft: Zukunft denken – Nach den Utopien, 859–872. Vgl. übrigens im selben Merkur-Heft H. Markl, Schöner neuer Mensch?, 873–884.
[30] Man vergleiche immerhin im Verhältnis zu einer solchen Interpretation: Genmedizin und Recht. Rahmenbedingungen und Regelungen für Forschung, Entwicklung, Klinik, Verwaltung, hg. von St. F. Winter / H. Fenger / H.-L. Schreiber, München 2001 (845 Seiten); vgl. auch A. Bondolfi u.a. (Hg.) Medizinische Ethik im ärztlichen Alltag, Basel 1999 (631 Seiten).
[31] Vgl. dazu ausführlich Robert Spaemann, Sind alle Menschen Personen?, in: Ders., Personen. Versuche über den Unterschied zwischen „etwas" und „jemand", Stuttgart 1996, 252–264.
[32] G. Rager, a.a.O., 94.
[33] Vgl. dazu E. Schockenhoff, Ethik des Lebens. Ein theologischer Grundriß, Mainz 1993 u.ö., 294, 305, 308.
[34] Vgl. den deutschen Text in der gleichnamigen Veröffentlichung in der Reihe Verlaut-

barungen des Apostolischen Stuhls 74, hg. vom Sekretariat der Deutschen Bischofskonferenz, Bonn 1987. Der lateinische und der italienische Text mit umfangreicheren Kommentierungen findet sich in der Schriftenreihe: Congregazione per la Dottrina della Fede. Documenti e studi 12: Istruzione „Donum vitae", Vatikan 1990. Der offizielle lateinische Text findet sich in: AAS 80 (1988) 70–102. Zur Interpretation vgl. auch St. Wehowsky (Hg.), Lebensbeginn und menschliche Würde – Gentechnologie. Chancen und Risiken 14, Frankfurt a.M. – München 1987, vgl. dabei meinen Beitrag: 32–40 (Lit.).

[35] Vgl. die deutsche Ausgabe als Nr. 52 der Verlautbarungen des Apostolischen Stuhls (1983).

[36] Vgl. den lateinischen Text in: AAS 66 (1974) 730–747, hier: 738.

[37] Zur Interpretation vgl. aus der oben (Anm. 33) genannten Reihe der Glaubenskongregation „Documenti e studi" Nr. 3: Dichiarazione sull'aborto procurato, Vatikan 1988 (dort auch lateinischer und italienischer Text).

[38] Instruktion „Donum vitae" (I,1), deutsche Ausgabe: 14.

[39] Vgl. den deutschen Text in der Nr. 120 der Verlautbarungen des Apostolischen Stuhls, Bonn 1995, Nr. 2, 3, 53–63.

[40] Deutsche Ausgabe: München – Vatikan 1993, Nr. 2274. In der offiziellen Fassung des „Catechismus Catholicae fidei" (Nr. 2274), Vatikan 1997, heißt nun der Passus: „Embryo, quippe qui tamquam persona, inde a conceptione, est tractandus, in sua integritate est defendus, curandus et sanandus, quantum fier potest, sicut quaelibet alia humana creatura." Vgl. auch den Katholischen Erwachsenenkatechismus, Bd. 2: „Leben aus dem Glauben", Freiburg i.Br. 1995, 288–301, bes. 288f.

[41] Vgl. den Wortlaut des Gesetzes in: Gesundheitsrecht (Beck-Texte im dtv), Sonderausgabe, München 2000, 265–268, hier: 267. Vgl. dazu den Kommentar in Winter / Fenger / Schreiber, Genmedizin und Recht (Anm. 30), 300ff., 353, vgl. auch Lit.: 323f.

[42] Vgl. z.B. die Leitsätze des Urteils des Zweiten Senates des Bundesverfassungsgerichtes vom 28. Mai 1993, Leitsätze 1–17, zur näheren Begründung vgl. im Urteil Teil C, II, Abschnitt B, I.

[43] Vgl. dazu C. Breuer, Person von Anfang an? Der Mensch aus der Retorte und die Frage nach dem Beginn des menschlichen Lebens (Abhandlung zur Sozialethik, 36), Paderborn 1995 (mit sehr umfangreicher Bibliographie: 308–400); Chr. Götz, Medizinische Ethik und katholische Kirche. Die Aussagen des päpstlichen Lehramtes zu Fragen der medizinischen Ethik seit dem Zweiten Vatikanum (Studien der Moraltheologie, 15), Münster 2000, Kap. 3, bes. 120ff.; Das Buch enthält auch eine sehr umfangreiche Sammlung kirchlicher Quellentexte: 363–620.

[44] Zur Geschichte des Personbegriffs vgl. die große Arbeit von Th. Kobusch, Die Entdeckung der Person. Metaphysik der Freiheit und modernes Menschenbild, Freiburg i.Br. [1]1993, Darmstadt [2]1997; L. Honnefelder, Person und Menschenwürde, in: L. Honnefelder / G. Krieger (Hg.), Philosophische Propädeutik, Bd. 2: Ethik (UTB für Wissenschaft: Uni-Taschenbücher 1895), Paderborn 1996, 213–266; J. Reiter, Menschliche Würde und christliche Verantwortung (Anm. 9), 103f.

[45] L. Honnefelder, a.a.O. (Anm. 44), 252–254.

[46] Vgl. dazu nur mit vielen Analysen, Beispielen und Bildern: Irene von Hardenberg, Erlebnisraum Mutterleib, in: GEO, Juli 2001, Heft Nr. 7, 18–42.

[47] Vgl. dazu Th. Kobusch, Die Entdeckung der Person, 102 ff. 267 ff.; L. Honnefelder, Person und Menschenwürde (Anm. 44), 230 ff.

[48] J. Reiter, Menschliche Würde und christliche Verantwortung (Anm. 9), 104 f.

[49] Vgl. Th. Kobusch, Die Entdeckung der Person (Anm. 44), bes. das Nachwort der zweiten Auflage, 263–280

[50] Für die hier anstehenden Fragen sind die beiden Bände „Personen" (Stuttgart 1996) und „Grenzen" (Stuttgart 2001) von R. Spaemann noch längst nicht in ihrer Bedeutung erkannt.

[51] Vgl. G. P. della Mirandola, Über die Würde des Menschen, Zürich 1988; E. Schockenhoff, Naturrecht und Menschenwürde, Mainz 1996; Ph. Balzer u. a., Menschenwürde vs. Würde der Kreatur, Freiburg i. Br. 1998; F. J. Welz, Die Würde des Menschen ist antastbar, Stuttgart 1988, bes. Kap. 7, 271–399.

[52] Vgl. dazu knapp und klar L. Honnefelder, a. a. O. (Anm. 44), 221 ff.; zum weiten Hintergrund vgl. auch mit reicher Lit. J. Reiter, Über die Ethik der Menschenwürde, in: Weg und Weite. Festschrift für Karl Lehmann, hg. von A. Raffelt unter Mitwirkung von B. Nichtweiß, Freiburg i. Br. 2001, 443–454.

[53] L. Honnefelder, a. a. O. (Anm. 44), 261.

[54] R. Spaemann, Personen (Anm. 31), 264.

[55] Vgl. zum Tutiorismus in unserem Zusammenhang: Beginn, Personalität und Würde des Menschen (Anm. 16) 238, 309 f., 389, 396 (Zitat: 396).

[56] Zuerst mit wichtigen Beilagen erschienen in der Bearbeitung von W. Biemel als Bd. VI. der Husserliana, Den Haag 1954. Ich verzichte hier auf die Nennung weiterer Literatur, die m. E. bis heute auch nicht so recht diese Spätschrift Husserls erschließen hilft.

[57] Vgl. H.-G. Gadamer, Das Erbe Europas (Bibliothek Suhrkamp), Frankfurt a. M. 1989, 136–157.

[58] Vgl. zu M. Heidegger, Vorträge und Aufsätze; Pfullingen 1954, 45–70; ders. Was heißt denken? Tübingen 1954; ders., Zur Sache des Denkens, Tübingen 1969.

[59] Vgl. K. Lehmann, Das Eintreten für das Lebensrecht des ungeborenen Kindes als christlicher und humaner Auftrag (Der Vorsitzende der Deutschen Bischofskonferenz 16), Bonn 1991, 6 ff.; ders., Die Würde zur Weitergabe menschlichen Lebens wahren, in: Lebensbeginn und menschliche Würde, 32–40, bes. 34 ff., 36 ff.

2002

Miteinander Gott suchen

(24. September 2002, Predigt zu Apg 17, 16–34,
der Areopagrede des Paulus in Athen)

Wir beschäftigen uns in diesen Tagen mit der Begegnung und dem Dialog mit den Religionen und besonders auch in dieser Vollversammlung (23.–27. September 2002) mit Leitlinien für multireligiöse Feiern von Christen, Juden und Muslimen. Dabei wollen wir auch die Fragen und Nöte, die der 11. September 2001 an die Menschen und besonders auch die Christen stellt, nach dem Jahresgedächtnis nicht einfach hinter uns lassen.

In diesem Gottesdienst wollen wir uns dabei von der berühmten Areopagrede inspirieren lassen, die Lukas in der Apostelgeschichte dem heiligen Paulus in den Mund legt. Diese Rede des heiligen Paulus ist ein Höhepunkt in der ganzen Geschichte der Ausbreitung des frühen Christentums. Paulus und mit ihm das frühe Christentum scheuen sich nicht, in den Synagogen und auf dem Markt (vgl. 17, 17 f.) über Jesus zu sprechen. Es waren vor allem Juden und „Gottesfürchtige", also Menschen, die schon ein gewisses religiöses Interesse mitbrachten. Er betrachtet solche Gespräche, da er sie „täglich" führt, wohl als einen gewichtigen Teil seines Auftrags. Aber er ist ja in der Stadt und Metropole griechischer Kultur und Bildung. Da geht es um die Begegnung des Paulus mit den Heiden und des Christentums mit dem hellenistischen Heidentum. So begegnet er den Philosophen, von denen zwei Gruppen mit Namen genannt werden (Epikureer und Stoiker). Er fürchtet sich nicht und diskutiert mit ihnen, auch wenn sie stolz und herablassend, wie das Bildungsbürgertum aller Zeiten sein kann, sagten: „Was will denn dieser Schwätzer?" (17, 18) Wer das Evangelium Jesu Christi einer fremden Welt verkünden will, muss auch mit Hohn und Spott rechnen. Sie halten ihn für irgendeinen „Verkünder fremder Gottheiten". Athen ist damals ein Schmelztiegel vieler neuer Religionen und Kulte. Zwar redet Paulus „recht befremdliche Dinge", aber sie möchten doch Genaueres wissen. Außerdem sind sie neugierig: „Alle Athener und die Fremden dort taten nichts lieber, als die letzten Neuigkeiten zu erzählen oder zu hören." (17, 21) So wird die ernsthafte Predigt auch in den Tagesklatsch mit hineingezogen. Schließlich sind sie auf dem Areopag angelangt. An dieser Stelle muss Paulus vor gebildeten Heiden eine grundsätzliche Rede halten.

Paulus beginnt mit dem Hinweis auf eine Überfülle von Götterstatuen und heidnischen Altären, die er gesehen hat. Er schmeichelt den Athenern nicht nur, sondern es war damals eine feststehende Aussage, die Athener seien besonders religiös und fromm. Als Paulus diese Götzenbilder sah, „erfasste ihn heftiger Zorn“ (17, 16). Aber er hatte unter den Heiligtümern einen Altar entdeckt, an den er im Gespräch und in der Predigt anknüpfen konnte. Er sah nämlich eine Altarinschrift: „Einem unbekannten Gott“. Meist heißt die Widmung „Den unbekannten Göttern“. Wahrscheinlich will Paulus schon seine eigene Verkündigung von Gott vorbereiten. Er geht einfühlsam und zugleich geschickt vor. Er nimmt zunächst einmal auf, was eine erste Kontaktnahme erleichtert. Die Anknüpfung schafft eine Art von Kontinuität und erleichtert das Verständnis. Der freundliche Ton lobt die intensive Frömmigkeit der Athener, was sich freilich nicht auf ihre Götterbilder erstrecken muss. Für Paulus ist wichtig, dass er Menschen ansprechen kann, die suchen und auch schon gewisse Ahnungen bekunden. Der „unbekannte Gott“ lädt ja geradezu zur Weiterführung des Gesprächs ein. Nicht anders gehen wir heutigen Prediger und Katecheten vor, wenn wir den Menschen abholen wollen, wo er wirklich ist. Eine solche Anknüpfung und Bejahung mancher gemeinsamer Elemente ist auch für jedes Gespräch mit anderen Religionen unentbehrlich. Paulus macht es uns vor.

Aber es bleibt nicht bei einer höflichen Verbeugung. Paulus geht rasch zur Sache und öffnet seinen Zuhörern zunächst die Augen und Ohren: „Was ihr verehrt, ohne es zu kennen, das verkündige ich euch.“ (17, 23) Er ist fest überzeugt, dass er den Athenern das Geheimnis dieses unbekannten Gottes entschlüsseln kann. Daran müssten sie ja interessiert sein. Er mutet gerade bildungsbeflissenen Menschen natürlich etwas zu, wenn er sagt, dass sie einen Gott verehren, den sie gar nicht kennen. Dieser ist nicht ein neuer zusätzlicher Stern am Götterhimmel der damaligen Zeit. Es strömen ja ständig neue Kulte, besonders aus dem Orient, in die Stadt. Paulus geht deshalb auf das Ganze und zeigt, dass hinter dem unbekannten Gott der Eine und Einzige steht, der Himmel und Erde erschaffen hat, nicht in von Menschenhand gemachten Tempeln lebt, das Menschengeschlecht geschaffen hat und bestimmte Räume dem Menschen zum Wohnen angewiesen hat. Es ist ein Gott, der nicht Ausdruck unserer Wünsche ist. Er hat eine unableitbare Selbstständigkeit: „Er lässt sich auch nicht von Menschen bedienen, als brauche er etwas“ (17, 25). Schließlich gibt er ja allem, was ist, Leben und Atem. Paulus knüpft auch hier immer noch ein wenig an die Gottesvorstellung seiner Zuhörer an, aber er zeigt auch die Andersheit dieses Gottes, der der Herrscher der Welt ist und zugleich in unserer Welt gegenwärtig und wirkmächtig ist. Man kann ihn darum auch nicht eingrenzen oder gar über ihn verfügen. Die völlige Bedürfnislosigkeit Gottes ist auch eine oft vorkommende Aussage griechischer Denker, aber faktisch hat man die Götter immer wieder mit bestimmten Funktionen verbunden.

Dies alles nennt Paulus mit einem Wort, das den Griechen und den Juden zutiefst vertraut ist: *Gott suchen* (vgl. 17,27). Paulus ist wohl auch zunächst zuversichtlich, dass alle Menschen Gott finden könnten. Er geht sogar so weit, dass er von einem „Ertasten“, also von einer Art Berühren spricht. Wir Menschen möchten auch in der religiösen Sphäre konkret spüren und mit unseren ganzen Sinnen wahrnehmen. Für Paulus ist das deswegen nicht abwegig, weil Gott „keinem von uns fern ist“ (17,27). Er ist uns immer nahe, sodass Paulus diese Nähe sehr konkret zum Ausdruck bringen kann: „Denn in ihm leben wir, bewegen wir uns und sind wir“. Paulus kommt seinen Zuhörern entgegen, die die Kraft ihrer Götter in dieser Welt erfahren möchten. Ja, hier rücken Gott und Mensch ganz eng zusammen, denn auch die griechischen Dichter sagen ja: „Wir sind von seiner Art“. In der Tat gibt es viele solche Äußerungen. Aber Paulus füllt sie von der weltjenseitigen, Leben spendenden Gegenwart Gottes her und verwirft damit ein religiöses Denken, das nur allzu leicht Gott und die Welt identifiziert. Es gibt keine naturhafte Gottesverwandtschaft. Hier tut sich der ganze Riss zwischen dem biblischen Gott und den Götzen auf, wobei auch hier Paulus mitten in der Distanz noch vom Gemeinsamen ausgeht: „Da wir also von Gottes Art sind, dürfen wir nicht meinen, das Göttliche sei wie ein goldenes oder silbernes oder steinernes Gebilde menschlicher Kunst und Erfindung“ (17,29). Paulus bezieht eindeutig Stellung gegen die heidnischen Götzenbilder und alle Idole (vgl. den roten Faden von 17,16.24.25 und Jes 40,19f.; 44,9–20; 46,6 und Weish 13,10).

Trotz dieser Klarheit, mit der die Götzen entlarvt werden, geht Paulus verständnisvoll mit den Athenern um. Gott hat bis jetzt „über die Zeiten der Unwissenheit hinweggesehen“ (17,30). Aber er verspricht ihnen nicht eine Zeit besserer Erkenntnis, sondern verlangt von ihnen eine radikale Umkehr, weg von ihrer Vielgötterei und der Bilderverehrung. Gott ist zwar groß im Schonen und übt Nachsicht, verlangt aber auch eine konsequente Abkehr von den Götzen. Es ist auch dafür Zeit, denn Gott hat in der Offenbarung Jesu Christi nun den Mann sichtbar gemacht, der, beglaubigt durch die Auferweckung, Gerechtigkeit in die Welt bringen kann. Hier kommt Paulus an sein Ziel. Die ganze Missionspredigt läuft auf *Jesus und die Auferstehung* hin.

Eigentlich müsste man denken, Paulus habe nun das Gespräch gut eröffnet und könne weiter von Jesus erzählen. Aber hier scheiden sich die Geister. Paulus hat sich zwar mit seiner Botschaft dem hohen geistigen Niveau des Heidentums als geistig ebenbürtig, ja geradezu souverän erwiesen. Aber der Spott des Anfangs (vgl. 17,l8) kehrt auch hier wieder. Sie bleiben höflich, sind aber letztlich doch ablehnend, indem sie unverbindlich nichts sagend vertrösten: „Darüber wollen wir dich ein andermal hören.“ (17,32) Die Umkehr bringt einen eigenen und neuen Ernst in jedes Gespräch über Religion und Glauben. Hier muss der Mensch sich entscheiden. Ganz umsonst war die Predigt jedoch nicht. Als Paulus weggeht, zeigt es sich, dass einige wenige, sogar ein Mitglied des Areopag und eine Frau, die beide mit Namen genannt werden (Dionysius, Damaris), tatsächlich gläubig geworden sind. Die Umkehr zielt auf den Einzelnen. Hier gibt es keine Masse. Dies ist die Grenze jeder öffentlichen Rede – auf dem Markt oder auf dem Areopag.

Alles, was wir theologisch subtil über den interreligiösen Dialog und das Gespräch über religiöse Dinge sagen können, hat diese Areopagrede uns deutlich gezeigt und zwar ganz konkret anschaulich: Das Anknüpfen bei dem, was der Mensch mitbringt, das Zugehen auf ihn und das Eingehen auf seine Sehnsucht, aber auch das Entlarven von Irrwegen, der Widerspruch zum Götzendienst und die Einladung zur Entscheidung. So darf man nie der ernsten Suche nach dem Heil, der Frage nach der Wahrheit und dem eigenen missionarischen Zeugnis vor der Welt ausweichen. Dies darf auch kein interreligiöser Dialog einfach preisgeben. Auch dies müsste unter den Religionen eine letzte Gemeinsamkeit sein, die zugleich unterscheidet und verbindet. Amen.

Das Christentum – eine Religion unter anderen? – Zum interreligiösen Dialog aus katholischer Perspektive

In der öffentlichen Meinung hat die Frage nach dem Verhältnis der Religionen untereinander einen neuen Höhepunkt nach dem Attentat vom 11. September 2001 erfahren. Das Interesse dafür hält an. Auf der Tagesordnung dieser Vollversammlung steht auch die Verabschiedung eines umfangreicheren Textes, der schon seit 1989 in Auftrag gegeben war und heute den Titel trägt „Leitlinien für multireligiöse Feiern von Christen, Juden und Muslimen. Eine Handreichung der deutschen Bischöfe“ (32 Seiten). Gewiss ist durch die jüngsten Ereignisse das Thema dringlicher, aber auch differenzierter geworden. Die Veröffentlichung und die Auseinandersetzung mit der Erklärung der Glaubenskongregation „Dominus Iesus“ vom 5. September 2000 brachte zusätzlich eine bisher eher verborgene Dringlichkeit an den Tag, sich mit den Fragen der Identität der einzelnen Kirchen und Religionen zu befassen. Dabei kam auch an den Tag, dass die Äußerung des Zweiten Vatikanischen Konzils zum Menschenrecht Religionsfreiheit bisher nicht genügend diskutiert und vermittelt worden ist mit dem Wahrheitsanspruch bzw. Absolutheitsanspruch des christlichen Glaubens.

Dies alles ist Grund genug, um in diesem Eröffnungsreferat das Grundthema dieser vielen Probleme anzusprechen. Es ist dabei nicht möglich, alle nur annähernd wichtigen Elemente einer heutigen Theologie der Religionen in Theorie und Praxis zu behandeln. Darum wird hier ein fundamentales Problem angesprochen, ob nämlich das Christentum eine Religion unter anderen ist. Auch wenn viele andere Erkenntnisse in den Beitrag einfließen, so muss von Anfang an betont werden, dass die Stellungnahme aus der Perspektive der katholischen Theologie erfolgt. Dies wird jedoch nicht als bedauerliche Einschränkung, sondern eher als umfassende Erörterung des Themas verstanden.

I. Zur Verwendung des Religionsbegriffs

Die Anwendung des Religionsbegriffs ist keineswegs so selbstverständlich, wie dies im ersten Augenblick erscheinen kann. Wir sind an den Allgemeinbegriff von Religion gewöhnt. In Wirklichkeit geht die damit verbundene spezifische Bedeutung auf das 17. Jahrhundert zurück. Dieser Begriff von Religion ist an der Überzeugung von der Existenz einer „natürlichen Theologie" orientiert, die nach der damaligen Überzeugung zur geschöpflichen Wirklichkeit des Menschen gehört. Der Begriff der Religion wurde in Abhängigkeit von dieser natürlichen Theologie der Philosophen konzipiert. Dieser Unterordnung ist seit dem Ende des 18. Jahrhunderts der Boden entzogen worden. David Hume hat die Behauptung aufgestellt, dass am Anfang nicht der monotheistische Glaube einer „religio naturalis" stehe, sondern die Verehrung einer Vielheit von Naturmächten. Schleiermacher ging in seiner berühmten Schrift „Über die Religion. Reden an die Gebildeten unter ihren Verächtern" aus dem Jahre 1799 noch darüber hinaus, in dem er die natürliche Theologie und Religion als Produkt philosophischer Reflexion auf das Gemeinsame in den Religionen auf der am höchsten entwickelten Stufe, nämlich bei den monotheistischen Religionen betrachtete. Damit erwies sich die Pluralität der Religionen als ein ursprüngliches Datum des religiösen Lebens. Dadurch musste nun auch die Wahrheit der christlichen Offenbarung neu begründet werden. In Hegels Religionsphilosophie galt das Christentum als absolute Religion, weil in ihm der Begriff der Religion – nämlich die Vermittlung von Endlichem und Unendlichem – zum Inhalt der Religion selbst geworden sei. Ähnlich hatte Schleiermacher in der fünften Rede über die Religion das Christentum als „Religion der Religion" charakterisiert. Mit dem Vordringen der empirischen und historischen Religionsforschung in der zweiten Hälfte des 19. Jahrhunderts wurde eine solche Argumentation für die so genannte Absolutheit des Christentums aus dem Begriff von Religion immer schwieriger. E. Troeltsch[1] erblickte im Christentum im Kontext der vielen Religionsformen so etwas wie eine „Höchstgeltung", eine zentrale Zusammenfassung und eine Konvergenz aller erkennbaren Entwicklungsrichtungen der Religion.

Mit dem Einfluss der religionsgeschichtlichen, der ethno-soziologischen und kulturanalytischen Forschungsmethoden bildeten sich neue Theorien im Blick auf das Ganze des Phänomens Religion heraus. Dabei stellte sich immer mehr heraus, wie sehr die Religion die Gemeinschaft als ein ganzes für die Aufrechterhaltung moralischer Normen und der gesellschaftlichen Ordnung braucht. Dies führte zu einer immer stärker funktionalen Betrachtung der Religion.[2]

Bei dieser Betrachtungsweise scheint der christliche Glaube, aber auch jede Religion nur als eine Form menschlicher Erfahrung und menschlichen Bewusstseins in den Blick zu kommen. Dies wird besonders deutlich am Vordringen des Begriffs Religiosität, der weitgehend einen bestimmten psychosozialen Verhaltenskomplex beschreibt. Religiosität rückt so in die Nähe von Moralität und wird als Disposition für bestimmte Handlungsweisen verstanden (Fichte, Herder, Schlegel und Kant). Bei anderen wird Religiosität streng von der Moral abgegrenzt und als eine bestimmte emotionale Verfassung begriffen (Humboldt, Schleiermacher, Simmel).

Gleichzeitig gibt es den Versuch, der Religion den ihr eigenen Ort im Kontext der antiken wie auch der bis heute existierenden Religionen zuzuweisen. Dies wurde vor allem auch im Zusammenhang der phänomenologischen Methode im Anschluss an Husserl versucht.[3] Die große Bedeutung dieser insgesamt zu wenig rezipierten Forschungen, die man heute auch mit dem frühen M. Heidegger verbinden kann,[4] liegt darin, dass die eigene und besondere Hinordnung des Menschen auf einen rational nicht ganz einholbaren, jedoch erhellbaren, unverrückbar geltenden Sinngrund bleibende Voraussetzung für die Möglichkeit einer Begegnung mit einer weitjenseitigen personalen Größe ist. Die verschiedenen Ausdrucksformen fügen sich in den letztgültigen Bezug des Menschen zur personal gedeuteten und verstandenen unbedingten Transzendenz bzw. zum bestimmten personalen Sein des sich selbst enthüllenden Gottes.

Es war längst zu erwarten, das sich theologischer Widerstand rührt gegen eine mehr und mehr anthroprozentrische Konzeption der Religion. Religion hatte ihre Herkunft von einem transzendenten Ursprung, als Wirkung göttlicher Offenbarung und ihre Priorität vom Göttlichen her weitgehend verloren. Pointiertester Vertreter dieser anthropozentrischen Religionsdeutung war Ludwig Feuerbach, der in der Religion weitgehend eine menschliche Projektion und eine Entfremdung des Menschen sah, der sein eigenes Wesen außerhalb seiner fiktiv verdoppelt und verschleudert. Es war vor allem Karl Barth, der vom Römerbrief bis zur kirchlichen Dogmatik gegen diesen Religionsbegriff ankämpfte. Diese menschliche Religion entpuppt sich als Eigenmacht des Menschen, der immer mehr zum Schöpfer Gottes wird. Religion ist darum Götzendienst und Werkgerechtigkeit. In ihr erweist sich der Widerspruch des Menschen zu Gott, geradezu der Unglaube. Mehr und mehr wird der Begriff der Offenbarung zur Gegeninstanz gegenüber der Religion. Man kann von Barths theologiegeschichtlichem Ort aus diese kritische Entgegensetzung verstehen, aber letztlich ist es auch gegenüber den religiösen Lebenserscheinungen und Ausdrucksformen gewaltsam, den Begriff der Offenbarung gegen den der Religion auszuspielen.[5] Letztlich kann man auch nicht von Religion im Plural reden, wenn man den Singular verneint oder ihn umgeht. Es gibt Gemeinsamkeiten in den einzelnen Religionen, die auch die Religionswissenschaft entdecken kann.[6]

In diesem Zusammenhang ist es gewiss nützlich, eine lockere, den religionsgeschichtlichen Fakten gerecht werdende Beschreibung zu verwenden, die sich nicht scheut, auch alltagssprachliche Elemente zu verwenden. Dies ist wohl gut gelungen in dem Dekret des Zweiten Vatikanischen Konzils „Nostra aetate" über das Verhältnis der Kirche zu den nichtchristlichen Religionen. Der Text bezieht sich zunächst, nämlich bevor die einzelnen Religionen in ihrer Beziehung zum Christentum skizziert werden, auf die fundamentale Gemeinsamkeit. So heißt es im Vorwort (Art. 1): „Die Menschen erwarten von den verschiedenen Religionen Antwort auf die ungelösten Rätsel des menschlichen Daseins, die heute wie von je die Herzen der Menschen im Tiefsten bewegen: Was ist der Mensch? Was ist Sinn und Ziel unseres Lebens? Was ist das Gute, was die Sünde? Woher kommt das Leid, und welchen Sinn hat es? Was ist der Weg zum wahren Glück? Was ist der Tod, das Gericht und die Vergeltung nach dem Tode? Und schließlich: Was ist jenes letzte und unsagbare Geheimnis unserer Existenz, von dem wir kommen und wohin wir gehen?" Dabei kann das Konzil bereits „bei den verschiedenen Völkern eine gewisse Wahrnehmung jener verborgenen Macht (finden), die dem Lauf der Welt und den Ereignissen des menschlichen Lebens gegenwärtig ist ... Diese Wahrnehmung und Anerkenntnis durchdringt ihr Leben mit einem tiefen religiösen Sinn. Im Zusammenhang mit dem Fortschreiten der Kultur suchen die Religionen mit genaueren Begriffen und in einer mehr durchgebildeten Sprache Antwort auf die gleichen Fragen." (NA 2) Die Religionen sind überall bemüht, „der Unruhe des menschlichen Herzens auf verschiedene Weise zu begegnen, indem sie Wege weisen, Lehren und Lebensregeln sowie auch heilige Riten." (ebd.)

II. Religion und Christentum im Verhältnis zueinander

Es lohnt sich, einen näheren Blick auf den Text in „Nostra aetate" zu werfen. Leider haben wir bis heute (2002) keine ausreichenden Kommentare zu dieser wichtigen, lange heftig umkämpften Verlautbarung des Zweiten Vatikanischen Konzils, mindestens zu den religionstheologischen Abschnitten.[7]

Es ist schon wichtig, wie die Verhältnisbestimmung angesetzt wird. Der gewohnte apologetisch-missionarische Weg wird nicht beschritten. Die Frage des Unterschieds wird nicht sofort gestellt, freilich keineswegs ignoriert. Es wird zuerst eine behutsame Anerkennung der Gotteserfahrung in den Religionen ausgesprochen, die das Selbstverständnis der Kirche nicht in Frage stellt und zurückhaltend bleibt mit jeglichem eigenen, isolierten, formellen „Anspruch". Die Katholiken werden ermahnt, Gespräch und Zusammenarbeit mit den Bekennern anderer Religionen zu suchen, deren geistliche und sittliche Güter und kulturelle Werte anzuerkennen, zu wahren und zu fördern und dabei das Zeugnis des eigenen Glaubens zu geben. Zwar lassen die fremden Religionen nach dieser Sicht nur „einen Strahl jener Wahrheit“ aufscheinen, die der Kirche mit der Verkündigung Jesu Christi anvertraut ist und die „Fülle des religiösen Lebens“ eröffnet (NA 2). Man muss gewiss diese Ausführungen im Licht der anderen Konzilsaussagen verstehen, die die Heilsmöglichkeit auch für den Nichtchristen hervorheben (vgl. LG 16; AG 7; GS 22). Selbst Atheisten können auf nur Gott bekannten Wegen das Heil erlangen, wenn sie z. B. ihrem Gewissen folgen.[8] Das Konzil erkennt an, dass Menschen ihr konkretes Gottesverhältnis in ihren Religionen leben können. Es erkennt ihnen zu, dass sie als vielgestaltige Religionen Anteil haben an der Realisierung der einen fundamentalen Beziehung Religion.

Es ist schade, dass man sich in der Zeit nach dem Konzil wenig der Vertiefung dieser Texte gewidmet hat. So kam es zu einer recht unterschiedlichen Rezeption dieser Anstöße. Man hat diesen Aussagen vorgeworfen, man würde auf halbem Weg stehen bleiben. Man hat manchmal die Meinung vertreten, dass man die nichtchristlichen Religionen nur in soweit anerkenne, als sie sich christlich verstehen lassen. Man verwerfe sie nicht mehr, wie in vielen Strängen der Tradition, aber man vereinnahme sie.

Die Vertreter der sogenannten „Pluralistischen Religionstheologie“ versuchten zu begründen, dass die verschiedenen Religionen eigenständige und gleichwertige gültige Antworten auf Offenbarung Gottes oder Erfahrungen der Transzendenz sein können.[9] In Abgrenzung gegenüber der Einheit von einem inklusivem und exklusivem Verständnis anderer Religionen in der Geschichte der Theologie werden die verschiedenen Religionen als relative Ausdrucksformen eines gemeinsamen, ihnen zugrundeliegenden Absoluten verstanden, die letztlich durch die eigene kulturelle Herkunft und gesellschaftliche Prägung bedingt sind.[10] Diese Entwürfe entstammen der Aufgabe, die verschiedenen Ansätze und Tendenzen einer Theologie der Religionen nach dem Zweiten Vatikanischen Konzil zur Synthese zu bringen. Man wird aber kritisch sagen müssen, dass ihnen diese Synthese nicht überzeugend gelingt.[11] Neben der theologischen Diskussion muss hier auf die Erklärung der Internationalen Theologenkommission „Das Christentum und die Religionen“ vom 30. September 1996[12] verwiesen werden, die ein sehr brauchbares Dokument darstellt. Schließlich kann man die Erklärung der Glaubenskongregation „Dominus Iesus“ in den wichtigsten Abschnitten nur vor diesem Hintergrund verstehen.[13] Es geht dabei nicht nur um eine Auseinandersetzung mit oft etwas vulgären Folgerungen aus der „Pluralistischen Theologie der Religionen“, sondern auch mit verschiedenen theologischen

Entwürfen vor allem des indischen Subkontinents, die hier freilich nicht im Einzelnen dargestellt werden können.[14]

III. Auf der Suche nach einer normativen Grundbestimmung für das Verhältnis des christlichen Glaubens zu den nichtchristlichen Religionen

Nicht zuletzt auch wegen des nicht leicht zu bestimmenden Bedeutungsgehaltes von Religion und erst recht von Religiosität ist es problematisch, nur von einem Kriterium auszugehen, das die Beziehung zwischen dem Christentum und den nicht-christlichen Religionen regeln könnte. Es wird notwendig sein, später noch auf den Begriff und den Sinn des Begriffs „Absolutheitsanspruch" des christlichen Glaubens einzugehen. Selbst wenn man jedoch von einer – wie immer gearteten – Überlegenheit oder gar „Höchstgeltung" des christlichen Glaubens ausgeht, ist es notwendig, ein Modell der Verhältnisbestimmung zu finden, das eine gewisse Gemeinsamkeit zum Ausdruck bringt, die ja nicht geleugnet werden kann, ohne die Differenzen zu ignorieren oder hintanzustellen. Es gibt also keine allzu einfache Antwort, die man auf eine griffige Formel bringen könnte. Nach meiner Erkenntnis sind für eine solche Verhältnisbestimmung drei Grundüberlegungen notwendig, die als eine differenzierte Bewegung zusammengehören und auch in ihrer Bewegungsstruktur gesehen werden müssen.

Eine ähnliche Überlegung ergibt sich auch aus dem Verhältnis von Christentum und Religion überhaupt. Wir haben gesehen, dass es keine totale Diastase zwischen beiden geben kann, wie vor allem Karl Barth dies annahm, dass es aber auch nicht einfach eine vollständige Identifizierung zwischen beiden gibt.[15] Auch diese annähernde Skizzierung verlangt eine genauere Bestimmung des Verhältnisses.

Bei den folgenden drei Schritten, die wie Momente einer Sache zusammengehören, muss man immer wieder nach vorne und nach rückwärts in Richtung der ganzen Bewegung offen bleiben.

1. Das positiv-affirmative Moment

Für den christlichen Glauben ist Gott der eine, absolute und universale Herr aller Wirklichkeit. Dies findet seinen höchsten Ausdruck im christlichen Schöpfungsglauben. Alles, was ist, gelangt ins Dasein und ist durchwaltet von der Weisheit Gottes. Diese hat einen konkreten Namen: Jesus Christus.

In ihm und auf ihn hin ist alles geschaffen. Es gibt darum nur eine einzige, Schöpfung und Erlösung umfassende Heilsordnung. Deshalb sahen bereits die frühen Väter Fragmente des Offenbarungsgeschehens, das in Jesus Christus endgültig erschienen ist, in aller Welt. Dieser Heilsratschluss Gottes findet sich in Splittern und partiellen Spiegelungen in den religiösen Bewegungen der Menschheit. Das eine Ziel kommt in den Fragen und Antworten der heidnischen Philosophen wie in den Aussagen und Riten der Religionen in Erscheinung. Sogar Augustinus, der in der Frage der Heilsmöglichkeit des Menschen sehr streng urteilt, war geneigt anzunehmen, dass Gottes Güte von allem Anfang an immerdar unter allen Völkern am Werk gewesen ist, sodass auch die Heiden ihre verborgenen Heiligen und ihre Propheten gehabt haben. Diese Hoffnung bezieht sich heute nicht nur auf das Heil des einzelnen Nicht-Christen. Gottes erlösende Gnade begegnet dem Menschen normalerweise nicht nur isoliert in der Einsamkeit seines Gewissens, sondern in seiner gesamten sozio-kulturellen Situation. Gewöhnlich lebt er sein religiöses Leben in den Formen, die ihm durch seine religiöse Gemeinschaft angeboten werden. Hier begegnet er normalerweise dem, was für ihn in seiner geschichtlich-konkreten Lage der unbedingte Anspruch des Gewissens ist. Es sind also zwei Elemente, die hier anerkannt werden: einmal die gemeinsame Suche der Menschheit nach einem religiösen Urgrund und schließlich das verborgene Wirken der noch unbekannten Gnade Jesu Christi in den nichtchristlichen Religionen. Sehr deutlich hat dies die „Erklärung über das Verhältnis der Kirche zu den nicht-christlichen Religionen" des Zweiten Vatikanischen Konzils zum Ausdruck gebracht, wie früher schon durch die Zeugnisse von Nr. 1 und 2 dargelegt worden ist.

Entscheidend ist nun, wie diese fragmentarische und partielle Gemeinsamkeit beurteilt wird. Natürlich kann es sich nicht um eine bloße Gleichschaltung der verschiedenen religiösen Ansätze handeln, da man dadurch weder dem Selbstverständnis der nichtchristlichen Religionen noch dem Anspruch des christlichen Glaubens gerecht werden könnte. Immerhin formuliert das Zweite Vatikanische Konzil ein Maximum der Affirmation und der Anerkennung gemeinsamer Elemente: „Die katholische Kirche lehnt nichts von alledem ab, was in diesen Religionen wahr und heilig ist. Mit aufrichtigem Ernst betrachtet sie jene Handlungs- und Lebensweisen, jene Vorschriften und Lehren, die zwar in manchem von dem abweichen, was sie selber für wahr hält und lehrt, doch nicht selten einen Strahl jener Wahrheit erkennen lassen, die alle Menschen erleuchtet. Unablässig aber verkündet sie und muss sie verkündigen Christus, der ist ‚der Weg, die Wahrheit und das Leben' (Joh 14,6), in dem die Menschen die Fülle des religiösen Lebens finden, in dem Gott alles mit sich versöhnt hat" (Art. 2). Nur durch eine solche dynamische

Antwort, welche dem begegnenden Partner ein Minimum an Gemeinsamkeit zubilligt, aber zugleich das Ringen um die vollendete Fülle für alle nicht ausspart, kann es Gespräch und Zusammenarbeit geben. Wer die fremden Religionen nur als Unglaube, Götzendienst und Hybris verstehen kann, isoliert sich selbst, schafft eine grundsätzliche Dialogunfähigkeit und verliert die universale Weite der Begegnung, wie sie dem Katholischen zu Eigen ist.[16]

2. Das Moment der Verneinung und Entlarvung

Ohne eine kritische Ergänzung wäre das Gesagte nicht einmal halb wahr. Es lässt sich gar nicht leugnen, dass das Alte wie das Neue Testament und die Kirchenväter in den anderen Religionen auch Irrglauben und Aberglauben, Lug und Trug, dämonische Nachäffung wahrer Religion, teuflisches Blendwerk, Hybris, Verblendung des Herzens und ethische Verkommenheit sehen. Sie sind so etwas wie eine Verkehrung der Schöpfungsordnung. Der biblische Glaube erkennt keineswegs alles, was sich irgendwie als „religiös" ausgibt, schon darum als heilsbedeutsam an. Er weiß durchaus um die verschiedenen Gestalten und Verwandlungen des Religiösen. Das Christentum kennt auch ein entschiedenes Nein zu den Religionen und sieht in ihnen Hilfsmittel, mit denen der Mensch sich selbst gegen Gott absichert, anstatt sich seinem Anspruch auszuliefern. Erinnern wir uns nur der Verspottung fremder Religionen im Alten Testament. „Jahwe steht nicht in einer Reihe mit anderen Göttern. Da alle anderen Götter nur Götzen sind, ist Jahwe intolerant. Da er intolerant ist, sind alle Götter nur Götzen. Sie lösen sich in ‚Nichts' auf, wenn und sobald sie mit Jahwe konfrontiert werden, welche Konfrontation auch der Spott auf eine eminent jahwegemäße Weise vollzieht. Toleranz wird um der Eigenart des Gottes willen, die man bewahren möchte, nicht geübt; denn der Kampf Jahwes gegen die Götzen, zu dem auch der Spott gehört, ist Teil seines Selbsterweises und seiner Selbstdurchsetzung."[17]

Paulus sagt es im Neuen Testament sehr differenziert, dass nämlich die Menschen die Wahrheit Gottes zwar erkennen, sie aber nicht anerkannt haben. Sie haben den Glanz der Wahrheit niedergehalten und die Herrlichkeit Gottes götzendienerisch mit bloßen Bildern von vergänglichen Menschen und Tieren vertauscht. Anstelle des Schöpfers haben sie Geschöpfen Verehrung und Anbetung erwiesen (Röm 1,18ff., 2)[18]. Diese Sicht der Religion hat – wie schon angedeutet – bekanntlich in der dialektischen Theologie des letzten Jahrhunderts eine negative Verschärfung erhalten.[19] Religion erschien mit Ethik, Moral und Gesetz als raffinierteste Form der Selbstrechtfertigung, der Werkgerechtigkeit, als Versuch des Menschen, von sich aus und allein mit seinen Kräften, manipulierend und magieähnlich, zu Gott zu gelangen. Letztlich ist sie gerade eine Umgehung des göttlichen Gottes und der Versuch einer Selbsterlösung. Der Religionsbegriff wurde so ganz unfähig, überhaupt angewendet zu werden auf den christlichen Glauben. Eine weitere Nuance der Religionskritik hat D. Bonhoeffer diesem Gedanken Karl Barths gegeben: „Religion" zeichnet sich gegenüber der Inanspruchnahme des Menschen durch den Glauben zusätzlich aus durch Individualismus, Flucht in eine Jenseits-Welt, Hinterwäldlertum, Verfehlung eines angemessenen Weltverständnisses und Abkapseln in die eigene Innerlichkeit. Der späte Bonhoeffer besteht erst recht auf den Bevormundungstendenzen und auf dem Hang zur Weltlosigkeit. Wenn das Christentum unfähig war, mit der neuzeitlichen Welt in ein Gespräch zu kommen, so war es – zum Beispiel – nicht zuletzt die „religiöse" Auffassung seiner Gestalt, die hinderlich war.[20]

Über Jahrzehnte herrschte dieser Begriff von Religion weithin in der evangelischen Theologie vor. In den letzten Jahrzehnten kam es zu einem ebenso radikalen Kurswechsel. Man sprach geradezu von einer Rehabilitation des Religionsbegriffs.[21]

So notwendig diese Umorientierung war, so hat sie wiederum nicht selten das Kind mit dem Bad ausgeschüttet. Im Grunde war die Gegenalternative ähnlich radikal und darum auch praktisch unbrauchbar wie die These selbst. Nicht selten fiel man auf einen undifferenzierten Begriff von Religion zurück, der das Spezifische des christlichen Glaubens eher wieder einebnete. Es besteht jedoch kein Zweifel, dass die dialektische Theologie trotz ihrer exzessiven Konsequenzen etwas gesehen hatte, was im Kern durchaus christlich war: dass nämlich die Erscheinung „Religion" durchaus auch von der Tendenz des Menschen zur Selbstverschließung und zur Sünde bestimmt ist. Der religionskritische Aspekt des christlichen Glaubens, der nicht einfach jedes Phänomen der Religionen schon als positiven Ausdruck des Glaubens anerkennt, ist also in Wirklichkeit gar nicht so altmodisch, wie es sich auf den ersten Blick anhört. „Das Christentum nimmt in seiner Theologie der Religionsgeschichte nicht einfach Partei für den Religiösen, für den Konservativen, der sich an die Spielregeln seiner ererbten Institutionen hält; das christliche Nein zu den Göttern bedeutet eher eine Option für den Rebellen, der den Ausbruch aus dem Gewohnten um des Gewissens willen wagt: Vielleicht ist dieser revolutionäre Zug des Christentums allzu lang unter konservativen Leitbildern verdeckt worden."[22]

Diese Verdunkelungen der Religion durch ihre eigenen Verzerrungen und Entstellungen, durch Missbrauch und Ideologisierung ist nicht zu übersehen. Dies zeigt sich gerade auch heute bei einer gewissen Renaissance von Religiosität in einem weitesten Sinne, der auch abergläubige Praktiken und z. B.

Satanskulte einschließt.[23] Wenn man schon seit einiger Zeit vom Wesen und Unwesen der Religion spricht[24] oder auch die Ideologieproblematik in Religion und Kirche anerkennen muss[25], dann ist dies durchaus in der theologischen Überlieferung grundgelegt. Eine Religion entfremdet sich auch dann, wenn sie ursprüngliche Ziele, wie z. B. die Erziehung zur Mündigkeit und Freiheit des Menschen, unterläuft und zur Unselbstständigkeit führt. Ähnlich schlimm ist es, wenn die Religion von innen oder von außen zur Rechtfertigung von Gewaltanwendung und gar Terrorismus instrumentalisiert wird. In diesem Sinne spricht man auch von Pseudo-Religion, die immer dann erfolgt, wenn eine endliche Wirklichkeit, wie z. B. Menschheit, Rasse, Volk, Partei, Natur, Sport usw., geradezu mythisch und kultisch überhöht und zu einem Idol gemacht wird. Jede Religion muss in einer inneren Selbstunterscheidung um ihre Authentizität und Reinheit besorgt sein. Darum bedarf es immer wieder der Erneuerung und Reform. Aber auch jeder interreligiöse Dialog muss auf diese Perversion von Religion achten und darauf aufmerksam machen.

3. Die Vermittlung der beiden Elemente

Der Weg, der nun zwischen Affirmation und Negation zu suchen ist, darf nicht verharmlost werden. Er kann nämlich nicht zu einem Synkretismus[26] führen, der alle Konturen verwischt und alles für gleichgültig erklärt. Diese Gefahr ist deshalb groß, weil wir gewöhnlich heute, von einem sehr statischen Religionsbegriff ausgehen. Unser kosmopolitisch eingefärbter Religionsbegriff setzt ja meist voraus, man solle in seiner Religion bleiben, sie voll ausüben und fruchtbar machen.[27] Dann sei man „im Kern" ohnehin mit allen anderen identisch, die religiös sind. In diesem religiösen Weltbürgertum schwingt dann zugleich unterschwellig die Idee mit, dies sei auch darum möglich, weil die religiösen Symbole doch einer letzten Einheit der Bildersprache der Menschheit entstammen. Die Einheit der Religionen ist also erreichbar ohne eine Aufhebung ihrer Vielheit. Wir wollen hier nicht prüfen, inwiefern in dieser Zukunftsvision ein Körnchen Wahrheit liegt. Aber diese Begleitvorstellungen von Religion haben in der Tat einen sehr unbeweglichen Religionsbegriff geschaffen, der uns sowohl am wirklichen Dialog der Religionen untereinander als auch an der Konfrontation mit vielen sogenannten religiösen Bewegungen unserer Zeit hindert. Er ist auch geeignet, problematische religiöse Gestalten zu immunisieren und sie in einer sturmfreien Zone zu schützen.

Der neue Weg darf auch nicht dazu führen, eine harmlose goldene Mitte zu postulieren, die ein für allemal zu etablieren wäre. Der Weg der Analogie – Ähnlichkeit in Unähnlichkeit und Unähnlichkeit in der Entsprechung – bedeutet die beständige Aufgabe, das Gemeinsame und das Trennende selbstkritisch zu vergleichen. Es geht nicht an, jedes menschliche Suchen nach Gott, alles Religiöse in diesem Sinne, von vornherein als Hybris des Unglaubens abzutun. Davor warnt uns auch die Apostelgeschichte (17,22 ff.): „Da trat Paulus in die Mitte des Areopags und sagte: Athener! Für alles Göttliche seid ihr, wie ich sehe, beispielhaft aufgeschlossen. Denn als ich durch eure Stadt streifte und eure Heiligtümer besichtigte, fand ich auch einen Altar mit der Aufschrift: ‚Einem unbekannten Gott'. Was ihr verehrt ohne es zu kennen, das will ich euch jetzt verkündigen: Der Gott, der die Welt und alles, was in ihr ist, geschaffen hat, er ist der Herr des Himmels und der Erde und wohnt darum nicht in Tempeln, die von Menschenhand errichtet sind. Auch bedarf er nicht der Menschen Hände zu seiner Verehrung, als ob er etwas nötig hätte, der selbst vielmehr allen Menschen Leben, Odem und alles Übrige gewährt. Er hat gemacht, dass alle Völker, so wie sie die gesamte Fläche der Erde bewohnen, von einem Urvater abstammen, und hat ihnen feste Zeiten bestimmt und eine Grenze ihrer Wohngebiete abgesteckt. Gott sollten sie suchen, ob sie ihn vielleicht ertasten und finden könnten. Und wirklich, für keinen von uns ist er in unerreichbarer Ferne! Denn in ihm leben wir; in ihm bewegen wir uns, in ihm sind wir, wie es einige von euren Dichtern gesagt haben: ‚Wir sind von seinem Geschlecht.' Sind wir also Gottes Geschlecht, so dürfen wir nicht meinen, das Göttliche sei Gold, Silber oder Stein, einem Gebilde menschlicher Kunst und Phantasie gleich. Über die Zeiten, da man noch nichts von ihm wusste, hat Gott hinweggesehen und lässt jetzt allen Menschen an allen Orten Umkehr verkündigen."[28] An diesem Punkt merkt man auch, dass es keineswegs um eine gleichgültige Einförmigkeit aller Religionen geht. Die Herausforderung der Nähe bleibt jedoch. Weil die Offenbarung Gottes, vor allem im Neuen Testament, koextensiv wird mit der Menschheitsgeschichte (Jesus Christus ist für alle gestorben, Sendung der Apostel an alle Völker), und weil das Wirken der Gnade den sichtbaren Bereich des Kirchlichen überschreitet, können wir nicht ein absolut definitives Urteil fällen, wo innerhalb einer Bewegung des religiösen Geistes „natürliche Religion" oder Offenbarung am Werk ist und wo nicht. In der Offenbarungsreligion ist Aufnahmefähigkeit für das menschliche Suchen als Basis vorausgesetzt, wenngleich sie verwandelt wird. Aber bei aller Ähnlichkeit der Formen kann eine ebenso große Unähnlichkeit des Gottesverständnisses nicht ausgeschlossen werden. Nichts an menschlichen Erfindungen ist von der Hybris des Menschen von vornherein ganz frei. Manchmal ist die Grenze hauchdünn, so wenn man etwa die Entschiedenheit des christlichen Bekenntnisses, die zum Glauben gehört, in der Nähe eines intoleranten Fanatismus und Fundamentalismus[29] sieht, wobei beide in der Sache abgründig verschieden sind.

Es gibt sicher das Gemeinsame, nämlich das Bedürfnis des Menschen, die Erscheinungswelt zu verlassen und Gott zu finden. Dazu gehören denn auch: das Ledigwerden von den Banden der Leidenschaft, die an äußere Dinge fesseln; Disziplin menschlicher Rede und Phantasie, aber auch umherschweifender Gedanken; Sammlung der Kräfte in der Mitte des Menschen; das Geschenk der Stille als Ursprung wahren Sehens und ursprünglichen Hörens; Vermögen der Distanz zu allen verführerischen Attraktionen; Reinigung von Affekten, unlauteren Bindungen usw. Jedoch muss vor der Harmlosigkeit gewarnt werden, als ob die verschiedenen Techniken und Methoden des Religiösen indifferent seien, als ob es so viel religionsphilosophisch begründete Gemeinsamkeit gäbe, dass eine weitgehende Austauschbarkeit der Inhalte möglich erscheint. Es gibt keinen anderen Weg zwischen den Formen der neuen Religiosität und dem christlichen Glauben als die stetige Unterscheidung der Geister. Diese vollzieht sich nach vielen Kriterien, die nicht ein konstantes Arsenal darstellen, sondern sich je nach Partner und Konfrontation geschichtlich neu formulieren und sich auch jeweils verschieden bündeln. Es ist hier nicht möglich, einige dieser Merkmale, die heute wichtig sind, besonders hervorzuheben.[30]

In diesen drei Momenten, die eine Bewegung darstellen, sehe ich die Struktur und die Spielregeln eines interreligiösen Dialogs aus der Sicht katholischer Theologie und Kirche. Es ist deutlich geworden, dass diese dreifach-eine Struktur eng mit dem Analogie-Denken zusammengehört, das schließlich notwendig ist zur wahren Erkenntnis Gottes und damit auch religiöser Vollzüge.

IV. „Absolutheitsanspruch des Christentums"?

In diesem Zusammenhang muss auch – wenigstens kurz – von einem Begriff die Rede sein, der zur Beschreibung und auch Lösung des Problems vielfach benutzt worden ist, nämlich „Absolutheitsanspruch des Christentums".[31] Es ist zunächst kein Genuin theologischer Begriff. Er ist auch erst seit der Aufklärung mit mannigfachen spezifischen Merkmalen dieser Zeit vermischt, was aber sehr oft nicht mehr ausreichend wahrgenommen wird. Oft wird der Begriff auch identifiziert mit Äquivalenten wie „Einzigkeit", „Unverwechselbarkeit", „Unableitbarkeit", „Unvertauschbarkeit" und prinzipielle „Überholbarkeit". Dies ist aber nicht weiterführend, da „Absolutheit des Christentums" bestimmte Konturen hat, von denen nicht einfach abgesehen werden kann. Die leichte Handhabbarkeit des Begriffs täuscht darüber schnell hinweg. So schreibt E. Troeltsch: „So ist der Ausdruck ‚Absolutheit des Christentums' heute für viele ein gänzlich abgeblasster Begriff geworden, der zwar mit großer Leidenschaft, aber mit wenig konkretem Sinne gehandhabt wird. Für viele ist er nur ein modern und neutral klingender wissenschaftlicher Ausdruck, mit dem sie eigentlich die übernatürliche Geoffenbartheit meinen, ohne genaue Begründung dieser Geoffenbartheit: eine der vielen lose sitzenden wissenschaftlichen Masken, die auf den Festen der Theologie getragen werden."[32]

Nach Troeltsch kann das Christentum nicht mit historischen Mitteln als absolute Religion konstruiert werden. Es ist aufs tiefste bedingt durch die historische Situation und ihre entsprechenden Verbindungen. Wenn es als „relativ" gesehen wird, heißt dies, dass es immer in einem größeren Lebenszusammenhang eingebettet ist, aus dem allein eine Beurteilung und Bewertung möglich ist. „Relativ" und „Absolut" sind immer gemischt. Aus dem Relativen wachsen Richtungen auf absolute Ziele hin heraus.[33] Es gibt ein gemeinsames Ziel, aber dieses ist nie in der Geschichte voll verwirklicht, es wird immer klar angebahnt. Es gibt auch so etwas wie „ein(en) endgültigen Durchbruch seiner prinzipiellen Grundrichtung, aber keine absolute Realisation".[34] Das transzendente Ziel kann in der Geschichte stets nur in individuell bedingter Weise erfasst werden. Damit verwandelt sich auch die Idee der Absolutheit selbst. Der Absolutheitsanspruch wird in entwicklungsgeschichtlicher Perspektive zur möglichen Höchstgeltung, zur Annäherung auf ein vorschwebendes, aber jenseits der Geschichte liegendes Ziel transformiert. So bleibt es letztlich nur bei der allgemeinen Chiffre einer „Überlegenheit" der Offenbarung. Letztlich ist die Anerkennung der Absolutheit des christlichen Glaubens eine Sache der persönlichen Überzeugung des Bekenntnisses. Es fehlt nicht an guten Gründen für die einzigartige Stellung des Christentums. Es ist „Höhepunkt" und „Konvergenzpunkt" aller erkennbaren Richtungen, „zentrale Zusammenfassung", „eine prinzipiell neue Stufe", die höchste für uns geltende Idee und Wahrheit, aber eben des Glaubens. So lässt sich auch nicht beweisen, dass das Christentum der letzte Höhepunkt bleiben müsse und jede Überbietung ausgeschlossen sei. „Das Absolute in der Geschichte auf absolute Weise an einem einzelnen Punkt haben zu wollen, ist ein Wahn, der nicht bloß an seiner Undurchführbarkeit scheitert, sondern auch an seinem eigenen inneren Widerspruch gegen das Wesen aller historischen Religiosität."[35] Damit ist „Absolutheit" im Grunde Merkmal eines naiven Weltbildes. E. Troeltsch schwankt zwischen einem massiven Abwerten und einer recht positiven Beurteilung der „naiven Absolutheit". Pathetisch wird das wissenschaftliche Weltbild gefeiert.[36] Zu dieser Naivität gehören auch Geltung und Autorität der Dogmen, des Kirchenrechts, der Sakramente. Die beiden Begriffe von Absolutheit, der naive und der wissenschaftliche, bleiben nebeneinander bestehen. Gegen Ende seines Lebens steigert sich seine Skepsis: Alle Religionen sind von ihrem Kulturkreis abhängig und nur innerhalb dieses Umkreises verstehbar. „Nur möchte ich jetzt noch schärfer als damals darauf hinweisen, dass dieser Zusammenschluss nicht in einer der historischen Religionen selbst schon liegen kann, sondern dass sie alle in eine gemeinsame Richtung deuten und alle aus innerem Antrieb in eine unbekannte letzte Höhe streben, wo allein erst die letzte Einheit und das Objektiv-Absolute liegen kann."[37]

Viele Veröffentlichungen bleiben bis heute durch Anknüpfung oder Widerspruch diesem Denkmodell verpflichtet.[38] Man kann aber nur weiterkommen, wenn man die entstandenen Aporien entwirrt. Dies kann hier nur in knappen Thesen geschehen.[39]

Man kann im Gefolge von E. Troeltsch die Formel „Absolutheit des Christentums" naiv gebrauchen im Sinne einer letzten Unüberbietbarkeit und eines bleibenden Wahrheitsanspruchs der biblischen Botschaft.

Der wissenschaftliche Sprachgebrauch kann jedoch nicht von der aufgezeigten Problemgeschichte absehen. Man darf mit der Formel nicht Denkmuster übernehmen, die unsachgemäße Implikationen enthalten. Das schwierigste Element ist der Bezug dieser Absolutheit zur Geschichte. Es wird als eine völlig in sich ruhende, streng unveränderliche Größe gedacht, die nur jenseits der Geschichte angesiedelt werden kann. Es ist die volle Autarkie eines in sich Vollendeten, exklusive Transzendenz und Unwandelbarkeit. Hier regiert eine wenig reflektierte statische Metaphysik.

Das Biblisch-Christliche lässt sich nicht als eine Wirklichkeit beschreiben, die rein in sich und für sich besteht. Der Anspruch des biblischen Glaubens besteht nicht für sich, sondern für das Andere und im Austausch mit ihm. Die Bewegung der Offenbarung in die Geschichte hinein muss positiv begriffen werden. Dies ist ihre unableitbare Neuheit.[40]

Es fällt auf, dass die „Absolutheit des Christentums" meist ohne jeden Rückgriff auf das Alte Testament begründet wird. Tragende Kategorien wie Verheißung, Fülle und Erfüllung spielen keine Rolle. Alles sieht nach einem zeitlosen System aus.

Die Bewegung der Offenbarung in die Geschichte hinein findet ihren Höhepunkt im Leben und Tod Jesu Christi. In seiner Person und in seinem Werk ist die „absolute" unüberbietbare und unwiderrufliche Wahrheit Gottes Geschichte geworden. Darum ist auch der Gedanke des „Pleroma", der „Fülle

Jesu Christi" fundamental. Dies wird im nächsten Abschnitt noch genauer dargelegt werden.

„Absolutheit des Christentums" schöpft die christologische Konzentration der neutestamentlichen Offenbarung nicht genügend aus. In Jesus Christus selbst vollzieht sich nämlich die Einheit von einmaliger geschichtlicher Existenz und universalem Anspruch. Deshalb dürfen auch die Dimensionen der Zukunft (Eschatologie), der Praxis und auch der Kommunikation, d. h. theologisch der Mission nicht fehlen. „Absolutheit des Christentums" verwirklicht sich auch in lebendigen Personen und in konkreten Gestaltungen. Der missglückte Bezug zur Geschichte hat auch Konsequenzen für eine Unterbelichtung des Kirchenverständnisses. Ohne die geschichtliche Kirche als universales Zeichen des Heils und ihre ursprüngliche „Katholizität" kann es keine Konzeption von „Absolutheit" geben, die einen wahren christlichen Universalismus erlaubt. Hier muss ich global auf die theologischen Entwürfe von H. de Lubac[41] und H. U. von Balthasar[42] verweisen.

Es ist richtig, dass man hinter die Entdeckungen der Religionsgeschichte und auch der religionsgeschichtlichen Verflechtungen des Alten und des Neuen Testaments nicht zurückkann.[43] Der Historismus hat darin recht, dass er jeden unbedingten Anspruch in einer unleugbaren Relation zu thematisch benachbarten oder ähnlichen, verwandten Gestaltungen sieht. Ich habe schon früher dafür den Begriff „Geschichtsmächtigkeit" vorgeschlagen, der selbstverständlich auch eine grundlegend transzendente Dimension in sich enthält: Das Biblisch-Christliche geht in den Amalgamierungen mit außerchristlichen Religionen im Prozess von Anknüpfung und Widerspruch nicht einfach unter, sondern setzt sich in diesem geschichtlichen Streit über die jeweilige Gegenwart hinaus durch. Dabei geht es freilich nicht um das bloße faktische „Überleben", sondern darin kommt eine prinzipielle Mächtigkeit im Blick auf die Geschichte zum Vorschein, die dadurch auch zugleich überschritten wird. In kürzester Form hat Paulus dies formuliert: „Prüfet alles, das Gute behaltet!" (1 Thess 5,21)

Damit sollte aufgezeigt werden, dass der Begriff „Absolutheitsanspruch des Christentums", der zunächst so unschuldig und durchaus brauchbar klingt, letztlich unzureichend ist und die bestehende Aufgabe einer Theologie der Religionen eher verstellt.[44]

V. Singularität und Universalität Jesu Christi im interreligiösen Dialog

Vielleicht muss man angesichts der eben erläuterten Problematik eine andere Richtung einschlagen, die freilich im Rahmen dieses Beitrags nur angedeutet werden kann. Man darf weniger auf den abstrakten „Absolutheitsanspruch des Christentums“ schauen, sondern muss auf den Stifter und Gründer des christlichen Glaubens selbst schauen. Dies ist in verschiedener Weise auch immer wieder geschehen. Man denke nur an die frühe patristische Lehre vom Logos, dessen Samenkörner auch in der nichtchristlichen Welt ausgestreut sein können.

Der Ansatz zu einer weiteren Bestimmung ergibt sich aus der für das christliche Selbstverständnis zentralen Lehre, dass sich Gott in der Geschichte geoffenbart hat, die in Jesus von Nazareth zu einem unüberbietbaren Höhepunkt kommt und von ihm her das Heil für die ganze Welt bewirkt. Dies zeigt sich in der eschatologischen Struktur des Christusereignisses, die bei aller Vorläufigkeit, solange die Geschichte dauert, eine letzte Endgültigkeit bedeutet und zum Ausdruck bringt. Aber Jesus Christus ist nicht nur das letzte Wort Gottes, sondern in seiner Person und in seinem Heilswerk bekundet sich auch die Unübersteigbarkeit und Uneinholbarkeit der Liebe Gottes zu den Menschen (vgl. Joh 3,16; Röm 8,32; Eph 3,19). Es geht also um die einzigartige und universale Heilsrolle Jesu Christi.

Die pluralistische Theologie der Religionen sieht in der Relativierung dieser Heilsbedeutung Jesu Christi die einzige Möglichkeit, dem Zwang zu entkommen, die Heilsrolle der anderen Religionen und ihrer Mittlergestalten herabzusetzen oder gänzlich zu verneinen. Die Argumentation für diesen Weg ist nicht überzeugend. Man argumentiert, der historische Jesus habe keinen Anspruch auf Einzigartigkeit und Universalität erhoben. Der singuläre Anspruch der neutestamentlichen Schriften sei leicht aus den zeitgeschichtlichen Umständen zu erklären. Es handele sich um eine damals übliche apokalyptische oder mythische bzw. auch metaphorische Redweise, die man auch von der Überlebensstrategie des Urchristentums her verstehen müsse. Das Christusereignis sei und bleibe ein partikulares Geschehen, das zwar hoch bedeutsam sei, aber eben nur für die davon unmittelbar Betroffenen, nämlich die Jünger von damals und die ihnen folgenden Christen.

Zur Auseinandersetzung im Einzelnen darf auf die schon genannte theologische Literatur, aber auch besonders auf das bereits erwähnte Dokument der Internationalen Theologenkommission „Das Christentum und die Religionen“ aus dem Jahr 1996 verwiesen werden. Gewiss schließt die Menschwerdung Jesu Christi seine Partikularität ein, nämlich ein Jude seiner Zeit zu sein. Weil er aber der Sohn Gottes ist, der Mensch wird, schließt seine Partikularität seine Universalität nicht aus. Auch die Evangelien verbinden beide. Es ist geradezu ihre Neuheit als Gattung, dass sie die Partikularität und Universalität, die durch die Auferstehung und Erhöhung bekräftigt und bestätigt wird, in eins zu beschreiben suchen. In diesem Lichte zeigt sich, dass die Partikularität nicht einfach das zufällige, kontingente Vorkommen eines einzelnen Menschen ist, was auch anthropologisch von der Gottebenbildlichkeit des Menschen so nicht haltbar ist, sondern dass diese Partikularität zugleich Singularität, also Einzigartigkeit bedeutet. Das Neue Testament hebt diese Einheit von geschichtlicher Einmaligkeit und universaler Bedeutung immer wieder hervor. Dem Hebräerbrief gelingt es, diese Zweifach-Eine-Struktur mit einem einzigen Wort zu bezeichnen, nämlich „ephapax", am besten übersetzt durch das deutsche Wort „ein für allemal" (vgl. Hebr 7,27; 9,12; 10,10).[45] Die Einmaligkeit ist hier mit Endgültigkeit, die Einzigartigkeit mit Universalität in einem Wort zusammengefasst, das in einer systematischen Betrachtung gewiss über die unmittelbar im Hebräerbrief erkennbare Anwendung hinausreicht.

Durch diese Deutung wird freilich auch das geschichtliche „Faktum" des Christusereignisses anders gewertet. Es erscheint nicht nur in seiner Partikularität, sondern hat dadurch, dass es geschehen ist und andauert, eine eigene Dignität, die freilich philosophisch und hermeneutisch wenig erhellt ist und dringend der Vertiefung bedarf.[46] Es war gerade die Schwäche von E. Troeltsch, aber auch vieler theologischer Entwürfe nach ihm, das zwischen dem „Absoluten" und der „Geschichte" eine unüberbrückbare Kluft herrschte.

Theologisch muss man ergänzend dazudenken, dass dieses ein für allemal sich ereignende Geschehen nur im Geist voll zugänglich bleibt und sich in seinem Medium auch anderen geschichtlichen Situationen erschließt. Das Christusereignis kann durch die Erschließung „im Geist" andere Orte und Zeiten, Sprachen und Kulturen erreichen. Dies ist eine wesentliche Voraussetzung für jeden interreligiösen Dialog von Seiten des christlichen Glaubens. Gerade von dieser Stelle aus geschieht auch die Vermittlung in die Kirche hinein. Die Katholizität, Offenheit und Universalität „für die vielen" muss von hier aus begriffen werden. Dies widerstreitet freilich allen alten und neuen Integralismen.

So kann nicht das Christentum in seiner Abstraktheit, sondern die Person Jesu Christi auch zum Konvergenzpunkt einer Theologie der Religionen werden. Er ist das „ens concretum", in dem sich die endgültig erschienene und im Geist gegenwärtig bleibende Liebe Gottes für alle Menschen offenbart. An dieser Stelle ist nochmals an die Wichtigkeit der biblischen Grundbegriffe von „Pleroma", „Fülle Jesu Christi" usw. zu erinnern. Nicht eine Relativierung der Heilsbedeutung des Christusereignisse, sondern gerade das Bestehen auf seine Einzigartigkeit und Universalität ist es, die uns immer mehr zur Erkenntnis führt, dass die einzigartige, allumfassende Liebe Gottes auf Wegen, die uns unbekannt sind, allen Menschen einladend entgegenkommt. Damit ist kein Superioritätsanspruch des christlichen Glaubens in einem fälschlichen Sinne begründet. Vielmehr muss der Christ sich die Frage stellen, ob er der größeren Verantwortung gerecht geworden ist, die ihm seine Berufung geschenkt hat. Nicht zufällig warnt Jesus immer wieder die Berufenen, dass sie ihren „Vorzug" nicht verspielen. Dies ist auch der genuine Wurzelboden für den missionarischen Auftrag des christlichen Glaubens, der zu seinem Grundwesen gehört.

Diese Struktur bringt gerade in dieser Einmaligkeit von Partikularität, Einzigartigkeit und Universalität die Möglichkeit einer Kontinuität, Rezeption, Komplementarität, aber auch der Konkurrenz und des Wettbewerbs im interreligiösen Gespräch ins Spiel. Man darf sich keinem Element einfach verschließen. Dies bedürfte freilich im Einzelnen noch der Darlegung.

Es ist hier nicht möglich aufzuzeigen, wie sehr diese Elemente in manchen christologischen Entwürfen wiederzufinden sind. Aus einer solchen Betrachtung wird auch die Tiefe und Stärke von Hegels Religionsphilosophie deutlich, der das Christentum mit der Person Jesu Christi als „absolute Religion" bezeichnet.[47]

Dafür möchte ich jedoch noch auf einen wichtigen Vorläufer solcher Gedanken aufmerksam machen, nämlich auf die im Zusammenhang des Falles von Konstantinopel (1453) entstandene Schrift des Nikolaus von Kues „De pace fidei". Nikolaus hatte die Religionsstreitigkeiten im Reich sehr konkret erfahren, nicht zuletzt das Scheitern einer Einigung zwischen der Kirche im Osten und im Westen. Der Islam ist wieder erneut in den Blick gekommen. Der Kardinal hat auch sehr konkret erlebt, dass Religionsfriede und Weltfriede eng miteinander zusammenhängen. Er entwirft in seiner Schrift eine Vision: Siebzehn Vertreter der verschiedenen Nationen und Religionen sollen in einem himmlischen Konzil zur Einsicht geführt werden, dass überall ein und derselbe Glaube vorausgesetzt wird und dieser in der Kirche Jesu Christi lebt. Da Gott nur ein einziger ist, kann es bei aller Verschiedenheit der äußeren Erscheinungsformen nur eine einzige Religion geben, die allen Glaubensrichtungen zugrunde liegt und zugleich wahr ist: „religio una in rituum varietate". Am Ende kann nur Gott selbst die Auseinandersetzung schlichten. Gott ist es, der in den verschiedenen Religionen auf unterschiedliche Weise gesucht und mit verschiedenen Namen benannt wird, da er in seinem wahren Wesen allen unbekannt und unaussprechbar bleibt. Die eine und wahre Religion ist für Cusanus das Christentum. Die Völker können die Wahrheiten des Christentums in den Aussagen ihrer eigenen Religion finden. Das Vernünftige aller

Religionen findet sich in Jesus Christus wieder. Jede Religion impliziert den Glauben an Jesus Christus. In diesem Sinne ist Christus der Vollender aller Religionen.[48]

Die Schrift des Cusanus ist gewiss nicht nur eine literarische Fiktion, sondern enthält auch in geradezu eschatologischer Leidenschaft die Antizipation einer Hoffnung, die dem biblischen und gerade auch dem christlichen Glauben nicht ganz fremd sein kann.

VI. Grundregeln für den interreligiösen Dialog heute

Kehren wir wieder zurück zu der Situation von heute und dem Auftrag zum interreligiösen Dialog. Vor diesem Hintergrund ist es nicht nur Ausdruck der großen Bestürzung nach dem 11. September 2001 oder gar eine Modeerscheinung, wenn heute mehr nach dem interreligiösen Dialog gefragt wird. Es ist deutlich geworden, wie sehr dieser ganz grundlegend zum gegenwärtigen vielfältigen Beziehungsgeflecht vor allem der großen Religionen gehört und warum auch die Herausforderung aller Weltreligionen im 21. Jahrhundert nicht übergangen werden darf. Im letzten Teil sollen dazu einige wenige Leitlinien versucht werden.

1. Der kirchenamtliche Dialog

Dabei gibt es gewiss verschiedene Phasen in diesem Versuch einer Begegnung und des Gesprächs mit den Religionen. Von katholischer Seite aus möchte ich dabei aus den letzten Jahrzehnten einstweilen vier Phasen unterscheiden: eine intensive Bemühung vor allem der Theologie vor dem Zweiten Vatikanischen Konzil um eine neue Theologie der Religionen; die Aussagen des Zweiten Vatikanischen Konzils zum Thema, vor allem in der „Erklärung über das Verhältnis der Kirche zu den nichtchristlichen Religionen „Nostra aetate"; nachkonziliare Bemühungen um das Verständnis der außerkirchlichen neuen Religiosität; Neuansatz zum interreligiösen Dialog. Dabei sollte man auch den unterschiedlichen Stand des Dialogs mit den Gesprächspartnern ins Auge fassen.[49] Der interreligiöse Dialog muss streng unterschieden werden von der Ökumene, die sich um die Aussöhnung der verschiedenen christlichen Kirchen und Gemeinschaften bemüht. Der Dialog mit dem Judentum, der seit Jahrzehnten vielleicht nicht sehr intensiv, aber stetig ist, muss aufgrund der Gemeinsamkeit der biblischen Offenbarung des Alten Testaments, aber auch vor dem Antisemitismus und den Gräueln der nationalsozialistischen Zeit in seinem eigenen Gewicht betrachtet werden. Das Gespräch mit dem Islam hat ebenso eine eigene Struktur. Mit dem Judentum und dem Christentum gehört der Islam zu den so genannten abrahamitischen Religionen, die in mancher Hinsicht eine immer noch nicht genügend entdeckte Gemeinsamkeit verbindet. Außerdem spielt hier gewiss auch eine wichtige Rolle, dass die Anwesenheit vieler Muslime in Europa und das Zusammenleben mit ihnen in unserem Land diesen Dialog viel dringender machen. Demgegenüber stecken die Dialoge vor allem mit dem Buddhismus und mit dem Hinduismus, die freilich immer mehr Vertreter auch bei uns haben und finden, eher noch in den Anfängen bzw. sind bis jetzt weniger beachtet.

Nicht in allen Ländern ist dieser Dialog intensiv aufgenommen und geführt worden. So hat man im Allgemeinen wenig Kenntnis, dass mitten im Zweiten Vatikanischen Konzil und aufgrund der oben genannten Erklärung über das Verhältnis der Kirche zu den nicht-christlichen Religionen bereits im Jahr 1964 von Papst Paul VI. eine entsprechende Einrichtung gegründet worden ist. Es hieß damals „Sekretariat für die Nichtchristen". Kein geringerer als der Erzbischof von Wien, Franz Kardinal König, ein namhafter Religionswissenschaftler, war der erste Präsident dieser Institution. Sie heißt seit 1980 bzw. 1988 „Päpstlicher Rat für den interreligiösen Dialog". Papst Paul - VI. hat in seiner großen Enzyklika „Ecclesiam suam" vom 6. August 1964 über den Dialog der Kirche mit der Welt erklärt, „unsere respektvolle Anerkennung gegenüber den geistlichen und moralischen Werten der verschiedenen nichtchristlichen Religionen nicht mehr verweigern zu wollen", und darüber hinaus „mit dieser Einrichtung diejenigen Ideale fördern und verteidigen zu wollen, die auf den Gebieten religiöser Freiheit menschlicher Brüderlichkeit, der Kultur, der Wohltätigkeit und der Zivilisation gemeinsam sind. Im Hinblick auf diese gemeinsamen Ideale ist ein Dialog unserseits möglich, und wir werden es nicht versäumen, zu ihm einzuladen, wo er in wechselseitigem und loyalem Respekt wohlwollend angenommen werden wird."[50]

Vor diesem Hintergrund möchte ich nur darauf hinweisen, dass die Dokumente, die zum interreligiösen Dialog aufrufen, und zwar Dokumente des Konzils der Päpste sowie der in Rom mit diesen Fragen befassten Institutionen, insgesamt einen Band mit fast 900 Seiten füllen. Wir sind der damit vielfach beschriebenen Aufgabe noch längst nicht gerecht geworden.[51] Eine Auswahl der wichtigsten Texte in deutscher Sprache wäre wünschenswert, wobei es gut wäre, die einzelnen Texte im Blick auf ihre Entstehungssituation einzuordnen.

2. Grundsätzliche Anforderungen an einen heutigen Dialog

Ähnliches könnte man gewiss auch von anderen Kirchen und Religionen berichten. Die katholische Kirche musste immer schon diese Frage des Dialogs mit den nichtchristlichen Kirchen in betonter Weise aufgreifen, da sie als Weltkirche vor Ort immer schon in Begegnung und Auseinandersetzung mit den anderen Religionen lebte.

Vor diesem allgemeinen Hintergrund möchte ich nun in einer Art von Thesenform einige Überlegungen in prinzipieller Zuspitzung formulieren:

Das Gespräch und die Begegnung der Religionen setzen einen universalen und menschheitlichen Horizont voraus. Man muss ins Auge fassen, was den Menschen gemeinsam ist und sie zur unbegrenzten Gemeinschaft untereinander führt. Dazu gehört auch, dass man sich in gleicher Weise als Menschen anerkennt und annimmt, was in der gleichen Menschenwürde und in den Menschenrechten für alle Ausdruck findet. Keine Religion darf sich von dieser Basis entfernen. Ein Dialog ist nur dann möglich, wenn man sich – unbeschadet aller Unterschiede – zunächst einmal als Ebenbürtiger unter Ebenbürtigen akzeptiert („par cum pari loquitur"). Der Dialog darf nicht durch Machtansprüche jeglicher Art verzerrt werden.

Das Fundament für diese Gemeinsamkeit ist nicht nur das eine Menschengeschlecht, das auf dem ganzen Erdkreis wohnt und eine einzige Gemeinschaft darstellt. Die Religionen sehen in Gott den Ursprung und das Ziel der Menschheit. Die Güte und Liebe Gottes beziehen sich auf alle Menschen, die Gott einmal in Freiheit und Frieden zum gemeinsamen Mal der Völker vereinen möchte.

Gerade heute müssen die Religionen zwar auf ihre Weise, aber doch in einem gemeinsamen Bemühen gegenüber den Fragen und Herausforderungen, angesichts der Nöte und Leiden der Menschen Zeugnis dafür ablegen, warum es überhaupt Religion gibt und warum sie dem Menschen dienlich ist. Die elementaren Antworten auf die Frage „Wozu Religion?" müssen jeweils in Wort und Tat überzeugen. Diese Herausforderungen haben einen durchaus philosophischen Kern, der umschrieben werden könnte: Woher kommt der Mensch? Wohin geht sein Weg? Gibt es einen Sinn des Lebens auch jenseits des Todes? Ich habe schon auf diese Fragen von „Nostra aetate" (Art. 1) hingewiesen.

Diese Fragen stellen die Menschen seit jeher. Sie ändern sich nicht grundlegend, auch wenn der geschichtliche Horizont und die konkreten Problemstellungen sich ändern. Auch in unserer Zeit stellen Menschen diese Fragen. Freilich beherrschen sie weniger als früher die Öffentlichkeit unseres Lebens, werden aus der gesellschaftlichen Öffentlichkeit und erst recht aus dem staatlichen Raum eher ausgeklammert und der persönlich-privaten Haltung und Verantwortung übereignet. Mindestens gilt dies sehr stark für die Menschen und Religionen, die in Ländern mit einer hohen wissenschaftlich-technischen Zivilisation leben. Aber auch da kann die Religion auf Dauer nicht einfach verdrängt werden, wie nicht zuletzt nach dem Terrorakt des 11. September 2001 und auch bei verschiedenen Katastrophen deutlicher erkennbar wird.

Für die Länder mit einer technisch-wissenschaftlichen Zivilisation spitzt sich diese Problematik zu. Aber auch hier gibt es wesentliche Grundfragen. Denn entgegen aller Religions-Kritik und Prophezeiung vom Ende der Religion ist Religion selbst in der säkularisierten Gesellschaft ein unübersehbar einflussreicher Faktor geblieben. Dies gilt auch für die Frage, ob der Säkularisierungsprozess schlechterdings unumkehrbar ist, wie oft unreflektiert angenommen wird.[52] Es ist religionssoziologisch und religionsphilosophisch oft gezeigt worden, dass gerade die Herausforderung durch die „Kontingenzbewältigung" (H. Lübbe) gegenüber der Kritik der Aufklärung der Religion nicht grundlegend geschadet hat und dass in Zeiten von Katastrophen verschiedener Art ein religiöses Suchen und auch eine religiöse Antwort resistent geblieben sind. Es hat sich auch gezeigt, dass gerade im Zeitalter der Ausdifferenzierungen, Spezialisierungen und eines steigenden Expertenwissens die Integrationsfähigkeit der Religion im Bereich der Lebenswelt nicht einfach ersetzt werden konnte (J. Habermas). Die Verwandlung von Kontingenz im Sinn durch die Reduktionsleistungen der Religion ist gerade auch im Welthorizont unentbehrlich und behält offensichtlich ihre gesellschaftliche Funktion (N. Luhmann).[53]

Die Religionen müssen dafür sorgen, dass dieser Grund für ihre Existenz auch dem heutigen Menschen einsichtig wird. Dies darf nicht nur apologetisch geschehen, sondern muss geistig offensiv für Gegenwart und Zukunft geleistet werden.

Alle Religionen geben eine Orientierung in der Unübersichtlichkeit und in den Wechselfällen des menschlichen Lebens. Dies muss heute gewiss zwar von der Erfahrung der Menschen ausgehen, aber eben doch mit Hilfe möglichst rationaler Argumentation einsichtig gemacht werden. Aber es geht nicht nur darum, kognitive Orientierungssysteme aufzustellen, sondern in der Religion geht es immer auch um die praktische Wahrheit, nämlich um die Bewährung der religiösen Überzeugung in der Tat des Lebens. Im Johannesevangelium heißt dies schlicht: „die Wahrheit tun" (Joh 3,21). Deshalb ist Religion immer auch eine Einheit von Theorie und Praxis, von Erkennen und Handeln, von Frömmigkeit und Nächstenliebe. Für die allermeisten Menschen ist eine Religion nur überzeugend, wenn beide Dimensionen zur Deckung kommen und auf diese Weise verstärkte Evidenz erhalten. Religion spricht darum auch Herz und Sinne an.

Wenn der Anspruch der Religion und die faktische Erfüllung bzw. Realisierung prinzipiell auseinander klaffen, Wort und Tat sich nicht decken, sondern sogar eher widersprechen, ist dies für jede Religion von Grund auf schädlich. Da sie auf die Überzeugungskraft in Wort und Tat, in Theorie und Praxis angewiesen ist, erleidet sie eine große Einbuße an Glaubwürdigkeit, wenn der Riss zwischen Anspruch und Erfüllung zu groß ist. Dann entsteht notwendigerweise Religionskritik, sei es im Allgemeinen oder im modernen Sinne. Dies kann bis zum Vorwurf der Heuchelei gehen. Damit können auch andere als religiöse Interessen – z. B. Macht politischer oder finanzieller Art – verbunden sein, sodass gegenüber der Religion ein massiver Verdacht und oft großes Misstrauen entstehen können. Oft sind auch handfeste Interessen auf verborgene Weise beteiligt. Deshalb muss jede Religion aufmerksam auf sich selbst bleiben, ob sich in ihrem Anspruch letztlich solche Interessen an die erste Stelle schieben oder vielleicht auf verborgene Weise wirksam sind. Deshalb gibt es die schon genannte notwendige Unterscheidung zwischen Wesen und Unwesen jeder Religion. Darum gehört zur Religion von Grund auf eine stetige Erneuerung (Reform), die zuerst einen überzeugenden spirituellen Grund, aber auch konkrete Auswirkungen haben muss für Organisation und Institution. Sonst kann eine Religion dem Verdacht, letztlich eine Ideologie zu sein und konkrete Interessen weitgehend zu verdecken, heute nicht genügend entgegentreten.

Nach meinem Urteil gilt dies grundsätzlich für alle Religionen. Darum gibt es wohl auch in jeder Religion immer wieder Erneuerungsversuche und Reformbewegungen aus dem eigenen Inneren. Aber gewiss sind das geistige Klima und die kulturelle Prägung eines Landes sowie einer Gesellschaft wichtig, in welcher Form eine Religion in dieser Hinsicht in Frage gestellt wird und ob bzw. wie sie darauf reagiert. Am überzeugendsten wirkt dabei das gelebte Zeugnis der Anhänger einer Religion selbst, nicht zuletzt auch aus den authentischen Reformbewegungen (vgl. die verschiedenen Formen der Mystik und des Mönchtums).

Dieser Horizont ist auch dafür maßgebend, wie die Religionen miteinander umgehen. Sie müssen sich auch gegenseitig angesichts der Verneinung von Religion und ihrer vielfachen Bestreitung wechselseitig kritisch betrachten. Es geht nicht nur um die abstrakte Gemeinsamkeit einiger religiöser Elemente, sondern auch darum, wie eine Religion als ganzes von anderen verstanden wird und gesellschaftlich in Erscheinung tritt.

3. Kriterien im interreligiösen Dialog

Dafür gibt es nach meiner Meinungsbildung einige Kriterien, die mir gerade heute wichtig zu sein scheinen:

In jeder Religion muss erkennbar bleiben, dass sie ganz auf Gott als Grund und Ziel unseres Lebens bezogen ist. Ihm allein gebührt Ehre und Anbetung. Er darf nicht verwechselt werden mit der Absolutsetzung endlicher Dinge. Dies wären nur Idole und Götzen. Damit ist auch gegeben, dass der Name Gottes nicht instrumentalisiert werden darf für offene oder verkappte andere Interessen. Alle, die für eine Religion sprechen und für sie eintreten, müssen davon Zeugnis geben.

Kein wahrer Glaube ist einfachhin weltlos. Er möchte seine Überzeugungen bei aller Vorläufigkeit und Unvollkommenheit in dieser Welt und Zeit verwirklichen. Aber es muss auch zweifellos immer evident werden, dass die Religion sich nicht in den Interessen innerhalb von Raum und Zeit erschöpft, sondern nach einem verlässlichen, unerschütterlichen Sinn des Lebens jenseits des Todes sucht. Eine Religion erfüllt nur die Erwartungen der Menschen, wenn sie wirklich auf die oben erwähnten existenziellen Fragen eingeht und eine überzeugende Antwort gibt. Darum muss es auch eine strikte Unterscheidung zwischen Zeit und Ewigkeit, Geschichte und Transzendenz, Menschenherrschaft und Gottesherrschaft geben, die die Religion vor einer Instrumentalisierung schützen hilft.

Eine Religion, die die gleiche Würde der Menschen verletzt und den Rang und Wert der Menschen nach Rasse und Klasse, Herkunft und Stand, Bildung und Reichtum, ja nach der Zugehörigkeit zu einer bestimmten Religion einschätzt und absolut setzt, gefährdet sich fundamental selbst und zerstört in der einen Welt, in der wir immer mehr leben, auch andere Religionen.

Jede Religion muss die recht verstandene Freiheit der Menschen fördern. Gewiss kennt jede Religion eine eigene Ordnung und Bindung an ethische Normen und religiöse Weisungen. Auch gehören Gehorsam und Gemeinschaftsverpflichtung zu jeder Religion. Aber ein maßgeblicher Beweggrund für jede Religion besteht in der Überwindung infantiler Bevormundung und in der Förderung wahrer Freiheit zu einem guten Leben. Darum möchte die Religion immer auch die Menschen von falschen Autoritäten, Magie und Aberglauben befreien und den Menschen zu seiner eigenen Verantwortung führen. Zugleich soll der rechte Gebrauch von Freiheit, die in ihrer Zügellosigkeit und Willkür für alle schädlich werden kann, eingeübt werden. Bei aller Notwendigkeit von Orientierung und Weisung, Führung und Autorität darf ihre Ausübung nicht zur Unmündigkeit und zum Verlust personaler Verantwortung führen. Die eigene Kritik- und Denkfähigkeit müssen gefördert und vertieft werden. Begeisterung, die dies auslöschen würde und ein blinder Fanatismus können deshalb auch sehr fragwürdige Gestalten innerhalb einer Religion werden.

Jede Religion möchte dem einzelnen Menschen und den religiösen Gemeinschaften zum Finden eines unverlierbaren Lebenssinnes und auch zu einer letzten Geborgenheit verhelfen. Sie möchte auch die Annahme und das Bestehen der Grundrisiken des menschlichen Lebens ermöglichen, wie sie in Armut und Not, Krankheit und Leid sowie im Tod auf den Menschen zukommen. Die Religion soll den Menschen angesichts dieser oft radikalen Lebensgefährdungen vor jeder Verzweiflung bewahren. Sie macht die Menschen darum nicht weltflüchtig, sondern hilft ihnen, die Gefährdungen dieses Lebens zu bestehen und an ihnen nicht zu zerbrechen.

So sehr die Religion dabei dem einzelnen Menschen und den im Glauben verbundenen Gemeinschaften hilft, so sehr muss sie bestrebt sein, diesen Sinn des Lebens in Wort und Tat auch anderen Menschen zu vermitteln. Religion steht so fundamental im Dienst des Menschen und darf sich nicht nur zur Pflege der eigenen Interessen und Ziele zurückziehen. Zu ihr gehören Sendung und Dienst. Aber ihre missionarische Ausrichtung darf nicht dazu führen, dass sie die Freiheit zu glauben oder nicht zu glauben, gefährdet oder verletzt. Missionarische Sendung gehört zu einer Religion, wenn und solange sie überzeugt ist, dass sie ihre Orientierung, die den eigenen Mitgliedern und Anhängern kostbar und wertvoll ist, auch anderen zu ihrem Nutzen weitergeben möchte. Aber in dem Augenblick, in dem diese missionarische Sendung in irgendeiner Weise mit Gewalt verbunden wird, ist nicht nur die Würde und Freiheit des Menschen, sondern ist auch Religion zerstört.[54]

Das Gewaltproblem ist in jeder Religion von ganz elementarer Bedeutung. Wer seine Überzeugungen mit Macht und Gewalt durchsetzen möchte, scheidet sich selbst aus jedem verantwortungsvollen Dialog der Religionen untereinander aus. Hier muss sich auch jede Religion prüfen, wie weit ihr Gottesbild mit dem Ideal einer gewalttätigen Durchsetzung von Glaubensüberzeugungen oder Interessen einhergeht. Dies kann unter Umständen sehr subtil sein. Dies hängt auch eng damit zusammen, wie eine Religion das Verhältnis des Leidens und des Leides zu Gott sieht.

Es gibt im Dialog freilich ein entscheidendes Element, das vielleicht eher sogar zu den Voraussetzungen des Dialogs gehört.[55] Dies ist die theoretische und praktische Frage der Religionsfreiheit, und dies im Sinne der negativen und positiven Religionsfreiheit. Nach meinem Verständnis ist das Eintreten für eine allseitige Religionsfreiheit und die praktische Verwirklichung dieser Religionsfreiheit ein ganz zentrales und wesentliches Kriterium für jeden interreligiösen Dialog. Das Zweite Vatikanische Konzil hat nach langen und sehr heftigen Debatten in der „Erklärung über die Religionsfreiheit" Dignitatis humanae eine eindeutige Position bezogen. Dabei geht es um die unverletzlichen Rechte der menschlichen Person, aber auch um die rechtliche Ordnung der Gesellschaft. Die Anerkennung der Religionsfreiheit als Menschenrecht ist ein Prüfstein dafür, ob eine Religion sich den Spielregeln des menschlichen Zusammenlebens unter heutigen Bedingungen stellt und auch unterwirft. Im Übrigen ist wichtig: Die moralische Pflicht des Einzelnen, den wahren Glauben zu suchen und anzunehmen, wird durch die Gewährung der Religionsfreiheit keineswegs aufgehoben oder relativiert (vgl. DH 2 und 3), sondern lediglich von den Eingriffsmöglichkeiten staatlicher Gewalt kategorisch geschieden und gegen sie gesichert. In diesem Sinne hat die Religionsfreiheit eine zentrale und kritische Rolle auch für die anderen Menschenrechte. Nicht zuletzt deshalb haben sich viele Politiker, die persönlich nur ein weniger ausgeprägtes Verhältnis zur Religion haben, für die exemplarische Rolle der Religionsfreiheit in Auseinandersetzung mit totalitären Systemen eingesetzt.[56]

Dies schließt den Verzicht auf die geschichtlich überkommene Inanspruchnahme staatlicher Machtmittel für die Durchsetzung eigener Wahrheitsansprüche und Interessen sowie die Bereitschaft ein, zur Überzeugung anderer im Geist der Toleranz mit den Mitteln besserer Argumentation, überzeugenderer Praxis, bewegenderer Motivationen, attraktiverer sozialer Gemeinschaft und der wirksamen Anwaltschaft für Arme und an den Rand der Gesellschaft gedrängte Menschen zu arbeiten. Dies setzt eine selbstkritische Betrachtung der Religionen im Blick auf bestimmte Praktiken der Wahrheitsdurchsetzung voraus (für die christlichen Kirchen: Häresie, Inquisition, Mission).

4. Umfang und Form der Gemeinsamkeit

Unter diesen Voraussetzungen ist heute der interreligiöse Dialog unverzichtbar. Dabei sollte sich dieser Dialog nicht einfach auf eine minimale Gemeinsamkeit, auf die man sich einigen kann, beschränken. Dann würden wir von dem Reichtum verschiedener Entfaltungen des Glaubens in den einzelnen Religionen abstrahieren. Wir würden dann eigentlich alle ärmer. Es gibt eine fälschliche Interpretation, als ob die Aufklärung einen solchen abstrakten, verdünnten Rest von Religiosität, auf den man sich nun gemeinsam stützt, eher zulassen könnte. Dies wäre am Ende der Tod des interreligiösen Dialogs. Wir dürfen uns nicht scheuen, in diesem Dialog uns auch und gerade mit dem radikal Anderen und Fremden zu beschäftigen. Das Gespräch und die

Auseinandersetzung damit öffnen uns die Augen, erweitern den Horizont und lassen uns die Mitmenschen besser verstehen.[57]

Es scheint mir eine sehr gute Maxime zu sein, die das Zweite Vatikanische Konzil für den interreligiösen Dialog, zunächst gewiss für die Kirche, empfiehlt. Darum soll der schon angeführte Passus nochmals in seinem gesamten Umfang angeführt werden, weil er unbeschadet seiner Knappheit in dichter Form die wesentlichen Elemente enthält: „Die katholische Kirche lehnt nichts von alledem ab, was in diesen Religionen wahr und heilig ist. Mit aufrichtigem Ernst betrachtet sie jene Handlungs- und Lebensweisen, jene Vorschriften und Lehren, die zwar in manchem von dem abweichen, was sie selber für wahr hält und lehrt, doch nicht selten einen Strahl jener Wahrheit erkennen lassen, die alle Menschen erleuchtet. Unabhängig aber verkündet sie und muss sie verkünden Christus, der ist ‚der Weg, die Wahrheit und das Leben' (Joh 14,6), in dem die Menschen die Fülle des religiösen Lebens finden, in dem Gott alles mit sich versöhnt hat. – Deshalb mahnt sie ihre Söhne (und Töchter), dass sie mit Klugheit und Liebe, durch Gespräch und Zusammenarbeit mit den Bekennern anderer Religionen sowie durch ihr Zeugnis des christlichen Glaubens und Lebens jene geistlichen und sittlichen Güter und auch die sozial-kulturellen Werte, die sich bei ihnen finden, anerkennen, wahren und fördern." (NA 2) In diesem Zusammenhang wird auch nochmals mit aller Deutlichkeit jede Verletzung der Menschenwürde sowie die Förderung von Diskriminierung und Gewalt entschieden verurteilt (vgl. DH 5).

Man muss wohl auch einen Dialog unter den Religionen für schädlich halten, der im Grunde die religiöse Frage ausklammert und nur politisch und sozial relevante Themen in Angriff nimmt. Es wäre geradezu paradox, wenn der interreligiöse Dialog sich um alles kümmern würde, was zwischen Himmel und Erde ist, aber nicht um die Suche nach Wahrheit und die Erfüllung dieses Suchens im Glauben an Gott. Der interreligiöse Dialog braucht auch diese spezifische Herausforderung, denn er darf sich weder gesellschaftlich-politisch noch kulturell instrumentalisieren lassen. Dafür ist es gut, wenn er um die Unentbehrlichkeit der Gottesfrage weiß und sich dazu bekennt. Für das katholische Christentum ist es unverzichtbar, die Fragen nach dem Heil, um das es in der Religion geht, nach ihrer Wahrheit und nach ihrem Sendungsanspruch bzw. ihrem Missionszeugnis zu stellen.[58]

Diesen inhaltlichen Voraussetzungen darf man auf keinen Fall ausweichen. Dies darf man auch nicht unter Bevorzugung eines mehr pragmatischen Modells, das sich den ethischen und politisch-gesellschaftlichen Problemen im Welthorizont stellt. Dies heißt freilich nicht, dass die Probleme der gesellschaftlichen und vor allem ethischen Gestaltung indifferent seien.

Vielmehr sind sie für die meisten Religionen ein konstitutiver Aspekt ihrer Lehre und Lebenspraxis. Unter dieser Voraussetzung ist es gewiss anzuerkennen, dass die Religionen sich gerade darum bemühen müssen, ein verbindendes Ethos zu fördern, das schwierige Konflikte meidet, ja sie sogar lösen hilft und Solidarität unter den Menschen schafft. In diesem Zusammenhang ist ganz unbestritten, dass alle Fragen der Gewaltverhinderung oder wenigstens ihrer Minimierung, der Beendigung kriegerischer Verhältnisse, der Friedenssicherung, der Einhaltung der Menschenrechte usw. zu den vordringlichen Themen des interreligiösen Dialogs gehören müssen.

Hans Küng hat dafür seit vielen Jahren und mit der Unterstützung einer Stiftung ein solches „Weltethos" auf einen Nenner zu bringen gesucht. Es ist hier nicht möglich, darüber ausführlicher zu berichten. Es wäre ein eigener Beitrag dafür notwendig.[59] Küngs fünf zentrale Imperative sind bekannt. Sie sollen nochmals kurz in Erinnerung gerufen werden:

1. Kein Zusammenleben auf unserem Globus ohne ein globales Ethos!
2. Kein Frieden unter den Nationen ohne Frieden unter den Religionen!
3. Kein Frieden unter den Religionen ohne Dialog zwischen den Religionen!
4. Kein Dialog zwischen den Religionen und Kulturen ohne Grundlagenforschung!
5. Kein globales Ethos ohne Bewusstseinswandel von Religiösen und Nicht-Religiösen!

Hingewiesen sei auch auf die Erklärung des Parlamentes der Weltreligionen vom 4. September 1993,[60] wo sich viele Kurzformeln für das von Küng Gemeinte finden.

Man kann gewiss von diesem „Weltethos", das Hans Küng in vielen Veröffentlichungen entfaltet hat, ausgehen – und dies mitten in allen kulturellen Verschiedenheiten. Vielleicht muss man – besonders am Anfang eines Gesprächs – auch stärker mit einem bilateralen Dialog beginnen, bevor man es multilateral versucht. Beides schließt sich nicht aus. Aber lernen kann man zuerst und besser beim Gegenüber zweier Partner mit ihrem jeweiligen Profil. Die Polyphonie braucht mehr den Meister. Ökumenische Erfahrungen legen ein solches Vorgehen nahe. Im Übrigen muss auf die intensive Diskussion zum Gedenken des „Weltethos" verwiesen werden, der ungeachtet aller kirchenpolitischen Kontroversen immer mehr Beachtung gefunden hat und im interreligiösen Dialog nicht übergangen werden kann.

In diesem Zusammenhang übergehe ich die Frage, wie weit zum interreligiösen Dialog auch multireligiöse Feiern gehören, wenigstens eingeschränkt auf Christen, Juden und Muslimen. Die Herbst-Vollversammlung der Deutschen Bischofskonferenz wird eine entsprechende Vorlage intensiv diskutieren, auf die eigens aufmerksam gemacht werden soll.[61] Diese Leitlinien sind wichtig für mulikulturelle Feiern, besonders von Juden, Christen und Muslimen in unserem kulturellen Kontext.

Es gibt ja auch in der Tat echte ethische Gemeinsamkeiten. Am Ende soll wenigstens ein konkretes Beispiel erwähnt werden. Die „Goldene Regel“[62] ist ein wichtiges Exempel, das sich in vielen Kulturen, Religionen und ethischen Lebensentwürfen findet: Was du nicht willst, das man dir tut, das füge auch keinem anderen zu. Damit kann man wenigstens einmal beginnen. Vielleicht sollte man in diesem Zusammenhang nicht vergessen zu sagen, dass man auch zunächst einmal einig sein kann in dem, was man ethisch gemeinsam verwirft. Dies lebt vom Ende insgeheim von einem positiven Gegenentwurf, wie es – dies ist die andere Seite – die Goldene Regel ebenfalls formuliert: „Alles nun, was immer ihr wollt, das euch tun die Menschen, tut so auch ihr ihnen: Denn dies ist das Gesetz und die Propheten.“ (Mt 7,12)

Der interreligiöse Dialog muss auch dazu führen, dass man seine eigene Religion besser kennen lernt und entschiedener im Leben bezeugt. In diesem Zusammenhang sagt J. Ratzinger zur Verhältnisbestimmung von Religion und Glaube im Christentum bei K. Barth: „Er hatte unrecht, wenn er beides völlig trennen wollte, nur den Glauben als positiv, die Religion aber als negativ ansah. Glaube ohne Religion ist unwirklich, zu ihm gehört Religion, und christlicher Glaube muss seinem Wesen nach als Religion leben. Aber er hatte darin Recht, dass auch beim Christen die Religion erkranken und zu Aberglaube werden kann, dass also die konkrete Religion in der der Glaube gelebt wird, immer wieder von der Wahrheit her gereinigt werden muss, die sich im Glauben zeigt und die andererseits im Dialog neu ihr Geheimnis und ihre Unendlichkeit erkennen lässt.“[63]

Anmerkungen

[1] Vgl. E. Troeltsch, Die Absolutheit des Christentums und die Religionsgeschichte, Gütersloh 1969, Siebenstern-Taschenbuch 138, Lizenz-Ausgabe des Verlages Mohr, Tübingen 1929. Eine kritische Ausgabe erschien im Rahmen der Neuausgabe der gesammelten Werke: E. Troeltsch, Die Absolutheit des Christentums und die Religionsgeschichte (1902–1912): mit Thesen von 1901 und den handschriftlichen Zusätzen, hg. von Trutz Rendtorff in Zusammenarbeit mit Stefan Pautler, Berlin u.a. 1998 (Kritische Gesamtausgabe Bd. 5).

[2] Zu diesem Prozess vgl. V. Krech, Wissenschaft und Religion. Studien zur Geschichte der Religionsforschung in Deutschland 1871 bis 1933 (Religion und Aufklärung 8), Tübingen 2002; wichtige Texte finden sich in: Klassiker der Religionswissenschaft, hg. von A. Michaels, München 1997.

[3] Zu dieser Geschichte vgl. die Darstellung von J. Splett, Die Rede vom Heiligen, Frei-

burg i. Br. 1973, ²1985; R. Schaeffler, Religion und kritisches Bewusstsein, Freiburg i. Br. 1973; Besinnung auf das Heilige, hg. von B. Casper u. a., Freiburg i. Br. 1966; Die Diskussion um das Heilige, hg. von C. Colpe, Darmstadt 1977; C. Colpe, Über das Heilige, Frankfurt a. M. 1990; vgl. auch die zahlreichen Forschungen von M. Eliade, Das Heilige und das Profane, Frankfurt a. M. 1984; Wissenschaftliche und nicht-wissenschaftliche Rationalität, hg. von K. Hübner u. a., Stuttgart 1983. In diesen Zusammenhang gehören auch die neueren Studien über den Mythos und die mythische Rede, vgl. nun K. Hübner, Kritik der wissenschaftlichen Vernunft, Freiburg i. Br. ⁴1993; ders., Die Wahrheit des Mythos, München 1985; ders., Glaube und Denken, Tübingen 2001.

[4] Vgl. Phänomenologie des religiösen Lebens (Gesamtausgabe Bd. 60), hg. von M. Jung und Th. Regehly, Frankfurt a. M. 1974.

[5] Zur Auseinandersetzung vgl. zusammenfassend mit Lit. W. Pannenberg, Systematische Theologie I, Göttingen 1988, 133–205; ders., Beiträge zur Systematischen Theologie I: Philosophie, Religion, Offenbarung, Göttingen 1999, 101–245.

[6] Vgl. dazu die gesammelten Texte in: Diskurs: Religion, hg. von W. Oelmüller u. a. (Philosophische Arbeitsbücher 3), Paderborn 1979; Religionsphilosophie, hg. von W. Schüßler (Alber-Texte – Philosophie), Freiburg i. Br. 2000.

[7] Die Herausgeber der Ergänzungsbände des Lexikons für Theologie und Kirche konnten keinen Kommentator für den gesamten kurzen Text von „Nostra aetate" finden, sondern mussten sich jeweils für die kurzen Erwähnungen der einzelnen Religionen einzelne Kommentatoren suchen. Vgl. immerhin zur Entstehungsgeschichte: Bd. II, Freiburg 1967, 406–478; vgl. jedoch zur Einführung H. Waldenfels, Begegnung der Religionen, (Begegnung 1), Bonn 1990, 48–51, 75–91. u. ö. (vgl. Register: 372); La *Nostra aetate,* e il dialogo interreligioso a vent'anni dal concilio, hg. von M. Zago, Casale Monferrato 1986; weitere Literaturangaben finden sich auf 71–73; O. H. Pesch, Das Zweite Vatikanische Konzil (1962–1965), Würzburg 1993 u. ö., 291–310; vgl. auch Storia del Concilio Vaticano II, hg. von G. Alberigo, Band 1–5, 1995–2001, vgl. das Register v. a. in Bd. V, 757, besonders die Ausführungen in Band IV; zum Verständnis wichtig ist H. de Lubac, Geheimnis aus dem wir leben (Kriterien 6), Einsiedeln 1967, 131–154; vgl. dazu N. Eteroviæ, Cristianesimo e Religioni secondo H. de Lubac, Roma 1981; zum Verständnis der Theologie der Religionen bei H. de Lubac vgl. auch den Beitrag von M. Fédou, in: L'intelligence de la rencontre du bouddhisme (Etudes lubaciennes II), 2001, 111–126 (weitere Literatur: 111, Anm. 1).

[8] Vgl. zu diesen Texten K. Rahner, Atheismus und implizites Christentum, in: Ders., Schriften zur Theologie VIII, Einsiedeln 1967, 187–212; K. Lehmann, Pastoraltheologische Maximen christlicher Verkündigung an den Ungläubigen von heute, in: Concilium 3 (1967) 208–217; ders., Kirche und Atheismus heute, in: Katechetische Blätter 92 (1967) 148–159, ders., Die kirchliche Verkündigung angesichts des modernen Unglaubens, in: Handbuch der Pastoraltheologie III, Freiburg i. Br. 1968, 636–671, ²1972, 637–672.

[9] Vgl. Die kritische Sichtung dieser Ansätze mit wichtigen ausgewählten Texten in: Pluralistische Theologie der Religionen, hg. von H.-G. Schwandt, Frankfurt a. M. 1998.

[10] Vgl. dazu J. Zehner, Der notwendige Dialog. Die Weltreligionen in katholischer und evangelischer Sicht (Studien zum Verstehen fremder Religionen 3), Gütersloh 1992; Der einzige Weg zum Heil, Die Herausforderung des christlichen Absolutheitsanspruch

durch pluralistische Religionstheologien, hg. von J. Werbick, Freiburg i. Br. 1993; B. Stubenrauch, Dialogisches Dogma. Der christliche Auftrag zur interreligiösen Begegnung, Freiburg i. Br. 1995; H. Bürkle, Der Mensch auf der Suche nach Gott – Die Frage der Religionen (Amateca III), Paderborn 1996; P. Schmidt-Leukel, Theologie der Religionen, Neuried 1997.

11 Vgl. dazu auch M. Seckler, Die schiefen Wände des Lehrhauses. Katholizität als Herausforderung, Freiburg i. Br. 1988, 50–70.

12 Der deutsche Text findet sich in der Reihe „Arbeitshilfen" als Nr. 136, hg. vom Sekretariat der Deutschen Bischofskonferenz o. J.

13 Vgl. den Text und die Dokumentation in „Dominus Iesus". Dokumente, Hintergründe, Standpunkte und Folgerungen, hrsg. von M. J. Rainer (Wissenschaftliche Paperbacks 9), Münster 2001; Konfessionelle Identität und Kirchengemeinschaft, hg. von H. Hoping (Studien zur systematischen Theologie und Ethik 25), Münster 2000.

14 In diesen Zusammenhang gehört auch die Stellungnahme der Glaubenskongregation in einer „Notificazione" zum Buch von J. Dupuis, Verso una teologia cristana del pluralismo religioso, Brescia 1997, Città del Vaticano 2001 (24. Januar 2001).

15 Vgl. dazu den immer noch aufschlussreichen Text mit den Referaten einer Tagung der Kath. Akademie in Bayern im März 1965 in München: Cl. Westermann / H. Kahlefeld / U. Mann / B. Welte, Christentum und Religion, Regensburg 1966; zu diesen Fragen überhaupt vgl. B. Welte, Heilsverständnis, Freiburg i. Br. 1966; ders., Religionsphilosophie, Freiburg i. Br. 1978, Frankfurt a. M. [5]1997, ders., Gott und das Nichts, Frankfurt a. M. 2000. Viele wichtige Äußerungen finden sich auch in Weltes Aufsatzbänden: Auf der Spur des Ewigen, Freiburg i. Br. 1965; Zeit und Geheimnis, Freiburg i. Br. 1975; Zwischen Zeit und Ewigkeit, Freiburg i. Br. 1982. Im Übrigen vgl. E. Kirsten, Heilige Lebendigkeit. Zur Bedeutung des Heiligen bei Bernhard Welte, Frankfurt a. M. 1998.

16 Vgl. K. Lehmann, Die Herausforderung des Katholischen. Über eine Fehlanzeige im ökumenischen Dialog, in: Kirche – Kultur – Kommunikation. Peter Henrici zum 70. Geburtstag, hg. v. Urban Fink und René Zihlmann, Zürich 1998, 109–121.

17 H. D. Preuß, Verspottung fremder Religionen im Alten Testament (Beiträge zur Wissenschaft vom Alten und Neuen Testament. Fünfte Folge, Heft 12), Stuttgart 1971, 290. Vgl. dazu auch G. Johannes, Unvergleichlichkeitsformulierungen im Alten Testament, Diss. theol., Evangelisch-Theologische Fakultät Mainz, Mainz 1968; M. Rose, Der Ausschließlichkeitsanspruch Jahwes (Beiträge zur Wissenschaft vom Alten und Neuen Testament, Sechste Folge, Heft 6), Stuttgart 1975. Vgl. auch die Theologien des Alten Testaments, z. B. H. D. Preuß, Theologie des Alten Testaments, Bd. 1, Stuttgart 1991, 119 ff., 276 f.

18 Vgl. dazu die Römerbrief-Kommentare von O. Kuss, E. Kaesemann, O. Michel, S. Lyonnet, U. Wilckens, H. Schlier, D. Zeller, P. Stuhlmacher, W. Schmithals, J. A. Fitzmeyer, M. Theobald, vor allem jedoch H. Schlier, Die Zeit der Kirche, Freiburg i. Br. [4]1966, 29 ff., 38 ff.; ders., Doxa bei Paulus als heilsgeschichtlicher Begriff, in: Ders., Besinnung auf das Neue Testament, Freiburg [5]1964, 307 ff., vgl. auch 319 ff.

19 Vgl. Ch. Gestrich, Neuzeitliches Denken und die Spaltung der dialektischen Theologie. Zur Frage der natürlichen Theologie (Beiträge zur historischen Theologie 52), Tübingen 1977 (dort umfassende Lit.).

20 Dazu E. Feil, Die Theologie Dietrich Bonhoeffers, 2. Aufl., München – Mainz 1971,

335 ff.; G. L. Müller, Bonhoeffers Theologie der Sakramente (Frankfurter Theologische Studien 28), Frankfurt a. M. 1979, 65 ff.

21 U. a. vgl. Chancen der Religion, hrsg. von R. Volp, Gütersloh 1975; C. H. Ratschow, Die Religionen (Handbuch systematischer Theologie 16), Gütersloh 1979; W.-D. Marsch (Hg.), Plädoyers in Sachen Religion, Gütersloh 1973; zusammenfassend zur Problemgeschichte vgl. auch Ch. Elsas (Hg.), Religion. Ein Jahrhundert theologischer, philosophischer, soziologischer und psychologischer Interpretationsansätze (Theologische Bücherei 56), München 1975.

22 J. Ratzinger, Vom Wiederauffinden der Mitte, Freiburg i. Br. 1997, 60–82, Zitat 64 (ursprünglich in der Festschrift „Gott in Welt" für K. Rahner, hg. von J. B. Metz, Bd. II, Freiburg i. Br. 1964, 287–305, Zitat 290).

23 Vgl. dazu Panorama der neuen Religiosität, hg. von R. Hempelmann u. a. im Auftrag der Evangelischen Zentralstelle für Weltanschauungsfragen Berlin, Gütersloh 2001.

24 Vgl. B. Welte, Vom Wesen und Unwesen der Religion, Freiburg i. Br. 1952.

25 Vgl. dazu K. Lehmann, in: Handbuch der Pastoraltheologie, Bd. II/2, Freiburg [2]1971, 148–180; vgl. auch A. Görres, Pathologie des katholischen Christentums, in: Handbuch der Pastoraltheologie, Bd. II/1, 277–343.

26 Dazu Im Schmelztiegel der Religionen. Konturen des modernen Synkretismus, hg. von V. Drehsen / W. Sparn, Gütersloh 1996.

27 Vgl. dazu besonders K. Feiereis, Die Umprägung der natürlichen Theologie in Religionsphilosophie (Erfurter Theologische Studien 18), Leipzig 1995; P. H. Neumann, Der Preis der Mündigkeit, Über Lessings Dramen, Stuttgart 1977, 60 ff.; K.-J. Kuschel, Vom Streit zum Wettstreit der Religionen. Lessing und die Herausforderung des Islam, Düsseldorf 1998; Religionskritik und Religiosität in der deutschen Aufklärung, hg. von K. Gründer / K. H. Rengstorf (Wolfenbütteler Studien zur Aufklärung 11), Heidelberg 1989.

28 Außer den einschlägigen Kommentaren zur Apostelgeschichte von H. Conzelmann, E. Haenchen, R. Pesch, G. Schneider, A. Weiser, G. Schille sowie den bekannten älteren Arbeiten zur Areopagrede von M. Dibelius, R. Bultmann, H. Conzelmann, F. Mussner, H. Flender, J. Dupont u. a. (nähere Literaturangaben in den zahlreichen Bibliographien zu Apg 17 in den Kommentaren). Vgl. den Forschungsbericht von E. Grässer, Forschungen zur Apostelgeschichte (Wissenschaftliche Untersuchungen zum Neuen Testament 137), Tübingen 2001, 106 ff., 302. Zur Sache vgl. auch meine Predigt zur Areopagrede im Eröffnungsgottesdienst der Herbst-Vollversammlung der Deutschen Bischofskonferenz am 24. September 2002.

29 Zu diesem Begriff vgl. K. Lehmann, Glauben bezeugen, Gesellschaft gestalten, Freiburg i. Br. 1993, 603–617.

30 In einer früheren Darstellung habe ich hier eigens genannt und entfaltet: Gewähr der Förderung von Freiheit, Realitätserfahrung aus dem Glauben, Widerstandsfähigkeit aus der Hoffnung, Dienst und Sendung, vgl. K. Lehmann, Signale der Zeit – Spuren des Heils, Freiburg i. Br. 1983, 58–82, bes. 68–74.

31 Ausführlich dazu K. Lehmann, Absolutheit des Christentums als philosophisches und theologisches Problem, in: W. Kasper (Hg.), Absolutheit des Christentums (Questiones disputatae 79), Freiburg i. Br. 1977, 13–38. In diesem Band vgl. auch die Beiträge von

H. U. von Balthasar, W. Breuning, H. Bürkle, G. Lohfink und E. Zenger; R. Bernhardt, Der Absolutheitsanspruch des Christentums, Gütersloh 1990.

32 E. Troeltsch, Die Absolutheit des Christentums und die Religionsgeschichte, München 1969, 40f. (Siebenstern-Taschenbuch 138).

33 Vgl. ebd., 52, 56, 68f.

34 Vgl. ebd., 77.

35 Vgl. ebd., 96, vgl. auch 84, 88, 90f.

36 Vgl. ebd., 107, 110ff.

37 Vgl. ebd., 82.

38 Vgl. die Nachweise bei K. Lehmann, Absolutheit des Christentums (Anm. 31), 32.

39 Ausführlicher ebd., 33–38.

40 Vgl. dazu J. Ratzinger, Das Problem der Absolutheit des christlichen Heilsweges, in: W. Böld u.a., Kirche in der außerchristlichen Welt, Regensburg 1967, 7–29, bes. 9ff.

41 H. de Lubac, Glauben aus der Liebe, Einsiedeln [2]1970; ders., Die Kirche, Einsiedeln 1968; ders., Quellen kirchlicher Einheit, Einsiedeln 1974. Vgl. außer der schon genannten Literatur H. U. von Balthasar, Henri de Lubac. Sein organisches Lebenswerk, Einsiedeln 1976, 30ff., 85ff.; E. Maier, Einigung der Welt in Gott. Das Katholische bei H. de Lubac (Sammlung Horizonte NF 22), Einsiedeln 1983, bes. 231ff., 244ff.

42 H. U. von Balthasar, Katholisch. Aspekte des Mysteriums, Einsiedeln 1975; ders., Verbum. Skizzen zur Theologie I, Einsiedeln 1960, 260–275.

43 Vgl. in diesem Sinne den letzten Satz von V. Krech, Wissenschaft und Religion (Anm. 2), 317, der allerdings inhaltlich überhaupt nicht weiter entfaltet wird.

44 Vgl. so auch H. Waldenfels, in: LThK I, Freiburg [3]1993, 80–82; vgl. auch H. M. Vroom, Absolutheitsanspruch des Christentums, in: RGG I, Tübingen [4]1998, 82–85.

45 Paulus gebraucht das Wort im Röm 6,10 und in 1 Kor 15,6. Vgl. E. Grässer, An die Hebräer, 3 Bände (Evangelisch-Katholischer Kommentar zum Neuen Testament XVII, 1–3), Zürich – Neukirchen 1990–1997, hier 2. Band, 71; F. Laub, Bekenntnis und Auslegung (Biblische Untersuchungen), Regensburg 1980, 233ff.

46 Vgl. wichtige Ansätze dazu bei P. Henrici, Die metaphysische Dimension des Faktums, in: Ders., Aufbrüche christlichen Denkens (Kriterien 48), Einsiedeln 1978, 27–35.

47 Vgl. dazu vor allem M. Theunissen, Hegels Lehre vom absoluten Geist als theologisch-politischer Traktat, Berlin 1970; R. Leuze, Die außerchristlichen Religionen bei Hegel (Studien zur Theologie und Geistesgeschichte des 19. Jahrhunderts), Göttingen 1975, 237ff.

48 Vgl. dazu K. Lehmann, Absolutheit des Christentums als philosophisches und theologisches Problem (Anm. 31), 15ff. Der kritische Text von „de pace fidei“ findet sich in der Heidelberger Ausgabe von R. Klibansky und H. Bascour als Band VII, Hamburg 1970. Dazu nun K. Flasch, Nikolaus von Kues, Geschichte einer Entwicklung, Frankfurt a.M. 1998, Sonderausgabe 2001, 330–382; R. Haubst, Streifzüge in die Cusanische Theologie, Münster 1991, 479ff., vgl. auch 392ff.; G. von Bredow, Im Gespräch mit Nikolaus von Kues, Münster 1995, 31ff., 71ff., 217ff.

49 Zu diesen Bemühungen vgl. M. Seckler, Theologie der Religionen mit Fragezeichen, in: Ders., Die schiefen Wände des Lehrhauses (Anm. 11), 50–70, 214–220; H. J. Pottmeyer, Auf dem Weg zu einer Theologie der Religionen: Ansätze und Perspektiven, in: Das Christentum und die Weltreligionen, hg. von R. Göllner (Theologie im Kontakt 8),

Münster 2000, 127–144 (dort auch weitere Beiträge zum Gesamtthema). Pottmeyer setzt sich vor allem auch mit dem oben bereits zitierten Buch von J. Dupuis (vgl. Anm. 14) „Toward a Christian Theology of Religious Pluralism" (New York 1997) auseinander, bes. 133–144; J. Ratzinger, Die Vielfalt der Religionen und der Eine Bund (Urfelder Reihe 1), Hagen 1998, bes. 93–121. Weitere Literatur vgl. bei H. Bürkle, Theologie der Religionen, in: LThK IX, Freiburg ³2000, 1444–1447 (dort auch die früheren Veröffentlichungen z. B. von H. R. Schlette, J. Heislbetz, J. Hick, H. Bürkle). Vgl. auch die schon genannte Textsammlung „Christentum und nichtchristliche Religionen", hg. von K.-J. Kuschel, Darmstadt 1994, H. Waldenfels, Phänomen Christentum. Eine Weltreligion in der Welt der Religionen, Freiburg i. Br. 1994; Gottesbegriff, Weltursprung und Menschenbild in den Weltreligionen, hg. von P. Koslowski (Diskurs der Weltreligionen 1), München 2000 (4 weitere Bände in dieser Reihe der EXPO-Diskurse sind vorgesehen). D. J. Krieger, Das interreligiöse Gespräch. Methodologische Grundlagen der Theologie der Religionen, Zürich 1986; R. Hummel, Religiöser Pluralismus oder christliches Abendland, Darmstadt 1994; Religion und Rationalität, hg. von R. Breuninger / P. Welsen, Würzburg 2000.

[50] Vgl. AAS 56, (1964), 560.

[51] Vgl. Pontificio Consiglio per il Dialogo Interreligioso, Il Dialogo Interreligioso nel Magistero Pontificio, Documenti 1963–1993, a cura di Francesco Gioia, Città del Vaticano 1994, Libreria Editrice Vaticana, eine bis 1997 fortgeführte Ausgabe dieses Bandes existiert auch in französischer Sprache, Le Dialogue interreligieux dans l'enseignement officiel de l'Eglise catholique, 1963–1967, Vatican 1998. Es existiert auch eine Ausgabe in englischer Sprache: Pontifical Council for Interreligious Dialogue (Hg.): Interreligious dialogue. The official teaching of the catholic church (1963–1995). Ed. by Francesco Gioia. Boston 1997. Hinzu kommen die Enzykliken und Apostolischen Schreiben, vor allem auch im Zusammenhang des Jahres 2000, von Papst Johannes Paul II.; bes. auch Johannes Paul II., Ansprache und Vergebungsbitten, in: Internationale Theologische Kommission, Erinnern und Versöhnen. Die Kirche und die Verfehlungen in ihrer Vergangenheit, hg. von G. L. Müller, Freiburg ³2000. Ein wichtiges Grunddokument ist und bleibt auch: Päpstlicher Rat für den Interreligiösen Dialog / Kongregation für die Evangelisierung der Völker: Dialog und Verkündigung. Überlegungen und Orientierungen zum Interreligiösen Dialog und zur Verkündigung des Evangeliums Jesu Christi, 16. 5. 1991 (Verlautbarungen des Apostolischen Stuhles 102), Bonn o. J. Eine Veröffentlichung für breitere Kreise: Pontificio Consiglio per il dialogo interreligioso, Camminare insieme. La Chiesa cattolica in dialogo con le altre tradizioni religiose del mondo, Città del Vaticano 1999. Aufschlussreich ist auch die Sammlung von Texten des Präsidenten des Päpstlichen Rates für den Interreligiösen Dialog, Francis Kardinal Arinze, Religionen gegen die Gewalt. Eine Allianz für den Frieden (Herder spektrum 5267), Freiburg i. Br. 2002.

[52] Vgl. schon K. Lehmann, Gegenwart des Glaubens, Mainz 1974, 94–108.

[53] Vgl. dazu auch den Artikel Religion, in: LThK VIII, Freiburg ³1999, 1034–1043 (H. Zirker, H. M. Schmidinger, H. Bürkle), bes. 1036 ff.

[54] Vgl. dazu M. Seckler, Die schiefen Wände des Lehrhauses (Anm. 11), 68 f.; K. Lehmann, Vom Ursprung der Mission im Lebensgeheimnis Jesu Christi. Zur theologischen Begründung des Missionsauftrages der Kirche. Eröffnungsvortrag beim Missionskollo-

quium „Die Sendung der Kirche am Vorabend des dritten Jahrtausends" an der Universität Fribourg/Schweiz am 22. Oktober 1998, in: Die Sendung der Kirche am Vorabend des dritten Jahrtausends/La mission à l'aube du troisième millénaire, hg. v. Missio / Fribourg / Schweiz 1999, 7–14.

55 „Dialog" muss hier streng und konsequent verstanden werden, dazu K. Lehmann, Vom Dialog als Form der Kommunikation und Wahrheitsfindung in der Kirche heute (Der Vorsitzende der Deutschen Bischofskonferenz 17), Bonn 1994 (Lit.).

56 Vgl. dazu K. Lehmann, Religionsfreiheit und staatliche Neutralität (Vortrag bei der Wissenschaftlichen Gesellschaft in Freiburg am 10. Dezember 1999), in: Freiburger Universitätsblätter 40 (2001) Heft 154, 5–13.

57 Zu den Informationen um die Religionen heute vgl. A. Th. Khoury / G. Girschek, Das religiöse Wissen der Menschheit, Bd. 1–2, Freiburg i. Br. 1999–2002; P. Antes (Hg.), Die Religionen der Gegenwart, München 1996.

58 Vgl. dazu M. Seckler, Die schiefen Wände des Lehrhauses (Anm. 11), 63–69. Dazu müssen auch die schon genannten Veröffentlichungen von W. Pannenberg, J. Ratzinger, W. Kasper und K. Rahner herangezogen werden.

59 Vgl. H. Küng, Projekt Weltethos, München 1990; H. Küng / K.-J. Kuschel (Hg.), Weltfrieden durch Religionsfrieden, München 1993; H. Küng, Ja zum Weltethos, München 1995; ders., Weltethos für Weltpolitik und Weltwirtschaft, München 1997; H. Küng / K.-J. Kuschel (Hg.), Wissenschaft und Weltethos, München 1998; H. Küng, Spurensuche. Die Weltreligionen auf dem Weg, München 1999; K.-J. Kuschel u. a. (Hg.), Ein Ethos für eine Welt? Globalisierung als ethische Herausforderung, Frankfurt a. M. 1999; Die Stiftung Weltethos, hg. von der Stiftung, Stuttgart o. J.; H. Küng, Wozu Weltethos? Im Gespräch mit Jürgen Hoeren (Herder spektrum 5227), Freiburg i. Br. 2002; H. Küng (Hg.), Dokumentation zum Weltethos, München 2002.

60 Vgl. den Text in H. Küng / K.-J. Kuschel (Hg.), Erklärung zum Weltethos, München 1993, auch in: Ders., Wozu Weltethos? (Anm. 59), 172–190.

61 Vgl. Leitlinien für multireligiöse Feiern für Christen, Juden und Muslimen. Eine Handreichung der deutschen Bischöfe (Arbeitshilfen 170), hg. vom Sekretariat der Deutschen Bischofskonferenz, Bonn o. J. (2003).

62 Zur Grundbedeutung vgl. A. Sand / G. W. Hunold, in: LThK IV, Freiburg i. Br. [3]1995, 821–823 (Lit.). Eine umfangreiche Geschichte der „Goldenen Regel" im Blick auf viele Kulturen und Religionen hat veröffentlicht A. Dihle, Die Goldene Regel, Göttingen 1962.

63 J. Ratzinger, Die Vielfalt der Religionen und der Eine Bund (Anm. 49), 119.

2003

Die Schwestern und Brüder im Glauben
(23. September 2003, Predigt zu Dtn 5, 1–3.6–7.11–14.16–22 und bes. Lk 8, 19–21)

Am gestrigen Abend (22. September 2003) habe ich im Eröffnungsreferat „Zusammenhalt und Gerechtigkeit, Solidarität und Verantwortung zwischen den Generationen" behandelt. Es ging dabei um die Einsicht, dass eine Generation nicht nur durch eine bestimmte Zeitgenossenschaft mit denselben Erfahrungen, Erwartungen und Verhaltensweisen geprägt wird, sondern dass wir auch den größeren Zusammenhang zwischen den vorausgehenden und den folgenden Generationen in den Blick nehmen müssen. Wir sprechen viel von der jetzt lebenden und der künftigen Generation. In Wirklichkeit geht es immer um drei oder gar fünf Generationen, auf deren Schultern wir stehen, die wir selber sind und für deren Zukunft wir mit verantwortlich bleiben. Dabei haben wir besonders auch die leibliche Verankerung der Generationen in der Beziehung der Eltern zu den Kindern und in den verschiedenen Familienzyklen von der Gründung einer Ehe bis in das hohe Alter hinein in den Blick genommen.

Dies ist und bleibt wichtig für unser Zusammenleben und die Formen, in denen dies geschieht. Es hat aber auch große Konsequenzen für das tragende Gerüst und das Verantwortungsgefüge, die hinter unseren Sozialsystemen stehen und diese begründen. Ihre Krise bedeutet auch eine Störung im Zusammenhalt und in der Solidarität der Generationen untereinander. Oft ist es eine Folge davon. Dabei ist dies nicht nur eine biologische oder soziale Struktur im engeren Sinn, sondern erweist sich als eine eminent ethische Aufgabe, nämlich entschieden und beständig für „Zusammenhalt und Gerechtigkeit, Solidarität und Verantwortung zwischen den Generationen" zu sorgen.

Daran erinnert uns am heutigen Morgen (23. September 2003) in diesem Gottesdienst zuerst die Lesung aus dem Alten Testament, näherhin die Fassung der Zehn Gebote nach dem Buch Deuteronomium. Dort heißt es zusammenfassend: „Ehre deinen Vater und deine Mutter, wie es dir der Herr, dein Gott, zur Pflicht gemacht hat, damit du lange lebst und es dir gut geht in dem Land, das der Herr, dein Gott, dir gibt." (Dtn 5, 16) Dieses Verhältnis wird im ganzen Alten Testament immer wieder vor Augen gestellt und entfaltet (vgl. z. B. Sir 30, 1–13).

Diese damals und heute auch unter anderen Bedingungen gültige Struktur darf jedoch nicht falsch verstanden werden. Schon im Alten Bund wird überaus deutlich, dass der Generationenzusammenhang nicht nur in der Zeugung und Weitergabe neuen Lebens besteht, sondern dass damit auch die Vermittlung der tragenden Werte und besonders des Glaubens an die kommenden Generationen gemeint ist. Es geht nicht zuletzt um eine darauf gerichtete Erziehung. In diesem Sinne darf man auch den Generationszusammenhang in der Familie nicht als einen Clan verstehen, der die Grenzen menschlicher Sorge mit dem Bereich einer Familie identifiziert und letztlich rigoros vor allem auf die Interessen und Bedürfnisse des eigenen Verbundes schaut. Wir erinnern uns leicht der Großfamilien und Stämme, die sich oft so verhalten, als ob die Menschheit nur aus ihnen bestünde.

In diesem Sinne ist es eine gute Lehre, in das heutige Evangelium zu schauen, dass wir uns nicht zum Thema ausgesucht haben, sondern heute überall in unserer Kirche zur Verlesung kommt. Wir haben heute die Fassung bei Lukas (8,19–21) gehört, die wie der Text bei Matthäus (12,26–50) auf die Perikope bei Markus (3,31–35) zurückgeht. Jesus ist im Freien und konzentrisch umgeben von seinen Jüngern und dem Volk (vgl. 8,1–3.4.9). Nun kommt Bewegung in diese Szene. Verwandte Jesu drängen durch diesen Ring des umgebenden Volkes. Die einzelnen Evangelisten gestalten die Szene je auf ihre Weise, auch wenn sie alle auf dieselbe Quelle zurückgehen. In der Markus-Wiedergabe herrscht gegenüber der leiblichen Familie Jesu Zurückhaltung. Die leibliche und die wahre „Familie Jesu“ werden gegenübergestellt, und zwar in ziemlich schroffer Form (vgl. schon Mk 3,20f. und 3,33), was besonders in der Frage Jesu zum Ausdruck kommt: „Wer ist meine Mutter und wer sind meine Brüder?“ Bei Lukas – ähnlich wie bei Matthäus – findet sich kaum mehr etwas vom Unverständnis der Angehörigen Jesu. Es kommt darauf nicht an. Die eher wohlwollend gehaltene Darstellung des Lukas zielt ganz auf das Schlusswort. Das Auftreten der Mutter und der Brüder wird ganz in den Dienst der Ankündigung der „neuen Familie“ gestellt. Gewiss gibt es noch Differenzen. So etwa wird dem Sehen-Wollen der leiblichen Angehörigen die Aufforderung zum Hören und Tun des Wortes Gottes gegenübergestellt.

Im Vergleich zu der „natürlichen“ Beziehung Jesu zu seiner Mutter und zu seinen Brüdern ist die Antwort, die Jesus gibt, freilich geradezu schockierend. Es ist schon etwas befremdlich, dass sie gar nicht zu Jesus gelangen (8,19). Jesu Antwort ist beinahe schroff: „Meine Mutter und meine Brüder sind die, die das Wort Gottes hören und danach handeln.“ Ein ähnliches Wort findet sich bei der Seligpreisung der Frau, die Jesus in ihrem Schoß getragen und geboren hat: „Er aber erwiderte: Selig sind vielmehr die, die das

Wort Gottes hören und es befolgen." (11,27 f.) Für das Evangelium ist also die Blutsverwandtschaft nicht entscheidend. Die Verwandtschaft als solche wird, besonders bei Lukas, freilich auch nicht kritisch gesehen oder gering geschätzt. Es hat durchaus Sinn, von Verwandtschaft und Generationenzusammenhang zu sprechen. Aber Jesus kommt es gerade hier auf etwas Eigenes und Neues an.

Wenn man etwas genauer in den Lukas-Text hineinschaut, entdeckt man, dass der ganze Abschnitt 8,4–21 über das Wort Gottes und seine rechte Aufnahme handelt. So spricht Lukas – im Unterschied zu Markus (3,35) – nicht nur vom Tun des Willens Gottes, sondern er ersetzt diesen Ausdruck (vgl. schon 8,15) durch die Formulierung vom Hören auf das Wort Gottes und dem Handeln nach ihm. Das Tun des Willens Gottes eröffnet sich im Wort Jesu. Lukas betont damit auch, dass vor allem Tun und erst recht allem Aktionismus Gottes Wort gehört werden muss. Ohne dass Lukas an der Markus-Vorlage viel ändert, setzt er doch einen ganz eigenen Akzent. Schon in der Deutung des Gleichnisses vom Sämann legt Lukas besonderen Wert auf das „Wort Gottes" (8,11b). Alle, die dieses Wort mit bereitem Herzen aufnehmen, es bewahren und Frucht bringen in Beharrlichkeit, sind der gute Boden (vgl. 8,15). Lukas bringt so seine Ausführungen über das „Wort Gottes", die bei ihm eine besondere Rolle spielen, in einen inneren Zusammenhang und zu einem Höhepunkt, der zugleich Abschluss ist.

Die ganze Szene hat freilich auch noch eine Bedeutung für die „neue Familie", die nun entsteht. Der Jüngerkreis Jesu wird als „Familie" Jesu bestimmt. Es geht um die Bestimmung von Kirche. Sie verwirklicht sich als Gemeinschaft derer, die das Wort Gottes hören und es befolgen. Das Wort Gottes, das den Menschen ruft und sie aus allen Richtungen und Gegenden sammelt, hat eine große Kraft und bildet Kirche. Wenn dieses Wort gehört und befolgt wird, wird eine neue „Verwandtschaft" begründet (vgl. auch die Verse 8.10 und 16, vgl. auch Joh 15,14). Gemeinschaft und Zusammengehörigkeit entstehen nicht allein und schon gar nicht ausschließlich durch das Blut und die biologische Abstammung. Sie sind ein wichtiges Erbe, aber nicht die einzige Form wahrer Verwandtschaft. Es gibt eine Wahlverwandtschaft, die vor allem durch die Gemeinsamkeit des Glaubens im Hören auf das Wort Gottes und im Handeln auf diesem Fundament begründet wird. So wird die stärkste menschliche Beziehung (Mutter–Kind), besonders wenn sie sich exklusiv und absolut setzt, durchbrochen. Dies ruft nach einem sorgfältigen Umgang mit diesen Beziehungen, ist aber auch Trost und Hilfe, wenn sie zerbrochen sind.

Der Redeweise „Meine Mutter und meine Brüder sind die ..." sollte man zunächst nicht so viel Aufmerksamkeit zuwenden, weil man hier eine eigene

Anführung der „Schwestern“ vermisst. Sie sind ja durch die Ansprache der Mutter – sogar an erster Stelle – mitgenannt. Man muss also gar nicht Zuflucht nehmen zu der durchaus begründeten Auffassung, dass im Urchristentum das Wort „Bruder“ relativ geschlechtsneutral benutzt wird und auch die Schwestern in sich begreift. Diese Bezeichnung betont den engen „familiären“ Zusammenhalt (vgl. Mk 10, 30), die Würde (Phlm 16) und die grundsätzliche Gleichheit eines jeden einzelnen Christen (vgl. Mt 23, 8–12 und auch Mt 25, 31–46). Jedenfalls wird durch diese „Geschwisterlichkeit“ intensive Zusammengehörigkeit, Vertrautheit und Ebenbürtigkeit der Mitglieder in der Kirche zum Ausdruck gebracht. Da im Begriff Bruder als Mitchrist und Nächster die Schwester selbstverständlich eingeschlossen ist (vgl. z. B. Mt 25, 40, Phil 4, 1), gibt es eine grundlegende Zusammengehörigkeit, Solidarität und Gleichheit unter den Geschwistern. Gerade deshalb wird auch zur Bruderliebe angehalten (vgl. 1 Thess 4, 9 f.; Röm 14, 10; 1 Joh u. ö.).

Diese Eigenschaften zeigen aber auch, dass die „neue Familie“ im Blick auf Zusammengehörigkeit und Solidarität eine eigene Bedeutung und Kraft gewinnt. Sie intensiviert die Beziehungen, die durch die Generationengemeinschaft grundgelegt werden. Sie erweitert den Umkreis über die Blutsverwandten hinaus und kann viele integrieren, die nicht Verwandte im natürlichen Sinne sind. Damit ist Kirche dann doch wiederum in einer engen Beziehung zum allgemeinen Generationszusammenhang. Sie ist auch hier Sauerteig und Ferment, innerste Triebkraft und gleichsam das Sakrament Gottes für die Welt.

Wir sprechen im Bereich von Glaube und Kirche – manchmal aus Routine und nicht selten auch etwas gedankenlos – von den Schwestern und Brüdern, den Brüdern und Schwestern. Wenn wir aber unseren heutigen Evangeliumstext bedenken, spüren wir, wie tiefreichend und einzigartig diese Anrede ist. Dabei darf sie nicht mit einer allgemeinen Verbrüderung, die abstrakt die Millionen umschlingt, verwechselt werden. Sie meint zunächst jeden Einzelnen und jede Einzelne, aber sie alle auch zusammen in einer Gemeinschaft, die die Würde der Person wahrt und doch wahre Zusammengehörigkeit schafft. Niemand soll sagen, dies habe keine Auswirkungen auf den notwendigen Zusammenhang und Zusammenhalt unter den Generationen. Amen.

Zusammenhalt und Gerechtigkeit, Solidarität und Verantwortung zwischen den Generationen – Anthropologische und theologische Klärungsversuche zur aktuellen Diskussion um die Sozialsysteme

Immer wieder tauchen in den Diskussionen dieser Wochen, Monate und Jahre über die künftige Gestaltung der Sozialsysteme Hinweise auf die Notwendigkeit z. B. eines neuen Generationenvertrags auf. Dabei wird das grundsätzliche Generationenverhältnis selten ausführlicher angesprochen. Eine Ausnahme bildet der umfangreiche Bericht der Enquête-Kommission „Demografischer Wandel. Herausforderungen unserer älter werdenden Gesellschaft an den Einzelnen und die Politik“.[1] Man kann jedoch von heute aus feststellen, dass das Thema grundsätzlich viel breitere und tiefere Aufmerksamkeit gefunden hat, gerade in den letzten Wochen und Monaten. Ich nenne dafür nur drei aufschlussreiche Bücher, nämlich die Ausführungen des Hamburger Zukunftswissenschaftlers und Politikberaters Horst W. Opaschowski „Der Generationenpakt. Das soziale Netz der Zukunft“[2], des Gießener bekannten Soziologen Reimer Gronemeyer „Kampf der Generationen“[3] und des für das Feuilleton der „Frankfurter Allgemeinen Zeitung“ zuständigen Herausgebers Frank Schirrmacher „Das Methusalem-Komplott“[4]. Besonders erwähnenswert ist auch die wache Stimme des Historikers und Soziologen Paul Nolte in seinem Projekt der „Generation Reform. Jenseits der blockierten Republik“.[5] Aber auch die seit Jahrzehnten mit der Sache befassten Bevölkerungswissenschaftler melden sich zu Wort, wie z. B. Prof. Dr. Max Wingen[6] mit seinem Buch „Die Geburtenkrise ist überwindbar: Wider die Anreize zum Verzicht auf Nachkommenschaft“[7]. Dabei wird immer stärker auch das Problem der Bewältigung eines immer höheren Alters der Menschen angesprochen. Als kleines Beispiel gelte der Klappentext des Buches von F. Schirrmacher: „Unsere Gesellschaft wird schon in wenigen Jahren ihre Alterung als einen Schock erfahren, der mit dem der Weltkriege vergleichbar ist. Nur eine militante Revolution unseres Bewusstseins kann uns wieder verjüngen. Anhand neuester wissenschaftlicher Erkenntnisse erstellt dieses Buch eine erschreckende Diagnose unserer Gesellschaft und ruft zu einem Komplott gegen den biologischen und sozialen Terror der Altersangst auf. Noch bleibt uns eine Chance.“

Freilich wird gerade bei der sorgfältigen Erörterung der Thematik[8] festgestellt, der Generationenbegriff sei nicht einheitlich. Wenn sich der Begriff auf das Lebensalter oder den Geburtsjahrgang von Personen beziehen, wird hier von Kohorten oder von Altersgruppen gesprochen. Es wird auch deutlich gemacht, dass der traditionelle Generationenvertrag weitgehend auf die Familie begrenzt ist, während der Generationenvertrag moderner Prägung „eine Umverteilung zwischen gesellschaftlichen Generationen im Lebenszyklus zum Gegenstand“ hat.[9] Konsequent ist dann von einem „Tauschverhältnis“ die Rede, das nach dem Prinzip der „intergenerationellen Solidarität“ ausgestaltet wird.

Schon lange bin ich der Überzeugung, dass Philosophie und Theologie sich nicht mit einer allgemeinen Skizze des Generationenbegriffs begnügen dürfen. Es bleibt auch die Frage, ob der Generationenbegriff so leicht ersetzt und verdrängt werden darf, wie es heute oft geschieht. Dies scheint notwendig zu sein, bevor das Generationenverhältnis in ökonomische Modelle umgesetzt wird, was gewiss unentbehrlich ist. Ich möchte mich darum erneut[10] den anthropologischen, sozialphilosophischen und auch theologischen Fundamenten im Sinne einer Ergänzung und auch z. T. Korrektur der Diskussion zuwenden. Die katholische Soziallehre und die evangelische Sozialethik haben hier gewiss noch eine unerledigte Bringschuld.[11]

I. Zur Vielschichtigkeit des Generationsbegriffs

Das begriffliche Verständnis von Generation ist gewiss vieldeutig. Dies hängt auch mit der Begriffsgeschichte zusammen.[12] Man macht darauf aufmerksam, dass der Generationsbegriff von der Antike her hauptsächlich von der Metaphorik der Welt- und Lebensalter, also stark kosmologisch, bestimmt wird. Auch nach der intensiveren Entdeckung der eigenen Bedeutung der Geschichte, was durchaus eine Folge des biblisch-christlichen Glaubens ist, blieb der Begriff – auch noch im Deutschen Idealismus – recht undeutlich. Mehr und mehr wird der Generationsbegriff in den Zusammenhang der geschichtlichen Zeit überhaupt einbezogen.

Die heutigen Grundvorstellungen über das Verständnis von Generation vor allem im 20. Jahrhundert gehen wesentlich auf die Arbeiten von W. Dilthey[13] und K. Mannheim[14] zurück. Zu den konstitutiven Merkmalen von Generation gehört, dass sie aus einer Gruppe etwa altersgleicher Personen besteht. Dabei spielt die Gemeinsamkeit der Lebensphasen eine besondere Rolle, vor allem in der Kindheit und Jugendzeit. Eine Generation ist nicht zuletzt auch dadurch geprägt, dass sie gemeinsame geschichtliche und gesellschaftliche Wandlungen durchlebt hat und auch eine gemeinsame Mentalität und Identität besitzt. Dies bedeutet eine stärkere Prägung, sodass etwa H. Schelsky 1957 im Blick auf die Nachkriegsjugend von der „skeptischen Generation“ sprechen konnte.[15] „Als Zusammenfassungen von benachbarten Jahrgängen mit gemeinsamem Erlebnishintergrund können Generationen als aktiv handelnde Gruppen eine Veränderung bestimmter gesellschaftlicher Bedingungen anstreben.“[16] So sprechen wir auch von der „Kriegsgeneration“.

Eine solche Generation erfährt sich nicht selten als eine Art Schicksalsgemeinschaft, die durch schwerwiegende Ereignisse auf dem Lebensweg gemeinsam betroffen ist. Der Begriff der Generation kann auch stark davon bestimmt sein, wie sich Altersgruppen gemeinsam im Hinblick auf ihre Lebenssituation einstellen und wie sie sich vor allem bei bestimmten sozialen, politischen oder kulturellen Veränderungen verhalten. Dabei ist der Zusammenhang zwischen den historischen Bedingungen und bestimmten Bevölkerungsgruppen sowie gesellschaftlichen Wirkungen ziemlich eng. Als Beispiel wäre auch die Rede von der „68er-Generation“ zu erwähnen. So bedeutet Generation vielfach eine bestimmte Zeitgenossenschaft derer, die ein gemeinsames Geschick durchgemacht haben und dadurch einander verbunden sind. Man könnte dafür auch das Wort „Geschlechterfolge“ verwenden. „Die Geschlechterfolge lässt uns auf eine ganz elementare Weise den zeitlichen Zusammenhang der Sozialität denken, der Erfahrungen, Handlungsweisen, Ausdrucksformen und Lebensstile umfasst.“[17]

Hat man früher gewöhnlich eine Generation fast selbstverständlich auf ca. 30 Jahre berechnet, zögert man heute eher, solche Zahlen anzusetzen, denn „die Beschleunigung der Geschichte … läuft darauf hinaus, dass die Generationszeit schrumpft, was wiederum Probleme mit sich bringt, weil jede Generation auch eine gemeinsame Verarbeitung von Erfahrung und eine gemeinsame Vorverständigung mit sich bringt. Wenn sich alles sehr schnell ändert, so hat dies den Nachteil, dass vieles nicht ausgelebt wird.“[18]

An diesen und anderen Beispielen wird erkennbar, dass es einen Unterschied in der Bestimmung des Generationsbegriffes gibt zwischen Makro- und Mikroebene. Die Makroebene setzt vor allem bei einem ziemlich einheitlichen Altersbezug von Individuen in der Gesellschaft an. Die Mikroebene bezieht sich sehr viel stärker auf die Familie. „Familiensoziologisch stellt die Zugehörigkeit der Familienmitglieder zu unterschiedlichen Generationen ein für Familie konstitutives Kriterium dar. Die Generationenfolge innerhalb der Familie besteht (in nur sehr grober Alterseinteilung) aus den einzelnen Generationen der (Ur-)Großeltern, Eltern, Kinder, Enkel. Während in vorindustriellen Gesellschaften schon Familien mit drei und mehr Generationen eher die Ausnahme bildeten, gehören aufgrund der gestiegenen Lebenserwartung vor allem auch ältere Menschen, Familien mit vier Generationen (die allerdings nicht unbedingt in einem Haushalt zusammen leben) durchaus zum Erscheinungsbild moderner Gesellschaften."[19] In jüngster Zeit spricht man in der weiteren Reflexion auf unsere gesellschaftlichen Wandlungen sogar davon, dass wir auf dem Weg zu einer „Fünf-Generationen-Gesellschaft" sind.[20] Mit Alfred Schütz[21] kann man auch zwischen Vorwelt, Mitwelt und Nachwelt unterscheiden. Die Vorwelt bezieht sich auf die Vorfahren, die Mitwelt auf die Zeitgenossen und die Nachwelt auf die Nachfahren.

Im Einzelnen ist es besonders aufschlussreich, wie die Beziehungen zwischen den Generationen innerhalb der Familie gestaltet sind. Vor allem in der amerikanischen sozialwissenschaftlichen Diskussion[22] ist der schon genannte Begriff der Intergenerationellen Solidarität geprägt worden, der oft nach sechs Dimensionen hin entfaltet wird: Familienstruktur, quantitative und auch qualitative Komponente der Beziehungen, Austausch von Hilfe und Unterstützung, Übereinstimmungen in Werthaltungen sowie an das Familienleben gestellte Erwartungen. Die konkrete Form der Beziehungen zwischen den Generationen auf dieser Familienebene ist vielfach auf die Formeln gebracht worden „Intimität auf Abstand" bzw. „Innere Nähe bei äußerer Distanz". Vielfach wird gerade auch im Raum der Europäischen Union von einer Gleichheit zwischen den Generationen als neuer sozialer Norm gesprochen, eine Formulierung, die freilich ein sehr breites Deutungsspektrum aufweist.[23]

Es fällt die vieldimensional verschränkte Beziehung im Generationsbegriff auf. Eine Generation ist in biologischen Fakten, wie z. B. Geburt und Altern, begründet. Schließlich leben diese Personen aber im selben historisch-sozialen Raum; so sind sie im etwa gleichen Lebensalter denselben gesellschaftlichen Ereignissen und Zuständen ausgesetzt und haben so endlich auch eine Zeit gemeinsamer Chancen des Erlebens und ihrer Verarbeitung. In diesem Sinne gehört zur Generation Generationsbewusstsein und Generationsidentität. Dazu passen ähnliche Weltsichten, Lebensstile, Einstellungen und Handlungsmuster. Es ist darum verständlich, dass sich im 19. und 20. Jahrhundert vor allem auch die neueren Literatur-, Kunst- und Geschichtswissenschaften mit dem Thema beschäftigt haben und heute noch beschäftigen.[24]

Wenn man diese Bestimmung des Generationenbegriffs näher ins Auge fasst, fällt jedoch auf, dass das Moment einer bestimmten Zeitgenossenschaft im beschriebenen Sinne, vermutlich auch durch den Vorrang der sozialwissenschaftlichen Betrachtung, dominiert. Es ist erstaunlich, dass die biologische, näherhin die leibliche Verankerung der Generationen ziemlich zurücktritt. „Zunächst der einfache Sachverhalt: jedermann kommt auf die Welt als Kind von Eltern. Dies wird niemand bezweifeln, doch es verwundert, dass die Philosophen darüber so wenig Worte verloren haben."[25] Es ist erstaunlich, wie wenig in der Anthropologie und Sozialphilosophie die Rede ist von der Bedeutung der Geburt und von der Ordnung, die von diesem Ereignis für die Folgezeit ausgeht. Nun ist der Mensch gewiss nicht einfach durch die Geburt definiert, eben dadurch, dass er z. B. Sohn, Tochter, Mitglied einer Familie usw. ist. Das Personverständnis betont die befreiende Kraft des eigenen Denkvermögens und der Selbstbestimmung. Dies ist eben nicht nur eine biologische Erbschaft. Es ist wichtig, soziale Barrieren zu durchbrechen. Die Betonung der Wichtigkeit des auch leiblich bestimmten Generationszusammenhangs darf freilich nicht zu einer biologistischen Determination des Menschen führen. Wer aber wie das neuzeitliche Denken in hohem Maß das Menschsein auf eine weitgehend absolute Selbstbestimmung reduziert, kann mit dem Grundfaktum der Geburt offensichtlich wenig anfangen. Dies ist eigentlich erschreckend. Das Geborenwerden ist nämlich ein Grundereignis sozialen Charakters. „Die Geburt ist etwas, das mir zugestoßen ist, ein Ereignis, an dem andere schon beteiligt waren. Später wiederholt sich dieses Ereignis, denn die Geburt als biologisches Ereignis wäre eine Abstraktion. Als Kind auf die Welt kommen heißt immer schon, in einen symbolischen Zusammenhang eintreten, einen Namen empfangen. Der Name ist kein bloßes Etikett, keine bloße Markierung, wie man sie dem Vieh aufprägt, sondern einen Namen zu tragen, das setzt voraus, dass ich bereits auf Andere bezogen bin.“[26] Es ist ein Defizit in der Diskussion, dass diese Dimension vernachlässigt wird. Dies hat erhebliche Konsequenzen in der Fassung nicht bloß des Generationenbegriffs, sondern vor allem des Generationenzusammenhangs. Hier spielt die Folge der Geschlechter in ihrem Zusammenwirken und in ihrer Kontinuität, auch in ihrem ethischen Gehalt, eine zu geringe Rolle. Dies macht sich in den konkreten Diskussionen über die künftige Sicherung der Sozialsysteme bemerkbar.

Bei der notwendigen Erweiterung des Generationsbegriffs um diesen biologischen Zusammenhang und die leibliche und soziale Verankerung des Einzelnen sind vor allem einige Denker besonders nützlich, deren Arbeiten jedoch in unserem Bereich mindestens in dieser Hinsicht weniger wirksam geworden sind. So spricht z. B. Hannah Arendt von der Natalität, der Geburtlichkeit des Menschen.[27] Vergleichbare Äußerungen finden sich dem Gewicht nach bei Franz Rosenzweig und Hans Jonas[28], schließlich auch bei Emmanuel Levinas[29] und besonders bei Maurice Merleau-Ponty.[30] In diesem Zusammenhang bedarf es einer kritischen Ergänzung sozialwissenschaftlicher Betrachtungsweisen durch die philosophische Reflexion.[31] Nur nebenbei sei erwähnt, dass sich beim späten Edmund Husserl wertvolle, bisher nicht genügend reflektierte Gedanken zur „Generativität“ und damit auch zur Geschlechterfolge finden.[32]

II. Interdependenz der Generationen

Zwei Begriffe gehören eng zur Bestimmung des Generationsbegriffs. Auf der einen Seite liegt es nahe, vom Generationenkonflikt zu sprechen, wenn man vor allem auch die unterschiedlichen Einstellungen alter und junger Menschen vergleicht. Dies hat es gewiss schon immer gegeben, aber seit den 60er Jahren ist in der Literatur – man sieht es schon sehr oberflächlich an den Registern – viel vom Generationenkonflikt, aber wenig vom Themenkomplex „Generationen" überhaupt die Rede. Es gibt nämlich in diesen Vergleichen sehr rasch problematische Etiketten, die oft den Zusammenhang, die ethischen Herausforderungen und damit auch den Dialog und die Kooperation zwischen den Generationen übersehen lassen. Auch sind die Angehörigen der alten Generation nicht nur Nehmende, sondern auch Gebende.[33] Es ist deshalb nicht angemessen, das Verhältnis der Generationen untereinander mit dieser Engführung des Begriffs „Generationenkonflikt" zu bestimmen. Dabei will ich selbstverständlich solche Konflikte, die ja immer wieder untersucht werden, keineswegs leugnen. Aber es muss auch einen Gegenakzent geben: „Nicht ein Gegeneinander der Generationen trägt zur Daseinsbewältigung und Erhöhung der Lebensqualität aller Generationen bei, sondern ein Miteinander und Füreinander."[34]

Ein weiteres wichtiges Stichwort enthält der Begriff „Generationenvertrag". Dies ist ein gängiger, aber in gewisser Weise auch ungenauer Begriff. Dieser Begriff scheint von W. Schreiber[35] geschaffen oder mindestens wieder in die Diskussion gebracht worden zu sein. O. von Nell-Breuning hat immer wieder bemerkt, der Begriff „Generationenvertrag" sei unglücklich gewählt, da es sich hierbei nicht um einen Vertrag im juristischen Sinne handle, sondern eher um eine von den Generationen untereinander geübte und auch akzeptierte Solidarität. Dieses Verhältnis der Generationen ist dadurch geprägt, dass die erwerbstätige Generation einen Teil ihrer Produktion an die Generation, die ihr vorausgegangen ist, abgibt, sowie einen Teil an die nachwachsende Generation. Die produktive Generation vertraut dabei darauf, dass die nachwachsende Generation, wenn sie einmal produktiv geworden ist, bereit ist, den Lebensunterhalt der ehemals produktiven Generation zu sichern. Der schon erwähnte Begriff der „intergenerationellen Solidarität" will dies zum Ausdruck bringen.[36] Freilich gibt es einen allgemeineren Begriff von Generationenvertrag, der mehr die Notwendigkeit einer verbindlichen Verpflichtung der Generationen füreinander zum Ausdruck bringt.[37]

Gerade hier erhebt sich die Frage nach dem Grund und den tragenden Bedingungen sowie Mechanismen einer solchen Solidarität. Die persönliche Verpflichtung der Eltern, ihre Kinder in Kindheit und Jugend zu unterstützen sowie die persönliche Verpflichtung der Kinder, den altgewordenen Eltern zu helfen, sind gewiss elementarer Ausdruck für eine gesamtgesellschaftliche Solidarität zwischen den Generationen. Die erwerbsfähige Generation gibt dabei Mittel an die nicht mehr erwerbsfähige Generation ab und muss eine nachwachsende Generation aufziehen. Sie trägt einerseits die Schuld ab im Blick auf die Eltern, die diese Last getragen haben. Anderseits schafft die erwerbstätige Generation die einzig mögliche Vorsorge dafür, dass auch für sie, wenn sie aus dem Erwerbsleben ausgeschieden ist, ein Sozialprodukt erarbeitet wird, aus dem Unterhaltsmittel für sie abgezweigt werden können.[38]

Man hat dieses Phänomen seit längerer Zeit Drei-Generationen-Solidarität genannt.[39] Dabei ist uns schon lange bewusst, dass wir nicht nur in der Bundesrepublik Deutschland ein bedenkliches Ungleichgewicht im Blick auf die Aufbringung des Unterhalts für die beiden nicht erwerbsfähigen Generationen haben. Nachdem eine Zeit lang diese Probleme für die nicht mehr erwerbsfähigen Generationen verdrängt oder gar geleugnet worden sind, kommen sie nun schon seit einiger Zeit in der Diskussion über die zukünftige Gestaltung der Sozialsysteme, besonders bei der Rentenreform[40], voll an den Tag und verlangen eine Antwort. Man kann auch von einer Mehr-Generationen-Gesellschaft sprechen.[41]

Dabei ist vor allen Einzelheiten die Richtung evident, in der ein Umdenken erfolgen muss. Für die noch nicht erwerbsfähige Generation liegt die Last zu einem erheblichen Teil bei den Familien, die den Mut und die Kraft zu mehr Kindern haben. Dies führt insgesamt zu gewichtigen Problemen der Verteilungsgerechtigkeit und erfordert eine energische Wende in der Familienpolitik, wie sie das Bundesverfassungsgericht seit Jahren einfordert. Sonst wird die gesamtgesellschaftliche Generationensolidarität gefährdet. Die Belastungsprobleme der erwerbstätigen Generation ergeben sich aus einem drastischen Anstieg der Alterslastgebote und aus den demografisch bedingten Belastungen der Generationensolidarität. Das Wort vom „sozialen Chaos" geistert schon lange durch die Literatur. Radikale Forderungen der jüngeren Generation, wie sie in letzter Zeit immer wieder – wenn auch unüberlegt und überzogen – vorgetragen worden sind, zeigen, dass die Alarmglocke bereits laut schrillt.

Dabei ist es für den Laien, der sich mit diesen Fragen und der entsprechenden Literatur befasst, erschreckend, seit wie langer Zeit die Forderung nach einer Balance und dem Ausgleich der Generationen von den Experten verlangt wird. Die Politik, aber auch die gesellschaftlichen Kräfte haben, ganz unabhängig von den konkreten politischen Parteien, seit Jahrzehnten diese Mahnungen und Warnungen nicht ausreichend wahrgenommen. Ich erwähne als Beleg dafür nur drei in diesem Zusammenhang gewichtige Autoren, nämlich G. Mackenroth,[42] F.-X. Kaufmann[43] und M. Wingen.[44]

III. Das vierte Gebot in seiner Bedeutung

Es ist nun notwendig, neben der sozialphilosophischen Fragestellung auch die theologische Dimension näher zu befragen. Im Alten Testament ist das Thema freilich in einen umfassenderen Gesamtzusammenhang integriert, der das Verhältnis von Individuum und Gemeinschaft überhaupt betrifft. Es ist freilich nicht möglich, diesen umfassenden Kontext einfach zusammenzufassen.[45]

Es ist gewiss sinnvoll, an den Anfang den wichtigen Passus aus der ersten Seite der Bibel zu stellen, der in wenigen Grundlinien den Umriss des biblischen Menschenbildes vorgibt. Im Zusammenhang der Erschaffung des Menschen und der Welt heißt es im Blick auf den Menschen als Ebenbild Gottes: „Lasst uns Menschen machen als unser Abbild, uns ähnlich. Sie sollen herrschen über die Fische des Meeres, über die Vögel des Himmels, über das Vieh, über die ganze Erde und über alle Kriechtiere auf dem Land. Gott schuf also den Menschen als sein Abbild; als Abbild Gottes schuf er ihn. Als Mann und Frau schuf er sie. Gott segnete sie und Gott sprach zu ihnen: Seid fruchtbar, und vermehrt euch, bevölkert die Erde, unterwerft sie euch und herrscht über die Fische des Meeres, über die Vögel des Himmels und über alle Tiere, die sich auf dem Land regen." (Gen 1,26–28). Diese Aussagen der so genannten Priesterschrift bringen die Sonderstellung des Menschen in der Welt auf die Kurzformel, dass er als „Bild Gottes" erschaffen ist.[46] Es mag für uns etwas befremdlich sein, dass der Sinn der Krönung des Menschen in Gen 1,28 und Ps 8,6 f. darin gesehen wird, dass er über die Werke der göttlichen Schöpfermacht „herrscht" und ihm „alles unter seine Füße" gelegt wird.

Als Herrscher ist er Bild Gottes. Dies ist er freilich nicht in selbstherrlicher Willkür, sondern er nimmt in stellvertretender Verantwortung, als eine Art Geschäftsträger und gleichsam als Lehen diese Aufgabe wahr. Darin besteht die Ähnlichkeit, aber auch der Unterschied. Der Mensch ist nicht einfach letzter Herr. Er ist Gott selbst Rechenschaft schuldig. Wir dürfen das Wort von der Herrschaft des Menschen nicht neuzeitlich oder gar neomarxistisch auslegen.[47] Die Menschen können im Übrigen diesen Schöpfungsauftrag als Bild Gottes nur wahrnehmen, wenn sie sich aufeinander hin öffnen und sich einander zuwenden, vor allem aber wie Mann und Frau sich ergänzen. Damit ist auch bereits der folgende Vers angesprochen über die

Fruchtbarkeit und Vermehrung des Menschen: Sie sollen Kinder zeugen können und so die Menschheit vergrößern. Das Wachstum der Menschheit und die Beherrschung der Erde und der Tiere sind unmittelbar miteinander verbunden. Sie nehmen alle an der Herrschaft über die Schöpfung teil. Es ist hier zu beachten, dass dies mit einem elementaren Grundwort der Bibel eingeleitet wird, nämlich dass dies ein Segen ist. Man hat darauf hingewiesen, dass sich dies nicht nur auf einen einmaligen Vorgang bezieht, sondern dass der Schöpfer immer wieder in seinem Tun einen Anfang setzt, der ein Segen ist. Immer wieder wird in der Bibel dann auch das Eintreten dieses Segens in den einzelnen Etappen der Geschichte dargestellt.[48] Dieser Segen ist eine Gabe Gottes, die freilich durch den Menschen verwirklicht wird. Die Fruchtbarkeit im Sinne des Über-sich-Hinausweisens von Mann und Frau gehört zum Menschlichen. Darum erscheint auch die Unfruchtbarkeit als ein böses Schicksal. Umgekehrt erscheinen Kinder in besonderer Weise als Gabe Gottes. „Die Zuordnung von Mann und Frau hat sicher nicht nur, aber doch zu einem wesentlichen Teil ihren Sinn darin, Kinder zu zeugen. Nach der Priesterschrift kann die Menschheit ihre Kulturaufgabe auf der Erde nur wahrnehmen, wenn sie sich vermehrt."[49]

In Gen 1 ist diese Aussage zur Fruchtbarkeit und zur Vermehrung der Menschheit eine ganz eindeutig positive Aussage. Über die Reichweite dieses „Befehls" („Seid fruchtbar, und vermehrt euch, ...") sind die Exegeten eher zurückhaltend. Sie gehen zunächst davon aus, dass dieses Wort, mit dem Gott selbst direkt die Menschen anspricht, an eine kleine Zahl von Männern und Frauen gerichtet ist. Ganz gewiss ist es ein Segen, der nicht auf eine bestimmte Generation begrenzt ist. Gewiss wird die Segnung des Menschen in Gen 1,28 auch auf die Zukunft bezogen. „In der Geschlechterfolge wirkt sich der Segen aus."[50] Es scheint mir, dass man diesen Text nicht belasten sollte mit der heutigen Problematik von „Grenzen des Wachstums"[51]. Es ist in der Literatur wohl auch erkennbar, dass man angesichts der traditionellen Ehezwecklehre, die manchmal einseitig den Akzent auf die Fortpflanzung legte, angesichts der Probleme der Überbevölkerung und der Empfängnisverhütung mit dem biblischen Grundtext eher unsicher, manchmal auch zu dezidiert umgeht. Es scheint mir jedoch, dass dieser Text angesichts des demografischen Defizits eine vertiefte und neue Beachtung erfahren sollte. Er hat gewiss eine positive Ausrichtung im Blick auf den Zusammenhang der Generationen.

In diesem Zusammenhang ist so nun besonders angebracht, die übrigen Gedanken der Schrift über die Generationensolidarität an einem konkreten Beispiel zu veranschaulichen. Alle kennen das vierte Gebot: „Ehre deinen Vater und deine Mutter, damit du lange lebst in dem Land, das der Herr, dein

Gott, dir gibt." (Ex 20,12) Mit diesem so genannten Elterngebot setzt im Dekalog die Reihe der Sozialgebote ein. Dabei hat man sich oft gewundert, warum dieses Elterngebot an der Spitze steht. Wir sind natürlich ohnehin im Verständnis dieses Gebotes verunsichert, weil wir dieses Gebot seit langer Zeit vor allem in der Unterordnung der Kinder unter die Eltern deuten und dabei besonders die Aspekte der Autorität und des Gehorsams hervorgehoben haben. In diesem Sinne betrachten viele, die dem Gebot nicht mehr in seinem authentischen Sinn nachgehen, es als Ausdruck einer weitgehend patriarchalischen Lebensordnung.[52]

Dem ursprünglichen Sinn nach richtete sich die Pflicht, Vater und Mutter zu „ehren", an die erwachsenen Kinder zur Sicherstellung der Versorgung der alten Eltern. In vielen Rechtssammlungen, in den Sprichworten der Weisheit wie in der Prophetie spielt das Verhalten gegenüber den Eltern eine überaus große Rolle.[53] Dieses Gebot steht wohl an der Spitze der ethischen Weisungen im Alten Testament. Im Grunde geht es hier nicht um das Verhältnis von Kindern zu Eltern, sondern von Erwachsenen zu Alten. Es gab damals keinerlei außerhäusliche Altersversorgung. Die Alten, Kranken und Schwachen waren allein auf die Versorgung durch die Jüngeren angewiesen. Auch der so häufige und dringende Wunsch nach männlichen Nachkommen und die Nöte, die beim Ausbleiben von Söhnen entstanden, haben diesen Hintergrund. Söhne waren lebensnotwendig für die Zeit des Alters. „Ehren" (kibbed) meint in diesem Zusammenhang die Verpflichtung zu konkreten materiellen Versorgungsleistungen. „Das Gebot zielt so nicht auf eine spezifische Legitimation elterlicher Gewalt, sondern will vielmehr der Gefahr der Mittel- und Hilflosigkeit, der gerade der alte Mensch ausgesetzt war, entgegenwirken."[54] Das Elterngebot im Dekalog meint also „konkret die angemessene Versorgung der alten Eltern mit Nahrung, Kleidung und Wohnung, bis zu ihrem Tod, darüber hinaus einen respektvollen Umgang und eine würdige Behandlung, die trotz der Abnahme ihrer Lebenskraft ihrer Stellung als Eltern entspricht. Dazu gehört schließlich eine würdige Beerdigung."[55]

Dieser Befund ist sehr wichtig, wird aber leider sehr oft in einer problematischen Weise isoliert. Dies ist gerade für das Thema dieses Beitrags wichtig. Die Eltern haben nämlich eine eigene Stellung in diesem Gebot, weil sie auch die Aufgabe haben, z. B. den Dekalog weiterzugeben.[56] Die gegenwärtige Generation der Eltern soll sich die Weisungen Gottes einprägen und die Söhne darin unterweisen. Darin ist die Weitergabe der Tora impliziert. Dabei kann man erkennen, dass auch für diese Aufgabe die Reihe der Weitergabe sich auf drei Generationen erstreckt.[57] Es geht also auch um die Anerkennung der Eltern und ihrer Vermittlungsaufgabe. Dies gilt erst recht für manche Epochen des Alten Testaments, in denen die Institutionen zusammengebrochen sind, die die profanen und religiösen Traditionen gebunden und gepflegt haben. In diese für das Überleben und die Identität des Volkes lebensgefährliche Lücke müssen die Eltern einspringen. Die späte Weisheit darf hier nicht übersehen werden.[58] Dabei ist die Erzähltradition, die von den Eltern bzw. vom Hausvater auf die Kinder überging, die wohl entscheidende Überlieferungsform. Die Bibel weiß, dass solches Erzählen zum ABC des Glaubens gehört: „Erzählt euren Kindern davon, und eure Kinder sollen es ihren Kindern erzählen und deren Kinder dem folgenden Geschlecht.“[59] Dabei ist nicht zu übersehen, dass es hier gerade auch um die spezifische Form der mündlichen Überlieferung geht, die zugleich die Praxis des Lebens aus dem Glauben und die Vorbildfunktion der Eltern einschließt. Es besteht kaum ein Zweifel, dass dieser generationenübergreifende Zusammenhang, der den Glauben kommenden Generationen weitergibt, für das Überleben nicht zuletzt auch des Judentums und des christlichen Glaubens über Tausende von Jahren eine entscheidende Rolle spielt. Dabei geht es nicht nur um die Weitergabe isolierter oder abstrakter Glaubensüberzeugungen, sondern es geht auch um die Voraussetzungen und Bedingungen, die gegeben sein müssen, um geistige, spirituelle Erfahrungen, Werte und Inhalte weiterzuvermitteln.

Dabei ist eine solche Kraft des Zusammenhaltens und der Solidarität in einem Grundvertrauen zwischen den Generationen begründet, der nicht nur den Willen zur Überlieferung von Normen und Geboten voraussetzt, sondern eben vom Anspruch der Wahrheit des Glaubens selbst abhängt. Am Ende können nur die Kraft des Glaubens und die Freude an ihm durch alle Schwierigkeiten hindurch eine Solidarität und Kontinuität erzeugen, die auch die Bedrängnisse und Wirren der Geschichte überdauert. Man weiß auch, dass eine solche Weitergabe des Glaubens gefährdet ist. Man befürchtet, dass die Wundertaten Gottes vergessen werden könnten. Es ist überliefert, dass nach Josuas Tod und dem Aussterben seiner Generation „nach ihm ein anderes Geschlecht aufkam, das von Jahwe nichts wusste noch von den Taten, die er für Israel getan hatte“.[60] In Ps 71, 18 fleht der Bittsteller sogar um hohes Alter und graue Haare, damit er kommenden Geschlechtern von Gottes Macht künden könne. Auch das Gedenken an notwendige Gerichtstaten Gottes muss künftigen Generationen überliefert werden.[61] Wenn schon der Übergang von einer Generation zur anderen im menschlichen Leben Unterbrechung und Unruhe verursacht, so nimmt es nicht wunder, dass besonders die Hüter des Glaubens diesem Übergang mit gesunder Besorgnis gegenüberstehen. Immer wieder richtet sich daher diese Sorge auf Gott selbst, denn er ist der entscheidende Garant der Beständigkeit. Er ist die Zuflucht, auf die man sich verlassen kann von Geschlecht zu Geschlecht.[62]

Es ist nicht nur Sache der Eltern, den jungen Menschen Antworten auf ihre Fragen zu geben, sondern vor allem, wie eben schon angedeutet, ihnen eine stete Zuflucht zu bieten, in der sie wie selbstverständlich alles finden, was sie zum gesicherten Leben benötigen. „Der Gottesfürchtige hat feste Zuversicht, noch seine Söhne haben eine Zuflucht."[63] Die Weisen werden deshalb besonders dem allgemeinen Schutz empfohlen.[64] Ein törichter Vater kann seinen Söhnen keine Hilfe bieten.[65] Dabei ist aufschlussreich, dass nicht nur wie in allen Formen des Elterngebots die Mutter ausdrücklich neben dem Vater genannt wird, sondern gelegentlich auch vor ihm.[66] – Die Familie heißt einfach „Haus" (bajit) oder „Vaterhaus" (bēt'āb). Dieser Begriff von Familie wird, wie eigens gezeigt werden müsste, im Neuen Testament intensiviert, ausgeweitet und integriert.[67]

Dieser Hinblick besonders auf das Alte Testament scheint in mancher Hinsicht für die Fragestellung nach dem Generationszusammenhang wichtig zu sein. Sicher werden viele Fragen der Altersversorgung angesprochen. Aber es geht auch um die Achtung der jungen Menschen vor den Älteren, nicht zuletzt wegen ihres Vorsprungs an Erfahrung und Weisheit. Dies begründet echte Autorität. Dennoch haben die Eltern auch die Pflicht, ihre Kinder im Blick auf ihre Lebensüberzeugungen und Lebenserfahrungen, besonders aber auch im Blick auf den Glauben zu unterrichten und diesen den künftigen Generationen weiterzugeben. So ist auch die Ehrerbietung nicht nur materiell zu verstehen, wie umgekehrt die älteren Generationen ihre Pflicht gegenüber den Kindern fortsetzen müssen.[68] Jedenfalls gilt, was R. Gronemeyer in die Worte fasst: „Das Verhältnis der Generationen ist in dem Gebot verpackt, wenn das auch in den urtümlichen Worten schwer erkennbar ist. Dann besagt es, dass die Älteren die Lebensmöglichkeiten der Nachkommen im Auge haben müssen – denn sonst sind sie nicht ehrenwert. Und es besagt, dass die Jüngeren die ‚Ausgebrauchten' nicht als Entsorgungsfälle betrachten dürfen, weil sie sonst die Humanität ihrer Gesellschaft beschädigen. Überträgt man das Gebot auf unsere modernen Verhältnisse, dann erinnert es daran, dass Egoismus – der dem anderen die Würde abspricht – die Substanz einer menschenwürdigen Gesellschaft zerstört. Mehr als Erinnerungshilfe kann das Gebot nicht sein, es spricht sehr deutlich in eine vorneuzeitliche Lebenslage, die durch den Familienverband bestimmt ist. Je weniger das Leben des Einzelnen aber durch familiäre Verhältnisse geprägt ist, desto mehr muss der Geist dieses Gebotes auf die neuen – sagen wir ruhig – multikulturellen Verhältnisse der Menschen übertragen werden."[69]

IV. Neuere Probleme um die Generationensolidarität

Damit sind wir in einem raschen Übergang bereits auch bei der gegenwärtigen Wirklichkeit angelangt. Es ist immer wieder darauf aufmerksam gemacht worden, in welch hohem Maß der Generationenvertrag im Sinne der Generationensolidarität heute bereits von den ökonomischen Grundlagen her erschüttert wird. Es wäre jedoch fatal, wenn die zweifellos tiefgreifende Veränderung der Lebensverhältnisse auch eine Aufkündigung der Generationenzusammengehörigkeit nach sich ziehen würde. Wenn dies geschehen sollte, gibt es keine Solidarität und Verantwortung mehr füreinander, sondern bestenfalls einen perfektionierten Lobbyismus. Dies alles kann in einem artigen Gewand einhergehen, so wenn z. B. eine „Stiftung für die Rechte zukünftiger Generationen" gegründet wird oder mit großer Selbstverständlichkeit die schon früher erwähnte Gleichberechtigung bzw. Gleichheit der Generationen eingefordert wird.

Diese Perspektive hat natürlich mehrere Dimensionen. Sie darf nicht einfach zum Vorwurf an die junge Generation werden. Hier kommt z. B. auch wirklich die Frage nach der Weitergabe der Werte ins Spiel, die ja oft etwas abstrakt bleibt. Die Gesellschaft verrät heute z. B. oft Werte, die Jugendliche brauchen, um ihr Leben zu gestalten. Manches führt in die Gewalt, in die Kriminalität und in das seelische Leiden. Erwartet werden Durchsetzungsfähigkeit, Flexibilität, Ellbogen – eben Erfolg um jeden Preis. So können Jugendliche, die darin eigentlich nicht ihre Welt erkennen können, gleichgültig werden. Dies führt schließlich zu mannigfachen Formen der Ausweglosigkeit und der Verweigerung. Dieses Verhalten der Erwachsenen gibt jungen Menschen keine Zukunft.[70]

Diese Vermittlung mannigfacher Werte an andere Generationen geschieht nicht mechanisch, automatisch oder umsonst. Dies ist beim Menschen anders als z. B. im organischen Bereich. Die Sorge für die eigenen Nachkommen ist bereits viel primitiveren Organismen eigentümlich und lässt sich soziobiologisch leicht erklären.[71] Es erscheint darum in diesem Lichte als ungewöhnlich, wenn eine Kultur sich von elementaren Prinzipien intergenerationeller Solidarität entfernt. Genau das aber scheint derzeit in vielen westlichen Industriestaaten zu geschehen. Dafür gibt es viele Ursachen. Weder der Markt noch die Demokratie garantieren die Rechte kommender Generationen. Die kommenden Generationen sind auch noch nicht da. Dies ist nicht nur eine selbstverständliche Banalität, sondern hat durchaus auch eine metaphysische Dimension, denn es geht um Verantwortung gegenüber Menschen, die noch gar nicht sind und deren Bedürfnisse wir im Einzelnen noch nicht kennen, die wir aber eben doch als künftige Menschen in einem uneingeschränkten Sinne erwarten. Hans Jonas hat sich immer um die Frage gequält, wie Menschen, die noch nicht existieren, überhaupt Rechte haben können.[72] Die heute lebenden Generationen verfügen im Übrigen erstmals über technische Möglichkeiten, den Fortbestand menschlichen Lebens ernsthaft zu gefährden oder zumindest durch gegenwärtige Entscheidungen und Verhaltensweisen die Lebensfundamente künftiger Generationen in einem bisher kaum bekannten Ausmaß zu beeinträchtigen. „Beruhten Generationen-Konflikte bisher weitgehend auf Auseinandersetzungen zwischen Wertvorstellungen der jüngeren und älteren bzw. vorangegangenen Generationen, so berühren Werthaltungen und Verhaltensweisen der heute lebenden Generationen nun auch existenzielle Belange künftiger Generationen. Die heute lebenden Generationen haben die Möglichkeit, diese Belange gegenwärtigen Zweckmäßigkeiten oder Erleichterungen zu opfern."[73]

Vor diesem Hintergrund ist die Frage nun auch verständlich, ob man nicht künftige Generationen stärker schützen müsse.[74] Es kam der Gedanke auf, ob dieser „Schutz des Schwächeren" nicht auch auf den Schutz künftiger Generationen ausgedehnt werden müsse. Schließlich sind Leben, Freiheit und Menschenwürde künftiger Generationen gefährdet. „Die schutzwürdigen Belange künftiger Generationen gelten insbesonders dann als bedroht, wenn es nicht gelingt, die Gefahren abzuwenden, die sich aus Überbevölkerung, Erschöpfung wirtschaftlicher Ressourcen und Zerstörung der Umwelt, aber auch aus einer überhöhten Staatsverschuldung, aus unzureichenden Investitionen in die Zukunft oder aus Manipulationen des Erbgutes ergeben."[75] In dieser Linie liegt auch der Gedanke, den die Cousteau-Society der Vollversammlung der Vereinten Nationen vorgelegt hat. Den Rechten der jetzt lebenden Generation werden dabei die „Grundrechte künftiger Generationen" gegenübergestellt: „Kommende Generationen haben u. a. ein Recht auf eine unverseuchte und unbeschädigte Erde. Als Sachwalter künftiger Generationen besteht für jede Generation die Pflicht, irreversible und irreparable Schäden des Lebens auf der Erde, der Menschenwürde und Freiheit abzuwenden und Maßnahmen zu ergreifen, um die Rechte kommender Generationen zu schützen. Die Verantwortung für das Schicksal kommender Generationen umfasst indessen nicht nur die Verantwortung für deren menschenwürdige Existenz, sondern – dieser noch vorgelagert – für deren Existenz überhaupt."[76]

Vielleicht muss man jedoch diese Überlegungen noch weiterführen. An die Stelle der familiengebundenen Altenfürsorge, wie sie etwa das vierte Gebot voraussetzt, ist die von der Gesamtgesellschaft getragene Altersversorgung getreten. Damit stellt sich generell ein Zusammenhang mit der jeweiligen Bevölkerungsentwicklung, aber auch mit der jeweiligen wirtschaftlichen

Entwicklung überhaupt heraus. Insofern gibt es einen Zusammenhang, der zu einer generationenübergreifenden Solidarität geradezu zwingt. Die damit gegebenen Voraussetzungen und Folgen sind, obwohl längst bekannt, noch nicht genügend in unser Bewusstsein getreten.[77]

Dahinter steckt eine vielfache Schwächung der Familie. Wenn man dies nicht erkennt, überfordert man sie. Die produktive Arbeit ist weitgehend aus der modernen Familie ausgelagert. Damit hängt auch die Entwicklung zur Kleinfamilie zusammen. Die meisten alten Menschen verbringen ihren Lebensabend nicht mehr im Kreis der Großfamilie. Die elterliche Kompetenz gegenüber den Jüngeren schwächt sich ab oder entfällt. Wechselseitige Unterhaltsansprüche und entsprechende Verpflichtungen verlieren objektiv an Bedeutung und im gesellschaftlichen Bewusstsein an Akzeptanz. Zugleich setzt der fortschreitende Prozess der Industrialisierung den Wert des überkommenen Wissens außer Kurs. Lebenserfahrung verliert in vielen Bereichen ihre Bedeutung. Die Autorität des Alters und sein bisher akzeptierter Vorrang vor der Jugend lösen sich auf. Damit verschärft sich das Phänomen des immer schon gegebenen Generationenkonfliktes. „Die jüngere Generation emanzipiert sich mit der Aneignung des jeweils Neuesten an Einsichtsbeständen zugleich von den tradierten Erfahrungen der Alten. Sie verschafft sich eine eigene Form von Überlegenheit. Die Konfliktkonstellation tendiert hier zur Umkehrung: Nicht die Jüngeren müssen sich von der Übermacht der Älteren befreien, sondern die Älteren müssen sich gegen die Jüngeren behaupten."[78] Unter diesen Voraussetzungen werden die Beziehungen innerhalb der Familie mehr und mehr von materiellen und rechtlichen Einforderungen und Einbindungen befreit; sie verlieren aber auch gleichzeitig ihre äußeren Stützen. Die verbleibende personale Zuwendung der Mitglieder ist institutionell nur noch gering abgesichert. Diese Gefährdungen werden enorm erhöht, wenn man an die immer noch vorherrschenden Tendenzen einer extremen Individualisierung und Privatisierung des menschlichen Lebens denkt.[79] Auf jeden Fall wird auch bei der Anerkennung von Verpflichtungen sowohl der jetzt erwerbsfähigen und der erwerbslosen Generationen noch keine Symmetrie entstehen. Die Wechselseitigkeit von Geben und Nehmen ist nicht gewährleistet. „Denn nichts garantiert einer gegenwärtigen Generation, dass die folgenden ihr Andenken eher bewahren, wenn sie dasselbe mit ihren Vorgängern tut. Und auch eine Verschleuderung natürlichen und kulturellen Vermögens kommender Generationen führt nicht zu einer direkten Bestrafung der Vorgängergeneration, weil es für sie häufig schlicht zu spät ist, sich zu rächen. Aber immerhin besteht eine Art kaskadenartiges Gebilde einer in dem Progress der Generation verlaufenden Verantwortung."[80]

Es besteht kein Zweifel, dass diese Grundstruktur im Verhältnis der Generationen vielfach gestört und beschädigt ist. Wir spüren dies gegenwärtig besonders in der Verletzlichkeit der sozialen Sicherungssysteme, besonders in der Rentenfrage. Aber auch die Frage der Staatsverschuldung wird von hier aus dramatisch. Folgeprobleme sind auch die Arbeitslosigkeit und die Investitionen in den Bildungseinrichtungen. Nicht zuletzt darum werden immer wieder politische Rechte für Kinder und Heranwachsende gefordert. Manche wollen sogar die Einrichtung eines Staatsorgans, das die Rechte und Interessen kommender Generationen gleichsam vormundschaftlich repräsentiert und vom Parlament bzw. dem Verfassungsgericht gehört werden muss, wenn Gesetze die Belange kommender Generationen betreffen. Auf der anderen Seite ist hier viel Skepsis am Werk, weil gerade die jüngeren Generationen fürchten, die Politiker würden zunächst einmal die Mehrheit des Wahlvolkes bedienen, das jetzt schon zu einem guten Teil aus Rentnern besteht.

In diesem Sinne gibt es manche Vorschläge, wie man durch Einzelmaßnahmen der Brüchigkeit der Generationensolidarität entgegengehen und Abhilfe schaffen kann. Es bleibt jedoch die Frage, ob dies mit einzelnen Maßnahmen überhaupt möglich ist oder ob nicht zunächst und zuerst ein ganz neues Denken dafür notwendig wird.[81]

V. Störungen und Reparaturversuche der intergenerationellen Solidarität

Die Krise der intergenerationellen Solidarität geht jedoch noch weiter und tiefer. Dies hängt gewiss auch mit der Tatsache zusammen, dass die Familie selbst nicht mehr diese dominierende Stellung im Generationenverhältnis hat und dass sie selbst gerade in der Realisierung dieser Funktion anfällig ist. Heute ist der Generationenkonflikt darum weithin aus dem familiären Milieu in den öffentlichen Raum gewandert und wird eher in der Politik und in den Medien ausgetragen. Eltern und Kinder standen bisher prinzipiell in einem Verhältnis gegenseitiger Verantwortung zueinander. Es besteht kein Zweifel, dass sich auch im moralischen Kontext des vierten Gebotes „Du sollst deinen Vater und deine Mutter ehren!" harte Konflikte abgespielt haben. Man darf aber das vierte Gebot nicht auf einen Versorgungsauftrag oder die Technik des Umgangs mit den Alten reduzieren, sondern es bezieht sich auch auf eine Ehrerbietung, die am Ende nicht quantifizierbar oder materialisierbar ist. Die Anerkennung der Alten bezog sich dabei nicht nur auf den Dank für Zeugung, Geburt und Erziehung, sondern hatte auch die Anerkennung im Sinne einer größeren Erfahrung in sich. Dabei geht es nicht nur um berufliches, alltägliches und technisches Können, sondern vor allem auch um das Lebenswissen, in vielen Fällen auch mit „Altersweisheit“ vergleichbar.

Natürlich gab es darüber immer wieder Auseinandersetzungen, die den spezifischen Generationenkonflikt ausmachen. Deshalb fragen sich viele, ob diese Autorität heute eigentlich vermodert sei und nur noch ihren eigenen Niedergang aufhalten will. „Ist es ein Trick der Älteren, dass sie diesen Satz Gott in den Mund legen, weil sie ihre eigene Herrschaft mit einer religiösen Aura umkleiden und sich so unangreifbar machen wollen? Hat sich dieses Gebot inzwischen nicht als völlig überholt erwiesen? ... Welche Weisheit sollte da Respekt abnötigen? Kompetenz ist mit den raschen Modernisierungs- und Innovationsprozessen immer mehr zu den Jüngeren gewandert. Zum erstenmal scheinen die Alten zu nichts mehr nütze als zu einer Existenz, in der sie Konsumenten von Waren, Dienstleistungen, Fernreisen und Tabletten sind, wenn sie Geld haben.“[82] Ich halte jedoch daran fest, dass zwar die Berufung auf die Autorität der Alten hemmend und zwanghaft werden kann, vor allem wenn die nötige Macht damit einhergeht, dass es zugleich jedoch ein übertriebener Jugendkult wäre, das erworbene Lebenswissen der Alten einfach zu übergehen. Es gibt gewiss viel Altersstarrsinn, in dem das Gegenteil von Weisheit zu finden ist. Aber es wäre auch verkürzt, wollte man einen Vorsprung an Lebenserfahrung grundsätzlich in Frage stellen und einfach übergehen.[83]

Mag es im Bereich von Technik und Produktion heute ein rasch alterndes und unbrauchbares Wissen geben, so wäre es jedoch falsch, diese Tatsache auf das Lebenswissen älterer Generationen einfachhin zu übertragen und daraus auch das Veraltetsein solcher Erfahrungen zu folgern. Gerade dies würde auch die Spannweite der Beziehungen und des Austausches zwischen den Generationen nochmals sehr einschränken und verkürzen. Man hat sich dann weitgehend nichts mehr zu sagen. Es gibt auch noch einen anderen Bereich, in dem nicht nur die Eltern Autorität einbüßten. In der Erziehungsautorität zeigten sie früher nämlich den Weg auf, den die Nachkommen gehen sollten. In der Zwischenzeit ist jedoch „Erziehung“ für sehr viele ein leerer Begriff geworden. Keiner weiß mehr so recht, wohin es gehen soll. Kinder erscheinen eher als ein „Produkt“, das mit Fähigkeiten angereichert werden soll, damit sie sich auf dem Markt bewähren. Man hat darauf hingewiesen, dass dieses Verschwinden elterlicher Autorität von einem Prozess begleitet wird, der alle Beteiligten infantilisiert. „Die Älteren, die gar zu gern Partner der Jüngeren wären und mit ihnen um Jugendlichkeit konkurrieren, die Jüngeren, denen es nicht gelingt, die kindischen Eierschalen abzuschütteln. Vielleicht ist eben dies das Unheimlichste am Generationenkonflikt, dass es ihn in dieser Form nicht mehr gibt. Die Auseinandersetzungen zwischen den Generationen haben die Menschen begleitet. Jetzt aber schwimmen alle nur in dem schleimigen Brei der Infantilität, die Grenzen zwischen Alt und Jung sind eingerissen, und die neue Demokratie zwischen ihnen beschränkt sich auf das Gezänk um die Ressourcen: Wer kriegt was? Weshalb man sagen kann, dass aus dem Generationenkonflikt ein Generationenkrieg geworden ist."[84]

Es gibt im Gefolge dieser Entwicklung zwischen den Generationen oft ein hohles Partnerschaftsverhältnis, das keine echte Spannung in sich enthält. Die Flexibilität, die Beseitigung starrer Hierarchien und die Macht der Tauschverhältnisse haben auch das Verhältnis der Generationen untereinander stark verflüssigt. Das Gefälle ist entfallen. Darum haben Respekt, Autorität und Ehrerbietung mindestens ihre frühere Rolle eingebüßt.

Damit sind die Generationenbeziehungen auf eine neue Geschäftsgrundlage gestellt worden. Ein Beispiel dafür mag wiederum die seit kurzer Zeit in Deutschland existierende „Stiftung für die Rechte zukünftiger Generationen" sein. Diese hat sich zur Aufgabe gemacht, neue Generationenverträge auszuarbeiten. Gewiss handelt es sich um eine modische Erscheinung, aber gerade so ist sie doch auch symptomatisch für die gewandelten Verhältnisse. Es geht jetzt in einer Weise um die Herstellung einer Gleichberechtigung der Generationen, die sehr stark einem Durchsetzen der je eigenen Interessen ähnelt und dient. Es ist nicht zufällig, dass solche „Stiftungen" eher Interessenverbänden oder einem Lobby-System gleichen. Dann ist es auch durchaus möglich, dass man viel von seinen Rechten, aber sehr wenig von seinen Pflichten spricht. Es mag auch in einer solchen Situation schwieriger sein, sich überhaupt für Kinder zu entscheiden. Wozu Kinder?

VI. Generationenzusammenhang und Krise des deutschen Sozialstaates

Spätestens an dieser Stelle wird deutlich, wie sehr die ganze Frage des Generationenzusammenhangs einher geht mit der seit Jahren behandelten Krise des Sozialstaates. Selbstverständlich kann dieses Thema hier nicht ausführlicher behandelt werden. Was einst mit der Sozialgesetzgebung Bismarcks begann und Deutschland an die Spitze der Industrienationen führte, gilt heute als Standortproblem. Dabei geht es heute nicht mehr um die Verteilung von Zuwächsen, sondern um die Verteilung von Kürzungen im Kontext stagnierender oder gar schrumpfender öffentlicher Haushalte. „Ein allgemeiner Verteilungskampf ist entbrannt, wie ihn die Bundesrepublik seit ihrem Bestehen noch nicht erlebt hat … Es ist ungemütlich geworden im deutschen Sozialstaat."[85] Es ist ein Gemeinplatz geworden, dass der Wohlfahrtsstaat in einer unübersehbaren Krise steckt. Aber die Empfehlungen für einen Umbau sind in hohem Maße widersprüchlich.[86]

Am stärksten wird die Problematik von der Bevölkerungswissenschaft thematisiert.[87] Doch entsteht immer wieder der Eindruck, dass ihre Ergebnisse vor allem im Blick auf den Missbrauch der Bevölkerungswissenschaft in der Zeit von 1933 bis 1945 nicht die Beachtung finden, die sie mit ihrer hohen Prognosegewissheit verdiente. Man kann aber die demografischen Probleme nicht in irgendeiner Weise verdrängen. So ist es in unserem Land schwierig gewesen, eine an Fakten orientierte öffentliche Diskussion über eine an demografischen Zielen ausgerichtete Politik zu entwickeln. Man darf annehmen, dass sich dieses Verhältnis in letzter Zeit vor allem im Blick auf die Politik und auch die Wirtschaftswissenschaften positiv ändern wird. Anzeichen dafür gibt es schon.[88]

In diesem Zusammenhang scheint mir auch eine Neubesinnung notwendig zu sein über den Ort und die Funktion der Familie im Kontext des Generationenzusammenhangs. War früher die Familie fast selbstverständlich der einzige Horizont für die Frage des Generationenzusammenhangs, so scheint sie in vielen Erörterungen eher verdrängt worden zu sein. Dies ist nicht nur in einer Krise von Ehe und Familie begründet.[89] Es hängt gewiss auch damit zusammen, dass die private Solidarität in der Familie auf der einen Seite überfordert und auf der anderen Seite ausgehöhlt wurde. Es gibt jedoch auch ideologische Relativierungen der Bedeutung der Familie. Insgesamt kam es so auch zu einer Kluft zwischen Verfassungsrecht und Verfassungswirklichkeit, weil das Ziel des sozialen Rechtsstaates mit den heutigen demografischen Strukturen kaum mehr zu vermitteln ist. In diesem Sinne ist gewiss eine Korrektur in der Erfassung und politischen Gestaltung des Generationenzusammenhangs notwendig. Mit aller Deutlichkeit sagt es P. Kirchhof: „Den Generationenvertrag des Sozialstaates halten nur die Eltern ein. Dass gerade sie an diesem Vertrag kaum beteiligt werden, ist ein rechtsstaatlicher Skandal."[90] Dabei geht es nicht nur um die Funktionsfähigkeit der Sozialsysteme, sondern auch um die Gerechtigkeit als Fundament des Grundgesetzes. In diesem Sinne muss es nicht nur in der Perspektive der Familienpolitik im engeren Sinne, sondern auch im Bereich des Verfassungsrechts, der Gesetzgebung, der Rechtssprechung und der Sozialpolitik in ganz neuer und entschiedener Weise um eine „Priorität für die Familie"[91] gehen.

Dies ist schließlich eine ethische Frage. Darum sind am Ende auch bei aller Notwendigkeit der Konsensbildung politische Kompromisse nicht zureichend. Mit Recht sagt der Bielefelder Bevölkerungswissenschaftler H. Birg:

„Jede Kultur, jede Gesellschaft lebt von der Geltungskraft ihrer ethischen Prinzipien. Ethische Maßstäbe können zwar nicht absolut gelten, wenn die Lebenswirklichkeiten unterschiedlich sind, aber trotz aller Relativität der kulturellen Werte gibt es einen Punkt, bei dem auch die unterschiedlichsten Kulturen mit ihren voneinander abweichenden Ethik- und Wertesystemen verglichen werden können: Dies ist die Fähigkeit und Bereitschaft der Menschen, über das eigene Leben hinaus zu denken, zu planen und darauf aufbauende Entscheidungen für die Zeit jenseits ihrer Lebensspanne zu treffen. Eines der wichtigsten Ergebnisse solcher Entscheidungen sind die Kinder, die die demografische Reproduktion einer Kultur gewährleisten."[92] Darum ist auch ein entschiedener Wille notwendig, der nicht auf plötzliche Wendungen oder gar Wunder warten darf: „Die kulturellen Werte fallen nicht vom Himmel, sie entstehen, erlangen Geltung oder vergehen ausschließlich durch menschliche Handlungen und Unterlassungen. Insbesondere das demografisch relevante Handeln wirkt werteschaffend oder wertevernichtend. Die praktischen Auswirkungen dieser ungreifbaren qualitativen Sphäre sind so real, dass sich die qualitativen Vorgänge auch in quantitativen ökonomischen Größen niederschlagen und mit Zahlen messen lassen."[93] Die Bevölkerungswissenschaftler weisen darauf hin, dass es sich bei der heutigen lange anhaltenden Bevölkerungsschrumpfung, die ja auch nur langsam verbessert werden kann, um „ein neues Phänomen (handelt), weil die Veränderung keine negativen äußeren Ursachen wie Kriege, Seuchen oder Hungersnöte hat und weil sie sich in Friedenszeiten und bei einem nie gekannten Wohlstand vollzieht".[94] Nicht minder alarmierend ist bereits seit 1960 immer wieder die Stimme von F.-X. Kaufmann: „Ohne die Einsicht, dass die bisherige sozialstaatliche Entwicklung einseitig zu Lasten der Eltern gegangen ist und dass daher massive Umverteilungen innerhalb des Sozialbudgets das Gebot der Stunde sind, wird sich nichts verändern … Eine zentrale Frage unserer Zukunft ist es, ob es uns noch gelingt, verlässliche Beziehungen zwischen den Geschlechtern und Generationen auf Dauer zu stellen."[95]

VII. Die Notwendigkeit einer ethischen Zuwendung zum Generationenproblem

Damit ist das Wichtigste in aller Klarheit gesagt. Freilich müssen dafür erst auch die sozialen, ökonomischen und politischen Voraussetzungen geschaffen werden.[96] Es fehlt jedenfalls nicht an Information und Erkenntnis. In der Zwischenzeit gibt es längst auch grundlegende Reflexionen, wie man die intergenerationelle Solidarität wieder stärken kann. Dabei scheint es mir wichtig zu sein zu erkennen, dass es einerseits keine selbstverständliche, gleichsam von Natur und Geschichte her gegebene Generationenzusammengehörigkeit gibt, die einfach funktioniert. Viele soziale, gesellschaftliche und psychologische Wandlungen haben eine gewisse „Naturwüchsigkeit" im Generationenverhältnis mindestens aufgesprengt. Zwar sollte man sich frühere Verhältnisse nicht zu simpel als „naturwüchsig" vorstellen, denn auch hier herrschte im antiken „Haus" und in der europäischen „Familie" durchaus eine Gestaltungsaufgabe, deren anthropologischer und ethischer Gehalt nicht zu unterschätzen ist. Allein schon die biblischen „Haustafeln"[97] sind ein Beleg für ein differenziertes, aber auch am Ende wieder einfaches Regelsystem der Beziehungen untereinander. Aber es gab stabilisierende Stützen von außen für diese Beziehungen, die wir nicht mehr voraussetzen können. Man sollte sich klar sein, dass man nicht allein den guten Willen zu einer solchen vormodernen Generationensolidarität beschwören darf. Freilich ist es wohl auch kein gangbarer Weg, wenn man das Problem der Generationenbeziehungen vor allem in formaler Weise bloß rechtlich und ökonomisch zu regeln versucht. Dabei geht es nicht um die juristische und wirtschaftliche Regelung als solche, sondern um den exklusiven Anspruch, damit allein eine Neuordnung durchsetzen zu können. Es ist aber auch keine Lösung, wenn man glaubt, die Frage der Generationenbeziehungen einfach übergehen zu können. Oft verkennt man in unserer Gegenwart einerseits die biologischen Grundlagen menschlicher Beziehungen,[98] andererseits aber auch das Gewicht längerfristiger Zeitstrukturen, wie z. B. die Gesetze der menschlichen Geschlechterfolge. Die „Lebensalter" bestimmen durchaus auch ein Stück weit die Selbsterfahrung des gegenwärtigen Menschen.

Ich sehe hier nur einen Weg, der zwar nicht mehr einer Naturwüchsigkeit des Verhältnisses eine fraglose Stabilität zutraut, aber auch weiß, dass eine bloß technisch-funktionale, weitgehend rechtliche und ökonomische Lösung auf die Dauer allein nicht möglich ist. Es geht um eine neue ethische Verantwortung der Generationen untereinander. Dabei muss man – wie mir scheint – den ethischen Sinn dieser Verantwortung in einer Richtung bedenken, wie sie zuerst Hans Jonas[99] vorgedacht hat. Im Vordergrund steht in diesem Begriff von Verantwortung nicht zuerst und allein die Übernahme von Verantwortung für bereits geschehene Handlungen, sondern diese Verantwortung richtet sich auf die Zukunft und ganz besonders auf den Erhalt der Lebensbedingungen für die künftigen Generationen. Dies ist etwas Neues. „Vorausdenkende Verantwortung brauchte es früher nicht zu geben, weil die Reichweite menschlicher Macht, die Auswirkungen menschlichen Handelns wie auch die Reichweite menschlicher Voraussicht sehr begrenzt waren … Heute liegt alles im hellsten Licht des Wissens, mindestens eines wohl begründeten Vermutungswissens, aber wir wissen alle, dass die Eingriffe unserer technologischen Macht in die Biosphäre, von der wir leben, mit einem stabilen Gleichgewicht unverträglich sind, dass möglicherweise Prozesse in Gang gekommen sind, die sich selbst beschleunigen und unserer Kontrolle entgleiten … Seit der industriellen Revolution hat sich die Natur unseres Handelns verändert; da Verantwortung aber ein Korrelat der Macht ist, einer Macht, die wissend ist und dem freien Willen untersteht, ist das Prinzip Verantwortung erstmals in den Vordergrund getreten und hat sogar Vorrang vor vielen Wünschen, Begierden und Verwöhnungen der Gegenwart einschließlich des Vermehrungsbedürfnisses.“[100]

Dies ist nicht nur die modifizierende Zuspitzung eines Begriffs, sondern hier wird ein neues Denken, ja ein Umdenken verlangt. Dies bedeutet auch, dass die Generationen Wege zu einem neuen Miteinander finden müssen. Dies gilt auch für die Kommunikation und die soziokulturelle Erfahrung miteinander. Nichts anderes verlangt das vierte Gebot in seinem humanen Kern. Dieses neue Denken ist nicht selbstverständlich und bedarf einer vertieften Entfaltung, was freilich im Rahmen dieses einführenden Beitrags nicht mehr möglich ist.[101] Dieses neue Denken muss sich auf vielen Feldern bewähren. Kaum ein Lebensbereich ist ausgenommen, in dem die Verantwortung im Blick auf künftige Generationen nicht eine hohe Priorität hätte.

Ich möchte gegen Ende nochmals zwei grundlegende, durchgehende Perspektiven nennen, die mir notwendig zu sein scheinen. Auch wenn die heutige Familie nicht allein das Hauptfeld dieser Auseinandersetzung sein kann, so bleiben alle Bemühungen um eine Erneuerung der Familie zentral. Dabei geht es nicht nur um die immer noch höchst notwendige Familienpolitik,[102] sondern auch um die Lebensbedingungen heutiger Familie. Ich verweise hier z. B. auf die außerordentlich wichtigen Überlegungen von H. Bertram.[103] Dabei sollten wir uns philosophisch von den großen jüdischen Denkern des letzten Jahrhunderts anregen lassen, wenn wir vor allem den Sinn der Geschlechtlichkeit und der Fruchtbarkeit des Menschen neu reflektieren, wie es dringend notwendig ist. Wir brauchen eine neue Liebe zum Leben. Ich denke dabei besonders an die schon erwähnten Gedanken von E. Levinas.[104]

Schließlich wird man aber das gestellte Problem gerade im Sinne eines kulturellen Grundwertes nicht bewältigen, wenn man nicht das Problem der Weitergabe elementarer Kenntnisse und Überzeugungen ethischer, geistiger und spiritueller Art bedenkt. Es besteht kein Zweifel – und ist durch viele Untersuchungen belegt –, dass wir im Zusammenhang oder im Gefolge der 68er-Ereignisse in dieser Weitergabe grundlegender Bildung und Kultur einen kaum zu unterschätzenden Umbruch hatten, der bis zum heutigen

Tag nachwirkt und sich besonders in unserer Bildungsmisere widerspiegelt. Vor allem E. Noelle-Neumann und R. Köcher[105] haben mit ihren internationalen Partnern aufgewiesen, wie sehr es gerade in der Bundesrepublik Deutschland eine Unterbrechung in der Vermittlung elementarer kultureller Werte, besonders auch religiöser Inhalte, zwischen den Generationen gibt. Sie sprechen von einem dramatischen Sinken der Weitergabe besonders religiöser Überzeugungen, was hier aber auch grundlegende humane Verhaltensweisen einschließt. Die Kirchen haben sich in den letzten zwei Jahrzehnten intensiv mit dieser Überlebensfrage beschäftigt.[106] Diese Aufgabe kann jedoch nur im Zusammenhang einer Erneuerung von Bildung und Kultur überhaupt bewältigt werden. In diesem Sinne geht es bei der Generationensolidarität wirklich um einen kulturübergreifenden Grundwert, der allgegenwärtig ist. Wir brauchen diese Erneuerung auch da, wo wir es vielleicht gar nicht vermuten, wie z. B. angesichts der Reform unserer Sozialversicherungssysteme, nicht zuletzt der Rentenprobleme.[107]

Nur das vierte Gebot hat einen ganz eigenen verheißungsvollen Zusatz: „Ehre deinen Vater und deine Mutter, wie es dir der Herr, dein Gott, zur Pflicht gemacht hat, damit du lange lebst und es dir gut geht."[108] Nach der Bibel ist also das rechte Generationenverhältnis in unserer heutigen Sprache wirklich ein kultureller Grundwert, der wenigstens anfänglich alles andere einbegreift. Die Bibel weiß also um den tiefen irdischen, ja säkularen Gehalt dieser Verheißung. Aber sie macht uns auch unüberhörbar aufmerksam, von woher allein dieses Gelingen abhängt.

Beim Generationenpakt handelt es sich letztlich um so etwas wie einen Grundwert. Vor und nach den Wahlen zum 8. Deutschen Bundestag 1976 tauchte in vielen gesellschaftspolitischen Beiträgen der Begriff Grundwerte auf, wobei die damals noch junge Katholische Akademie in Hamburg sich bemühte, diesen Begriff mit seinem reichen Bedeutungskontext zu erschließen, nicht zuletzt durch die programmatischen Reden von H. Schmidt, H. Kohl und W. Maihofer.[109] Auch wenn sich viele kritische Einwände von philosophischer und juristischer Seite gegen den Grundwerte-Begriff gesammelt haben, so ist das Wort bei all seinen Grenzen, die es zweifellos hat, auch wieder beinahe unersetzlich. Es sind die Maßstäbe und Säulen des menschlichen Zusammenlebens gemeint.[110] Da der Staat und die Gesellschaft sich nicht mit einer Religion oder Weltanschauung decken, sind diese gemeinsamen Nenner der politischen und gesellschaftlichen Gestaltung nicht identisch mit den verschiedenen Glaubensüberzeugungen, aber auch nicht mit den einzelnen philosophischen Reflexionen; freilich ist der Staat darauf angewiesen.[111] Zu diesen Grundwerten gehören vorstaatliche Institutionen, wie Ehe und Familie, Prinzipien gesellschaftlicher Gestaltung (Solidarität, Subsidiarität), ethische Grundüberzeugungen und Grundhaltungen (Wahrheit, Liebe); in ihrer Mitte steht die Menschen- und Personenwürde,[112] gleichsam die Wurzel auch der Menschenrechte. Ich bin fest überzeugt, dass sich die Probleme um den Generationenpakt nicht lösen lassen ohne eine Erneuerung dieser vielfältigen Grundwerte. Sie dürfen nicht ständig tabuisiert werden.[113] Gerade das Thema des Generationenpaktes kann nur von vielen Quellen her neu gestaltet werden: den Sozialwissenschaften, der Politik mit den Parteien, den großen Sozialverbänden, dem Ethos der Bürger, den Religionen und den Kirchen. Dazu wollte ich einen Beitrag leisten.

Anmerkungen

1 Die Publikation erfolgte durch das Referat Öffentlichkeitsarbeit des Deutschen Bundestages, Berlin 2002 (691 Seiten).

2 H. W. Opaschowski, Der Generationenpakt. Das soziale Netz der Zukunft, Darmstadt 2004; vgl. auch die früheren Studien desselben Autors: Leben zwischen Muss und Muse. Die ältere Generation: Gestern. Heute. Morgen, Hamburg – Ostfildern 1998.

3 R. Gronemeyer, Kampf der Generationen, München 2004; auch hier kann auf frühere Veröffentlichungen verwiesen werden: Die 10 Gebote des 21. Jahrhunderts, Düsseldorf 1999; Die Entfernung vom Wolfsrudel. Über den drohenden Krieg der Jungen gegen die Alten, Düsseldorf 1989; Eiszeit der Ethik. Die Zehn Gebote als Grenzpfähle für eine humane Gesellschaft, Würzburg 2003.

4 F. Schirrmacher, Das Methusalem-Komplott, München 2004.

5 P. Nolte, Generation Reform. Jenseits der blockierten Republik, München 2004. Vgl. ders., Die Ordnung der deutschen Gesellschaft, München 2000.

6 M. Wingen, Bevölkerungsbewusste Familienpolitik als Langfristaufgabe (Kirche und Gesellschaft 308), Köln 2004. Viele frühere Veröffentlichungen werden später an anderer Stelle zitiert, vgl. aber auch Bevölkerungsbewusste Familienpolitik. Grundlagen, Möglichkeiten und Grenzen (Publikationen des Instituts für Ehe und Familie Nr. 14), Wien 2003; Familienpolitik und Geburtenentwicklung, in: Stimmen der Zeit 220, Heft 7 (2002), 436 ff.

7 M. Wingen, Die Geburtenkrise ist überwindbar: Wider die Anreize zum Verzicht auf Nachkommenschaft (Connex – gesellschaftspolitische Studien, Bd. 4), Grafschaft 2004. Zugleich sei auf das beachtenswerte Geleitwort von Ursula Lehr aufmerksam gemacht, vgl. 7 f. In diesem Buch findet sich auch eine Literatur-Auswahl nach dem neuesten Stand, 135–140.

8 Vgl. Wingen, Geburtenkrise (Anm. 7): Abschnitt Generationenverhältnis, 73–121, ausführliche Literaturangaben: 115 ff.

9 Ebd., 77.

10 Eine erste Beschäftigung mit der Thematik erwuchs im Zusammenhang des Jahreskolloquiums der Alfred Herrhausen-Gesellschaft im Jahr 2000 und ist unter dem Titel „Generationen übergreifende Verantwortung als kultureller Grundwert“ in der Dokumentation des Kolloquiums veröffentlicht: Generationen im Konflikt, hg. von der Alfred

Herrhausen-Gesellschaft für internationalen Dialog. Ein Forum der Deutschen Bank, München 2000, 23–50. Diesen Grundtext habe ich beträchtlich in inhaltlicher Hinsicht erweitert und aktualisiert, mit Anmerkungen versehen und durch Teil II anschaulich zu machen versucht. Ausdrücklich möchte ich auf die anderen Beiträge in dem erwähnten Sammelband hinweisen.

[11] Eine Ausnahme bilden die Akten der „Päpstlichen Akademie der Sozialwissenschaften“: Intergenerational Solidarity, hg. von E. Malinvaud, Vollversammlung vom 8.–13. April 2002, Acta 8, Vatican-City 2002.

[12] Vgl. M. Riedel, Art. „Generation“, in: Historisches Wörterbuch der Philosophie III, Basel 1974, 272–278.

[13] W. Dilthey, Über das Studium der Wissenschaften vom Menschen, der Gesellschaft und dem Staat, Leipzig 1924 (Gesammelte Schriften 5). Vgl. dazu das Zitat bei M. Heidegger, Sein und Zeit, Tübingen [8]1957, 385 mit Anm. 1.

[14] K. Mannheim, Das Problem der Generationen (1928/29), in: Ders., Wissenssoziologie, hg. von K. H. Wolff, Neuwied 1964.

[15] H. Schelsky, Die skeptische Generation, Düsseldorf 1957.

[16] M. Wingen, „Generation“, in: Staatslexikon II, Freiburg i. Br. 1986, 866.

[17] B. Waldenfels, Das leibliche Selbst. Vorlesungen zur Phänomenologie des Leibes, Frankfurt a. M. 2000, 304. Derselbe Verfasser hat die Einheitlichkeit und Gemeinsamkeit einer Generation eindrucksvoll beschrieben, in: Phänomenologie in Frankreich, Frankfurt a. M. [2]1998. Vgl. auch ders., Ordnung im Zwielicht, Frankfurt a. M. 1987; ders., Antwortregister, Frankfurt a. M. 1994, 463 ff., 586 ff.

[18] B. Waldenfels, Das leibliche Selbst, a. a. O. (Anm. 17), 305.

[19] M. Wingen, „Generation“, (Anm. 16), 868.

[20] Vgl. U. Lehr, Auf dem Weg zur Fünf-Generationen-Gesellschaft, in: Die Lebensalter in einer neuen Kultur?, hg. von R. W. Leonhardt (Veröffentlichungen der Hanns Martin Schleyer-Stiftung 13), Köln 1984, 21–35.

[21] A. Schütz, Das Problem der Relevanz, Frankfurt a. M. 1971, 179 ff., 208 ff.; ders.: Die Strukturen der Lebenswelt, Neuwied – Darmstadt 1975, Frankfurt a. M. [2]1979, Bd. 2: Frankfurt a. M. 1984; ders.: Theorie der Lebensformen, Frankfurt a. M. 1981; ders., Gesammelte Aufsätze I–III, Den Haag 1971. Dazu R. Grathoff / B. Waldenfels, Sozialität und Intersubjektivität (Übergänge 1), München 1983.

[22] Vgl. vor allem V. Bengtson u. a., Aging, Generation and Relations between Age Groups, in: Handbook of Aging and the Social Science, hg. von R. Binstock / E. Shanas, New York 1984.

[23] Vgl. dazu P. P. Donati, Equità fra le generazioni: Una nuova norma sociale, in: Intergenerational Solidarity, (Anm. 8), 151–189.

[24] Vgl. dazu auch M. Riedel, Wandel des Generationsproblems in der modernen Gesellschaft, Düsseldorf 1969; H. Plessner, Diesseits der Utopie, Düsseldorf 1966, 74 ff.

[25] B. Waldenfels, Das leibliche Selbst, a. a. O. (Anm. 17), 305.

[26] Ebd., 307.

[27] Vgl. dazu mit Literaturangaben K. Ulrich-Eschemann, Vom Geborenwerden des Menschen. Theologische und Philosophische Erkundungen (Studien zur Systematischen Theologie und Ethik 27), Münster 2000, 25 ff.

[28] Ebd., 55 ff., 70 ff.

29 Vgl. zusammenfassend immer noch S. Strasser, Jenseits von Sein und Zeit (Phaenomenologica 78), Den Haag 1978, 147 ff., 155 ff., 164 ff.

30 M. Merleau-Ponty, Das Auge und der Geist, Reinbek 1984; ders., Das Sichtbare und das Unsichtbare, München 1986; Keime der Vernunft, hg. von B. Waldenfels, München 1994. Dazu vor allem auch J. Seewald, Leib und Symbol, München 1992.

31 Die damit gestellten Aufgaben sind, gewiss überspitzt, formuliert von F. H. Tenbruck, Die unbewältigten Sozialwissenschaften oder: Die Abschaffung des Menschen, Graz 1984.

32 Vgl. bes. E. Husserl, Die Krisis der europäischen Wissenschaften und die transzendentale Phänomenologie (Husserliana VI), Den Haag 1954; dazu G. Brand, Die Lebenswelt. Eine Philosophie des konkreten Apriori, Berlin 1971; B. Waldenfels, Das Zwischenreich des Dialogs. Sozialphilosophische Untersuchungen im Anschluss an E. Husserl (Phaenomenologica 41), Den Haag 1971, 345 ff.; M. Sommer, Lebenswelt und Zeitbewusstsein, Frankfurt a. M. 1990; R. Grathoff, Milieu und Lebenswelt, Frankfurt a. M. 1989, 139 ff. (vor allem zu A. Schütz); M. Riedel, Art. „Generation", a. a. O. (Anm. 12), 276 f.

33 Zum differenzierten Prozess des Nehmens und Gebens vgl. die sehr hilfreichen Ausführungen im Gesamtwerk von B. Waldenfels, z. B. in: Antwortregister, a. a. O. (Anm. 17), 586–626.

34 U. Lehr, a. a. O. (Anm. 20), 34.

35 Vgl. W. Schreiber, Existenzsicherheit in der industriellen Gesellschaft, Köln 1955.

36 Vgl. O. von Nell-Breuning, Soziale Sicherheit?, Freiburg i. Br. 1979.

37 Vgl. dazu H. Maier, Plädoyer für einen neuen Generationenvertrag, in: Generationen im Konflikt (Anm. 10), 189–200, vgl. auch 141 ff.

38 Vgl. M. Wingen, Art. „Generation", a. a. O. (Anm. 16), 869.

39 Vgl. dazu P. Koslowski (Hg.), Das Gemeinwohl zwischen Universalismus und Partikularismus (Collegium Philosophicum 3), Stuttgart 1999; R. Zoll, Was ist Solidarität heute?, Frankfurt a. M. 2000; H. Brunkhorst, Solidarität, Frankfurt a. M. 2001; D. Grieswelle, Gerechtigkeit zwischen den Generationen. Solidarität, Langfristdenken, Nachhaltigkeit in der Wirtschafts- und Sozialpolitik (Abhandlungen zur Sozialethik 47), Paderborn 2002; K. Deufel / M. Wolf (Hg.), Ende der Solidarität? Die Zukunft des Sozialstaats, Freiburg i. Br. 2003; H. J. Meyer, Am Ende der Ichgesellschaft. Im Gespräch mit Jürgen Hoeren (Herder spektrum 5338), Freiburg i. Br. 2003, 124 ff. u. ö. (Vgl. auch Anm. 75).

40 Vgl. dazu den Bericht der Kommission „Nachhaltigkeit in der Finanzierung der sozialen Sicherungssysteme" („Rürup-Kommission"), eingesetzt vom Bundesministerium für Gesundheit und Soziale Sicherung, Berlin 2003 (237 Seiten und Anhang).

41 Vgl. z. B. H. W. Opaschowski, Der Generationenpakt, a. a. O. (Anm. 2), 182 ff.; grundsätzlich vgl. auch die wertvollen historischen Ausführungen, in: A. Gestrich u. a. (Hg.), Geschichte der Familie, Stuttgart 2003, 38 ff.

42 Die Reform der Sozialpolitik durch einen deutschen Sozialplan (1952), in: Sozialpolitik und Sozialreform, hg. von E. Boettcher, Tübingen 1957, 43–74.

43 F.-X. Kaufmann, Zukunft der Familie im vereinten Deutschland. Gesellschaftliche und politische Bedingungen (Schriftenreihe des Bundeskanzleramtes 16), München 1995 (1. Auflage unter dem Titel Zukunft der Familie als Bd. 10 derselben Schriftenrei-

he, München 1990), 188 ff., 219 ff.; ders., Sozialpolitik und Sozialstaat: Soziologische Analysen (Sozialpolitik und Sozialstaat), Opladen 2002; ders., Herausforderungen des Sozialstaates, Frankfurt a. M. 1997; ders., Varianten des Wohlfahrtsstaats. Der deutsche Sozialstaat im internationalen Vergleich, Frankfurt a. M. 2003; ders., Die Überalterung, Zürich – St. Gallen 1960.

44 Unter den vielen Veröffentlichungen seien nur genannt: M. Wingen, Die wirtschaftliche Förderung der Familie, Paderborn 1958; ders., Familienpolitik, Paderborn 1964, [2]1965; ders., Grundfragen der Bevölkerungspolitik, Stuttgart 1975; ders., Bevölkerungsentwicklung, München 1980; ders., Generationensolidarität in einer alternden Gesellschaft, Stuttgart 1986; ders., Vierzig Jahre Familienpolitik in Deutschland, Grafschaft 1993; ders., Familienpolitik, Stuttgart 1997; ders., Familienpolitische Denkanstöße (Connex 1), Grafschaft 2001; vgl. die Bibliografie in der Festschrift für M. Wingen: Familienwissenschaftliche und familienpolitische Signale, hg. von B. Jans / A. Habisch / E. Stutzer, Grafschaft 2000, 665–676.

45 Vgl. umfassend R. de Vaux, Das Alte Testamente und seine Lebensordnungen, 2 Bde., Freiburg i. Br. [2]1964/1966; L. Köhler, Theologie des Alten Testamentes, Tübingen [4]1966, 149 ff.; C. Westermann, Theologie des Alten Testaments in Grundzügen, Göttingen 1978; W. Zimmerli, Grundriss der alttestamentlichen Theologie, Stuttgart [6]1989; L. Köhler, Der hebräische Mensch, Darmstadt 1976; H. W. Wolff, Anthropologie des Alten Testaments, München 1973, 141 ff., 177 ff., 259 ff., 309 ff.; F. Crüsemann, Maßstab: Tora, Gütersloh 2003 (vgl. Schriftstellen-Register).

46 Vgl. dazu K. Lehmann, Glauben bezeugen, Gesellschaft gestalten. Reflexionen und Positionen, Freiburg i. Br. 1993, 43 ff., 63 ff., 142 ff., 159 ff.

47 Vgl. ebd., 64 ff., 142 ff., 154 ff.

48 Vgl. näheres bei N. Lohfink, Studien zum Pentateuch (Stuttgarter Biblische Aufsatzbände 4), Stuttgart 1988, 246. Zum Verständnis des Segens vgl. außer den Studien von C. Westermann vor allem D. Greiner, Segen und Segnen, Stuttgart 1998, 375–383.

49 H. W. Wolff, Anthropologie des Alten Testaments, München 1973, 259, vgl. dazu 248 u. 238.

50 C. Westermann, Theologie des Alten Testaments in Grundzügen (Grundrisse zum Alten Testament 6), Göttingen 1978, 75.

51 Dies scheint mir eine Gefahr zu sein bei N. Lohfink, Unsere großen Wörter. Das Alte Testament zu Themen dieser Jahre, Freiburg i. Br. 1985, ([1]1977), 156–171. Freilich scheint mir Lohfink selbst in späteren Ausführungen gewisse ausgleichende Aussagen anzufügen, vgl. z. B. Studien zum Pentateuch, a. a. O. (Anm. 48), 203, 232, 245 ff., 285. Zur Sache selbst vgl. die wichtigen Untersuchungen von O. H. Steck, Die Paradieserzählung (Biblische Studien 1960), Neukirchen 1970; Der Schöpfungsbericht der Priesterschrift (Forschungen zur Religion und Literatur des Alten und Neuen Testaments 115), Göttingen 1975; Welt und Umwelt (Biblische Konfrontationen), Stuttgart 1978. Dazu auch W. Zimmerli, Die Weltlichkeit des Alten Testaments (Kleine Vandenhoeck-Reihe), Göttingen 1971, 32–44. Neben Westermanns großem Genesis-Kommentar vgl. ders., Schöpfung, Stuttgart 1971 u. ö., Freiburg i. Br. 1989, 106 ff. Enttäuschend zur Stelle Gen 1,28 ist der umfangreiche Kommentar von H. Seebass, Genesis I. Urgeschichte (1,1–11,26), Neukirchen 1996, 83 ff.

52 Vgl. zum ganzen: Katholischer Erwachsenenkatechismus II, Freiburg i. Br. 1995, 229–268.
53 Vgl. dazu: H. W. Wolff, Anthropologie des Alten Testaments (Anm. 45), 259 ff., Zu den Spannungen und zur Verantwortung: 264 ff., 266 ff.
54 W. Korff, „Generation", in: Staatslexikon II., 871; ders., Das Vierte Gebot, in: ders., Wie kann der Mensch glücken? Perspektiven der Ethik, München 1985.
55 R. Albertz, Hintergrund und Bedeutung des Elterngebotes im Dekalog, in: Zeitschrift für Alttestamentliche Wissenschaft 90, 1978, 348–374, hier 374; F. Crüsemann, Bewahrung der Freiheit, Gütersloh 1993, 58 ff.; B. Lang, Wie wird man Prophet in Israel?, Düsseldorf 1980, 90–103; F. Crüsemann, Die Tora. Theologie und Sozialgeschichte des alttestamentlichen Gesetzes, München 1992; F. L. Hossfeld, Der Dekalog, Freiburg i. B. – Göttingen 1982, 252 ff.; W. H. Schmidt, Die Zehn Gebote im Rahmen alttestamentlicher Ethik, Darmstadt 1993, 98–106; umfassend H. W. Wolff, Anthropologie des Alten Testaments, München 1973, 177 ff., 259 ff. Zur weiteren Deutung des vierten Gebotes vgl. T. Koch, Zehn Gebote für die Freiheit. Eine kleine Ethik, Tübingen 1995, 76–109; ders., Die Zehn Gebote heute. Wegweisung auch für unsere Zeit, Freiburg i. Br. 1982, 76–90; T. Giesen, Handle so, und du wirst leben. Die Zehn Gebote, Düsseldorf 2002, 79–94, bes. 90 ff.; Was ist der Mensch …? Beiträge zur Anthropologie des Alten Testamentes, hg. von F. Crüsemann / Chr. Hardmeier / R. Kessler, München 1992, 48 ff., 61 ff. u. ö.
56 Vgl. Dtn 4, 10; 11, 18–21.
57 Vgl. Dtn 4, 9; 6, 20 ff.; Ex 10, 2; Ps 44, 2; 78, 3.
58 Vgl. Spr 1–9; Mal 1, 6; Sir 3, 1–16; 7, 27 und weite Strecken des Buches Tobit.
59 Joel 1, 3.
60 Ri 2, 10.
61 Vgl. Dtn 29, 21; Joel 1, 3.
62 Vgl. Ps 90, 1; dazu Theologisches Wörterbuch zum Alten Testament II, Stuttgart 1977, 181–194, bes. 188 f.
63 Spr 14, 26.
64 Vgl. Dtn14, 29; Spr 23, 10; Ijob 31, 17.
65 Vgl. Ijob 5, 4.
66 Vgl. z. B. Lev 19, 3.
67 Vgl. dazu T. Roh, Die familia dei in den synoptischen Evangelien, Göttingen 2001, 21 f.
68 Zu einer Deutung des vierten Gebotes aus soziologischer und psychologischer Sicht vgl. die ansprechende Deutung von R. Gronemeyer, Die Zehn Gebote des 21. Jahrhunderts. Moral und Ethik für ein neues Zeitalter, Düsseldorf 1999, 125–151.
69 Ebd., 151.
70 Vgl. dazu H. Petri, Der Verrat an der jungen Generation. Welche Werte die Gesellschaft Jugendlichen vorenthält, Freiburg i. Br. 2002, vgl. bes. 201 ff.
71 Vgl. dazu W. Wickler, Die Biologie der Zehn Gebote, München 1971; F. M. Wuketits, Was ist Soziobiologie?, München 2003.
72 Vgl. H. Jonas, Das Prinzip Verantwortung, Frankfurt a. M. 1979 u. ö.; ders., Technik, Medizin und Ethik. Zur Praxis des Prinzips Verantwortung, Frankfurt a. M. 1987; vgl. dazu mit weiteren Literaturangaben K. Lehmann, „‚Also ist die Zukunft noch nicht entschieden.' Das vielfältige Erbe des Philosophen Hans Jonas als Auftrag", in: Orientierung

und Verantwortung. Begegnungen und Auseinandersetzung mit Hans Jonas, hg. von D. Böhler / J. P. Brune, Würzburg 2004, 161–184.

[73] M. Wingen, Art. „Generation", a. a. O. (Anm. 16), 870.

[74] Vgl. E. von Hippel, Der Schutz der Schwächeren, Tübingen 1982.

[75] M. Wingen, a. a. O., 870.

[76] Ebd., vgl. auch M. Wingen, Kinder in der Industriegesellschaft – wozu?, Osnabrück 1987.

[77] Vgl. dazu auch Probleme der sozialen Sicherungssysteme, hg. von A. Rauscher, Köln 1993; M. Miegel / St. Wahl, Solidarische Grundsicherung – Private Vorsorge, München 1999; Der Rückgang der Geburten – Folgen auf längere Sicht, hg. von H. C. Recktenwald, Mainz 1989; M. Pechstein, Familiengerechtigkeit als Gestaltungsgebot für die staatliche Ordnung. Zur Abgrenzung von Eingriff und Leistung bei Maßnahmen des so genannten Familienlastenausgleichs (Studien und Materialien zur Verfassungsgerichtsbarkeit 59), Baden-Baden 1994; R. Becker (Hg.), Generationen und sozialer Wandel, Opladen 1997; M. Kohli / M. Szydlik (Hg.), Generationen in Familie und Gesellschaft (Lebenslauf – Alter – Generation 3), Opladen 2000; D. von Bubnoff, Der Schutz der künftigen Generationen im deutschen Umweltrecht. Leitbilder, Grundsätze und Instrumente eines dauerhaften Umweltschutzes (Umwelt- und Technikrecht 59), Berlin 2001 (wichtig für die Frage der Rechte künftiger Generationen); Chr. Butterwegge / M. Klundt (Hg.), Kinderarmut und Generationengerechtigkeit. Familien- und Sozialpolitik im demografischen Wandel, Opladen [2]2003; B. Schäffer, Generationen – Medien – Bildung. Medienpraxiskulturen im Generationenvergleich, Opladen 2003.

[78] W. Korff, a. a. O. (Anm. 54), 872.

[79] Vgl. A. Honneth, Desintegration, Frankfurt a. M. 1994, 20 ff., 90 ff.; ders., Kritik der Macht, Frankfurt a. M. 1989; ders., Die zerrissene Welt des Sozialen (erweiterte Neuausgabe), Frankfurt 1999 (Erstauflage 1990); ders., Kampf um Anerkennung, Frankfurt a. M. 1994; ders., Das Andere der Gerechtigkeit, Frankfurt a. M. 2000; ders., Leiden an Unbestimmtheit, Stuttgart 2001; ders., Unsichtbarkeit, Frankfurt a. M. 2003; N. Fraser / A. Honneth, Umverteilung oder Anerkennung, Frankfurt a. M. 2003.

[80] V. Hösle, „Gerechtigkeit zwischen den Generationen", in: Was steht uns bevor? Mutmaßungen über das 21. Jahrhundert, hg. von M. Gräfin Dönhoff und Th. Sommer, Berlin 1999, 189–200, hier 197.

[81] Vgl. dazu auch außer den schon genannten Arbeiten U. Schoen, Subsidiarität. Bedeutung und Wandel des Begriffs in der katholischen Soziallehre und in der deutschen Sozialpolitik, Neukirchen 1998; J. Fetzer / J. Gerlach, Gemeinwohl – mehr als gut gemeint?, Gütersloh 1998; H. Bedford-Strohm, Gemeinschaft aus kommunikativer Freiheit. Sozialer Zusammenhalt in der modernen Gesellschaft (Öffentliche Theologie 11), Gütersloh 1999.

[82] R. Gronemeyer, Die 10 Gebote des 21. Jahrhunderts, a. a. O. (Anm. 68), 131.

[83] Vgl. H. G. Gadamer, Hermeneutik I–II (Gesammelte Werke 1–2), Tübingen 1986, I, 276 f., 281 ff.; II, 39 f., 225, 243 f.

[84] R. Gronemeyer, a. a. O. (Anm. 68), 133 f.

[85] F.-X. Kaufmann, Herausforderungen des Sozialstaates, Frankfurt a. M. 1997, 7, vgl. bes. 69–82; ders., Modernisierungsschübe, Familie und Sozialstaat, München 1996; ders., Sozialpolitik und Sozialstaat: Soziologische Analysen (Sozialpolitik und Sozial-

staat 1), Opladen 2002; ders., Varianten des Wohlfahrtsstaates, Frankfurt a.M. 2003, 25 ff., 248 ff., 309 ff. Vgl. schon F.-X. Kaufmann / L. Leisering, Studien zum Drei-Generationen-Vertrag (Institut für Bevölkerungsforschung und Sozialpolitik), Universität Bielefeld, Materialien Nr. 15, Bielefeld 1984.

86 Zur Entwicklung vgl. nun G. Metzler, Der deutsche Sozialstaat. Vom bismarckschen Erfolgsmodell zum Pflegefall, Stuttgart 2003. Unentbehrlich ist das inzwischen mehrbändige Werk von H.-U. Wehler, Deutsche Gesellschaftsgeschichte (1700–1949), 4 Bde., München 1987–2003. Ein fünfter Band (1949–1991) ist in Vorbereitung; ders., Konflikte zu Beginn des 21. Jahrhunderts, München 2003.

87 Vgl. außer der schon genannten Literatur nur H. Birg, Die Weltbevölkerung. Dynamik und Gefahren, München 1996; ders., Die demographische Zeitenwende. Der Bevölkerungsrückgang in Deutschland und Europa, München 2001, [3]2003. Vgl. auch Bundesinstitut für Bevölkerungsforschung (Hg.), Internationale Konferenz 1994 über Bevölkerung und Entwicklung, Sonderheft 26, Wiesbaden 1994; H. Thomas (Hg.), Bevölkerung, Entwicklung, Umwelt, Herford 1995; Sterben wir aus? Die Bevölkerungsentwicklung in der Bundesrepublik Deutschland, hg. von B. Heck, Freiburg i.Br. 1988.

88 Vgl. H. Birg, Die demographische Zeitenwende, a.a.O. (Anm. 87), 9–20.

89 Vgl. Ehe und Familie unter veränderten gesellschaftlichen Rahmenbedingungen, hg. von H. Marré u.a. (Essener Gespräche zum Thema Staat und Kirche 35), Münster 2001; Chr. Kissling, Familie am Ende? Ethik und Wirklichkeit einer Lebensform, Zürich 1998; R. Nave-Herz, Familie heute, Darmstadt [2]2002; W. J. Mückl (Hg.), Familienpolitik, Paderborn 2002; F. W. Busch / R. Nave-Herz (Hg.), Ehe und Familie in Krisensituationen, Oldenburg 1996; F. W. Busch / B. Nauck / R. Nave-Herz (Hg.), Aktuelle Forschungsfelder der Familienwissenschaft (Familie und Gesellschaft 1), Würzburg 1999; Familienpolitische Herausforderungen. Erkenntnisse, Einsichten, Perspektiven, hg. von B. Nacke, Mainz 2002; A. Gestrich u.a. (Hg.), Geschichte der Familie (Europäische Kulturgeschichte 1), Stuttgart 2003 (umfassende Behandlung der Themen mit Bibliografie).

90 „Wer Kinder hat, ist angeschmiert", in: DIE ZEIT, 11.1.2001, 9.

91 So der Titel eines wichtigen Buches von H. Lampert mit dem Untertitel „Plädoyer für eine rationale Familienpolitik" (Soziale Orientierung 10), Berlin 1996; hier sind auch die früher genannten Titel von M. Wingen, F.-X. Kaufmann u.a. wichtig (vgl. Anm. 43, 79 u.ö.). Immer noch aufschlussreich auch B. Berger / P. L. Berger, In Verteidigung der bürgerlichen Familie, Frankfurt a.M. 1984. Zur Stellung der Familie in der modernen Sozialpolitik und auch im Bürgerlichen Recht vgl. Chr. Becker, Verantwortung und Verantwortungsbewusstsein. Über Solidarität zwischen den Generationen, Köln 2001.

92 H. Birg, Die demographische Zeitenwende, a.a.O. (Anm. 87), 19.

93 Ebd.

94 Ebd., 20.

95 F.-X. Kaufmann, Zukunft der Familie im vereinten Deutschland, München 1995, 221, 224 (vgl. überhaupt 219–226).

96 Vgl. zusammenfassend D. Grieswelle, Gerechtigkeit zwischen den Generationen. Theorie der sozialen Ordnungspolitik, hg. von N. Berthold / E. Gundel, Stuttgart 2003 (Festschrift für Bernhard Külp mit zahlreichen Beiträgen zu den fundamentalen Themen).

97 Vgl. W. Schrage, Ethik des Neuen Testaments (Grundrisse zum Neuen Testament 4),

Göttingen 1982; R. Schnackenburg, Die sittliche Botschaft des Neuen Testamentes, 2 Bde., Freiburg i. Br. 1986–1988 (Neubearbeitung: 80 f., 91 f.).

98 Vgl. dazu W. Wickler, Die Biologie der Zehn Gebote, München 1971, [5]1981, 133–144.

99 Vgl. H. Jonas, Das Prinzip Verantwortung. Versuch einer Ethik für die technologische Zivilisation, Frankfurt a. M. 1979 u. ö.

100 H. Jonas, Dem bösen Ende näher, Frankfurt a. M. 1973, 42.

101 Ich verweise in diesem Zusammenhang auch auf die Schriften von V. Hösle, Moral und Politik. Grundlagen einer politischen Ethik für das 21. Jahrhundert, München 1997; D. Birnbacher, Verantwortung für zukünftige Generationen, Stuttgart 1988 und den Sammelband Ethik für die Zukunft. Im Diskurs mit Hans Jonas, hg. von D. Böhler, München 1994.

102 Vgl. H. Lampert, Priorität für die Familie, Berlin 1996.

103 Vgl. H. Bertram, Familie leben, Gütersloh 1997; Familie leben, hg. von G. Bachl, Düsseldorf 1995.

104 Vgl. z. B. E. Lévinas, Totalität und Unendlichkeit, Freiburg i. Br. 1987, 161 ff., 206, 366.

105 Vgl. E. Noelle-Neumann / R. Köcher, Die verletzte Nation, Stuttgart 1987.

106 Vgl. K. Lehmann, Glauben bezeugen, Gesellschaft gestalten, Freiburg i. Br. 1993, 531–617.

107 Vgl. zur Rentendiskussion das veröffentlichte Dokument der beiden großen Kirchen: Verantwortung und Weisheit. Gemeinsame Erklärung des Rates der Evangelischen Kirche in Deutschland und der Deutschen Bischofskonferenz zur Reform der Alterssicherung in Deutschland (Gemeinsame Texte 16), Hannover – Bonn 2000; Solidarität braucht Eigenverantwortung. Orientierungen für ein zukünftiges Gesundheitssystem (Die deutschen Bischöfe. Kommission für gesellschaftliche und soziale Fragen / Kommission für caritative Fragen 27), Bonn 2003.

108 Vgl. Dtn 5, 16.

109 Vgl. G. Gorschenek (Hg.), Grundgesetz in Staat und Gesellschaft, München 1977 u. ö.

110 Vgl. K. Lehmann, Art. „Grundwerte", in: Staatslexikon, hg. von der Görres-Gesellschaft, Bd. II, Freiburg i. Br. [7]1986, 1131–1137, wieder abgedruckt mit weiteren Beiträgen in: K. Lehmann, Glauben bezeugen, Gesellschaft gestalten, a. a. O. (Anm. 196), 101–108, dazu auch 109–136 (Lit.).

111 Zum berühmten Wort von Ernst-Wolfgang Böckenförde, dass der moderne Staat auf das Ethos der Bürger angewiesen ist, es aber nicht von sich aus verbindlich durchsetzen kann, vgl. K. Lehmann, „Säkularer Staat: Woher kommen das Ethos und die Grundwerte? Zur Interpretation einer These von Ernst-Wolfgang Böckenförde", in: „Um der Freiheit willen ...". Kirche und Staat im 21. Jahrhundert. Festschrift für Burkhard Reichert, hg. von S. Schmidt / M. Wedell, Freiburg – Basel – Wien 2002, 24–30; fortgeführt habe ich diese Überlegungen in: „Recht braucht Freiheit und schützt sie", in: R. Mellinghoff / G. Morgenthaler / Th. Puhl (Hg.), Die Erneuerung des Verfassungsstaates. Symposium aus Anlass des 60. Geburtstages von Prof. Dr. Paul Kirchhof (Heidelberger Forum 121), Heidelberg 2003, 91–102.

112 Darum ist auch die Auseinandersetzung mit dem Begriff der Menschenwürde zentral. Vgl. dazu E.-W. Böckenförde, „Bleibt die Menschenwürde unantastbar?", in: Blätter

für deutsche und internationale Politik 49 (2004), 1216–1227, vgl. auch die Auseinandersetzung von R. Will, „Christus oder Kant?“, ebd., 1228–1241.

113 Vgl. dazu J. Isensee, Tabu im freiheitlichen Staat. Jenseits und diesseits der Rationalität des Rechts (Schönburger Gespräche zu Recht und Staat 1), Paderborn 2003.

2004

Allen alles werden um des Evangeliums willen
(21. September 2004, Predigt zu 1 Kor 9,16–19.22–23 / Mt 28,16–20)

Wir sprechen in dieser Bischofskonferenz intensiv über die Mission, nicht zuletzt die Weltmission. Wir haben soeben das Evangelium darüber gehört. Die wenigen Sätze bilden ein faszinierendes Schlusswort für das Matthäusevangelium. Es schließt im Übrigen auch die Erzählungen von den Erscheinungen des Auferstandenen ab. Aber diese Ostergeschichten wollen ja nicht die nachösterliche Wirklichkeit des Herrn für sich allein beschreiben, sondern Jesus führt die Jünger bzw. die Apostel in den Aufbau der künftigen Kirche ein. Deswegen geht es hier um die Verkündigung des Evangeliums, die Stiftung und Spendung der Sakramente, besonders Taufe und Eucharistie, die Jüngerunterweisung und nicht zuletzt um den Auftrag zur Mission. Deshalb enthalten diese Erscheinungserzählungen viele Auftragsworte bzw. Beauftragungsworte.

Die elf Jünger gingen nach Galiläa auf den Berg, wohin sie Jesus befohlen hatte. Sehr oft (16mal) kommt der Berg im Matthäusevangelium vor. Der Berg ist nicht näher bezeichnet. Es ist auch nicht nur ein erhöhter Ort, sondern vom Berg aus wird die wahre Gerechtigkeit verkündet (vgl. 5,1). In vielen Religionen ist der Berg der Ort der Offenbarung. So auch hier: Die elf Jünger stehen um den Meister, Hirt und kleine Herde sind wieder eins. Die Apostel schauen und fallen nieder zur Huldigung. Einmal haben sie das schon getan, als sich ihnen Jesus in der Nacht auf dem See als der Herr über die Elemente geoffenbart hatte. Sie fielen nieder und bekannten: „Wahrhaftig, Du bist Gottes Sohn“ (Mt 14,33). Jetzt wissen sie genau, wen sie damals sahen, und dass ihr Bekenntnis zu Recht erfolgte. Er ist nicht nur der Herr von Wind und Wetter, Wellen und Wogen, er ist der Herr der Welt. Die Jünger haben aber nach den Ereignissen in Jerusalem noch nicht die Kraft, uneingeschränkt zu glauben. Deshalb heißt es: „Einige aber zweifelten“. Der Glaube der Jünger ist bei Matthäus keine über alle Zwiespältigkeit erhabene Gewissheit. Matthäus spricht als einziger vom Kleinglauben der Jünger, der immer wieder erscheint. Die Jünger leben zwischen Vertrauen und Mutlosigkeit, zwischen Gewissheit und Zweifel.

Jesus geht auf sie zu und spricht zu ihnen das letzte Wort. „Alle Vollmacht im Himmel und auf Erden“ ist ihm übergeben worden. Nicht nur einzelne

Vollmachten wie früher, z. B. zur Sündenvergebung (9,6), zur Lehre (21,23), über Krankheiten und Dämonen, sondern jetzt hat er jede und die ganze Vollmacht in einem uneingeschränkten Sinn. Der Auferweckte erhielt vollen Anteil an der uneingeschränkten Macht Gottes des Schöpfers. Überreich hat der Vater den Gehorsam des Sohnes belohnt.

Was nun kommt (28,18–20), ist in drei verschiedene Worte gegliedert. Das Herzstück der Rede Jesu ist der Auftrag an die Jünger, alle Völker gleichfalls zu Jüngern zu machen. Wozu sie selbst erwählt wurden, das soll jetzt allen offen stehen. Kein Volk wird ausgenommen. Man darf annehmen, dass auch das verstockte Israel nicht ausgeschlossen ist. Alle nationalen, kultischen und religiösen Grenzen werden gesprengt. In doppelter Weise soll dies geschehen, nämlich durch Taufe und Lehre. Man hätte vielleicht eine andere Reihenfolge erwartet. Erst muss man doch glauben, um getauft werden zu können. Vielleicht will Matthäus zum Ausdruck bringen, dass die Taufe der Anfang und das Fundament ist, aber allein nicht genügt. Sie muss sich nach der Lehre des Meisters im Leben bewähren. Erst beides zusammen, Taufe und Lehre, bringt die wahre Jüngerschaft hervor. Die Taufe soll auf den Namen des Vaters und des Sohnes und des Heiligen Geistes geschehen. Damit wird die Taufe ein Zeichen der Übereignung an den dreifaltigen Gott. Heute nimmt niemand mehr an, dass diese Berufung auf den dreifaltigen Gott eine spätere Einfügung in den Text ist (Interpolation). Wahrscheinlich hat sich diese dreifache Struktur aus der Liturgie heraus entwickelt. Sie kommt im Übrigen ansatzweise auch schon besonders bei Paulus vor (vgl. 2 Kor 13,13; 1 Kor 12,4–6; vgl. 1 Kor 6,11; Gal 4,6; 1 Petr 1,2). Der Inhalt der Lehre ist eindeutig: Die Jünger sollen die Glaubenden „lehren" (nochmals kommt die „Lehre" vor!), „alles zu beachten, was ich euch aufgetragen habe". In diesem Evangelium ist alles aufgeschrieben, besonders in den großen fünf Reden. Sie sind Weisungen des Meisters und Lehre von der wahren Jüngerschaft. Sie enthalten den „Weg der Gerechtigkeit" (21,32). Nichts von all dem darf unterschlagen, aber auch nichts hinzugefügt, nichts umgedeutet oder abgeschwächt werden.

Es sind vier grundlegende Auftragselemente: Das Gehen zu den Völkern ist die Voraussetzung für alles, für das Zum-Jünger-Machen, das Taufen, das Lehren. Nicht wenige Exegeten sind der Meinung, dass hier zwar die universale Mission proklamiert wird, dass aber dieser Auftrag ganz bewusst eng verbunden ist mit der sakramentalen Eingliederung der für das Evangelium Gewonnenen in die Kirche und der stetigen Begleitung durch die Unterweisung im Glauben. Hier geht es zentral um den Aufbau der Kirche und die Schaffung von Gemeinden. Allem vorangehen muss der Aufbruch („Darum geht …"). Ohne Aufbruch gibt es keine Mission.

Das gewaltige Werk, allen Völkern das Licht zu bringen, ist keine menschliche Leistung allein. Die Jünger sind nicht auf sich gestellt und nicht nur auf ihre schwachen Kräfte angewiesen. Sie haben einen mächtigen Beistand im Herrn selbst. Das Mitsein des Auferweckten mit seinen Jüngern ist ein Unterpfand dafür, dass dem Tun der Jünger Erfolg beschieden ist. Der Beistand des erhöhten Herrn wird der Gemeinde speziell für die Erfüllung der Missionsaufgabe zugesagt. Wir sollten nie vergessen, dass der Herr aller Mission seinen besonderen Beistand und Segen verheißt. „Und siehe, ich bin bei euch alle Tage bis zur Vollendung der Welt". Immer und überall ist er gegenwärtig. Die neue Heilsgemeinde bekennt sich nicht nur weltweit zu dem einen Herrn, sondern sie hat ihn auch wirklich in ihrer Mitte.

Matthäus hat mit diesem „Schluss" einen imponierenden Schlussakkord seines Evangeliums geschaffen, in dem noch einmal wichtige Ziele seines Gesamtwerkes gebündelt erscheinen. Es ist so etwas wie Jesu Testament. Jesus blickt wirklich in die Ferne und in die Breite der ganzen Weltzeit. Überhaupt werden alle denkbaren Dimensionen von Welt und Geschichte, aber auch im Blick auf Jesu Tun eröffnet. Dies sieht man vor allem in den Versen 18–20. In ihnen kommt viermal das kleine Wort „alle" vor: *alle* Gewalt im Himmel und auf Erden – machet zu Jüngern *alle* Völker – lehret sie, *alles* zu befolgen – ich bin bei euch *alle* Tage. Zwar blickt Matthäus auf das ganze Leben Jesu (mit Tod und Auferstehung) zurück. Aber es ist in Wahrheit kein „Schlusswort" des Evangeliums, sondern dieses öffnet sich nun mit allen Möglichkeiten in die ganze, unabsehbare Geschichte hinein. Nicht zufällig sagt Jesus dies auf dem Berg, von dem er weit in die Welt hineinsieht. Man hat immer wieder darauf hingewiesen, dass hier Grundelemente des Gottesbildes der Bibel anklingen. Es ist das Immanuel-Motiv: Gott ist immer mit uns und bei uns. Die Zuversicht der weltweiten Mission gründet sich auf diese Zusage Gottes, jenseits von Zeit und Raum. Die Zeit der Kirche beginnt. Sie ist Werkzeug und Mittel der Mission. Nichts anderes.

Unser Glaube ist von Anfang an radikal und zutiefst mit dieser Mission verbunden. Dabei geht es nicht nur um eine allgemeine Verkündigung des Evangeliums. Sie ist vorausgesetzt. Aber sie hat eben auch ein Ziel, nämlich „das Formen von Gemeinden in fremden Völkern, indem Menschen durch die Taufe der Kirche zugeführt und zur Übernahme des Wortes Jesu in das eigene Leben befähigt werden sollen" (J. Gnilka). So kann die Kirche in der Zusicherung unzerstörbarer Dauer ihren Auftrag erfüllen. Freilich besteht sie aus fragilen Menschen, die angewiesen bleiben auf die Stärke ihres Herrn.

Das notwendige Gespräch mit den Weltreligionen hebt die Notwendigkeit des entschiedenen und klaren Zeugnisses der Christen nicht auf. Die Glaubwürdigkeit der Mission gründet in der Bindung an die Weisung des irdischen Jesus: Lehret sie, alles zu halten, was ich euch geboten habe. Wir brauchen wieder diesen Mut zum Bekenntnis des Glaubens, nicht nur für uns selbst. Je mehr wir Freude an Glaube, Hoffnung und Liebe haben, um so mehr werden wir auch zu Zeugen, die sich leibhaftig durch ihre eigene Existenz für das Evangelium Jesu Christi einsetzen und einbringen. Darum ist das Christentum im Kern und im Wesen missionarisch, oder es verrät sich selbst. Wenn uns das Evangelium selbst in Wort und Tat überzeugt, dann werden wir auch leichter andere gewinnen. Dann wäre es auch grundfalsch, wenn wir das Ziel von Mission so verstehen würden, dass wir den Buddhisten helfen, bessere Buddhisten zu werden, den Muslimen helfen, bessere Muslime zu werden. Nein, Paulus sagt uns in seinem „missionarischen Kanon" mit aller Deutlichkeit, wir sollten in der Kraft des Geistes die große Herausforderung annehmen, *„allen alles zu werden"* (vgl. 1 Kor 9,22), den Juden ein Jude, den Schwachen ein Schwacher, um des Evangeliums willen. Amen.

Umkehr zum Leben für alle – Ursprung und Tragweite der missionarischen Grunddimension des christlichen Glaubens

Seit einiger Zeit hat das Wort „missionarisch" geradezu Hochkonjunktur. Es wird für sehr viele Bereiche gewählt und steht manchmal in der Gefahr, beinahe inflationär zu werden. Wenn etwas missionarisch ist, scheint es auch bereits legitimiert zu sein. Mit dem Substantiv „Mission" steht es nicht so gut. An „Mission" heften sich immer noch viele Einwände. Sie scheint eher ohnehin eine abgeleitete Größe zu sein.

Dies hat gewiss auch mit dem angenommenen Ursprung der Mission zu tun. Der bekannte Slogan „Jesus hat das Reich Gottes gepredigt und gekommen ist die Kirche"[1] hat später eine gewisse ähnliche Abwandlung erhalten im Blick auf die Entstehung der Mission: Jesus habe nämlich Buße und Umkehr für die Juden gepredigt, die Kirche habe aber die Mission unter den Heiden hervorgebracht. Die Juden bedurften der Buße, nicht aber der Bekehrung wie die Heiden, denn der Bund sei ihnen nicht genommen worden. Schließlich hat man die These sogar dahin zugespitzt, die Heidenmission in der Frühzeit der jungen Kirche sei aus der Verweigerung Israels gegenüber der Botschaft Jesu und seiner Person gekommen. So wäre die Heidenmission der Kirche nur unter der Voraussetzung der Verwerfung Jesu durch die Juden entstanden.[2] Die Kirche würde sich also an der Stelle Israels den Heiden zuwenden. Dies könnte so verstanden werden, als ob die Heidenmission der Kirche eine nicht geplante Ersatzlösung darstelle. Dagegen gibt es nicht nur gute theologische Gegengründe, sondern man muss hier auch fundamental die Frage stellen, ob der wahre Grund für die Verbreitung des Evangeliums nicht allein in der Weigerung des jüdischen Volkes, sondern im positiven Heilswillen und Heilsratschluss Gottes zu suchen ist.

Ist Mission also nur ein verunglückter Ersatz? Der Einwand wird für viele zum Verdacht, wenn man zusätzlich noch schwierige Etappen der Missionsgeschichte als Missbrauch und Entstellung des christlichen Glaubens deutet. An diesen Fragen geht man oft vorbei oder versucht rasch bloß eine apologetische Antwort. Wir wollen uns von hier aus einen Zugang zur Sache eröffnen. Dies ist nur möglich, wenn wir grundlegend nach dem Verhältnis Jesu zur Mission fragen und von dort über das Verhältnis der Kirche zur Mission nachdenken.

I. Trinitarische Begründung der Mission

Angesichts der Wichtigkeit des Gottesverständnisses erscheint es mir jedoch als notwendig, gleichsam ein Vorspiel zur Erörterung des Missionsgedankens vorauszuschicken. Dabei kann dies ohnehin nur eine Skizze sein. Der vorösterliche Jesus ist der Bote des Vaters. Gott thront nicht in seliger Selbstgenügsamkeit. Er ist nicht „olympisch", d.h. bleibt nicht in seiner unberührbaren und seligen Souveränität. Bei den Griechen sind die Götter nicht zuletzt darum selig, weil sie selbstgenügsam in sich bleiben und schweigen. Die Absolutheit wird mit seiner Erhabenheit über Welt und Geschichte zum Ausdruck gebracht. Im christlichen Glauben behält er zwar seine aus ihm selbst kommende und durch nichts bedingte Ursprünglichkeit, verbleibt aber nicht in Autarkie, sondern wendet sich der Welt und den Menschen in der Schöpfung und in der Erlösung zu.[3] Gott tritt schon im Alten Bund aus sich heraus, um mit den Menschen zu sein. Er kommt auf uns zu und lädt uns ein, Friede und Gemeinschaft mit ihm selbst zu stiften und geschwisterliche Gemeinschaft unter den Menschen herzustellen. Er ist wirklich ein Emmanuel, ein Gott-mit-uns. Gott selbst ist der Ursprung aller Mission, denn er sendet uns aus dem Schweigen der Ewigkeit sein Wort der Wahrheit, er sendet die Propheten als lebendiges Zeugnis seiner Zuwendung zu uns, erweckt sie und leitet sie durch den Geist der Wahrheit. In diesem Sinne gibt es zweifellos auch eine tiefe trinitarische Begründung der Mission, die stärker in der ökonomischen Trinität sichtbar wird, die freilich wiederum durch die immanente Trinität begründet bleibt.

Das Interesse Gottes an der Welt wird im Zug der Heilsgeschichte immer offenkundiger. Auch die jüdische Theologie hat bekanntlich diese Kondeszendenz Gottes in seinem Wort, in der Tora, in der Schechina und vielen Erweisen seiner Güte zur Welt bezeugt. Nicht zuletzt darauf spielt der Anfang des Hebräerbriefes an: „Viele Male und auf vielerlei Weise hat Gott einst zu den Vätern gesprochen durch die Propheten; in dieser Endzeit aber hat er zu uns gesprochen durch den Sohn." (Hebr 1,1f.) Es gibt in diesem Sinne dann auch eine sehr konsequente Christologie der Sendung, die vielleicht am stärksten erkennbar wird in Gal 4,4: „Als aber die Zeit erfüllt war, sandte Gott seinen Sohn". Er ist Gottes Mission. Als Sohn bezeugt er am tiefsten und ganz authentisch den Willen des Vaters. Jesu Weg ist nichts anderes als Sendung vom Vater her.

Diese Sendung des Sohnes hat ein Ziel, nämlich die Liebe Gottes zum Menschen und zur Welt offenbar zu machen. Die Herrschaft Gottes ist nicht die Durchsetzung irgendeiner Macht, sondern letztlich ist es die ganz andere Herrschaft der suchenden Liebe. In unüberbietbarer Form hat es der große

Theologe Johannes formuliert: „Denn Gott hat die Welt so sehr geliebt, dass er seinen einzigen Sohn hingab, damit jeder, der an ihn glaubt, nicht zu Grunde geht, sondern das ewige Leben hat. Denn Gott hat seinen Sohn nicht in die Welt gesandt, damit er die Welt richtet, sondern damit die Welt durch ihn gerettet wird." (Joh 3,16f.)

II. Der Heilswille Gottes

Dieser erste Aufriss muss noch näher geklärt werden. Dabei geht es vor allem um das Verhältnis Jesu zu so etwas wie Mission.[4] Die Frage, ob Jesus die Mission gewollt hat, muss in einer gestuften Reflexion beantwortet werden. Einmal verstand sich Jesus selbst als der Gesandte, der den Auftrag hat, das Gnadenjahr des Herrn auszurufen (vgl. Lk 4,18f.) und die verlorenen Schafe des Hauses Israel zu sammeln (Mt 25,24). Der Ruf zu einer elementaren Umkehr und zum Glauben an das Evangelium (vgl. Mk 1,15) eröffnet bereits einen weiten Horizont. In der Unbeschränktheit dieses Rufes liegt ein universales Element, das zugleich so etwas wie einen missionarischen Impuls gibt. Etwas Ähnliches kündigt sich im Verständnis der Jüngerschaft Jesu an. Zur Berufungserzählung (vgl. Mk 1,16–18) gehört auch die Indienstnahme der Berufenen. Diese Dienstbereitschaft findet ihre konkrete Gestalt in der Aussendung der Jünger. Für die Aussendungsrede gibt es zwei Fassungen (vgl. Mk 6,6b–13 / Lk 9,1–6 und in Lk 10,1–12,Q). Matthäus hat diese beiden Überlieferungsstränge miteinander verbunden und auch noch Sondergut eingefügt. Wenn man von den nachösterlichen Überlagerungen absieht, geht aus Lk 9,1f. und Mt 10,7f. hervor, dass es sich um einen Auftrag zur Weiterverkündigung der Gottesherrschaft handelt, die auch das Wirken zeichenhafter Wunder einschließt.

Ein wichtiges Element dabei ist die Übertragung von Vollmacht an die Jünger. Wie Jesus selbst seine „Vollmacht" („exousia") vom Vater erhalten hat, so überträgt er diese auf seine Jünger. Sie nehmen teil an seinem Auftrag und haben bereits in der vorösterlichen Zeit Teil an der Verkündigung dieser Botschaft und an der Verwirklichung der dazugehörigen Handlungen, die Jesus vollbringt (vgl. auch Lk 9,60). In dieser Aussendung durch den irdischen Jesus ist eine wichtige Voraussetzung gegeben für die nachösterliche Aufgabe der Jünger. Man hat darauf hingewiesen, dass hier auch erste Ansätze für so etwas wie eine Traditionsbildung erkennbar werden, denn das selbstständige Handeln der Jünger schließt ja eine zuverlässige und genaue Kenntnis der von Jesus verkündigten Botschaft ein. Schon hier kann man einen wichtigen Akzent im Begriff und Verständnis von „Apostel" feststellen, wie die Zwölf wenigstens teilweise genannt werden (vgl. Lk 6,13 und Mt 10,2–4). Denn die Apostel haben von hier aus gesehen eine wichtige Doppelstellung: Einmal sind es die Gesandten, wie das Wort vom Griechischen her sagt; zum anderen sind sie eben als Apostel, die den vorösterlichen und den nachösterlichen Jesus aus der Nähe kennen und bei ihm sind, Zeugen der Wahrheit und der Authentizität seiner Botschaft, was im Sprachgebrauch der Kirche eben später immer wieder aufscheint: Das Apostolische ist Grund und Maßstab nicht nur für die Jesuszeit, sondern auch bleibendes Kriterium für die Gründung und Geschichte der Kirche aller Zeiten.

So hat auch die Einsetzung der Zwölf eine doppelte Bedeutung. Der Zwölfer-Kreis ist in Entsprechung zu den zwölf Söhnen Jakobs als den Stammvätern Israels eingesetzt worden. Die „Zwölf" sind die Repräsentanten des endzeitlich erneuerten Gottesvolkes. Hier gibt es Kontinuität und Diskontinuität in einem. Die Zusammengehörigkeit besteht darin, dass es um ein erneuertes Israel geht. Aber dies kann nicht einfach die Fortsetzung der Geschichte des alten Gottesvolkes oder eine Wiederherstellung der alten Stämme sein. Es wird ein neues Israel gesammelt. Darum werden auch neue „Stammväter" eingesetzt. Dabei geht es Jesus jedoch nicht um die im Alten Testament und im Judentum bekannte Vorstellung vom „heiligen Rest", vielmehr orientiert er sich am Gedanken des zu sammelnden, eschatologischen Gottesvolkes. Beim Übergang in den griechischen Sprachgebrauch wird dies unter Berücksichtigung der Übersetzungstradition der Septuaginta „ekklesia" genannt.[5]

Dies heißt freilich auch, dass die Erneuerung von Israel ausgeht. Es ist der Heilsbringer für die Völker (vgl. Jes 2,2 f.). Jesu Wirken gilt in erster Linie den im Land zerstreuten Juden. Israel ist für ihn immer noch das Bundesvolk, das die Verheißung hat und weiter behalten wird. Dies ist aber nicht von vornherein gleichzusetzen mit einer negativen Ausgrenzung der übrigen Völker. Eine scharfe Fixierung des Beginns der Heidenmission auf das angebliche Ausscheiden Israels aus der Rolle als Heilsmittler legt Gegensätze nahe, die so von der Schrift her nicht vertretbar sind. Jesus begegnet bei seinen Wanderungen gerade durch Galiläa der heidnischen Bevölkerung. In den Evangelien ist dies besonders in der Erzählung von der Syrophönizierin (vgl. Mk 7,24–30) und in der Geschichte des Hauptmanns von Kafarnaum (vgl. Mt 8,5–13/Lk 7,1–10,Q) festgehalten. Ja, schließlich hat Jesus Menschen in seinen Anhänger- und Jüngerkreis aufgenommen, die religiös und sozial als ausgestoßen galten. Er hat in der Gestalt des Simon Kananäus (vgl. Mk 3,18) einen Zeloten in den Kreis der Zwölf aufgenommen. Dies ist für Jesu Botschaft und sein Wirken von grundlegender Bedeutung, denn es geht ihm um eine radikale Erneuerung allen menschlichen Lebens und der Lebensgemeinschaft. So werden die traditionellen Grenzen von Jesus bewusst in mehrerer Hinsicht überschritten. Darum darf die zweifellos vorhandene Konzentration der Sendung auf Israel nicht als eine negative Ausgrenzung der übrigen Völker begriffen werden. Es ist daher auch richtig, wenn man von einem „Heilsuniversalismus" Jesu gesprochen hat und wenn man den universalen Missionsauftrag nach Ostern durchaus im Einklang mit dem Willen des irdischen Jesus sieht.[6]

Hinsichtlich der Stellung Jesu zu den Heiden und besonders zu einer „Heidenmission" gibt es viele unterschiedliche Antworten der Exegeten: Die Heidenmission sei völlig außerhalb des Horizontes Jesu; die Bekehrung der Heiden sei von ihm selbst erst im endzeitlichen Handeln Gottes erwartet worden; er habe die Heidenmission für die nachösterliche Zeit angekündigt; er sei der erste Heidenmissionar gewesen. F. Hahn verweist hier auf die aufschlussreichen Erzählungen in Mk 7,24–30 und Lk 7,1–10. „Bei aller Konzentration auf Israel und das eschatologisch erneuerte Gottesvolk wird im Blick auf die Heiden das grenzüberschreitende Handeln Jesu erkennbar. Vermutlich hat er nicht ohne Grund sein Wirken über Galiläa hinaus ausgedehnt, wo ihm auch Heiden begegnet sind. So kam es offensichtlich schon bei seinem vorösterlichen Wirken zur Annahme und Aufnahme von Heiden, ohne dass damit eine programmatische Tätigkeit unter den Heiden oder eine Aussendung der Jünger zu den Heiden verbunden gewesen ist."[7] Auch die zweifellos nachösterlich beeinflusste Fassung in Jesu Rede vom Weltgericht (vgl. Mt 25,31–46) lässt für F. Hahn erkennen, „dass es für Jesus keine prinzipielle Beschränkung auf Israel gab, dass vielmehr alle Menschen, die in Jesu Sinn leben und handeln, der Heilsgemeinschaft zugerechnet werden, während andere, die sich zu Unrecht auf ihn berufen, ausgeschlossen sind (vgl. Mt 7,21 f.). Bei aller Offenheit geht es um einen klaren und unübersehbaren Mittelpunkt, das eschatologisch erneuerte Gottesvolk, das angesichts der anbrechenden Gottesherrschaft zusammengerufen wird."[8] Der Anbruch der Gottesherrschaft verheißt auch deren Vollendung. Dasselbe gilt auch für die anfängliche Sammlung des Gottesvolkes (vgl. Mt 8,11 f.; Lk 13,29). Es wird also durchaus die Offenheit der Jüngergemeinschaft betont. Es gibt Menschen, die von außen dazukommen. Diese Vollendung sieht Jesus besonders in der endzeitlichen Tischgemeinschaft (vgl. Mk 14,25; Mt 26,29).

An dieser Stelle müssen noch zwei Grundgedanken fortgeführt und stärker nachgetragen werden. Die Nachfolge-Erzählungen haben nicht nur eine einmalige historische Bedeutung, sondern haben auch Gültigkeit für die nachösterliche Zeit. Dies ist sehr klar in der synoptischen Tradition ausgesprochen. Jesus ist auch nach Tod und Auferstehung der einzige Meister (vgl. Mt 23,8). Im Johannesevangelium gibt es nach F. Hahn eine weiterführende Überlegung, indem deutlich gemacht wird, „dass der Ruf in die Nachfolge nicht bloß von Jesus selbst ausgeht (so Joh 1,43), sondern stellvertretend auch von seinen Jüngern, die einen Neuberufenen zu Jesus hinführen“[9] (vgl. 1,40f.45). So ist die Nachfolgetradition erhalten, aber sie wird im vierten Evangelium zugleich auch in eine inhaltliche Parallele gebracht mit „Glauben“ (vgl. z.B. den Übergang in 1,50; 6,35). Bei Paulus ist das Wort vom „Glauben“ ganz in den Vordergrund getreten zur umfassenden Bestimmung des Jünger- bzw. Christseins. Eine andere Komponente in der fortschreitenden Reflexion besteht in der Tatsache, dass sich vor allem im hellenistischen Bereich der frühen Kirche der Begriff der „ekklesia“ an der Stelle des Gottesvolksgedankens durchzusetzen begonnen hat. Er bezieht sich auf die konkrete Ortsgemeinschaft. Dabei ist es aber aufschlussreich, dass sich der Grundaspekt der universalen Gemeinschaft auch im Begriff „ekklesia“ erhalten hat. Dies wird besonders erkennbar im Wort „Kirche Jesu Christi“. „Damit wurde zweifellos an die Vorstellung Jesu angeknüpft, wonach es im Zusammenhang mit der Proklamation der anbrechenden Gottesherrschaft um die Sammlung des eschatologischen Gottesvolkes geht. In nachösterlicher Zeit wurde daraus die von Jesus gestiftete Heilsgemeinschaft.“[10] Damit ist vor allem die Zeit zwischen Ostern und der Parusie gemeint. Schließlich ist so von Anfang an die dreigestufte Bedeutung und unterschiedliche Reichweite des Wortes „ekklesia“ gegeben, das die aktuale Versammlung der Gemeinschaft der Glaubenden, die konkrete Ortsgemeinde und die weltweite Glaubensgemeinschaft meint. Mindestens ist eine solche Tendenz deutlich bei Paulus erkennbar.

Es gehört zum Gesamtbefund, dass die Zwölf, die teilweise ganz mit den „Aposteln“ gleichgesetzt worden sind, zweifellos bei aller Offenheit der Jüngergemeinschaft eine Sonderstellung innehaben. Die Apostel haben eine geschichtliche Einmaligkeit, weil sie von dem auferstandenen Herrn selbst als Boten des Evangeliums eingesetzt worden sind. Unter den Jüngern Jesu und den Aposteln spielt dabei Simon Petrus von Anfang an eine herausragende Rolle. Er hat sie auch in der nachösterlichen Zeit behalten. Durch die Verleihung des Kephas-Namens („Fundamentalfelsen“) und die Tatsache, dass er wohl der erste Auferstehungszeuge gewesen ist (vgl. 1 Kor 15,5 und Lk 24,34), ist er „der maßgebende Repräsentant der sich bildenden Urgemeinde geworden“.[11] „Was für Jesu eigenes Wirken kennzeichnend war, die Heilszuwendung und die Befreiung aus der Macht der Sünde, das ist nun die wesentliche Aufgabe und Funktion der nachösterlichen ‚Kirche Christi‘ … Petrus partizipiert wie der ganze Zwölfer-Kreis an der Einmaligkeit der Geschichte Jesu, und er repräsentiert zugleich die Vollmacht, die der nachösterlichen Kirche insgesamt und auf Dauer übertragen ist.“[12]

III. In der Nachfolge Jesu Christi zu den Menschen

Der missionarische Dienst im Sinn der Verkündigung des Evangeliums ist in Jesu eigener Sendung und Vollmacht begründet. Der Auftrag an die Jünger bedeutet Partizipation an seiner Vollmacht und dient der Weiterverkündigung der Heilsbotschaft. Die weltweite Verkündigung des Evangeliums (vgl. Mk 13,10) ist ein besonderes und spezifisches Element der Zeit zwischen Anbruch und Vollendung des Heils, also der Zeit der Kirche. So ist der nachösterliche Missionsauftrag schon in der Aussendung zu Lebzeiten Jesu vorweggenommen. Wenn auch diese Sendung primär und nach dem Matthäusevangelium sogar ausschließlich (vgl. 10,5f.) auf Israel bezogen war, so hat der universale Auftrag, der ansatzweise im Verhalten des irdischen Jesus punktuell schon aufscheint, seine Wurzel im Sendungsauftrag des irdischen Jesus, kommt aber nun nach Ostern voll zur Geltung.

Dies zeigen rasch die zentralen Texte (vgl. Mt 28,18–20; Lk 24,46–49; Apg 1,8; Mk 16,15f.; Joh 20,21f.).[13] Es ist erstaunlich, wie sehr der universale Aspekt der Sendung in den meisten Texten betont wird (vgl. z. B. besonders auch Mk 16,15). Wenn davon nicht die Rede ist, darf sie, wie z. B. im Johannesevangelium, vorausgesetzt werden. Die Sendung der Jünger wird hier ausdrücklich mit der eigenen Sendung Jesu in eine parallele Beziehung gesetzt (vgl. 20,21). In diesem Zusammenhang gibt es auch – ähnlich wie bei Lukas – eine Verbindung der schon öfter angesprochenen Beauftragung der Jünger mit der Verleihung des Heiligen Geistes: „Wie mich der Vater gesandt hat, so sende ich euch. Nachdem er das gesagt hatte, hauchte er sie an und sprach zu ihnen: Empfangt den Heiligen Geist.“ (20,21f.) Die universale Sendung erscheint eindeutiger in anderen Passagen des vierten Evangeliums. Nach 3,16 hat Gott Jesus in die Welt gesandt, um diese zu retten. Darum ist er der „Retter der Welt“ (4,42c). Während sich 20,21f. auf die anwesenden Jünger bezieht, sollen doch alle durch das Wort der Jünger zum Glauben kommen (vgl. 17,20ff.).

Das Nebeneinander dieser verschiedenen Texte zeigt in eins eine hohe Gemeinsamkeit, aber auch eine verschiedene Entfaltung. „Die Gewissheit der österlichen Sendung gründet in der Überzeugung der Gemeinde, dass mit Jesu Auferstehung und seiner Einsetzung zur Rechten Gottes die den Jüngern erteilte Vollmacht in universalem Horizont verstanden und durchgeführt werden muss.“[14]

Diese Einsicht hat sich wohl erst schrittweise, aber doch schon in einer unerhört kurzen Zeit und beinahe explosionsartig durchgesetzt. Ich bin jedoch der Meinung, man sollte den Ursprung der Mission nicht nur mit dem Ostergeschehen allein in Beziehung setzen, sondern man sollte hier den engeren Zusammenhang zwischen der Passion, dem Tod und der Auferstehung Jesu besser beachten und keinesfalls auseinanderreißen. Im Grunde gilt dies auch für den weiteren und tieferen Kontext der Himmelfahrt Jesu und der Geistverleihung an Pfingsten. Im Rahmen dieses Beitrags möchte ich dies nicht ausführlicher darlegen.

Für das Gemeinte wähle ich die bekannte biblische Kurzformel, die – mindestens implizit – so etwas wie eine Synthese aller Hauptaspekte des Erlösungsgeschehens ist. Dies ist das vorpaulinische und paulinische „Für uns" (vgl. 1 Kor 15,3; 2 Kor 5,14; Röm 8,32; Gal 1,4; 2,20; Röm 5,6; 14,15). Die Formel findet sich in allen Schichten des Neuen Testaments und kann mit Sicherheit in die älteste uns erreichbare urchristliche Traditionsbildung zurückgeführt werden, wobei der Unterschied zwischen „hellenistischer" und „palästinisch-jüdischer" Herkunft in der Forschung eher an Gewicht verloren hat. Trotz ihrer Allgegenwart in den verschiedenen Schichten des Neuen Testaments ist die Formulierung ziemlich konstant. Die unterschiedliche Ausgestaltung ist kein schlüssiges Gegenargument: für uns, für alle, für die Sünden, für den Nächsten, für mich, für Gottlose. Bei allen unterschiedlichen Fassungen besteht doch die feste Überzeugung, dass das „Für uns" die innere Achse aller soteriologischen Aussagen darstellt. Es ist bereits als ein zentrales Motiv in der vorösterlichen Jesus-Geschichte erkennbar. Im Einsatz Jesu für die Armen und Sünder gibt es so etwas wie einen Vorentwurf des „Für uns" bzw. „Für alle". Jesus ist der Mensch für die anderen. Er ist, wie H. Schürmann unermüdlich aufzeigte, in seinem ganzen Wesen „Pro-Existenz". Damit ist eine grundlegende Lebensrichtung, ein inneres Gefälle im Auftreten und Verhalten Jesu gemeint. Es wäre ganz töricht, wie es leider immer wieder geschehen ist, diese Pro-Existenz nur anthropologisch, gleichsam von unten im Sinne einer nur sozial orientierten Solidarität zu verstehen. Es ist immer schon deutlich, dass dieser totale Einsatz Jesu Christi nicht bloß vor Gott erfolgt und im Willen des Vaters gründet, sondern dass er auch diesen Einsatz für Gott, in seinem Namen und darum auch für alle Menschen auf sich nimmt. Ohne die tiefe und letzte Verwurzelung des Lebens und Wirkens Jesu, des ganzen Evangeliums in der Sendung und im Willen des Vaters gibt es diese universale Hingabe für alle nicht.[15] Jesus ist der Mensch, der sich für die anderen selbstlos weggibt. Dabei kommen Person und Sache zu einer völligen Deckung. In Jesu Pro-Existenz wird der Einsatz Gottes „für uns" anschaulich und wirklich. Zweifellos gibt es diesen Bogen einer wenigstens impliziten Soteriologie von dem sich verzehrenden Wirken des irdischen Jesus zugunsten der Armen und Sünder über die Hingabe im Abendmahl bis in die Passion hinein. Dadurch wird auch die öfter behauptete Dichotomie zwischen der Basileia-Botschaft Jesu und der Heilsbedeutung seines Todes relativiert. Zwischen dem Wirken und Leiden Jesu wird eine tiefe Einheit aufgezeigt, selbst wenn während der öffentlichen Tätigkeit Jesu stärker das aktive Selbsthandeln betont wird und im Gegensatz dazu die Passion mehr von der Hinnahme des über Jesus verfügten Geschicks bestimmt wird, das er allerdings sich freiwillig zu Eigen macht. Der Tod Jesu wird zu einem Zeichen dafür, dass der irdische Jesus seine Solidarität mit den Armen und Sündern bis in das Äußerste durchhielt.

Dabei ist an dieser Stelle auch nochmals alle Sorgfalt walten zu lassen. Denn die zur Interpretation auch in der Verkündigung immer wieder angeführte Kategorie Solidarität reicht in der konkreten Anwendung oft nicht aus, um die Grundaussage „Für uns“ adäquat zu übersetzen. Denn „Für uns“ heißt nicht nur „um unsertwillen“, „zu unseren Gunsten“, sondern nicht minder „an Stelle von uns“, „in unserer Stellvertretung“. Der Tod Jesu ist nicht das zufällige, tragische Mittel oder gar „Material“ der Erlösung. Vielmehr ist der Tod Jesu der Vollzug der Erlösung. Paulus ist durchaus nicht im Unrecht, wenn er das ganze irdische Leben Jesu, gewiss äußerst komprimiert, im „Tod“ konzentriert. In diesem Sinne ist die aktive Pro-Existenz des irdischen Jesus ein Vorschein des Geheimnisses der Passion. Das Sterben Jesu am Kreuz, das Begräbnis als Besiegelung des Totseins und der „Höllenabstieg“ Jesu Christi loten die äußerste Tiefe der Verlorenheit Jesu und damit des Menschen aus, erhellen freilich zugleich alle Dimensionen der vollbrachten Erlösung.[16]

Jetzt wird deutlich, aus welcher Tiefe die Erlösung allen Menschen zuteil geworden ist. Freilich muss man hier auch an eine Missdeutung erinnern, die genannt werden muss. Es gibt den Tod Jesu „für alle“. Jesus Christus ist für alle Menschen gestorben. Die Kirche hat durch viele Jahrhunderte hindurch immer wieder theologische Versuche zurückgewiesen, diese Universalität des Erlösungstodes Jesu Christi einzuschränken auf die Menschen, die der Kirche angehören, die getauft sind, die „Frommen“ usw. Es ist ein eindrucksvolles Zeugnis, dass die Kirche diesen Versuchen bis heute widerstanden hat und die Reichweite der Erlösung wirklich in ihrer universalen Geltung bestehen ließ. Sie bleibt dabei auch den dargelegten Grunddaten der Heiligen Schrift treu, wie sie vor allem auch in 1 Tim 2,4 zum Ausdruck kommen: „Gott will, dass alle Menschen gerettet werden und zur Erkenntnis der Wahrheit gelangen.“ Das Zweite Vatikanische Konzil hat in eindrucksvoller Weise diese Hoffnung auf das Heil aller Menschen vertieft.[17] Aber es ist ein tödliches

Missverständnis, wenn man aus diesen Aussagen die falschen Konsequenzen zieht. Gesagt ist nämlich nicht, dass deswegen alle Menschen auch schon faktisch gerettet werden. Die Erlösung ist in keiner Weise irgendein Mechanismus, der das Heil von Jesus her automatisch auf die Menschheit im Ganzen überträgt. Die Theologie muss sich immer dagegen wehren, Gottes Mitteilung der Gnade naturalistisch zu verstehen, wie wenn ein Gewitter unterschiedslos Wasser ausschüttet. Aber für uns heutige Menschen ist auch eine mechanische Vorstellung verführerisch, als ob es in diesem Bereich subjektlose Prozesse geben könnte. Die Bibel spricht in diesem Zusammenhang von Anfang an im Sinne einer personalen Aufforderung und einer entsprechend personal strukturierten Antwort. Gott sendet jedem seine Gnade als Anruf und Einladung, sich auf dieses Geschenk einzulassen. Aber nur wer die Einladung auch im Leben realisiert und sie damit persönlich akzeptiert, wird von Gott gerechtfertigt und von der Sünde befreit. Darum gibt es besonders beim hl. Paulus auch den fundamentalen Unterschied zwischen dem Indikativ und dem Imperativ der Zuwendung des Heils. So wiederholt Paulus im Galaterbrief mehrfach, dass Christus uns zur Freiheit gerufen und befreit hat. Aber unmittelbar danach kommt die Aufforderung: „Bleibt daher fest und lasst euch nicht von neuem das Joch der Knechtschaft auflegen!" (5,1) oder: „Ihr seid zur Freiheit berufen, Brüder. Nur nehmt die Freiheit nicht zum Vorwand für das Fleisch, sondern dient einander in Liebe." (5,13)

Wer diese Differenz nicht wahrt, sondern einebnet, missversteht die Rede vom Heil grundlegend. Es gibt dann nur noch das, was M. Luther „billige Gnade" nennt. Damit würde aber auch der Gedanke der Mission völlig ausgehöhlt. Denn die Mission lebt ja davon, dass Jesus Christus für alle gestorben ist, uns von unseren Sünden befreit hat, wir dieses Geschenk durch Glaube und Taufe annehmen und in diesem neuen Leben wandeln. Diese Gnade Gottes muss als wirkliche Einladung – ein schlechteres Wort dafür ist „Angebot" – allen Menschen mitgeteilt werden. Die Differenz zwischen dem von Jesus verdienten Geschenk der Gnade für alle und dem Ernst der Aneignung dieser Gnade durch jeden einzelnen Menschen macht Mission überhaupt erst notwendig. Es kommt gerade in allem, was die Mission tut, auf dieses Gefälle an. Auch darum gehören Mission und Pastoral eng zusammen.

Auch aus diesem Grund scheint es mir wichtig zu sein, nicht zu schnell die Begründung der Mission nur in der Auferstehung zu sehen. Wir dürfen den Tod Jesu „für uns", d.h. an unserer Stelle und für unsere Sünden, nicht überspringen, wenn wir ernsthaft von Mission sprechen wollen. Dies gilt auch vom Zusammenhang zwischen Mission und Kirche. Man muss den christologischen Primat in allen Dimensionen verfolgen und in seiner Bedeutung gleichsam ausziehen. Dies gilt zunächst für Himmelfahrt und Pfingsten.

Das Moment der Erhöhung unterstreicht die Raum und Zeit überschreitende Tragweite und Fülle der Erlösung. Der Geist ist der Beistand und das Medium, in dem allein Versöhnung im Sinne Jesu Christi sich ereignen kann. Das Pneuma, das in besonderer Weise zwischen Heil und Geschichte vermittelt, wird sogar das innere Lebensprinzip des erlösten Menschen. Zuvor aber entlässt der Geist aus sich die Kirche, aus Juden und Heiden gebildet, als seine erste Frucht. Pfingsten macht diese Stiftung offenkundig. Die Strukturen der Erlösung zeigen sich auch in allem, was Jesus Christus nachfolgt: Auch die Kirche ist nicht für sich, sondern um der anderen Willen da, was besonders exemplarisch in Maria realisiert wird und auf eigene Weise in allen Charismen, Diensten und Ämtern verwirklicht werden soll. Schließlich gewinnen Versöhnung und Frieden – besonders in den Deuteropaulinen – auch über den Raum der Ekklesia hinaus in den weltlichen und weltweiten Dimensionen Bedeutung. Der Gang der Geschichte lässt jedoch nicht vergessen, dass Versöhnung nur am Kreuz und durch das Blut Jesu Christi erkauft werden kann. Alle Erlösung ist in der Vorläufigkeit der Geschichte und der Brüchigkeit der menschlichen Existenz nur „Angeld" und reale Verheißung für eine letzte Vollendung und ewige Herrlichkeit. Alle Phasen und Momente im dynamischen Prozess des Erlösungsvollzugs sind hier versammelt: Das irdische Leben und die Passion, der Tod mit dem „Höllenabstieg" und die Verlassenheit Jesu, die Auferstehung und die Erhöhung, das Sitzen zur Rechten des Vaters und die Geistverleihung an Pfingsten gehören grundlegend zueinander. Man darf kein Glied herausbrechen oder überhöhen oder vernachlässigen. Sie sind wirklich alle gleichursprünglich.

Man kann diese Überlegungen von verschiedener Seite her vertiefen. Die Heilige Schrift bietet in den verschiedenen theologischen Entwürfen dazu einen großen Reichtum mit vielen Hilfen. Ich möchte an dieser Stelle nur ein Beispiel nennen: Im Johannesevangelium spielt die Sendung eine entscheidende Rolle. Dies gilt nicht nur für die Sendung der Jünger durch Jesus, wie sie besonders in den Abschiedsreden zur Darstellung kommt. Es gibt eine tiefe Zurückführung aller Sendung auf Gott den Vater. Nur weil der Sohn vom Vater gesendet ist und vor seiner Menschwerdung am Herzen des Vaters ruhte (vgl. Joh 1,18) und schließlich nach der Auferstehung und Erhöhung beim Vater eine gleichrangige Machtstellung einnimmt („sitzet zur Rechten des Vaters"), darum kann er auch wirklich an Gottes Stelle Leben weitergeben, das nicht zerstört werden kann, und auch Gericht halten (vgl. Joh 3,35 f.; 5,19 ff.). So ist der Gottessohn gerade als der Menschgewordene vom Vater gesandt.[18]

In diesem Sinne reicht jede Mission tief in das Geheimnis des Dreifaltigen Gottes. Dies ist ein alter Grundsatz in der Begründung des Missionsauftrags.

Mission und Kirche erhellen sich gegenseitig in ihrem wirklichen Verständnis.[19] „Der Missionsauftrag wird von Jesus ausdrücklich mit der Sendung verknüpft, die er von seinem Vater empfangen hat. Auftrag, Autorität und Gewalt („exousia“) entspringen dem Geheimnis des dreieinigen Gottes und werden von Christus an die Apostel weitergegeben (Mt 28,18); die Sendung, die dem Sohn im ewigen Ratschluss des Vaters übertragen ist, wird in die Geschichte eingesenkt und durch die Jünger in ihr weitergetragen (vgl. Joh 20,21). Auf diese Weise entspringt und gründet die Sendung der Kirche, über die geschichtliche Vermittlung Jesu, im Reichtum des dreieinigen transzendenten Gottes. Die ‚Sendungen‘, von denen die Trinitätstheologie immer gesprochen hat, bilden die Wurzel und den letzten Grund der Sendung der Kirche. Dies ist ein typischer Gedanke der katholischen Theologie, bei dem zu verweilen den Vätern des Zweiten Vatikanums besondere Freude und Genugtuung war (vgl. Ad gentes 2.3.4 usw.). Auch die protestantische Theologie hat diesen wertvollen Gedanken wieder aufgenommen.“[20]

Seit dem Zweiten Vatikanischen Konzil, das in das sehr spät verabschiedete Missionsdekret „Ad gentes“ (AG) viele Erkenntnisse in geglückter Form einbringen konnte, haben diese Gedanken wieder aufgenommen und vertieft: das Apostolische Schreiben „Evangelii nuntiandi“ als Ergebnis der Weltbischofssynode 1974 und besonders die bis heute noch zu wenig beachtete Enzyklika „Redemptoris missio“ vom 7. Dezember 1990. Vielleicht darf man auch noch das Dokument des Päpstlichen Rates für den Interreligiösen Dialog und der Kongregation für die Evangelisierung der Völker „Dialog und Verkündigung“ vom 19. Mai 1971 nennen. Genauere Interpretationen und Literaturhinweise auf andere Texte finden sich in dem Dokument „Allen Völkern Sein Heil“, das die Deutsche Bischofskonferenz am 23. August 2004 verabschiedet und nun auch veröffentlicht hat.

IV. Der Auftrag der Kirche

Damit ist deutlich geworden, in welchem Ausmaß und in welcher Tiefe Jesus Christus, Kirche und Mission zusammengehören. Man kann diesen Zusammenhang trotz aller notwendigen Unterscheidungen nicht genügend hervorheben. So versteht sich auch, dass unser heutiger Begriff von Mission erst im 16. Jahrhundert auftaucht. Damit wird auch das Fehlen des förmlichen Begriffs „Mission“ im Neuen Testament verständlicher. Die Dualität Kirche – Mission existiert im Neuen Testament kaum. Die Kirche hätte kaum das Bewusstsein gehabt, eine zweifache Aktion durchzuführen, eine „ad extra“

und eine „ad intra". Natürlich wurde das Problem vor allem wegen der Missionierung von Juden und Heiden bald akut. Aber im Kern ist es keine Frage, dass Mission für die Kirche keine zusätzliche, zweitrangige oder nachträgliche Aufgabe darstellt; sondern Mission ist konstitutiv für die Kirche. Darum ist es die Zusammenfassung eines langen Weges, wenn das Zweite Vatikanische Konzil sagt, dass „die ganze Kirche missionarisch und das Werk der Evangelisation eine Grundpflicht des Gottesvolkes ist" (AG 35). Ja, man kann sagen, dass die Kirche in ihrem Wesen missionarisch ist.[21] Dies ist eine grundlegende Errungenschaft der Ekklesiologie des 20. Jahrhunderts.[22] Man wird nicht sagen können, dass dies schon genügend in das theologische und kirchliche Bewusstsein aufgenommen worden ist.

Selbstverständlich hat die kirchliche Tradition auch in schwierigen und bedrängenden Zeiten um die Notwendigkeit der Mission gewusst. Man hat dies verschieden ausgedrückt. So hat man vom „Missionsbefehl" gesprochen. Dieser findet sich in der Tat in unterschiedlicher Form in den österlichen Erscheinungserzählungen.[23] In einer wirklichen Befehlsform findet sich der so genannte Missionsbefehl bei Mt 28,19 und Mk 16,15b.[24] Man kann also ein biblisches Fundament gar nicht leugnen. Aber es ist doch die Gefahr einer Verkürzung, wenn man das Verständnis der Mission im Neuen Testament zu sehr auf diese Aussagengattung hin engführt. Ein solches Verständnis legt auch heute aufgrund der Geschichte nahe, Mission als Einbahnstraße und individualistisch zu verstehen. Wenn man aber diesen Begriff zu vermeiden sucht, dann darf man die Dringlichkeit des Aufrufs Jesu nicht entschärfen.[25] Wenn man den Begriff „Missionsbefehl" auch von den Inhalten der biblischen Botschaft her versteht, dann richtet er sich auch gegen manche Missbräuche in der Missionsgeschichte. Auf jeden Fall muss man den problematisierten Begriff interpretieren.

Das hiermit gelegte Fundament müsste nun in den einzelnen Dimensionen missionarischer Aktivität entfaltet werden. Dies ist im Einzelnen nicht möglich und geschieht auch in anderen Beiträgen. Aber es sollen doch einige wichtigere Perspektiven wenigstens angedeutet werden, die das Gesagte ein wenig fortführen.

– Die Mission hat einen eigenen unverwechselbaren Auftrag in der Kirche. Die Verkündigung und Ausbreitung des Glaubens kann durch nichts anderes ersetzt werden. Mission hat gewiss etwas mit dem integralen Heil zu tun, das Leib und Seele, unsere konkret-geschichtliche Welt und die soziale Situation betrifft. Es geht um den ganzen Menschen. Die Geschichte der Mission ist immer auch die Geschichte der Befreiung des Menschen aus Weltflucht oder aus Dämonenangst, aus magischer Abhängigkeit und vielen Formen des Aberglaubens. Es geht um die Gewinnung der Freiheit der Menschen im Umgang mit der Welt. Auch die früheren Missionare haben nicht nur nach der himmlischen Seele des Menschen gefahndet, sondern sich um Krankheiten gekümmert, Schulen gebaut, Hospitäler errichtet und Wasserleitungen gelegt. Hier liegt der notwendige Zusammenhang von missionarischer Verkündigung und der Hilfe für den Menschen. Missionsschule, Krankenstation und handwerklich-technische Unterweisung sind Ausdruck dieses inneren Zusammenhangs. Aber niemals kann die humanitäre Hilfe den missionarischen Auftrag ersetzen. Beide Dimensionen dürfen nicht gegeneinander ausgespielt werden. Die Integration gelingt jedoch nur dann, wenn die Unersetzlichkeit und Eigenständigkeit des Missionarischen anerkannt wird. Darum kann die Mission keine verkappte Entwicklungshilfe in anderem Gewand sein. Die einzelnen Werke dienen gewiss dem einen und ganzen Menschen, aber sie dürfen dabei ihre je spezifische Aufgabe, die sie voneinander unterscheidet, nicht verwischen. Letztlich bringt die Mission etwas, was niemand in der Welt zu geben vermag: das Leben Gottes selbst. Der Mensch kann nur durch Gott selbst von der Angst vor dem Tod, von der Gefangenschaft in Hass und Feindschaft, von seiner ewigen Friedlosigkeit und von der Knechtschaft der Sünde befreit werden. Nur Gott schenkt dem Menschen ewiges Leben, das ihm nicht mehr genommen werden kann. Dies ist der Weg der Umkehr. Diese will nicht Knechtung und Herrschaft, sondern die Freiheit der Liebe und die Freude der Wahrheit. In diesem Sinne muss man auch den Titel dieses Beitrags verstehen: Umkehr zum Leben für alle.

– Wenn Gott zum Menschen kommt und in der Menschwerdung unsere menschliche Situation annimmt, dann muss die Kirche im Auftrag Gottes die Menschen auch an dem Ort aufsuchen, wo sie wohnen und leben. Dies gilt nicht nur für ihre physische Existenz, sondern besonders auch für ihre Sprache und Kultur. Die befreiende Botschaft des Evangeliums hat beim Apostelkonzil zu Jerusalem auch zur Konsequenz, „den Heiden, die sich zu Gott bekehren, keine Lasten aufzubürden.“ (Apg 15,19) Gerade durch Gottes Geist lassen sich die Bindungen des Menschen an seine Kultur, an seine Gewohnheiten, seine Sprache und seine Rasse, vor allem, wenn sie einengen, aufbrechen, überwinden und so für das Evangelium Gottes bereiten. Das Evangelium will darum in den verschiedenen Kulturen verwurzelt werden und Fuß fassen. Nur dann kann es wirklich voll, ohne Verkrampfungen, die Lebenswelt der Adressaten erreichen. Es kommt dann alles darauf an, dass das Genuine der christlichen Botschaft nicht preisgegeben wird, sondern in der Unterscheidung der Geister seine ursprüngliche Kraft behält und das Welt- und Menschenverständnis neu prägt. Es geht also nicht nur um Akkomodation und Assimilation, auch nicht nur um Inkulturation, sondern um die Integration als Unterscheidung des Christlichen. Dies kann ein langer Prozess sein, bei dem auch momentane Fehl- und Umwege nicht ganz auszuschließen sind.

– Die Mission nimmt den Adressaten der Botschaft als ebenbürtigen Partner an. Dies kommt hauptsächlich in der Annahme der Freiheit des anderen zur Sprache. Der Glaube ist wirklich nur personaler Glaube, wenn er auch frei übernommen ist. Darum sind Zwangstaufen, auch wenn man zu anderen Zeiten andere Mentalitäten in Rechnung stellt, im Grunde ein schrecklicher Irrweg. Die Verkündigung der Mission ist immer und zuerst eine Einladung durch Gott. Es kommt darum auch auf die Reaktion des Adressaten an. Er muss seine Fragen und Antworten einbringen können. Das Ja des Glaubens muss mit personaler Überzeugungskraft gesprochen werden. Darum muss die Mission sowohl im Blick auf den Einzelnen als auch hinsichtlich der Völker dialogisch sein. Dieses Wort darf nicht mit Unverbindlichkeit gleichgesetzt werden.[26] Auch der Dialog bleibt eine Anrede Gottes, indem dieser voll und ganz das Evangelium zur Sprache bringt. Diese Herausforderung verlangt immer auch Entscheidung. Darum mindert der Dialog nicht die Ernsthaftigkeit und den Anspruch der Wahrheit.

V. Der Träger der Mission

Es bleibt noch ein wichtiges Thema zu behandeln, denn der Träger der Mission muss genauer bestimmt werden. Die erste Antwort darauf ist gerade nach dem Zweiten Vatikanischen Konzil relativ einfach. Mission ist eine Grundaufgabe und eine Grundpflicht der ganzen Kirche, alle haben eine missionarische Verantwortung. Aber es dauert erfahrungsgemäß nicht lange, bis man in den einzelnen Missionaren bzw. Missionarinnen und in den Missionsgemeinschaften zwei herausragende Träger entdeckt, die das ganze Gottesvolk auch wieder entlasten. Die Konzilstexte haben hier etwas Wichtiges geleistet, indem sie die Gesamtverantwortung der Kirche für die Mission, aber auch die Grundpflicht zu einem missionarischen Denken bei vielen einzelnen Trägern eingeschärft haben. So gibt es in den Texten des Konzils eine missionarische Verantwortung aller Dienste und Ämter in der Kirche. Beim Priester und besonders beim Bischof, kommt dies auch in den neu geschaffenen Weihetexten mit aller Deutlichkeit zur Geltung, obgleich es in unserem Bewusstsein noch schwach entwickelt ist. In unserer modernen Welt wäre es außerdem töricht, wenn wir nicht die Professionalität der Missionsgesellschaften nutzen würden, die den einzelnen Missionar oft erst in die Lage versetzen, in schwierigen Situationen und Kontexten missionarisch tätig zu werden. Hier gibt es manche Blauäugigkeit, die die institutionellen Vorbedingungen von Mission heute im Sinne der Weltmission unterschätzen.

Es gibt gewisse stereotype Begriffe, mit denen wir gewöhnlich die missionarische Tätigkeit beschreiben, dazu gehört z. B. der Begriff der Missionspredigt. Man glaubte, dass der heute weitgehend dominierende Begriff der Missionspredigt ausreichend das „Spezifische" christlicher Mission zur Geltung bringt. Mit Blick auf die Quellen ist man dann aber auch oft erstaunt, dass man trotz der Bedeutung der Mission keine oder nur sehr wenige Missionspredigten im strengen Sinn findet. So haben wir z. B. vom heiligen Bonifatius zwar viele Briefe, aber keine einzige Missionspredigt im förmlichen Sinne. Wir müssen also die missionarische Tätigkeit auf andere Weise erschließen.[27] Manche überlieferten Missionspredigten sind außerdem ziemlich stilisiert und literarisch gestaltet. In den Wir-Berichten (vgl. z. B. 16,11–15) und Predigten der Apostelgeschichte können wir noch verschiedene Stränge entdecken, literarisch gestaltete Predigten und Berichte, die offenbar nahe an der Wirklichkeit sind. Gerade evangelische Forscher sind vielleicht zusätzlich durch den Primat der Wortverkündigung und des Wortes in den reformatorischen Kirchen verführt, die „Missionspredigt" zur Hauptquelle und zum Kriterium missionarischer Tätigkeit zu machen.

Die Historiker enttäuschen uns auch noch in einer anderen Hinsicht. Sie machen uns auch für die Frühzeit darauf aufmerksam, dass man vielleicht erst auf die Ausbreitung des christlichen Glaubens in vielen Formen schauen sollte. So spricht W. Reinbold[28] lieber von einem „Wachstum der Kirche durch einen Prozess stetiger Gärung". Er spricht für die Kirche der ersten drei Jahrhunderte von einer „nicht-missionarischen Form der Ausbreitung des Christentums durch individuelle Propaganda und die bloße Existenz über das Imperium verstreuter, zumeist kleiner Ekklesiai"[29]. So ist Reinbold auch überzeugt, dass der heilige Paulus als Apostel der Völker eher eine „atypische Figur" gewesen ist und dass „Missionare und Propagandisten im geringeren Maße typisch für die Anfänge der Kirche gewesen sind, als es in manchen frühchristlichen Quellen und in einem nicht geringen Teil der gegenwärtigen Literatur den Anschein hat."[30]

Nun könnte man sagen, dass dies nichts Neues ist. Denn schon A. v. Harnack hat in seinem auch heute noch lesenswerten zweibändigen Werk „Die Mission und Ausbreitung des Christentums in den ersten drei Jahrhunderten"[31] dargelegt, dass man sich den Vorgang der „Missionierung" anders vorstellen muss, als wir dies gewöhnlich tun. Natürlich gab es Missionare, die man schon in den ersten Wanderpredigern finden kann. Das Erfolgsgeheimnis des christlichen Glaubens liegt für Harnack in einer einzigartigen Verbindung von „Einfachheit“ und „Transparenz“ der christlichen Botschaft mit einer ganz erstaunlichen Anpassungsfähigkeit. Nun braucht hier nicht die Gesamtkonzeption mit den fragwürdigen Grundannahmen Harnacks kritisiert zu werden.[32] Aber er hat doch wohl mit Recht darauf hingewiesen, dass die Ausbreitung des christlichen Glaubens in hohem Maß auch und gerade durch Frauen und Männer geschah, die einerseits in der Gesellschaft wirkten als Zeugen des Glaubens, meist unauffällig und indirekt, anderseits vor allem aber auch durch Menschen unterwegs, darunter ganz besonders Kaufleute, Soldaten und andere Reisende.[33] Mit diesem Befund kann man auch die oben schon genannten Feststellungen über die Rolle einer gezielten Mission und über die Missionspredigt in überzeugender Weise vermitteln.

Die schon genannte Untersuchung von W. Reinbold geht hier – vielleicht auch ein wenig übertreibend – weiter, indem sie noch stärker auf die alltäglichen Begegnungen, die Bedeutung der so genannten Mikrokommunikation abhebt. „Das Christentum breitet sich aus zwischen Ehepartnern, Eltern und Kindern, Sklavenherr(inn)en und Sklav(inn)en, Geschwistern, Verwandten, Bekannten, Kolleginnen und Kollegen, Freundinnen und Freunden, Nachbarinnen und Nachbarn, im Umfeld des alltäglichen Lebens der Gemeinden, später auch zwischen Lehrer und Schülern, am Rande der Martyrien usw. Missionare und Missionarinnen sind alle diese Personen nicht, und Predigten spielen bei den Konversionen nur dann eine Rolle, wenn ein wortgewaltiger Redner auf Außenstehende in der Versammlung so großen Eindruck macht, dass es mittelbar oder unmittelbar zu Taufen kommt … Man kommt miteinander am Rande der Versammlung ins Gespräch, eine persönliche Bindung entsteht, das Gespräch wird fortgesetzt, es kommt zur Taufe, das Haus folgt, das Umfeld wird infiziert usw. Auch in der Mission spielen die kleinen privaten und halb öffentlichen Kontakte die entscheidende Rolle – allesamt Vorgänge, die mit dem Begriff der ‚Missionspredigt‘ nicht zureichend erfasst werden.“[34]

Diese Analyse erscheint zunächst als wenig glaubwürdig, denn wie konnten die Christen bald an den entlegensten Orten präsent werden und schließlich eine bedeutende gesellschaftliche Kraft darstellen? Man wird also im Einzelnen durchaus differenzieren.[35] Aber insgesamt vereinigt diese Überzeugung viele Gesichtspunkte, die wir bisher zusammengetragen haben über das Verhältnis von Kirche und Mission, über die Wichtigkeit des Lebenszeugnisses der Christen, über die Vielfältigkeit der missionarischen Wirkungen, über den Stellenwert der Missionspredigt und überhaupt über die sehr verschiedenen Träger des missionarischen Zeugnisses. Es ist aber auch ein Ergebnis von hoher Tragweite für unsere heutige Situation. Denn viele erwarten einen missionarischen Aufbruch immer noch und immer wieder von den hauptamtlichen Trägern des kirchlichen Lebens, besonders wenn sie in leitender Verantwortung stehen. Ihre Bedeutung soll gerade in einer differenzierten und professionell aufgebauten Gesellschaft gewiss nicht unterschätzt werden. Aber es ist doch entscheidend, dass viel mehr als bisher mit aller Deutlichkeit gesehen wird, dass die Christen überhaupt – es geht im Evangelium ja um alle Jünger – in der Tat ihres Lebens und auch im Wort Zeugnis ablegen von der Hoffnungskraft ihres Glaubens. Wir haben die Christen in unseren zivilisierten Ländern viel zu sehr daran gewöhnt, dass die Hauptamtlichen jeder Art sich um dieses missionarische Glaubenszeugnis in hohem Maß bemühen. In Wirklichkeit gibt es viele Situationen und Kontexte unseres heutigen Lebens, wo auch ein verlängerter Arm des kirchlichen Amtes nicht hinreicht. Hier kommt es auf die einzigartige Wahrnehmung, Verantwortung und Zeugniskraft des einzelnen Christen und von Gruppen an, die hier viel eher eine Chance zu lebendigen Begegnungen mit der Möglichkeit des „Ansteckens" haben. Man denke nur an Ehe und Familie, Freundeskreise und die Berufswelt. Die Ämter und Dienste sind viel mehr dazu da, um die Christen – einzeln, als Gruppe oder als Gemeinde – für dieses Lebenszeugnis elementar zu stärken und besser zu befähigen.[36]

Wir haben in der Deutschen Bischofskonferenz in den letzten Jahren viel getan, um auf dem Fundament solcher Überlegungen eine missionarische Seelsorge zu stärken.[37] Es ist ein glückliches Zusammentreffen, dass auch die Evangelische Kirche in Deutschland seit etwa derselben Zeit ähnliche Bemühungen unternimmt.[38] Das Thema hat große Konjunktur, wenngleich auch gelegentlich gegenüber einer recht allgemeinen missionarischen Seelsorge die Weltmission in den Hintergrund rückt.[39] Es ist darum gut, wenn die Diskussion weiter fortschreitet.[40] Darum hat die Deutsche Bischofskonferenz ein schon lange bestehendes Desiderat erfüllt und ein umfangreiches Dokument erarbeitet und veröffentlicht, das gerade die schon lange vernachlässigte Weltmission neu ins Auge fasst: „Allen Völkern Sein Heil". In einem ganztägigen Studientag wollen wir die praktische Anwendung dieser Einsichten erproben. Dies passt in ganz besonderer Weise zu dem langsam sich nähernden Abschluss des Bonifatius-Gedenkjahres. Hinzu kommt noch ein Gemeinsames Hirtenwort zur Sache. Es ist meine Absicht gewesen, für diese verschiedenen, aber zusammengehörigen Bemühungen ein gemeinsames Fundament zu legen, ohne den einzelnen, bereits genannten Ausarbeitungen vorzugreifen.

Bei dieser Konkretisierung muss es auch um eine neue Spiritualität des kirchlichen Lebens und Dienstes in missionarischer Absicht gehen. Der Kirche sind im letzten Jahrhundert dafür große heilige Frauen und Männer geschenkt worden, die ich nur noch zu erwähnen brauche: Therese von Lisieux, Charles de Foucauld, Madeleine Delbrêl. Ich möchte aber auch eine so herausragende Bewegung wie die Gemeinschaft Sant'Egidio nennen.[41] Viele wären hinzuzufügen, vor allem auch aus der großen Schar der in den letzten Jahrzehnten selig und heilig gesprochenen Männer und Frauen.

Ist diese konstitutive Bedeutung von Mission für die Kirche mit dem missionarischen Verantwortungsbewusstsein aller nicht eine Selbstverständlichkeit? Warum nehmen wir sie dann unzureichend wahr? In diesem Zusammenhang nehmen wir wieder auch Texte im Neuen Testament wahr, die zwar die Würde des Christseins hervorheben, zugleich aber warnen, dass wir in die Haltung eines hohlen Stolzes kommen und unser Christsein als Grund für ein – wie immer geartetes – Überlegenheitsgefühl verwenden. Wir haben alle Grund, gegenüber einer jeden Verflachung den „Absolutheitsanspruch des christlichen Glaubens" aufzugeben oder gegen ein billiges Linsengericht zu verspielen,[42] zu vertiefen und zu verteidigen. Wenn wir hier einen falschen Dünkel haben und vergessen, dass wir das Heil in „Furcht und Zittern" (Phil 2,12; vgl. Hebr 12,21) wirken, dann kann uns leicht das verheißene Reich genommen und anderen übergeben werden, wie es in der Schrift (vgl. Mt 8,11 und Lk 13,28f.) heißt: „Viele werden von Osten und Westen kommen und mit Abraham, Isaak und Jakob im Himmelreich zu Tisch sitzen; die aber, für die das Reich bestimmt war, wurden hinausgeworfen in die äußerste Finsternis; dort werden sie heulen und mit den Zähnen knirschen." Diese Warnungen sollten wir im Wettbewerb und im Dialog der Religionen und Konfessionen nicht vergessen.

M. Delbrêl hat auch hier den Nagel auf den Kopf getroffen, wenn sie schreibt: „Wenn unser Christenleben allgemein so unfähig bleibt, die Welt zu durchdringen und deren feindliche Kräfte zu überwinden, so deshalb, weil es nicht restlos und ausschließlich christliches Leben ist; wenn unser Christenleben bei seinem Einsatz in der Welt oft zerbröckelt, aus dem Gleichgewicht gerät oder seine Gestalt einbüßt, wenn es sich mehr als normal verbraucht, so deshalb, weil es nicht restlos und ausschließlich christliches Leben ist."[43] Und während des Zweiten Weltkrieges schrieb sie in einem erst jetzt veröffentlichten kleinen Band mit geistlichen Aphorismen: „Wenn unser Zeugnis oft so mittelmäßig ist, dann rührt dies daher, dass wir nicht wahrnehmen, dass man für das Leben und Wirken als Zeuge denselben Heroismus haben muss wie für ein Leben als Märtyrer."[44] Diese Worte mögen im ersten Augenblick düster und eher resignativ klingen. In Wirklichkeit stärken sie unseren eigenen Glauben und unser ureigenes Bekenntnis. Wir spüren dann beim Thema „Mission", dass wir vielfach selbst gemeint sind: Tua res agitur!

Anmerkungen

1 A. Loisy, L'Evangile et L'Eglise, Paris [2]1903, 155; zur richtigen Interpretation vgl. A. Raffelt, Das „Wesen des Christentums" nach Alfred Loisy, in: Wissenschaft und Weisheit 35 (1972), 165–199, bes. 178 ff., 182 ff., 187 ff.
2 Vgl. z. B. H. Schlier, Die Entscheidung für die Heidenmission in der Urchristenheit, in: Ders., Die Zeit der Kirche, Freiburg i. Br. [4]1966, 90–107, bes. 90–98.
3 Vgl. ausführlicher dazu K. Lehmann, Kirchliche Dogmatik und biblisches Gottesbild, in: J. Ratzinger (Hg.), Die Frage nach Gott (QD 56), Freiburg i. Br. 1972 u. ö., 116–140 (mehrere Übersetzungen).
4 Zum vielfältigen Begriffsfeld von Mission vgl. immer noch Th. Ohm, Machet zu Jüngern alle Völker, Freiburg i. Br. 1962, 37 ff.
5 Vgl. J. Hainz, Art. Kirche, in: Neues Bibel-Lexikon, Bd. II, Zürich 1995, 480–486 (Lit.).
6 A. v. Harnack, Mission und Ausbreitung des Christentums in den ersten drei Jahrhunderten, Leipzig [4]1924, 48 u. ö.; O. Cullmann, Die Christologie des Neuen Testaments, Tübingen [3]1963, 50 ff.; D. Bosch, Die Heidenmission in der Zukunftsschau Jesu (AThANT 36), Zürich 1959, 193, 111 ff.; O. Betz, Art. Mission, in: TRE XXIII, 25; J. Ernst, Mission nach der Weisung des Neuen Testaments, in: Zur Mission herausgefordert. Evangelisierung als kirchlicher Auftrag. Festschrift für Generalvikar Bruno Kresing zum 70. Geburtstag, hg. von T. Schäfers, Paderborn 1999, 35–48.
7 F. Hahn, Theologie des Neuen Testaments, Bd. I/II, Tübingen 2002, hier Bd. I, 86; zum Thema vgl. bes. auch Bd. II, 625–658. F. Hahn hat sich von seinen ersten Arbeiten an mit dem Missionsthema befasst. Ihm verdanke ich viele Einsichten. Vgl. Das Verständnis der Mission im Neuen Testament (WMANT 13), Neukirchen 1963, [2]1965; Mission in neutestamentlicher Sicht (Missionswissenschaftliche Forschungen. NF 8), Erlangen 1999 (hier eine Sammlung verschiedener Veröffentlichungen von 1971–1998).
8 F. Hahn, Theologie des Neuen Testaments I (Anm. 7), 87.
9 Ebd., 88.
10 Ebd., 89 f.
11 Ebd., 90.
12 Ebd., 91.
13 Exemplarisch wird der Sinn von Mt 28,16–20 in der Predigt beim Eröffnungsgottesdienst zur Herbst-Vollversammlung der Deutschen Bischofskonferenz am 21. September 2004 dargelegt (vgl. den in diesem Band dokumentierten Text).
14 F. Hahn, Theologie des Neuen Testaments II (Anm. 7), 629.
15 Statt vieler Literaturhinweise vgl. K. Lehmann, „Er wurde für uns gekreuzigt". Eine Skizze zur Neubesinnung in der Soteriologie, in: Theologische Quartalsschrift 162 (1982), 298–370, bes. 305–317 (ebd. Lit.).
16 Zu einer weiteren Vertiefung von Stellvertretung und Sühne vgl. ebd., 311 ff.
17 Vgl. dazu K. Rahner, Atheismus und implizites Christentum, in: Ders., Schriften zur Theologie VIII, Einsiedeln 1967, 187–212; K. Lehmann, Pastoraltheologische Maximen christlicher Verkündigung an den Ungläubigen von heute, in: Concilium 3 (1967), 208–217 (auch in den anderen Ausgaben). Auf die schwierige Frage einer „Apokatastasis panton" kann hier nicht eingegangen werden. Vgl. dazu J. Chr. Janowski, Allerlösung.

Annäherung an eine entdualisierte Eschatologie, (Neukirchener Beiträge zu systematischen Theologie, Bd. 23), 2 Teilbände, Neukirchen-Vluyn 2000; H. U. v. Balthasar, Kleiner Diskurs über die Hölle, Ostfildern ²1987.

[18] Dieser Grundgedanke ist gut herausgearbeitet bei J. Becker, Johanneisches Christentum. Seine Geschichte und Theologie im Überblick, Tübingen 2004, bes. 126ff.; vgl. auch J. A. Bühner, Der Gesandte und sein Weg im 4. Evangelium (WUNT 2/2), Tübingen 1977; T. Okure, The Johannine Approach to Mission (WUNT 2/31), Tübingen 1988; Chr. Hoegen-Rohls, Der nachösterliche Johannes (WUNT 2/84), Tübingen 1996.

[19] Vgl. dazu das Kapitel „Kirche als Missio" bei G. Greshake, Der dreieine Gott. Eine trinitarische Theologie, Freiburg i. Br. 1997, 400–410, bes. 404ff.

[20] P. Rossano, Theologie der Mission, in: Mysterium Salutis, hg. von J. Feiner / M. Löhrer, Bd. IV/1, Einsiedeln 1972, 503–534, Zitat: 505f. Es ist dabei aufschlussreich, dass diese „Theologie der Mission" bei der Behandlung der Wesenseigenschaften der Kirche zwischen der Katholizität und der Apostolizität behandelt wird.

[21] Vgl. dazu die genauen Untersuchungen von S. Mazzolini, La Chiesa è essenzialmente missionaria. Il rapporto „natura della Chiesa" – „missione della Chiesa" nell'*iter* della costituzione *de Ecclesia* (1959–1964) (Analecta Gregoriana 267), Roma 1999; P. Rossano, Teologia cristiana delle religioni e della missione ‚Ad Gentes', hg. von M. Dhavamony (Documenta missionalia 27), Roma 2002 (Erinnerungsgabe für Pietro Rossano 10 Jahre nach seinem Tod).

[22] Es ist ein besonderes Geschenk der Ökumene, dass das Zweite Vatikanische Konzil und der Weltkirchenrat gleichzeitig und auf je eigenen und verschiedenen Wegen zu diesen Einsichten kamen. Dies kann hier nicht im Einzelnen dargestellt werden, vgl. unten Anm. 25, 38, 40.

[23] Vgl. dazu auch K. Lehmann, Die Erscheinungen des Herrn. Thesen zur hermeneutischen Struktur der Ostererzählungen, in: H. Feld / J. Nolte (Hg.) Wort Gottes in der Zeit. Festschrift für K. H. Schelke zum 65. Geburtstag, Düsseldorf 1973, 361–377.

[24] Dazu H.-J. Findeis, Art. Missionsbefehl I, in: Lexikon für Theologie und Kirche VII, Freiburg i. Br. ³1998, 299.

[25] Zum neueren Missionsverständnis vgl. J. Schütte (Hg.), Mission nach dem Konzil, Mainz 1967; H. Bürkle, Missionstheologie, Stuttgart 1979; ders., Die Mission der Kirche (Amateca 13), Paderborn 1998; G. Collet, Das Missionsverständnis der Kirche in der gegenwärtigen Diskussion, Mainz 1984. Evangelischerseits wäre zu nennen H.-W. Gensichen, Glaube für die Welt. Theologische Aspekte der Mission, Göttingen 1971; Th. Sundermeier / H. J. Becken / B. H. Willeke (Hg.), Fides pro mundi vitae. Missionstheologie heute, Göttingen 1980; W. Huber, Auf dem Weg zu einer missionarischen Kirche. Ein Zwischenbericht, in: Evangelische Theologie 58 (1998) 461–479 (das ganze Heft 6/1998 ist dem Thema „Missionarische Gemeinde" gewidmet); ders., Kirche in der Zeitenwende. Gesellschaftlicher Wandel und Erneuerung der Kirche, Gütersloh 1998. Vgl. auch die einschlägigen Artikel in den neueren theologischen Lexika (LThK, RGG, TRE, EKL usw.).

[26] Vgl. dazu K. Lehmann, Vom Dialog als Form der Kommunikation und Wahrheitsfindung in der Kirche heute (Der Vorsitzende der Deutschen Bischofskonferenz 17), Bonn 1994.

[27] Vgl. L. E. von Padberg, Mission und Christianisierung. Formen und Folgen bei An-

gelsachsen und Franken im 7. und 8. Jahrhundert, Stuttgart 1995; ders., Die Inszenierung religiöser Konfrontationen. Theorie und Praxis der Missionspredigt im frühen Mittelalter (Monographien zur Geschichte des Mittelalters 51), Stuttgart 2003; ders., Bonifatius. Missionar und Reformer (Reihe Wissen 2319), München 2003.

28 Propaganda und Mission im ältesten Christentum. Eine Untersuchung zu den Modalitäten der Ausbreitung der frühen Kirche (FRLANT 188), Göttingen 2000, 342 ff.

29 Ebd., 342. Ich sehe hier von einem näheren Eingehen auf den Begriff der Propaganda ab. Der Autor weiß, dass es ein „strittiger Terminus" (10) ist. Es bleibt die Frage nach einer geeigneteren Sprache. Die Kategorie Zeuge eignet sich jedenfalls besser.

30 Ebd., 343.

31 A. v. Harnack, Die Mission und Ausbreitung des Christentums in den ersten drei Jahrhunderten, Leipzig [4]1924 (Erstauflage: 1902).

32 Vgl. dazu mit Lit. Chr. Markschies, Warum hat das Christentum in der Antike überlebt? (Forum. Theologische Literaturzeitung, Bd. 13), Leipzig 2004, 36–41.

33 Vgl. dazu über v. Harnack hinaus: Kirchengeschichte als Missionsgeschichte, Bd. I: Die Alte Kirche, hg. von H. Frohnes / U. W. Knorr, München 1974; als Bd. II. erschien: Die Kirche des früheren Mittelalters. Erster Halbband, hg. von K. Schäferdiek, München 1978. Soweit ich sehe, gibt es leider keine Folgebände. Zur antiken Welt vgl. Chr. Markschies, Zwischen den Welten wandern, Strukturen des antiken Christentums, Frankfurt a. M. 1997, [2]2001, 53 ff. u. ö.

34 Ebd., 345.

35 W. Reinbold, ebd., 346–353, erläutert seine Hypothesen auch noch durch andere Daten, die hier nicht näher berichtet werden müssen. Dabei geht es auch um die zahlenmäßigen Größenordnung der Christen.

36 Zur Wichtigkeit des Zeugnis-Begriffs vgl. K. Lehmann „Ihr werdet meine Zeugen sein ..." Die missionarische Herausforderung des christlichen Glaubens heute, in: Ders., Glauben bezeugen, Gesellschaft gestalten, Freiburg i. Br. 1993, 351–546 (Lit.).

37 Zentral dafür ist „Zeit zur Aussaat". Missionarisch Kirche sein (Die deutschen Bischöfe 68), Bonn o. J. (2000) und die dazugehörigen entfaltenden Dokumente seit 2000.

38 Das Evangelium unter die Leute bringen. Zum missionarischen Dienst der Kirche in unserem Land, hg. vom Kirchenamt der EKD, Hannover 2000 (vgl. weitere Lit: 52–55).

39 M. Sievernich SJ stellt dies mit Recht kritisch in seiner Besprechung heraus von: Deutschland – Missionsland, hg. von M. Sellmann (QD 206), Freiburg i. Br. 2004, dazu M. Sievernich, Rezension in: Zeitschrift für Missionswissenschaft und Religionswissenschaft 88, 2004, 191/192.

40 Von evangelischer Seite vgl. den umfangreichen Literatur- und Situationsbericht „Religionen – Mission – Ökumene", in: Verkündigung und Forschung 49 (2004), Heft 1.

41 Vgl. zuletzt A. Riccardi, Gott hat keine Angst. Die Kraft des Evangeliums in einer Welt des Wandels, Würzburg 2003. Hier wären auch die Anstöße K. Rahners zu nennen, vgl. zusammenfassend mit Literatur M. Sievernich, Karl Rahners Neuinterpretation der Mission, in: Zeitschrift für Missionswissenschaft und Religionswissenschaft 88 (2004) 158–173.

42 Vgl. dazu K. Lehmann, Absolutheit des Christentums als philosophisches und theologisches Problem, in: W. Kasper (Hg.), Absolutheit des Christentums (QD 79), Freiburg i. Br. 1977, 13–38.

[43] Gebet in einem weltlichen Leben (Beten heute 4), Einsiedeln 1964, 100.
[44] M. Delbrêl, Missionnaires sans bateau. Les Racines de la Mission, Saint-Maur 2000, 65 (eigene Übersetzung). Vgl. zu den genannten Gestalten V. Conzemius, Gottes Spurensucher. Zwanzig christliche Profile der Neuzeit, Freiburg i. Br. 2002, bes. 281 ff. Für die deutsche Situation vgl. zusammenfassend: J. Wanke, Auskunftsfähiges Christentum – Überlegungen zu einer missionarischen Präsenz der Kirche in Deutschland, in: Zeitschrift für Missionswissenschaft und Religionswissenschaft 88 (2004), 174–181.

2005

„*Bei euch soll es nicht so sein*“. *Vom Umgang mit der Macht*[1]

(20. September 2005, Gedenktag der Koreanischen Märtyrerheiligen Andreas Kim Taegon, Paulus Chong Hasang und Gefährten, Predigt zu Röm 8,31–39; Mk 10,32–45)

Am gewaltsamen Tod der Koreanischen Märtyrer, die wir heute feiern, sehen wir das Ausmaß von Gewalt, die immer wieder auf die Christen eingebrochen ist. Heute geht es um den ersten koreanischen Priester Andreas Kim Taegon und den Laien Paul Chong Hasang. Wir wollen aber auch die 103 Gefährten nicht vergessen, die mit den Tod fanden. Auch hier hat sich die alte Einsicht bewahrheitet: sanguis martyrum – semen christianorum. Aus dem Blut der Märtyrer erwächst der Samen für die Christen. Macht und Ohnmacht bilden ein zunächst sehr verwirrendes Bild.

Das Evangelium aus dem zehnten Kapitel des Markus-Evangeliums ist hier wie ein schriller Schrei. Man mag am Anfang richtig erschrecken, denn mit großer Nüchternheit erzählt das Evangelium, dass es auch unter den Jüngern Jesu einen Rangstreit gegeben hat (vgl. schon Mk 9,33–37 und Lk 22,24–27). Die Bitte der beiden Zebedäus-Söhne um einen Platz an der Seite Jesu in seinem Reich (vgl. Mk 10,41–45; Mt 20,24–28) zeugt von dem Machtstreben und dem Geltungsdrang auch unter den Jüngern. Auch die Leidensankündigung Jesu (vgl. Mk 10,32–34) hat daran nichts geändert. Jakobus und Johannes sind ja außerdem frühberufene (vgl. Mk 1,18 f.) und bevorzugte Jünger (vgl. 5,37; 9,2). Auch wenn die zehn anderen sich über das Vordrängen der beiden ärgern, so sind sie selbst immer wieder ähnlichen Versuchungen ausgesetzt.

Jesus hat die Jünger schon beim ersten Rangstreit gemahnt: „Wer der Erste sein will, soll der Letzte von allen und der Diener aller sein.“ (9,35) Er beschämt sie durch ein Kind, das er in ihre Mitte stellt. Jetzt wird Jesus noch sehr viel energischer: „Bei euch aber soll es nicht so sein, sondern wer bei euch groß sein will, der soll euer Diener sein, und wer bei euch der Erste sein will, soll der Sklave aller sein.“ (10,42 f.) Es ist ein außerordentlich scharfer Kontrast, der die Jünger Jesu überaus klar und entschieden von den Herrschern dieser Welt und ihren Methoden unterscheidet, ja geradezu trennt. Dieses Wort ist Jesus und der Urkirche so wichtig, dass es in nur wenig abgeänderter Form in den Evangelien fünf Mal überliefert ist (vgl. Mk 10,44; 9,35; Mt 20,26; 23,11; Lk 22,26).

Dieses scharfe Wort Jesu könnte als ein grundsätzliches Verdikt über jede Herrschaft und alle Macht verstanden werden. So ist es auch oft gedeutet worden. Aber dies können wir nicht ohne weiteres unserem Text entnehmen. Da ist eher von „Missbrauch" die Rede (Mk 10,42). Macht als innerster Kern von Herrschaft ist immer umstritten und umkämpft. Viele Menschen wollen Macht; andere genießen ihre Macht. Wieder andere leiden unter ihrer Ohnmacht. Menschen, die Macht ausüben, scheuen manchmal vor ihr zurück und empfinden sie als Last. Viele lassen sich korrumpieren und missbrauchen ihre Macht. Mancher will gar nicht wahrhaben, dass er Macht hat und auch ausübt. Einige verteufeln die Macht als Ausbund des Bösen; manche vergötzen sie geradezu. Durch Macht wird Leid zugefügt. Manchmal ist sie auch ein Segen. Sie ist zutiefst ambivalent.

Was ist Macht? Ursprünglich bedeutet das Wort in unserer Sprachgeschichte: „kneten, einen Teig machen", dann aber auch „können", „vermögen". Wer einen Teig knetet macht ihn dadurch gleichartig und zwingt ihn auch oft in eine Form. Auf diese Eigenschaft hin hat Max Weber den neuzeitlichen Machtbegriff folgendermaßen bestimmt: „Macht bedeutet jede Chance, innerhalb einer sozialen Beziehung den eigenen Willen auch gegen Widerstreben durchzusetzen, gleich viel, worauf diese Chance beruht." Karl Rahner hat immer wieder darauf hingewiesen, dass es viele Mittel gibt, Macht zu erwerben, zu sichern und zu steigern. Wer Macht ausübt, greift in der Regel in die Freiheitsrechte anderer ein. Aus seiner Freiheit zwingt er den Mitmenschen auf, was sie in vielen Fällen gar nicht wollen.

Entgegen manchem Anschein muss man jedoch sagen, dass Macht zunächst gut ist. Es ist anzuraten, Macht anzunehmen und sie auch auszuüben. Es ist nicht gut, Macht zu leugnen, wenn man sie hat, und es ist ganz schlecht, sie nicht auszuüben, wenn man dennoch die Verantwortung dafür hat. Mit Recht sagt darum P. Stefan Kiechle SJ zum Umgang mit Macht: „Nehmen Sie Ihre Macht an und üben Sie sie aus. Sie ist ein gutes Mittel, um Gutes zu tun. Sagen Sie ja zur Welt. Je mehr Macht Sie haben, desto mehr haben Sie Verantwortung für das Gute. Üben Sie Ihre Macht mit Mut und Vertrauen aus, mit Freude und Dank, aber auch mit Achtsamkeit und Respekt, mit Sorge und Furcht. Nehmen Sie auch Ihre Ohnmacht an, in Geduld und Demut, und akzeptieren Sie das Leiden, das aus ihr folgt. Tun Sie, was nötig und möglich ist: nicht mehr – Sie würden sich und andere überfordern –, aber auch nicht weniger – Sie würden Ihrer Verantwortung nicht gerecht werden."

Freilich wissen wir, wie subtil die Macht mit ihrer Gier und Lust und Leidenschaft in uns eindringt. Gerade weil sie im Grund auch zum Guten dient, kann sie uns erst recht verführen. Dabei geht es nicht nur um grobe Macht im Sinne der Gewalt, um technisch ausgeübte Gewalt, wo man nur auf den Knopf drückt und scheinbar saubere Hände behält; es gibt Gewalt auch als Gehirnwäsche. Sie kann auch mit Medikamenten und Drogen verbunden sein. Das vor allem auch mit dem Unbewussten, nicht zuletzt in Propaganda und Werbung, kann die Menschen abhängig machen und regelrecht knechten. Besonders schlimme Schleichwege der Macht, die sich nicht selten unter dem Mäntelchen des Guten verstecken, sind Intrigenspiel und Verleumdung.

Da fährt Jesus wiederum dazwischen: „*Bei euch aber soll es nicht so sein*, sondern wer bei euch groß sein will, der soll euer Diener sein." (10,43) Es ist ein ganz entschiedenes Veto gegen jeden Missbrauch der Macht über die Menschen (vgl. 10,42). Mitten in dieser fundamentalen Kritik von Machtmissbrauch steht das Wort vom Dienen. Wir brauchen es manchmal ziemlich harmlos. Schon von Hegel her wissen wir aber, dass der Diener, wenn er seine Unentbehrlichkeit auszunützen versteht, rasch zum Herrn werden kann. Das Wort vom Dienen setzt an die Stelle des Verhältnisses von falscher Über- und Unterordnung das Verhältnis einer bereitwilligen Dienstbarkeit gegenüber den Schwestern und Brüdern auf freiwilliger Basis, auch wenn es deshalb nicht so etwas wie Gehorsam leugnet. Solches „Dienen" ist nicht nur als eine moralische, innere Einstellung gemeint, sondern wird bei Jesus sehr konkret ernst genommen. Die Fußwaschung (vgl. Joh 13,1–20), bei der Jesus den Jüngern den Dreck der Straße abwäscht und so den letzten Dienst eines Sklaven tut, also am unteren Ende aller Karriere, ist eine anschauliche Schule dafür: „Ich habe euch ein Beispiel gegeben, damit auch ihr so handelt, wie ich an euch gehandelt habe." (Joh 13,15) Schließlich aber macht er mit diesem „Dienst" in der „Hingabe" seines Lebens bis in den Tod am Kreuz ernst. Alles findet schließlich seine letzte und tiefste Begründung in dem Rückgriff auf die prophetische Verkündigung bei Jesaja, die Jesus sich hier zu Eigen macht: „Denn auch der Menschensohn ist nicht gekommen, um sich dienen zu lassen, sondern um zu dienen und sein Leben hinzugeben als Lösegeld für viele." (Mk 10,45; vgl. Jes 53,10–12)

Sein Leben als „Lösegeld" hinzugeben für viele, dies ist der Auftrag und die Sache Jesu. Dies kann er nur von sich meinen. Dieses Wort akzentuiert die *Einmaligkeit* des Dienstes und der Lebenshingabe Jesu. Hier gibt es einen uneinholbaren Abstand des Jüngers zu Jesus. Aber vorbildlich bleibt dieser Dienst für die Jünger in der Nachfolge. Es ist besonders Paulus, der diesen Dienst, die „diakonia", zum Zentralbegriff gerade auch des Apostelamtes und damit aller Aufgaben gemacht hat. So fragt er die zerstrittenen Korinther: „Was ist denn Apollos? Und was ist Paulus? Ihr seid durch sie zum Glauben gekommen. Sie sind also Diener, jeder, wie der Herr es ihm gegeben hat."

(1 Kor 3,5) Paulus beschreibt diesen Dienst recht unterschiedlich: Es ist Dienst am Evangelium, Dienst des Geistes, Dienst der Gerechtigkeit, Dienst der Befreiung und schließlich der Versöhnung (vgl. 2 Kor 5,17–20). Das Ziel dieses Dienstes ist der Aufbau und die Auferbauung der Gemeinde (vgl. 1 Kor 9,1–23; 14). Ein solcher Dienst will die Gemeinde und die Mitchristen nicht vom kirchlichen Amt abhängig machen, sondern sie zu ihrer eigenen Verantwortungsfähigkeit und zu ihrem Zeugniseinsatz führen. Nichts anderes will auch das Bild vom „Leib Christi" (vgl. 1 Kor 12; Röm 12,4ff.). Es ist die große Leistung des hl. Paulus, dass er die Besonderheit der Geistesgaben in jeder Hinsicht anerkennt und auch für notwendig hält; dass er ihnen zugleich aber die egoistischen, interessengesteuerten Giftzähne zieht, indem er sie auf den „Nutzen" und konstruktiven Aufbau der Gemeinde und der Kirche verweist. Es ist nicht zufällig, dass Papst Gregor der Große dem Papsttum in dieser Hinsicht den tiefsten Titel gegeben hat: „servus servorum Dei" – Knecht der Knechte Gottes. Dieser Titel steht oft über dem Beginn besonders wichtiger päpstlicher Dokumente.

Diese Sorge um den rechten Umgang mit der Macht in der Kirche – auch Vollmacht ist Macht – hat auch die Urkirche weiterhin bewegt. Immer wieder geht es um die Abgrenzung zum weltlichen Machtstreben, jene bleibende Gefährdung, und um die radikale Bereitschaft der Jünger zum Dienen. So heißt es in 1 Petr 5,2f.: „Sorgt als Hirten für die euch anvertraute Herde Gottes, nicht aus Zwang, sondern freiwillig, wie Gott es will; auch nicht aus Gewinnsucht, sondern aus Neigung; seid nicht Beherrscher eurer Gemeinden, sondern Vorbilder für die Herde!"

Es ist aufschlussreich, wie Lukas dieses Wort vom Dienen in sein Evangelium aufnimmt. Bei ihm gehört dieses Wort nämlich mitten hinein in die Feier des Herrenmahles. Dadurch wird vieles noch herausfordernder und auch paradoxer: „Es entstand unter ihnen ein Streit darüber, wer von ihnen wohl der Größte sei. Da sagte Jesus: Die Könige herrschen über ihre Völker, und die Mächtigen lassen sich Wohltäter nennen. Bei euch aber soll es nicht so sein, sondern der Größte unter euch soll werden wie der Kleinste, und der Führende soll werden wie der Dienende. Welcher von beiden ist größer: wer bei Tisch sitzt oder wer bedient? Natürlich der, der bei Tisch sitzt. Ich aber bin unter euch wie der, der bedient." (Lk 22,24–27) Lukas lässt deutlicher als Markus die Situation des Mahles und der Eucharistiefeier als „Sitz im Leben" erkennen.

So üben wir alle in jeder Eucharistiefeier neu dieses Dienen im Geiste Jesu Christi ein. Wer Macht ausübt, der sollte an den Verrat des Judas denken, besonders aber an das einschneidende und zur Umkehr bewegende Wort Jesu, das gewiss im Kern von ihm selbst stammt: „Ihr wisst, dass die, die als

Herrscher gelten, ihre Völker unterdrücken und die Mächtigen ihre Macht über die Menschen missbrauchen. Bei euch aber soll es nicht so sein." Amen.

Anmerkungen

1 Außer der exegetischen Literatur, vor allem der Kommentare zum Markusevangelium, waren hilfreich:

M. Weber, Wirtschaft und Gesellschaft, Tübingen 1921 u. ö.

R. Guardini, Die Macht, Würzburg 1952 u. ö.; auch in: Das Ende der Neuzeit. Die Macht = Werke, Mainz 1986, 97–186.

K. Rahner, Theologie der Macht, in: Schriften zur Theologie IV, Einsiedeln 1960, 485–507.

H. Arendt, Macht und Gewalt, München 1970 u. ö.

M. Hengel, Christus und die Macht, Stuttgart 1974.

„Macht in der Kirche". Themenheft von „Concilium", 24 (1988), Heft 3 (bes. die Artikel von J. Blank, K. Gabriel, W. Siebel).

H. Spaemann, Was macht die Kirche mit der Macht? Denkanstöße, Freiburg i. Br. 1993.

W. Reinhard, Glaube und Macht, Freiburg i. Br. 2004.

M. Foucault, Analytik der Macht (stw 1759), Frankfurt 2005.

St. Kiechle, Macht ausüben = Ignatianische Impulse 13, Würzburg 2005.

Neue Zeichen der Zeit – Unterscheidungskriterien zur Diagnose der Situation der Kirche in der Gesellschaft und zum kirchlichen Handeln heute

Der christliche Glaube ist wie kaum eine andere Religion in der Lage, die Frohe Botschaft Jesu Christi durch den alle endlichen Grenzen immer wieder durchbrechenden Geist Gottes allen Epochen, Kulturen und Sprachen zugänglich zu machen. Der christliche Glaube muss darum auch immer wieder neu vergegenwärtigt werden, auch wenn er derselbe bleibt. Er ist in besonderer Weise zukunftsfähig, und zwar nicht durch eine zuerst vom Menschen her versuchte Anpassungsstrategie, sondern von innen heraus. Der große Theologe und Bischof Irenäus von Lyon und mit ihm nicht wenige Kirchenväter haben dies die Neuheit[1] des Christentums genannt, was durchaus mit dem ewigen Jungsein und Jungbleiben der Kirche zusammenhängt.[2]

Erster Teil: Analyse

I. Die Zeichen der Zeit erkennen und beurteilen

Die bleibende Neuheit des christlichen Glaubens muss freilich immer wieder gefunden werden. Dies ist nur möglich, wenn man sich den jeweiligen Herausforderungen stellt. Man möchte wissen, welche Stunde geschlagen hat. So kommt es darauf an, die Zeit anzusagen und darin die entscheidenden Herausforderungen zu entdecken und zu formulieren. Die Menschen haben immer nach Signalen und erkennbaren Merkmalen dafür gesucht. Sie haben Ausschau gehalten nach Anzeichen für die Nähe oder Ferne von Glück und Heil, Katastrophen und Unheil. Dabei war immer auch deutlich, dass es sich um Zeiten gewichtiger Entscheidungen handelt, und dass man zum folgerichtigen Handeln kommen muss, solange noch Zeit ist. Die Dringlichkeit der Aufgaben hatte so immer auch Anteil an der eschatologischen Struktur der Geschichte: Was ist am meisten geboten in unserer Zeit? Und wie viel Zeit haben wir noch dazu? Wann kommt das Ende?

Man hat sich dabei an verschiedenen „Zeichen“ orientiert. Es waren besonders schreckliche Ereignisse der Geschichte, große Krankheiten und Naturkatastrophen, Sonnenfinsternis und Meteoritenfall, die den Weg wiesen. Ihre Wiederkehr war ein weiteres wichtiges Zeichen. Aber auch die Natur wurde von ihrem Schöpfer her durchsichtig auf das, was Gott in der konkreten Situation vom Menschen erwartete.

Darum haben wir auch schon im Neuen Testament Hinweise auf so etwas wie „Zeichen der Zeit". Jesus spricht zu einer großen Menschenmasse und möchte sie zu einer entschiedenen Umkehr aus dem Glauben führen: „Außerdem sagte Jesus zu den Leuten: Sobald ihr im Westen Wolken aufsteigen seht, sagt ihr: Es gibt Regen. Und es kommt so. Und wenn der Südwind weht, dann sagt ihr: Es wird heiß. Und es trifft ein. Ihr Heuchler! Das Aussehen der Erde und des Himmels könnt ihr deuten, warum könnt Ihr dann die Zeichen dieser Zeit nicht deuten? Warum findet ihr nicht schon von selbst das rechte Urteil?" (Lk 12, 54 ff., Mt 16, 3).

Das Zweite Vatikanische Konzil hat im Rückgriff auf diese Aussagen und andere Anregungen gefragt, wie man diese „Zeichen der Zeit" erkennen und vor allem sie beurteilen könne. Es ist nicht zufällig, dass gerade die Einführung zur Pastoralkonstitution über die Kirche in der Welt von heute „Gaudium et spes" diese Frage stellt. Sie will ja betont der Freude und Hoffnung, Trauer und Angst der Menschen nachgehen. So heißt es: „Zur Erfüllung dieses ihres Auftrags obliegt der Kirche allzeit die Pflicht, nach den Zeichen der Zeit zu forschen und sie im Licht des Evangeliums zu deuten. So kann sie dann in einer jeweils einer Generation angemessenen Weise auf die bleibenden Fragen der Menschen nach dem Sinn des gegenwärtigen und des zukünftigen Lebens und nach dem Verhältnis beider zueinander Antwort geben." (GS 4, vgl. auch 11) Laien und Priester sollen gemeinsam – wenn auch jeweils aufgrund ihrer Erfahrung und Kompetenz – diese Zeichen der Zeit verstehen (vgl. PO 9 und AA 14).

Dies ist freilich leichter gesagt als getan, denn zwei Dinge stehen von Anfang an fest: Die „Zeichen der Zeit" sind nicht eindeutig und bleiben damit in ihrer wirklichen Bedeutung schwer interpretierbar. Darum ist es auch – zweitens – konsequent, dass man die Antwort des Glaubens auf die „Zeichen der Zeit" nicht als ohnmächtige Anpassung an das, was ist, verstehen darf, sondern es braucht eine „Unterscheidung der Geister", um zu einigermaßen klaren Kriterien zu kommen.

Es gibt viele Zeichen der Zeit. Der Streit darüber, was wichtig ist, ist unvermeidlich. Es war nicht zuletzt Papst Johannes XXIII. selbst, der den Mut hatte, drei wichtige solcher Zeichen exemplarisch aufzugreifen: die Armut vieler Völker und ihre Entwicklung, die gleiche Würde der Frau und die Verteidigung und Durchsetzung der Menschenrechte.[3] Man kann dies anreichern und aktualisieren, aber sicher sind es auch heute noch elementare Herausforderungen.[4]

Das Zweite Vatikanische Konzil selbst hat an verschiedenen Stellen, ohne systematisch vorgehen zu wollen, einzelne Zeichen der Zeit genannt, darunter die liturgische Erneuerung (SC 43), das Verlangen nach Einheit der Christen (UR 4), die wachsende internationale Solidarität (AA 14), die Forderung nach Religionsfreiheit (DH 15) sowie die den Laien eigenen Gaben und Fähigkeiten bei der Deutung der Zeichen der Zeit (PO 9). Es ist fast selbstverständlich, dass das Konzil selbst in der Aufzählung nicht nur unvollständig, sondern auch ganz offen ist. Dies hängt im Übrigen auch damit zusammen, dass der Begriff „Zeichen der Zeit“ selbst im Konzil mehrdimensional gebraucht wird. Er bezeichnet gelegentlich eine soziale und politische Wirklichkeit als solche; manchmal werden wichtige und hoffnungsvolle Aufbrüche in dieser irdischen Realität gemeint; nicht selten denkt man offensichtlich aber auch an eine Methode der Deutung von „Zeichen der Zeit“ und eines gezielten Engagements. In der gegenwärtigen Pastoraltheologie spricht man gerne von einer „Kairologie“, welche die pastorale Situation im Blick auf die Gesellschaft, die Kirche und den Einzelnen zugleich theologisch und humanwissenschaftlich im Sinne einer daraus sich ergebenden Gegenwartsanalyse betrachtet, um dadurch zu Urteilskriterien und Handlungsimpulsen zu gelangen.[5] Gewiss sind diese Aspekte in ihrem Verhältnis untereinander noch nicht umfassend geklärt, was freilich auch gelegentlich zu Missverständnissen führt.[6]

II. Das Problem der Säkularisierung

Ein Zeichen der Zeit gehörte immer schon zu den Kennzeichen unserer Gegenwart. – Es ist aber insofern heute neu, als es in einer anderen Perspektive gesehen werden muss. Zeichen der Zeit wandeln sich auch immer wieder. – Es ist die Säkularisierung. Wie viele andere Worte zur Kennzeichnung unserer Gegenwart – z. B. Pluralismus, Globalisierung, Fundamentalismus – ist es ein Schlagwort, das man gar nicht gerne verwenden möchte. Aber es gibt auch kein ausreichend qualifiziertes oder besseres Ersatzwort. Die Begriffsgeschichte ist ziemlich geklärt. Sie zeigt vor allem drei Bedeutungen auf:

1. Es geschieht eine Umwandlung geistlicher Besitztümer und Einrichtungen in solche weltlicher Herren, wie etwa Vorgänge nach dem Westfälischen Frieden 1648 und beim Reichsdeputationshauptschluss 1803 zeigen[7].
2. Der Entzug oder die Entlassung einer Sache, eines Territoriums oder ei-

ner Institution aus kirchlich-geistlicher Aufsicht und Herrschaft wird auch in übertragener Bedeutung verwendet, indem man einen bestimmten Prozess der Verallgemeinerung von Begriffen, Verhaltensweisen und Erfahrungen meint, die früher einzig einen konkret biblisch-dogmatischen Sinn hatten (z. B. Wortschatz-Anleihen, Anregungen aus der religiösen Sprache usw.).

3. Man meint den Prozess der Herauslösung der Welt aus den Zusammenhängen eines religiösen Sinngefüges überhaupt; die säkulare Welt bedarf keiner kirchlichen Sinngebung mehr, sondern versteht sich aus sich selbst. Gemeint ist damit das Vordringen einer „diesseitigen" Wirklichkeitsauffassung und einer Lebenshaltung, die eine völlige Emanzipation vom Christlichen im Blick haben können. So gibt es in England bereits um die Mitte des 19. Jahrhunderts die Wortbildung secularism.[8]

Es braucht hier nicht gezeigt zu werden, welche Wertungselemente im Einzelnen mitschwingen, z. B. die Frage einer Rechtmäßigkeit oder Unrechtmäßigkeit des Säkularisierungsprozesses, der Enteignung und des damit verbundenen Rechtsbruchs. Umgekehrt sehen manche in der Säkularisierung als Ablösung der politischen Ordnung von ihrer geistlich-religiösen Bestimmung und Durchformung einen Akt der Legitimität und der Emanzipation. Die Verwandlung ursprünglich religiöser Vorstellungen in solche der vom Glauben unabhängigen, allgemein menschlichen, „säkularen" Vernunft betrachten die einen als Prozess der Entkirchlichung und des Glaubensverlustes, andere sehen in dieser Ausweitung und Übertragung ursprünglich nur religiöser Elemente ins „Profane" einen Zuwachs an „weltlichem Gewinn". Dadurch wird „Säkularisierung" zu einem tragenden geschichtsphilosophischen, kulturdiagnostischen und manchmal kulturkritischen Leitwort, ja eine prinzipielle Interpretationskategorie, welche die geistige Signatur einer ganzen Zeit gleichsam stichwortartig in sich zusammenfasst. Dadurch erhält der vieldeutige Begriff eine merkwürdige Eindeutigkeit und Klarheit, die er jedoch letztlich nicht hat.

Schon in den letzten Jahrzehnten gab es im religionssoziologischen Verständnis von Säkularisierung Wandlungen, die man wohl besonders in der Theologie zu wenig mitbeachtete. Weil man lange Zeit Säkularisierung mit Entkirchlichung identifiziert hat, hat man in einer solchen Optik eine außerkirchliche oder kirchlich nicht gebundene Religiosität wenig erfasst. Man hat auch neue religiöse Formen außerhalb der gewohnten Institutionen kaum wahrgenommen. Indem man Säkularisierung mit einem fast offiziellen Weltbild aufgeklärter „Säkularität" verbunden hat, die auch abhängig ist von der geläufigen Erziehung und dem Einfluss der Massenmedien, erschienen religiöse Handlungen früherer Zeiten nicht selten als infantil, ideologisch oder psychisch abartig. Man hat dabei aber übersehen, dass es im einzelnen Menschen, in der Gesellschaft und inmitten dieser angeblich aufgeklärten „Entlarvungen" archaische Schichten und Verhaltensweisen im Menschen gibt, die sehr oft noch wenig aufgeklärte, dumpfe Formen von Religiosität enthalten, wie Hexenglaube, magische Praktiken, mythologische Vorstellungen, Astrologie.[9] Sie sind oft tief verborgen.

Schon diese Anzeichen konnten die Vermutung aufkommen lassen, dass die Säkularisierung gar nicht so umfassend ist, und dass verschiedene Formen von Religiosität, nun durchaus in einem vagen Sinn, in einer inoffiziellen Subkultur weiterleben. In diesem Zusammenhang geht es um ein Bedeutungsmoment im Säkularisierungsbegriff, das lange Zeit eher verborgen und implizit blieb. Gewöhnlich ist die Irreversibilität des Säkularisierungsprozesses unumstritten.[10] Damit bleibt aber völlig unklar, wohin der Säkularisierungsprozess strebt, und wo er ein Ende finden kann. Auch ist damit die Frage verbunden, ob damit die Religion gesellschaftlich noch mehr an Wirksamkeit und öffentlicher Relevanz verliert. Unter der Voraussetzung einer ungebrochenen Fortdauer wären auch alle Anpassungsstrategien der christlichen Religion an die moderne Gesellschaft letztlich zum Scheitern verurteilt.[11] Im Allgemeinen herrschte bei vielen Religionssoziologen die Überzeugung vor, dass die Religion und die Kirchen in einem progressiv ihnen weniger günstigen sozial-kulturellen Milieu existieren werden müssen. Vieles sprach dafür, dass die Säkularisierung insgesamt unumkehrbar ist. P. L. Berger hat schon in den 70er Jahren dieser oft wenig reflektierten Annahme widersprochen.[12]

Was damals nur von wenigen reflektiert worden ist, hat im Verlauf der letzten Jahrzehnte und Jahre eine mannigfache Nachdenklichkeit erzeugt. Einmal hat sich die meist im Anschluss an K. Marx formulierte These vom Aussterben der Religion in bestimmten Gesellschaften nicht erfüllt.[13] Es gab auch immer wieder ernst zu nehmende Hypothesen von einer Wiederkehr des Religiösen,[14] spätestens im letzten Drittel des 20. und zu Beginn des 21. Jahrhunderts. Unter den Überlegungen im Blick auf einen Abbruch oder mindestens eine Modifikation der angenommenen Irreversibilität des Säkularisierungsprozesses tauchte auch immer wieder der Gedanke auf, das Verhalten des Menschen könnte nach politischen, militärischen oder klimatisch-ökologischen Katastrophen eine radikale Umkehr erfahren. So schrieb schon P. L. Berger: „Es ist vorstellbar, dass ein sich vertiefender politischer und kultureller Pessimismus einer traditionellen Religiosität neue Chancen gibt."[15]

In der Tat sind solche prognostischen Überlegungen auch punktuell eingetroffen, wenn man an die religiösen Aufbrüche nach dem 11. September 2001, den Tsunami an Weihnachten und am Jahresende 2004 in Südostasien und die terroristischen Anschläge von Madrid 2004 und von London 2005 denkt. Ich will daraus keine optimistische, längerfristig geltende Prognose ableiten, aber die Ereignisse zeigen auf jeden Fall, dass es im Menschen – wenn auch noch so verschüttet und verborgen – eine letzte Tiefe gibt, die nicht einfach mit dem allgemeinen Klima der Säkularität endgültig verschwunden ist. Es gibt einen meist unausgeloteten Abgrund im Sinnverlangen des Menschen, der in der Modernität nicht einfach abgestorben ist.

Dieses Phänomen einer „Wiederkehr des Religiösen" hat sich m. E. weniger in den Jugendreligionen[16] als vielmehr in der aufgebrochenen Religiosität der jüngeren Generationen angekündigt, wie sie exemplarisch z. B. in den Weltjugendtagen von Paris (1997), Rom (2000), Toronto (2002) und Köln (2005) erkennbar wurde. Ich brauche dies hier nicht näher zu analysieren, was freilich eine wichtige Aufgabe bei der Auswertung dieser Ereignisse bleibt.[17]

Dieser Trend, der vermutlich zunächst eher Sache von Minderheiten ist, ist nun auch viel stärker, als es bisher beobachtet worden ist, in den Sozial- und Humanwissenschaften verfolgt und reflektiert worden. In der Bundesrepublik Deutschland ist die berühmte Rede von J. Habermas bei der Verleihung des Friedenspreises des Deutschen Buchhandels „Glauben und Wissen"[18] im Oktober 2001 am meisten beachtet worden. Er hat mit der Vorstellung gebrochen, als sei die Säkularisierung ein geradezu automatischer Bestandteil von Modernisierung. Mit Recht hat H. Joas den Gebrauch der Wortneubildung „postsäkular" kritisiert.[19] Es geht dabei in der Tat nicht so sehr um einen gesellschaftlichen Wandel, indem man sich nun eben auf das faktische Fortbestehen religiöser Gemeinschaften einstellt, sondern es ist das Aufbrechen einer ganz grundlegenden Aporie. „Je mehr wir dem rational erzeugbaren Konsens nur noch eine schwache Motivationskraft zusprechen, desto mehr müssen wir nach den Quellen stärkerer Motivation zur Moral und intensiverer Bindung der Menschen fragen."[20] Habermas ist der Meinung, dass die religiösen Wurzeln z. B. von Recht und Demokratie nicht einfach eliminiert werden dürfen zugunsten einer blassen Neutralität. Die abendländische Säkularisierung ist eben keine Einbahnstraße und darf keine „ungleichen Folgelasten" verteilen.[21] „Bisher mutet ja der liberale Staat nur den Gläubigen unter seinen Bürgern zu, ihre Identität gleichsam in öffentliche und private Anteile aufzuspalten … Die Suche nach Gründen, die auf allgemeine Akzeptabilität abzielen, würde aber nur dann nicht zu einem unfairen Ausschluss der Religion aus der Öffentlichkeit führen und die säkulare Gesellschaft nur dann nicht von wichtigen Ressourcen der Sinnstiftung abschneiden, wenn sich auch die säkulare Seite einen Sinn für die Artikulationskraft religiöser Sprachen bewahrt."[22] Habermas scheut sich nicht, das Phänomen auch inhaltlich zu umschreiben: „Säkulare Sprachen, die das, was einmal gemeint war, bloß eliminieren, hinterlassen Irritationen. Als sich Sünde in Schuld, das Vergehen gegen öffentliche Gebote in den Verstoß gegen menschliche Gesetze verwandelte, ging etwas verloren. Denn mit dem Wunsch nach Verzeihung verbindet sich immer noch der unsentimentale Wunsch, das anderen zugefügte Leid ungeschehen zu machen. Erst recht beunruhigt uns die Irreversibilität vergangenen Leidens – jenes Unrecht an den unschuldig Misshandelten, Entwürdigten und Ermordeten, das über jedes Maß menschenwürdiger Wiedergutmachung hinausgeht. Die verlorene Hoffnung auf Resurrektion hinterlässt eine spürbare Leere."[23]

J. Habermas hat dies im Gespräch mit Joseph Ratzinger, heute Benedikt XVI., in dem bekannten Münchener Akademie-Gespräch vom 19. Januar 2004 insofern vertieft, als er einen Lernprozess für den religiösen und den säkularen Bereich forderte.[24] „In der postsäkularen Gesellschaft setzt sich die Erkenntnis durch, dass die ‚Modernisierung des öffentlichen Bewusstseins' phasenverschoben religiöse wie weltliche Mentalitäten erfasst und reflexiv verändert."[25] Religiösen Überzeugungen müsse dabei eine potenzielle inhaltliche Bedeutung und kognitive Ernstnahme zuerkannt werden. Diese müsse man auch „im Rahmen einer liberalen politischen Kultur … Ungläubigen im Umgang mit Gläubigen" zumuten[26].

Hier braucht nicht ausführlicher dargelegt zu werden, wie J. Habermas in den verschiedenen Arbeiten der letzten Zeit diese Gedanken vertiefte.[27] Es klingt fast wie bei E. W. Böckenförde, wenn J. Habermas schreibt: „Der liberale Staat ist langfristig auf Mentalitäten angewiesen, die er nicht aus eigenen Ressourcen erzeugen kann."[28] Für Habermas gehören mit Hegel die großen Religionen zur Geschichte der Vernunft selbst. „Das nachmetaphysische Denken kann sich selbst nicht verstehen, wenn es nicht die religiösen Traditionen Seite an Seite mit der Metaphysik in die eigene Genealogie einbezieht … Religiöse Überlieferungen leisten bis heute die Artikulation eines Bewusstseins von dem, was fehlt. Sie halten eine Sensibilität für Versagtes wach … Warum sollten sie nicht immer noch verschlüsselte semantische Potenziale enthalten, die, wenn sie nur in begründende Rede verwandelt und ihres profanen Wahrheitsgehaltes entbunden würden, eine inspirierende Kraft entfalten können?"[29]

Habermas zeigt gerade in dem Aufsatzband „Zwischen Naturalismus und Religion", dass diese Gedanken nicht nur Ansätze haben in Kants Religionsphilosophie,[30] sondern dass sich auch besonders bei J. Rawls erstaunlich verwandte Grundgedanken finden.[31] Dies kann hier leider nicht weiter verfolgt werden.

Freilich sehen Rawls und Habermas dafür auch auf Seiten der Religionen und der Kirchen gewisse Bedingungen: „Gewiss, aus der Sicht des liberalen Staates verdienen nur die Religionsgemeinschaften das Prädikat ‚vernünftig', die aus eigener Einsicht auf eine gewaltsame Durchsetzung ihrer Glaubenswahrheiten und auf den militanten Gewissenszwang gegen die eigenen Mitglieder, erst recht auf eine Manipulation zu Selbstmordattentaten Verzicht leisten. Jene Einsicht verdankt sich einer dreifachen Reflexion der Gläubigen auf ihre Stellung in einer pluralistischen Gesellschaft. Das religiöse Bewusstsein muss erstens die kognitiv dissonante Begegnung mit anderen Konfessionen und anderen Religionen verarbeiten. Es muss sich zweitens auf die Autorität von Wissenschaften einstellen, die das gesellschaftliche Monopol an Weltwissen innehaben. Schließlich muss es sich auf die Prämissen des Verfassungsstaates einlassen, die sich aus einer profanen Moral begründen. Ohne diesen Reflexionsschub entfalten die Monotheismen in rücksichtslos modernisierten Gesellschaften ein destruktives Potenzial."[32]

Damit haben wir ein vorläufiges Ziel erreicht, nämlich aufzuzeigen, wie neue Zeichen der Zeit entstehen und gefunden werden können: Aus dem zunächst eher negativ verstandenen Begriff der Säkularisierung entsteht unter gewissen Bedingungen eine erstaunliche Gesprächsnähe, wie sie ja auch in dem Dialog mit Joseph Ratzinger erkennbar wird.[33] Von hier aus könnte jedenfalls ein erstaunlicher Gesprächsfaden wieder aufgenommen werden, der lange zerrissen war.[34]

Freilich liegt in dieser möglichen Aufwertung des religiösen Elementes auch die Gefahr, dass der Religionsbegriff so ausgeweitet wird, dass er nur noch eine sehr allgemeine transzendierende Bewegung darstellt. Im Grunde gibt es dann überhaupt keine Gesellschaft mehr ohne Religion. Man müsste dieser weitgehenden Funktionalisierung des Religionsbegriffs, auch in der Form der „Zivilreligion", eingehender nachgehen. Für die Kirchen selbst lauert hier auch eine Falle, da dieser Begriff von Religiosität in mancher Hinsicht kaum mehr kompatibel erscheint mit dem christlichen Glauben und vor allem auch seinem Kircheverständnis.

III. Der flexible Mensch und die Personenmitte

Der Mensch ist heute in viele Zwänge und Wandlungen hineingestellt. Ja, oft geht es nicht um den Menschen, wie meist vorgegeben wird, sondern er soll bestimmten Erwartungen und Bedürfnissen entsprechen. Man möchte den Menschen haben, wie man ihn braucht. Wir sprechen z. B. von flexiblen Arbeitszeiten und sollen ihnen möglichst entsprechen. Von vielen Menschen in der Arbeit wird verlangt, dass sie offen für kurzfristige Veränderungen sind und ständig Risiken eingehen. Man sieht weniger die bekannten geraden Linien einer beruflichen Laufbahn, wie in früheren Zeiten, sondern eher kurzfristige Arbeitsverhältnisse. Klassische Einstellungen und Tugenden treten eher zurück, wie z. B. Treue und gegenseitige Verpflichtung oder die Verfolgung langfristiger Ziele. Man spricht vom „flexiblen Menschen“[35], der hier immer wieder nötig wird und stets wieder umgestaltet werden soll. Unsere Gesellschaft denkt im Rahmen ökonomischer Prioritäten in immer kürzeren Abständen. Wie können aber Institutionen, die selbstständig zerbrechen, Loyalitäten über den Tag hinaus einfordern? Was ist von bleibendem Wert, wenn wir in einer so ungeduldigen Gesellschaft leben?

Vielleicht können wir wenigstens die Richtung einer Antwort suchen: Wir können nicht einfach die Rahmenbedingungen unseres Lebens allein ändern. Aber wir können ein Stück gegensteuern, wenn wir die Gefahren erkennen. Die Folgen eines so auf Kurzfristigkeit und auf Elastizität hin angelegten Lebens gefährdet die Bindungen des Menschen besonders da, wo wir auf Langfristigkeit, Verlässlichkeit und stetige Entwicklung angewiesen sind. Wenn wir diese Tugenden nicht verteidigen und retten, verlieren wir im ziellosen Dahintreiben des Lebens viele Orte, die uns Halt geben. Deshalb müssen wir jene Orte verteidigen, wie z. B. Ehe und Familie, langjährige Freundschaften, das Vertrautsein mit einer Heimat, Herkunft und Tradition.

Dies bedeutet nicht Unbeweglichkeit und Fixiertsein auf herkömmliche Bindungen allein. Aber das Pflegen solcher von Verlässlichkeit geprägter Beziehungen kann uns im Widerstand gegen eine Welt, die alles – auch den Menschen – funktional betrachtet und auflöst, beständiger und d. h. widerstandsfähiger machen. Dies ist m. E. notwendig, um dem Menschen auf Dauer Freude am Leben und Erfüllung seines Daseins zu ermöglichen. Es bedeutet vor allem aber, dass die Personwürde die Mitte des menschlichen Lebens ist. Wo aber ist sie begründet? Ich habe die feste Überzeugung, dass die Menschenwürde auf Dauer und in jedem einzelnen Fall – gegen alle Versuche jedweder Manipulation – nur gerettet werden kann, wenn die Personenmitte des Menschen nicht instrumentalisiert und funktionalisiert wird, sondern wenn man ihr eine unangreifbare Absolutheit zuerkennt, die in keinen irdischen Dienst gestellt werden kann.[36] Der Mensch darf nicht Mittel zum Zweck werden. Dies ist am Ende nur gewährleistet, wenn wir den Menschen als Ebenbild Gottes[37] anerkennen.

Dieser Gesichtspunkt erhält noch größere Bedeutung, wenn wir daran denken, dass es seit Jahrzehnten und Jahren eine intensive Diskussion über den „Verlust des Subjekts“, ja das „Verschwinden des Subjekts“ gibt. Dahinter steht nicht nur die Tatsache, dass das Subjektivitäts-Paradigma immer wieder in seiner Konsistenz und auch Leistungsfähigkeit bestritten wird, sondern dass auch eine Mentalität entstand, die die Reflexion des denkenden Subjekts über sich selbst mehr und mehr ausschließt, z. B. im Neopositivismus, aber auch im Strukturalismus. Hinzu kommt, dass die wachsende Anonymität technischer und ökonomischer Prozesse die personale Verantwortung schwächt oder ganz zurücktreten lässt. Dieses Phänomen bedürfte einer eigenen Darlegung.[38]

Es wird sehr darauf ankommen, dass wir besonders die Arbeitswelt in allen Bereichen auf diese Wandlungen hin beobachten. Das allgemeine Stich- und Schlagwort Neoliberalismus[39] verdeckt eher die subtileren Wandlungen in der Gesellschaft, wie sie R. Sennett und andere aufgedeckt haben. Hier müssen wir viel stärker die humanen und christlichen Elemente auf dem Grund der Sozialen Marktwirtschaft kritisch und produktiv zur Geltung bringen.[40]

Schon auf den ersten Seiten der Bibel hat die Arbeit ein ambivalentes Gesicht. Sie adelt und krönt den Menschen, wenn er in der Arbeit seine Fähigkeiten und sein Können anerkennt. Wir spüren heute vielleicht sogar mehr, wie sehr zum Sinn des Lebens die Erfüllung des Menschseins auch in der Arbeit gehört. Erst der Mangel an Arbeitsplätzen und die Folgen für die Arbeitslosen offenbaren voll auch den menschlichen Rang der Arbeit. Zugleich zeigen das Gesicht und die menschliche Erscheinung aber auch, dass die Arbeit den Menschen auszehrt und ausmergelt. Die Arbeit ist immer auch ein Stück Fron, selbst wenn es nicht mehr die Knechtsherrschaft durch Fronarbeit geben sollte. Diese Doppeldeutigkeit der Arbeit ist schon von Anfang an gegeben. Aber gerade wenn es so ist, dann können wir auch ein gelasseneres Verhältnis zu ihr gewinnen. Sie allein ist es nicht, die den Wert eines Menschen bestimmt. Vielmehr ist Arbeit unser gemeinsames Los, Möglichkeit zur Sinnerfüllung, aber auch Möglichkeit der Selbstzerstörung, und zwar im Übermaß und im Untermaß. Darum müsste es leichter sein, die Arbeit auch zu teilen. Wir könnten so auch besser den Blick bekommen dafür, dass Arbeit nicht nur Erwerbsarbeit ist, sondern dass in unserer Gesellschaft eine neue Verantwortung entsteht für ein Unmaß von Arbeit, das nicht dem Erwerb dient, von dem wir aber alle auch leben: die Arbeit der Mütter in den Familien nicht weniger als viele Ehrenämter.

Hier können wir konkrete Solidarität einüben. Hier können wir manchen falschen Rangordnungen zum Ausgleich verhelfen, denn weder Arbeitslosigkeit noch volle Beschäftigung sagen schon alles aus über den Menschen.

Besonders die westliche Tradition des Christentums hat viel dazu beigetragen, der Arbeit den rechten Platz und die genügende Anerkennung zu verschaffen. Das „Ora et labora“ (Bete und arbeite) der frühen Benediktiner erinnert uns daran. Erst wenn wir die Arbeit nicht verkürzen und wenn wir sie nicht verachten, kommen wir zu dem Gleichmaß und dem Gleichmut, mit dem man sie betrachten muss: etwas Mittleres im Menschen, das uns gerade deshalb befähigen sollte, ihre Wandlungen zu bewältigen und sie in aller Nüchternheit zu betrachten. Dann müsste es auch leichter werden mit Reformen.

IV. Ambivalenz in der Modernität

Mit solchen Überlegungen kommen wir schon sehr in die Nähe der Diskussion über das Schicksal der Moderne. Bereits eine solche Wortprägung wie „postsäkular" zeigt dies deutlich. Überhaupt fällt ja auf, wie in den letzten Jahrzehnten eine überaus intensive Diskussion über die Bewertung der Moderne eingesetzt hat. Es genügt, fast wahllos einige Titel zu skizzieren: Der Tod der Moderne, Die Schuld der Moderne, Der Fundamentalismus der Moderne, Konsequenzen der Moderne. Schließlich gehört in diesen Zusammenhang auch die Rede von der Postmoderne.

Es ist hier nicht möglich, auf diese Thematik[41] einzugehen. Man hat immer wieder darauf hingewiesen, dass die Moderne selbst dialektisch strukturiert ist, wie schon die Aufklärung zeigt, und dass sie ein „unvollendetes Projekt" darstellt, wie J. Habermas formuliert hat.[42] In diesem Sinne kommt alles darauf an, den Verlaufsprozess und die innere Abwandlung von „Moderne" zu verfolgen.[43]

In diesem Zusammenhang ist ein Thema aufgetaucht, das philosophisch und theologisch Aufmerksamkeit verdient. Der in England lehrende Sozialwissenschaftler Zygmunt Bauman hat sich sehr intensiv mit dem Thema der Ambivalenz in der Postmoderne beschäftigt.[44] Er fragt sich, warum die Moderne ihre Versprechen nicht einlösen konnte. Seine Antwort geht dahin, dass sie sich eine unlösbare Aufgabe gestellt habe: absolute Wahrheit, reine Kunst, Humanität als solche, Ordnung, Gewissheit, Harmonie, das Ende der Geschichte. Der Anspruch der Moderne, Die unversöhnliche Moderne, die Welt durchschaubar zu machen, sei von vornherein zum Scheitern verurteilt. Dies komme daher, weil dieser Anspruch die grundsätzliche Ambivalenz der Welt und die Zufälligkeit unserer Existenz, unserer Gesellschaft und unserer Kultur geleugnet habe. Alle Versuche, diesem Anspruch zu entkommen, haben zu einem Teufelskreis geführt und mitgeholfen, alles Ambivalente zu vernichten. Bauman erklärt auch den Nationalsozialismus und den Holocaust in dieser Richtung.

Erst die Postmoderne habe sich von dem Versprechen verabschiedet, eine übersichtliche Welt zu schaffen. Bauman versteht die Postmoderne als „illusionslose Moderne", befreit von falschem Bewusstsein, unrealistischen Vorstellungen und Zielsetzungen. Diese Desillusionierung biete jedoch die Chance zu einer „Neuverzauberung" der Welt. In ihr haben auch Gefühle und das Unerklärbare eine Existenzberechtigung. Wer die Zweideutigkeit der menschlichen Existenz beheben will, raubt dem Menschen seine Freiheit und Unergründlichkeit. Tolerant kann nur der sein, der die Ambivalenz alles Menschlichen anerkennt. Dann können auch Fremdenfeindlichkeit, Rassismus und Nationalismus vermieden werden. Das Unbehagen, das sich in der Moderne bekundet, stammt aus einer Sicherheit, die zu wenig Freiheit zulässt; das postmoderne Unbehagen entsteht aus der Freiheit, die zu wenig Sicherheit garantiert.

Dem Unbehagen kann man nicht entgehen. Nicht zufällig sieht Bauman immer wieder in dem „Ende der Eindeutigkeit" ein Kennzeichen der Postmoderne. Es gibt keine Bilanz mehr ohne Verlustseite. Die „Umwertung der Werte" muss immer wieder nüchtern auch die Rück- und Nachtseite allen so genannten Fortschritts bekennen. So bietet auch jede Entscheidung unabänderlich die Gefahr des Scheiterns. Die Postmoderne zeigt also ein doppeltes Gesicht: Sie ist zugleich Fluch und Chance der moralischen Person. Die Verantwortung des Handelnden ist fundamentaler und grundlegender als jemals zuvor. Aber die Zerrissenheit des gesellschaftlichen Kontextes und der unterschiedlichen Lebensinteressen stellen uns immer wieder vor dieselben Ausweglosigkeiten. Bauman plädiert deshalb für den Abschied von den Prinzipien.[45] Dies deckt sich mit anderen Postulaten, dass das Ende der alten Gewissheiten gekommen sei.[46] Dieses Thema „Ambivalenz und Ambiguität" ergänzt ein anderes wichtiges Thema des postmodernen Denkens, nämlich „Differenz und Pluralität".[47]

Hatte Descartes das Ideal des Denkens im „clare et distincte" gesehen, wie es dann vor allem in der modernen Wissenschaft zum Höhepunkt gelangte, so erblickt das postmoderne Denken eine eigene Fruchtbarkeit in der Anerkennung von Ambivalenz und Ambiguität. Sie seien nicht nur in der Kunst, sondern auch in der Wissenschaft zu tolerieren. Die Einschränkung der Eindeutigkeit entlasse auch eine produktive Vieldeutigkeit. Dies sei ein Gewinn, um die Sinnfülle und Multidimensionalität von Wirklichkeit, damit auch den Reichtum der Geschichte zu erfassen.

Es ist nicht möglich, hier eine ausreichende Auseinandersetzung zu führen. Aber es ist auch deutlich geworden, dass diese Konzeption bei allen kritikwürdigen Details nicht unwichtige Anknüpfungspunkte bringt für das Gespräch mit Religion und Theologie, auch wenn Bauman selbst wenig auf dieses Thema zu sprechen kommt. Alle idealistischen Übersteigerungen werden gebrochen. Die Vielfalt und Vieldeutigkeit der geschöpflichen Wirklichkeit kann unverstellt an den Tag kommen. Die endliche Wirklichkeit erscheint in ihren Spannungen und Aporien. Die Mehrdeutigkeit offenbart bis zur Widersprüchlichkeit die dunklen Seiten gerade auch der menschlichen Realität. Dadurch zwingt Bauman das Denken, sich auch der Brüchigkeit des menschlichen Lebens zu stellen. Dies muss man feststellen, auch wenn man die Ethik Baumans, die eine radikale Individualisierung mit sich bringt, kritisch beurteilt. Er findet kaum mehr zur Anerkennung allgemein verbindlicher Maßstäbe.

Hier ergeben sich, gewiss nicht unmittelbar, Ansatzpunkte für das Gespräch mit religiöser Erfahrung. Die Phänomene, um die es hier geht, haben durchaus etwas mit der Beschränktheit, der Kreatürlichkeit des Menschen und der Gebrochenheit seiner Existenz zu tun. Man kann unschwer auch die tiefe Zwiespältigkeit menschlichen Tuns eruieren und auch in gewissen Grenzen verstehen. Zugleich wird die ganze Brüchigkeit des menschlichen Daseins erkennbar, das nicht zuletzt durch die Endlichkeit des Menschen, aber eben auch durch seine Verwundung in Folge der Ursünde und durch sein inneres Zerfallensein gegeben ist. Hier sehen wir die Kreatürlichkeit des Menschen in allen Dimensionen[48] und nicht zuletzt das, was die klassische theologische Anthropologie „Konkupiszenz“ nennt.[49] Damit ist auch gegeben, dass es weniger undialektisch neutrale Situationen gibt, sondern dass sie immer schon konkret spirituell und ethisch von Vorentscheidungen bestimmt sind. Darum werden Kategorien wie „Entscheidung“ und „Entschiedenheit“ noch wichtiger als bisher. Schon das Konzil von Trient hatte bei der Umschreibung der „Konkupiszenz“ deutlich gemacht, dass sie nur im „Kampf“, im Ringen mit den widrigen Kräften aus uns selbst und um uns herum bestanden werden kann (vgl. Denzinger-Hünermann 1515 f.). „Es ist dem nachparadiesischen Menschen nicht vergönnt (und eigentlich auch nicht zugemutet), seine positive Entscheidung gegen die ursprünglichen Tendenzen seiner Weltsituation adäquat durchzusetzen. Seine Entscheidung bleibt je gestreut, sich selbst in den letzten Auswirkungen verweigert und verhüllt, fragwürdig; ja, er wird in diesem ‚Kampf‘ – ohne eigentliches Gnadenprivileg – auch immer wieder unterliegen, d. h. faktisch sündig werden.“[50] Freilich bedarf es dazu noch einer gewaltigen theologischen, aber auch philosophischen Arbeit.

Man kann gewiss in diesem Phänomen[51] der Ambivalenz auch die anderen Zeichen der Zeit erkennen, von denen die Rede war. Alle Phänomene zeigen den Prozesscharakter und die Dialektik des menschlichen Wesens und des Weges in der Geschichte. Darum ist es wichtig, den „Ort“ und die

Bewegungsform der Kirche in dieser Gegenwart zu umschreiben und daraus weiterführende Imperative für das Handeln zu gewinnen.

Zweiter Teil: Grundlegung einer Antwort

V. Gleichgewicht zwischen Wandel und Beständigkeit

Natürlich ist diese Thematik der theologischen Tradition nicht ganz fremd. Vor einiger Zeit war das Bild von der pilgernden Kirche freilich eher beschaulich und erbaulich. Es machte den trauten Eindruck, die Schar der Menschen in der Kirche wandere durch die Mühsal und den Wandel dieser Zeit dem Ufer der Ewigkeit entgegen. Dieses Bild hatte geradezu etwas Beruhigendes an sich, denn es verband den geschichtlichen Weg mit einem festen Ziel, dem alles zustrebt. Die Unbeständigkeit des Wandels war ein Stück weit immer aufgehoben in den geschichtsmächtigen Gott hinein. Das wandernde Gottesvolk war darum auch von einer unverlierbaren Hoffnungsgewissheit erfüllt, mit Gottes Geist trotz aller Irrungen und Wirrungen auf dem wahren Weg zu bleiben. Übermut oder gar Triumphalismus waren deshalb nicht angebracht.[52]

Wenn wir heute davon sprechen, dass Kirche unterwegs ist, dann haben wir diese biblische Fundierung des wandernden Gottesvolkes gewiss nicht vergessen oder gar hinter uns gelassen. Aber das Unterwegssein hat eine andere konkrete Gestalt gewonnen. Kirche erscheint oft wie eine nie enden wollende Baustelle, die stets im Umbruch ist. Das Ziel der Bewegungen ist undeutlich geworden. Das Woher und das Wohin verschwindet immer mehr unserem Blickfeld. Alles scheint sich immer wieder auf das Momentane und Gegenwärtige zu beschränken. Es fehlt der Weg mit einem wirklichen Aufbruch, es fehlen die markierbaren Stationen, es fehlt am erkennbaren und auch gewollten Ziel. Zur Zeit und zur Geschichte gehört dieser Weg, der sich von einem Anfang zu einer Vollendung hin erstreckt.

Darum leben wir oft auch in der Kirche viel zu heutig. Es geht nicht mehr, wie in der Konzilszeit, um das „aggiornamento", d. h. um die lebendige Vergegenwärtigung der geschichtlichen Überlieferung in das Heute hinein. Uns fehlt der lange Atem. Deswegen fehlen uns auch das beständige Wissen um die Herkunft aus einer gewesenen Geschichte, die nicht nur Vergangenheit ist, aber auch die Zukunftsfähigkeit, die ein Zeichen für geschichtliche Verantwortung darstellt. Wir treten oft hektisch auf der Stelle und befinden uns auf der Suche nach der Gegenwart oft in einem flüchtigem Niemandsland. Es ist dann kein Wunder, dass wir im hohen Maß den gesellschaftlichen Strömungen ausgeliefert sind, uns an ihre Trends verlieren und keinen eigenen Ort mehr gewinnen, der uns Stand gibt, standhalten lässt und uns zum Widerstand befähigt.

So wird man als Kirche am Ende ortlos. Wir treiben im Meer der Welt und haben oft keine eigene Steuerung mehr. Wir sind stets im Fortschritt, ja im Fortriss und entfernen uns von den Ursprüngen und werden orientierungslos. Dies ist nicht zufällig. Wir haben früher oft ein Kirchenbild gefördert, das von einer großen Immobilität geprägt war. Die Kirche erschien im Ozean des geschichtlichen Wandels wie ein fester Fels, der allem trotzt. Als nun entdeckt wurde, dass die Kirche in vielen Erscheinungen doch stärker abhängig war und wurde von der geschichtlich-gesellschaftlichen Welt, wurde daraus beinahe ein Taumel, nur bloß nichts zu versäumen und immer aktuell zu bleiben. Das Gleichgewicht zwischen Wandel und Beständigkeit ist verloren gegangen.

In Wirklichkeit ist nämlich das Verhältnis der Kirche zum Wandel und gerade auch zum Fortschritt der Geschichte viel präziser. Die Institutionen und auch die Kirchen verändern sich im Verhältnis zur Geschichte nicht in der gleichen Weise. Es gibt verschiedene Bewegungsformen und Verlaufsweisen in der Geschichte. Aus vielen Gründen orientieren sich – wenigstens nach der Aufklärung – viele reformatorischen Kirchen intensiv an den geistigen und gesellschaftlichen Veränderungen der Zeit. In diesem Sinne haben sie eine hohe Geistesgegenwart. Sie reagieren schneller, büßen aufgrund dieser Anpassungsfähigkeit auch nicht selten rascher ihre Identität ein. Nicht selten fördern und verstärken sie auch gewisse Trends. Es ist ganz selbstverständlich, dass sich dabei manches mischt, das im ersten Augenblick kaum recht zu unterscheiden ist: zwischen wirklich neuen Herausforderungen und einem mitunter riskanten Sich-Anpassen. Diese Bewegungsform verwirft auch das momentan Angeeignete schnell wieder und öffnet sich Neuem.

Die katholische Bewegungsform in der Geschichte wird dabei oft grundlegend verkannt. Wir sind längst nicht so unbeweglich, wie es scheint, wie wir auch viel freier sind, als einer von außen mutmaßen kann. So verändert sich sogar die katholische Kirche viel mehr, als man denkt. Die Veränderungen erfolgen jedoch nicht so rasch. Sie treten eher zögerlich ein. Sie erscheinen oft mit einer gewissen Verspätung. Manches scheint dann gar nicht mehr „aktuell" zu sein. Dies ist sicher eine „konservativere" Form der Aneignung von so etwas wie Fortschritt. Die Mühlen mahlen langsamer. Ich will gar nicht ausschließen, dass dabei manchmal eine historische Stunde und Herausforderung verschlafen werden kann. Viele Anverwandlungen von Neuem geschehen jedoch erst dann, wenn sie sich einigermaßen bewährt haben und

Aussicht gewinnen, auch künftig Bestand zu haben. Deshalb ist die Aufnahme von Neuem zwar zögerlicher, aber nachhaltiger, mühsamer, vielleicht gründlicher. Das Neue gehört nun wirklich zum bleibenden Wesen der Kirche. Der Anschein, als bewege sich nichts, täuscht gründlich. Ich bin der festen Überzeugung, dass die Kirche überhaupt nicht zwei Jahrtausende hätte überleben können, wenn sie nicht im Medium des Geistes eine solche lebendige Strategie von Beharrlichkeit und Wandel befolgt hätte, oft gleichsam instinktiv, nicht immer mit reflektierter Absicht.

VI. Die Kirche in einer Zeit des Übergangs

Daraus lässt sich vieles ableiten und lernen. Ich will hier nur eine Sache deutlicher herausstellen. Die Kirche befindet sich in dieser Perspektive nicht nur in einem allgemeinen Sinne unterwegs. Sie begreift sich nicht nur als wanderndes Gottesvolk zwischen den Zeiten. Sie steht immer wieder an geschichtlichen Kreuzungen und Schnittstellen. Es sind besondere Zeiten, in denen sich die Epochen ablösen, d.h. wo die Rahmenbedingungen des menschlichen Verstehens sich ändern. Wenn grundlegende, exemplarische Muster sich ändern, sprechen wir von einem Paradigmen-Wechsel. Ein solcher geschieht nicht immer. Aber es gibt gerade auch in der Kirche so etwas wie epochale Einschnitte, die von besonderen Umbrüchen begleitet sind. Die Zeiten, in denen ein solcher Wandel erfolgt, sind besonders schwierig. Sie sind nämlich, je nach Standort, vieldeutig. Man muss darum solche Situationen stets nach verschiedenen Seiten hin verstehen und lesen. Es sind Situationen des Übergangs. Es ist nicht zufällig, dass diese neuen Konstellationen an den Epochenschwellen auftreten: von der Spätantike zum Frühmittelalter, vom Spätmittelalter zur frühen Neuzeit usw. Ich möchte annehmen, ohne dass wir unseren gegenwärtigen Standort überschätzen, dass wir doch in die Nähe eines solchen Übergangs gekommen sind.

Solche Übergänge sind immer von mindestens zwei Seiten her zu lesen, sie sind doppelköpfig, ob man sie nämlich von der Vergangenheit und der bisherigen Situation her versteht, oder ob man sie mehr von ihren zukunftsweisenden Tendenzen her begreift. Nun kann man nicht zugleich nach vorne und nach hinten schauen. Die Alten haben eine solche Kunst des Rückblicks und der Vorschau in einem darum immer auch mit einem übermenschlichen Wesen in Zusammenhang gebracht, wie er uns im Januskopf vertraut ist. Wir orientieren uns oft viel lieber träumerisch und nostalgisch an dem, was war oder angeblich war, oder utopisch an einer Vision, die kaum einen Anhaltspunkt in der gegenwärtigen Wirklichkeit hat, aber gerade deswegen so anregend wirken kann, auch wenn sie sich vielleicht als Täuschung erweisen sollte.

Am besten kann man diese Situation des Übergangs anschaulich machen im Zusammenhang des Stichwortes „Volkskirche". Dieses Schlagwort kann natürlich nicht heißen, dass jeder, der in einer überwiegend katholischen Bevölkerung geboren wird, auch gleichsam automatisch in die entsprechende mehrheitliche Kirche hineingetauft wird. Ein Minimum an Freiheit und Entscheidung war wohl – von Ausnahmen abgesehen – auch in homogenen religiösen und konfessionellen Räumen notwendig, um verbindlich einer Kirche anzugehören. Wenn jedoch hier und dort Reste einer solchen primär volkshaften Zugehörigkeit existieren sollten, dann sind sie in der Zwischenzeit weithin gründlich vergangen.

Dennoch ist das Konzept „Volkskirche" nicht einfachhin der Vergangenheit zuzurechnen. Die Kirche, die nicht identisch ist mit einer „Sekte", kümmert sich um das Heil und Wohl der Menschen; dies gilt für eine ganzheitliche Sorge um alle: nicht bloß um die Mitglieder der Kirche, sondern um die Menschen aus allen Schichten; sie weiß, wo Schwierigkeiten und Nöte die Menschen bedrängen, und ist auch davon überzeugt, dass sie im Rahmen und in den Grenzen ihrer Kompetenz nicht schweigen kann bei der Gestaltung zentraler Lebensverhältnisse in der Gesellschaft. In diesem Sinne kann auch eine Minderheit repräsentativ werden, das „Volk" vertreten und für es ihre Stimme erheben.

Wer sich in diesem Übergang bewegt, darf nicht nur nach einer Seite schauen. Blickt er in eine Vergangenheit, die oft auch noch romantisch verklärt wird, so kann er die Gegenwart oft nur als Abfall und Niedergang begreifen. Blickt man nur nach vorne, so setzt man einige gewiss ahnbare, aber noch nicht ausgereifte künftige Tendenzen absolut und fixiert sie. Man kommt dann zu Idealen, die selbst eigentlich so nicht zukunftsträchtig sind. Im Ansatz sind dann immer wichtige Elemente enthalten, aber es fehlen auch überzeugende Konzeptionen. Dies ist in etwa der Fall, wenn man der „Volkskirche" antithetisch die „Freiwilligkeitskirche" entgegensetzt, als ob es in der Vergangenheit nur Zwang gegeben hätte und in der Zukunft nur pure Spontaneität geben könnte. Es gehört zur Phase des „Übergangs", dass man Bewahrenswertes behält, es transformiert und dass man neuere, vielleicht in der Tat Gewinn bringende Einsichten und Erfahrungen sich erst bewähren lässt. Dieses Ineinander von Vergangenheit, Gegenwart und Zukunft kann nur in einer differenzierteren Pastoral bewältigt werden, wie sie z. B. heute bei der Hinführung zu den Sakramenten geleistet wird, angefangen von der Taufpastoral bis zur Ehevorbereitung.

Eine solche Situation ist nicht einfachhin neutral. Auch sie verlangt Entscheidungen. So wird man im Zweifel eher einer personal und individuell geprägten Hinführung zum Glauben den Vorzug geben, ohne soziale und institutionelle Elemente in ihrem Gewicht zu verkennen. Man denke z. B. an die Diskussion über das Firmalter, das vernünftigerweise heute höher liegt als früher. Wenn es zu hoch liegt, hat dies jedoch für die pastorale Konzeption Folgen. So kann man auch zweifeln, ob auf die Dauer das Minimum an Vorbereitung auf die Ehe genügt, das heute in der Regel für eine christliche Ehe verlangt wird. Die Sakramentenpastoral bewegt sich unvermeidlich zwischen den Gefahren eines Rigorismus, der in hohen Anforderungen und in der Zahl der Beschränkungen das Heil sieht, und einem Laxismus, der die Zulassungsbedingungen niedrig hält und sich mit Mindestanforderungen begnügt.[53]

VII. Reaktionen auf die sich verändernde Situation

Für die westlichen und zunehmend auch mehr für die osteuropäischen Gesellschaften ist es fast selbstverständlich geworden, dass es sich um keine geschlossenen Welten mehr handelt. Sie sind nicht nur faktisch für alle Religionen und Weltanschauungen offen, sondern sie sind prinzipiell, d. h. unaufhebbar, offen im Sinne eines weltanschaulichen und religiösen Pluralismus. Die Herkunft und die Struktur dieses Pluralismus habe ich in anderem Zusammenhang ausführlicher erhellt.[54]

Dieser Pluralismus hat zur Folge, dass die einzelnen Welt- und Lebensanschauungen gleichgültig nebeneinander stehen. Oft bilden sie nicht einmal mehr eine wechselseitige Konkurrenz, sondern gehen sich nichts an. Unterschiedliche Auffassungen haben sich gegenseitig zu tolerieren, sodass der Gegensatz von wahr und unwahr im Verhältnis dieser Auffassungen zueinander keine Anwendung finden kann. Für jede Religion ist dies eigentlich eine unzumutbare Forderung, weil sie letztlich auf den Anspruch auf Wahrheit zu verzichten gebietet. Die Wahl des eigenen oder eines anderen Glaubens wird zur Sache des individuellen Geschmackes oder gar der Beliebigkeit. Es gibt leider auch eine sich weiter verbreitende Theologie der Religionen, welche die Vielfalt der Religionen als legitime Pluralität unterschiedlicher Wege zu dem einen Gott auffasst. Da der heutige Pluralismus milder und mit der Atmosphäre des friedlichen Geltenlassens aller möglichen Auffassungen auftritt, wird die schleichende Erosion der Glaubensüberzeugungen gefährlicher, weil sie oft verdeckter erfolgt.[55]

Im Grunde haben wir viel zu wenig erkannt, wie sehr das geistige und kulturelle Bewusstsein unserer Zeit davon bestimmt wird und wie sehr ein solches Verständnis auch in die Selbstauffassung des kirchlichen Glaubens einzudringen beginnt. Die „Freiheit" der offenen Gesellschaften ist darum in Wirklichkeit zwiespältig, denn sie ist weitgehend eine Freiheit von Bindungen und nur in geringem Maße eine Freiheit zu Bindungen. Unserer Verfassung nach muss das nicht so sein, aber faktisch bleibt es – wie auch Tendenzen des Kruzifix-Urteils zeigen – bei einer negativen Religionsfreiheit.[56]

Nun gibt es zweifellos auch in der Kirche im weitaus größeren Maß als früher eine Vielfalt der Auffassungen und Meinungen, die nicht nur mit der individuellen Freiheit zusammenhängen, sondern auch Ausdruck eines geistigen und geistlichen Reichtums sowie der religiösen und spirituellen Freiheit in der Kirche ist. Darüber hinaus ist auch offenkundig, dass dieses Verlangen nach einer Vielzahl von Positionen und Rollen, Normen und Deutungen in der Kirche selbst mehr Berücksichtigung verlangt.

Die Kirche – oder besser: die Menschen in der Kirche reagieren auf eine solche Situation sehr verschieden. Wer die Offenheit der Gesellschaft auch in der Kirche verwirklicht sehen möchte, verlangt in der Kirche selbst nach einer im Kern unverbindlichen Toleranz und übernimmt, ohne es immer bewusst zu wollen, ein Kulturbewusstsein, das grundsätzlich bar jeder Transzendenz ist. So kann es auch im Raum der Kirche einen hohen Transzendenzverlust geben. Viele Ersatzweisen treten an die Stelle eines wirklich religiösen Glaubens. Nicht wenige huldigen auch der Meinung, das Zweite Vatikanische Konzil selbst habe im Grunde eine solche Sicht der Dinge angezielt, mindestens im Blick auf einen schrankenlosen Pluralismus.

Auf der anderen Seite gibt es die Versuchung, die Religion und den Glauben zur einzigen, alles umfassenden Klammer zu machen und unter diesem Dach gleichsam alles zu einer geistigen Einheit zusammen zu bringen. In der Situation eines oft selbstzerstörerischen Pluralismus ist diese Versuchung nicht gering zu schätzen. Zur Religion und zur Kirche gehört ja im Wesen auch die Aufgabe der Integration. Aber hier geht es um den Irrweg eines falschen Integralismus, der die Struktur einer pluralistischen Gesellschaft überhaupt aufheben möchte zugunsten vormoderner Einheitspostulate. Es ist nicht zufällig, dass es in der Kirche heute nicht nur an den Rändern beides gibt, nämlich einen ungehemmten Pluralismus und einen harten Integralismus.

In der Verlängerung dieser Struktur lassen sich viele andere Elemente des gesellschaftlichen und kirchlichen Lebens verstehen. Gegenüber dem unbegrenzten Pluralismus glaubt man, auf absolut unerschütterliche Gewissheiten pochen zu müssen, die nicht mehr befragt werden dürfen. Wir nennen eine solche Gesinnung, wenn sie sich haltungsmäßig versteift und sich intellektuell dem wahren Dialog verweigert, Fundamentalismus.[57] Aber man darf die

Ursachen nicht verkennen, die hinter einer solchen Haltung stecken, nämlich die Suche nach letzten Gewissheiten, die bei allem Wandel und bei aller Komplexität unserer Welt sich im Leben und im Sterben bewähren. Die Unübersichtlichkeit und die oft beklagte Orientierungslosigkeit der modernen Gesellschaften erhöhen ein solches Verlangen. Man darf dieses Phänomen darum nicht einfach denunzieren, sondern muss seine Wurzeln erkennen. Diese sind oft legitim, die gegebene Antwort greift meist zu kurz.

Unter solchen Voraussetzungen ist die „Individualisierung" in der Gesellschaft außerordentlich hoch. Dabei kann durchaus viel Positives auf dieser Suche nach einer Selbstbestimmung stecken, die die Würde und Freiheit des Menschen wahrt. Aber vielleicht ist der Zenit auch schon erreicht oder überschritten. Der Versuch, in sich selbst allein Grund und Kraft, ja das Ziel der Gestaltung der Welt und des eigenen Selbst zu finden, ist auch immer wieder vom Scheitern bedroht. Wenn wir am Ende uns nur mit uns selbst herumtreiben, finden wir nur Flüchtigkeit und Trostlosigkeit, einen Geschmack von Bitternis und einen unstillbaren, geradezu verzweifelten Lebenshunger. Wenn wir uns selbst suchen, finden wir uns nicht in direktem Zugriff. Wir finden uns nur durch den Weg zum Anderen, zum Nächsten und zu Gott. Darum können wir nur in Gemeinschaft mit Gott und anderen menschlicher werden. Als bloße Subjekte sind wir weder menschlich noch haben wir eine Identität. Gerade deshalb ist in der Kirche immer wieder die soziale Dimension des Menschen betont worden. Dabei geht es nicht nur um eine naturgegebene soziale Anlage, sondern um die Kraft zur Solidarität und Hingabe aus dem Geist Jesu Christi.

So müsste auch ausführlicher die Rede davon sein, wie in vielen unserer Gesellschaften der Gemeinsinn abzusterben droht und der Bestand an gemeinsamen Grundüberzeugungen immer geringer wird. Wir erleben täglich, wie das Potenzial an Gemeinsamkeiten immer mehr dahinschmilzt. Pluralismus und Toleranz haben jedoch, wie leicht am Konsens über die Grundrechte und Grundpflichten erkennbar wird, ihre Grenze. Allerdings ist dies im öffentlichen Bewusstsein wenig grundsätzlich bedacht. Man verhält sich oft so und redet so, als ob in der Tat jede beliebige Möglichkeit der kulturellen Selbstverwirklichung freistehe.[58]

Damit ist endgültig deutlich geworden, dass die Kirche in solchen offenen Gesellschaften selbst zwar auch offen sein muss, aber diese Offenheit eine andere und eine eigene Form hat. Dies hätte nämlich letztlich zur Konsequenz, dass man sich den Forderungen des säkularen Zeitbewusstseins einfach anpasst. Es genügt aber m. E. nicht, sich z. B. bloß stärker abzugrenzen gegen die herrschenden Lebensformen der säkularen Kulturwelt. Noch schlimmer wäre Anpassung. Es ist deutlich erkennbar, dass man auch dadurch die Menschen nicht wirklich gewinnt. Im Gegenteil, diese Anpassung führt dazu, dass die Kirche ihre Anziehungskraft auf die Menschen verliert. Wenn die Kirche den Menschen keine Alternative mehr bietet zum säkularen Bewusstsein, muss man sich die Frage stellen, wieso man eine solche Kirche überhaupt noch braucht. Es liegt auf der Hand, dass eine angepasste Kirche selbst überflüssig wird, weil sie ja ohnehin nur die Verdoppelung dessen bietet, was schon ist.

Dritter Teil: Grundhaltungen

VIII. Die Antwort der Kirche: Aufgaben der Zukunft

Aus einer solchen Situationsbestimmung folgen einige Überlegungen zum Handeln der Kirche in dieser Zeit. Sie darf sich ja nicht einfach den dynamischen Kräften dieser Gesellschaft überlassen. Sonst gehört sie zum üblichen Treibsand dieser Zeit. Sie muss vielmehr die innere Kraft zum Dialog und zum Widerstand zugleich haben. Der Dialog selbst ist ja nicht einfach nur ein folgenloses Gespräch, sondern im wahrsten Sinne des Wortes Auseinandersetzung über eine gemeinsame Sache.[59]

Diagnosen gibt es vielleicht genügend, aber es nützt nichts, wenn viele Ärzte am Krankenbett stehen, die eine verlässliche Diagnose stellen, aber keine Therapie anwenden können. Ich möchte daher im Folgenden wenigstens einige Richtpunkte für eine Therapie formulieren, die zum guten Teil auch an anderer Stelle ausführlicher begründet und entfaltet worden sind.

Unter dieser Hinsicht scheinen folgende Verhaltensweisen zu Imperativen zu werden:

1. Die Situation erkennen: Wir leben nicht einfach in einer beliebigen Zeit, wo man mit allgemeinen Wahrheiten auskommt, sondern wir müssen zuerst – auch unter Zuhilfenahme sozialwissenschaftlicher Erkenntnisse – die konkrete geschichtliche Situation erfassen, in der die Kirche lebt. Ohne die Erkenntnis ihrer Lebensbedingungen können wir auch die jeweilige genauere Chance nicht wahrnehmen, in eine bestimmte Zeit und Situation hinein unser ureigenes Wort zu sprechen. Hier brauchen wir ein viel größeres Augenmaß für die Nöte der Zeit und für die Chancen des Glaubens. Man muss diese Erkenntnisse nicht immer langatmig ausbreiten, aber man muss sie mindestens gleichsam im Hinterkopf haben und behalten, um überzeugend und treffsicher reden und handeln zu können.

2. Anerkennung der pluralistischen Grundsituation und Mut zum eigenen Standort: Wir sind in einer Phase, wo man den gesellschaftlichen Pluralismus zwar nicht mit besonderer Freude begrüßt, aber ihn doch als Faktum und Aufgabe annimmt. Zum Jubel besteht kein Anlass, denn der Pluralismus bringt auch viele Zerrissenheiten und Konflikte in die kleinen und großen Lebenskreise der Menschen. Er ist auch wandlungsfähig, ohne dass man die künftigen Gestalten schon umschreiben könnte. Es ist auch nicht sicher, ob er der Weisheit letzter Schluss ist im Finden eines Schlüssels zum Zusammenleben der Menschen in Freiheit und Gerechtigkeit. Aber wir sollten davon ausgehen, dass sich auf längere Zeit keine anderen Lösungsmöglichkeiten dafür abzeichnen.

Wir haben auch bis jetzt genügend Zeit gehabt, um uns in die Spielregeln eines Zusammenlebens mit Menschen anderer Grundüberzeugungen und Religionen einzuüben. Toleranz, Dialogbereitschaft und Argumentationsfähigkeit sind in aller Munde. Dies gehört zum fast selbstverständlichen Handwerkszeug des Lebens in pluralistischen Gesellschaften. Aber bisher haben wir dies zu oft bloß im Sinne eines gleichberechtigten Nebeneinanders verstanden und haben uns eher gescheut, unsere eigene Stimme im pluralistischen Konzert deutlicher werden zu lassen. Absolutistisches und fundamentalistisches Gehabe ist ebenso schädlich wie Anpassung und blinde Gefolgschaft im Blick auf den Geist der Zeit. Wenn wir im Pluralismus überleben wollen, dann brauchen wir auch mehr Mut zum eigenen Platz und zum unverwechselbaren Profil des eigenen Standortes. Wenn wir wirklich katholisch, d.h. wenigstens potenziell universal sind und unserem Glauben sowie unserer Vernunft einiges zutrauen, gelangen wir dabei nicht in eine bornierte Enge. Wir müssen endlich heraus aus der Situation eines immer noch vorhandenen Minderwertigkeitsbewusstseins und brauchen zum Erweis unserer Geistesgegenwart nicht allen möglichen Tendenzen nachzulaufen. Wir kommen sonst ohnehin immer zu spät und sind morgen schon von gestern.

3. Mut und Strategie für eine geistige Offensive: Wenn wir unseren Ort und unsere konkrete Chance nicht bestimmen und nützen, geraten wir immer mehr in eine hoffnungslose Verteidigungsstellung. Der Rückzug ist dann fast nur noch die einzige Bewegungsform. Es ist deshalb unbedingt notwendig, nicht nur auf die Situation der Zeit z.B. durch Beschreibung und Annäherung zuzugehen. Vielmehr müssen wir viel stärker bei aller Anerkennung von Demokratie und Religionsfreiheit, freier Ordnung und bürgerlicher Welt deren innere Schwächen und Gefährdungen in den Blick nehmen. Dies braucht nicht aus einer erhabenen Warte und vom Standpunkt des ewigen Besserwissers her zu geschehen. Es gibt keinen Grund zur Überheblichkeit. Wenn die

Kirche vielmehr bei aller Eigenart Teil dieser Gesellschaft ist, dann kann ihr das Schicksal vor allem der Menschen nicht gleichgültig sein. Deshalb kann sie sich nicht integralistisch auf ihre eigene wirklich oder angeblich heile Welt zurückziehen und sich frei halten von dem bösen Äon. Um nicht missverstanden zu werden: Damit ist nicht gesagt, dass die Kirche sich nicht rein erhalten sollte, dass sie nicht um ihre eigene Herkunft und ihr eigenes Ziel weiß. Sie darf sich nicht einfach anpassen und sich mit dem Geist dieser Zeit vermischen. Aber sie hat gerade auch aufgrund vielfacher Solidarität eine innere Nähe und damit auch eine echte Sorge im Blick auf das Schicksal der Menschen in dieser Zeit. Wegen dieser Nähe muss sie sich auf die konkrete Situation einlassen, ohne ihr zu verfallen. Dies ist ganz entscheidend. Davon hängt die wirkliche Gegenwart der Kirche in unserer Welt ab.

Die Schwächen und Gefährdungen der freien Ordnung unserer Gemeinwesen lassen sich nämlich nur genauer erkennen, wenn man versteht, dass die Ursachen dafür in der Struktur der Gesellschaft selbst liegen: „ihrer tiefen Gleichgültigkeit gegenüber der so leidenschaftlich erwarteten Antwort auf die Sinnfragen des modernen Menschen, ferner der Überdehnung der Freiheit im Namen der Freiheit, dem Abbau der Normen und Verbindlichkeiten, auch der Ermüdung der Institutionen“.[60] Es gibt in der modernen Gesellschaft diese Selbstgefährdung, die zugleich eine wesensmäßige Ambivalenz der Moderne ausmacht. Die Kirche wird ihrer Sorge um die Welt nur gerecht, wenn sie diese innere Gefährdung aufsucht und nach Möglichkeit zu heilen versucht, nicht indem sie sie hämisch aufdeckt und sich abwendet.

Wir stehen schon seit langer Zeit mit dem Rücken an der Wand und müssen uns ständig selbst verteidigen. Diese Position ist nicht gut, weil der Spielraum immer enger wird. Andere bestimmen die Themen. Wir sind stets wie in einem Verhör. Wir haben jedoch eine wertvolle und hilfreiche Substanz einer vom Glauben erleuchteten Vernunft, um den Anspruch und den Trost des Evangeliums offensiver zu vertreten. Offensiv heißt nicht aggressiv. Aber es kommt darauf an, dass wir aufbrechen und mehr in einen geistigen Wettbewerb eintreten als bisher. Wir sollten andere auch mehr nach ihren Konzepten und ihren Lösungen befragen. Wenn dabei die Gemeinsamkeit des Humanen oder Christlichen wächst, kann es nie ein Schaden sein. Freilich dürfen wir dabei auch nicht bloß rückwärtsgewandt operieren. Wir haben schon eine ganze Reihe von Eigentoren geschossen, die unnötig sind. Wenn das Alte und Bewährte wiederholt wird, dann muss es auch seine klärende und befreiende Kraft für heute erweisen. Dies ist wahrhaft katholisch.[61] Dies gilt besonders auch für die Theologie als Wissenschaft und alle ihre Gespräche mit den Nachbardisziplinen. Man wartet viel mehr auf uns, als wir uns zutrauen. Jetzt ist nicht die Zeit des Kleinmuts, freilich auch nicht großer

Sprüche. Alle großen Scheine müssen heute ohnehin in Münze eingelöst werden.

4. Mut zur konkreten Alternative: Den Ort ihres Wirkens kann die Kirche sich nicht aussuchen. Aber jede Zeit und jeder Ort können spätestens seit der Ankunft Jesu Christi und der Sendung seines Geistes in alle Welt zu einer Chance des Heils werden. Dies vermag die Kirche freilich nur, wenn sie den Mut hat, inmitten der offenen Gesellschaft verbindlich und entschieden Zeugnis zu geben. Nur so kann das Evangelium Jesu Christi seine wahre Kraft entfalten. Nur wenn wir ein hohes Maß begründeter Zuversicht zum Kerngehalt des christlichen Glaubens haben, können wir überzeugen. Es genügt nicht, das Elend und den Jammer, die Verführungen und die Versuchungen der Welt zu wiederholen oder zu beklagen, sondern nur eine als konkrete Alternative bezeugte Herausforderung kann Aufmerksamkeit erfahren. Wir trauen uns in vielem nicht mehr, die ganze Wahrheit des Evangeliums zu sagen, weil wir dieser Botschaft selbst nicht trauen oder ohnmächtig vor ihrer Vermittlung stehen (vgl. z. B. die Rede vom Gericht und von der Sünde, aber auch von Heil und Erlösung). Der Kern der christlichen Zuversicht ist nicht eine Hoffnung nur für dieses irdische Leben. Es ist das neue Leben aus der Auferstehung Jesu Christi. Man lernt die Belange des geschichtlichen Lebens anders zu betrachten, wenn man aus einer Hoffnung lebt, die über dieses Leben hinausgeht. Dies darf nicht in einem irrationalen Trotz geschehen, sondern ist ohne Verrat des Evangeliums im Medium einer vom Glauben erleuchteten und für die christliche Hoffnung offenen Vernunft möglich. Sterile Selbstabschließung und Fanatismus sind keine Antworten. Wir müssen auf alle Gewaltsamkeiten des Fundamentalismus verzichten.

Wenn wir diese Offensive wagen, dann wird es uns auch gelingen, aus der bestimmten Alternative des Glaubens eine Einladung an alle werden zu lassen. Eine Einladung ist nicht schon ihre Annahme. Dazwischen liegen viele Stufen der Einsicht und der Verantwortung, des Nachdenkens und der Umkehr. Im Lichte der Wahrheit Gottes gewinnt diese Einladung jedoch an Transparenz und wird in den verschiedenen Sprachen und Kulturen wirklich universal, nämlich zu allen hin geöffnet.

5. Mut zum persönlichen Zeugnis: Unsere Welt verlangt schon gehörig das persönliche Eintreten für die Sache Jesu Christi und der Kirche. An nicht wenigen Stellen bedarf es des Bekenntnisses, auch des Widerstands und des Widerspruchs. Glaube hat von Anfang mit dem mutigen, gerade auch öffentlichen Bekenntnis zu tun. Wir dürfen uns nicht wundern, wenn wir herausgefordert werden und – hoffentlich immer mehr – auch selbst im guten Sinn

provokativ wirken: nämlich mit unserer Botschaft, nicht durch ein falsches Auftreten. Dennoch vertrauen wir noch zu sehr dem Amt und den Institutionen allein. Hier sind wir in unseren Ländern vielleicht sogar mehr gefährdet als anderswo, weil wir leichter nach verfügbaren Institutionen und Diensten rufen können. Aber allein damit wird man noch nicht viel bewegen. Es kommt in Zukunft noch viel entschiedener auf das persönliche Zeugnis des Lebens und des Glaubens an, das wir indirekt, in der Tat, aber auch direkt, im Wort, bekunden. Der künftige Christ wird ein Zeuge sein, oder er wird bald nicht mehr sein.[62] Als Zeuge vermittelt er und ist selbst jemand, der hinter seiner Sache zurücktritt, aber gerade dadurch wirkt. Es wird ein missionarisches Zeugnis sein, das in viele Winkel unseres Lebens hineinleuchten kann, wo der Arm des Amtes nicht hinreicht. Dann verwirklichen wir die vielzitierte Mündigkeit des Christen und das gemeinsame Priestertum. Daran werden wir schließlich alle einmal gemessen und gerichtet, nicht an den Funktionen und Ämtern, die wir haben.

6. Ökumene: Vertiefung des gemeinsam Christlichen nach vorne: Die Ökumene ist auch im 21. Jahrhundert ein Geschenk des Geistes. Darum – so bin ich fest überzeugt – wird die Ökumenische Bewegung auch nicht mehr untergehen. Aber Krisen und Rückschläge muss sie gewiss durchmachen und überstehen. Wenn nicht alles täuscht, dann stehen wir vor einer solchen Bewährungsprobe. Wir haben – Gott sei gedankt – in vielem zueinander gefunden. Vor wenigen Jahrzehnten noch unvorstellbar große Hindernisse konnten überwunden werden. Aber manchmal haben wir uns auch in unseren Schwächen angepasst und sind zueinander geflüchtet wie Kinder, die bei Kälte ein gemeinsames Nest aufsuchen. Jene Ökumene, die nur den Status quo meint anerkennen zu können, bei der keiner sich ändern muss, ist für den Christen eigentlich schwer erträglich. Darum müssen wir sehr viel mehr in Auseinandersetzung mit der Stärke des Anderen wachsen und dürfen uns nicht mit dem kleinsten gemeinsamen Nenner zufrieden geben.

Der gelebte Glaube ist konkret und verrät oft erst im Vollzug seine innere Kraft. Abstrakte Formeln sind noch längst nicht gelebtes Zeugnis. Darum müssen wir auch viel mehr in die gemeinsame Tiefe dringen. Ökumenische Ausrichtung allein ist zu wenig. Bei aller Offenheit müssen wir viel mehr voneinander lernen, und sei es auch durch die Auseinandersetzung und manchmal den Streit hindurch. Es versteht sich von selbst, dass damit nicht einer Wiedergeburt des Konfessionalismus das Wort geredet wird. Wir müssen noch offener sein und noch mehr wagen, aber dies nur, wenn wir auch tiefer verwurzelt sind im Glauben und näher bei Jesus Christus bleiben.

7. Neues Miteinander aller katholischen Christen: Wir haben nach dem Zweiten Vatikanischen Konzil eine gute neue Konstellation von Laien, Ordensangehörigen und allen Diensten und Ämtern in der Kirche, Ehrenamtlichen und Hauptamtlichen. Wir sollten dieses Geschenk nicht gering schätzen. Auch wenn wir noch stärker eine gesellschaftliche Minderheit werden sollten, so bleiben wir im Kern stark: intensiv nach außen und nach innen. Wir sind keine Sekte, sondern sind auch als Kirche der Diaspora an allem interessiert, was die Menschen bewegt.

Wir „machen" nicht Kirche. Sie ist der Ort für Gottes Kommen in unsere Welt durch Jesus Christus. Wir sind beansprucht, seine Zeugen zu sein bis an die Grenzen der Welt. Dabei wissen wir auch, dass die Kirche von Anfang an eine sakramentale Struktur hat: sichtbare Gaben des Gottesgeistes für die Kirche. In Taufe und Firmung gründet unser Christsein. Darauf bauen auch die Dienste und Ämter auf. Aber die Sakramente der Ehe und der Ordination zeigen auf ihre Weise, dass es keine Auswechselbarkeit zwischen ihnen gibt. Priester können nur durch Priester ersetzt werden; das Zeugnis von Ehen und Familien kann nur von diesen erbracht werden. Hier dürfen wir uns bei aller Eigenständigkeit auch nicht vom gemeinsamen Leben der Gesamtkirche entfernen.

8. Zuerst Leidenschaft für Gott: Wir beschäftigen uns mit vielem, allzu vielem. Deswegen sehen wir oft vor lauter Bäumen den Wald nicht mehr. Es fällt uns schwer, uns auf das Eine Notwendige im Sinne des Jesuswortes (Lk 10,42) zu konzentrieren. Wir haben die Radikalität und Einfachheit des Glaubens verloren und müssen sie wiedergewinnen: alle Hoffnung auf Gott zu setzen.[63] Dann müssen freilich Besinnung und Meditation, Gebet und Anbetung einen ganz anderen Rang bekommen. Wir sind versucht, Gott zu verwalten, wenn wir es denn könnten; aber wir müssen ihn täglich von ganzem Herzen und mit allen Kräften neu suchen. Uns ist die Leidenschaft für Gott verloren gegangen. Wenn wir Gott Gott sein lassen und er wirklich alles in allem ist, verlieren wir nichts, wenn wir uns ihm vorbehaltlos zuwenden. Die Bibel verspricht uns, dass uns dann alles andere dazugegeben wird. Dann wird das Gespräch mit dem Nachbarn und dem Kranken, mit dem Künstler und dem Wissenschaftler, dem Buddhisten und dem Atheisten erst aufschlussreich. Wenn wir dann ein wenig wie die Narren Gottes in dieser Welt erscheinen, ist dies nur ein Gewinn. Wenn wir Gott allein anbeten und alle Götzen fahren lassen, schützen wir auch am meisten unsere stets gefährdete Freiheit.

9. Zuerst das Evangelium: Zur Verkündigung des Evangeliums gehört das Zeugnis der Liebe zum Nächsten. Das Neue Testament ist hier von Matthäus

über Paulus bis zum Jakobusbrief eindeutig. Die Suche nach Gerechtigkeit ist ein integrales, ja konstitutives Element der Verkündigung des Evangeliums. Aber diese Ordnung gilt auch umgekehrt: Gerechtigkeit und Barmherzigkeit gründen in der ergangenen Frohbotschaft. Sie sind davon nicht ablösbar.

Deshalb muss die Kirche besorgt sein, dass die Menschen die Existenzberechtigung von Glaube und Kirche nicht vorwiegend nach der sozialen Nützlichkeit entscheiden. Unsere großen karitativen Werke können dies ebenso nahe legen wie die zahlreichen Beschäftigten im Bereich von Caritas. Wir dürfen unsere Priorität, den Ursprung im Evangelium, nicht selbst verdecken. Alle Werke der Kirche müssen transparent bleiben auf ihren wahren Grund hin.

Eine Kirche, der das Evangelium im Alltag ganz vertraut war, konnte hier lange gelassen sein. Jetzt müssen wir dafür sorgen und zeigen, dass es Kirche zuerst als Botin des Evangeliums und als wirksames Zeichen des Heils gibt und dass alles Übrige daraus entspringt. Wenn wir diesen Vorrang nicht herausstellen, tragen wir selbst zur Verwirrung bei.[64]

10. Doppeltes Sich-Überschreiten: Die Kirche gerade unseres Raumes, die viele institutionelle Strukturen hat, darf sich auf diesem Weg nie in sich abschließen. Selbstgenügsamkeit ist für die Kirche der größte Sündenfall. Ihr Name sagt schon, dass sie von Gott berufen und herausgerufen ist in die Zerrissenheit der Welt hinein. Sie wird darum immer auch wie in der Fremde leben. Das Zelt Gottes unter den Menschen ist vielleicht ein besseres Bild als der Betonbunker. Darum muss sich Kirche immer wieder von ihren Sendungen her bestimmen lassen. Es gibt kein Wesen der Kirche, also keine Aussage über sie in sich selbst, ohne dass von diesem Gesendet-Werden und Über-Sich-Hinausgehen die Rede ist. Die Kirche darf nicht Angst haben, sich selbst zu verlassen oder sich selbst preiszugeben. Freilich muss sie in der ständigen Unterscheidung der Geister lernen, sich nicht selbst durch Anpassung und Konformität zu verlieren. Sie ist eigentlich immer hingestreckt auf ihren Ursprung im dreifaltigen Gott und zugleich hingegeben an einen wirklich selbstlosen Dienst für die Menschen, besonders an alle, die um ihre – nicht nur materielle – Bedürftigkeit wissen.

Das Geheimnis des Weizenkorns ist in der Nachfolge ihres Herrn das Gesetz der Kirche (vgl. Joh 12,24 f.). Wenn sie nicht in dem Sinne stirbt, dass sie ganz auf Gott in Jesus zeigt und sich zu den Menschen hin bewegt, verfehlt sie sich selbst. Wenn sie in sich kreist, verrät sie sich. Wenn sie sich verliert, kommt sie zu sich selbst. Erst diese doppelte Transzendenz erfüllt ihre Sendung, mag sie dann auch ärmlich erscheinen. Sie ist dann im besten Sinne die Magd des Herrn.

IX. Neuer Blick auf die „Zeichen der Zeit“: Unterscheidung der Geister

Wir haben über neue Zeichen der Zeit gesprochen und über unsere Reaktion nachgedacht. Wir kommen am Ende nochmals darauf zurück.

Es gibt noch viele Beispiele für mehr oder weniger bekannte „Zeichen der Zeit“. Ich denke an die Erziehung zu Frieden und Versöhnung, an die immerwährende Aufgabe der Hilfe zur Entwicklung der Völker in der so genannten Dritten Welt. Dazu gehören auch „Schlagworte“, die ja immer ein Stück weit Bezeichnungen für zentrale Aufgaben sind, wie z.B. „Globalisierung“. Hinter diesen Stichworten verbergen sich Trends, die eine große Suggestivkraft haben, in denen man aber zuerst künftig Förderliches und mindestens Fragwürdiges unterscheiden muss. Manches kann auch als ein „Zeichen der Zeit“ erscheinen, das einfach neu bedacht werden muss: Eine Gestalt des Lebens entpuppt sich auf neue Weise. Das „Zeichen der Zeit“ ist dann eher schon so etwas wie ein Paradigma, ein Muster des Lebens, das verschiedene Modelle in sich enthält.

Hat man sich früher eher begeistert an der Suche nach „Zeichen der Zeit“ beteiligt, so wollen heute viele die tatsächlich nicht selten inflationär verbrauchte und missbrauchte Rede von den „Zeichen der Zeit“ kaum mehr hören. Dennoch ist die damit verbundene Aufgabe unverzichtbar. Sie gehört zum zentralen Vermächtnis des Zweiten Vatikanischen Konzils[65]. Wir müssen nochmals neu damit beginnen.

Die Vermittlung zwischen den herausfordernden Zeichen und der Antwort des Glaubens bleibt schwierig. Die Signale der Zeit sind oft aufdringlich und laut. Sie drohen mit ihren schrillen Tönen alles andere niederzuschreien. Hinweise auf Gott und sein Wort sind jedoch leicht zu übersehen. Meist sind es unauffällige, mühsam zu entdeckende Spuren. Das Spurenlesen im Acker der Zeit will also gelernt und immer wieder neu eingeübt sein.[66] Der diagnostische Blick und die Gabe der Unterscheidung[67] müssen sich auf neue Weise ergänzen, ohne dass es zu einer Identität kommen kann.[68] Es bleibt die vielschichtige und nie ganz auflösbare Spannung: Die Zeichen der Zeit können auch manchmal neue Spuren des Heils enthalten. Aber es ist nicht zwangsläufig so. Deshalb ist dieses Spurenlesen eine zwar undankbare, aber lebenswichtige Aufgabe der Kirche. Man muss sich tief hineinbeugen in den Staub einer Zeit, aber in dieser spannenden Gegenwart gibt es auch rasch Pfade, die sich freilich bisweilen auch als Holz-, Ab- und Irrwege erweisen. Später sieht man dies oft besser. Jetzt aber kann man die Karte unserer Zeit nur auf diese Weise vermessen.

Die Kirche muss dazu im Stande sein, diese Spuren lesen, wahrnehmen und aufnehmen zu können. Sonst ist sie der damit verbundenen Aufgabe und auch den damit gegebenen Risiken nicht gewachsen. Darum brauchen wir immer wieder eine vom Geist Gottes bewirkte Erneuerung der Kirche: „Neuen Wein füllt man in neue Schläuche." (Mt 9, 17)[69]

Anmerkungen

[1] Dazu ausführlicher K. Lehmann, Hat das Christentum Zukunft? Glaube und Kirche an der Jahrtausendwende (Mainzer Perspektiven. Wort des Bischofs 2), Mainz 2000, 19–28.

[2] Dazu auch H. Rahner, Die Kirche ist immer jung, Innsbruck 1970, 39–43; H. U. von Balthasar, Die Jugendlichkeit Jesu, in: Communio 12 (1983), 301–305.

[3] Vgl. Enzyklika „Pacem in terris" vom 11.4.1963, in: Enchiridon delle Encicliche, Bd. 7, Bologna 1994, 399 f. (Nr. 579–585); deutsche Ausgabe: KNA, München 1963, 13 f. (damals gab es noch keine Artikel-Zählung).

[4] Zur Sache vgl. A. Wollbold, Zeichen der Zeit, in: Lexikon für Theologie und Kirche, Bd. X, 3. Aufl., Freiburg i. Br. 2001, 1403 (Lit.); H. Schützeichel, Die Zeichen der Zeit erkennen. Fundamentaltheologische Überlegungen, in: Trierer Theologische Zeitschrift 91 (1982) 304–313; K. Scholtissek, „Könnt ihr die Zeichen der Zeit deuten?" (vgl. Lk 12, 56). Christologie und Kairologie im Lukanischen Doppelwerk, in: Theologie und Glaube 85 (1995) 195–223; A. Wollbold, „Nach den Zeichen der Zeit zu forschen und sie im Licht des Evangeliums zu deuten". Nachfragen zur Methode der Pastoraltheologie, in: Zeiten des Übergangs. Festschrift für F. G. Friemel, Leipzig 2000, 354–366.

[5] Vgl. dazu umfassend den Versuch vor allem Karl Rahners im Handbuch der Pastoraltheologie, vgl. jetzt Sämtliche Werke. Bd. 19: Selbstvollzug der Kirche. Ekklesiologische Grundlegung praktischer Theologie, bearbeitet von K.-H. Neufeld, Solothurn – Freiburg i. Br. 1995; P. M. Zulehner, Pastoraltheologie. Bd. 1: Fundamentalpastoral. Kirche zwischen Auftrag und Erwartung, Düsseldorf 1989, II. Teil: Kairologie, 140 ff.; zum Ganzen vgl. K. Lehmann, Karl Rahner und die Praktische Theologie, in: Zeitschrift für katholische Theologie, 126 (2004) Heft 1–2, Innsbruck 2004, 3–15.

[6] Dazu K. Lehmann, Christliche Weltverantwortung zwischen Getto und Anpassung. 40 Jahre Pastoralkonstitution „Gaudium et spes", in: Theologisch-Praktische Quartalschrift 153 (2005), 297–310 (Lit.).

[7] Vgl. Säkularisation und Säkularisierung 1803–2003 (Essener Gespräche 38), Münster 2004 (Lit.).

[8] Zu dieser Geschichte vgl. mit vielen Literaturangaben K. Lehmann, Prolegomena. Zur theologischen Bewältigung der Säkularisierungsproblematik, in: Ders., Gegenwart des Glaubens, Mainz 1974, 94–108; M. Fischer/Chr. Senkel (Hg.), Säkularisierung und Sakralisierung, Tübingen 2004; M. Jakubowski-Tiessen, Religion zwischen Kunst und Politik. Aspekte der Säkularisierung im 19. Jahrhundert, Göttingen 2004.

[9] Zur Verbindung des Säkularisierungsbegriffs mit anderen Kategorien der modernen Zivilisation vgl. K. Lehmann, Gegenwart des Glaubens, 99 ff.

[10] Vgl. ebd., 102 ff. (Lit.).

[11] Vgl. dazu auch O. Schatz (Hg.), Hat die Religion Zukunft?, Graz 1971.

[12] Auf den Spuren der Engel. Die moderne Gesellschaft und die Wiederentdeckung der

Transzendenz, Frankfurt a.M. 1970; vgl. auch die Beiträge von P. L. Berger, Th. Luckmann und A. Gehlen, in: O. Schatz (Hg.), Hat die Religion Zukunft?, 49–68, 69–82, 83–97. Dazu zusammenfassend und deutend: Gegenwart des Glaubens, 103 ff.

[13] Vgl. schon K. Lehmann, Die Kirche und die Herrschaft der Ideologien. 1. Wesen und Strukturwandel der Ideologien. 2. Die Herausforderung der Kirche durch die Ideologien, in: Handbuch der Pastoraltheologie, Bd. II/2, Freiburg i.Br., 2. Aufl., 1971, 109–180.

[14] Vgl. dazu H. Freier, Die Rückkehr der Götter, Stuttgart 1976; F.-W. Haack, Europas neue Religion, Zürich 1991; V. Drehsen/W. Sparn (Hg.), Im Schmelztiegel der Religion, Gütersloh 1996; G. Schmid, Im Dschungel der neuen Religiosität, Zürich 1992; G. K. Nelson, Der Drang zum Spirituellen, Freiburg i.Br. 1991; O. Kallscheuer (Hg.), Das Europa der Religionen. Ein Kontinent zwischen Säkularisierung und Fundamentalismus, Frankfurt a.M. 1996.

[15] O. Schatz (Hg.), Hat die Religion Zukunft?, 66.

[16] Dazu schon K. Lehmann, Der christliche Glaube vor der neuen Religiosität, in: Ders., Signale der Zeit – Spuren des Heils, Freiburg i.Br. 1983, 58–82, 183–185.

[17] Dazu auch R. Kramer, Die postmoderne Gesellschaft und der religiöse Pluralismus, Berlin 2004.

[18] Glauben und Wissen, Frankfurt a.M. 2001, auch in: Ders., Zeitdiagnosen, Frankfurt a.M. 2003, 249–262.

[19] Braucht der Mensch Religion? Über Erfahrungen der Selbsttranszendenz, Freiburg i.Br. 2004, 122–128.

[20] Ebd., 124.

[21] Friedenspreis des Deutschen Buchhandels 2001, Frankfurt a.M. 2001, 46 f.

[22] Ebd., 47.

[23] Ebd., 49.

[24] Vgl. J. Habermas/J. Ratzinger, Dialektik der Säkularisierung. Über Vernunft und Religion, Freiburg i.Br. 2005, 15–37, bes. 31 ff.

[25] Ebd., 33.

[26] Ebd., 35.

[27] Vgl. J. Habermas, Zwischen Naturalismus und Religion. Philosophische Aufsätze, Frankfurt a.M. 2005. Darin findet sich auch der in Anm. 21 genannte Münchener Text: 106–118.

[28] Ebd., 9. Zu Böckenfördes These vgl. K. Lehmann, Säkularer Staat: Woher kommen das Ethos und die Grundwerte? Zur Interpretation einer bekannten These von Ernst-Wolfgang Böckenförde, in: S. Schmidt/M. Wedell (Hg.), „Um der Freiheit willen …“ Kirche und Staat im 21. Jahrhundert. Festschrift für B. Reichert, Freiburg i.Br. 2002, 24–30; Ders., Recht braucht Freiheit und schützt sie, in: Die Erneuerung des Verfassungsstaates. Symposion aus Anlass des 60. Geburtstages von P. Kirchhof, hg. von R. Mellinghoff u.a. (Heidelberger Forum 121), Heidelberg 2003, 91–102 (Lit.).

[29] Ebd., 13.

[30] Ebd., 216.

[31] Ebd., 123 ff., 152 ff., 267 ff., 289 ff., 295 f. Zu J. Rawls vgl. vor allem Politischer Liberalismus, Frankfurt a.M. 1998, Taschenbuchausgabe (stw 1642): Frankfurt a.M. 2003, z.B. 346 f., 76 ff.

32 Glauben und Wissen (Friedenspreisrede), 41.

33 Der Dialog Joseph Ratzingers mit den italienischen Senatspräsidenten könnte noch andere Perspektiven beleuchten, M. Pera/J. Ratzinger, Ohne Wurzeln, Der Relativismus und die Krise der europäischen Kultur, Augsburg 2005 (M. Pera ist Philosoph der Wissenschaften).

34 Der Erfurter Sozialphilosoph und Soziologe H. Joas, dem wir schon eine wichtige Besprechung von Habermas' „Glauben und Wissen" verdanken (Braucht der Mensch Religion?, 122–128) hat mir freundlicherweise eine umfangreichere Besprechung des neuen Buches von Habermas „Zwischen Naturalismus und Religion" zur Verfügung gestellt, die in der Wochenzeitung DIE ZEIT erscheinen soll (fünf Seiten, Beleg unbekannt). Vgl. auch grundlegend H. Joas/K. Wiegandt (Hg.), Die kulturellen Werte Europas (Fischer-Taschenbuch 16402), Frankfurt a. M. 2005.

35 Vgl. zur Analyse das aufschlussreiche Buch von R. Sennett, Der flexible Mensch, 6. Aufl., Berlin 1998; Ders., Die Kultur des neuen Kapitalismus, Berlin 2005. Vgl. auch Freiheit oder Kapitalismus. Gesellschaft neu denken. U. Beck im Gespräch mit J. Willens, Frankfurt a. M. 2000.

36 Vgl. dazu H. Schmidinger, Der Mensch ist Person. Ein christliches Prinzip in theologischer und philosophischer Sicht, Innsbruck 1994.

37 Dazu H.-P. Mathes (Hg.), Ebenbild Gottes – Herrscher über die Welt, Neukirchen 1998, Kl. Koch, Imago Dei – Die Würde des Menschen im biblischen Text. Berichte aus den Sitzungen der Joachim Jungius-Gesellschaft der Wissenschaften, Jahrgang 18, Heft 4, Göttingen 2000 (Lit.).

38 Dazu W. Czapiewski (Hg.), Verlust des Subjekts?, Kevelaer 1979; Die Frage nach dem Subjekt, hg. von M. Frank u. a., Frankfurt a. M. 1988; H. Ebeling, Ästhetik des Abschieds. Kritik der Moderne, Freiburg i. Br. 1989; H. Schrödter (Hg.), Das Verschwinden des Subjekts, Würzburg 1994; H. Ebeling (Hg.), Subjektivität und Selbsterhaltung. Beiträge zur Diagnose der Moderne, Frankfurt a. M. 1976 und 1996; D. Korsch/J. Dierken (Hg.), Subjektivität im Kontext. Erkundungen im Gespräch mit Dieter Henrich, Tübingen 2004.

39 Vgl. knapp dazu G. Willke, Neoliberalismus, Frankfurt a. M. 2003; G. Gamm u. a. (Hg.), Die Gesellschaft im 21. Jahrhundert, Frankfurt a. M. 2004.

40 Vgl. K. Lehmann, Notwendiger Wandel der Sozialen Marktwirtschaft? (Ludwig-Erhard-Lectures), Berlin 2002; Ders., Das christliche Menschenbild in Gesellschaft und Kirche, in: R. Biskup/R. Hasse (Hg.), Das Menschenbild in Wirtschaft und Gesellschaft (Beiträge zur Wirtschaftspolitik 75), Bern 2000, 51–78 (Lit.).

41 Vgl. W. Welsch, Unsere postmoderne Moderne, 3. Aufl., Hamburg 1992; ders., Wege aus der Moderne, Weinheim 1988; ders., Vernunft, Frankfurt a. M. 1995; P. Koslowski, Die Prüfungen der Neuzeit, Wien 1989.

42 Zum gesamten Komplex vgl. auch D. Pollack, Säkularisierung – ein moderner Mythos?, Tübingen 2003; F. Heidenreich, Mensch und Moderne bei Hans Blumenberg, München 2005.

43 Dazu u. a. P. Wagner, Soziologie der Moderne. Freiheit und Disziplin, Frankfurt a. M. 1995; H. Veith, Das Selbstverständnis des modernen Menschen. Theorien des vergesellschafteten Individuums im 20. Jahrhundert, Frankfurt a. M. 2001; vgl. auch die Textaus-

wahl: Geschichte schreiben in der Postmoderne, hg. von Chr. Conrad/M. Kessel, Stuttgart 1994.

[44] Moderne und Ambivalenz. Das Ende der Eindeutigkeit, Hamburg 1992 (auch Fischer-Taschenbuchausgabe, Frankfurt a. M. 1995); Dialektik der Ordnung. Die Moderne und der Holocaust, Hamburg 1992 (Taschenbuchausgabe, Hamburg 2002); Postmoderne Ethik, Hamburg 1995; Flaneure, Spieler und Touristen. Essays zu postmodernen Lebensformen, Hamburg 1997; Unbehagen in der Postmoderne, Hamburg 1999.

[45] Zu Bauman vgl. das Arbeitsbuch: M. Junge/Th. Kron (Hg.), Zygmunt Bauman. Soziologie zwischen Postmoderne und Ethik (UTB 2221), Opladen 2002 (Lit.).

[46] Vgl. W. Lesch/G. Schwind (Hg.), Das Ende der alten Gewissheiten. Theologische Auseinandersetzung mit der Postmoderne, Mainz 1973.

[47] Vgl. dazu den wichtigen Diskussionsband: P. Koslowski/R. Schenk (Hg.), Ambivalenz – Ambiguität – Postmodernität. Begrenzt Eindeutiges Denken (Collegium Philosophicum 5), Stuttgart 2004.

[48] Vgl. dazu K. Lehmann, Glauben bezeugen, Gesellschaft gestalten, Freiburg i. Br. 1993, 43 ff., 142 ff. u. ö.

[49] Vgl. dazu E. Schockenhoff, Art. Konkupiszenz, in: Lexikon für Theologie und Kirche, Bd. VI., 3. Aufl., Freiburg i. Br. 1997, 271–274; dazu außer den bekannten Arbeiten von K. Rahner, J. B. Metz, B. Stoeckle, H. Hoping, Freiheit im Widerspruch. Eine Untersuchung zur Erbsündenlehre im Ausgang von I. Kant, Innsbruck 1990; Chr. Böttigheimer, Der Mensch im Spannungsfeld von Sünde und Freiheit. Die ökumenische Relevanz der Erbsündenlehre, St. Ottilien 1994; immer noch wichtig ist G. Siewerth, Die christliche Erbsündenlehre, Einsiedeln 1964, 51 ff., 74 ff.

[50] J. B. Metz, Konkupiszenz, in: Handbuch Theologischer Grundbegriffe, hg. von H. Fries, Bd. I, München 1962, 843–851, hier 848.

[51] Vgl. dazu auch das Sonderheft „Wirklichkeit. Wege in die Realität“ der Zeitschrift „Merkur“ 59 (2005), Heft 9/10.

[52] In diesem zweiten und dritten Teil sind nur wenige Anmerkungen angebracht, die das Gesagte weitgehend von eigenen umfangreicheren Arbeiten her zu den jeweiligen Themen genauer beleuchten können und auch wiederum viele Literaturhinweise enthalten. Zur Gesamtsicht vgl. immer noch K. Lehmann, Neuer Mut zum Kirchesein, Freiburg i. Br. 1982 u. ö.; Evangelium und Dialog, in: E. Kleindienst/G. Schmuttermayr (Hg.), Kirche im Kommen. Festschrift für Bischof Josef Stimpfle, Frankfurt a. M. – Berlin 1991, 401–422.

[53] Dazu K. Lehmann, Zur Sakramentalität der Ehe, in: F. Henrich/V. Eid (Hg.), Ehe und Ehescheidung, München 1972, 57–71; K. Rahner, Über die Sakramente der Kirche, 2. Aufl., Freiburg i. Br. 1991; K. Lehmann, Was ist uns ein Sakrament wert? Zur Not der gegenwärtigen Pastoral der Sakramente zwischen Laxismus und Rigorismus, in: Klerusblatt. Zeitschrift der katholischen Geistlichen in Bayern und der Pfalz 71 (1991), 219–223; auch in: Pastoralblatt für die Diözesen Aachen, Berlin, Essen, Hildesheim, Köln, Osnabrück, Heft 2, Februar 1992, 34–44; D. Emeis u. a. (Hg.), Grundriss der Gemeinde- und Sakramentenkatechese, München 2001; F.-P. Tebartz-van Elst, Handbuch der Erwachsenentaufe, Münster 2002.

[54] Vgl. K. Lehmann, Die Kirche in der pluralistischen Gesellschaft, in: Renovabis faciem terrae. Kirchliches Leben in Mittel- und Osteuropa an der Jahrtausendwende (Festschrift

für P. Eugen Hillengass SJ), hg. v. G. Albert und J. Oeldemann, Trier 2000, 19–28; „Wächter, wie lange noch dauert die Nacht?" Zum Auftrag der Kirche angesichts verletzlicher Ordnungen in Gesellschaft und Staat (Der Vorsitzende der Deutschen Bischofskonferenz 18), Bonn 1998.

[55] Dazu M. N. Ebertz, Erosion der Gnadenanstalt? Zum Wandel der Sozialgestalt von Kirche, Frankfurt a. M. 1998.

[56] Vgl. K. Lehmann, Religionsfreiheit und staatliche Neutralität, in: Freiburger Universitätsblätter 40 (2001), 5–13 (Heft 154); Ders., Das Kreuz als Herausforderung, in: H. Maier (Hg.), Das Kreuz im Widerspruch. Der Kruzifix-Beschluss des Bundesverfassungsgerichtes in der Kontroverse (Quaestiones disputatae 162), Freiburg i. Br. 1996, 109–120.

[57] Vgl. dazu K. Lehmann, Der Fundamentalismus als Herausforderung für Theologie und Kirche, in: Fundamentalismus als Herausforderung an Staat, Kirche und Gesellschaft (Essener Gespräche 33), Münster 1999, 63–85 (Lit.); Fundamentalismus als Versuchung, in: Gerhard Schick (Hg.), Wirtschaftsordnung und Fundamentalismus. Dokumentation zur gleichnamigen Tagung der Stiftung Marktwirtschaft am 12. und 13. Dezember 2002 in Hinterzarten (Schwarzwald), Berlin 2003, 19–37 (Lit.).

[58] Dazu K. Lehmann, Glauben bezeugen, Gesellschaft gestalten, 101–136.

[59] Vgl. K. Lehmann, Vom Dialog als Form der Kommunikation und Wahrheitsfindung in der Kirche heute (Der Vorsitzende der Deutschen Bischofskonferenz 17), Bonn 1994; Dialog, in: Lexikon neuer religiöser Gruppen, Sekten und Weltanschauungen, Freiburg i. Br. 2005, 239–245.

[60] J. Fest, Die schwierige Freiheit, Berlin 1993, 11.

[61] Dazu K. Lehmann, Die Herausforderung des Katholischen. Über eine Fehlanzeige im ökumenischen Dialog, in: Kirche Kultur Kommunikation. Peter Henrici zum 70. Geburtstag, hg. v. U. Fink und R. Zihlmann, Zürich 1998, 109–121; Katholizismus, in: Lexikon Theologie, Stuttgart 2004, 170–174 (Lit.).

[62] Vgl. Dazu K. Lehmann, Glauben bezeugen, Gesellschaft gestalten, Freiburg i. Br. 1993, 531 ff.; Signale der Zeit – Spuren des Heils, Freiburg i. Br. 1983, 130–149.

[63] Dazu ausführlich K. Lehmann, „Gott ist größer als der Mensch" (Der Vorsitzende der Deutschen Bischofskonferenz 20, Bonn 2005) (Lit.).

[64] Vgl. K. Lehmann, Kirche als „Sinnstiftungsagentur"? Zur Aufgabe von Glaube und Kirche in Gesellschaft und Staat heute, hg. von der Kath. Akademie in Berlin, Leipzig 1994, 20–37.

[65] Vgl. K. Lehmann, „Wächter, wie lange noch dauert die Nacht?" Zum Auftrag der Kirche angesichts verletzlicher Ordnungen in Gesellschaft und Staat (Der Vorsitzende der Deutschen Bischofskonferenz 18), Bonn 1997.

[66] Vgl. K. Lehmann, Spuren Gottes in der pluralistischen Gesellschaft, in: Regnum. Schönstatt international – Reflexion und Dialog 36 (2002) Nr. 3, 99–106.

[67] Vgl. K. Lehmann, Die Zeit, die uns davonläuft. Zur Unterscheidung der Geister am Beispiel der Zeiterfahrung, in: F. Bitz / M. Speck (Hg.), Im Mittelpunkt: Res publica, München 2002, 288–292; auch: Die Zeit, die uns davonläuft. Erläuterung einer Dimension in der Signatur unserer Gesellschaft, in: H. Hesse (Hg.), Zukunftsfragen der Gesellschaft. Vorträge des Symposions vom 16. Februar 2001, Stuttgart 2001 (Abhandlungen der Geistes- und Sozialwissenschaftlichen Klasse/Akademie der Wissenschaften und Li-

teratur Nr. 2/2001), 11–15. Zur Unterscheidung der Geister vgl. als erste Hinführung D. Mieth, Art. Unterscheidung der Geister, in: Lexikon für Theologie und Kirche, Bd. X, 3. Aufl., Freiburg i. Br. 2001, 444 f. (Lit.).

68 Vgl. dazu viele Studien zur Überlieferung und Interpretation der Unterscheidung der Geister, z. B. Chr. Benke, Unterscheidung der Geister bei Bernhard von Clairvaux, Würzburg 1991; G. Summa, Geistliche Unterscheidung bei Johannes Cassian, Würzburg 1992; C. Roth, Discretio spirituum, Würzburg 2001 (alle in Studien zur systematischen und spirituellen Theologie, Bd. 4, Bd. 7, Bd. 33).

69 Ausführlicher dazu K. Lehmann, Hat das Christentum Zukunft?, 38–50.

Epilog

A) Dankbarer Rückblick

I. Die Würzburger Bischofsversammlung 1848

Man kann die Bedeutung des Jahres 1848 kaum überschätzen, auch im Hinblick auf die Stellung der Kirche. Vor dem Hintergrund der starken Lähmung, die die Säkularisierung der Jahre 1802/1803 mit sich gebracht hat, erfolgt nun ein nicht zu übersehender Neuaufbruch. Im März entsteht als elementarer Anfang der katholischen Vereinsbewegung der „Centralverein für religiöse Freiheit". Die Vereine wollen Parität und Freiheit für die Kirche erstreiten.

Die Katholiken hatten in wenigen Monaten eine beeindruckende öffentliche Willensbildung und Koordination ihrer Interessen geleistet. Namhafte Männer saßen in der Frankfurter Paulskirchenversammlung. Überall sprießen die „Piusvereine für religiöse Freiheit" aus dem Boden. Es geht hier um eine religiös motivierte gesellschaftliche Verantwortung. Am 15. August 1848 werden auf dem 600. Kölner Domfest viele Überlegungen ausgetauscht. Die Generalversammlung der katholischen Vereine, der erste deutsche „Katholikentag" in Mainz 1848, wird von diesen Vereinen getragen und bündelt die entstandene Aufbruchsstimmung.

Ein wichtiger Anreger ist hier – wie in vielen anderen Dingen – der Mainzer Domherr Adam Franz Lennig (1803–1866), der auch bereits im Frühjahr 1848 die Notwendigkeit eines Zusammentritts der deutschen Bischöfe unter den gegenwärtigen Verhältnissen an den Limburger Bischof Blum zur Sprache brachte. Der Erzbischof von Köln, Johannes Kardinal von Geissel, schien ihm die geeignetste Persönlichkeit zur Förderung dieses Vorhabens. Die Bischöfe erkannten in ihrer Würzburger Zusammenkunft, dass sie sich mit der neuen Situation, vor allem auch den Initiativen der Laien und ihrer Vereine sowie der demokratischen Bewegung, intensiver befassen mussten.

Piusvereine, Paulskirche, Kölner Domfest, Mainzer Katholikentag und Würzburger Bischofsversammlung haben in sehr kompakter Weise das Empfinden gemeinsamer Verantwortung, eine gründliche Beratung und ein stärkeres persönliches Bekanntwerden gefördert. Auch wenn es erst ab 1867 und vor allem 1869 eine jährliche Fuldaer Bischofskonferenz geben wird, so ist in Würzburg als reife Frucht des Jahres 1848 ein wichtiges Fundament für die Zusammenarbeit der Diözesen gelegt worden, das nie mehr einfach verloren ging.

Dies ist die bleibende Bedeutung der Würzburger Bischofsversammlung 1848, auch wenn sie vermutlich wegen des Scheiterns der Revolution im Jahre 1848 und der ungeklärten Frage der deutschen Einheit nicht kontinuierlich tagte. Insgesamt ließ sich das Streben nach kirchlicher Freiheit nicht mehr zurückdrängen. In diesem Sinne gehörte die Kirche zu den wenigen Siegern des Revolutionsjahres. Man kann daran auch sehen, wie sehr ein so dichter Aufbruch eine Wende anbahnen und eine Weichenstellung einleiten kann.

II. Die Einrichtung der Bischofskonferenz

Die Bischofskonferenzen haben sich als Einrichtung bewährt und durchgesetzt. Sie dürfen als eine Spielart und partielle Verwirklichung der Kollegialität der Bischöfe verstanden werden. Dies zeigt vor allem auch der Verweis des Zweiten Vatikanischen Konzils auf die Praxis der Communio und der Synoden in der frühen Kirche (vgl. LG 22). Die Bischofskonferenz dient der Beratung in einer begrenzten Region. Darum kann sie auch das Bischofskollegium als solches nicht ersetzen, sondern spiegelt in ihrer partikulären Bedeutung die Einheit des Bischofskollegiums, auf das sie mit und unter dem Papst wiederum verwiesen ist (vgl. LG 23). Die Bischofskonferenz darf sich auch nicht an die Stelle der Bischöfe und ihrer persönlichen Verantwortung für ihre Diözesen setzen. In diesem Sinne heißt es im Blick auf die überlieferten Teilkirchenverbände: „In ähnlicher Weise können in unserer Zeit die Bischofskonferenzen vielfältige und fruchbare Hilfe leisten, um die kollegiale Gesinnung zu konkreter Verwirklichung zu führen" (LG 23). Darin hat die Bischofskonferenz auch eine gut begründete theologische Grundlage.

Der genauere Status sollte nach der Publikation des neuen kirchlichen Rechts (CIC 1983) und der Weltbischofssynode von 1985 geklärt werden. Dies ist erst in dem Apostolischen Schreiben „Apostolos suos" über die theologische und rechtliche Natur von Bischofskonferenzen vom 21. Mai 1998, als „Motu proprio" erlassen, geschehen. Bei allem Respekt gegenüber diesem Text wird man sagen dürfen, dass die Fragen des theologischen und juridischen Status eine Zwischenantwort in diesem Dokument erhalten haben, die gewiss in der theologischen Diskussion weiter fortgesetzt werden muss.

III. Die Aufgaben und Kompetenzen

Schon bald nach dem Konzil gab es zwei Fragen, die in diesem Zusammenhang wichtig geworden sind. Besonders der mächtige Einsatz, den die US-Bischofskonferenz mit ihren stark lehrmäßig ausgerichteten, weltweit verbreiteten Hirtenbriefen, besser vielleicht: Lehrschreiben über die atomare Bewaffnung und die Sozialverkündigung der Kirche veröffentlichten, hat nicht nur in Rom Bedenken geweckt, eine gewiss einflussreiche, aber immer noch regionale Bischofskonferenz könne sich nicht nur eine weitgehend als eigene Kompetenz verstandene Lehrvollmacht aneignen, sondern auch weit über ihren Geltungsbereich hinaus wirksamen Einfluss ausüben. Der dritte Hirtenbrief über die Frauenfrage wurde bekanntlich nicht abgeschlossen.

Eine zweite Sorge, die bald nach dem Konzil, also noch viel früher, vor allem von H. de Lubac geäußert wurde, bezieht sich auf die Sorge, die unersetzliche und theologisch erstrangige persönliche Verantwortung des einzelnen Bischofs für seine Diözese könnte durch die Macht und den Druck von Bischofskonferenzen geschwächt oder gar ersetzt werden. Man betrachtet hier eine Bischofskonferenz wie ein mächtiges Kollektiv gegenüber einem geschwächten Individuum.

Das Apostolische Schreiben vom 21. Mai 1998 versucht, auf beide Bedenken zu antworten. Die Sorge um die unverletzte Wahrnehmung der Verantwortung des Einzelbischofs durchzieht das Dokument. Ich will nicht leugnen, dass darin auch eine Gefahr für den einzelnen Bischof liegt. Davon ist keine Bischofskonferenz ausgenommen. Bei sehr großen Bischofskonferenzen und im Blick auf kleine Diözesen halte ich diese Bedrohung jedoch für näher liegend als z. B. bei uns. Das zentralistische Gefüge von Gemeinwesen erhöht noch die Gefahr. Die im Durchschnitt beträchtliche Stärke der einzelnen-Diözesen, einschließlich ihrer Finanzhoheit, und die föderale Struktur unseres Landes bedeuten ineins mit dem hohen Alter vieler Bistümer bei uns eine erhebliche Schranke gegenüber einem Überfahrenwerden des Einzelbischofs. Unser Statut hat hier auch eine Reihe schützender Bestimmungen (vgl. nur Art. 14, Abs. 2).

Die Regelung mit dem Lehrcharakter von Bischofskonferenzen ist differenzierter. Es ist zunächst eine positive Entscheidung, dass ein Lehramt der Bischofskonferenzen, wenigstens für die Vollversammlungen, anerkannt wird. So heißt es in Art. 22 des Apostolischen Schreibens: „Indem sie (die Bischöfe) neue Aufgaben in Angriff nehmen und sie es sich zu ihrem Anliegen machen, dass die Botschaft Christi das Gewissen der Menschen erleuchte und leite, um die mit den gesellschaftlichen Umwälzungen verbundenen neuen Probleme zu lösen, erfüllen die in der Bischofskonferenz versammelten

Bischöfe gemeinsam ihr Lehramt.“ Diese Anerkennung ist m. E. zu sehr übersehen worden. Das Schreiben verlangt nun ergänzende Normen über die Bischofskonferenzen (vgl. Teil IV). Für authentische Lehraussagen wird von den Vollversammlungen zur Gültigkeit Einstimmigkeit verlangt. Eine weitere Behandlung der Sache ist in allen anderen Fällen nur möglich, wenn wenigstens eine Zweidrittelmehrheit der stimmberechtigten Bischöfe erreicht wird. In diesem Fall bedarf es einer „recognitio“ des Apostolischen Stuhles.

An diese Bestimmungen richten sich manche Fragen, die möglicherweise erst im Lauf der allmählichen Realisierung entschieden werden können. M. E. wird auch hier der Umfang lehramtlicher Äußerungen von Bischofskonferenzen überschätzt. Direkte Lehramts-Aussagen dürften ziemlich selten sein. Der Normalfall ist eher die indirekte Applikation von Lehrnormen. Es gibt aber viele pastorale und gesellschaftlich relevante Äußerungen, die implizit lehramtliche Bedeutung haben. Wie wird man mit diesen Aussagen umgehen? Wie wird der Apostolische Stuhl reagieren, wenn dabei in hohem Grad Ermessensfragen mit im Spiel sind? Wird die Entscheidungskompetenz von Bischofskonferenzen hier nicht in einer fragwürdigen Weise eingeengt, weil sie nämlich in Einzelfällen bei längeren Entscheidungsprozessen handlungsunfähig werden könnten? Ich habe viel Sinn für Respekt vor dem Gewissen einzelner Bischöfe; wird aber auch eine hochgradig konsensfähige Gemeinschaft gegenüber notorischen Außenseitern genügend geschützt?

Ich kann diese Fragen nur stellen. Vermutlich werden sie erst von der Praxis und den nötigen Reflexionen beantwortet werden. Wir dürfen dankbar sein, dass die Deutsche Bischofskonferenz bis jetzt diese Schwierigkeiten gut meistern konnte.

IV. Vom Austausch der Gaben

Die Bischofskonferenz ist in unserem Bereich als Zwischeninstanz nicht mehr wegzudenken. Bei der hohen Mobilität und der Schnelligkeit der Kommunikation lassen sich bei aller Verschiedenartigkeit der Bistümer und ihrer Traditionen gemeinsame Handlungsmaximen in wichtigen pastoralen Fragen nicht nur nicht vermeiden, sondern sie sind immer mehr geboten. Natürlich lauern hier die Gefahren aller Bürokratien. Aber sie müssen nicht automatisch eintreten, wenn man sich ihrer bewusst ist. Es kommt darauf an, gegenseitig Informationen über die kirchliche Situation und die damit zusammenhängende Orientierung auszutauschen.

Der Austausch bewegt sich aber auch in vielen anderen Feldern, z. B. des Finanzgebarens. Finanziell schlechter ausgestattete Bistümer brauchen einen

Ausgleich. Ohne entsprechende Hilfs- und Transfermaßnahmen hätten die neuen Bistümer in der ehemaligen DDR niemals ihre Probleme lösen können. Wir haben durch die Bischofskonferenz auch nicht unerheblich zur Stärkung eines neuen Einheitsbewusstseins in unserem Lande beitragen dürfen. Dies alles hat erst recht Gültigkeit erlangt, als die Geschicke der Bundesrepublik Deutschland ab dem Jahr 2000 von der Bundeshauptstadt Berlin aus gesteuert wurden. Ähnlich war auch der vielfältige Beitrag unserer Bischofskonferenz zum Zusammenwirken der europäischen katholischen Ortskirchen in den beiden Organisationen, dem Rat der katholischen europäischen Bischofskonferenzen (CCEE, über die EU hinaus) und im Komitee der europäischen Bischofskonferenzen innerhalb der Europäischen Union (COMECE).

B) **Bekenntnis der Zuversicht**

„Zuversicht aus dem Glauben" lautet der Titel dieses Bandes. Mein Mitarbeiter Michael Kinnen hat mir im Einvernehmen mit dem Herder-Verlag diesen Titel vorgeschlagen. Sie wussten, dass dies für mich ein Schlüsselwort zwischen Denken und Glauben, Emotionen und Handeln, spiritueller Motivation und säkularer-moderner Welt darstellt. In fast allen Glückwünschen, die ein Bischof sehr oft überbringen darf und muss, erbitte ich seit Jahrzehnten „Zuversicht aus der Kraft des Glaubens für alle Tage".

I. Der Begriff der Zuversicht

Dies mag überraschend sein. „Zuversicht ist kein Wort der Fachsprachen. Es fehlt weitgehend in den großen Lexika, auch der Theologie. Es gibt wenige Ausnahmen.[1] Das Wort ist in der Tat etwas ortlos.[2] Es gibt weder in der Bibel des Alten und Neuen Testaments noch im Griechischen und Lateinischen ein eindeutiges sprachliches Äquivalent. Aber gerade dort, wo das Wort- und Begriffsfeld nicht eindeutig abgesteckt ist, gibt es durch die vielen Öffnungen und Assoziationen zu anderen Worten auch wichtige Zusammenhänge. Gerade die Bündelung dieser Perspektiven kann das Wort kostbar machen, vielleicht gerade heute. Es zwingt so zur Begegnung, Synthese und Kooperation, wo man sonst oft bei der Spezialisierung isoliert bleibt.

II. Hoffnung und Zuversicht

In der Mitte steht gewiss das fundamentale Stichwort Hoffnung.[3] Dazu gehört eng die Erwartung. Die Erfüllung der Erwartung verlangt Geduld und Gelassenheit, vor allem aber die Gewissheit des Eintreffens und das Vertrauen, dass es so kommen wird. Die Nähe zum Wort Glauben und die Beziehung auf Gott hin liegen nahe. Sie sind durch die Bibelübersetzung Luthers, der im aufgezeigten Wortfeld oft das Wort „Zuversicht" verwendet hat, im deutschen Sprachgebrauch des Wortes sehr dominant geworden. Dies geschah schon früh ab dem 11. Jahrhundert in Ansätzen. Es geht dabei nicht nur um eine allgemeine Zukunftserwartung, sondern um eine auf Gott bauende, dadurch vertrauensvolle Zuversicht. Als gegensätzliche Haltungen erscheinen Furcht und vor allem Verzweiflung.

In der Neuzeit hat das Wort in vielen Kontexten eine beharrliche Rolle gespielt, ist aber im Gegenzug zu Luthers starker spiritueller Imprägnierung des Wortes mehr und mehr aus dem Gottesbezug und der eschatologischen Hoffnung herausgelöst und „säkularisiert" worden. Aber es ist im säkularen Raum geblieben und hat sogar in letzter Zeit Aufwind bekommen.[4]

III. Zuversicht aus der Kraft des Glaubens

Was prägt nun das Wort? Gewiss bezieht „Zuversicht" sich auf eine Gestalt der Zukunftshoffnung, die Gewissheit, Vertrauen und auch einem festen „Glauben" einschließt, was immer darunter verstanden wird.[5] Zuversicht ist jedenfalls eine gestärkte, qualitativ gesteigerte Form der Hoffnung. Dies hat schon meisterlich der mailändische Kirchenvater und Bischof Ambrosius formuliert, wenn er sagt: „Zuversicht ist die Stärke … unserer Hoffnung und zugleich so etwas wie Autorität, eine Ermächtigung des Hoffenden."[6]

Im Blick auf die in der europäischen Bildungsgeschichte ausgeprägte Bedeutung würde ich heute die Zuversicht als intensive, begründete Zukunftserwartung verstehen. Dies ist viel mehr als bloßer Optimismus.

Die Begründung aus dem Geist des Christentums ergibt sich daraus, dass die Erfüllung dieser Hoffnung, also der Grund der Zuversicht nicht in endzeitlicher Ferne oder eine Utopie ist, vielmehr vorläufig und fragmentarisch, aber wirklich und erneuernd vor allem durch die Zeugen des Glaubens in unserer Welt und Geschichte gegenwärtig wird. In diesem Sinne ist Zuversicht begründete Hoffnung aus der Kraft des Glaubens.[7]

Diese Zuversicht ist Sache aller Christen. Wir fliegen dabei nicht leichtfüßig und illusionär über die oft brutale Wirklichkeit hinweg. Schließlich ist es die Hoffnung, die am Holz des Kreuzes gesiegt hat. Deshalb ist die Zuversicht oft eher verborgen wirksam. Aber wir wollen immer wieder fragen und suchen, wo es auch in unserer Zeit unentdeckte Signale der Hoffnung gibt.[8]

Es ist gerade auch die Aufgabe des Amtes und zumal einer Bischofskonferenz, nach den „Zeichen der Zeit" zu fahnden. Dies darf nicht zu einem Trend modischen Sichanpassens führen, sondern man muss auf einem schmalen Grat zwischen Trägheit und Übereifer, Getto und Exodus durch die Unterscheidung der Geister zu dem gelangen, was die Kirche allezeit, aber auch besonders heute im Durchleuchten und Begreifen unserer Zeit braucht: Augenmaß und Geistesgegenwart. Dann ist „Zuversicht" auch noch in diesem Sinne gut begründet.[9]

Dieser Aufgabe wollten die Eröffnungsreferate bei aller kreatürlichen und sündigen Armut von uns Menschen dienen. In diesem Sinne wollen sie auch Rechenschaft geben von unserer Zuversicht aus der Kraft des Glaubens: „Seid stets bereit, jedem Rede und Antwort zu stehen, der nach der Hoffnung fragt, die euch erfüllt" (1 Petr 3,15).

Anmerkungen

1 Vgl. H. Hühn / M. Seils, Zuversicht, in: J. Ritter u.a. (Hg.), Historisches Wörterbuch der Philosophie, Band 12, Basel 2004, 1469–1475.

2 Zur deutschen Wortgeschichte vgl. außer den einschlägigen Wörterbüchern und Nachlagewerken (Grimm, Kluge usw.) bes. H. Götz, in: Beiträge zur Geschichte der deutschen Sprache und Literatur – Sonderband Festschrift Th. Frings, hg. von E. Karg-Gasterstädt, Band 79, Halle 1957, 322–329.

3 Dazu immer noch maßgebend H. Schlier, Über die Hoffnung, in: Ders., Besinnung auf das Neue Testament, Freiburg i.Br. 1964 u.ö., 135–145; Ders., Nun aber bleiben diese Drei (Kriterien 25), Einsiedeln 1971, 49–66; dazu die Hoffnungstexte K. Rahners: Praxis des Glaubens, hg. von K. Lehmann und A. Raffelt, Freiburg i.Br. 1982 u.ö., 367–473, bes. 392–396; speziell vgl. G. Nee, „Hoffnung" bei Paulus, Göttingen 1983; K. M. Woschitz, Elpis, Wien 1979; Ders., Art. Hoffnung, in: Neues Bibel-Lexikon II (Zürich 1995) 176–179; Th. Söding, Zuversicht und Geduld im Schauen auf Jesu. Zum Glaubensbegriff des Hebräerbriefes, in: ZNW 82 (1991) 214–241; Ders., Die Trias Glaube, Hoffnung, Liebe bei Paulus (Stuttgarter Bibelstudien 150), Stuttgart 1992; 99, 185ff., 217f.

4 Vgl. Art. „Zuversicht", in: J. Ritter u.a. (Hg.), Historisches Wörterbuch der Philosophie, Band 12, Basel 2004, 1473 mit Anm.

5 Vgl. K. Lehmann, Art. „Glaube", in: H. Krings; H. M. Baumgartner; Ch. Wild (Hg.): Handbuch philosophischer Grundbegriffe Bd. II., München 1973, 596–605; in der Studienausgabe: III. 1973.596–605; CD-ROM-Fassung 2003. Vgl. Ders., Auf der Suche nach der Wahrheit und dem Sinn des Ganzen: Unersetzlichkeit des Glaubens, Erste Vorlesung im Rahmen der Guardini-Ringvorlesung am 29. Oktober 2004 in Berlin; erscheint als

Sammlung aller fünf Vorlesungen unter dem Titel „Katholische Weltanschauung. Integration und Unterscheidung" (Herder Spektrum,), Freiburg i. Br. i. V.

6 „Robur … spei nostrae et quaedam sperantis auctoritas confidentia est": Expositio de psalmo CXVIII, 15, 28, ed. M. Petschenig (CSEL 62), Wien 1913, 2. Aufl. 1999, 1 f., 345.

7 Eine ganz säkulare Begriffsbestimmung entwirft diese Perspektiven nur auf die geschichtliche Ebene, z. B. DUDEN. Deutsches Universalwörterbuch, 2. Aufl. Mannheim 1989, 1807, Art. Zuversicht: „Festes Vertrauen auf eine positive Entwicklung in der Zukunft, auf die Erfüllung bestimmter Wünsche und Hoffnungen".

8 Zum Rückblick auf die verschiedenen Entwürfe zu einer Theologie der Hoffnung vgl. M. Welker, Zukunftsaufgaben evangelischer Theologie. Nach vierzig Jahren „Theologie der Hoffnung" von Jürgen Moltmann, Gütersloh 2005.

9 Es gibt noch manche biblische Zusammenhänge, die der Erörterung bedürfen, wie z. B. die neutestamentliche „parrhesia" (Offenheit, Freimütigkeit, Zuversicht): Die Freiheit des Zugangs zu Gott, das Eintreten in den Bereich der Offenbarung und die Offenheit zur Zukunft gehören zusammen, dazu H. Schlier, in: ThWNT V, Stuttgart 1954, 869–884; E. Peterson, Zur Bedeutungsgeschichte von „parrhesia", in: Zur Theorie des Christentums I. Festschrift für R. Seeberg, Leipzig 1929, 283–297.

Zeittafel

1987

22. September:	Die Herbst-Vollversammlung der Deutschen Bischofskonferenz in Fulda wählt Bischof Prof. Dr. Dr. Karl Lehmann, Mainz, zum Vorsitzenden der Deutschen Bischofskonferenz. Er war seit 1985 Stellvertretender Vorsitzender.
1.–30. Oktober:	7. Ordentliche Generalversammlung der Bischofssynode in Rom zum Thema „Berufung und Sendung der Laien in der Kirche"
16. Oktober:	Tod von Joseph Kardinal Höffner, Erzbischof von Köln und vom 22.9.1976 bis zum 14.09.1987 Vorsitzender der Deutschen Bischofskonferenz.
30. Dezember	Enzyklika „Sollicitudo rei socialis" – zwanzig Jahre nach der Enzyklika „Populorum progressio"

1988

20. Februar:	Bischofsweihe von Joachim Reinelt, Dresden-Meißen.
28. Juni:	Bischof Dr. Franz Hengsbach, Essen, wird zum Kardinal ernannt.
28. Juni:	Apostolische Konstitution „Pastor bonus" über die Römische Kurie
30. Juni:	Nach unerlaubten Bischofsweihen durch den traditionalistischen Erzbischof Marcel Léfèbvre kommt es zu einer Kirchenspaltung.
1. Juli:	Der frühere Mainzer Bischof, Hermann Kardinal Volk, stirbt.
15. August:	Apostolisches Schreiben „Mulieris dignitatem" über die Würde und Berufung der Frau
28. August:	Bei einer Flugschau im pfälzischen Ramstein kollidieren zwei Düsenjets; 70 Menschen sterben, hunderte werden zum Teil schwer verletzt.
20. Oktober:	Wort der deutschen Bischöfe zum Verhältnis von Christen und Juden aus Anlass des 50. Jahrestages der Novemberprogrome 1938 „Die Last der Geschichte annehmen"
23. Oktober:	Seligsprechung des ersten Schweriner Bischofs Niels Stensen (1638–1686) in Rom

1. Dezember:	Die Deutsche Bischofskonferenz setzt die neue „Rahmenordnung für die Priesterbildung“ in Kraft.
30. Dezember:	Nachsynodales Apostolisches Schreiben „Christifideles Laici“ über die Berufung und Sendung des Laien in Kirche und Welt

1989

12. Februar:	Der Berliner Bischof und Vorsitzende der Berliner Bischofskonferenz, Joachim Kardinal Meisner, wird als Erzbischof von Köln in sein Amt eingeführt.
23. Mai:	Die Bundesversammlung wählt Richard v. Weizsäcker zur zweiten Amtszeit als Bundespräsident.
17. Juni:	Bischofsweihe von Prof. Dr. Walter Kasper, Rottenburg-Stuttgart, heute Kardinal und Präsident des Päpstlichen Rates zur Förderung der Einheit der Christen
15.–20. August:	IV. Weltjugendtag in Santiago de Compostela, Spanien, Thema: „Ich bin der Weg, die Wahrheit und das Leben“ (Joh 14,6)
9. September:	Bischofsweihe von Georg Sterzinsky in Berlin (heute Erzbischof und seit 1991 Kardinal)
9. November:	Die Mauer in Berlin wird geöffnet. Das Ende der DDR steht bevor.

1990

7. März:	Wort der deutschen Bischöfe zur Stellung der Verbände in der Kirche
24. März:	Bischofsweihe von Leopold Nowak, Madeburg
23.–27. Mai:	90. Katholikentag in Berlin, Thema: „Wie im Himmel so auf Erden“
8. Juli:	Deutschland wird Fußballweltmeister
2. August:	Irakische Truppen besetzen Kuwait. In der Folge beginnt 1991 der 2. Irakkrieg.
15. August:	Apostolische Konstitution „Ex corde ecclesiae“ über die Katholischen Universitäten
31. August:	Erklärung der Deutschen Bischofskonferenz und des Rates der EKD zur Organtransplantation
27. September:	Wort der deutschen Bischöfe „Christliche Verantwortung in veränderter Welt“
30.09.–28.10.:	8. Ordentliche Generalversammlung der Bischofssynode in Rom zum Thema „Die Priesterbildung im Kontext der Gegenwart“

3. Oktober:	Tag der Deutschen Einheit; Wiedervereinigung nach mehr als 40 Jahren deutscher Teilung
30. November:	Erzbischof Dr. Johannes Dyba, Fulda, wird als Nachfolger von Erzbischof Dr. Elmar Maria Kredel, Bamberg, zum Katholischen Militärbischof für die Bundeswehr ernannt.
2. Dezember:	Erste gesamtdeutsche Bundestagswahl – Die schwarz-gelbe Koalition unter Bundeskanzler Dr. Helmut Kohl wird bestätigt.
7. Dezember:	Enzyklika „Redemptoris missio“ über die fortdauernde Gültigkeit des missionarischen Auftrags
13. Dezember:	Das „Gesetz zum Schutz von Embryonen“ wird im Bundestag verabschiedet.

1991

16. Januar:	Die USA beginnen einen Luftkrieg gegen den Irak, um dessen Armee aus dem besetzten Kuwait zu vertreiben.
21. Februar:	Wort der deutschen Bischöfe zum Golfkrieg
26. April:	Franz Kardinal Hengsbach, Bischof von Essen, stirbt.
1. Mai:	Enzyklika „Centesimus annus“ zum 100. Jahrestag von „Rerum novarum“
10.–16. Juni:	Woche für das Leben: „Dem Leben Zukunft geben“
17. Juni:	„Vertrag über gute Nachbarschaft und freundschaftliche Zusammenarbeit“ zwischen Deutschland und Polen
20. Juni:	Der Bundestag beschließt den Umzug von Bonn nach Berlin.
28. Juni:	Bischof Georg Sterzinsky, Berlin, wird zum Kardinal ernannt.
1. Juli:	Der Warschauer Pakt wird aufgelöst.
10.–15. August:	VI. Weltjugendtag in Czestochowa, Polen, Thema: „Ihr habt den Geist empfangen, der euch zu Söhnen macht“ (Röm 8,15)
26. August:	Erklärung des Ständigen Rates der Deutschen Bischofskonferenz zur Lage in Jugoslawien
27. Oktober:	Seligsprechung von Adolph Kolping (1813–1865), Erzbistum Köln, in Rom
26. November:	Erklärung des Ständigen Rates der Deutschen Bischofskonferenz zur Situation in Kroatien
28.11.–14.12.:	1. Sonderversammlung für Europa der Bischofsynode in Rom zum Thema „Auf dass wir Zeugen Christi sind, der uns befreit hat“
25. Dezember:	Der Präsident der Sowjetunion, Michail Gorbatschow, tritt zurück. Im August wurde gegen ihn geputscht, Nachfolger ist Boris Jelzin.

1992

2. Februar:	Bischof Dr. Hubert Luthe wird als 2. Bischof von Essen in sein Amt eingeführt (zuvor Weihbischof in Köln).
7. Februar:	Die „Maastrichter Verträge" zur Europäischen Union werden von den Außen- und Finanzministern unterzeichnet.
25. März:	Nachsynodales Apostolisches Schreiben „Pastores dabo vobis" über die Priesterbildung im Kontext der Gegenwart
17.–24. Mai:	Woche für das Leben: „Für eine kinderfreundliche Gesellschaft – Kinder in unserer Gesellschaft"
10. Juni:	Erklärung des Vorsitzenden der Deutschen Bischofskonferenz zur Diskussion um die Änderungen des strafrechtlichen Schutzes für das ungeborene Kind
17.–21. Juni:	91. Katholikentag in Karlsruhe, Thema: „Eine neue Stadt ersteht – Europa bauen in der einen Welt"
26. Juni:	Der Bundestag verabschiedet das Schwangeren- und Familienhilfegesetz: Es gilt eine Fristenregelung mit Beratungspflicht für die Abtreibung.
26. Juni:	Stellungnahme des Vorsitzenden der Deutschen Bischofskonferenz zur Entscheidung des Deutschen Bundestages zur Neuregelung der Abtreibungsgesetzgebung
10. Juli:	Stellungnahme des Vorsitzenden der Deutschen Bischofskonferenz zur Verabschiedung des Schwangeren- und Familienhilfegesetzes durch den Bundesrat
24. September:	Schreiben der deutschen Bischöfe über den priesterlichen Dienst
2. November:	Der 1632 von der Inquisition verurteilte Astronom Galileo Galilei wird rehabilitiert.
23. November:	Bei einem ausländerfeindlichen Brandanschlag in Mölln sterben zwei türkische Frauen und ein zehnjähriges Mädchen.
25. November:	Gemeinsame Erklärung der Deutschen Bischofskonferenz und des Rates der EKD zur Aufnahme von Flüchtlingen und zum Asylrecht
7. Dezember:	Johannes Paul II. stellt im Vatikan den neuen Weltkatechismus der katholischen Kirche vor.

1993

30. Januar:	Bischofsweihe von Abtprimas Dr. Viktor Josef Dammertz OSB, Augsburg
9.–16. Mai:	Woche für das Leben: „Leben im Alter"
28. Mai:	Das Bundesverfassungsgericht entscheidet für eine bundeseinheitliche Regelung der Schwangerschaftsabbrüche.

29. Mai: Bei einem ausländerfeindlichen Brandanschlag in Solingen sterben fünf türkische Frauen und Mädchen.

6. August: Enzyklika „Veritatis splendor" über einige grundlegende Fragen der kirchlichen Morallehre

10.–15. August: VIII. Weltjugendtag in Denver, USA, Thema: „Ich bin gekommen, damit ihr das Leben habt und es in Fülle habt" (Joh 10,10)

21. September: 1. Wiederwahl von Bischof Prof. Dr. Dr. Karl Lehmann zum Vorsitzenden der Deutschen Bischofskonferenz bei der Herbst-Vollversammlung der Deutschen Bischofskonferenz in Fulda

22. September: Erklärung der deutschen Bischöfe zum kirchlichen Dienst
Die deutschen Bischöfe verabschieden die „Grundordnung des kirchlichen Dienstes im Rahmen kirchlicher Arbeitsverhältnisse".

21. Oktober: Kirchen eröffnen Konsultationsprozess zur wirtschaftlichen und sozialen Lage in Deutschland.

1994

23. Januar: Bischof Dr. Klaus Hemmerle, Aachen, stirbt.

24. Februar: Die Deutsche Bischofskonferenz erlässt die „Rahmenordnung für Ständige Diakone in den Bistümern der Bundesrepublik Deutschland".

8.–15. Mai: Woche für das Leben: „unBehindert miteinander leben"

22. Mai: Apostolisches Schreiben „Ordinatio sacerdotalis" über die nur Männern vorbehaltene Priesterweihe

23. Mai: Wahl von Prof. Dr. Roman Herzog zum Bundespräsidenten

25. Mai: Aufruf des Vorsitzenden der Deutschen Bischofskonferenz zur Verabschiedung der Neuregelung des Abtreibungsrechts durch den Deutschen Bundestag am 26. Mai 1994

15. Juni: Der Staat Israel und der Heilige Stuhl nehmen volle diplomatische Beziehungen auf.

21. Juni: Stellungnahme der Deutschen Bischofskonferenz zur Studie „Lehrverurteilungen – kirchentrennend?"

29. Juni – 3. Juli: 92. Katholikentag in Dresden, Thema: „Unterwegs zur Einheit"

8. Juli: Neuerrichtung der Bistümer Erfurt, Görlitz und Magdeburg

8. Juli: Amtseinführung von Bischof Dr. Joachim Wanke zum Bischof von Erfurt (zuvor Apostolischer Administrator in Erfurt-Meiningen)

3. September: Amtseinführung von Bischof Rudolf Müller in Görlitz (zuvor Weihbischof des Apostolischen Administrators von Görlitz)

2.–29. Oktober: 9. Ordentliche Generalversammlung der Bischofssynode in Rom

	zum Thema „Das geweihte Leben und seine Sendung in Kirche und Welt“
9. Oktober:	Amtseinführung von Bischof Leopold Nowak in Magdeburg (zuvor Apostolischer Administrator in Magdeburg)
16. Oktober:	Bundestagswahl – erneute Bestätigung der Regierung Dr. Kohl (CDU/CSU und FDP-Koalition)
10. November:	Apostolisches Schreiben „Tertio Millennio adveniente“ zur Vorbereitung auf das Jubeljahr 2000
22. November:	Erklärung der deutschen Bischöfe zur Bestattungskultur und Begleitung von Trauernden aus christlicher Sicht „Unsere Sorge um die Toten und die Hinterbliebenen“

1995

Januar:	Gemeinsame Stellungnahme der Deutschen Bischofskonferenz und der EKD zu Fragen des europäischen Einigungsprozesses „Zum Verhältnis von Staat und Kirche im Blick auf die Europäische Union“
7. Januar:	Dr. Ludwig Averkamp wird als erster Erzbischof von Hamburg in sein Amt eingeführt (zuvor Bischof von Osnabrück).
10.–15. Januar:	X. Weltjugendtag in Manila, Philippinen, Thema: „Wie mich der Vater gesandt hat, so sende ich euch“ (Joh 20,21)
23. Januar:	Wort der deutschen Bischöfe aus Anlass des 50. Jahrestages der Befreiung des Vernichtungslagers Auschwitz
11. Februar:	Bischofsweihe von Dr. Heinrich Mussinghoff, Aachen
25. März:	Enzyklika „Evangelium vitae“ über den Wert und die Unantastbarkeit des menschlichen Lebens
24. April:	Wort der deutschen Bischöfe zum Gedenken an das Ende des Zweiten Weltkriegs vor 50 Jahren
6.–12. Mai:	Woche für das Leben: „Sinn statt Sucht“
25. Mai:	Enzyklika „Ut unum sint“ über den Einsatz für die Ökumene
28. Mai:	Bischof Dr. Karl Braun wird als Erzbischof von Bamberg in sein Amt eingeführt (zuvor Bischof von Eichstätt).
25. August:	Das Schwangeren- und Familienhilfeänderungsgesetz wird veröffentlicht. Es tritt in wesentlichen Teilen am 1. Oktober in Kraft.
28. September:	Erklärung der Deutschen Bischofskonferenz „Der pastorale Dienst in der Pfarrgemeinde“
28. September:	Die Deutsche Bischofskonferenz verabschiedet „Richtlinien über persönliche Anforderungen an Diakone und Laien im pastoralen Dienst im Hinblick auf Ehe und Familie“.
26. November:	Amtseinführung von Bischof Dr. Franz-Josef Bode in Osnabrück, (zuvor Weihbischof in Paderborn)

12. Dezember:	Gemeinsames Wort der polnischen und deutschen Bischöfe über „Dialog, Versöhnung und Brüderlichkeit“

1996

22. Februar:	Apostolische Konstitution „Universi Dominici Gregis“ über die Vakanz des Apostolischen Stuhls und die Wahl des Papstes in Rom
23. März:	Bischofsweihe von Dr. Walter Mixa, Eichstätt
25. März:	Nachsynodales Apostolisches Schreiben „Vita consecrata“ über das geweihte Leben und seine Sendung in Kirche und Gesellschaft
4.–10. Mai:	Woche für das Leben: „Leben bis zuletzt – Sterben als Teil des Lebens“
21.–23. Juni:	Papst Johannes Paul II. besucht Deutschland zum dritten Mal; Stationen sind Paderborn und Berlin, wo er Karl Leisner (1915–1945) aus dem Bistum Münster und Bernhard Lichtenberg (1875–1943) aus dem Bistum Berlin selig spricht.
2. Juli:	Vertrag zwischen dem Heiligen Stuhl und dem Freistaat Sachsen
26. September:	Gemeinsames Hirtenwort der deutschen Bischöfe zur ethischen Beurteilung der Abtreibung „Menschenwürde und Menschenrechte von allem Anfang an“
27. September:	Wort der deutschen Bischöfe „Die bildende Kraft des Religionsunterrichts. Zur Konfessionalität des katholischen Religionsunterrichts“

1997

22. Februar:	Wort der Deutschen Bischofskonferenz und des Rates der EKD zur wirtschaftlichen und sozialen Lage in Deutschland „Für eine Zukunft in Solidarität und Gerechtigkeit“
15. April:	Gemeinsame Erklärung der Deutschen Bischofskonferenz und des Rates der EKD „Chancen und Risiken der Mediengesellschaft“
Juni:	Gemeinsames Wort der Kirchen zu den Herausforderungen durch Migration und Flucht „... und der Fremdling, der in deinen Toren ist“
1.–7. Juni:	Woche für das Leben: „Jedes Kind ist l(i)ebenswert – Leben annehmen statt auswählen“
11. Juni:	Vertrag zwischen dem Heiligen Stuhl und dem Freistaat Thüringen
23.–29. Juni:	Zweite Europäische Ökumenische Versammlung in Graz

Juli / August: Das Oderhochwasser ist die bislang größte Naturkatastrophe im wiedervereinigten Deutschland.

19.–24. August: XII. Weltjugendtag in Paris, Frankreich, Thema: „Meister, wo wohnst du? Kommt und seht!“ (vgl. Joh 1,38–39)

15. September: Vertrag zwischen dem Heiligen Stuhl und dem Land Mecklenburg-Vorpommern

1. Oktober: Die deutschen Bischöfe veröffentlichen Orientierungen zur Bußpastoral „Umkehr und Versöhnung im Leben der Kirche“.

25. November: Die Deutsche Bischofskonferenz verabschiedet Leitlinien zur Geistliche Leitung in den katholischen Jugendverbänden.

1998

15. Januar: Vertrag zwischen dem Heiligen Stuhl und dem Land Sachsen-Anhalt

21.–26. Januar: Erste Kuba-Reise von Papst Johannes Paul II., bei der er Freiheit für die katholische Kirche und Demokratie sowie eine Aufhebung des US-Wirtschaftsembargos gegen Kuba verlangt.

10. Februar: Britische Wissenschaftler klonen erstmals ein Schaf.

20. April: Pastorale Handreichung der deutschen Bischöfe zur Seelsorge im Krankenhaus „Die Sorge der Kirche um die Kranken und zu einigen aktuellen Fragen des Sakramentes der Krankensalbung“

10.–16. Mai: Woche für das Leben: „Worauf du dich verlassen kannst – Miteinander leben in Ehe und Familie“

31. Mai: Apostolisches Schreiben „Dies Domini“ über die Heiligung des Sonntags

3. Juni: Beim schwersten Zugunglück in der Geschichte der Bundesrepublik Deutschland sterben 101 Menschen in Eschede.

10.–14. Juni: 93. Katholikentag in Mainz, Thema: „Gebt Zeugnis von eurer Hoffnung“

14. September: Enzyklika „Fides et ratio“ über das Verhältnis von Glaube und Vernunft

27. September: Bundestagswahl – Regierungswechsel – Gerhard Schröder (SPD) in Koalition mit den „Grünen“

11. Oktober: Heiligsprechung der deutschen Ordensfrau Edith Stein (Theresia Benedicta a Cruce OCD) (1891–1942) in Rom (Seligsprechung am 1. Mai 1987 in Köln während des zweiten Deutschlandbesuches von Papst Johannes Paul II.)

1999

8. Januar:	Die deutschen Bischöfe erlassen die Rahmenordnung für die Zusammenarbeit von Priestern, Diakonen und Laien im Bereich der Liturgie „Zum gemeinsamen Dienst berufen. Die Leitung gottesdienstlicher Feiern“.
17. Januar:	Wort der deutschen Bischöfe „Ehe und Familie – in guter Gesellschaft“
2.–8. Mai:	Woche für das Leben: „Gottes Erde – Zum Wohnen gemacht. Unsere Verantwortung für die Schöpfung“
23. Mai:	Wahl von Johannes Rau zum 8. Bundespräsidenten (zuvor Ministerpräsident in Nordrhein-Westfalen), † 27. 1. 2006
3. Juni:	Deutsche Soldaten im Kosovo. Anlässlich des Kosovo-Krieges gegen Serbenführer Slobodan Milošević entsendet auch Deutschland Soldaten zur Unterstützung der Nato-Streitkräfte in das Krisengebiet.
16. September:	„Menschen brauchen den Sonntag“ – Gemeinsame Erklärung der Deutschen Bischofskonferenz und des Rates der EKD
21. September:	Bei der Herbst-Vollversammlung der Deutschen Bischofskonferenz wird Bischof Prof. Dr. Dr. Karl Lehmann erneut zum Vorsitzenden gewählt (2. Wiederwahl).
23. September:	Wort der deutschen Bischöfe „Caritas als Lebensvollzug der Kirche und als verbandliches Engagement in Kirche und Gesellschaft“
27. September:	Veröffentlichung der „Christlichen Patientenverfügung“
1.–23. Oktober:	2. Sonderversammlung für Europa der Bischofssynode in Rom zum Thema „Jesus Christus, der in seiner Kirche lebt – Quelle der Hoffnung für Europa“
31. Oktober:	In Augsburg wird die „Gemeinsame Erklärung zur Rechtfertigungslehre“ zwischen der Katholischen Kirche und dem Lutherischen Weltbund unterzeichnet.
20. November:	Aufforderung an die deutschen Bischöfe, die Schwangerschaftskonfliktberatung fortzusetzen, ohne die für eine legale Abtreibung notwendige Bestätigung über die Beratung auszustellen. Damit steigt die katholische Kirche in Deutschland aus dem System der staatlichen Beratungsstellen aus.
24. Dezember:	Papst Johannes Paul II. öffnet die Heilige Pforte im Petersdom und leitet damit das Heilige Jahr 2000 der katholischen Kirche ein.

2000 „Heiliges Jahr“

24.–26. Februar: Papst Johannes Paul II. besucht den Berg Sinai in Ägypten.

12. März: Mit Johannes Paul II. spricht erstmals in der Geschichte der Kirche ein Papst ein umfassendes „Mea culpa“ für die Fehler und Sünden von Christen in den zurückliegenden 2.000 Jahren aus.

20.–26. März: Jubiläumspilgerreise von Papst Johannes Paul II. ins Heilige Land

6. April: Die Deutsche Bischofskonferenz veröffentlicht mit „Die eine Sendung und die vielen Dienste“ ein Dokument zum Selbstverständnis weltkirchlich orientierter Einrichtungen und Initiativen heute.

12.–13. Mai: Der Papst besucht zum dritten Mal Fatima, um die beiden Seherkinder selig zu sprechen und um der Gottesmutter für seine Rettung beim Mordanschlag von 1981 zu danken. Kurz darauf wird das so genannte dritte Geheimnis von Fatima veröffentlicht.

31. Mai – 4. Juni: 94. Katholikentag in Hamburg, Thema: „Sein ist die Zeit – Christen unterwegs in ein neues Jahrtausend“

19. Juni: Gemeinsame Erklärung der Deutschen Bischofskonferenz und des Rates der EKD zur Reform der Alterssicherung in Deutschland „Verantwortung und Weitsicht“

1.–8. Juli: Woche für das Leben: „Leben als Gottes Bild“

23. Juli: Erzbischof Dr. Johannes Dyba, Fulda, stirbt.

15.–20. August: XV. Weltjugendtag in Rom, Italien, Thema: „Das Wort ist Fleisch geworden und hat unter uns gewohnt“ (Joh 1,14)

31. August: Bischof Dr. Walter Mixa, Eichstätt, wird zum katholischen Militärbischof für die Deutsche Bundeswehr ernannt.

5. September: Erklärung der Kongregation für die Glaubenslehre „Dominus Iesus“ über die Einzigkeit und die Heilsuniversalität Jesu Christi und der Kirche

17. September: Bischofsweihe von Dr. Gebhard Fürst, Rottenburg-Stuttgart

28. September: Die Deutsche Bischofskonferenz veröffentlicht Überlegungen zur Trauungspastoral im Wandel „Auf dem Weg zum Sakrament der Ehe“.

11. Oktober: Friedenswort der Deutschen Bischofskonferenz „Gerechter Friede“

26. November: Die deutschen Bischöfe veröffentlichen das pastoraltheologische Wort „Zeit zur Aussaat. Missionarisch Kirche sein“.

2001

6. Januar:	Mit der Schließung der Heiligen Pforte des Petersdoms beendet der Papst das Heilige Jahr 2000. Apostolisches Schreiben „Novo Millennio ineunte“ zum Abschluss des Großen Jubiläums des Jahres 2000
21. Februar:	Größtes Konsistorium der Kirchengeschichte: 44 Kirchenmänner werden in den Kardinalsrang erhoben, darunter auch vier Deutsche: der Mainzer Bischof Prof. Dr. Dr. Karl Lehmann, der Paderborner Erzbischof Dr. Joachim Degenhardt, der frühere Bischof von Rottenburg-Stuttgart Prof. Dr. Walter Kasper und der Münchner Theologieprofessor Dr. Leo Scheffczyk.
7. März:	Wort der Deutschen Bischofskonferenz zu Fragen von Gentechnik und Biomedizin „Der Mensch: sein eigener Schöpfer?“
22. April:	Unterzeichnung der „Charta Oecumenica“ (Leitlinien für die wachsende Zusammenarbeit unter den Kirchen in Europa) in Strassburg
4.–9. Mai:	Bei einer Pilgerreise nach Griechenland, Syrien und Malta entschuldigt sich der Papst in Athen für die Verbrechen der Kreuzritter im Jahr 1204. In Damaskus besucht Johannes Paul II. als erster Papst eine Moschee.
19.–26. Mai:	Woche für das Leben: „Menschen würdig pflegen“
11. September:	Terroranschläge in New York und Washington erschüttern nachhaltig die Welt. Es sind tausende von Toten zu beklagen.
23. September:	Amtseinführung von Bischof Heinz-Josef Algermissen in Fulda (zuvor Weihbischof in Paderborn)
30. 09.–27. 10.:	10. Ordentliche Generalversammlung der Bischofssynode in Rom zum Thema „Der Bischof als Diener des Evangeliums Jesu Christi für die Hoffnung der Welt“
6. Oktober:	US-Streitkräfte beginnen einen Militärschlag gegen das Regime der Taliban in Afghanistan.
7. Oktober:	Seligsprechung von Schwester Euthymia (Emma Üffing) (1914–1955) aus dem Bistum Münster und von Nikolaus Groß (1898–1945) aus dem Bistum Essen in Rom
25. November:	Heiligsprechung von Maria Crescentia Höss (1682–1744) aus dem Bistum Augsburg in Rom
22. Dezember:	Der Bundestag entsendet deutsche Streitkräfte nach Afghanistan.

2002

1. Januar:	Einführung des EURO als Zahlungsmittel
24. Januar:	Friedensgipfel mit Vertretern der Weltreligionen in Assisi. Dabei

	rufen der Papst und die Vertreter zahlreicher Glaubensbekenntnisse nach den Terroranschlägen vom 11. September 2001 zu einer weltweiten Koalition für Frieden und Verständigung auf.
23. Februar:	Amtseinführung von Bischof Wilhelm Schraml in Passau (zuvor Weihbischof in Regensburg)
8. März:	Der Papst untersagt dem Limburger Bischof Dr. Franz Kamphaus seinen nachhaltig verfochtenen Sonderweg in der Schwangerschaftskonfliktberatung.
1. April:	Amtseinführung von Bischof Dr. Reinhard Marx in Trier (zuvor Weihbischof in Paderborn)
13.–20. April:	Woche für das Leben: „Von Anfang an das Leben wählen statt auswählen“
23. April:	Vor dem Hintergrund zahlreicher Skandale um den sexuellen Missbrauch von Minderjährigen durch Geistliche unterstreicht der Papst bei einem Krisengipfel mit der US-Kirchenführung, dass Pädophile nicht als Priester tätig sein können.
25. April:	Das Stammzellengesetz ergänzt das Embryonenschutzgesetz und lockert die Regeln für die Wissenschaft ansatzweise. Import und Gewinnung embryonaler Stammzellen bleiben zwar verboten, für „hochrangige Forschungsziele“ gibt es aber Ausnahmen.
1. Juli:	Erzbischof Dr. Oskar Saier wird als Erzbischof von Freiburg aus Gesundheitsgründen emeritiert (1987–99 Stellvertretender Vorsitzender der Deutschen Bischofskonferenz).
23.–28. Juli:	XVII. Weltjugendtag in Toronto, Kanada, Thema: „Ihr seid das Salz der Erde, ihr seid das Licht der Welt“ (vgl. Mt 5, 13–14)
25. Juli:	Johannes Joachim Kardinal Degenhardt, Erzbischof von Paderborn, stirbt.
22. September:	Bundestagswahl – Bestätigung der rot-grünen Bundesregierung
21. September:	Amtseinführung von Erzbischof Prof. Dr. Ludwig Schick in Bamberg (zuvor Weihbischof und Generalvikar in Fulda)
16. Oktober:	Zu Beginn seines 25. Pontifikatsjahres reformiert der Papst mit dem Apostolischen Schreiben „Rosarium Virginis Mariae“ das Rosenkranzgebet und fügt die so genannten „lichtreichen“ Geheimnisse hinzu.
24. November:	Bischofsweihe von Prof. Dr. Gerhard Ludwig Müller, Regensburg
30. November:	Joseph Kardinal Ratzinger, Präfekt der Glaubenskongregation, wird zum Dekan des Kardinalkollegiums ernannt.

2003

25. Januar:	Amtseinführung von Erzbischof Dr. Werner Thissen in Hamburg (zuvor Weihbischof in Münster)

11. März: Stellungnahme der Deutschen Bischofskonferenz zur Studie „Communio Sanctorum“
12. März: Wort der deutschen Bischöfe zur Situation der Menschen mit Behinderungen „Unbehindert – Leben und Glauben teilen“
20. März: Beginn des 3. Irak-Krieges. In der Folge sterben viele Menschen.
17. April: Enzyklika „Ecclesia de Eucharistia“ über die Eucharistie in ihrem Verhältnis zur Kirche
28. April: Die deutschen Bischöfe veröffentlichen das Wort „Missionarisch Kirche sein: Offene Kirchen – Brennende Kerzen – Deutende Worte“.
3.–10. Mai: Woche für das Leben: „Chancen und Grenzen des medizinischen Fortschritts“
28. Mai – 1. Juni: Erster Ökumenischer Kirchentag in Berlin, Thema: „Ihr sollt ein Segen sein“
5.–9. Juni: Seine 100. Auslandsreise führt Papst Johannes Paul II. nach Kroatien.
24. Juni: Die deutschen Bischöfe veröffentlichen Impulse für eine lebendige Feier der Liturgie „Mitte und Höhepunkt des ganzen Lebens der christlichen Gemeinde“.
28. Juni: Nachsynodales Apostolisches Schreiben „Ecclesia in Europa“
6. Juli: Amtseinführung von Bischof Dr. Felix Genn in Essen (zuvor Weihbischof in Trier)
20. Juli: Bischofsweihe und Amtseinführung von Erzbischof Dr. Robert Zollitsch in Freiburg
24. September: „Kopftuchurteil“ des Bundesverfassungsgerichts
28. September: Amtseinführung von Erzbischof Hans-Josef Becker in Paderborn, (zuvor Weihbischof in Paderborn)
5. Oktober: Heiligsprechung des Ordensgründers P. Arnold Janssen SVD (1837–1909) aus dem Bistum Münster in Rom
16. Oktober: Nachsynodales Apostolisches Schreiben „Pastores gregis“ zum Thema „Der Bischof – Diener des Evangeliums Jesu Christi für die Hoffnung in der Welt“
19. Oktober: Die Seligsprechung von Mutter Teresa ist einer der Höhepunkte der Feiern zum Silbernen Pontifikatsjubiläum von Papst Johannes Paul II.
12. November: Vertrag zwischen dem Heiligen Stuhl und dem Land Brandenburg
21. November: Vertrag zwischen dem Heiligen Stuhl und der Freien Hansestadt Bremen
25. November: Erzbischof Dr. Erwin Josef Ender wird zum neuen Apostolischen Nuntius in Deutschland ernannt.

2004

1. Januar:	Die Deutsche Bischofskonferenz setzt die neue „Rahmenordnung für die Priesterbildung“ in Kraft.
11. März:	Terroranschläge in Madrid
24. März:	Johannes Paul II. erhält den erstmals verliehenen außerordentlichen Internationalen Karlspreis der Stadt Aachen für seine Verdienste um die Einheit Europas sowie für Frieden, Freiheit und Versöhnung in der Welt.
24. April – 1. Mai:	Woche für das Leben: „Die Würde des Menschen am Ende seines Lebens“
1. Mai:	Große EU-Osterweiterung: Die Staaten Estland, Lettland, Litauen, Malta, Polen, Slowakische Republik, Slowenien, Tschechische Republik, Ungarn und Zypern kommen zur Europäischen Union hinzu.
23. Mai:	Wahl von Prof. Dr. Horst Köhler zum 9. Bundespräsidenten (zuvor Geschäftsführender Direktor des Internationalen Weltwährungsfonds (IWF))
16.–20. Juni:	95. Katholikentag in Ulm, Thema: „Leben aus Gottes Kraft“
22. Juni:	Die deutschen Bischöfe veröffentlichen den Text „Katechese in veränderter Zeit“.
14.–15. August:	Seine 104. und letzte Auslandsreise führt den Papst erstmals seit 1983 wieder nach Lourdes. Bei seiner Ankunft erklärt Johannes Paul II., er habe „das Ziel seiner Pilgerreise erreicht“.
19. September:	Amtseinführung von Bischof Dr. Friedhelm Hofmann in Würzburg (zuvor Weihbischof in Köln)
22. September:	Wort der deutschen Bischöfe zur Integration von Migranten „Integration fördern – Zusammenleben gestalten“
23. September:	Wort der Deutschen Bischofskonferenz „Allen Völkern Sein Heil. Die Mission der Weltkirche“
23. September:	Die deutschen Bischöfe veröffentlichen kirchliche Richtlinien zu Bildungsstandards für den katholischen Religionsunterricht in der Sekundarstufe I.
3. Oktober:	Seligsprechung von Anna Katharina Emmerick (1774–1824) aus dem Bistum Münster in Rom
7. Oktober:	Apostolisches Schreiben „Mane nobiscum Domine“ zum Jahr der Eucharistie Oktober 2004 – Oktober 2005
26. Dezember:	Flutkatastrophe in Südostasien

2005

16. Februar:	Die deutschen Bischöfe veröffentlichen die Schrift „Der Religionsunterricht vor neuen Herausforderungen".
2. April:	Johannes Paul II. stirbt um 21.37 Uhr im Apostolischen Palast im Vatikan.
9.–16. April:	Woche für das Leben: „Mit Kindern ein neuer Aufbruch"
16. April:	Amtseinführung von Bischof Dr. Gerhard Feige in Magdeburg (zuvor Weihbischof in Magdeburg)
18.–19. April:	Konklave
19. April	Joseph Kardinal Ratzinger, bisheriger Präfekt der Glaubenskongregation und Dekan des Kardinalkollegiums, wird zum Papst gewählt und nennt sich Benedikt XVI.
1. Mai:	Die deutschen Bischöfe setzen die „Kirchlichen Anforderungen an die Studiengänge für das Lehramt in Katholischer Religion sowie an die Magister- und BA-/MA-Studiengänge mit Katholischer Religion als Haupt- oder Nebenfach" in Kraft.
20. Juni:	Die deutschen Bischöfe veröffentlichen ein Wort zur Bestattungskultur im Wandel aus katholischer Sicht „Tote begraben und Trauernde trösten".
16. Juli:	Bischof Dr. Walter Mixa, Eichstätt, wird zum neuen Bischof von Augsburg ernannt und am 1. Oktober in sein Amt eingeführt.
16.–21. August:	XX. Weltjugendtag in Köln; Thema: „Wir sind gekommen, um IHN anzubeten" (Mt 2,2) Papst Benedikt XVI. besucht im Rahmen des Weltjugendtages Deutschland.
18. September:	Bundestagswahl – Erstmals wird mit Dr. Angela Merkel am 22. November 2005 eine Frau zur Regierungschefin in Deutschland gewählt. Die Bundeskanzlerin regiert mit einer Großen Koalition aus CDU/CSU und SPD.
20. September:	Bei der Herbst-Vollversammlung der Deutschen Bischofskonferenz in Fulda wird Karl Kardinal Lehmann erneut zum Vorsitzenden gewählt (3. Wiederwahl).
2.–23. Oktober:	11. Ordentliche Generalversammlung der Bischofssynode in Rom zum Thema „Die Eucharistie: Quelle und Höhepunkt des Lebens und der Sendung der Kirche"
29. November:	Norbert Trelle, Weihbischof in Köln, wird zum Bischof von Hildesheim ernannt und am 11. Februar 2006 in sein Amt eingeführt.
8. Dezember:	Leo Kardinal Scheffczyk stirbt.
25. Dezember:	Papst Benedikt XVI. unterzeichnet seine erste Enzyklika „Deus Caritas est" über die christliche Liebe. Sie wird am 25. Januar 2006 veröffentlicht.

Personenregister

Sachregister